威科法律译丛

简明欧洲商标与
外观设计法

查尔斯·吉伦 等编辑

李琛 赵湘乐 汪泽 译

2017年·北京

Edited by
Charles Gielen, Verena von Bomhard

General Series Editors
Thomas Dreier, Charles Gielen, Richard Hacon

Concise European Trade Mark and Design Law

This is a translation of **Concise European Trade Mark and Design Law**, Edited by Charles Gielen, Verena von Bomhard, published and sold by The Commercial Press, by permission of Wolters Kluwer Law and Business in New York, the owner of all rights to publish and sell same.

本书根据 KLI 纽约 2011 年版译出

© 2011 Kluwer Law International

出版说明

  我馆历来重视迻译出版世界各国法律著作。早在1907年就出版了第一套系统介绍外国法律法规的《新译日本法规大全》81册，还出版了《汉译日本法律经济辞典》。1909年出版了中国近代启蒙思想家严复翻译的法国著名思想家孟德斯鸠的《法意》。这些作品开近代中国法治风气之先。其后，我馆翻译出版了诸多政治、法律方面的作品，对于民国时期的政治家和学人产生了重要影响。新中国成立后，我馆以译介外国哲学社会科学著作为重，特别是从1981年开始分辑出版"汉译世界学术名著丛书"，西方政治法律思想名著构成其中重要部分，在我国法学和法治建设中发挥了积极作用。

  2010年开始，我馆与荷兰威科集团建立战略合作伙伴关系，联手开展法学著作中外文双向合作出版。威科集团创立于1836年，是全球最大的法律专业信息服务和出版机构之一。"威科法律译丛"是我们从威科集团出版的法律图书中挑选的精品，其中涉及当前中国学术界尚处在空白状态、亟需研究的领域，希望能够对中国的法学和法治建设有所助益。除了引进国外法律图书外，我们同时也通过威科集团将中国的法律思想和制度译介给西方社会，俾使中国学人的思想成果走向世界，中华文明的有益经验惠及异域。

商务印书馆编辑部
2011年8月

译 者 序

近年来，知识产权法领域的译著日增，但总体上直叙"制度如何"者多，交代"制度为何"者少，比较法研究也易堕入浮浅的法条比较的路子。当下所缺的，乃是侧重介绍外国制度的历史由来、价值目标与运行实效的著述。为此，当商务印书馆就选择原著而征询意见时，译者推荐了这一套注释丛书。本书的两位编者——查尔斯·吉伦和韦雷娜·冯·博哈德均是律师，同时也在大学兼任教职；本书的作者有注册机构的官员、法官、律师和学者，由此决定了本书的特色——既是法律条文释义，亦是实务操作指南。本书主要由《欧共体商标条例》释义和《欧共体外观设计条例》释义两部分组成，为便于阅读，分别提点若干值得读者关注之处。

商标部分

本书翻译过程中，《欧共体商标条例》进行了修改，诸多条文进行了修改或者增删，需要读者对照进行阅读。但不妨碍本书仍然是一本优秀的、可供读者深入和全面了解欧盟商标法律制度的教科书，尤其是本书引用了大量的案例对条文进行注释，也是一本欧盟商标法的案例教程。根据有关《欧共体商标条例》的修改决定，"《欧共体商标条例》"名称修改为《欧盟商标条例》、"内部市场协调局"名称修改为"欧盟知识产权局"，"欧共体商标"修改为"欧盟商标"，为保证原著的完整性，译本仍依原文进行翻译，未作相应修改。

欧共体商标法律制度是各成员国商标法律制度协调、统一的结果，在欧盟范围内既存在一体化的《欧共体商标条例》，又存在各成员国独立的商标法律制度，由此决定了欧盟商标制度的两大原则即自治原则和并存原则。自治原则是指，欧共体商标独立于任何成员国法规、条例和原则，由本条例和基于本条例的法律独立自治管辖。共存原则是指,欧共体商标制度与成员国商标制度可以共存——欧共体商标制度既不取代成员国制度(正如20世纪90年代比荷卢商标法的统一),也不优先于成员国商标制度,它们均具有相同的价值。本书运用比较研究的方法,在对本条例进行释义的同时,也对成员国相应的法律规定及其实践进行了说明。欧共体商标法律制度的演进也是在知识产权制度全球协调统一的进程之中,其中有些条文的渊源就是《保护工业产权巴黎公约》和《与贸易有关的知识产权协定》,本书对此也进行了相应释明。

欧共体商标法律制度是我国《商标法》第三次修改的重要参考之一,读者可以将相关条款进行比较性研读。例如,我国《商标法》第57条第一项、第二项关于侵害商标专用权行为的规定类同于《欧共体商标条例》第9条第一款之(a)、(b)项,即针对商标和商品"双重相同"的,未规定"混淆可能性"条件,而在商标具有相同性或者近似性、商品具有相同性或者类似性时要求存在"混淆可能性",本书结合案例对此进行了解释,并介绍了欧盟内部存在的分歧,有观点认为在双重相同的情形下,推定混淆可能性成立;批评者认为,这实际上就不存在混淆可能性的概念。欧盟法院在有的案件中显然在双重相同的认定之外还有进一步的要求,认为在相同的商品上使用与注册商标相同的标志并不必然会被禁止,除非这一使用行为影响了或者可能影响注册商标的功能,尤其是确保消费者识别商品或者服务来源的核心功能。

我国商标法立足中国实际同时与国际接轨,有很多制度与《欧共体商标条例》规定基本一致,实践中出现的问题也大同小异,读者可以对《欧共体商标条例》相关条款的适用进行借鉴性研读。例如,和我国《商标法》一样,《欧共体商标条例》也规定了欧共体商标连续未使用撤销制度,本书在本条释义中明确指出:对于那些腐烂在注册簿里,年复一年,从未在商业活动中被实际使用过的商标,没有保护它们的任何法律依据。如果因为与那些仅躺在注册簿里休眠的在先权利冲突,而导致其他经商者无法注册并使用该商标,将是不公平的。注册商标要获得持续的保护,应承担实际使用商标的义务。本条释义部分还就"真正使用"、"仅为出口目的的使用"、"改变商标形式的使用"、"规避撤销后果的重复申请"以及"未使用的正当理由"等进行了详细说明,对于我们正确理解商标不使用撤销制度的立法目的及其具体适用,都具有较强的借鉴意义。

商标法实践中出现但我国法律未作明确规制的问题,而《欧共体商标条例》对此类问题作出了明确规定,对此读者可以进行参考性研读。以商标权利穷竭为例,《欧共体商标条例》第13条对此作出了明确规定。本书的释义不仅阐明了该制度的立法目的在于通过阻止商标所有人行使禁止权,使得商标下的商品的进一步商业化成为可能,从而协调商标保护与欧盟境内商品自由流通之间的利益。因此,权利穷竭原则可以被认为是在两者之间实现妥协:一者是对商标权利的尊重,二者是尽可能确保商标权不会被用来阻碍欧盟领域内的贸易流通,或者甚至是同一个成员国内的流通。同时,条文释义部分具体阐明了权利穷竭适用条件,以及权利人在拥有合法理由的情形下可以排除权利穷竭的适用。例如,对于因商品再包装引发的权利穷竭问题,本书释义以欧盟法院的相关判决加以说明,即再包装应当符合五项条件:第一,确有必要;第二,商品自身的原始情况没有受到影响;第三,对商品进行再包装的个人及其厂商的名称应当在新包装上明确标明;第四,再包装商品的外观不应对商标及其所有人的声誉产生损害;第五,进口商在将再包装商品上架销售前,必须先行通知商标所有人,并在商标所有人的要求下为其提供再包装商品的样品。这些对我国处理类似案件,都不无参考价值。

外观设计部分

《欧共体外观设计条例》条文的注释不仅点明文义与目的,而且注明了相关的判例,以及适用的实际状态。例如,在解释《欧共体外观设计条例》第19条时,作者介绍了如何认定对未注册外观设计的"抄袭":"很少有可能直接地证明抄袭(可能通过交叉检验,或向法庭扣押或披露外观设计文件),但是很多法院在某些情形下会推定抄袭。由于未注册欧共体外观设计必须公开到相关行业的业内人士通常知晓的程度,在后的设计如果极为类似,法院通常会推定存在抄袭,该推定只能由被控妨害人提出反证来推翻[例如 Bedstede 案(荷)]。其他情形也可能导致对抄袭的推定,例如'类似事实'证据,即抄袭者过去有类似的行为[见 Mattel v Woolbro(英)]。对抄袭的推定可以由被告推翻。第 2 款规定了一个抄袭推定的法定抗辩:如果被控妨害的设计人'可以被合理地认为不熟悉(权利人公开的)外观设计'。既然如前所述权利人必须证明设计已经被欧盟范围的相关行业所知悉,那些不属于相关行业或者在欧盟以外的设计人最容易从这一抗辩中受益。当第 2 款适用时,原则上仍然有可能通过可以获得的直接证据证明存在抄袭。"此类评注非通晓实务者难以做出,而读者仅从文本亦难以自得。同时在某些解释的阐述中,也反映出作者良好的理论素养。例如在解释《欧共体外观设计条例》第 4 条的"正常使用"一词时,作者认为:"第 4 条第 4 款原本的立法目的是为了排除对汽车零部件的保护,例如引擎的部件,当引擎盖关闭时是看不见的。把正常使用的主体限定为'最终用户',排除了对那些只有修理者可以看见或专业买家在购买时可以看见的部件的保护。'正常使用'不包括'服务、维护或修理'。'正常'一词的范围不清晰。汽车的主要功能('正常使用'的含义之一)是被驾驶,在这种使用的过程中,最终用户(司机和乘客)看不到部件。从一种更广义的角度解释,'正常使用'可能包括不经常发生的或超越产品主要功能的使用。例如,司机不会经常打开引擎盖给玻璃水箱加水,办公室职员也不会经常打开复印机清理被卡住的纸。在这些例子中,许多内部的机器部件都能被看见。狭义解释更符合立法的背景。"从这一段分析不难看出作者所具有的法教义学的功底。

其次,本书的外观设计部分虽然是对《欧共体外观设计条例》和《外观设计协调指令》的注释,但大量引证了《欧共体外观设计实施细则》、《欧共体外观设计审查指南》、《欧共体商标条例》等法律文件的相关规定,能帮助读者把握这些法律文件之间的关联脉络。尤其是与《欧共体商标条例》的规定类似之处,作者只是注明"参见《欧共体商标条例》第某条的注释"。有些在外观设计领域尚未出现判例的问题，作者也会参考商标的判例作出推论。例如在注释《欧共体外观设计条例》第21条涉及权利穷竭问题时，作者指出："不同国家的法院对于'同意'通常是否可以默示，在何种程度上可以明确推翻这种默示同意，结论不一（例如，标示'不得在欧盟销售'）。欧洲法院没有专门针对外观设计提出任何清晰的最终规则，不过根据商标判例 [Davidoff and Levi Strauss（欧洲法院）]，似乎仅在清晰而明确地同意在欧盟范围内销售时，才会产生国际穷竭的效果。"因此，读者应将本书视为一个整体阅读。

欧盟基于统一市场而进行的知识产权制度协调，固然是一种地方性经验，但其协调所选择的具体准则，值得我们研究。尤其需要重点关注的是《欧共体外观设计条例》的序言，这一部分相当于立法理由书，可以帮助读者领会"制度为何"？例如序言第20条指出："同时应当允许设计者或其权利继受人在决定是否有必要注册欧共体外观设计之前，对使用外观设计的产品进行市场测试。因此，欧共体外观设计申请日之前12月内设计人或其权利继受人公开，或他人恶意公开该外观设计，不应影响对该设计的新颖性或个性的认定。"这一制度被称为"新颖性的广义宽限期"。部分时尚产业采用先行少量投产，获取消费者反馈的商业策略，对此制度的呼声较高，我国专利法目前尚未采纳。序言第10条还谈到对权利保护与技术创新之间的权衡，这些价值目标的揭示有利于读者领悟具体规则的旨意。此外，计算机字体的法律性质及其保护模式在我国引起了很大的争议，欧盟将字体纳入外观设计的保护对象，明确了其"产品"属性，对我国的制度选择当有启示意义，尤其是重新思考司法实践中把字体视为作品的妥当性。

文章总是以可读为目的，在不损害原意的前提下，译文的表述尽量合乎中文的表达习惯，并照顾中国法学自身的术语体系。例如，"infringement"没有按通常译法一律译为"侵权"，在某些地方根据语境选择了含义更为准确的"妨害"。

《欧共体商标条例》主要由赵湘乐博士翻译，汪泽翻译了部分条文，负责商标部分的审校和统稿。《欧共体外观设计条例》主要由李琛翻译，《外观设计协调指令》主要由赵湘乐博士翻译,李琛负责外观设计部分的审校和统稿。由于种种原因,翻译工作比预定时间有所拖延,非常感谢商务印书馆学术出版中心威科项目组组长王兰萍老师的宽容与体谅。中国人民大学法学院博士生王文敏同学为本书外观设计部分翻译提供了帮助,一并致谢。

李琛　汪泽

2016 年 10 月 6 日

作 者 名 录

阿尔伯托·卡萨多·塞尔维诺　西班牙专利商标局
乔纳森·克莱格　克利夫兰律师事务所　伦敦
迈克尔·伊登伯勒　塞尔考特钱伯斯(Serle Court Chambers)律师事务所　伦敦
托马斯·伊利莱斯　塞尔考特钱伯斯(Serle Court Chambers)律师事务所　伦敦
查尔斯·吉耶朗　诺塔杜提尔(NautaDutilh)律师事务所　阿姆斯特丹
巴勃罗·冈萨雷斯-比诺　冈萨雷斯-比诺和伊莱斯卡律师事务所　马德里
尼姆·霍尔　FR凯利(FRKelly)欧洲专利商标事务所　都柏林
法布里兹奥·雅各巴斯　法布里兹奥　斯特皮　弗兰斯特　雷格丽　哈斯律师事务所　都灵
大卫·T.基林　内部市场协调局　阿利坎特
伊曼纽尔·拉雷尔　法国基德律师事务所　巴黎
尼古莱·林格伦　丹麦科曼律师事务所　哥本哈根
大卫·C.马斯克　詹金斯律师事务所　伦敦
安德烈亚斯·雷克　霍金路伟律师事务所　阿利坎特
韦雷娜·冯·博姆哈德　霍金路伟律师事务所　阿利坎特
菲利普·冯·卡普夫　内部市场协调局　阿利坎特
亚历山大·冯·米伦达尔　德国巴德勒-帕根博格律师事务所　慕尼黑
多蒂·沃尔　丹麦科曼律师事务所　哥本哈根

缩略语

BoA	欧共体内部市场协调局上诉委员会	Boards of Appeal of OHIM
CD	欧共体外观设计	Community Design
CDFR	欧共体外观设计费用条例	Community Design Fee Regulation
CDIR	欧共体外观设计实施细则	Community Design Implementing Regulation
CDR	欧共体外观设计条例	Community Design Regulation
CFI	一审法院	Court of First Instance
CJ	欧盟法院	Court of Justice
CTM	欧共体商标	Community Trade Mark
CTMFR	欧共体商标费用条例	Community Trade Mark Fee Regulation
CTMIR	欧共体商标实施细则	Community Trade Mark Implementing Regulation
CTMR	欧共体商标条例	Community Trade Mark Regulation
DD	外观设计指令	Design Harmonisation Directive
ECHR	欧洲人权法院	European Court of Human Rights
EEA	欧洲经济区	European Economic Area
EEIG	欧盟经济利益集团	European Economic Interest Grouping
EU	欧盟	European Union
GC	欧盟普通法院	General Court
IR	国际注册	International Registration(s)
NCS	自然色彩系统	Natural Color System
OAMI	内部市场协调局（商标和专利）	Office for Harmonisation in the Internal Market (Trade Marks and Designs)
OHIM	内部市场协调局（商标和专利）	Office for Harmonisation in the Inter-

	nal Market (Trade Marks and Designs)
OJ	欧共体官方公报 Official Journal of the European Community
PCT	专利合作条约 Patent Cooperation Treaty
PMS	彩通配色系统 Pantone Matching System
RCD	已注册欧共体外观设计 Registered Community Design
TFEU	欧盟运行条约 Treaty on the Functioning of the European Union
TMD	商标指令 Trade Mark Harmonisation Directive
TRIPS	与贸易有关的知识产权协议 Agreement on Trade Related Aspects of Intellectual Property Rights
WIPO	世界知识产权组织 World Intellectual Property Organization
WTO	世界贸易组织 World Trade Organization

目　　录

欧共体商标条例[*]

第一章　总则 ··· 6
　欧共体商标 ··· 6
　协调局 ··· 8
　行为能力 ··· 9
第二章　与商标有关的法律 ····································· 11
　第一节　欧共体商标的定义和取得 ··························· 11
　　构成商标的标志 ··· 11
　　商标权主体 ··· 18
　　商标权取得方式 ··· 19
　　驳回注册申请的绝对理由 ··································· 20
　　驳回注册申请的相对事由 ··································· 63
　第二节　欧共体商标的效力 ································· 74
　　欧共体商标享有的权利 ····································· 74
　　欧共体商标编入词典 ······································· 87
　　禁止以代理人或者代表人名义注册的欧共体商标的使用 ········· 88
　　欧共体商标效力的限制 ····································· 90
　　欧共体商标的权利穷竭 ····································· 95
　　与侵权相关的成员国法的补充适用 ··························· 99

---

[*] 2009年2月26日，有关欧共体商标的欧洲理事会(EC)第207/2009号条例。

第三节　欧共体商标的使用 …… 100
欧共体商标的使用 …… 100
第四节　作为财产对象的欧共体商标 …… 106
将欧共体商标视同成员国商标 …… 106
转让 …… 108
以代理人名义注册的商标的转让 …… 112
绝对权 …… 112
强制执行 …… 113
破产程序 …… 114
商标许可 …… 115
对第三方的效力 …… 117
作为财产对象的欧共体商标的申请 …… 118

第三章　欧共体商标的申请 …… 120
第一节　申请的提交及申请要求的条件 …… 120
申请的提交 …… 120
申请应符合的条件 …… 122
申请日 …… 126
分类 …… 129
第二节　优先权 …… 131
优先权 …… 131
要求优先权 …… 134
优先权的效力 …… 136
欧共体商标申请等同于成员国商标申请 …… 136
第三节　展览优先权 …… 137
展览优先权 …… 137
第四节　要求成员国商标的先前权 …… 139
要求成员国商标的先前权 …… 139
在欧共体商标注册后要求先前权 …… 145

第四章　注册程序 ……………………………………………… 147
第一节　商标申请的审查 …………………………………… 147
　　申请条件的审查 ……………………………………………… 147
　　驳回绝对事由的审查 ………………………………………… 149
第二节　查询 ………………………………………………… 152
　　查询 …………………………………………………………… 152
第三节　申请的公告 ………………………………………… 154
　　申请的公告 …………………………………………………… 154
第四节　第三方的意见和异议 ……………………………… 155
　　第三方的意见 ………………………………………………… 155
　　异议 …………………………………………………………… 157
　　异议的审查 …………………………………………………… 161
第五节　申请的撤回、限制、修改和分割 ………………… 165
　　申请的撤回、限制、修改 …………………………………… 165
　　申请的分割 …………………………………………………… 168
第六节　注册 ………………………………………………… 170
　　注册 …………………………………………………………… 170

第五章　欧共体商标的有效期、续展、变更和分割 ………… 172
　　注册的有效期 ………………………………………………… 172
　　续展 …………………………………………………………… 172
　　变更 …………………………………………………………… 175
　　注册的分割 …………………………………………………… 176

第六章　放弃、撤销、无效 …………………………………… 179
第一节　放弃 ………………………………………………… 179
　　放弃 …………………………………………………………… 179
第二节　撤销事由 …………………………………………… 180
　　撤销事由 ……………………………………………………… 180

第三节　无效事由 ………………………………… 185
　　无效的绝对事由 ………………………………… 185
　　无效的相对事由 ………………………………… 189
　　默许导致的权利限制 …………………………… 193
第四节　撤销和无效的后果 ……………………… 196
　　撤销和无效的后果 ……………………………… 196
第五节　协调局审理有关撤销或无效的程序 …… 198
　　申请撤销或申请无效宣告 ……………………… 198
　　申请的审查 ……………………………………… 204

第七章　上诉 ………………………………………… 212
　可提出上诉的裁决 ………………………………… 212
　有权上诉和有权成为上诉程序当事人的主体 …… 214
　上诉的期限和形式 ………………………………… 216
　对单方当事人案件裁决的修正 …………………… 220
　对当事人之间案件裁决的修正 …………………… 221
　上诉的审查 ………………………………………… 223
　上诉的裁定 ………………………………………… 227
　向法院起诉 ………………………………………… 229

第八章　欧共体集体商标 …………………………… 233
　欧共体集体商标 …………………………………… 233
　集体商标使用管理规则 …………………………… 234
　申请的驳回 ………………………………………… 235
　第三方的意见 ……………………………………… 236
　商标的使用 ………………………………………… 237
　商标使用管理规则的修订 ………………………… 237
　有权提起侵权诉讼的人 …………………………… 238
　撤销事由 …………………………………………… 239

无效事由 ··· 239
第九章　程序 ··· 241
　第一节　一般规定 ··· 241
　　说明裁决依据的理由 ·· 241
　　协调局自行审查事实 ·· 244
　　口头审理 ··· 247
　　取证 ·· 249
　　通知 ·· 253
　　撤销裁决 ··· 257
　　恢复原状 ··· 259
　　程序继续 ··· 265
　　参照一般原则 ··· 269
　　经济义务的终止 ·· 269
　第二节　费用 ··· 270
　　费用 ·· 270
　　确定费用金额裁决的执行 ·· 274
　第三节　供公众和成员国机构查询的资料 ······························· 275
　　欧共体商标注册簿 ··· 275
　　查询档案 ··· 276
　　定期出版物 ·· 277
　　行政合作 ··· 279
　　交换出版物 ·· 280
　第四节　代理 ··· 280
　　代理的一般原则 ·· 280
　　职业代理人 ·· 283
第十章　有关欧共体商标诉讼的管辖和程序 ······························· 288
　第一节　第44/2001号欧洲理事会条例的适用 ······················· 288
　　第44/2001号欧洲理事会条例的适用 ································· 288

第二节　有关欧共体商标侵权和效力的争议……………290
　　欧共体商标法院……………………………………290
　　侵权和效力的管辖…………………………………291
　　国际管辖……………………………………………293
　　管辖范围……………………………………………296
　　推定有效——抗辩事由……………………………297
　　反诉…………………………………………………298
　　法律适用……………………………………………301
　　处罚…………………………………………………302
　　临时和保全措施……………………………………303
　　相关诉讼的特殊规则………………………………304
　　二审欧共体商标法院，以及进一步上诉的管辖……306
第三节　有关欧共体商标的其他争议…………………307
　　欧共体商标法院以外的其他成员国法院管辖的补充规定……307
　　成员国法院的义务…………………………………308
第四节　过渡规定………………………………………308
　　有关《管辖和执行公约》适用的过渡规定………308

第十一章　成员国法的效力………………………309

第一节　基于多个商标的民事诉讼……………………309
　　基于欧共体商标和成员国商标的同时和相继进行的民事
　　诉讼…………………………………………………309
第二节　旨在禁止欧共体商标使用的成员国法适用……312
　　欧共体商标使用的禁令……………………………312
　　适用于特定领域的在先权利………………………313
第三节　转换为成员国商标申请………………………315
　　请求适用国内申请程序……………………………315
　　转换请求的提交、公告和移送……………………319
　　转换的形式条件……………………………………320

第十二章 协调局 ································· 322
第一节 总则 ································· 322
法律地位 ································· 322
职员 ································· 322
特权和豁免权 ································· 322
责任 ································· 323
语言 ································· 323
注册簿上的登记和公告 ································· 328
翻译中心 ································· 329
合法性的管控 ································· 329
查询资料 ································· 330
第二节 协调局的管理 ································· 330
局长的职权 ································· 330
高级官员的委任 ································· 331
第三节 行政委员会 ································· 331
设立和职权 ································· 331
组成 ································· 332
主席 ································· 332
会议 ································· 332
第四节 程序的实施 ································· 333
权限 ································· 333
审查员 ································· 334
异议处 ································· 334
商标管理与法务处 ································· 336
撤销处 ································· 336
上诉委员会 ································· 338
上诉委员会成员的独立性 ································· 342
回避和反对 ································· 344

第五节　预算和财务管理 …… 346
预算委员会 …… 346
预算 …… 346
制定预算 …… 347
审计与控制 …… 347
账目审计 …… 347
财务规章 …… 348
收费条例 …… 348

第十三章　商标国际注册 …… 349
第一节　一般规定 …… 349
规定的适用 …… 349
第二节　以欧共体商标和欧共体商标申请为基础的国际注册 …… 350
提出国际申请 …… 350
国际申请的文本和内容 …… 351
档案和注册簿的登记 …… 353
国际注册后的领土延伸请求 …… 353
国际注册费 …… 354
第三节　指定欧盟的国际注册 …… 355
指定欧盟的国际注册的效力 …… 355
公告 …… 356
先前权 …… 357
有关驳回的绝对事由的审查 …… 358
查询 …… 360
异议 …… 361
国际注册代替欧共体商标 …… 362
国际注册效力的废除 …… 363
通过国际注册转换为成员国商标申请,或成员国指定而转换欧盟指定 …… 364

国际注册下的商标的使用 ………………………………… 365
　　转换 ……………………………………………………… 365
第十四章　最后规定 ………………………………………… 367
　欧盟实施规定 ……………………………………………… 367
　委员会的设立和通过《商标条例实施细则》的程序 ……… 367
　与其他欧盟法律条款的兼容 ……………………………… 368
　有关欧盟扩大的规定 ……………………………………… 368
　废止 ………………………………………………………… 372
　生效 ………………………………………………………… 372

商标协调指令（修订本）[*]

范围 …………………………………………………………… 378
构成商标的标志 ……………………………………………… 380
驳回或无效的事由 …………………………………………… 380
与在先权利冲突的其他驳回或无效宣告事由 ……………… 382
商标享有的权利 ……………………………………………… 387
商标效力的限制 ……………………………………………… 389
商标权利的穷竭 ……………………………………………… 390
许可 …………………………………………………………… 390
默许结果的限制 ……………………………………………… 391
商标的使用 …………………………………………………… 393
对不使用商标的司法和行政制裁 …………………………… 396
撤销的事由 …………………………………………………… 398
仅就部分商品或者服务的驳回、撤销或者无效事由 ……… 399

---

[*] 2008年10月22日，欧洲议会与欧洲理事会关于成员国相关商标法律趋于一致的指令。

对商标事后提起无效或者撤销 …………………………………… 400
有关集体商标、保证商标和证明商标的特别规定 ………………… 400
通报 ……………………………………………………………… 403
废止 ……………………………………………………………… 404
生效 ……………………………………………………………… 404
收受方 …………………………………………………………… 404

欧共体外观设计条例*

第一章　一般条款 …………………………………………… 411
　　欧共体外观设计 ………………………………………… 411
　　协调局 …………………………………………………… 414
第二章　与外观设计相关的规则 …………………………… 415
　第一节　保护要件 …………………………………………… 415
　　定义 ……………………………………………………… 415
　　保护的要件 ……………………………………………… 417
　　新颖性 …………………………………………………… 418
　　个性特征 ………………………………………………… 420
　　公开 ……………………………………………………… 423
　　由技术功能和设计间的内接所规定的外观设计 ………… 426
　　违反公序良俗或道德的外观设计 ………………………… 429
　第二节　保护的范围与期限 ………………………………… 430
　　保护范围 ………………………………………………… 430
　　未注册欧共体外观设计保护的起算点与期限 …………… 431
　　注册欧共体外观设计保护的起算点与期限 ……………… 432
　　续展 ……………………………………………………… 433

---

* 2001年12月12日，有关欧共体外观设计的欧洲理事会(EC)第6/2002号条例。

第三节　欧共体外观设计的权利 ………………………… 435
欧共体外观设计的权利 …………………………………… 435
关于欧共体外观设计权利资格的主张 …………………… 438
注册欧共体外观设计权属判决的效力 …………………… 440
有利于注册外观设计权利人的推定 ……………………… 441
设计者的署名权 …………………………………………… 442

第四节　欧共体外观设计的效力 ………………………… 442
欧共体外观设计权的内容 ………………………………… 442
欧共体外观设计权的限制 ………………………………… 445
权利穷竭 …………………………………………………… 447
注册欧共体外观设计的先用权 …………………………… 449
政府使用 …………………………………………………… 451

第五节　无效 ………………………………………………… 452
无效宣告 …………………………………………………… 452
无效事由 …………………………………………………… 453
无效的后果 ………………………………………………… 457

第三章　作为财产权对象的欧共体外观设计 ………………… 459
视同国内外观设计权的欧共体外观设计 ………………… 459
注册欧共体外观设计的移转 ……………………………… 461
注册欧共体外观设计的支配权 …………………………… 462
强制执行 …………………………………………………… 463
破产程序 …………………………………………………… 463
许可 ………………………………………………………… 464
对第三人的效力 …………………………………………… 465
作为财产权对象的注册欧共体外观设计申请 …………… 466

第四章　注册欧共体外观设计的申请 ………………………… 468
第一节　申请的提出与条件 ………………………………… 468

申请的提起与转交……………………………………………468
　　　申请必须符合的条件…………………………………………471
　　　合案申请………………………………………………………476
　　　申请日…………………………………………………………479
　　　欧共体申请与国内申请的等同………………………………479
　　　分类……………………………………………………………480
　第二节　优先权………………………………………………………480
　　　优先权之主张…………………………………………………482
　　　优先权的效力…………………………………………………483
　　　展览优先权……………………………………………………483
　第三节　略
　第四节　略
　第五节　注册程序……………………………………………………484
　　　对申请的形式审查……………………………………………484
　　　可补救的缺陷…………………………………………………485
　　　不得注册的事由………………………………………………486
　　　注册……………………………………………………………487
　　　公告……………………………………………………………488
　　　迟延公开………………………………………………………489
　第六节　注册欧共体外观设计权的放弃与无效……………………494
　　　放弃……………………………………………………………494
　　　申请宣告无效…………………………………………………496
　　　对申请的审查…………………………………………………501
　　　被指控侵权人对程序的参与…………………………………504
第五章　略
第六章　略
第七章　上诉（可上诉的裁决）……………………………………506
　上诉与参与上诉程序的当事人资格…………………………………506

时限与上诉形式 …………………………………………… 506
　　　中间修正 …………………………………………………… 507
　　　上诉审查 …………………………………………………… 507
　　　被上诉的决定 ……………………………………………… 507
　　　欧洲法院的诉讼 …………………………………………… 508
第八章　协调局的程序 …………………………………………… 509
　第一节　一般条款 ……………………………………………… 509
　　　对裁决理由的陈述 ………………………………………… 509
　　　协调局对事实的主动审查 ………………………………… 512
　　　口头程序 …………………………………………………… 514
　　　取证 ………………………………………………………… 516
　　　通知 ………………………………………………………… 520
　　　恢复原状 …………………………………………………… 523
　　　参照一般原则 ……………………………………………… 530
　　　财务义务的终止 …………………………………………… 531
　第二节　费用 …………………………………………………… 532
　　　费用分摊 …………………………………………………… 532
　　　确定费用金额的裁决之执行 ……………………………… 535
　第三节　向公众和成员国官方权力机关发出通知 …………… 536
　　　欧共体外观设计注册簿 …………………………………… 536
　　　定期出版物 ………………………………………………… 537
　　　档案查阅 …………………………………………………… 539
　　　行政合作 …………………………………………………… 541
　　　交换出版物 ………………………………………………… 541
　第四节　代理 …………………………………………………… 542
　　　代理的一般原则 …………………………………………… 542
　　　职业代理 …………………………………………………… 545
第九章　有关欧共体外观设计诉讼的管辖与程序 ……………… 551

第一节　管辖与执行 ·· 551
　　管辖与执行公约的适用 ··· 551
第二节　有关外观设计之侵权和效力的争议 ······················· 552
　　欧共体外观设计法院 ··· 552
　　侵权和有效性的管辖 ··· 553
　　国际管辖 ·· 554
　　侵权的管辖范围 ·· 554
　　欧共体外观设计无效宣告的诉讼或反诉 ························· 555
　　推定有效——抗辩事由 ··· 555
　　无效的判定 ·· 557
　　无效裁决的效力 ·· 558
　　法律适用 ·· 558
　　对侵权行为的处罚 ··· 558
　　包括保全措施在内的临时措施 ·································· 559
　　相关诉讼的特殊规则 ··· 560
　　欧共体外观设计法院二审的管辖——（进一步）上诉 ········· 560
第三节　有关欧共体外观设计的其他争议 ·························· 561
　　欧共体外观设计法院以外的国内法院管辖的补充规定 ········· 561
　　成员国法院的义务 ··· 561

第十章　成员国法的效力 ·· 563
　　基于欧共体和成员国外观设计的并行诉讼 ······················ 563
　　与成员国法规定的其他保护形式之间的关系 ···················· 564

第十一章　有关协调局的补充规定 ···································· 565
第一节　一般条款 ·· 565
　　一般条款 ·· 565
　　程序语言 ·· 565
　　公告与注册簿 ·· 567
　　局长的额外权力 ·· 567

行政委员会的额外权力 ·································· 567
　第二节　程序 ·· 568
　　　权限 ·· 568
　　　审查员 ··· 568
　　　商标及外观设计管理部与法务处 ····················· 569
　　　无效处 ··· 569
　　　上诉委员会 ··· 569
第十一a章　外观设计的国际注册 ························· 570
　第一节　一般条款 ·· 570
　　　条款的适用 ·· 570
　第二节　指定欧共体的国际注册 ······················· 571
　　　提交国际申请的程序 ·································· 571
　　　指定费 ··· 571
　　　指定欧共体的国际注册的效力 ····················· 571
　　　驳回 ·· 572
　　　国际注册的无效 ······································ 572
第十二章　最后条款 ·· 574
　条例的实施 ··· 574
　上诉委员会的程序规则 ··································· 575
　工作委员会 ··· 575
　过渡规定 ·· 575
　有关欧盟扩大的规定 ······································ 576
　生效 ··· 578

外观设计协调指令[*]

　　　定义 ··· 584

---

[*] 1998年10月13日,欧洲议会和理事会第98/71/EC号关于外观设计的法律保护的指令。

适用范围 ·· 584
保护的要件 ·· 585
新颖性 ·· 586
个性特征 ·· 586
公开 ·· 586
由技术功能和设计间的内接所规定的外观设计 ········· 587
违反公序良俗或道德的外观设计 ························· 587
保护范围 ·· 588
保护期限 ·· 588
无效或驳回的事由 ···································· 588
外观设计权授予的权利 ······························ 590
外观设计权的限制 ···································· 591
过渡规定 ·· 592
权利穷竭 ·· 594
与其他保护形式的关系 ······························ 595
与版权的关系 ·· 595
修订 ·· 596
实施 ·· 596
生效 ·· 597
收受方 ·· 597

条约、条例和其他法律文件 ···························· 598
案例表 ·· 606
附录 ·· 648

欧共体商标条例[*]

---

[*] 有关欧共体商标的欧洲理事会(EC)第 207/2009 号条例,2009 年 2 月 26 日。

欧盟理事会，

考虑到《建立欧洲欧共体条约》，尤其是第 308 条；

考虑到欧盟委员会的建议；

考虑到欧洲议会的意见；[1]

并鉴于：

（1）1993 年 12 月 20 日有关欧共体商标的欧洲理事会第 207/2009 号条例[2]已历经数次实质性修订，[3]为该条例的清晰度和合理性的考量，应予以编纂。

（2）为促进欧共体经济活动的协调发展和持续、稳定的扩张，需要建立一个运作良好的内部市场，该市场能提供与国家市场类似的条件；为了该市场的建立和日渐统一，不仅应消除阻碍商品和服务自由流通的障碍，构建不受扭曲的竞争制度，而且应创制法律，使企业的经济活动，不管是商品的制造与流通或服务的提供，能在整个欧共体范围内顺利进行；为此目的，在企业能够不考虑边境并用同一方式在整个欧共体内区别其商品或服务的法律手段中，商标最为合适。

（3）为达成上述欧共体目标，有必要建立欧共体商标制度，企业可借此程序体系取得欧共体商标并在整个欧共体范围内获得统一的保护。此前欧共体商标的统一性原则仍予以适用，但本条例另有规定的除外。

（4）通过法律协调并不能消除成员国法授予商标所有人权利的地域性障碍；为便于企业在整个欧共体市场内无障碍地开展经济活动，有必要创立一种商标，由统一的欧共体法律管辖，直接适用于所有成员国。

（5）因条约未赋予建立此类法律制度的具体权限，条约第 308 条应予适用。

---

[1]《欧盟官方公报》C146E，2008 年 6 月 12 日，第 79 页。
[2]《欧盟官方公报》L11，1994 年 1 月 14 日，第 1 页。
[3] 参见附录 I。

(6)欧共体商标法并不取代各成员国的商标法律。事实上,不得要求企业申请注册欧共体商标。对于那些不想获得欧共体商标保护的企业,成员国商标注册仍很重要。

(7)欧共体商标权利只能依注册获得,特别是如果商标缺乏显著性、不符合法律或者与在先权利相冲突,将会被驳回注册。

(8)欧共体商标的保护功能尤其在于保证商标作为商品来源的指示,这种保护在商标与标记相同且商品或服务之间相同的情况下是绝对的。这种保护同时适用商标与标记、商品或服务间近似的情况。对近似的解释应联系混淆可能。对引起混淆可能的判断取决于诸多因素,特别是取决于商标在市场上的被认可程度、与已使用或注册的标记相联系的可能,商标或标记、商品或服务间近似的程度,这些均构成这种保护的具体条件。

(9)根据商品自由流通的原则,欧共体商标所有人无权禁止其本人或经其授权投放欧共体内流通的商品由第三方使用,除非商标所有人有合法理由反对这种商品进一步的流通。

(10)欧共体商标或反对欧共体商标的在先注册的商标,只有投入实际使用后才能得到保护。

(11)欧共体商标应被视为使用其区分商品或服务来源的企业的独立财产。因此,其可以转让,只要公众不会因转让而被误导。欧共体商标亦可作为一种对第三方的担保或许可他人使用。

(12)有必要在欧共体层面采取行政措施,就所有商标适用由本条例产生的商标法规。因此,在保持欧共体现行法律结构和权力平衡的同时,建立一个在技术上独立并且具有法律、行政或财务自主权的内部市场协调局(负责商标和外观设计事务)至关重要。为此,协调局应当是欧共体内部具有法人资格的、能行使本条例赋予其权力的机构,并且应该在欧共体法律框架内运行,不得损害欧共体法律赋予的权限。

(13)必须保证受协调局决定影响的当事人以符合商标法律制度特点的方式受到保护。为此,制定了对商标审查员和协调局各部门所作的各种决定提起上诉的规则。如果作出被争议决定的部门不修正其决定,当事人可以将其提请协调局上诉委员会裁决。对上诉委员会的裁决可以向欧盟法院起诉,法院有权撤销或变更被诉裁决。

(14)依据《欧共体条约》第一款第一段的规定,欧共体初审法院有权审理并裁决尤其是《欧共体条约》第230条所规定的一审诉讼,但指定由司法专家组审理和法律规定由欧盟法院审理的除外。本条例赋予欧盟法院撤销或变更上诉委员会裁决的权限相应地由初审法院行使。

(15)为加强对欧共体商标的保护,成员国根据本国的法律体系应当尽可能少地指定对欧共体商标侵权和商标有效性具有管辖权的一审或二审法院。

(16)法院作出的有关欧共体商标的有效性或侵权的裁决应当具有法律效力且及于整个欧共体范围,因为这是使法院和协调局裁决的稳定性和欧共体商标的统一特征不受损害的唯一方法。2000年12月22日的欧洲理事会第44/2001号条例①中有关民商事案件管辖以及裁决的认可、执行的规定应适用于与欧共体商标有关的所有法律诉讼,但本条例另有规定的除外。

(17)对于涉及相同事项、相同当事人提起的诉讼,应避免依据欧共体商标法和成员国商标法作出相互矛盾的判决。为此,向同一成员国提起的诉讼,应适用该成员国法处理案件,不受本条例的影响。同时向不同成员国提起诉讼的,准用欧洲理事会第44/2001号条例关于诉讼竞合及关联的规则。

(18)为保证协调局的完全独立和自主,应赋予其独立的财政权,其收入基本来源于该制度使用者交纳的费用。但是,欧共体国家间的财政援助记入欧共体的总预算账的制度仍予以适用。另外,账目的审计由审计院负责。

(19)应依据1999年6月28日的理事会1999/468号决议②规定的欧盟

---

① 《欧盟官方公报》L12,2001年1月16日,第1页。
② 《欧盟官方公报》L184,1999年7月17日,第23页。

委员会赋予的实施权的行使规则,制定并通过实施本条例的必要措施,尤其是收费条例和《商标条例实施细则》。

通过本条例如下:

第一章 总则

欧共体商标

第1条

依据本条例规定的条件和方式注册的商品或服务商标,以下称为"欧共体商标"。

欧共体商标应当具有统一性。其应在整个欧共体范围内具有同等效力。欧共体商标只能在整个欧共体范围内注册、转让、放弃、宣告无效或禁止使用。除非本条例另有规定,应当适用该原则。

1. 基本原则

《欧共体商标条例》(CTMR)确立的欧共体商标(CTM)体系是一种仅限于通过注册获得保护的制度(本条第1款和第6条)。本条第2款确立的欧共体商标的统一性特征是该制度的几项基本原则之一,其他还包括自治原则和共存原则。

(a)自治。自治原则是指,欧共体商标独立于任何成员国法规、条例和原则,由本条例及基于本条例的法律独立自治管辖,例如《欧共体商标条例实施细则》(CTMIR)[①]和欧共体法律原则和规则。只有当本条例明示或暗示提及成员国法的,方可适用。在本条例中,最为明显的例子即第8条和第53条规定的驳回或无效的相对事由,第16条在将欧共体商标当作财产客体时援引成员国法,第14条和第九章(第94条等)规定的在侵权案件中对成员国法的适用。欧盟法院和欧盟普通法院的案例法还指出,自治原则还意味着协调局和法院在涉及相同或类似商标案件中,无需考虑成员国法院的裁决(例如欧盟普通法院 Electronica 案)。这与欧盟法院有关成员国对

[①] 以下简称《商标条例实施细则》。——译者注

其他成员国有权机构裁决的考量的意见是一致的。在 Perwoll Bottle 案中，欧盟法院指出，相同商标在其他成员国已经注册的事实可予以考虑，但是，就原先注册商标所作裁决，"对其他成员国的商标注册机构就类似的商品或服务的近似商标的显著特征的审查不产生影响"。欧盟法院在同日的 Postkantoor 案裁决第 44 段中也阐述了这一观点，并在 VolksHandy & Schwabenpost 案中加以重申。但是，这一观点令人难以信服。在统一的欧盟商标体系内，对相同的商标理应平等对待，原则上，类似案件应当以相同的方式审理。

（b）共存。共存原则是指，欧共体商标制度与成员国商标制度可以共存——欧共体商标制度既不取代成员国制度（正如 20 世纪 90 年代比荷卢商标法的统一），也不优先于成员国商标制度，它们均具有相同的价值。正如欧共体立法者在本条例序言第（6）所称，是否申请注册欧共体商标完全取决于申请者的个人意愿。有效的成员国商标权和其他权利不会因（在后）欧共体商标的申请注册而受到阻碍（第 110 条），在本条例规定的诉讼中，还可以援引成员国权利对抗欧共体商标（第 8 条、第 41 条和第 42 条规定的异议，以及第 53 条、第 56 条，以及第 57 条规定的无效宣告程序）。正如同成员国权利可以作为驳回或无效的相对事由一样，欧共体商标在所有成员国也可以作为对抗在后的成员国商标或其他权利的驳回或无效的相对事由（《商标指令》第 4 条）。共存还意味着相同的商标可以同时作为欧共体商标和成员国商标保护，双重保护不存在障碍。共存原则也是欧共体制度与成员国知识产权制度结合最为明显的原则。

2. 注册取得权利（第 1 款）

依据欧共体商标制度，只有通过注册（第 6 条）才能取得商标权利。未注册商标的权益仅在成员国法律制度中才得到认可。未注册商标可以作为在先权利（例如，作为驳回或无效的相对事由）。

3. 统一性原则

本条第二款规定，除非本条例另有规定，欧共体商标应当适用统一性原则。第 7 条第 2 款、第 8 条和第 53 条是对统一性原则的最明显的体现。根据第7条第2款的规定,即使驳回的绝对事由仅存在于共同体的部分领域,亦应驳回欧共体商标的申请。例如,商标只要以任何一种共同体官方语言缺乏显著性时,就应当驳回(例如欧盟普通法院 Options 案)。根据第8条和第53条的规定,即使在一个成员国内存在冲突的在先权利,就应当驳回欧共体商标申请;对已经注册的欧共体商标,应当宣告无效。这种被驳回或宣告无效的欧共体商标可以转换至成员国国内注册(《商标条例实施细则》第45条第4款),但只能转换至没有障碍的成员国注册(第112条)。如果在先欧共体商标作为异议或无效的基础,则共同体部分地域存在混淆可能的事实足以"击败"在后的欧共体商标。本条第二款还明确规定,欧共体商标只能在整个欧共体范围内注册、转让、放弃、宣告无效或禁止使用,但本条例另有规定的除外。但是,对于转让而言,通过授予地域限制的专用许可(第22条),也可以实现类似的效果。对于禁止使用而言,第110条和第111条就是明显的例外,欧共体商标只有在要求救济的在先商标或其他在先权利的地域才被禁止使用。第165条第2款对于"新"成员国在先权利的保护,也援引了这些规定。如果欧共体商标法院只能基于"事实发生地"(第98条第2款)才能享有管辖权,主张欧共体商标之间侵权的原告方只能将权利的救济限于诉讼发生地国家。当然,即使欧共体法院对所有共同体领域均享有管辖权,原告也可以将其主张限于特定领域。有观点认为,如果与在后的标志或商标的冲突仅存在于特定地域,例如仅存在特定语言的混淆可能,或依据第9条第1款(c)项寻求救济的声誉仅存在于共同体的特定地域,也可以将欧共体商标的效力加以限制。但是,根据本条第2款的严格解释,对欧共体商标效力的这种限制缺乏法律依据。

7 协调局

第2条

(商标和外观设计)内部市场协调局,以下简称"协调局",特此设立。

协调局。本条设立了主管欧共体商标系统的协调局。欧盟商标与外观设计局的正式名称为内部市场协调局(商标与外观设计),为人们所熟知是其大写字母的缩写——OAMI，HABM，OHIM，OHMI，UAMI。1993年10月召开的欧盟特别峰会确立了该机构的坐落地点(西班牙)和名称，并明确了该机构的职责不仅包括商标，还包括外观设计，在未来还可能有进一步的拓展。《欧共体外观设计条例》于2003年生效。有关协调局职责的条文可参见本条例第十一章(第111条等)。除协调局外，如果侵权诉讼中被告提起反诉，欧共体商标法院还有权宣告欧共体商标无效或撤销。

行为能力

第3条

为实施本条例，公司、企业和其他法律实体，如果根据主管其法律的规定，具有以自己的名义行使权利、履行义务、签订合同或从事其他法律行为以及起诉和应诉的能力，应视为法人。

1. 在协调局的行为资格

协调局各项程序中的当事人应当是自然人或法人。非法人实体不具备成为协调局程序当事人的主体资格。例如，第5条规定，所有自然人或法人以及依公法设立的机构可以成为欧共体商标的所有人。第43条第2款规定了可以成为异议程序的当事人，第56条规定了可以成为撤销程序的当事人。之所以要求法人资格，是因为诸如协调局或法院作出的裁决会确立相应的权利和义务，因此要求该实体能够行使权利或者履行义务，例如在协调局或法院程序中。当然，对于与协调局沟通的不涉及确立的权利和义务的特定程序事宜，无需法人资格的要求。非公司团体和其他类型的人的聚合可以联系协调局。

2. 类似于法人的实体

在很多成员国和其他一些地区，一些法律实体虽然不是"法人"，但与法人一样，可以享受权利、履行义务并进行诉讼。因此，它们类似于"法人"(例如德国的"贸易公司"、第2137/85号欧洲理事会条例第1条第2款规定的欧洲经济利益集团，以及英国的"合伙企业")。因此，有必要在本条例中认可这种实体，成为欧共体商标的所有人并参与协调局的程序。本条不限于成员国的范围,世界上其他自然人和实体也可以成为欧共体商标的所有人并参与协调局的程序,例如在异议或撤销程序中援引国家权利的所有人。

3. 资格的审查

2004年对本条例修订后,第5条有关对非《巴黎公约》和非世界贸易组织成员国的互惠条件被删除,代之以规定自然人和法人可以成为欧共体商标的所有人。本条也适用这一修订。但是,2004年的修订同时删除了审查所有人条件的规定,这些规定此前在第37条(单方当事人的审查)、第51条第1款(d)项(撤销)和第52条第1款(a)项(无效)中(现均已废除)。但是,协调局显然仍有权(也有义务)根据第5条以及本条对欧共体商标申请人的主体资格进行审查。对于丧失主体资格是否会导致丧失已注册欧共体商标的问题,本条例未作规定。

第二章 与商标有关的法律

第一节 欧共体商标的定义和取得

构成商标的标志

第4条

商标由可以用图示的任何标志构成,尤其是包括人名在内的文字、图案、字母、数字以及商品形状及其包装,只要这些标志能够将一个企业的商品或者服务与其他企业之间的商品或者服务区分开来。

1. 与 TRIPS 协议和《欧洲议会、欧洲联盟理事会关于成员国相关商标法律趋于一致的指令》(2008/95/EC) 的关系

本条例第二章调整的是作为注册商标(第6条)的欧共体商标的定义和取得问题。本条规定的是一个标志能够成为(注册)商标的抽象能力,不考虑何种商品和服务。本条与《商标指令》第2条是一致的。但是,如果成员国认可未注册商标,则对《商标指令》第2条的实施会有所不同,因为未注册商标不属于《商标指令》的调整范围(参见欧盟法院 Sieckmann 案判决第38段)。本条指明了商标的主要功能,即能够区分企业之间的商品或者服务[区分来源功能,参见序言第(8)],当然,这种区分只是抽象的[参见第7条第1款(a)项和(b)项]。尽管商标的定义中有图像表示的观念,但这并不妨碍其他无法用图像表现的符号在商业活动中承担(注册)商标的功能。在商业活动中使用的未注册商标或其他标志不属于《商标指令》的协调范围,由各成员国法调整(参见第8条第4款)。TRIPS 协议第15条从可视性或者说可注册性角度界定了商标标志的构成条件,欧盟实际上也遵循了这一规定。

2. 审查

在申请审查的程序中,至少应在下列三种情形下审查本条的要求:审查商标图示是否足以获得申请日[第26条第1款(d)项、第27条和第36的,不考虑不同语言版本的术语表达的差异]、依据《商标条例实施细则》第9条进行形式审查以及第7条第1款(a)项规定的驳回绝对事由的实质审查。因没有提交商标图示而未能获得申请日的,无法在后续程序中得到补救,也不得在后续程序中更换图示(第43条)。

3. 条件

为满足本条规定的构成商标的条件,注册申请应当满足以下三个条件:应当是一个标志、该标志应当可以由图像表现、该标志可以区分企业之间的商品或者服务①。标志应当能够独立于产品或一些抽象观念而被人们所感知。如果标志过长或过于复杂,则不属于这种情形(例如,书籍或电影的内容)。本条明确了抽象的标志应当具有显著性,而不论申请的商品或者服务为何。当然,总体上符合本条规定的标志仍可能因为其他商标不得注册的绝对事由而被驳回。

4. 商标的类型及其图示

(a)开放清单。本条列举的可以成为商标的标志并非是穷尽的。可能构成商标的范围非常广泛,包括所有已经承认的商标类型和在《商标指令》之前不被成员国认可的商标形式。

(b)商标种类。在每项申请中,申请人应当指明申请商标的类型。目前,欧共体商标申请形式仅限于几种,分别为"文字商标"、"图形商标"、"立体商标"、"颜色商标"、"声音商标"以及概括性的仍需进一步分类的"其他"类型。指明商标类型的目的在于提供商标的简要描述,明确保护范围的延伸和限制。对商标类型的指明应当展现图示,且可以通过进一步的细致说明加以补充。特定类型可能导致《商标条例实施细则》第3条规定的

---

① 参见欧盟法院 Dyson 案判决第28段。

提交申请的额外形式要求。如果受保护的是二维或三维标志，或保护的声音、颜色或图像标志，或具有其他特征，应当明确表现。许多商标是不同类型的组合（例如文字和图案、外形、声音或者 3D 和颜色）。它们的精确范围可以通过图片或描述确定。协调局网站（CTM-online）的搜索引擎也可以按商标类型进行搜索。

（c）注册和公告的数字化。商标的图示可以在注册簿和官方公报中重现（第 83 条和《商标条例实施细则》第 87 条）。欧共体商标的注册和公告仅以数字化形式进行。商标申请和注册的电子化使得注册簿可以向在纸质时代被驳回的商标开放。

（d）图示、描述、颜色要求概述。所有商标必须予以展现。除文字商标外，所有电子或纸质申请的商标均应当另页展现（《商标条例实施细则》第 3 条第 2 款）。商标图样最终以注册簿为准，而非附于申请材料的样本。根据欧盟法院的意见，标志的图示应当能够"视觉感知，特别是通过影像、线条或字母"。如此一来，欧盟法院谨慎地将图示的定义扩大解释包含了描述。原则上，对商标的描述可以作为非文字商标的（间接）图示（欧盟法院 Libertel Orange 案裁决第 28 段、第 34 段；欧盟法院 Sieckmann 案裁决第 46 段、第 70 段）。在未来，欧盟法院可能会遵循同样的逻辑，将接受电子注册作为"图示"。商标的描述往往是有价值的，甚至是必要的，将会对商标给予更精确的认识。欧共体商标的描述将会被翻译成所有欧盟官方语言，并登记公告（第 120 条和《商标条例实施细则》第 84 条第 2 款（f）项）。描述本身甚至会包含图像，目的在于更好的阐明商标的构成（例如欧盟普通法院 Deere 案）。此外，商标的图示或者图示的组合必须符合"七项标准测试"的要求，即清楚、准确（告知主管机构和经济从业者）、完备、易获取、可理解、可持久（即使历经多年之后，在注册簿上仍可持久存在）和客观（具有唯一性，以免在注册和保护过程中有主观性介入）（欧盟法院 Sieckmann 案判决第 48 至第 55 段）。一个单纯的描述如图表，通常会被认为不够清楚、准确和客观。如果商标含有颜色，必须在申请书颜色要求一栏中对颜色予以明示（《商标条例实施细则》第 3 条第 5 款）。仅当商标是黑白颜色或者灰色的,可以不用声明颜色要求。颜色必须用文字描述,且可以用色谱予以进一步限定。商标的图示可以采取不同的方式,如照片、图表、文字描述、颜色指定或者商标种类的指定,但各种方式之间不得相互矛盾。例如,申请一个指定颜色的图形商标,不得要求作为黑白商标进行保护。此类申请将被认为不符合形式要件予以驳回(《商标条例实施细则》第3条第5款、第9条第3款(a)项、第4条)。如果描述没有实质性地改变所申请的商标,而仅仅是进一步描述和澄清商标图样且没有增加商标构成要素,也没有扩大商标保护范围,此种描述可以在申请后增加到注册簿上。

(e)文字商标。如果申请注册文字商标,包括姓名、字母、数字或者其他可以用普通字体图示的标记(如标点符号),不要求任何具体的图形或者颜色要素(《商标条例实施细则》第3条第1款)。法律对申请商标所用的字母表没有作任何区分,也未设翻译要求。根据《商标条例实施细则》第3条第1款,虽然内部市场协调局要尊重字母商标以小写或者大写的方式使用,但在录入商标时必须保持中立。对文字商标的保护范围不得扩大至任何图形或者颜色要素。文字商标保护范围涵盖所有字体和颜色是一项老规则,它仅仅是考虑到实际使用证据情况下的经验法则,且不能当然地得出冲突商标近似或者相同的结论[第8条第1款(a)项和(b)项]。相反,在异议、侵权案件或者其他程序中,文字商标所有人不得援引其可能使用的字体或者颜色与图形商标做比较(欧盟普通法院 Faber v Naber 案裁决第31段、第38段;欧盟普通法院 Cor v Gor 案裁决第43段)。

(f)图形商标。图形商标是一种二维静态语言表示或者图形表示或者两者的组合。从内部市场协调局的实践来看,图形商标的概念很宽泛。它包括没有任何文字的纯图形商标、文字图形组合商标和经特殊风格处理的文字商标。就图形商标而言,其图形要素本身以及其中文字的含义都会影响和决定对其保护和审查。

(g)立体商标。立体商标由三维形状构成,包括产品的容器、包装和产品本身。立体商标可以含有文字、图形要素或者颜色。申请注册立体商标可以用平面图来描述,但最多不得超过六张(《商标条例实施细则》第3条第 4 款)。如果带有颜色,必须指定颜色。如果文字部分难以认读,则应当在申请书中作进一步释明。

(h)声音商标。声音商标是从听觉上被感知的,由声音或声响组成。由定义可知这种类型的商标是非视觉性的,因此,它无法用图片形式进行图示。呈现声音的方法最好是录音,但申请声音商标时还是要强制申请人填写一张表格,里面包括音乐符号和声谱图。根据《商标条例实施细则》第 3 条第六款的规定可以预见,可以 MP3 格式(音频)和 JPEG(图片)格式进行电子文件登记,因此应该以电子方式提交声音商标申请(协调局第 EX-05-3 号局长令)。欧盟法院对于声音商标申请,接受通过旋律的表现形式,这些表现形式通过记谱法保存下来。记谱法在五线谱上划分出了小节,而且尤其表现出了调号、音符和休止符等,这样的商标表现形式可以显示曲式以及重音,所有这些记谱法呈现出了声音的音高和时值。如果图示忠实再现了乐谱上试图表达的旋律的声音序列,这样的图示方式是可以被欧盟法院接受的(欧盟法院 Shield Mark 案裁决,第 62 段)。显然,法院没有考虑演奏的乐器或演奏速度是否是有必要被标注出来的(类似于文字商标,其中的发音,口音或说话速度与注册无关)。然而,如果它只是简单地用词或拟声词进行描述,就不够精确。即使没有确定的频谱图或声谱图,但只要他们足够清晰并且伴有声音文件,欧盟内部市场协调局也能够接受。

(i)动感商标。《商标条例实施细则》第 3 条没有明确规定动感商标。动感商标的客体由连续的运动图像组成。可以选择多幅独立的图像和清楚的描述来图示一个简单的连续动作。参照关于立体商标的规定,图像的数量不得超过六幅。

(j)气味、香味、味道。有的商标寻求保护其嗅觉或者味觉感知(气味、香味、味道)。《商标条例实施细则》第 3 条虽然没有规定此类视觉不可感知的标志,但其被本条所涵盖。到目前为止,内部市场协调局和有关方面都没有拿出令人信服的技术措施以允许直接的图形描述或者记录描述。虽然欧盟法院原则上接受以图形方式描述和界定(欧盟法院 Sieckmann 案判决第 46 段、第 69 段至第 72 段),但其明确认为气味商标仅仅通过指出气味物质、化学式、文字界定或者样本来描述,并不完全符合前述"七项标准测试"①。欧盟普通法院拒绝接受以"熟草莓"味和一张草莓图片来界定气味商标(欧盟普通法院 Eden SARL 案判决第 33 段)。

(k)触觉商标。有的商标仅保护其触觉或者触感。此类商标原则上可以通过一个明确的、用以触摸的客体和文字界定来图示。图示可以很大程度上适用对立体商标的图示。图示必须给相关公众一个清晰的关于触感要素的概念,触感要素包括轮廓、大小、表面结构及其柔软度,正因如此,这通常是难以实现的(上诉委员会 Car Parts 案)。

(l)全息图。本条以及《商标条例实施细则》第 3 条均未明确规定有全息图。但是,以一张或者若干张图片、呈现出不同角度的清晰的印象并辅以文字界定,全息图是可以接受的。

(m)颜色。首先应当区分单一颜色和颜色组合。没有轮廓和形状的单一颜色属于本条例规定的可以实现商标功能的标志之一。在单一颜色之外,可以对颜色的使用作进一步限定(如使用在商品的具体位置、特殊外观)。《商标指令》规定了颜色商标的申请要件。由于颜色样本随着时间推移可能会褪色,所以仅以样本方式提交简单的图示是不够的,颜色还必须以"国际认可的色谱"加以限定(欧盟法院 Libertel Orange 案判决第 38 段、Heidelberger Bauchemie 案判决第 36 段)。尽管《商标条例实施细则》第 3 条第 5 款建议以色谱标明,但由于电子申请不存在褪色问题,内部市场协调局并不认为标明色谱是强制性的,只是认为提交颜色样本是不可或缺的。色谱可以参考彩通配色系统(Pantone Matching System)、劳尔(RAL)色彩系统、HKS(德国三家色彩制造商 Hostmann-Steingerg Druckfarben、Kast + Ehinger Druckkfarben、H. Schmincke & Co. 首字母的缩写)色彩系统、蒙赛尔(Musell)色彩系统、自然色彩系统(Natural Color System)以及类似的色彩系统。色谱标注可以在提交申请之后进行,只要它没有改变需要保护的标志,而仅是为了进一步限定商标(协调局第 6/03 号局长通报)。

---

① 参见前文(d)。

(n)颜色组合。两种或者两种以上的颜色组合可以成为一个"标记"。两种或者两种以上抽象的颜色组合可以是"任意可能组合形式",也可以是"任意比例",因其本身不够清晰,所以并不符合图示的要求(欧盟法院 Heidelberger Bauchemie 案判决第 33 段至第 34 段,相同标准亦见于欧盟普通法院 Green v Grey 案判决第 33 段至第 40 段)。正如对文字商标不保护其单独的字母,颜色商标要求保护范围及于所有颜色组合是不够准确的。颜色组合必须是按照既定和统一的方式将相关颜色进行系统的排列组合。颜色比例必须通过图示,最好辅以描述清晰地展现出来。描述和颜色图示必须一致。根据本条例第 43 条,不得将不受限制的颜色组合商标申请改变为加以诸多限制的申请,或者将图形商标申请改变为颜色商标申请。但是,根据本条例第 26 条及《商标条例实施细则》第 9 条第 3 款(a)项和第 3 条的规定,如果申请商标和其描述存在模棱两可之处,则可加以修正。

(o)"位置商标"。位置商标仅指位于某物体具体部位的特定位置的标记,例如位于商品上或者服务商标的服务载体上。位置商标应该始终以相同的形状、大小比例使用在相同的地方。位置商标的保护范围不包括位置标记所使用的物体的形状。位置商标的例子有:申请注册于杯子表面的样式(欧盟普通法院 Glaverbel Ⅰ 案判决)、申请注册于奢侈手表表面上的三个小表面的位置(欧盟普通法院 Lange Watch 案判决)。本条例并未将位置商标作为一个独立的商标类型。虽然位置商标通常注册为"其他"类型的商标,但它更多地被认为属于图形商标、立体商标或者颜色组合商标在特定位置的子分类(欧盟普通法院 Joop! 案判决第 28 段),对其申请的形式要求也与此相一致。位置商标必须清晰地界定,如通过虚线图示并辅以文字描述。

(p)概念。一个概念不是一个标记。由于概念会独占整个范围内的标记,保护一个概念意味着赋予其不正当竞争的优势,这与商标法所追求的目标背道而驰。例如,以一个"透明的收集仓作为真空吸尘器的外表面组件,包括所有可以想象的收集仓的形状和颜色"来界定一个标记,不符合本条例第 4 条的规定,即使提供了实物也不例外。仅通过实物是不能显示形状、尺寸大小、图像和构成的(欧盟法院 Dyson 案判决第 37 段)。

商标权主体

第 5 条

任何自然人或者法人,包括依公法设立的管理机构,都可以成为欧共体商标的所有人。

1. 任何自然人或者法人

任何自然人或者法人都可以成为欧共体商标的所有人。法人是国家法律承认的实体。根据法人这一措词,它包括依公法设立的管理机构。其他不被国家法律承认的实体则属于本条例第 3 条拟制的主体。任何人不论其国籍,都可以成为欧共体商标所有人。起初,欧共体商标注册仅对来自《巴黎公约》、TRIPS 协议成员的申请人或者与欧盟订有互惠协议的国家的申请人开放。2004 年 3 月 10 日,欧洲理事会第 422/2004 号决议废止了这一限制。同时,不符合第 5 条规定这一事由也在驳回(原本条例第 37 条)、撤销[原本条例第 50 条第 1 款(d)]和无效宣告[原本条例第 51 条第 1 款(a)]事由中被取消。

2. 相关说明

根据本条例第 85 条的规定,欧共体商标注册簿上除记载申请人的姓名和地址外,还记载申请人姓名或者地址的变更、根据本条例第 17 条进行的全部或者部分转让以及任何针对其启动的破产程序[《商标条例实施细则》第 84 条第 2 款(e)、第 3 款(a)和(i)]。商标申请人或者所有人必须提供信息证明其符合获得申请日的条件[本条例第 26 条第 1 款(b)项]。尤其是需要根据《商标条例实施细则》第 1 条第 1 款(b)项提供详细信息。自然人必须载明其姓和名。法人必须载明其官方名称和法律组织形式。而且,组织形式是必须载明的,无论其国家法律是否设定有在名称中包含组织形式的义务。组织形式可以采取符合惯例的缩写形式(PLC,SA,GmbH,等)。在有的裁决中,自然人或者法人可以使用不同的商号以代替其正式姓名或者登记的公司名称。《商标条例实施细则》第 1 条第 1 款(b)项就地址和联系方式作了更为详细的规定。

3. 权利主体资格瑕疵

为获得申请日,申请人必须可证实。因此,申请人在注册日必须存在。满足本条例第 5 条规定的商标所有人的条件并非是获得申请日的条件[①]。为了让申请人补正成为商标所有人的形式要件,审查员会设定时限或者中止程序[②]。除非适用本条例第 17 条至 24 条的例外规定,即根据本条例第 16 条的规定,一个欧共体商标作为财产的标的应当作为一个国家商标处理。至于权利的转让,欧共体商标申请和注册都可依据本条例第 17 条至 24 条进行转让。在解散公司之前,国家法律通常都规定了剩余财产的处置办法,例如指定授权的公司债务清算人决定转让或者移转某个商标。如果作为欧共体商标所有人的法人被解散,而注册簿中并未记载商标的转让或者移转,该商标仍以原所有人的名义存续直到该商标有效期届满,但由一个不再存续且无承继人的当事人提起的持续中的程序就会变得毫无意义。如果一个由自然人、法人或者拟制主体组成的集体依据本条例第 3 条的规定没有作为集体的法律能力,可以要求其中一个或者几个人代表集体履行法律能力。当然,所有集体成员可以成为商标的共同所有人。共同所有人可以通过共同代表人行动,尽管存在通过专业代表人行动的可能性(本条例第 93 条),但通常在申请书上排名第一的申请人为共同代表人(本条例第 16 条第 3 款及《商标条例实施细则》第 75 条)。关于商标权主体的瑕疵是可以补救的,例如澄清正确的商标所有人,或者将商标转让给自然人或者法人。

商标权取得方式

第 6 条

欧共体商标权依注册取得。

---

① 参见第 27 条。
② 参见第 36 条以及《商标条例实施细则》第 9 条第 3 款。

1. 已注册的欧共体商标

本条是对欧共体商标取得方式的规定。商标权的取得要么依据国家法律规定的使用取得，要么依据共同体法律处分和注册取得。本条例和《商标指令》都只适用于注册商标。欧共体商标只能通过注册取得。本条例中的术语"已注册欧共体商标"属于赘述。实际使用或者意图使用商标不是提交注册申请的条件，缺少实际使用或者使用意图也不构成驳回申请或者无效宣告的事由。

2. 注册时间

欧共体商标在经过形式审查、绝对理由审查和基于相对理由的异议程序(本条例第45条)后取得注册。至于注册簿的内容，请参见本条例第87条及其《商标条例实施细则》第84条。

3. 基于注册的权利

欧共体商标所享有的权利自该商标注册公告之日起可以对抗第三人(本条例第9条第3款)。欧共体商标有效期为自申请日而非注册之日起10年(本条例第46条)。商标申请自申请日起可以获得某些保护，例如享有优先权(本条例第8条第2款(a)项、第29条)。欧共体商标申请构成一项财产权的标的(本条例第16条、第24条，亦见于欧洲人权法院 Anheuser-Busch v Portugal 案)。欧共体商标申请公告之后(本条例第39条)至其注册之前(本条例第9条第1款、第3款)，可基于该商标申请请求侵权损害赔偿。尽管本条例第103条第1款明确规定了商标申请，但多数法院认为不能基于欧共体商标申请给予禁令救济，即使在该商标申请公告之后亦然。

驳回注册申请的绝对理由

第7条

1. 下列标志或者商标不得注册：

(a) 不符合本法第4条规定的标志；

(b) 缺乏显著特征的商标；

(c) 仅由在商业活动中用于表示商品或者服务种类、质量、数量、用途、

价值、地理来源、生产时间或者提供时间的符号或标志组成的商标,或者表示商品或者服务其他特征的符号或者标志组成的商标;

(d)仅由在当前语言中,或者基于善意形成的商业惯例中已成为习惯用语的符号或标志组成的商标;

(e)仅由下列形状组成的商标:

  i. 商品自身的性质产生的形状;
  ii. 为获得技术效果而需有的商品形状;
  iii. 使商品具有实质性价值的形状;

(f)违反公共秩序和善良风俗的商标;

(g)具有欺骗性,容易使公众对商品或者服务的性质、质量或者产地等产生误认的商标;

(h)尚未获得主管机关的授权,且依据《保护工业产权巴黎公约》(以下简称《巴黎公约》)第6条之三将被予以驳回或宣告无效的商标;

(i)含有《巴黎公约》第6条之三规定以外但属于特定公众利益的徽章、徽记或者纹章图案的商标,但有关主管机构同意的除外。

(j)葡萄酒和烈性酒商标中含有葡萄酒和烈性酒的地理标志或者仅由该地理标志组成,而该葡萄酒及烈性酒并非来源于该地理标志所标示的地区的;

(k)商标含有依据欧洲理事会2006年3月20日通过的保护农产品和食品地理标志和原产地名称的第510/2006号决议[①]注册的地理标志或者原产地名称,或者仅由该地理标志或者原产地名称组成,该商标有此决议第13条规定的情形之一,且指定在同类产品上,而该商标注册申请时间晚于该原产地名称或者地理标志的注册申请时间。

2. 即使前款规定的不得注册的理由仅在部分共同体国家得到承认,前

[①] 《欧盟官方公报》L93,2006年3月31日,第12页。

款规定仍应予适用。

3. 如果商标在其要求注册的商品上已经通过使用取得显著性,则本条第一款之(b)、(c)、(d)项不予适用。

第7条第1款(h)、(i)项援引的《巴黎公约》第6条之三(商标:关于国徽、官方检验印章和政府间组织徽记的禁例)

(1)a. 本联盟各国同意,对未经主管机关许可,而将本联盟国家的国徽、国旗和其他的国家徽记、各国用以表明监督和保证的官方符号和检验印章,以及从徽章学的观点看来的任何仿制用作商标或商标的组成部分,拒绝注册或使其注册无效,并采取适当措施禁止使用。

b. 上述(a)项规定应同样适用于本联盟一个或一个以上国家参加的政府间国际组织的徽章、旗帜、其他徽记、缩写和名称,但已成为现行国际协定规定予以保护的徽章、旗、其他徽记、缩写和名称除外。

c. 本联盟任何国家无须适用上述(b)项规定,以免损害本公约在该国生效前善意取得的权利的所有人。在上述(a)项所指的商标的使用或注册性质上不会使公众理解为有关组织与这种徽章、旗帜、徽记、缩写和名称有联系时,或者如果这种使用或注册性质上不会使公众误解为使用人与该组织有联系时,本联盟国家无须适用该项规定。

(2)关于禁止使用表明监督、保证的官方符号和检验印章的规定,应该只适用于在相同或类似商品上使用包含该符号或印章的商标的情况。

(3)a. 为了实施这些规定,本联盟国家同意,将它们希望或今后可能希望、完全或在一定限度内受本条保护的国家徽记与表明监督保证的官方符号和检验印章的清单,以及以后对该项清单的一切修改,经由国际局相互通知。本联盟各国应在适当的时候使公众可以得到用这样方法通知的清单。但是,就国旗而言,这种相互通知并不是强制性的。

b. 本条第(1)款(b)项的规定,仅适用于政府间国际组织经由国际局通知本联盟国家的徽章、旗帜、其他徽记、缩写和名称。

（4）本联盟任何国家如有异议，可以在收到通知后12个月内经由国际局向有关国家或政府间国际组织提出。

（5）至于国旗，上述第（1）款规定的措施仅适用于1925年11月6日以后注册的商标。

（6）至于本联盟国家国旗以外的国家徽记、官方符号和检验印章，以及政府间国际组织的徽章、旗帜、其他徽记、缩写和名称，这些规定仅适用于接到上面第（3）款规定的通知超过两个月后所注册的商标。

（7）在有恶意的情况下，各国有权取消即使是有1925年11月6日以前注册的含有国家徽记、符号和检验印章的商标。

（8）任何国家的国民经批准使用其本国家国徽记、符号和检验印章者，即使与其他国家的国家徽记、符号和检验印章相类似，仍可使用。

（9）本联盟各国承诺，如未经批准而在商业中使用本联盟其他国家的国徽，具有使人对商品的原产地产生误解的性质时，应禁止其使用。

（10）上述各项规定不应妨碍各国行使第6条之五3款第（3）项所规定的权利，即对未经批准而含有本联盟国家所采用的国徽、国旗、其他国家徽记，或官方符号和检验印章，以及上述第（1）款所述的政府间国际组织特有符号的商标，拒绝予以注册或使其注册无效。

第7条第1款（k）项援引的欧洲理事会第510/2006号决议

（ii）第13条　保护

（1）有下列情形之一的，对已注册名称应予保护：

a. 任何将已注册名称在核定范围以外的商品上作直接或间接的商业使用，且所使用的商品与已注册名称核定使用商品具有可比性，或者此种使用利用了已注册名称的声誉；

b. 任何对已注册名称的滥用、模仿或者暗示性使用，即使标明了产品的真实产地也不例外，或者以翻译或者辅以诸如"式"、"型"、"方法"、"如同生产于"、"仿"或者类似的表现形式使用已注册名称；

c. 任何其他在产品的内包装或者外包装、广告材料或者与产品有关的文件上,对产品的来源、产地、性质或者基本品质作虚假或者误导性表示,以及使用一个容易在产地上给人以错误印象的容器作为产品包装;

d. 任何容易在产品产地上误导消费者的其他行为。

已注册名称含有农产品或者食品的名称,且该名称属于通用名称的,在相对应的农产品或者食品上使用该通用名称并不违反前款(a)、(b)项的规定。

(2)受保护的名称不得成为通用名称。

(3)依本条例第五条申请注册的名称在依本条例第6条第2款公告之后,他人以该名称的注册妨害与其完全相同或者部分相同的名称或者产品存在为由提出异议,且在其初步审定公告之前该名称或者产品至少存在五年,一旦异议成立,可以设置长达五年过渡期条款。

地理区域所在成员国或者第三国的企业在申请注册的名称,依本条例第6条第2款公告之前,已经至少持续五年使用该名称合法销售争议产品,该企业在本条例第5条第5款第一段、第二段规定的异议程序中或者本条例第7条第二款规定的异议程序中予以主张的,可以为该企业设置过渡期。本款规定的过渡期和本条例第5条第6款规定的调整期之和不得超过五年。依本条例第5条第6款确定的调整期超过五年的,不得授予过渡期。

(4)在不违反本条例第14条和符合下列条件的情形下,欧盟委员会可以依据本条例第15条第2款规定的程序,决定一个已注册名称和一个与其相同的未注册的、标示成员国或者第三国的某地方的名称并存。

a. 在1993年7月24日之前,该未注册的相同名称已持续和正当地使用至少25年;

b. 能够证明对未注册的相同名称的使用,在任何时候都没有利用已注册名称声誉的目的,且没有也不会在所使用产品的真实产地上误导消费者;

c. 在已注册名称注册之前,名称相同产生的问题已提出;

未注册的相同名称和已注册名称并存的时间最长不得超过15年,未注册名称在并存期限届满后应当停止使用。

在产品标签上清楚、明显地标明原产国的,应当授权使用未注册的地理名称。

(iii)第14条 商标、原产地名称和地理标志的关系

(1)原产地名称或者地理标志已依据本条例获得注册,对在其向欧盟委员会提交申请日之后提出的、有本条例第13条规定的情形之一且使用在同类产品上的商标注册申请,应予驳回。

违反前段规定的商标注册应予宣告无效。

(2)鉴于共同体法律,即使原产地名称或者地理标志已经注册,而商标的使用有本条例第13条规定的情形之一,但该商标在原产地名称或者地理标志在原属国受到保护之前或者1996年1月1日之前,已经在共同体地域内善意申请、注册或者根据相关法律通过使用得以确立,且不存在《协调成员国相关商标法律的1988年12月21日的第89/104/EEC号理事会指令》和《1993年12月20日欧共体理事会关于欧共体商标的第40/94号共同体条例》规定的宣告无效或者撤销事由的,该商标可以继续使用。

1. 概述

(a)绝对驳回理由。第7条规定的驳回理由都是"绝对的",因为它们旨在保护公共利益而非保护私益,所以存在绝对事由就必然会导致商标申请驳回,对因错误获得注册的,亦必然会依请求被宣告无效(第52条)。除非基于特定公共利益,不得依据第7条驳回商标申请(欧盟法院 libertel Orange 一案判决第48段至第50段)。绝对理由很大程度上独立于申请人的身份。商标是财产权的标的,商标权产生禁止他人使用的排他权。对特定标记享有排他权的个人利益和公共利益必须保持平衡。每项驳回的绝对理由必须依据特定公共利益进行释明,并与其他驳回理由相独立。第7条第(1)款规定的每项驳回理由都有各自的适用范围。所有驳回理由既不相互依赖也不相互排斥,应当分别进行审查(欧盟法院 Postkantoor 案判决第67段;Linde,Winward,Rado 案判决第67段;Merz & Krell(Bravo)案判决第35段;Eurohypo 案判决第54段)。只要存在其中一项绝对驳回理由,就足以驳回商标申请。

(b)《巴黎公约》、《与贸易有关的知识产权协定》(TRIPS)。本条例第7条及其相应的《商标指令》第3条都是基于《巴黎公约》6条之三和6条之五B。《巴黎公约》保留有处于绝对支配地位的文本,共同体法律必须予以遵守[①]。TRIPS协议强化了前述《巴黎公约》规定的绝对驳回理由的重要性(TRIPS协定第2条第2款、第15条第2款,亦可参见本书关于第4条释义的注1)。但是,不得直接援引《巴黎公约》或者TRIPS协定,除非共同体法律规定了直接有效条款,例如第7条第(1)款(h)和(i)项(欧盟法院Post-kantoor案判决第6段、第29段;Develey Bottle案判决第2段至第7段)。

(c)《商标指令》。本条例采纳了《商标指令》第3条列举的所有绝对驳回理由,该规定对成员国具有强制执行力。第7条第(1)款第(a)至(i)项与《商标指令》第3条第(1)款第(a)至(h)项、第(2)款第(c)项相对应。本条例并未预见到,根据《商标指令》第3条第(2)款的规定,对于国内立法而言,所有绝对驳回理由是可以选择的,但它预见到将《巴黎公约》6条之三规定以外的官方徽记的作为商标注册的禁止[见《商标指令》第3条第(2)款(c)项、本条例第7条第(1)款(i)项]。本条例没有清楚地预见到对诸如宗教符号[《商标指令》第3条第(2)款(b)项]的富有象征意义的标记的驳回。但是在实践中,对此类具有象征意义的标记可以适用其他绝对理由条款予以驳回,尤其是缺乏显著性(本条例第7条第1款b项)、违反公共秩序和普遍接受的道德原则(本条例第7条第1款f项)以及具有欺骗性(本条例第7条第1款g项)等条款。恶意(《商标指令》第3条2款d项)不是一项针对欧共体商标申请的绝对驳回理由,但是商标申请出于恶意的,应当在双方当事人程序中基于请求而被宣告无效(本条例第52条第1款b项)。如果恶意由"不诚实的代理"所致,可以在基于不得注册相对理由的异议程序或者无效宣告程序中予以驳回或者宣告无效(本条例第8条第3款、第53条并参见第18条)。欧共体商标申请不得适用商标法以外的国内法或者共同体法律予以驳回[参见《商标指令》第3条第(2)款(a)项]。

---

① 参见《商标指令》第13段陈述。

《商标指令》第 4 条预见到"因与在先权利冲突而被驳回或者宣告无效的理由",此项理由可以由国内主管机构依职权进行审查,也可以像欧共体商标体系(见本条例第 8 条、第 53 条)那样在双方当事人程序中审查,这取决于该成员国对《商标指令》的执行。

(d)与相对驳回理由的关系。内部市场协调局的异议处(见第 41 条第 1 款和第 132 条)无权基于绝对理由做出裁定,内部市场协调局的撤销处在与相对理由相关的程序中(第 53 条第 1 款和第 134 条)亦是如此(欧盟普通法院 Omega 3 v Puleva Omega 3 案判决第 47 段,Pagesjaunes.com v Pages Jaunes 案判决第 35 段至第 39 段)。在决定商标保护范围时,绝对驳回理由会产生一些间接的影响,因为它反映了立法者对公共利益保护的关注,此种保护通过不得垄断特定类型的标记得以实现。根据欧盟普通法院的判例法,第 7 条第 1 款(c)项所追求的目的不是将描述性标志授予某个竞争者,而是该标志"可以由所有人自由使用,包括作为组合商标或者图形商标的一部分使用"(例如,欧盟法院 Chiemsee 案判决第 25 段)。同样,欧盟法院根据第 7 条第 1 款(e)项的上下文作出解释认为,如果一个标记由具有功能性的形状构成,就不能将其独立于任何具有显著性的符号或者认知而作为商标加以保护(欧盟法院 Philips v Remington 案判决第 80 段,Beneetton v G-Star 案判决第 28 段)。在判定商标显著特征时尤其要考虑其固有显著性,包括其是否含有对核定使用商品或者服务的描述性要素,这是在评估混淆可能性时亦需遵循的原则(欧盟法院 Lloyd Schuhfabrik Meyer v Klijsen-Handel 案判决第 23 段)。需要特别说明的是,只要一个复杂商标的一个要素在共同体部分地域内构成描述性标志,则该要素就不能作为商标的主要部分(欧盟普通法院 InvestHedge v HedgeInvset 案判决第 55 段,Echinaid 案判决第 55 段,Budmen 案判决第 53 段)。这一判例法理解与欧盟法院 adidas v Marca Mode Ⅱ案判决(第 30 段)并非不相容,法院在该案中坚持认为,根据驳回的相对理由条款的上下文,"其他经营者利用某个标记(如服装上的条纹图案)的需要不是一个相关因素"。文本必须在侵权案件中加以解读,法院据此认为在存在混淆可能性或者淡化时,享有声誉的阿迪达斯

"三条杠"商标应当受到保护,即使竞争者有自由使用条纹图案的基本需要。这一推理与第7条中的立法衡平完全一致:对不具备显著性的条纹图案,必须依据第7条第1款(b)项予以驳回,除非它已经依据第7条第3款取得显著性,在此种情形下,相对于不允许缺乏显著性的商标注册所蕴含的公众利益,商标持有人通过使用取得显著性的成功更为重要。

2. 审查

(a)程序和权限。对向内部市场协调局直接申请(第37条)或者通过国际注册申请领土延伸至欧盟(第154条)的商标申请,在其获准注册之前,必须由一名审查员(第131条)依职权对其进行驳回绝对理由审查。在驳回商标申请之前,审查员必须给予申请人为其商标申请辩解、修正商品或者服务项目或者撤回商标申请的机会(第37条、《商标条例实施细则》第11条和第112条)。审查员应该寻求与申请人对话而非对抗,以使所有可以接受的商标得到注册。任何驳回商标申请的决定都必须有相关论据的推理(第75条)。推理必须允许申请人陈述其辩解和提供申诉事例并发挥作用。但是,申请人不能迫使审查员采取一种考虑其所有论据的姿态,而是那项在驳回决定中起决定意义的论据(欧盟普通法院 Atoz v Artoz 上诉中止案判决第73段至第76段)。一件商标一旦通过绝对理由审查就要公告(第39条)。在商标申请获得注册之前,可以基于第三方的意见(第40条)或者审查员的动议重启对其进行绝对理由审查。任何人包括异议程序中的异议人,都可以在商标申请获得注册之前提交第三方意见,但不能成为审查程序的当事人。在商标申请获得注册之前,异议程序延迟或者随后启动绝对理由审查(第40条、《商标条例实施细则》第20条第7款,欧盟普通法院 Telepharmacy Solutions 案判决第60段、TUFFTRIDE v NU-TRIDE 案判决第73段、Omega 3 v Puleva Omega 3 案判决第50段)。一个错误注册的商标在其被第三人申请无效宣告之前仍保留在注册簿上。实际上,欧洲内部市场协调局以外的任何人(包括代理人以自己的名义)都可以基于绝对理由启动无效宣告程序,而不需要证明存在个人利害关系且没有时限(第52条、第56条,与此相反的立法例是法国。见欧盟普通法院 Color Edition 案判决第

25段、Bahman案判决第17段至第27段）。

（b）严格和全面审查。对每件商标申请都必须进行审查，且审查基于商标申请书及其附着的商标图样。商标实际使用或者意图使用的情况与审查无关。例如，申请人是否具有将申请商标作为第二附属商标使用的意图并不重要（见欧盟普通法院Poket Device案判决第22段）。基于法律确定性和良好管理的原因，审查必须严格和全面，以确保这样的商标没有获得注册，即该商标的使用在法庭被成功地挑战了。第12条有关"正当使用"的规定并不能证明"宽松的"注册政策的正当性。审查不得受制于提高审查速度这一"宏大"的理由（欧盟法院Chiemsee案判决第28段、Canon案判决第21段、Libertel Orange案判决第59段、Postkantoor案判决第123段、DasPrinzip der Bequemlichkeit案判决第45段、OHIM v Kaul案判决第59段）。

（c）依职权审查。根据第76条第1款的规定，在商标申请获准注册前或者注册后，都可以依职权对其是否存在驳回绝对理由进行审查。与驳回相对理由的程序相反，审查员不受当事人陈述的事实所限，必须进行主动审查。审查员基于可以通过营销特定商品获取实践经验而众所周知的事实以及可能众人皆知的事实，尤其是相关产品消费者知晓的事实的（欧盟法院Storck Gold Wrapper案判决第54段），审查员只需提供少量的证据。审查员可以自由地选择审查显著性包括实际使用结果的方法（欧盟法院Chiemsee案判决第49—53段）。申请人必须对此多做贡献，因为他对市场上的实际情况最为知晓。在援引通过使用获得显著性（第7条第3款）时更是如此。

（d）根据统一的商标法律，决定不具有约束力。本条例和《商标指令》确立了自治的体系，各自有其目标和特有的规则（例如：欧盟法院Develey Bottle案判决第56段，欧盟普通法院Weisse Seiten案判决第30段）。因此，欧洲内部市场协调局不受成员国注册局或者法院决定（甚至自己先例）的约束。另一方面，假定法律标准相同，且实际情况类似，各注册局应当努力做到审查实践一致（欧盟法院VolksHandy & Schwabenpost案判决第17

段),当出现不一致或者矛盾时,还应当作出解释。

(e)决定性的日期。对于审查而言,最重要的日期就是赋予申请人以在先权的商标申请日。商标必须在其申请日就是可以接受的。商标显著性必须在其申请日就已经存在(固有显著性案例见欧盟法院 Flugborse 案判决;通过使用获得显著性案例见 Pure Digital 案判决第41—58 段、欧盟普通法院 eCopy 案判决第 37 段至第 39 段和 BIC Cigarette Lighter 案判决第 66 段)。如果申请之后的用以证明获得显著性的证据认可根据申请日所作的结论,则是可以接受的(欧盟普通法院 Fir Tree 案判决第 81 段,C‐488/06P 驳回上诉决定)。欧共体商标的注册违反了第7条第1款(b)、(c)、(d)项的规定,且被申请无效宣告的,若其在申请之后已经获得显著性,该注册不会被宣告无效(第 52 条第 2 款)。在商标注册之后,因所有人的作为或者不作为使之丧失显著性,可以导致撤销[第 52 条第 1 款(b)项、第 55 条第 1 款]。如果驳回理由仅仅是因为新成员国的加入而得以适用,则不会导致驳回或者无效宣告(第 165 条第 1 款)。

3. 商品和服务以及相关公众

(a)商品和服务。根据本条例的术语,"商标"包括服务商标(第 1 条第 1 款)。除第 7 条第 1 款(a)项外,对第 7 条规定的不同的驳回绝对理由的审查,包括获得显著性的审查,都必须与商标所申请的具体商品和服务相结合。必须对商标所申请的商品和服务分别进行审查,而不是按群组或者按类别进行审查。但是,这并不排斥对具有相同特质的商品或者服务进行重新分组并按组进行审查[欧盟法院 Kitchen Company 案判决第 36 段;Audi v OHIM(Vorsprung durch Technik)案判决]。审查必须基于商品和服务的准确的语言版本。禁止在商品和服务清单上以概括性的术语"隐藏"有疑义的商品或者服务。因此,对商品和服务的宽泛的界定将被拒绝,如果它们包含在商标申请注册的产品之中,则将被驳回(例如,欧盟普通法院 TEK 案判决第 94 段,Rockbass 案判决第 64 段)。如果商品或者服务不够准确,特别是它们可以划入《尼斯分类》的两个类别时,对绝对理由的审查往往更加困难(第 28 条、《欧共体商标实施细则》第 2 条第 2 款);但是,根据协调局的实践,类别可以被"解读为"概括性术语,例如第 5 类的"茶"自动被理解为药用茶。一般来说,商标和服务必须以清楚地表明其性质的方式措辞(《欧共体商标实施细则》第 2 条第 2 款)。"特别是"是这一措辞表示一个例子(欧盟普通法院 Affilene v Affilin 案判决第 38 段),而"即"是作出一个真正的限定。保护范围的模糊损害的是所有人的利益。即使按照现行欧洲内部市场协调局审查实践,审查员认为按照《尼斯分类》中商品类别名称来申请商标足以清楚地标明分类,且涵盖了该类的所有商品或者服务(见《局长办公室通讯》第 4/03 号),但如此申请商标也是有问题的。实际上,类别名称并非毫无歧义地能够涵盖所需要的商品或者服务,并且有的可能引起对保护范围的疑问(见欧盟法院《IP Tanslator》)。商品和服务的描述还应当采用正面方式的措辞。仅是对特定种类商品或者服务或者其特点的排除但具有不确定性的,将不被允许(欧盟法院 Postkantoor 案判决第 106、115 段)。商品和服务不是以其内在性质为标准进行界定,而是依据其市场条件、消费者习惯或者其他外在情况界定即属于前述情形。

(b)相关公众。商品和服务界定的相关公众。对每项绝对理由都必须根据相关公众的假定期望进行评估。"普通消费者"被界定为"具有合理的见识、合理的观察力和合理的慎重"(欧盟法院 Gut Springenheide 案判决第 31 段、Lloyd Schuhfabrik Meyer v Klijsen Handle 案判决第 26 段、BoiID 案判决第 68 段)。这一定义也可适用于由专业人员构成的相关公众,因为"合理"取决于专业。

4. 缺乏商标能力[第 1 款(a)项]

一个标记如果"不符合第四条的要求"也不能获得注册,例如,该标记不能图示,或者不能将一个企业的商标或者服务区分于其他企业的商品或者服务。如果此类标记被错误地注册,必须被宣告无效[第 52 条第 1 款(a)项]。第 7 条第 1 款(a)项与要求显著性的第 7 条第 3 款独立适用。第 7 条第 1 款(a)项的规定与《商标指令》第 3 条第 1 款(a)项是一致的,后者仅指"标记不构成一个商标",且对其解释必须与《商标指令》第 2 条相一致。本条规定的是驳回的绝对理由,以确保对一个由于技术原因不能图示、过于模糊或者宽泛而不被理解为标记的商标不予注册。第4条关于标记应具备显著性这一抽象能力的规定在构成一项独立的驳回理由之外，总体上更多地是指商标的主要功能，即识别来源。很难设想一个"标记"本身在任何商品或者服务上都不具有识别来源的显著性，也不能通过使用取得的显著性。具体请见第4条。

5. 缺乏显著性[第1款(b)项]

根据第7条第1款(b)项规定，一个商标在其指定商品上"缺乏显著性"的，不得注册。本条款与《商标指令》第3条第1款(b)项和《巴黎公约》6条之五B(2)相一致。驳回绝对理由对第7条第3款规定的使用取得显著性并不适用。如果缺乏显著性的商标因错误获得注册，则必须宣告其无效，除非它已经通过使用获得显著性(第53条)。

(a)公共利益。禁止不具备显著性的商标注册所包含的公共利益引申自商标固有的功能，即《欧共体商标条例详解》(第8版)所述，"尤其要保障商标作为来源标记"。商标必须保障商品或者服务来源，使得消费者将一个企业的商品或者服务与有着不同来源的其他企业的商品或者服务区分开来，而没有任何混淆的可能，从而使相关公众可以重复其积极体验，避免不愉快的体验[欧盟普通法院Lite案判决第26段，欧盟法院Audi v OHIM (Vorsprung durch Technik)案判决第25段]。因此，第7条第1款(b)项立法目的在于，驳回在指定商品上不能发挥商标功能的商标申请(欧盟法院Hoffmann-La Roche案判决第7段、Libertal Orange案判决第62段、BioID案判决第27段、SAT.1 Satelliten-Fernsehen GmbH v OHIM案判决第27段)。保证竞争者自由使用一定的标记，不是第7条第1款(b)项而是其他绝对理由条款，特别是第7条第1款(c)(d)(e)所要保护的利益。以名称为例，禁止垄断一个与显著性无关的名称的利益不是第7条第1款(b)项所要保护的利益(欧盟法院Nichols案判决第31段。至于基本颜色本身，欧盟法院明确表示有必要保证竞争者自由使用。禁止缺乏显著特征的商标注册，是为了确保商标在《欧盟条约》建立和维持的不受破坏的竞争体系中的作用(欧盟法院Liberal Orange案判决第48段)。对商标显著性的要求与保消费者利益和商标的品质保障功能无关。现代商标法关注的是竞争中的企业的利益。其他驳回或者撤销理由如欺骗性标记不得注册（第 7 条第 1 款（g）项、第 52 条第 1 款（c）项），承担着保护消费者利益的功能。

（b）判定标准。如果普通消费者不能或者不会将一个标记作为商品或者服务的商业来源标记认知，则该标记缺乏商标固有的显著性。第 7 条第 1 款规定的商标的显著性，首先要结合其指定商品或者服务来判定，其次结合相关公众的认知。因此，测试方法就是，一个作了购买决定且还不熟悉该标记[第 7 条第（3）款]的相关消费者，在未作细致分析的情况下能否立刻且确定地明白使用该标记的商品或服务具有同一商业来源。规范的显著性判定标准适用于所有类型的商标。但是，在具体的商标申请中，对于特定种类的商标证明其具备显著性可能会比较困难，例如标语、商品形状、颜色[见下文（i）及后文]。如果相关公众主要将一个标记作为与商品或者服务本身相关的某种标记而不是商标认知，该标记就不具备识别商业来源的作用（欧盟法院 Das Prinzip der Bequemlichkeit 案判决第 35 段）。这里存在审查员以主观印象代替客观和可预见的可注册标准的危险。将一个标记注册为商标，并不要求标记本身达到一定的语言或者艺术创造力或者想象力水平，或者在不具备识别功能（如装饰性元素）任意附加条件（欧盟法院 SAT.1 SatellitenFernsehen GmbH v OHIM 案判决第 41 段；Philips v Remington 案判决第 48—50 段）。此类标准在著作权法和外观设计法中有其正当性，但不是商标显著性的构成要件。商标的法律保护范围不涵盖持有人所做的创造性或者经济上努力的结果（欧盟普通法院 Handbag 案判决第 32 段）。如果一个标记没有创造性或者想象力元素，可能就没有可以赋予其显著性的因素。事实上，一个作为公司名称、专利或者作品（著作权）被保护的标记也可能不足以支持其具有显著性。相关消费者在考虑显著性时并不清楚任何法律保护的概念。消费者通常只是在市场上看到标记，而没有进一步关于给予何种保护的解释。"TM"或者"R"符号并不能赋予没有显著性的标记以显著性（欧盟法院 BioID 案判决第 72 段）。市场营销的成功可以说明一个标记直接发挥着商标的作用，并不自动导致对其显著性的认可（欧盟法院 Mag Instrument 案判决第 50 段、欧盟普通法院 Handbag 案判决第 37 段）。

（c）相关公众。依据第 7 条第 1 款（b）项审查商标显著性所采用的"人"的标准是选择和作出或者影响作出购买特定商品或者特定服务需求的人。相关公众没有必要推及销售交易者或者最终用户。同业竞争者也不属于相关公众的范围。审查采用普通公众的标准，他们的理解和注意力基于商品或者服务及其商标本身。商品或者服务可能针对不同消费群体，如一般公众和专业人士。虽然有的产品为特定公众设计，但也可能销售给其他公众。药品通常由医疗从业者选择，尤其是处方药，或者由药剂师出售，他们都经过专业训练，具有很高的注意力和专业术语、具体成分的专业知识。但是，最终用户可以影响医生对产品的选择（欧盟法院 Travatan v Trivastan 案判决第 61 段，欧盟普通法院 Glaverbel II 案判决第 25 段）。最终用户的期待可以影响相关公众的认知（欧盟普通法院 Sausage 案判决第 23 段至第 30 段）。关于共同体范围内语言的差异详见第 7 条第 2 款。

（d）显著性的最低要求。为了具有商标显著性，一个标记必须具备向消费者传递商业来源信息的特质。根据欧盟普通法院判例法，具有"最低限度的显著性"即可。注册的范围可以包括弱商标，只要其具备商标的"保障"商业来源的功能（欧盟法院 Hoffmann-La Roche 案判决第 7 段、Philips v Remingtor 案判决第 30 段、BioID 案判决第 27 段，欧盟普通法院 Maglite 案判决第 34 段及其上诉被驳回的欧盟法院判决第 35 段）。这必须取决于相关消费者无需作分析式审查或者施加特别注意力，就能够将所涉产品与其他企业的产品区别开来（欧盟法院 Mag Instrument 案判决第 32 段）。一个标记越接近于指代（非商标意义上）市场标准，其显著性就越低（欧盟法院 Mag Instrument 案判决第 32 段）。这必须考虑与其直接相关部门或者类似分支或者部门的情况，这些部门或者分支已经存在与其特质近似的产品（例如，欧盟法院 Deutsche SiSi-Werke 案判决第 31 段至第 33 段）。

（e）组合。商标审查应采整体观察。如果一个商标由多种要素组合而成（如文字和图形），通常经过两个步骤分析其显著性：首先是分析其中独立的要素，其次是作为一个整体是否超出了独立要素的组合。在整体印象中存在可注册的要素,原则上整个标记都可以作为商标注册,即使其包含不可注册的要素。作为一项基本规则,商标仅由在其寻求注册的商品或者服务上缺乏显著性的标记组合而成,其自身仍属于第 7 条第 1 款(b)项所规定的缺乏显著性。这一规则在第 7 条第 1 款(c)项关于描述性文字的规定亦可类推适用(欧盟法院 Postkantoor 案判决第 98 段、Celltech 案判决第 76 段)。要考虑的是文字和设计的组合而不是字体、颜色或者装饰性图案使得商标可以注册。缺乏显著性的标记与标准装饰性或者简单的图案组合同样也缺乏显著性(欧盟普通法院在 Electronica 案适用第 7 条第 1 款(b)、(c)项时都采此观点;欧盟普通法院 Best Buy 案判决;欧盟普通法院 BioID 案,欧盟法院驳回上诉判决 C‐37/03 P,第 35、46 段;欧盟普通法院 Map & Guide 案判决第 44 段,欧盟法院驳回上诉判决 C‐512/06 P;欧洲内部市场协调局上诉委员会 Intelligent Voltage Guard 案裁定第 17、30、34 段)。这一原则也适用于非文字如形状和图形的组合。一个普通的瓶子和附着颜色的柠檬片在啤酒、汽水、果汁上缺乏显著性,即使将两者作为一个整体亦是如此(欧盟法院 Eurocermex 案判决第 32 段)。

(f)描述性标志。描述性不是适用第 7 条第 1 款(b)项的标准,所以不能根据此项规定直接得出描述性标志当然缺乏显著性的结论(欧盟法院 Eurohypo 案判决第 62 段、欧盟普通法院 Map & Guide 案判决第 32 段)。当然,描述性标记通常不能起到识别产品或者服务来源的作用,因此缺乏第 7 条第 1 款(b)项规定的显著性(欧盟法院 Eurohypo 案判决第 69 段)。一个标记构成对类似商品或者服务的描述同样被认为缺乏显著性(欧盟法院 Postkantoor 案判决第 70—79 段、欧盟普通法院 TDI Ⅰ案判决第 37 段)。

(g)单个字母或者字母组合。第 4 条没有明确规定字母或者数字组合甚至单个字母缺乏显著性(欧盟普通法院 I 案判决第 37 段、E 案判决第 29 段;欧盟法院 a 案判决)。个案必须根据其案情进行判定,不允许作笼统的缺乏显著性的假定(欧盟法院 SAT.1 SatellitenFernshen GmbH v OHIM 案判决第 44 段)。

(h)个人姓名。本条例第 4 条明确提及了"人名"。对于人名作为商标申请注册应适用通常标准进行审查。至于驳回的绝对理由,法律并未根据申请人或者商标持有人身份作出区分。不存在人名先天不具有显著性的推定,即使是普通人名亦如此(欧盟法院 Nichols 案判决第 26 段)。尽管当一个人名与相关领域内著名的研究者或者艺术家相联系时,其作为商标显著性较弱(欧盟普通法院 Galileo 案判决第 150 段),或者已长期作描述性使用,该人名即具有描述性(欧盟普通法院 Mozart 案判决)。姓名和以该姓名构成的商标可以为不同的主体所有,例如姓名商标发生转让(欧盟法院 Elizabeth Emanuel 案判决第 17 条)。基于商标的绝对性权利受到正当使用条款的限制。

(i)宣传用语、广告语。当标记主要起到宣传作用,例如推介商品或者服务质量的广告语,或者是用于激起购买欲的(宣传语)就没有显著性。因为相关公众不会将宣传用语作为区分商品商业来源的标记认知。在此种情形下,共同体协调局会认为普通消费者在习惯上不会基于广告语推定产品的来源。(欧盟法院 Das Prinzip der Bequemlichkeit 案判决第 35 段)。如果一个标记具有双重功能即区分商品来源和宣传商品,且宣传功能"显然依附于其作为商标的主功能",也可以作为商标注册。虽然一个词语有多重含义,或者是一个双关语或者是奇特的、惊奇的或者超乎期待并且因此便于记忆,但这并不当然赋予其商标显著性[欧盟普通法院 Real People Real Solution 案判决第 26—29 段、Dream It Do It 案判决第 27 段至第 28 段、Looks Like Grass 案判决第 30 段、A New Alterlative 案判决第 24 段、Top 案判决第 95 段、Optimum 案判决第 24 段、Safety 1st 案判决第 36—40 段(欧盟法院驳回上诉判决 C-131/08P)、Substance for Succes 案判决第 24 段至第 30 段、Mehr fur Ihr Geld 案判决第 29—30 段、Kit Pro v Kit Super Pro 案判决第 24—26 段,相反意见参见 UltralPlus 案判决第 52 段]。

(j)三维标志或者其同等物。由产品形状或者其包装组成的三维标志以及此类形状的平面图示通常都不具有显著性。在有些领域,当产品的形状被看作是其来源的指示器的,可以作为商标注册。例如,在香水市场上,通常通过香水瓶的形状或者颜色来区分产品,尽管这并不意味着每个香水容器都具备商标显著性(欧盟普通法院 Pocket Atomiser 案判决)。与此类似的是,清洁用品市场上出现的特殊的和非常见的瓶子,就可能被视为商标(欧盟普通法院 Bottle Standing on Stopper 案判决第 40 段)。至于汽车,格栅是很多厂家区别不同型号必不可少的手段之一(欧盟普通法院 Grille 案判决第 40 至第 42、46、48 段,亦见 Handbag 案判决第 29 段)。鞋,特别是运动鞋和休闲鞋一般通过鞋帮上图形标记来区分(OHIM 上诉委员会 Two Strips on Shoe 案裁定第 13—17 段)。但是,普通消费者在习惯上通常不会通过该形状来推定产品来源,而是将其作为设计或者装饰看待。一个形状越是接近于产品的常见形状,认为其缺乏商标显著性的可能性就越高。欧盟法院认为,作为商标注册的形状"必须显著不同于通常和惯常的形状,并且具备区分商品来源的实质性功能"。例如,通常认为瓶形缺乏商标显著性[欧盟普通法院 Almdudler Bottle 案判决第 34 段至第 35 段、Corona Bottle 案判决第 27 段至第 34、36 段(欧盟法院驳回上诉判决 C-286/04P)、Stand Up Proches 案判决第 50—53 段(欧盟法院驳回上诉判决 C-173/04P 第 45 段至第 49 段)、Develey Bottle 案判决第 47 段至第 54 段(欧盟法院驳回上诉判决 C-238/06P 第 79 段至第 95 段)、Pentagon Shape of Etiquette for Wine 案判决第 22、26 段,相反意见参见 Nestle Contrex Bottle 案判决第 41 段]。另外一些实例来自商品领域,如棕色圆形焦糖糖果(欧盟法院 Strock Light-Brown Sweet 案判决)、金色糖果包装的平面照片、(欧盟法院 Strock Gold Wrapper 案判决)、扭曲的香肠形状(欧盟普通法院 Sausage 案判决)、扇贝形状的糕点[欧盟普通法院 Piccoli v OHIM(海贝壳形状)案判决第 20 段至第 24 段]。独创性和高质量的设计并不足以赋予一个三维标志以显著性(欧盟普通法院 Wind Energy Converter 案判决第 26 段至第 32 段)。当事人提供的专家意见不能约束审查员,审查员可以自己对显著性作出评估[欧盟普通法院 Maglite 案判决第 36 段至第 37 段(予以维持 C-36/02P 判决第 64 段至第 68 段)、Handbag 案判决第 33 段、Microphone 案判决第 50 段至第 56 段、Lange Watch 案判决]。欧盟普通法院接受了一个扬声器的三维图形具有商标显著性的观点,因为考虑到它外形奇特、易于记忆、明显有别于任何常见的扬声器形状,而且相关消费者在购买此类技术产品时通常会施以更高的注意力[欧盟普通法院 Bang & Olufsen Loudspeaker 案判决第 42 段,另参见本书第 7 条第 1 款之(e)(iii)的评述]。但是,相同的观点在"风力转换器"案中未予采纳。

(k)功能性外观。对于由技术设计图示构成的标志,无论是立体还是平面的,通常会认为其表示功能的作用高于其作为商标的作用,因此会认为不具备显著性。如果自相关公众角度看,三维标志的主要功能是实现技术而且该形状仅有功能性要素组成。因功能性被拒绝注册保护的例子有:肥皂块形状[欧盟普通法院 Red and White Henkel Rectangular Tablet 案判决,欧盟法院驳回上诉判决 C-456/01-457/01 P)、Soap Ⅱ 案判决第 42、46 段(欧盟法院驳回上诉判决 C-107/03 P)]分层并带装饰的片状清洁剂的形状(欧盟普通法院 Procter & Gamble Tablets 案判决,欧盟法院驳回上诉判决 C-468-472/01 P)、Procter & Gamble Tablets Ⅱ 案判决(欧盟法院驳回上诉判决 C-473/01-C474/01 P)、餐巾纸外观(欧盟普通法院 Kitchen Towel Design 案判决)、风力转换器形状(欧盟普通法院 Wind Energy Converter 案判决第 26 段至第 32 段,欧盟法院驳回上诉判决 C-20/08 P)、打火机形状(欧盟普通法院 BIC Cigraette Lighter 案判决)和烟盒(欧盟普通法院 Cigraette Pack with Rounded Edges 案判决)。

(l)颜色。颜色本身或者颜色组合通常会适用第 7 条第 1 款(b)项予以驳回,而很少适用第 7 条第 1 款(c)项或者其他理由。欧盟法院认为,颜色通常用于商品或者服务的广告或者营销,而不是关于商业来源的具体信息,因为颜色虽然能够传递某种理念、唤起体验,但其固有的传递商品或者服务来源的功能很弱。在缺少图形、文字要素或者使用取得显著性的情况下,公众习惯上不会基于颜色作出商品或者服务来源的推定(欧盟法院 Libertel Orange 案判决第 25、40、65 段,Heidelberger Bauchemie 案判决第 38 段)。换言之,颜色通常被看作是产品外观设计或者装潢的组成部分,或者是吸引注意力、分类、警示的方法,而不是将其当作识别商品来源的象征(欧盟普通法院 Orange v Grey 案判决第 33 段至第 34 段、Green v Grey 案判决第 29 段至第 30 段)。而且,这涉及一个公共利益问题,即限制其他经营者使用特定颜色缺乏正当性。尽管在特定情形下,颜色也可以作为商标注册,但其商品或者服务是严格限定的,且相关市场也是明确的(欧盟法院 Libertel Orange 案判决第 44 段至第 60 段、Heidelberger Bauchemie 案判决第 42 段)。此外,颜色作为位置商标构成要素的,通常认为其天然具有显著性(例如,加油站的颜色)。

6. 描述性标志(第 1 款(c)项)

根据第 7 条第 1 款(c)项的规定,"仅在在商业活动中用于表示"商品或者服务的"特征"(含部分特征)的标记构成的商标不得注册。本款规定与《欧盟商标指令》第 3 条第 1 款(c)项、《巴黎公约》第 6 条之五 B(2)规定相一致。如果标记通过使用取得显著性,则不适用驳回的绝对理由(见第 7 条第 3 款)。如果此类描述性标记因错误获准注册,必须宣告无效,除非它已经通过使用取得显著性(第 52 条第 3 款)。

(a)公共利益。本款所保护的公共利益即竞争者自由使用描述性标志的利益(欧盟法院:Chiemsee 案判决第 25 段,Linde、Winward、Rado 案判决第 73 段,Libertel Orange 案判决第 52 段,Postkantoor 案判决第 53 段至第 55、95 段)。不应禁止竞争者使用与商品或者服务相关的描述性术语,而且即使存在其他更普通、更适合或者可理解的描述同一特征的术语,也不应限制其对描述性术语的选择(欧盟法院 Postkantoor 案判决第 57 段)。尽管竞争者有使用此类标记或者标志描述其商品特征的自由,但所描述的特征应是商品或者服务所必不可少的(欧盟法院 Baby-Dry 案判决第 39 段,欧盟普通法院 BioGeneriX 案判决第 19 段),而不考虑这些特征的意义(欧盟法院 Postkantoor 案判决第 102 段,欧盟普通法院 Steadycontrol 案判决第 43 段)。即使描述性标志对普通消费者而言具有显著性,也应予驳回。而且,不要求描述性标志在市场上被普遍使用或者正在使用。然而,这一界限不总是十分清晰,因为法院经常在适用第 7 条第 1 款(c)项时也涉及商标区分来源的功能(欧盟法院 Baby-Dry 案判决第 39 段至第 40 段,BoiID 案判决第 41 段,Das Prinzip der Bequemlichkeit 案判决第 40、46 段,Celltech 案判决第 73、

77 段,Postkantoor 案判决第 67、85 段,Eurohypo 案判决第 61、69 段。欧盟普通法院 Mozart 案判决)。对于描述地理来源的集体商标,第 66 条第 2 款规定了例外情形,正当的利害关系人仍可以自由使用该地理名称,尽管其已经作为商标注册。

(b)适用条件。依据第 7 条第 1 款(c)项予以驳回的标志或者标记,仅指用于直接表示商品或者服务或者其"特征"的符号或者标记(欧盟法院 Baby-Dry 案判决第 24 段、欧盟普通法院 Europremium 案判决第 23 段)。第 7 条第 1 款(c)项中的特征包括"种类、质量、数量、用途、价值、地理来源、生产时间或者提供时间"。描述性标记应是以具体、明确、客观的方式描述商品或者服务的特征[欧盟普通法院 Truckcard 案判决第 28、33—34 段,Basics 案判决第 22 段至第 23 段,TEK 案判决第 52、87 段至第 94 段,Hairtransfer 案判决(欧盟法院驳回上诉判决 C－212/07 P),Rockbass 案判决第 63、73 段,PharmaCheck 案判决第 38 段,Steadycontrol 案判决第 48 段,Paperlab 案判决第 29 段,Visible White 案判决,Manufacturing Score Card 案判决第 22、25 段(欧盟法院驳回上诉判决 C－17/08 P),Giropay 案判决第 15—16 段,Giroform 案判决第 23、24 段]。描述商品销售或者服务提供方式的标记,应予驳回(欧盟普通法院 The Coffee Store 案判决;Ellos 案判决,Ellos 是西班牙语中的阳性词"他们")。描述性术语与顶级域名(.com、.edu 等)的组合通常表示商品或者服务可以在线获取。如果一个标记没有在其与商品或者服务之间建立起充分的直接而具体的联系、联想、关联,不会使得公众无需多想即认为它构成对商品或者服务或者其某种特征的描述,则该标记作为商标不构成描述性。特别是当一个标志只是暗示或者暗指了某种具体特征或者引起相关公众对该特征的记忆,或者它仅被认为是一个赞美词时,则其作为商标不为本条款所禁止(欧盟普通法院 Europremium 案判决第 41 段)。商标未构成描述性标记的事实并不能排除基于其他理由对该商标予以驳回[尤其是第 7 条第 1 款(b)项,欧盟普通法院 BoiGeneriX Ⅱ 案判决第 36 段]。

(c)相关公众和商品与服务。考虑到第 7 条第 1 款(c)项所保护的公共利益,要为竞争者保留使用描述性标记的权利,相关公众是指对"商业及其消费者"(欧盟法院 Matratzen II 案判决)有所了解的人或者相当于中间人的地位。由于相关消费者未必知晓特定的描述性标记、术语或者产品,所以也要考虑该领域内专家的知识(欧盟普通法院 Pranahaus 案判决第 26、29、35 段)。欧盟普通法院甚至认为,相关消费者自客观、技术角度的观察得出一个标记不构成描述性的结论(欧盟普通法院 Steadycontrol 案判决第 52 段),模糊了不具备显著性和描述性的界限。

(d)现在和将来的使用。虽然适用本项规定不需要存在使用或者使用需求的事实,或者现实的、迫切的使用需求,或者存在第三人使用所申请的描述性标记的利益(欧盟法院 Chiemsee 案判决第 17、30、35 段,Postkantoor 案判决第 61、96 段;欧盟普通法院 Turckcard 案判决第 28 段),但是第三人甚至申请人将该标记作描述性使用的事实是适用本项规定的强烈信号。如果申请人或者其他人将该标记作区分来源意义上使用,就会得出相反的结论。"可能使用"这一措辞意味着将来的使用也会构成注册的障碍。对标记或者标志可能存在使用利益的竞争者数量与此无关(欧盟法院 Postkantoor 案判决第 58 段)。申请人依据专利法或者植物品种法,或者国家垄断对标记使用的现实垄断,不能确保该标记不具有描述性,当然除非已经通过使用取得显著性,且该使用不为合法垄断所禁止(欧盟法院 Philips v Remington 案判决)。如果审查员不能证明存在现实使用或者使用需要,也必须证明自公众角度看,该标记与相关商品或者服务存在某种关联(欧盟法院 Chiemsee 案判决第 31 段,Postkantoor 案判决第 56 段;欧盟普通法院 Cloppenburg 案判决第 47 段,Live Richly 案判决第 16 段)。

(e)绝对描述性。"绝对"措词意指商标应作为一个整体。如果商标在整体上被看作一个描述性标记,必须予以驳回。如果因商标包含其他要素改变了对其整体印象,从而不会将其完全作为描述性标记认知,则无需为竞争者保留使用该标记的自由(欧盟法院 Baby-Dry 案判决第 39 段)。"绝对"并不要求描述性的意义是争议标记的唯一含义(欧盟法院 Doublemint 案判决第 33 段,Postkantoor 案判决第 97 段;欧盟普通法院 Steadycontrol 案

T-181/07判决第43段)。与完全不同领域相关的其他含义更无关紧要(欧盟普通法院 Mozart 案判决)。标记或者标志是否是描述特征的唯一或者最好的方式,或者是否属于同义词也与确定描述性无关(欧盟法院 Postkantoor 案判决第57、101段)。

(f)组合。标记应当作为一个整体进行审查。一个标记由数个要素构成,其中每个要素都是描述性的,通常整体上也构成描述性标记,除非这种组合对于商品或者服务来说是非常规的,或者通过使用产生了新的含义(欧盟法院 Postkantoor 案判决第100段)。实词和限定名词的组合(例如 Truckcard)就不属于非常规(欧盟普通法院 Truckcard 案判决第29段)。一个组合在语法或者句法上不同于通常规则或者用法,可能使其不具有描述性。例如,"婴儿-干爽(Baby-Dry)"就是一个"非常规的句法排列",并由此对尿布功能不构成描述(欧盟法院 Baby-Dry 案判决第43段),与此类似的是,"往昔完美"(Past Perfect)不同于"完美往昔"(Perfect Past),因此可以接受其在音乐光盘上注册(欧盟普通法院 Past Perfect 案判决第32段)。再如,双关语或者韵词可以通过添加非描述性要素从而具有可注册性。但是,并非每个非常规字词搭配、非常见表达或者造词自然可以作为商标注册。组合所传达的印象必须显著有别于其要素的简单组合所传达的印象,而且组合本身不得具有另一种描述性含义(欧盟法院 Postkantoor 案判决第99、100段)。组合所具有的特殊性在欧共体部分地域内不会被注意或者需要赋予竞争者持有该标记的自由,则该组合即未达到显著有别的程度(欧盟普通法院 Lockthread 案判决第38段至第48段、Nurseryroom 案判决第22段、Patentconsult 案判决第22段、E-ship 案判决)。

(g)标语、品质表示。构成商标的文字或者标语直接表示一定的品质特点的,必须依据第7条第1款(c)项予以驳回(欧盟普通法院:Vom Ursprung her vollkommen 案判决第24段,该德文的含义是来自原点即开始的完美;PrimeCast 案判决第26—29段、第33段,该商标使用商品为"铸模";Easycover 案判决第55、58段)。如果文字只是间接或者抽象地暗示商品的优点,而没有明示消费者商品的某种品质或者其他特点的,则不构成描述性标志(欧盟普通法院:Europremium 案判决第 39 段、Ultraplus 案判决第 15 段,亦见欧盟法院 Audi v OHIM"Vorsprung durch Technik"商标案判决),当然可能认为其缺乏显著性。例如,通常认为"Vitalite"(vitalité是"vitality"的法语形式,在字母 E 上在锐音符即é并不是强制性要求)是对食品领域产品等级的描述,但不是对"婴儿食品"和"矿泉水"等级的描述(欧盟普通法院 Vitalite 案判决第 29 段)。但这并不意味着其具有第 7 条第 1 款(b)项的显著性。与之相对应的英文词"Vitality"则会被认为广告用语,并基于此项理由予以驳回(欧盟普通法院 Vitality 案判决第 29 段)。依据第 7 条第 1 款(c)项的规定,"Fun"并未象"turbo"、"ABS"、"4×4"一样构成对汽车品质特点的描述,而只是激发了汽车是一种"快乐之源"的理念(欧盟普通法院 Fun Ⅰ 案判决第 32—37 段)。但是,欧洲内部市场协调局上诉委员会认为,"Fun"使用在汽车上没有显著性(上诉委员会 Fun Ⅱ 案决定)。

(h)缩写或者首字母缩写词。单个字母或者无语言学含义的字母组合通常会被认为是缩写,并在符合下列两项条件时,以其构成描述性为由予以驳回:一是它仅是一个描述性标志;二是相关公众(包括消费者、同行业者、经营者)知晓该描述性含义[欧盟普通法院:TDI Ⅰ 案判决第 3 段,TDI Ⅱ 案判决第 46 段,TDI 是"Turdo Diesel Injection"(涡轮增压燃油喷射)或者"Turdo Direction Injection"(涡轮增压直喷)首字母缩写,使用在汽车相关商品和服务上;SnTEm 案判决第 38 段,它构成对被锡或者锡合金的金属顶覆盖的金属半成品的描述,因为 Sn 是锡的化学元素符号,TEM 是指英语动词"temper"(锻造);欧盟法院 BioID 案判决第 70 段至第 72 段,BioID 是"Biometrical identification"(生物识别)的缩写、欧盟普通法院 BSS 案判决,BSS 是"balance salt solution"(平衡盐溶液)的缩写,虽然这两个案件适用第 7 条第 1 款(d)项驳回,但属于首字母缩写词情形]。这也适用于日常语言中的缩略词[欧盟普通法院 Caipi 案判决,Caipi 是鸡尾酒凯匹林酒(Caipirinha)的缩略词]。但是,不是每一个缩略词都有描述性含义。例如,一个图形商标呈现为希腊字母 α(阿尔法)对酒精饮料就没有描述性含义(欧盟普通法院 α 案判决,欧盟法院予以维持)。申请人将缩略词作为商标使用对其申请注册是有利的。通过在线数据库获取的解释应谨慎审查,因为该解释或已过时或不相关。

(i)地理名称。地理名称,如国家、地区、城镇或者景区的名称,如果具有描述性,必须予以驳回,除非其申请注册的为共同体集体商标(第66条第2款)。此项驳回理由独立于主权国家名称以及第7条第1款(h)、(j)或(k)项所规定的表示产源的名称。第7条第1款(b)项中的描述性,是指一个标志被理解和被看成一个地理名称,且在地理范围上与商品和服务之间存在特定联系,包括在地域与商品或者服务之间产生联想。在进行此项评估时,起决定性作用的是审查公众对地理名称的熟悉程度、该名称所指定地域的特点及其所涉及商品或者服务的种类。如果一个地理名称因为所限定的地域小且对商品或者服务而言没有价值,或者因为是司空见惯的名称且限定地域不确定而不被相关公众认知为地理名称,则无需驳回。如果在涉案地域尚未投入商品或者提供服务,只要公众对此具有期待,即足以证明。竞争者保持名称自由的利益应当予以考量(欧盟法院 Chiemsee 案裁决第26段)。非描述性案例:欧盟普通法院 Cloppenburg 案裁决第42段有关零售服务;欧盟普通法院 Port Louis 第40段至第44段有关服装;欧盟普通法院 Europremium 案裁决第35段至第36段有关邮政服务。描述性案例:欧盟普通法院 Europig 案裁决第26段、第35段有关"保险";欧盟普通法院 Oldenburger 案43段有关肉制品和奶制品;欧盟普通法院 Golf USA 案裁决第36段至第40段、第49段、第50段、第72段至第84段有关高尔夫用具;上诉委员会 Germany 案有关世界杯各种相关旅游服务和商品销售。

(j)拼写错误和音似。如果标志不再被认为是描述产品或者特征的专用标志,则描述性说明中存在拼写错误是可以接受的。错误使用大写字母对文字商标并无影响,例如在词首(欧盟普通法院 Ecoblue 案裁决第31段),或词中(欧盟普通法院 RadioCom 案、欧盟普通法院 Munich Financial Services 案裁决第37段、欧盟普通法院 PrimeCast 案裁决第31段),或词尾(欧盟普通法院 BioGeneriX 案),如果该大写字母不发音,则尤为如此。商标有可能意图尽可能地读起来近似于某种描述性说明(欧盟法院

PostKantoor案裁决第99段至第100段）。但是，每个商标应就其自身加以审查。驳回的案例：在食品上注册"Lite"（而非light），欧盟普通法院Lite案裁决第37段；在化妆品上注册"Color Edition"（而非英语单词"colour"），欧盟普通法院Color Edition案；在食品或饮品而非服装上注册看似"fresh"变体的"Freshhh"，欧盟普通法院Freshhh案裁决第18段至第21段、第27段；在生物药和非专利药品上注册"BioGeneriX"（读音近似于"biogenerics"），欧盟普通法院BioGeneriX案裁决第31段。接受的案例："Wright Tool"（读音近似于"right tool"），上诉委员会Wright Tool案。

（k）非文字商标。非文字商标，例如图形商标、立体商标或颜色商标，也可以描述商品或者服务，由竞争者自由选择。产品的形状可以被认为是对产品的描述（欧盟法院Linde，Winward，Rado案裁决第75段）。梅花J（骑士）图像被认为构成对传统西班牙纸牌的描述（欧盟普通法院Knight of Clubs案裁决第48段，上诉驳回）。动物的形象可以形容这种动物制成的食品（欧盟普通法院Representation of a Horse案、欧盟普通法院Representation of a Dog案）。包装的形状，例如瓶子，可以说明内容的性质，例如液体肥皂（欧盟法院Perwoll Bottle案裁决第42段）。

（l）作为法律的描述性。基于欧共体法律或其他法律的规定，某些作为法律的概念本身即具有描述性。这适用于注册地理标志①，世界卫生组织定义的非专有的国际医学材料名称，以及植物品种名称（上诉委员会Vesuvia案）。

7. 对习惯用语用作商标的驳回［第1款（d）项］

根据本条第1款（d）项的规定，"仅由在当前语言中、或者基于善意形成的商业惯例中，已成为习惯用语的符号或标志组成的商标"不予注册在相关商品或者服务上，简而言之，这种标志具有通用性。这一规定与《商标指令》第3条第1款（c）项是一致的。如果通过使用获得了显著性，则不适用这一绝对驳回事由（本条第3款）。如果通用标志被错误地注册，应当宣

---

① 参见下文注释13至14。

告无效,除非其在此期间已经获得了显著性(第53条)。商标注册后由于所有人的作为或不作为导致成为通用名称的,应依据第52条第1款予以撤销。

(a)公共利益。本条第1款(d)项背后的公共利益在于通用名称标志缺乏显著性[欧盟法院 Merz & Krell (Braevo)案裁决第37段],尽管也有观点认为在于保护其他商事主体自由使用通用名称标志的自由。

(b)条件。在相关商业领域中适用本条第1款(d)项的标准。在审查实践中,本条第1款(d)项的重要性是有限的,因为在多数案件中会同时适用本条第1款(c)项和(b)项。案例:Weisse Seiten[(白页)注册于纸张和电话簿],欧盟普通法院 Weisse Seiten 案裁决第51段至第52段、第55段、第96段至第98段、第101段至第107段以及第111段;Bateaux Mouches (1950年在法国首次受到保护之初没有明显含义,后在法国明确代指观光船)的欧共体商标申请被依据本条第1款(d)项驳回(欧盟普通法院 Bateaux Mouches 案裁决第27段,上诉驳回)。在撤销或无效案件中,本条第1款(d)项的作用较大,应确定商标成为通用名称的时间是否早于注册日。本条第1款(d)项并未一概禁止对商品或者服务使用赞扬的术语。尽管本条第1款(d)项和《商标指令》第3条第1款(d)项的所有语言版本并非均适用商品或者服务,就如同本条所有的绝对事由一样,但审查不可能抽象地进行。例如,"Bravo"一词本身无法确定在日常生活中是否为习惯用语,但对于写作工具而言则可以确定是否为习惯用语①。

8. 形状商标的特别规定(基本和功能形状)[第1款(e)项]

根据本条第1款(e)项的规定,仅由下列形状构成的商标不得注册:"(i)商品自身性质产生的形状;(ii)为获得技术效果而需有的商品形状;(iii)使商品具有实质性价值的形状。"本条与《商标指令》第3条一致。从本条第1款的结构和第3款的表述而言,本项规定是独立的,逻辑上先于显著性审查,且不得基于获得显著性而否定本规定的适用(欧盟法院 Philips v

---

① 参见欧盟法院 Merz & Krell 案判决第29段、欧盟普通法院 Past Perfect 案判决第55段。

Remington 案裁决第 57 段、第 75 段至第 76 段；欧盟法院 Linde，Winward，Rado 案裁决第 65 段；欧盟法院 Benetton v G-Star 案裁决第 27 段）。

（a）公共利益。本条第 1 款（e）项旨在避免对其他工业产权法授予的有限保护人为延长，从而造成对外形的无限垄断（欧盟法院 Philips v Remington 案，欧盟法院 LEGO Brick 案）。但是，并非所有可以或已经由其他知识产权法保护的标志均可以落入本条第 1 款（e）项。尤其是，有些立体商标具有外观设计的特性，有些还可以当作作品受到著作权法的保护。外观设计和著作权保护与商标保护完全可以兼容（例如《外观设计指令》序言第 7 点和第 16 条、《外观设计条例》序言第 32 点和第 96 条）。本条第 1 款（e）项仅驳回以下几种情形的商标保护：（i）商品自身性质产生的专用形状应予以驳回，以避免此类商品的垄断；（ii）为获得技术效果而需有的形状应予以驳回，以避免对尤其是专利法意义上的技术特征或功能特征的垄断；（iii）使商品具有实质性价值的形状应当予以驳回，这种形状一般应适用著作权法或外观设计法的保护，避免滥用商标法。

（b）相关公众。本条第 1 款（e）项的条件应当通过客观视角而非消费者的视角加以审查。消费者可能不具备必要的技术知识客观评估形状的实质特征（欧盟普通法院 LEGO Brick 案裁决第 70 段）。当然，公众的感知可能会对相关标准产生影响（欧盟法院 LEGO Brick 案裁决第 76 段）。

（c）"形状"。本条第 1 款（e）项指出了仅由三种形状构成商标的情形，没有进一步说明情况。很明显，这一规定没有涉及独立于商品形状的 3D 商标（例如注册于轮胎的"Michelin Man"）。根据欧盟法院的观点，这一驳回事由还准用于非固定形状商品的包装（欧盟法院 Perwoll Bottle 案裁决第 32 段、第 35 段）。

（d）"仅由"。只有当商标仅由上述三种商品形状构成，才应驳回。因此，这一驳回事由不适用于标志包含的除商品形状以外的其他元素，例如文字、图像或特别颜色。但是，如果颜色不具备特殊的意义，则有所不同（例如黑色是太阳镜的基本功能；颜色对雕塑就有实质性价值）。这些额外元素无需与具备功能的要素相互独立。因此，外观设计形状的特性与技术功能无关,可免于驳回。欧盟法院将应当驳回"仅由"商品形状构成的商标的范围扩大至所有具备"必要"功能的形状(欧盟法院 Philips v Remington 案裁决第 80 段,欧盟法院 LEGO Brick 案裁决第 52 段)。

(e)商品自身的性质产生的形状[第 1 款(e)项(i)]。这一规定的适用范围有限,商标申请中展现的商品形状应当与商品自身"性质"所决定的形状完全一致。很明显,不是所有的商品形状都会基于本条一概驳回,仅限于特定种类商品的典型形状。因此,本条第 1 款(e)项(i)特别调整的是明显的标准化商品、简单的技术描绘商品或者诸如蔬菜或水果等简单的天然产品。如果存在替代的形状,则可以有力地证明该形状并非该商品的性质使然(欧盟普通法院 Soap Ⅰ案裁决第 55 段)。

(f)为获得技术效果而需有的商品形状[第 1 款(e)项(ii)]。如果产品形状的本质特征仅是技术效果导致的,不得获得商标法的保护(欧盟法院 Philips v Remington 案裁决第 81 段至第 84 段)。问题在于,形状是否符合用户所追求的"产品的技术途径或功能特征"(欧盟法院 Philips v Remington 案裁决第 78 段)。"需有"的表述并不意味着该形状是获得技术效果的唯一途径(欧盟法院 Philips v Remington 案裁决第 83 段,欧盟法院 LEGO Brick 案)。如果形状已经获得了专利保护,则是适用本规定驳回申请的强有力依据。

(g)使商品具有实质性价值的形状[第 1 款(e)项(iii)]。这一规定被称为"美学功能"原则。申请的形状应当对商品具有"实质性价值",既非产品本身,也非商品的材料。如果美学功能是该形状的唯一功能,则应予驳回。如果雕塑的美学形状对该雕塑具有实质性价值,则应当驳回。如果申请的商品具有除纯美学功能以外的其他功能,例如衣物的附属品,则难以将形状产生的价值单独提取出来。商业的成功并不能作为对驳回的辩护。形状应当具有潜在的元素,为相关公众所感知。对商品具有实质性价值的形状的认识可能来源于公布时的专家意见和认知,以及此后外观设计奖励、获得外观设计和著作权保护等。这一规定的解释较为狭窄,也很少适用,毕竟没有理由惩罚优秀的外观设计;但是,欧盟普通法院曾认为扩音器外观设计虽然特殊但缺乏商标显著性，驳回扩音器立体商标的申请（欧盟普通法院 Bang & Olufsen 案），上诉委员会继而依据本条第 1 款（e）项（iii）驳回（上诉委员会 Bang & Olufsen Loudspeaker II 案）。

9. 公共秩序和善良风俗[第 1 款（f）项]

（a）概述和公共利益。根据本条第 1 款（f）项的规定，如果商标"违反公共秩序和善良风俗"，则不予注册。这一规定与《商标指令》第 3 条第 1 款（f）项和《巴黎公约》6 条之五 B（3）"商标违反道德或公共秩序"的规定相一致，且不得基于获得显著性而否定本规定的适用（本条第 3 款）。这一规定的合理性在于，政府机构和公共组织不得积极地协助他人通过商标侵害欧盟文明社会的基本价值以达成其商业目标（扩大上诉委员会 Screw You 案裁决第 13 段）。

（b）标准。何为欧共体法所能接受的，何为不能接受的，在整个共同体内应当具有统一的标准及其解释门槛。但是，基于本条第 2 款的规定，本条第 1 款（f）项并不要求违反欧共体范围内公认的公共秩序和善良风俗。公共秩序的界定既不能过于狭隘，如仅指刑事制度或基本权利，也不能过于宽泛，如所有成员国的法律规范体系。例如，如果其他驳回事由可以适用，并不意味着一定自动适用本规定（欧盟普通法院 TUFFTRIDE v NUTRIDE 案裁决第 76 段）。公共秩序往往指的是国家机构（国家首脑、议会或法院）以及基本规则，例如人权、成员国或国际公约的基本法律原则、与民主社会和法治国家运行相关的其他价值体系。如果一件商标赞成或者呼吁种族仇恨、性犯罪、毒品滥用、恐怖主义或否认战争罪犯，则应当为商标法所禁止（例如 Bin Landen，R 176/2004 - 2，R 177/2004 - 2）。以善良风俗驳回的商标应当是消极的、不堪入目的，且可能会引起受过良好教育和理性观察、具有一定容忍度和感性的公众所厌恶的。这种门槛会随着时间的变化而变化，20 年前所不能接受的标志，现在可能已经广泛出现在电视和网络中。相关公众及其对商标的感知会因商品或者服务的不同而不同。在情趣用品店购买情趣用品的公众的不舒适感的门槛就会比一般公众的更低（扩大上诉委员会 Screw You 案）。

(c)商标本身,而非产品、使用或所有人。本条第1款(f)项指的是申请商标自身的内容,商标申请所指定商品的性质并不构成商标注册的障碍(《巴黎公约》第7条和TRIPS协议第15条第4款),申请人作为一个个体表现如何也不会产生影响。依据本规定对商标进行审查不应考虑申请人的身份,在撤销或无效案件中,也不应考虑商标的实际使用。另外,商标的所有人是可以变换的。对商标使用的限制,例如对烟草、酒精饮料、医疗或法律服务的宣传限制,并不会影响对其是否违反本规定的判断。例如,就博彩服务申请的商标并不违反善良风俗,尽管一些成员国法要求获得特许执照方可从事此项业务并使用商标,而该欧共体商标的所有人并未获得执照(欧盟普通法院Intertops案裁决第27段、第34段)。第110条第2款确保了依据成员国的民事、行政或刑事法或欧盟法的规定禁止欧共体商标使用的权利。

10. 具有欺骗性的商标的驳回[本条第1款(g)项]

(a)概述和公共利益。本条第1款(g)项规定,如果商标"具有欺骗性",尤其是"容易使公众对商品或者服务的性质、质量或者地理来源等产生误认的",不予注册。这一规定与《商标指令》第3条第1款(g)项和《巴黎公约》6条之五B(3)"具有欺骗公众的性质"的规定一致,该绝对事由是独立的,且不得基于第7条第3款获得显著性而否定本规定的适用。如果具有欺骗性的商标被错误地注册,应当宣告无效[第52条第1款(a)项];如果在注册后因使用产生了误导公众的结果,应当撤销[第51条第1款(c)项]。尽管拒绝欺骗性商标注册能够起到保护竞争者的作用,但其正当性主要在于保护消费者(欧盟法院Elizabeth Emanuel案裁决第46段)。驳回商标注册只是一种保护性措施,因为仅仅是注册欺骗性商标本身并不会损害消费者,而且商标法也不会禁止其使用,但会被其他法律所禁止,尤其是反不正当竞争法或标签法。

(b)对商品或者服务的特征的错误描述。如果商标包含对商品或者服务的特征的说明,但该说明与所申请的商品或者服务存在差异,则可适用第7条第1款(g)项。这只要求商标可能导致误解,而不要求构成欺诈性使用

(欧盟法院 Elizabeth Emanuel 案判决第 50 段)。对申请人应作善意推定。如果申请人有可能以不会导致误解的方式使用商标,则通常不需要驳回该商标。商标通常可能通过排除法避免产生令人误解的后果,并克服其固有的描述性缺点。在此种情形下,欧洲内部市场协调局也不会适用严格标准。消费者受欺骗的风险必须足够严重(欧盟法院 Elizabeth Emanuel 案判决第 47 段)。它要求存在一种较高的可能性,即相关公众将标记理解为传达商品或者服务具有某种重要特征但其实没有。这并不要求商标仅由导致误解的要素构成。因此,第 7 条第 1 款(g)项并非是描述性标记[第 7 条第 1 款(g)项]的对立面。如果一个商标使相同公众认为它错误地描述了商品或者服务的地理来源,该商标即构成导致误解。当然,如果指定的商品或者服务包含或者具备相应的地理来源,就不适用此项驳回理由。

11. 基于已登记的官方标志的驳回[第 7 条第 1 款(h)项、《巴黎公约》第 6 条之三]

(a)概述和公共利益。如果"依据《巴黎公约》第 6 条之三应予驳回",且"未经相应主管机构授权注册"的标志,第 7 条第 1 款(h)项禁止其作为商标注册。依据《巴黎公约》第 6 条之三的规定,《巴黎公约》成员国和政府间国际组织的官方标志,不得作为商标注册。特别法优于《巴黎公约》第 6 条之三的原则,例如旨在保护非政府间国际组织的标志的国际协定[《巴黎公约》第 6 条之三(1)(b)]。第 7 条第 1 款(h)项与《商标指令》第 3 条第 1 款(h)项相一致。第 7 条第 1 款(h)项旨在保护成员国或者政府间国际组织控制对象征其主权的标志的使用,并排除可能损害其象征价值或者引起公众混淆或导致产源误认的商业性使用(欧盟普通法院 ECA 案判决第 39 段、Maple Leaf 案判决第 59 段)。

(b)授权。申请商标含有官方标志或者名称,相应主管机构已经授权申请人将该标志注册为商标的,则无需驳回。一项隐含的或者明确的关于使用该标志的授权并不构成作为商标注册的授权。即使经授权使用的商标所有人不主张对其包含官方标志的部分取得排他权,也不例外[《巴黎公约》第 6 条之三(8)]。

(c)服务商标。第 7 条第 1 款(h)项中的"商标"也包括服务商标[①]。欧盟普通法院对此所作的相反解释(Maple Leaf 案判决第 26 段至第 32 段)被欧盟法院(American Clothing 案判决)推翻。

(d)官方标志。《巴黎公约》第 6 条之三的第 1 款规定的官方标志包括 a. 国家标志(如国徽、国旗,而不是国家名称或缩写)、表示由国家控制的表示质量控制和保证的官方标记或者纯度标记 b. 政府间国际组织的标志(如徽记、旗帜)、名称或者缩写。世界知识产权组织有一份官方标志清单,在其官方网站可查(www.wipo.org)。

(e)与官方标志相同或者构成模仿或者含有官方标志。依据《巴黎公约》第 6 条之三(1)和(2),如果商标与官方标志完全相同,或者自纹章学观点看构成对官方标志的模仿,或者含有与官方标志相同或者构成模仿的要素,该商标不受保护。审查并不考虑商标的整体印象以及该商标受保护的要素是否发挥独立的、显著的作用。判定"模仿"采用纹章学的标准,此标准在判定商标近似性时通常不适用(上诉委员会 Hannover 案裁决)。即使按照特定风格对徽章作了处理,使其没有与徽章相同的部分或者只是使用了徽章的一部分,也不意味着就不存在模仿,以黑白的方式复制带有颜色的徽章通常也不能否定存在模仿(欧盟普通法院 ECA 案判决第 46 段、Maple Leaf 案判决第 68 段)。

(f)表示实施控制、予以保证的官方标记和检验印记。依据《巴黎公约》第 6 条之三第 2 款的规定,表示控制和保障的官方标记和检验印记不能禁止他人的商标使用,除非是将该标记故意使用在同类或者类似商品上(上诉委员会 Maltese Cross 案裁决)。

(g)非政府间国际组织:误导后果。对国徽的保护无需证明商标和国徽或者其声誉之间存在联系。与此种绝对保护不同,商标含有受保护的非政府间国际组织的标记可能被允许,只要此种使用不会暗示公众该组织与徽章、名称或者缩写存在某种联系,或者不会使公众误认为存在此种联系

[①] 参见第 1 条第 1 款。

(《巴黎公约》第6条之三第1款C)。因此,商标所呈现的整体印象及其使用的具体商品和服务将是决定性因素(欧盟普通法院 ECA 案判决)。

12. 其他官方标志[第7条第1款第(i)项]

本条款适用标准与第7条第1款(h)项相同,只是其保护范围扩展至《保护工业产权巴黎公约》第6条之三以外的涉及公共利益的徽章、标记或者饰有纹章的盾。如果商标申请注册获得相关机构的授权,则排除此项驳回理由的适用。本条款与《欧盟商标指令》第3条第2款C项规定相一致。本条款极少适用,适用案例都是与欧元符号"€"和红十字会的旗帜有关。

13. 葡萄酒和烈性酒地理标志[第7条第1款第(j)项]

对在葡萄酒或者烈性酒上申请注册的商标包含或者由葡萄酒或者烈性酒的地理标志组成,而所指定使用的葡萄酒或者烈性酒不具备该地理来源的应予驳回。

(a)历史渊源。本条款与《与贸易有关的知识产权协定》(以下称 TRIPS)第23条相一致。TRIPS 第23条规定,当商标含有或者由葡萄酒或者烈性酒地理标志构成,而所使用的葡萄酒或者烈性酒并非来源于该标志所标示的地区时,WTO 成员国负有拒绝该商标注册或者宣告该商标无效的义务。欧盟是 TRIPS 协定的成员,有义务尽可能地根据该协定的立法用语和立法目的解释欧盟的商标立法(欧盟法院 Budweiser 案判决第42段)。

(b)公共利益。本条款旨在确保内部市场顺利运转、相关生产者得到平等对待以及消费者免受误导。

(c)地理标志。在欧洲共同体获得保护的成员国或者第三国的地理标志是根据《欧洲理事会1493/1999号条例》确定的,这可以在欧盟委员会的网站上查询(http://ec.europa.eu/agriculture/markets/wine/index_en.htm)。

(d)葡萄酒和烈性酒。本条款专门适用于第33类葡萄酒和烈性酒上的商标。欧洲共同体对"葡萄酒"的定义是"对压榨的或者未压榨的新鲜葡萄经过完全或者部分酒精发酵得到的产品"(《欧洲理事会1493/1999号条例》附录 I 第10点);"烈性酒"是一种酒精度不低于15度的酒精饮料(具体可参见欧洲理事会110/2008号条例第1条)。

(e)绝对保护。含有地理标志的商标不得注册,无论其是否会欺骗公众或者该标志在商标中具有独立显著的作用。因此,对地理标志的保护是绝对的并且独立于公众的认知(见《欧洲理事会 3288/94 号条例》第 4 版详解对 TRIPS 第 23 条的援引)。

(f)葡萄酒或者烈性酒"不具有该地理来源"。最后,本条款仅适用于商标含有或者由受保护的地理标志组成、该标志构成对葡萄酒或者烈性酒的地理来源的具体描述的情形,而不限于对其地理来源构成精确描述。需要注意的是,如果申请商标由受保护的地理标志组成,本条例第 7 条第 1 款第 3 项也将适用,除非该标志依法作为集体商标申请注册(见 66 条第 2 款)。

14. 受保护的原产地标记和受保护的地理标志[第 7 条第 1 款第(k)项]

(a)概述、公共利益。商标含有或者仅由《欧洲理事会第510/2006号条例》所保护的农产品和食品原产地标记或者地理标志组成,且具有该《条例》第 13 条规定的情形之一并使用在"同类产品"上,本条款禁止此类商标注册。本规定蕴含的公众利益(农产品的多样化、功能化和质量)已经在《欧洲理事会第 510/2006 号条例详解》得到了具体列明。与商标不同的是,地理标志不是指单一商业来源,而是指集体的商业来源即特定地区。此种原产地标记和地理标志的保护在某种意义上属于《欧盟运行条例》第 36 条上的工商业产权,它使得该《条例》第 34 条的进口数量限制正当化(欧盟法院 Prosciutto di Parma 案判决第 64 段)。

(b)历史渊源。地理标志最初只是在共同体的成员国国内受到保护,或者基于成员国之间的双边或者多边条约予以保护。《欧洲理事会第 510/2006 号条例》回归其前身《欧洲理事会 2081/92 号条例》。因为,对属于《欧洲理事会第 510/2006 号条例》保护范围的产品,该《条例》排斥平行的国家保护,否则国家保护仍将继续(欧盟法院 Rudolf Ammersin Ⅱ 案判决、Warsteiner 案判决)。为了澄清这一点,《欧洲理事会 422/2004 号条例》引入了本条款的内容。《欧洲理事会 2081/92 号条例》第 14 条已经规定欧洲内部市场协调局和成员国主管机构有义务拒绝符合该《条例》第13条规定情形之一且使用在"同类产品"上的商标注册。此外,本条例从一开始就在第142条(现第164条)明确规定了参照《欧洲理事会2081/92号条例》第14条(欧盟普通法院Grana Biraghi案判决第55段)。

(c)适用标准和受保护的名称。本条款和《欧洲理事会第510/2006号条例》第14条适用于申请注册的商标含有或者仅由原产地标记或者地理标志组成,而该名称在该商标申请之前在同类产品上就在共同体层面获得保护。《欧洲理事会510/2006号条例》第3条规定了受保护名称的种类,它可以包括来自欧盟以外国家的标记。受保护的名称可以是一个用于界定产品的确定地域的名称(地区、特定地方以及特例情况下一个国家),也可以是用来指代产品的传统的地理名称或者非地理名称。地域范围必须得到明确的界定,并且要具有共同特点(欧盟法院认为以"山"界定地域范围过于模糊,Mountain案判决第35段)。原产地标记适用严格的标准:产品必须产自特定地域,在客观上该产品的质量或者特点是由该地域环境固有的自然或者人文因素决定的。而且,所有的生产程序(生产、加工、制作)必须在该地域内完成(欧盟法院Feta Ⅱ案判决第46—69段、Prosciutto di Parma案判决、Grana Biraghi案判决第66段)。地理标志适用的标准严格程度略低,它不要求产品的生产、加工和制作在地理标志所表示的地域内完成(Spreewalder Gurken案判决)。关于地理标志的具体要求参见《欧洲理事会第510/2006号条例》第3条(2)和(3)。符合原产地标记和地理标志条件的地理名称仅能依据《欧洲理事会第510/2006号条例》予以保护,而不得通过成员国国内法或者成员国间的双边条约保护(欧盟法院Rudolf Ammersin Ⅱ案判决),应当将其与普通的或者间接的表示地理来源的标记区分开来,因为后者并未表示产品的特定质量、声誉或者其他特点与该地域的直接联系。《欧洲理事会第510/2006号条例》对此类标记不予保护(欧盟法院Warsteiner案判决第43段、44段,Rudolf Ammersin Ⅰ案判决第54段)。如果在任何地方生产都不会降低质量的产品,不能获得原产地标记或者地理标志保护。此外,一个名称在某个成员国已经成为通用名称的,也不得注册为原产地标记或者地理标志[《欧洲理事会第 510/2006 号条例》第 3 条(1)],适用标准参见欧盟法院 Feta Ⅱ 案判决第 75—100 段]。但是,受保护的名称不能成为通用名称[《欧洲理事会第 510/2006 号条例》第 13 条(2)]。对名称的保护不受时间限制,但对停止遵守该名称所涉及产品的说明书的,可以予以撤销[《欧洲理事会第 510/2006 号条例》第 12 条(2)]。

(d)申请在先原则。本条款只在商标申请日期晚于受保护的原产地标记或者地理标志在欧盟委员会申请注册的日期时适用。

(e)同类产品。原产地标记和地理标志只能注册在具体产品(《欧洲理事会第 510/2006 号条例》第 4 条),该产品全部是农产品或者食品,不适用于葡萄酒和烈性酒,后者适用不同的手段加以保护[本条例第 7 条第 1 款 J 项和《欧洲理事会第 510/2006 号条例》第 1 条(1)]。对不是在同类产品上申请注册的商标,本条款无适用余地。

(f)《欧洲理事会第 510/2006 号条例》第 13 条规定的"冲突"。《欧洲理事会第 510/2006 号条例》第 13 条第 1 款和第 14 条预先禁止任何可能就产品来源误导消费者的行为,尤其是在产品上使用没有注册的原产地标记或者地理标志,以及滥用、模仿或产生联想的行为,例如翻译或表达中包括诸如"方式"、"类型"或"方法"等。与产生联想相关概念的解释非常宽泛,可参见欧盟法院 Cambozola v Gorgonzola 案裁决第 25 段至第 27 段、第 43 段以及欧盟法院 Parmesan v Parmigiano Reggiano 案裁决第 78 段。如果原产地标记或者地理标志包含了多个元素且其中之一是具有通用性的话,则情况更为复杂。一般而言,通用性的部分不得作为原产地标记或者地理标志得到保护(《欧洲理事会第 510/2006 号条例》第 13 条第 1 款第 2 段;有关确立通用性的特征标准可参见欧盟普通法院 Grana Biraghi 案裁决第 65 段)。《欧洲理事会第 510/2006 号条例》第 13 条禁止商标传达"任何其他有关产品来源、起源、性质或内在质量的错误或误导性的说明",或者"可能传达有关来源的错误说明",并对"任何就产品来源的真实性可能误导公众的行为"规定了一般性条款。当然,这些规定仅适用于《欧洲理事会第 510/2006 号条例》强调的特殊类型的产品,如果适用这些规定,本条第 1 款(g)项同样予以适用。

15. 仅在欧盟部分地域适用的驳回事由（第2款）

（a）统一性原则。根据本条第2款的规定，第1款列举的驳回事由如果"仅存在于共同体的部分地域"，同样适用。本条第2款体现了第1条第2款确立了欧共体商标在共同体内的统一性原则，且确立了所谓的"全有全无规则"，欧共体商标在共同体内要么全部有效，要么全部无效。本条例将"欧共体"视为一个独立的地域，一个内在的市场，不存在国家边界①。

（b）"欧共体部分地域"和语言。"欧共体部分领域"并不仅仅指特定的地域实体，例如成员国。在欧共体的任何地域都可能出现障碍，与组织结构或规模无关。地域本身并不是决定性因素，而应取决于因文化或语言背景不同而具有不同观念的相关公众。大多数情况下，差别虽然也有因消费者习惯或特定知识的传播而导致，但主要源于不同语言之间理解和拼写的差异（例如欧盟法院 Knight Clubs 案中，该商标使用于西班牙纸牌游戏，第48段，上诉驳回）。就语言而言，驳回事由既不限于欧盟官方语言，也不限于作为官方语言所能理解的特定术语。尤其是英语术语，在英国、爱尔兰和马耳他之外往往也能被理解（欧盟法院 Companyline 案裁决第40段）。但是，基于行政成本的考虑，审查员往往不会审查一项标志以其他语言是否能够被理解，除非其显著性受到质疑（本条第3款）②。如果援引的理解所在的地域并非该地域居民的本土语言，则应证明部分相关公众对该语言有足够的认识（欧盟普通法院 New Look 案裁决第22段；欧盟普通法院 Steady-control 案裁决第40段）。本条第2款指的并不是官方语言，而是指在欧共体范围内"在商业活动中使用的语言"（欧盟法院 Baby-Dry 案裁决第40段）。就具体产业或具体商品而言，例如食品，使用非欧盟商业语言的现象很常见，甚至与出口的事实无关，那么，这种语言是具有相关性的。在实践中，审查员当然不会依职权将审查范围延伸至非欧盟语言，但是在无效宣告

---

① 参见本条例序言第2点。
② 参见欧盟普通法院 Bateaux Mouches 案裁决第14段、第21段，上诉驳回。

程序或第三方提起的程序中,审查员应将相关情形下的语言考虑在内。

（c）转换。如果商标因在欧共体部分地域存在绝对事由的情形而被驳回或者被宣告无效,则该商标可以转换为该地域之外的成员国商标申请[第 112 条第 2 款(a)项]。如果裁决仅指明了特定的语言,没有进一步说明驳回事由的特定范围,则可以转换为将该语言作为"官方语言"之外的成员国(《商标条例实施细则》第 45 条第 4 款)。如果申请人援引已经获得的显著性(本条第 3 款)但证据不充分的话,则情况就更为复杂。在这种情形下,转换的可能性取决于裁决的具体理由。如果驳回的事由原则上适用所有成员国,申请人或所有人提交了证据,且裁决仅指出就欧共体部分领域提供的证据不充分,则原则上可以转换至所有成员国,在转换后应在成员国层面证明显著性(无论是内在的还是通过使用获得的)[上诉委员会 Orange（颜色商标)案]。

16. 取得显著性(第 3 款)

（a）申请的提交和其他有关条款。如果商标通过使用取得了显著性,消费者可以识别标有该商标的商品或者服务来源于某特定企业,且能够与其他企业的商品或者服务相区分而不会发生混淆,则允许该商标注册(欧盟法院 Chiemsee 案裁决第 54 段)。取得显著性可以消除缺乏固有显著性[本条第 1 款(b)项]、描述性[本条第 1 款(c)项]或通用性[本条第 1 款(d)项]等驳回事由。本款规定和《巴黎公约》第 6 条之五 C（1）的规定相一致。商标取得显著性仅仅代表其"跨过"了可注册性的门槛,在双方当事人程序的案件中[第 8 条第 1 款(b)项和第 5 款、第 9 条第 1 款(b)项和(c)项]并不自动证明其成为强商标或者具有声誉。

（b）目的。如果商标具备指明来源的基本功能,则既不缺乏显著性[本条第 1 款(b)项],也不具有通用性[本条第 1 款(d)项],在这种情形下,就没有驳回其注册的正当理由。对于描述性特征[本条第 1 款(c)项]而言,在已经建立商标信誉的个体商事主体和自由竞争之间,立法者更偏向于保护前者的合法利益①。

（c）具体程序方面。对于主张取得显著性及其证据的提供，并未规定正式的期限限制。申请人原则上可以在上诉委员会首次主张取得显著性（欧盟法院 Baby-Dry 案），但可能依据第76条第2款以过期为由被驳回（欧盟法院 Baby-Dry 案裁决第44段，有关第76条第2款的内容还可参见欧盟法院 OHIM v Kaul 案）。但是基于程序的规定，不得在向欧盟普通法院起诉时才首次主张取得显著性（欧盟普通法院 Rautaruukki 第21段）。本条第1款和第3款通常是一并审查的。如果审查员以缺乏固有显著性和未通过使用取得显著性驳回申请的，申请人应当就两项驳回理由同时提起上诉。如果申请人仅就取得显著性的证据认定提出主张，则仅限于依据本条第3款对上诉进行审查（欧盟普通法院 Line Terminating in a Triangle 案裁决第32段）。取得显著性的请求也可以作为次要主张提出。如果申请人希望在收集取得显著性的证据之前就固有显著性事由获得终审裁决，可以要求就本条第1款先行作出裁决，继而另行依据第58条第1款提起诉讼（欧盟法院 Baby-Dry 案裁决第26段）。商标因取得显著性而获准注册的事实会随申请一并公告［第39条、《商标条例实施细则》第84条第2款（k）项］，但注册簿不会显示诸如在欧盟的哪些地域取得显著性等更多的信息。

（d）时间。取得显著性的决定性日期是申请日（欧盟法院 Pure Digital 案以及上述注释2）。因此，虽然允许提交申请日之后的相关证据作为对申请日时商标是否通过使用取得显著性的结论性说明，但原则上应当提交申请日之前的相关证据。这里并没有要求商标在申请日之前应当具体使用多长时间，但在市场上使用时间越长，越有可能取得显著性。

（e）地点。提交的证据应当指向相关驳回事由所适用的全部地域。对本条第3款的解读应当结合本条例规定的统一性原则（第1条第2款和第7条第2款）。如果是文字商标，则应是该文字能被理解的地域，这取决于

---

① 参见欧盟普通法院 Corona Bottle 案裁决第41段、欧盟普通法院 TDI Ⅰ 案裁决第71段。

相关公众，而且往往与该语言普遍使用的地域一致，当然也存在例外[①]。如果是非文字商标，通常其显著性在欧共体范围内没有差异，除非存在充分的相反证据（欧盟普通法院 Corona Bottle 案裁决第 47 段，反例可参见欧盟普通法院 Knight of Clubs 案）。在这种情形下，现存的案例法要求证明取得显著性的，应当就整个欧盟领域加以举证（欧盟普通法院 Bounty 案、欧盟普通法院 Lange Watch 案裁决第 47 段、欧盟法院 Storck Gold Wrapper 案裁决第 83 段），这是申请人或持有人因本条第 2 款而承担的义务。当然，如果不同的成员国市场之间具有可比较性，则可以将一国的数据类推至另一国。但另一方面，在一个较为重要的市场获得广泛认知并不能弥补其在较为次要的市场在使用取得显著性上的欠缺（欧盟普通法院 Bounty 案）。

（f）相关公众的"相当比例"。要证明相关公众能够将商标作为识别商品或者服务来源于特定企业的指示，相关公众应当达到"相当比例"的程度（欧盟法院 Chiemsee 案裁决第 52 段）。虽然这里没有规定具体的比例，但协调局有时会要求所调研的认知率超过 50%。相关公众的范围取决于涉案的商品或者服务，如果相关公众具有较高的专业性或注意程度，则会相应降低标准（欧盟普通法院 Deere 案、欧盟普通法院 Glaverbel Ⅱ案）。

（g）商品或者服务。应当就本条第 1 款（b）项至（d）项的绝对事由适用的所有商品或者服务证明取得了显著性（欧盟普通法院 TDI Ⅱ案裁决第 73 段至第 78 段）。

（h）将标志作为商标。一项标志应当为相关公众将其作为商品来源指示器认知，并能够识别商品来自特定企业，而这是该企业将该标志作为商标使用的结果（欧盟法院 Philips v Remington 案裁决第 64 段）。相关公众或者其中相当比例的公众，无需知道确切的贸易来源，但应当明了使用特定标志的具体商品或者服务来自于相同或相关的商业来源。这些需要证据加以证明。证明既可以是间接的，即通过提交实质性使用和宣传证据说服审查员

[①] 参见欧盟法院 Europolis 案、欧盟法院 Pure Digital 案裁决第 49 段至第 54 段、欧盟普通法院 Best Buy 案裁决第 26 段、欧盟普通法院 Color edition 案裁决第 45 段、欧盟普通法院 Opitions 案裁决第 27 段以及欧盟普通法院 New Look 案裁决第 24 段。

确信该标志已经达到为相关公众所熟知的程度，也可以直接通过调研或第三方声明加以证明。通常而言，有关消费者认知的直接和间接证据均需要提交。对于间接证明，只要能提交证明标志的使用或宣传的证据即可，但对于立体商标的二维使用而言往往并不容易（例如参见欧盟法院 Storck Light-Brown Sweet 案裁决第 60 段）。同理，如果一项标志是被当作复杂标志的组成部分使用或者与其他元素结合使用，则应提交证据准确地证明该涉案标志取得了商标显著性。使用了什么本身并不重要，重要的是相关公众从这种使用中获知了什么（欧盟法院 Have a Break 案裁决第 28 段、欧盟法院 Storck Light-Brown Sweet 案裁决第 66 段）。当然，如果缺乏充分的证据，与其他元素一同使用的标志很难被证明取得了显著性（欧盟普通法院 Corona Bottle 案裁决第 50 段至第 51 段）。通常而言，证据所指向的应当是相关公众在购买时对标志的认知（欧盟法院 Storck Light-Brown Sweet 案裁决第 72 段、欧盟法院 Ruiz-Picasso 案裁决第 41 段）。当然，诸如广告或消费等其他情形也会产生对该标志的认知（欧盟法院 Storck Light-Brown Sweet 案裁决第 71 段、第 75 段）。

（i）垄断。如果特定产品只有唯一的供应商，并不会因此妨碍显著性的取得，当然应当证明该标志的显著性是通过作为来源的指示性说明加以使用而获得的。

（j）有关显著性证据的进一步评论。在审查一项标志的显著性时，申请人可能需要提供该标志的市场状态的事实和证据。尽管基于本条的审查是行政程序的一部分，并不必然适用民法的举证责任原则，但出于公共利益的考量，审查员作出的裁决应当具有合理基础。在评估证据时，应当适用一般原则。为了评估材料中的待证价值，有必要首先验证其包含的信息的合理性和可信度。为此，应当考虑材料的出处、制作环境、签字人以及其内容看上去是否真实可信。（1）调研和民意测验。调查是对消费者认知最直接、最可靠的证据。但是，调查并不是义务，也没有被设定需要达到的比例（欧盟法院 Chiemsee 案裁决第 53 段）。如果使用的标准相同，就欧共体部分领域的调查结果可以类推至其他领域。由广告投入、营业额以及市场份额的比例推导出类似的相关公众的比例是一项合理的期待(例如欧盟普通法院 Deer 案、上诉委员会 Hilti Red Suitcase 案、上诉委员会 Veuve Cliquot Ponsardin Champagne Orange 案以及上诉委员会 Whiskas Purple 案)。调查应当符合公认的经验法律研究方法,样本规模应具有典型性、方法清楚、有理有据且问题设置适当(最后一点可参见欧盟普通法院 BIC Cigarette Lighter 案裁决第 84 段)。启用的调查机构应当具有资质,且独立运行。在特定城镇或地区受访的公众如果数量很小或者不具有代表性,则不能证明一般公众的认知,尽管他们可能增加提供其他间接证据加以证明。(2)陈述。贸易组织、消费者团体、商会以及类似的专业机构可以发表涉及相关公众对商标认知的声明。它们越是独立、内容越是详尽,可信度则越高。分支机构、客户、供应商或分销商等明显知晓商标,因此,其声明或者类似的声明不予采信(欧盟普通法院 BIC Cigarette Lighter 案裁决第 77 段至第 79 段)。同样,贸易组织也可能受其成员的影响。独立证明的会计人员可以核实相关内部事实。宣誓可以补充其他证据的证明力,例如通过对使用时间和地域做出解释性说明(欧盟普通法院 Basics 案裁决第 51 段)。(3)市场份额。特定商品或者服务的市场份额越大,相关公众认可的可能性越大;市场份额越小,则不利于证明取得了显著性(欧盟法院 Storck Gold Wrapper 案裁决第 76 段)。在大众消费市场,即使很小的市场份额可能也意味着巨额的销售量,从而相关公众对涉案商标可能也是熟知的。但是,相关公众的界定不能仅考虑分销渠道(例如进口啤酒就不属于有效的啤酒市场的子分类,参见欧盟普通法院 Corona Bottle 案裁决第 50 段)。(4)营业额、销售数据。营业额和销售数据往往是有效且必要的说明,但应当结合整个市场规模和竞争才能提供关于取得显著性的有价值的信息(欧盟法院 Storck Gold Wrapper 案裁决第 79 段)。另外,相关数据应当是明确指向涉案标志的[①]。(5)广告、意图使标志取得显著性。商标所有人通过在广告中使用商标的方式与消费者交流,能有力地说明消费者可能认知了该商标,当然应当证明该行为取得

---

① 参见上述注释 16。

了预期效果,即消费者将该标志当作商标认知(欧盟普通法院 Bateaux Mouches 案裁决第 39 段,上诉驳回)。另外,广告的努力应当在整个相关地域具有确凿证据。仅仅说明广告的开销并不能说明消费者的认知;广告的样本和视频应当提交以供展示。证据中应当包含对材料使用的时间和地点的说明(欧盟普通法院 Basics 案裁决第 50 段)。

驳回注册申请的相对事由

第 8 条

1. 申请注册的商标,因在先商标所有人提出异议的,不予注册:

(a)申请注册的商标与在先商标相同,且申请注册的商品或者服务与在先商标受保护的商品或者服务相同的;

(b)申请注册的商标与在先商标存在相同性或者近似性,且申请注册的商品或者服务与在先商标受保护的商品或者服务相同或者类似,在先商标受保护地域内的公众因此产生混淆的可能性;这种混淆的可能性包括与在先商标产生相联系的可能性。

2. 第 1 款所称的"在先商标"是指:

(a)在欧共体商标注册申请之日前已经申请注册的下列商标,如有必要,还应当考虑下列商标的优先权请求:

(i)欧共体商标;

(ii)在成员国注册的商标,或者就比利时、荷兰、卢森堡而言,在比荷卢知识产权局注册的商标;

(iii)在对成员国有效的国际框架下注册的商标;

(iv)在对欧盟有效的国际框架下注册的商标;

(b)前项(a)所称的在先商标若尚在申请中,最终应获得核准注册;

(c)在申请注册欧共体商标之日,或者在提出欧共体商标注册申请的优先权之日,在成员国已驰名的商标。对"驰名"一词含义的理解应以《巴黎公约》第 6 条之二的规定为准。

3. 商标所有人的代理人或代表人,未经所有人的同意而以自己的名义申请注册该商标的,经所有人提出异议,不予注册,除非该代理人或代表人证明其行为的正当性。

4. 在商业活动中使用的不仅具有区域性意义的未注册商标以及其他标志的权利人提出异议,根据欧盟立法或者成员国法律同时满足下列情形,欧共体商标的申请不予注册:

(a)该标志的权利是在申请注册欧共体商标之日前或依据优先权要求确定的申请之日前取得的;

(b)该标志的权利人有权禁止在后商标使用的。

5. 此外,就不相类似的商品或者服务申请注册的商标与本条第二款所称的在先商标相同或近似的,因在先商标的权利人的异议并满足下列情形之一,不予注册:在先商标是欧共体商标且在欧盟地域内享有声誉;在先商标是在成员国注册的商标且在相应的成员国领域内享有声誉;无正当理由使用申请注册的商标会损害或者不当利用在先商标的声誉或者显著性。

1. 概述

本条规定了驳回欧共体商标注册申请的相对事由,这些事由建立在第三方在先权利的基础上。本条的表述类似于《欧共体商标指令》第 4 条。本条例第 41 条规定,对欧共体商标注册申请的异议必须在共同体商标申请公告之日起 3 个月内提出。协调局不会主动发起相对事由的审查。第 38 条规定的查询系统仅提供信息检索的服务,并不属于审查程序的组成部分。本条规定的异议机制由协调局按与无效审查相关的程序执行,在无效宣告程序中可以援引相同或其他的相对事由。在先权利人没有选择提出异议或未能在规定时限内提出异议的,仍可以在下一阶段提出宣告欧共体商标无效的申请,只要其没有因默认行为而被禁止采取这一措施(可参见第 54 条)。另外,异议裁决并不等于形成既判力。自 1997 年以来,被提出异议的欧共体商标大约稳定保持在 15%。异议解决率持续保持在 70%。大约 50% 的商标异议得到了支持。不要忘记是,异议解决结果可能是撤回商标申请或缩限商标申请的范围,这使得约 7% 的欧共体商标申请在不同程度上受到本条驳回相对事由的影响。

2. 结构

本条的第 1 款开宗明义规定基于在先商标提出异议获得支持的法律要件，这表述模式导致本条在结构上存在一定的混乱。第 2 款是对"在先商标"的定义。第 3 款针对的是违反诚实信用原则的代理人申请注册欧共体商标的特殊情形，与其他相对事由不同的是，该款并不以异议人在欧盟境内享有在先权利为前提条件。第 4 款允许基于注册商标以外的其他在先权利提出异议，这些在先权利受到成员国法律的保护，保护的范围主要依据成员国法①。第 5 款最后又回到了在先商标，允许基于淡化原则提出异议（范围更广）。依据欧盟法院对 Davidoff v Gofkid 和 adidas v Fitnessworld 两个案件的判决，第 5 款被明确解释为同样可以适用于就相同或者类似的商品申请注册的商标提出异议。其结果是，经常会出现基于一个"特殊"商标的异议，其法律依据既是本条第 1 款，也是第 5 款。对本条的解读应当与第 53 条联系在一起，第 53 条援引本条作为基础，规定了无效宣告的相对事由，只是在第 2 款增加了提起宣告无效的其他权利依据。据此可以得出这样的结论，即第 53 条第 2 款列举的权利不能作为提出异议的依据，包括本条第 4 款规定的其他权利。另外，值得注意的是，本条例不支持基于申请商标出于恶意提出的异议。唯一能够成立的此类异议是针对不守信的代理人申请商标的情形（见本条第 3 款，后文注释 6）。尽管恶意通常会涉及特定第三方的地位和财产权利并且是作为宣告无效的绝对事由（见 52 条，注释 5），但其在欧共体商标申请程序中并不发挥作用。

3. 所有人提出异议

根据本条的规定，只有在先权利的所有人才有权基于相对事由提出异议。如上所述，本条排除了协调局依职权主动审查相对事由，也排除了以他人权利受到损害为由提出异议。相比而言，《欧共体商标指令》第 4 条没有这样的要求。结合本条例第 41 条和《商标条例实施细则》第 15 条第 2 款

---

① 这里和下文的注释中均未提及该款中"Community legislation"，可能是参照了 1993 年版的《欧共体商标条例》。——译者注

(h)项(iii)的规定,本条所称的"权利人"显然包括获得授权许可的使用人。究竟是以权利人还是以许可使用人的身份提出异议,应在3个月的异议期内明确。

4. 在先商标的范围(第2款)

本条第2款对在先商标的范围界定得很清楚,"在先商标"通常是指在欧盟、成员国或者比荷卢领域内有效注册的商标。以尚在申请阶段的在先商标提出异议,应最终获得核准注册,否则不能对抗欧共体商标的申请。本条规定的异议应基于注册商标原则的唯一例外是,第2款(c)项规定的在成员国和比荷卢地区受到保护的且符合《巴黎公约》第6条之二意义上的驰名商标。值得注意的是,这里所称的商标的"驰名"必须覆盖了注册成员国全部或大部分的领域[欧盟法院nieto nuno案裁决与《欧共体商标指令》第4条第2款(d)项的规定是一样的]。另外,"驰名"也不同于本条第5款所称的"享有声誉",尽管二者的实质要求非常相似。对"在先"的解释,第2款明确以被异议的欧共体商标申请注册日或依据优先权确定的申请日为准。至于欧共体商标申请人是否享有比异议所依据的商标更早的欧盟或者成员国法上的权利,或者在同一个成员国内,是否存在比异议依据的注册商标更早的,与被异议商标申请相关的在先成员国商标,都不予考虑(在对欧共体商标运作机制的审查过程中可能会对此进行修订)。

5. 双重相同和混淆可能[第1款(a)项和(b)项]

本款(b)项的混淆可能原则是最为常见的异议理由,95%的案件都援引过该项之规定。本款(a)项的双重相同原则虽然也经常被援引,但极少能引起做出驳回申请的异议裁决,一方面可能因为异议人错误地引用,另一方面是因为申请人在协调局明显会做出驳回的异议裁决之前主动撤回了商标申请。

(a)双重相同。就相同的商品或者服务申请注册的商标与在先商标相同的,根据(a)项之规定,异议成立。异议人无需证明混淆可能性的存在,更重要的是,即使申请人证明不存在混淆的可能也没有任何意义。双重相同一旦认定,申请人只有两种抗辩途径,要么主张在先商标从未被使用,要么对在先商标的有效性提出一个独立的诉讼①。第一,商标的相同。总体而言,根据(a)项之规定认定商标的相同并不复杂。对此,必须要考虑欧盟法院对 Arthur v Arthur & felicie 案的裁决(第 41 段):"不具有显著性差异"的商标之间也可认定为相同②;协调局对此做非常狭义的解释,在不确定的情况下,还要结合(b)项的规定加以审查。但可以明确的是,标志之间仅因存在部分相同,不在本项调整范围内。第二,商品和服务的相同。这种相同的认定,并不要求被异议的欧共体商标申请与在先商标对各自商品或者服务的说明在字面上完全一致,但要求为表明商品或服务的术语至少部分重叠。当冲突商标涉及的特定商品或者服务能被一个统称包含时,亦可认定构成相同商品。例如,"以科研为目的的计算机程序"将被视为和在医疗科研中使用的计算机程序、计算机软件甚至是数据处理器属于相同商品,因为它们被囊括在同一个相应的分类标题之下。详情可参阅协调局的审查指南(第 2 部分第 1 章)。在实践中,普遍存在使用分类标题对商品或者服务进行概括性说明的现象,因此,这种相同的认定是很常见的。协调局无权主动修改被异议商标申请的说明,但可以将初步意见告知申请人并允许其修改自己的申请,当然,协调局通常不会这样做。对被异议商标申请的说明范围加以限定不能附加任何条件,因此,在异议可能基于"商品相同"提出时,最好建议申请人及时排除商品或者服务的相同。如此一来,基于混淆可能原则提出的异议也将更难得到支持,这点往往更为重要。

(b)混淆可能性。本项所称的混淆可能性与第 9 条第 1 款(b)项(欧盟法院 adidas v marca mode I 案裁决第 26 段)中混淆可能性的含义相同,可参阅该条款注释内容,尤其是注释 7。第一,"抽象检验"。值得注意的是,与法官决定一项行为是否构成侵权不同,在异议程序中对双方商标的比较必然会在某种程度上更为抽象,这往往给予在先商标更大的保护范围。审查员无需考虑双方商标的实际使用情况,仅通过比较双方商标的书面材料就

---

① 参见本条注释 9。
② 参见下文第 9 条的注释 6。

可作出异议决定(欧盟法院 Calvin Klein v OHIM 案裁决第 46 段)。只有依据第 42 条第 2 和 3 款对在先商标提出使用要求和提供正使用证据时,在先商标的实际使用才会发挥作用。即使如此,审查亦分为两步:第一步,根据实际使用情况确定在先商标是否实际使用以及在何种程度上使用,并足以保证其具有持续的有效性;第二步,在先注册的商标(且实际使用)是否会与被异议的商标申请产生混淆性的相似。即使当在先商标的使用形式与其注册形式存在很大不同(当然应足以构成注册商标意义上的使用),判断是否存在混淆仍然以注册商标为准,而非实际使用商标(欧盟普通法院 Quantum 案裁决第 65 段至第 67 段)。同样,实际发生混淆的证据既不必然相关且在多数情况下亦无必要;毕竟,被异议的商标通常都没有在市场中使用过。因此,这种审查具有典型的高度假定性。第二,家族商标(family of marks)。异议人往往会主张拥有一个家族商标,如果申请的欧共体商标可能会被认为是这一家族商标的成员,则不能获得注册。根据欧盟法院 Il Ponte Finanziaria(Bainbridge)案裁决,如果家族商标的所有人能够证明注册,且在市场中实际使用这一系列商标的事实,则上述主张可以成立。如果在后申请的商标通过展现相同的样式或者"家庭主干"(family stem),使其因此可能被认为属于在先的家族商标,"家族商标"的主张有助于异议人提出异议。"家族商标"主张是否也适用于本条第 5 款是存在争议的(欧盟普通法院 Citigate 案裁决)。但是,这里并不存在排除适用的理由。"家族商标"所做的一切都是为了将消费者的注意力转移到在先商标以及商标群的特定元素上,以至于与在后申请商标相比较,消费者也将注意力集中于该特定元素。无论对本条第 5 款还是第 1 款(b)项,这一分析都具有同样的相关性。

6. 不诚信的代理人(第 3 款)

如上文(本条注释 2)所述,本条第 3 款是仅有的一项不要求异议人在欧盟境内享有在先权利亦能提出异议的相对事由。最为典型的援引本款规定的异议人通常在欧盟没有任何在先权利,否则他们会诉诸第 1 款中潜在的更为简单的理由以对抗共同体商标注册申请。本款涉及的是商标所有人的代表人或者代理人申请商标的情形。当代表人或者代理人未经商标所有人的同意以自己的名义申请欧共体商标时,所有人可以提出异议。但这里提出异议的主体仅限商标所有人,许可使用人不在范围内[参见第41条第1款(b)项]。

(a)代表人或者代理人。在本条第3款的情形中,共同体商标申请是由"代表人或者代理人"提出的。代理人与所有人之间应当具有某种契约或者准契约关系,前者才能由此获悉后者的商标和品牌概念[审查指南第3部分第Ⅳ,1.1段、上诉委员会 Porter(Ⅱ)案裁决第26段]。典型的情形是,前任分销商已经为涉案商标开拓了一个当地市场,并认为这些努力的果实应归属于他,而在代理关系终止后理应成为该商标的权利人。对上述这些情况的举证责任由异议人负担,相关证据的提交对于证明其异议主张具有至关重要的意义。

(b)商标的所有人。虽然本条第3款使用了"商标"一词,但它无论如何都不能被理解为本条第2款意义上的在先商标。相反,典型的情形是该商标在欧盟范围内不享有任何保护。但是,异议人必须证明其在世界上其他某个地域持有该商标(审查指南第3部分第Ⅲ,2段;上诉委员会 D-Raintank 案裁决第53段),以及其与申请人之间的关系与该商标具有关联性。

(c)代理人未经所有人同意且无正当理由。对于所有人的同意以及申请注册商标正当性的举证责任由代理人承担。很明显,异议人无法证明自己不存在的同意行为。另外,异议的提出已经表明异议人没有同意代理人以自己名义的申请注册其商标。根据证据规则,正当性的举证责任应当由实施不正当行为的一方承担。关于商标所有人同意的举证,一旦异议人证明其对涉案商标享有权利,且与申请人之间存在合同关系,申请人就必须提交更加清晰的证据,证明异议人同意其以自己名义申请注册涉案商标。关于正当性的证明,仅主张或者证实代理人对商标的投资是不够的,因为这是分销关系中代理人常做的事务,而且推广行为本身并不能使分销商获得商标权利。

7. 基于未注册商标以及在商业活动中使用的其他标志提出的异议

除了本条第 2 款规定的注册商标的权利外,本条第 4 款还允许基于未注册商标以及在商业活动中使用的其他标志的在先权利提出异议。

(a)在先权利的类型。如果成员国法律赋予上述标志的所有人禁止在后商标使用的权利,且不属于本条例第 53 条第 2 款列举的具体权利(姓名权、肖像权、著作权或者工业产权),则这些众多权利都可以落入本条第 4 款。其中,最常被援引的是商业名称权和未注册商标权。另外,英国和爱尔兰法中的"反仿冒之诉"也经常被援引,尽管严格来说,反仿冒之诉并非是设立在未注册商标上的财产权,而更近似于反不正当竞争;相比而言,这种财产权归属于商誉,商誉与商业活动密切相关,而商业活动是在特定的标志下运作和指引自身提供的商品或者服务的(英国 Star Industrial 案)。但是,这一问题却被司法裁判(英国 Compass 案)和协调局的异议审查指南(第 4 部分)忽略了。到目前为止,欧盟法院审理了地理标志(欧盟普通法院 BUD2008 案、欧盟法院 BUD 案),企业名称和商号(欧盟普通法院 Generaloptica 案)以及电影名称(欧盟普通法院 Dr No 案)案件。另外,"域名权"也经常被援引,但很少能得到支持。协调局的异议审查指南(第 4 部分第 16—31 页)中有一个有用的在先权利清单,包含了原则上被各个成员国法认可的在先权利。在这里需要提醒的是,法国、西班牙和比荷卢的法律虽然保护商业名称权,但不承认未注册商标权利(驰名商标除外)。在整个欧盟领域内,丹麦给予未注册商标的保护门槛是最低的(获得以使用为基础的商标权不需要任何声誉的要求)。还有一些国家规定了特别的权利(例如德国对作品名称的保护)。总之,建议涉及本条第 4 款的当事人在向协调局提出异议前,先向律师(这位律师要对已被援引的权利非常了解)咨询。

(b)欧盟和成员国法上的条件。本条第 4 款的审查分为三步:第一步,依据成员国法律存在一个在先权利;第二步,依据本款规定,审查"在商业活动中使用"和"不仅具有本地意义"的要求;这两点被认为是欧盟法的特别要求,独立于成员国法的规定和影响范围①。第三步,依据成员国法的规定,在先权利人是否有权禁止在后商标的使用。在这一步中,协调局要把自己当做成员国的法官并依照成员国法作出裁决。由于涉及未注册商标的权利,这里的审查与本条第1款(b)项和第5款往往十分相似,因为很多成员国选择同样的方式将未注册商标当做注册商标一样加以保护,混淆可能和淡化原则的实质性条件注定是相同的。即使这样,审查范围不止于此。案件的所有情况均要被考虑在内,不能只适用欧盟法就草率地作出结论,这同样是非常重要的。

(c)在商业活动中使用。正如上文所述,"在商业活动中使用"被认为是欧盟法的特别要求。即使涉案在先标志从未被投入使用,在某些情况下仍可得到成员国法的保护(例如,欧盟法院BUD案裁决认为,里斯本协议下注册的地理标志;在德国以保护为目的注册的作品名称)。但是,在欧盟法层面,不仅要求在先标志已经使用,而且使用应早于欧共体商标的申请日或依优先权确定的申请日(欧盟法院BUD案裁决)。虽然除(a)项外,本条第4款并未明确规定这一点,但这是在先权利的一般性原则:异议的相对事由情形应当在申请日前已经存在。但本条第4款并不要求"真诚地"使用(欧盟法院BUD案裁决)。

(d)不仅具有局地意义。这是欧盟法的第二个特别规定,旨在确保欧共体商标申请机制的正常运作,如果所有地方性受保护的权利都能够用于对抗欧共体商标的申请注册或者有效性,该机制可能会因此陷入瘫痪。判断一个标志是否仅具有局地意义,既不取决于对国界的衡量,也不取决于其被使用的地区数量。决定性因素是标志的市场影响力以及其能否被特定地域以外的消费者知悉②。即使具有局地意义的标志的权利人无法阻止欧共体商标的申请,其原有的地位也不会被剥夺,因为依据本条例第111条规定

---

① 参见欧盟普通法院Generaloptica案裁决第33段,欧盟法院BUD案裁决在此点上推翻欧盟普通法院BUD 2008案裁决。

② 参见欧盟普通法院Generaloptica案,审查指南第4部分5.3段,欧盟法院BUD案;以及英国Compass案。

他们可以禁止欧共体商标在其权利受保护的特定区域内使用。

（e）成员国法上的条件。成员国法必须规定，所涉在先权利的持有人有权禁止欧共体申请商标的使用。这一要求在抽象和具体两个意义上适用：就抽象而言，在先权利必须是允许权利人禁止在后商标使用的权利；就具体而言，特定的在先商标的保护范围应当及于特定的在后商标。这并不是对在后商标申请提出异议的能力，而是禁止其在市场上使用的能力，而且这一权利在被异议商标申请注册时和做出异议裁决时都是确定存在的。

（f）举证责任。对在先权利的存在和保护范围的举证责任由异议人承担。一旦异议人最终证实了上述条件在被异议商标申请注册时均满足，接下来就应当由申请人提交证据，证明异议人的在先权利或者其禁止在后商标使用的能力已经丧失或者自始不存在。异议人欲证明其在先权利的存在和保护范围，可以在很大程度上依靠协调局的审查指南第 4 部分第 16—31 页，这里列举了在本条第 4 款下经常被援引的各成员国法中的权利。本条第 4 款中关于成员国法的条件也是第 76 条第 1 款所称的"事实"。如果协调局需要自行审查成员国法的详细条件的话，正如欧盟普通法院在 BUD 2008 案中所做的那样，不仅会与外国法所指向的国内法程序规则冲突；更重要的是，这事实上会给申请人造成巨大负担：只要是在先权利被援引的司法辖区（通常需要用逐个打记号的方式），申请人都不得不雇佣当地的咨询师，仅仅是为了搞清楚面对的是什么。

8. 享有声誉的在先商标（第 5 款）

本条第 5 款又回到了第 2 款定义下的在先商标，给予享有声誉的在先商标扩大保护，具体要求有：在先商标应享有声誉；申请注册的欧共体商标与其近似；申请注册的欧共体商标可能会不公平地利用在先商标获得利益，或者对其显著性或者声誉产生损害；欧共体商标的注册申请没有正当理由。对上述要求的举证责任，前三点由异议人承担，最后一点在本质上是正当性的自证，理应由申请人承担。与本款明文规定适用于"不相类似"商品或者服务不同的是，根据欧盟法院 Davidoff v Gofkid 和 adidas v Fitnessworld 案的裁决，本条第 5 款同样适用于类似商品或者服务上（还可参见欧盟普通法院 CITI 案)。至于有关本条第 5 款的实质性要求,可以参见下文第 9 条的注释 8。应当指出的是,协调局受理基于本条第 5 款提出异议的数量正在快速增长,其次是欧盟普通法院。比较特别的是,由于欧盟法院在 Inter v Interlmark 案中就淡化设立了一系列高门槛,导致上诉委员会和欧盟普通法院都不希望异议人提交有关消费者未来的、潜在的经济行为的证据(例如:欧盟普通法院 Botox v Botumax 案,上诉委员会 Citigate 案)。

9. 抗辩

本条规定和异议通知要求共同确定异议的范围。商标申请人对异议范围以外的任何抗辩可能都不会被受理,而需要另案提起。即使申请人自己享有的在先权利比异议人更早,也不能直接据此对异议进行抗辩,而必须先另行启动程序对抗异议人权利的有效性,这一般是通过成员国内的行政和司法程序得以实现[①]。即使申请人据以抗辩的在先商标所在国与异议主张的商标权利受保护国是同一成员国的,亦应遵循上述规则(但是,对这个问题已经在立法讨论之中)。即使申请人主张异议人同意其欧共体商标申请,或者异议双方当事人之间曾有协议认可欧共体商标申请的权利,并且异议人承诺不会提出异议,这些主张在异议审查程序中均不会被受理。因为在这里唯一需要考虑的欧共体商标申请是否存在是本条第 4 款规定的驳回相对事由,而且在异议程序中也不存在相当于本条例第 53 条第 3 款"默许限制"的规定。市场共存是最经常使用的抗辩策略,但它仅能在相当特定的情况下发挥作用(例如,上诉委员会 Shield v Goldshield 案裁决)。一般而言,即使能证明市场共存的长期存在,仍不能阻止混淆可能的认定[②]。若能证明在先商标的淡化可归咎于市场中存在的许多其他相同或者近似的商标,这一事实将有助于申请人的抗辩获得支持,但仅能证明在商标局注册簿上的共存是不够的。另外,无论在先商标是成员国商标还是欧共体商标,申请人都不能在协调局的异议程序中对该在先商标有效性提出争议。当然,

---

[①] 参见欧盟普通法院 Ruffles 案裁决。
[②] 例如参见欧盟普通法院对 Carbonell v Espanola 案的裁决。

申请人可以主张在先商标显著性弱且所受保护范围极小[①]。但是，如果在先商标的有效性确实存在争议，申请人只能通过适当的渠道提出无效宣告请求，除非受争议的是本条第4款下的未注册商标的权利，协调局拥有与成员国法院一样的职权去裁决在先权利的有效性。最后，本条例第12条规定的正当使用规则也不适用于异议程序。

第二节　欧共体商标的效力

欧共体商标享有的权利

第9条

1. 欧共体商标所有人享有商标专用权。商标所有人有权禁止他人未经许可在商业活动中使用下列标志：

（a）与欧共体商标相同，且使用在与其注册范围相同的商品或者服务上的标志；

（b）与欧共体商标存在相同性或者近似性，且使用在与其注册的相同或者类似的商品或者服务上，且可能导致部分公众产生混淆可能的任何标志；这种混淆可能性包括将该标志与欧共体商标相联系的可能性；

（c）与欧共体商标相同或者近似，使用在与其注册范围不相同或者不类似的商品或者服务上的标志，如果该欧共体商标在欧盟范围内享有声誉，且无正当理由使用该标志会损害或者不当利用共同体商标的声誉或者显著特征的。

2. 根据前款之规定，下列行为可能被禁止，尤其包括：

（a）将标志用于商品或者商品包装上；

（b）提供带有标志的商品，将其投入市场或者以此目的加以储存，或者

---

① 详情还可参见欧盟普通法院对 Prestige v P&G Prestige Beaute 案的裁决。

以该标志提供服务；

(c) 进口或者出口带有标志的商品；

(d) 将标志用于交易文书或者广告宣传中。

3. 欧共体商标自注册公告之日起享有对抗第三人的权利。在欧共体商标申请公告之日后发生的行为如在注册公告后可予以禁止，权利人可以要求合理补偿。在商标注册公告之日前，受理案件的法院不得对案件作出实质性裁决。

1. 概述

本条描述了欧共体商标所有人的权利，其实体部分的内容类似于本条例第 8 条（驳回注册申请的相对事由）和《商标指令》第 5 条。禁止不当利用或者损害商标的声誉或者显著性的使用行为的权利在本条例中具有强制性，而在《商标指令》中仅具有选择性。这些核心权利在第 10 条（字典中复制）、第 11 条（代理人未经许可的使用）中被扩大，在第 12 条（叙述性使用情形的限制）、第 13 条（权利穷竭）、第 54 条（默许）中被一定程度地缩小。享有权利的"所有人"通常推定为一直以所有人身份注册商标的人，但这对于法律上所有人或者没有注册人名义的合法所有人，例如尚未向商标局变更注册的商标受让人可能并不公平。原则上只有欧共体商标的所有人才能禁止侵权使用行为。根据第 22 条，只有在所有人同意的情况下，许可使用人才可以采取这些措施；如果涉及的是排他性许可，许可使用人正式通知所有人但后者不采取行动的，许可使用人则可禁止侵权的使用行为（详见第 122 条）。

2. 禁止权

专有权包含了禁止侵权使用的权利，第 102 条明确规定了商标所有人有权要求对侵权行为颁发禁令，除此以外的其他制裁措施，该条都要求援引成员国法。在获得救济方面，成员国法应遵循《商标指令》的强制性规定。原则上，基于欧共体商标颁发的禁令在欧盟所有领域内有效。但应当指出的是，法院并没有义务必须颁发覆盖欧盟的禁令，而可以将禁令的效力限定在特定的地域内①。在 PAGO 一案中,在案证据仅能证明共同体商标在奥地利享有声誉。欧盟法院认为,商标只要在一个成员国内享有声誉,就足以禁止在该成员国内的侵权行为。问题在于,这是否意味着能够自动获得针对发生在其他国家的侵权行为的禁令救济,仍要拭目以待②。涉及欧共体商标混淆可能仅存在于欧盟部分地域的情形,也存在上述争议。另外,本条中的"同意"与第 13 条(权利穷竭)中的"同意"具有相同的含义。

3. 在商业活动中使用[第 1 款(a)至(c)项]

被诉的使用行为必须是在"商业活动中",意味着此种使用行为发生在商业活动的环境里,且目的在于获得经济利益而非私人事由(欧盟法院 Arsenal v Reed 案裁决)。可以肯定的是,像谷歌这样通过关键字搜索系统提供的指引服务(referencing service)提供者是在商业活动中运作的,但他们并未选择使用商标作为关键字。如果广告商使用的关键字包含了商标,则该行为属于此处所指在商业活动中使用的情形(欧盟法院 Louis Vuitton v Google 案)。《商标指令》第 5 条第 5 款允许成员国法规定,对将标志作为区别商品或者服务来源以外的其他目的的标志使用行为,商标所有人有权禁止且不要求该使用行为发生在商业活动中,而《欧共体商标条例》并没有此条款。

4. 在商品或者服务上使用

根据本条第 1 款(a)项和(c)项确立的两项标准,商标所有人有权禁止一种与商品或者服务"相关"的标志使用。尽管本条第 1 款(b)项未有明确的表述,但欧盟法院曾对《欧共体商标指令》第 5 条这一类似的条款作出过解释,即该条(a)项和(b)项所设标准的适用范围均取决于标志是否用以区别商品或者服务来源,也就是说,是否是作为商标加以使用(欧盟法院 BMW v Deenik 案裁决第 3.8 段)。在商品或者服务上使用应当被理解为以区别商品或者服务来源为目的的使用(参见欧盟法院 Celine 案裁决第 20

---

① 参见第 98 条注释 1;就此问题还可参见欧盟法院判例(DHL v Chronopost)。
② 参见注释 8。

段)。这意味着非以区分商品或者服务来源为目的使用标志的行为不在本条调整范围之内。《商标指令》第5条第5款允许成员国法对以其他目的使用标志的行为的禁止提供保护,例如比荷卢和德国法,所谓其他的目的包括如作为贸易术语或地域名称的使用。这里存在一个问题,即如果使用的标志与商品或者服务之间的联系较为松散,是否也会落入这些规定。这点可以从欧盟法院在 Arsenal v Reed 案的裁决中找到答案,在使用的情形下,该标志是否被认为是与商标所有人之间具有支持、忠诚或者隶属关系的象征,对使用《欧共体商标指令》第5条第1款(a)都无关紧要。进一步的问题是,标志用以区别的是谁的商品或者服务?对此,根据欧盟法院的解释,应当理解为使用标志是为了区别第三方的商品或者服务,而非商标所有人(欧盟法院 Adam Opel v Autec 案裁决第28和第29段)。但这一解释与其之前在 BMW v Deenik 案中的裁决似乎并不一致。在该案中,一个未经授权的经销商在广告标语中使用了诸如"BMW 专家"的字样。欧盟法院认为,广告商使用 BMW 商标的目的在于识别其提供服务的商品来源,使用相同商标是以区别作为其提供服务的客体的商品为目的的。尽管使用这一商标相关联的商品就源于商标所有人(因此与第三人产品并不相关),但欧盟法院仍明确坚持将这一论证用于上述 Adam Opel v Autec 案的结论中,并将其作为 BMW 案的具体情形。在其他情形下,与商品或者服务有关的使用是指在第三人商品或者服务上使用。如此一来,如何解释广告发布者在比较广告中的商标使用行为的问题就更为复杂了。一方从 Adam Opel v Autec 案的裁决中总结认为,由于广告商使用商标所有人的商标旨在区分出该商标所有人而非第三方的商品或者服务,因此不属于本条第1款的调整范围内。但是,在 O2 v Hutchison 案中,同样是依据 Adam Opel v Autec 案的原则适用比较广告,欧盟法院却得出了不同的结论。欧盟法院认为,广告商在广告中通过比较竞争对手的商品或者服务的特征,以区别于自己的商品或者服务;在这种情况下,使用竞争对手相同或者近似的商标,可以被视为是为了识别广告商自己的商品或者服务的使用行为,因此适用于本条第1款(a)项和(b)项。有人认为,这种推理方式与事实不符,因为前述法院也得出过此种使用系与自己而非第三方商品或者服务相关的使用。欧盟法院在谷歌系列案（见上文注释3）中沿袭了这一思路。广告商通过关键字搜索，为网络用户提供关于商标所有人的商品或者服务的替代性选择，因此将商标作为关键字使用，实际上就是在商标所有人商品或者服务上的使用。即使广告商并不想为互联网用户提供关于商标所有人产品的替代性选择，而是相反寻求在产品来源上误导互联网用户，这构成在商品或者服务上使用。欧盟法院在Celine案中也重申了这一思路，即第三方的这种使用方式是存在的，也就是将某一商标与第三方的商品或者服务建立特定联系。

5. 相同的商标[第1款(a)项]

商标侵权的第一种类型是，第三方在相同的商品或者服务上使用他人已经注册的商标。在绝大多数案件中，这种行为被称为假冒或伪造。商标相同应做狭义的解释。在Arthur v Arthur & Felicie案中，欧盟法院认为，相同是指(标志)构成对注册商标的复制且未经任何修改或附加，构成商标的全部或者部分要素在从整体上看，它所包含的差别非常细微，以至于普通消费者不会注意到。

6. 相同商标和相同商品或者服务[第1款(a)项]

如果使用的商标和商品或者服务均构成相同的话，欧共体商标的所有人即可禁止在后的商标或者标志的使用，且无需考虑其他条件。在本条例序言的第8点中，这种类型的保护被形容为"绝对的"，TRIPS协议第16条第1款也规定了同样的内容，即在双重相同的情形下，推定混淆可能性成立。批评者认为，这实际上就不存在混淆可能性的概念。在Celine案中，欧盟法院显然在双重相同的认定之外还有进一步的要求，即适用《商标指令》的相同条款，在相同的商品上使用与注册商标相同的标志并不必然会被禁止，除非这一使用行为影响了或者可能影响注册商标的功能，尤其是确保消费者识别商品或者服务来源的核心功能。正如欧盟法院在该案判决的第27段所述，"这种情况是指，第三方在其商品或者服务上使用特定标志的方式，使得消费者易将该标志理解为识别涉案商品或者服务来源的标志。"这一表述实际暗示了有必要证明混淆可能性的存在，但这违背了本条例序言的第8点所称的绝对保护原则。在L'Oreal v Bellure案中,欧盟法院进一步将其解释为对商标所具有的所有功能的损害,而不仅仅是基本功能,并明确提及商标保证商品或者服务的质量的功能,以及信息传递、投资和广告宣传的功能。在谷歌案中,欧盟法院认为,对将商标用作关键字的行为,只有损害了该商标的基本功能才会被禁止,具体包括两种情形:第一,经由关键字搜索出的广告,暗示了广告商与商标的所有人之间具有某种经济上的联系;第二,即使广告没有暗示这种联系,但对于其正式展示的商品的来源含糊其辞,以至于施以合理注意力的网络用户无法依据广告的线索和内容,无法基于广告链接及与之相关的商业信息,确定该广告商是商标所有人以外的第三方,或者相反与商标所有人存在经济上联系。欧盟法院虽然还将广告功能纳入考量范围内(其他功能则未予以讨论,也没有进一步的解释),但是认为,由于商标所有人的网页通常会出现在搜索结果的最显著位置,因此广告功能不会因使用关键字的行为而受到损害。

7. 混淆可能性[第1款(b)项]

(a)概述。根据本条例序言第8点,混淆可能性的评估需要考虑到诸多因素,尤其是商标在市场中的认知,已经使用或者注册标志可能建立起来的联系,标志和商标之间以及使用商品或者服务之间的近似程度。混淆可能性应当作为商标保护的特定条件。混淆可能性标准适用于被诉的标志与商标相同或近似,或者使用在相同或者类似的商品之上的情形。因此,"近似"(类似)的概念混淆可能性认定中具有重要作用。

(b)标志与商标之间的近似。概述。当标志与商标在视觉、听觉或者观念上相似,则可认定二者构成近似。由成员国法院判定标志和商标之间在视觉、听觉或者外观上的近似程度,并在考虑涉案商品或者服务的种类以及市场营销环境,对这些因素各自在近似性判断中的重要性进行适当评估(欧盟法院Lloyd Schuhfabrik Meyer v Klijsen Handel案)。其中一个因素构成近似,也可能足以得出存在混淆可能性的结论。与此对应的是,如果其中一个因素具有明显的区别性特征足以使得相关公众立刻识别,该因素之上的差异性就可以否定其他因素的相同或近似(欧盟法院Picasso v Picaro案)。

联系的存在是否足以认定近似？根据本条第 1 款(c)项对近似的规定，欧盟法院指出，只要相关公众会将标志与特定的享有声誉的商标建立联系，就足以认定二者存在近似。由此可以推论，对第 1 款(b)项中近似的解释也是一样的(欧盟法院 adidas v Fitnessworld 案)。这里所称的"联系"与前比荷卢法在规定相似的认定中所使称的"联系可能"的含义似乎是一致的(比荷卢 Union v Union Soleure 案)。

商标组成部分的作用。从涉案标志与商标的视觉、听觉和观念近似性对混淆可能性作整体评估，应当基于其整体印象，尤其要考虑到其主要和显著的组成部分(欧盟法院 Lloyd Schuhfabrik Meyer v Klijsen Handel 案裁决第 23 段)。而且，法院在评估近似时，应更多关注标志和商标之间的相似之处，而非不同之处(荷兰 Bigott, Batco v Ducal 案)。在评估近似时，不能先拆解商标再进而比较其组成部分。正如欧盟法院在许多案件中明确裁决，某些特定的因素可以决定一个组合商标的整体印象(欧盟法院 Matratzen Concord v Hukla 案)。但尽管如此，在某些特殊的案件中，第三方将在先商标作为标志的一部分使用，但该标志同时也包含了第三方企业自身的名称，使其仍有可能具有独立的区别性作用，这样就无需考虑那个决定性因素了(欧盟法院 Medion v Thomson 案)。欧盟法院还认为，即使一个字成为了组合商标图案的一部分，也未必会成为决定性因素(欧盟法院 Fir Tree 案)。尽管对近似性的评估，原则上应当把商标作为一个整体来完成，但在组成较为复杂商标的情况下，如果其他因素可以忽略不计，仅基于其中决定性因素也可以作出近似性评估(欧盟法院 Limonchelo v Limoncello 案)。对于在商场中销售的商品，消费者受到的指引更多地取决于商品的视觉冲击，因此，图形这一要素发挥着重要作用(欧盟法院 Carbonell 案)。

姓氏。欧盟法院指出，如果一个商标包含姓氏的话，姓比名更具有决定性作用，虽然这在欧盟的部分地区被作为是一般性原则，但这仍要取决于案件的具体情况，例如该姓氏是否具有普遍性，以及姓与名的组合是否广为人知。如果可能仅仅被当做一个姓氏的话，该姓氏则不可能在任何案件都有独立的商标显著性(欧盟法院 Backer v Barbara Becker 案)。

需要被比较的对象是什么？在近似性的评估中，被比较的对象是已经注册的商标和使用的标志以及公众的感知。

（c）商品或者服务的类似。欧盟法院认为，当评估涉案商品或者服务的类似性时，所有相关因素均应在考虑范围内。这些因素包括商品或者服务的性质、终端用户、使用方法以及它们之间是否存在竞争或互补关系（欧盟法院 Canon 案）。这样的弹性规则允许法院给予个案情况评估相关商品或者服务的类似性。事实上，在同一分类下的商品或者服务并非必然会被认定类似。例如，在第 9 类的软件上有许多注册商标，但在不同超市中用于提高商品分发效率的软件程序，和用于制作手机的软件程序很可能不构成类似商品。另一方面，在不同类别下的商品也可能会被认定为类似。例如，像时装这样的时尚商品和皮带可能会被认为属于类似商品，因为它们往往搭配使用且由同一个商标所有人生产。

（d）混淆可能性。在 Sabel v Puma 案中，欧盟法院认为混淆可能性是侵权认定标准的核心因素。对于"包括存在联系的可能"字面含义的理解是存在争议的。上文提到，在前比荷卢法中，联系可能是构成侵权的核心要件，在《商标指令》和本条例中也同样如此。欧盟法院认为，联系可能与本条例序言第 8 点之间的关系是：前者对后者起着决定性作用，而非替代性作用。因此，仅依据联系可能的存在并不足以得出混淆可能的结论（欧盟法院 adidas v Marca 案）。欧盟法院同时还指出，应当从整体上认知混淆可能，要考虑到案件环境的所有相关因素。普通消费者在脑海中对涉案商品或者服务的商标的感知，对混淆可能的整体认定具有决定性作用。因为普通消费者通常将商标作为一个整体感知，不会进一步分析其各种细节。Sabel v Puma 案的裁决确立了一项重要的标准，即在先商标的显著性越强，混淆的可能性就越大。这意味着，如果一个商标具有明显的区别性特征，只要某一个因素构成近似——例如观念上的相似——也可能被提升到混淆可能的高度。否则的话，两个商标仅具有观念上相似的事实是不足以认定混淆可能的（欧盟法院 Sabel v Puma 案）。在购买商品的行为发生之前、之中以及之后，都可能出现混淆可能。欧盟法院明确认可了所谓的"售后混淆"的可能性(欧盟法院 Arsenal v Reed 案);但是,如果相关公众在购买特定种类的商品时会给予较高的注意力,则这种售后混淆是不存在的。只要涉及面向终端消费者的商品,对混淆可能的认定就应当将它们考虑在内,即使中间商会影响或支配对这些商品的选择(欧盟法院 Travatan v Travatan 案)。直接和间接混淆可能。当公众可能无法识别商品本身的来源时,就会发生直接混淆。但是,本条第1款(b)项还规定了所谓的间接混淆可能。这通常发生于,公众不会对商品本身发生混淆,但基于商标之间的相似性而误认为商品来源于相同或者相关联的企业(欧盟法院 Canon 案)。案件的相关情形。根据上文提到的 Sabel v Puma 案的裁决,法院应当考虑到案件的所有相关情形,尤其是作为区分商标的参考因素。但其他条件也具有重要作用,例如作为家族商标的成员并与其他商标表现出相同的元素。但欧盟法院认为,在涉及家族商标的案件中,只有当属于该家族的商标被有效地使用的前提下,所有人才可以依据该家族商标主张救济[欧盟法院 II Ponte Finanziaria (Bainbridge)案]。商标近似与商品或者服务类似的相互依赖性。欧盟法院指出,商标之间的近似与商品或者服务之间的类似是相互依赖的。商标之间较低的近似程度可能会被商品或者服务之间较高的类似程度所抵消,反之亦然(欧盟法院 Canon 案)。在一个案件中,即使商品类似的程度很低,由于在先商标具有较高的声誉,仍会构成混淆可能(欧盟法院 Ferrero v Ferro 案)。

8. 非混淆性侵权[第1款(c)项]

(a)概述。本条第1款(c)项给予享有声誉的欧共体商标以更广的救济范围。即使不存在混淆可能,针对淡化显著性或者不当利用声誉的行为同样可以提供保护。

(b)商标的近似。这里针对的是使用相同或者近似标志的行为。在很多案件中涉及的是相同的商标(如欧盟法院 TDK 案,欧盟法院 Nasdaq 案以及上诉委员会 Hollywood 案),但在涉及近似商标的案件中也给予了同样的救济。近似应被解释为一种外观使得"相关的公众在标志和商标之间建立了某种联系"。这种联系的存在必须从整体上加以考虑,应考虑到案件情形的所有相关因素(欧盟法院 adidas v Fitnessworld 案)。在英特尔案中,欧盟法院概括了应当考虑的因素,包括:(i)涉案商标之间的近似程度(近似程度越高,建立联系的可能性越大);(ii)涉案商标注册的商品或者服务的性质,包括它们的类似或者差异的程度以及与消费者的相关程度;(iii)在先商标声誉的大小;(iv)在先商标的显著性强弱,无论是内在还是通过使用获得的;(v)从公众的角度存在混淆可能(如果存在混淆可能,就足以认定涉案商标之间存在联系,也就是说,相关公众相信或可能相信涉案商标注册的商品或者服务,来源于同一实体或者经济上具有联系的实体;但是,本条在此并不要求混淆可能的存在)。

(c)商品或者服务。尽管本条明确规定,仅适用于涉案商标注册和使用的商品或者服务不相类似的情形,但欧盟法院在谈及《商标指令》第 5 条第 2 款时认为,结合该条例的框架和目标,该条同样应适用于商品或者服务类似的情形(欧盟法院 Davidoff 案和欧盟法院 adidas v Fitnessworld 案)。

(d)声誉。商标应在相关地域内享有声誉:对于欧共体商标而言,这个地域则指整个欧盟。在每个案件中,在先商标必须被相关公众中的相当部分所熟知(欧盟法院 General Motors v Yplon 案)。对享有声誉商标的认定门槛低于驰名商标,后者是指为一般公众所熟知的商标,具有更高的知名度要求。在 Nirto Nuno 案中,欧盟法院认为,驰名商标应当在某个成员国的全部或者相当地域范围内驰名。而对于享有声誉的欧共体商标,欧盟法院认为这种声誉应当存在于欧盟的相当地域范围内。正如欧盟法院在 General Motors v Yplon 案中推定比荷卢中一个国家可以构成比荷卢的相当地域范围,在 Pago 案中推定某个成员国可以构成欧盟的相当地域范围(欧盟法院 Pago v Tirol Milch 案)。在 Pago 案的推断中,欧盟法院明确指出了"主要事项的情形"。其中最主要的情形是,该案中相关公众是奥地利人。但是,这里仍然存在一些尚未回答的问题,例如,假设一种声誉仅存在于一个成员国或者欧盟的某个特定地域内,那对于被诉方在该地域外使用商标的行为是否也可以颁发禁令?可以认为,答案是否定的,因为欧共体商标的所有人非常难以证明,被诉方在其使用的地域内不当使用或者损害该欧共体商标的声誉。另外，如果某一类别的范围较广，这种声誉是可以延伸至该类别下的所有商品或者服务，还是仅应限制在该类的组别中？

（e）无正当理由。被诉侵权人承担有正当理由的举证责任（英国 Premier Brands 案），这似乎是一件非常难以完成的任务。前比荷卢商标法仅规定了两种正当理由的情形，包括基于被诉行为在商标所有人权利控制范围以外和被诉侵权人享有某种在先权利（比荷卢 Claeryn v Klarein 案）。

9. 损害或者不当利用声誉或者显著性 [第 1 款（c）项]

损害或者不当利用商标声誉或者显著性的情形均属于对享有声誉的商标的广泛保护。但提出该类型侵权的前提是，在后商标与欧共体商标之间已被确定存在某种联系。在 Intel v Intelmark 案中，欧盟法院指出，在评估是否存在损害和不当利用时，案件的所有相关情形均应在考虑范围内。

（a）损害显著性。对区别性特征的损害就是通常所称的商标淡化。如果在后商标的使用导致在先商标的同一性以及公众对其注意力的分散，就可能会造成在先商标对其注册的商品或者服务的识别能力被削弱的风险。根据欧盟法院 Intel v Intelmark 案的裁决，这里特别是指在某些案件中，在先商标原本可以快速联系其注册的商品或者服务，但这样的能力却不复存在。应当认为，这样的损害并不要求已经是被诉侵权商标第一次使用的结果。如果在后商标使用在与享有声誉的商标注册的相类似的商品，建立联系的事实可能也会导致这种损害。

（b）对声誉的损害。对声誉的损害又称商标贬损。当第三方将与在先商标相同或者类似的标志使用于商品或者服务上且被消费者所认知，由此导致在先商标的吸引力下降，就会产生这种损害。这种损害的可能性往往是因为这样特定的事实：第三方提供的商品或者服务的特点或性质会给商标的形象造成负面影响（欧盟法院 L'Oreal v Bellure 案，还可参阅欧盟法院 Copad v Dior 案）。例如，一个著名的案例涉及了用于杜松子酒的 Claeryn 商标和用于洗涤剂的 Klarein 标志（比荷卢 Claeryn v Klarein 案）。

（c）不当利用。欧盟法院认为，所谓不当利用，是指一个标志靠"裙带风"，旨在从享有声誉的商标的影响力、信誉和威望中获取利益，且在没有支付任何经济补偿的情况下,利用该商标所有人为了创造和保持商标形象所作出的努力。在这里并不要求任何混淆可能的存在,更不要求混淆的实际发生。另外,这里也不要求对商标及其所有人造成损害。商标的近似程度、商品或者服务的类似程度以及商标的强度和显著性都是需要被平衡考虑的因素(欧盟法院 L'Oreal v Bellure 案)。

(d)损害或不当利用的可能性和证据。依据本条第 1 款(c)项的文本含义,应当理解为对欧共体商标的声誉或显著性的损害或不当利用行为已经发生。这意味着,仅有损害或不当利用发生的可能性是不够的。但这样的理解与 TRIPS 协议第 16 条第 3 款的规定不符。对于如何看待这个问题,欧盟法院在 Intel v Intelmark 案中给出了一些指引。在援引《商标指令》第 4 条(a)项时,欧盟法院指出,在先商标的所有人不需要证明对其商标的损害已经实际发生。如果在后商标会造成损害是可以预见的,就不可能要求在先商标的所有人,必须等待损害的实际发生后才能禁止这种使用行为。根据欧盟法院的要求,在先商标的所有人必须证明在未来会发生一系列的这种损害的风险(欧盟法院 Intel v Intelmark 案)。至于对声誉和显著性的损害评估,欧盟法院指出,案件情形的所有相关因素均应在考虑范围内,包括在先商标的声誉、独特性和显著性,以及商品或者服务的种类。欧盟法院指出,在所有情形的基础上评估在后商标的使用已经或者可能造成损害,需要证明普通消费者对在先商标所注册的商品或者服务的经济行为发生了改变,或者这种改变在未来很可能会发生。法院应当根据案件的情形作出判断,而非给予经济上的证据。在 TDK 案中,欧盟法院明确指出,损害的可能性不能建立在假想的基础上(欧盟法院 TDK 案)。对于不当利用的认定,欧盟法院明确表示,这里不要求对商标及其所有人损害的存在,使用行为本身的不当是认定此类侵权的依据(欧盟法院 L'Oreal v Bellure 案)。

10. 被禁止的行为(第 2 款)

考虑到本款使用的"可能"一词,这里列举的被禁止的行为并未穷尽;这点在欧盟法院的 Louis Vuitton v Google 案中也得到了证实。

(a)附加标志。在商品或者商品包装上附加标志是最为典型的使用行为。如果涉案的商品和标志分别出口,并在欧盟境外附加的话,则不构成这里所称的侵权(英国 Beautimatic 案)。仅有附加本行为就构成商标使用表明,不要求这一商标使用行为必须被欧盟境内的公众所感知,因此,商标所有人有权禁止以出口为目的的商标使用行为;在 Louis Vuitton v Google 案中,构成商标的关键字并未出现在广告里,但欧盟法院认为这对是否存在商标使用行为的认定问题不构成影响。问题在于,这种案件中的混淆可能如何被评估,是应当考虑欧盟境内公众的感知,还是目的国的公众。前者只能作出一个抽象的评估,因为欧盟境内没有人见过这个标志;后者似乎与商标法的属地管辖原则存在冲突。我们所能确定的是,由于这种附加标志的行为所依据的是欧共体商标法,因此要考虑的是欧盟境内的公众。目前有一个正在审理中的案件涉及这个问题(荷兰 Winters v Red Bull 案)。

<u>重新包装</u>。在平行交易中,尤其是医疗产品,平行交易人往往会将已附有标记的产品重新包装,新的包装上又会附有商标。问题在于,该商标的所有人能否禁止这种行为,这不仅涉及对《商标指令》第 7 条和本条例第 13 条的解释,还关系到商品或者服务的自由流动原则。欧盟法院作出了一系列的决定,对这种重新包装或者重新附加标识的行为设置了详细的规则(欧盟法院 Bristol-Meyers-Squibb v Paranova 案,欧盟法院 Loendersloot v Ballantines 案)。

(b)提供带有该标志的商品或者服务,将它们投入市场或者以此目的加以储存。提供带有标志的商品,将它们投入市场,以及以该标志提供服务均是使用行为,这几乎是不言而喻的。通过口头或者书面的方式提供代售的带有标志的商品,即使尚未交付,也是使用商标的行为。商标的所有权甚至可以禁止以上述为目的的储存行为。目前有两个尚在审理中的案件,上述观点可以从中得到论证(欧盟法院 Nokia v Her Majesty's Commissioners of Revenues and Customs 案和欧盟法院 Philips v Lucheng 案)。

(c)进口和出口。进口或者出口带有侵权标识商品的行为,即使从未打算在欧盟境内销售该商品,也足以构成侵权,商标的所有人有权禁止。过境的商品不在此范围内,因为并不存在进口或者出口的行为(欧盟法院

Montex v Diesel 案)。进口是一种事实判断,可能不经意间就会发生,甚至涉案的商品尚未"落地"而尚在运输过程中(英国 Waterford 案)。需要指出的是,对于落入所谓的反仿冒条例机制并在欧盟领域内的商品,根据本条例序言中提及的"生产推定",可以认定它们是在欧盟境内生产的,因此,在本条例的基础上并结合本条之规定,可以禁止这种行为。

(d)交易文书或者广告宣传。需要澄清的是,不仅在商品或者包装上使用标志的行为会被认为是侵权,在交易文书或者广告宣传中也同样如此。

11. 合理补偿(第3款)

本款明确了欧共体商标所有人在其商标注册公告后可以对抗第三方。对于欧共体申请公告之日后注册公告之日前发生的侵权行为,商标所有人也可能从侵权方获得合理补偿,尽管对此裁决必须等到欧共体商标注册公告之后。但是,在特定的司法辖区,例如英国,这可能会使得潜在的欧共体商标所有人处于风险之中,不得不面临正在发生的侵权事实所带来的无端威胁(英国1994年商标法案裁决第21条,Brain案)。值得注意的是,欧共体商标申请可以请求,如果依据成员国法,注册商标适用临时措施(包括保全措施)救济,欧共体商标申请也可以获得此救济(详情见本条例第103条第1款)。除此之外,与注册权利即注册商标享有的权利的相关条款自注册公告之日起施行。

欧共体商标编入词典

第10条

如果欧共体商标被编入词典、百科全书或类似的参考书,使人认为该商标成为其注册的商品或服务的通用名称,根据欧共体商标所有人的要求,出版社应保证至少在最近再版时,注明该词为注册商标。

1. 概述

本条是一项新的规定,在《商标指令》中没有与之对应的内容。对于作者或者出版社将欧共体商标作为其注册的商品或者服务的通用名称加以使用的行为,本条试图赋予商标所有人与之对抗的武器,以避免商标可能受到损害。

2. 调整范围

本条的调整范围是非常有限的，所涉及的出版物的范围仅限于词典、百科全书或"类似的参考书"。小说、报刊以及非小说类文学作品不属于"类似的参考书"，在这些出版物中将商标作为通用名称使用的行为也不在本条调整范围内。本条最初的版本起草于网络时代前，毫无疑义是直接针对纸质出版商而非电子出版商。但是，将网络词典和网络百科全书排除在本条适用范围外是没有道理的。在网络出版的情况下，由于可以实时更新，本条所称的"至少在最近再版时"的要求可以非常快捷地被满足。本条主要针对的是文字商标，但至少在理论上也同样适用于其他种类的商标，尤其是包含一个具有区别性文字元素的图像商标。

3. 执行力

本条的字面表述暗示着，当欧共体商标的所有人提出合理的要求后，涉案作品的出版商有义务执行这一要求。本条并未规定任何制裁措施，也未规定任何执行程序。由于这一义务产生于欧盟的条例，在各成员国可以直接适用，应推定其在成员国法院具有执行力，因为法院可以运用国内法中的民事责任执行措施，例如禁令。如果出版商仅仅不再出版涉案作品的新版本，则这种救济对商标所有人是毫无意义的。这就凸显了本条提供的保护所具有的相对虚弱的本质；尤其是无法要求出版商召回、销毁或修正出版物的复制件。事实上，只要出版商不打算再版，仍可以继续印刷并分销更多的复制件。对于将欧共体商标作为通用名称使用的出版商而言，如果他强烈确信自己的判断，可以提出商标撤销［第 51 条第 1 款（b）项］或者无效宣告［第 52 条第 1 款（a）项］的请求，但由于援引第 10 条所引发的执行请求诉讼不属于本条第 96 条的"侵权诉讼"范围内，因此出版商的这种请求无法在成员国法院完成。

禁止以代理人或者代表人名义注册的欧共体商标的使用

第 11 条

如果商标所有人的代理人或代表人，未经所有人的授权，以自己的名义注册了该欧共体商标,商标所有人有权禁止其代理人或代表人使用该商标,除非该代理人或代表人证明其行为是正当的。

1. 概述

本条是根据第 8 条第 3 款规定的驳回注册申请的相对事由,即代表人或者代理人未经商标所有人的许可申请注册其商标。如果注册已经完成,商标所有人可以依据本条禁止代理人或代表人使用涉案的商标。本条和第 8 条第 3 款均来源于《巴黎公约》第 6 条之七,旨在为商标所有人提供保护,以对抗与其有密切商业关系的他人不正当地使用其商标。

2. 商标所有人与其代理人或者代表人的关系

在上诉委员会 Sotorock Holding Limited v Gordon 案中,第二上诉委员会强调,"代理人"是一个非常广泛的概念,因此可能包括所有人商品的分销商或者进口商,以及在任何其他贸易联系中代表所有人的任何他人。所有人与代表人或者代理人之间的关系并不要求与欧盟地域的相关(上诉委员会 Nu Science Corporation v Basic Fashion Oy 案)。应当认为,本条仅适用于当事人之间存在实际协议的情况下,尽管协调局和欧盟普通法院尚未明确表达这一观点,但这是合乎逻辑的解释。但是,基于前契约或者后契约的信用关系同样足以让一方成为另一方的代表人或者代理人。

3. 商标所有人的授权

商标所有人一旦授权,就不得再禁止代理人或代表人的使用行为。所有人"授权"的这一要求旨在保护所有人的利益,避免其被具有密切商业联系的他人窃取。所有人授权使用商标的举证责任由代理人或代表人承担(上诉委员会 DEF-TEC Defense Technology GmbH v Defense Technology Corporation of America 案)。在上诉委员会 Sotorock Holding Limited v Gordon 案中,第二上诉委员会指出,对"授权"概念的适用应当尽可能有效地保护所有人。因此,"授权"必须被证明是清楚、明确的。其次,该裁判庭进一步指出,如果既定的一系列事实和情形能够证明所有人的明确许可,在这些特定的案件中也可能推定授权。这里对"授权"的解释与欧盟法院在 Davidoff 案的权利穷竭语境中对"许可"的解释是一致的。

4. 代理人或代表人证明其行为的正当性

本条并未明确代理人或代表人应如何证明其行为的正当性。在上诉委员会 Sotorock Holding Limited v Gordon 案中,第二上诉委员会认为,对代理人或代表人投资的保护不属于有效的正当理由。能被接受的有效理由可能仅是例外性的。

5. 相同的标志和商品

通过对本条的字面解释能得出这样的结论,只有当代理人或代表人申请并使用的标志与所有人的商标及其注册的商品或者服务相同时,本条才得以适用。欧盟法院还没有机会阐明是否应当对本条采取字面解释,还是应当采取一个更为灵活的解释方法,在满足本条其他要求的前提下,将代理人或者代表人并未注册商标但使用该商标的行为亦包含在内。

欧共体商标效力的限制

第 12 条

欧共体商标的所有人无权禁止他人在商业活动中使用:

(a) 自己的名称或地址;

(b) 有关种类、质量、数量、用途、价值、产地来源、生产商品或提供服务的时间的标志,或有关商品或服务的其他特点的标志;

(c) 在必要的情况下使用商标以表明商品或服务,尤其是附件或者备用零件的用途;

上述使用行为应符合诚实的工商业习惯。

1. 概述

本条的内容与《商标指令》第 6 条第 1 款类似。因此,对它们的解释应当是一致的。在特定情形下,未经商标所有人许可的特定使用标志或者引用他人商标的行为被认为是合法的贸易形式,一直以来都是被允许的。本条涉及的就是对商标效力的限制。如果一种使用行为被认为是本条(a)至(c)项列举的情形之一且符合诚信惯例,商标所有人就无权禁止。欧盟法院认为,《商标指令》第 6 条(本条同样如此)试图尽可能地让商标权在竞争秩序良好的系统中发挥核心作用,以协调两方面的关系,一方面是商标保护的基本利益,另一方面是欧盟境内商品的自由流动和服务的自由提供(欧盟法院 HAG II 案和 BMW 案)。因此,本条的目的是在保护商标和实现内部市场的目标之间建立合理的平衡。本条规定,如果一个人使用自己的名称或地址且符合诚信惯例,就不构成对已注册商标权利的侵犯。这一规定的目的在于让任何人都可以在商业活动中使用自己的名称或地址。本条(b)项规定了另一项对商标侵犯的抗辩,即为描述商品或者服务而使用特定标志的行为。据此,商标所有人不能禁止第三方在商业活动中,为指明有关商品或者服务的种类、质量、数量、用途、价值、产地来源、生产商品或提供服务的时间,或有关商品或服务的其他特点的使用行为。本项旨在解决因注册商标包含了上述的全部或者部分标志内容所造成的问题(欧盟法院 Chiemsee 案)。本条(c)项规定了对商标权的一个重要限制,即在必要情况下第三方在商业活动中使用他人商标的行为。据此,对于为说明商品或者服务的特定目的,且符合诚信的工商业惯例的使用行为,商标所有人亦无权禁止。根据本条(c)项,即使一个交易商与商标所有人之间没有正式的联系,其将商标的使用作为正常商业活动的一部分仍然有可能是必要的。当第三方销售的是某个特定种类商品的附件或者备用零件的话,往往有必要提及该商品的商标,以告知消费者其附件或备用零件是适用于该特定商品的。只要这不是侵权性的使用,就符合本条的例外情形。

2. 使用自己的名称或地址[本条(a)项]

理论上,本条(a)项不仅合情合理,且在适用上不应存在困难。但是,本项仍然涉及几个问题,其中之一是,这里仅适用于个人的名称或地址,还是同样适用于商业名称或地址。在 Anheuser Busch 案中,欧盟法院明确作出与《联合声明》不同的表态,即第三方为表明自己的商业名称而使用与某个商标相同或近似的标志的行为,可以依据《商标指令》第 6 条第 1 款(a)项(同样可以援引本条)获得正当性。因此,在后的商业名称的所有人可以依据本条(a)项对抗在先商标,前提是在后商业名称的使用符合诚信惯例。在 Celine 案中,欧盟法院也提及,第三人可以依据《商标指令》第 6

条第 1 款(a)项对抗商标所有人,使用与在先商标相同的自己的企业名称、商业名称或店面名称。从 Gerolsteiner Brunnen 案中也能明确得出结论,即个人或者企业原则上可以将自己的名称或地址作为商标使用,当然前提是这种使用也应符合诚信惯例。

3. 为描述商品或者服务而使用特定的标志[本条(b)项]

当第三方在商业活动中使用一个商标描述自己的商品或者该商标所有人的商品时,即适用于本项规定的限制情形。一个有趣的问题是,本项是否允许第三方将这里所称的标志作为自己商品的商标使用,假设这符合诚信惯例的话。在 Chiemsee 案中,欧盟法院强调,《商标指令》第 6 条第 1 款(b)项仅仅保证第三方在符合诚信惯例的情况下,有权将商标作为地理来源的标志使用,并未授权其作为商标使用。尽管在 Chiemsee 案中,欧盟法院仅提及了地理来源的标志,但欧盟法院的观点同样可以适用于《商标指令》第 6 条第 1 款(b)项和本条(b)项中涉及的其他种类的标志。如果是这样的话,第三方就无权将本项提及的任何一种标志作为自己商品的商标加以使用。但在 Gerolsteiner Brunnen 案中,欧盟法院显然改变了对这一问题的态度。欧盟法院表示允许第三方使用本项所称的任何标志,无论这种使用仅为了特定的描述还是已经构成"作为商标使用"。如此一来,根据 Gerolsteiner Brunnen 案,符合诚信惯例是这里唯一能将商标使用行为排除在外的条件。在 adidas v Marca Mode Ⅰ 案和 Adam Opel 案中,欧盟法院强调,第三方使用的标志应当与其在市场中的商品或者提供的服务的特征相关,这是第三方能够根据本项诉请限制商标效力的前提。在 adidas v Marca Mode Ⅰ 案中衣服上仿制条状图形的行为,以及 Adam Opel 案中在与商标所有人的商品(交通工具)的等比例模型上附加相同标志的行为,均不构成《商标指令》第 6 条第 1 款(b)项与本条(b)项所称的商品特征相关的标志。上文所述,在 Gerolsteiner Brunnen 案中,欧盟法院认为在《商标指令》第 6 条第 1 款(b)项与本条(b)项情形下的"作为商标使用"是对商标所有人的合理抗辩。尽管没有明确地表述,但可以认为,欧盟法院实际通过 Adam Opel 案的判决缩小了这一范围。

4. 第三方使用商标的必要性[本条(c)项]

由于本项允许在必要的情况下为表明商品或服务用途而使用商标的行为,那么,必要性标准的范围如何界定就至关重要。另外,什么样的商标使用行为属于这里所称的"用以表明商品或服务用途",也应当作出清晰的解释。(a)对用途的表明。在 BMW(宝马)案中,欧盟法院指出,广告商使用商标以告知公众其维修或者保养的是该商标下的商品,属于《商标指令》第 6 条第 1 款(c)项所称的对用途的表明[本条(c)项也同样如此]。法院进一步指出,为表明提供服务的商品,与为指明非原配备用零件适用的交通工具的商标使用行为是具有可比性的。这表明,使用他人商标的必要性不仅发生于涉及非原配备用零件的情形,也同样会发生在涉及为特定品牌商品提供维修服务的情形。在 Gillette(吉列)案中,欧盟法院指出,第三方使用吉列公司的商标是为了提供综合、全面的信息,以告知公众其投入市场的商品与吉列品牌有关的商品具有通用性的用途,这种使用构成《商标指令》第 6 条第 1 款(c)项所称的对用途的表明。(b)必要性的标准。欧盟法院在宝马案和吉列案中均阐明了必要性的标准。在宝马案中,欧盟法院认为涉案商标的使用行为符合《商标指令》第 6 条第 1 款(c)项规定的必要性要求[本条(c)项同样如此],因为如果不提及该商标,就无法向公众表明其服务的内容(与宝马汽车相关的维修业务)。在吉列案中,欧盟法院指出,商标所有人以外的第三方为表明其商品用途而使用商标的行为是必要的,因为这实际上是向公众提供综合、全面的用途信息的唯一方法。欧盟法院的上述态度表明,对必要性标准的解释被相当严格地限定在再包装的案件中①。显然,"必要"意味着如果不使用商标,标明特定用途是完全不可能的。仅为了商业便利的使用不能被认为是必要的。在 1900 年瑞典斯维亚上诉法院审理的一起案件中,广告提及了可能"适合于"乐高公司的产品(儿童积木),法院认为这种使用乐高商标的行为是必要的,因此予以允许。但是,这一判决也许不能被认为是代表了现阶段的欧共体商标法,因为根据本条

---

① 参见第13条注释5。

(c)项的严格解释,这种使用行为不符合必要性的要求。

5. 诚信惯例

对于使用商标的行为是否符合诚实的工商业惯例的问题,应当从理性消费者的角度看待。因此,对诚信惯例的审查既不取决于第三方的主观意图,也不取决于工业标准。在宝马案、吉列案以及 Gerolsteiner Brunnen 案中,欧盟法院将这一观念作为表达一种与商标所有人合法利益相关的适当行为义务。另外,欧盟法院强调,如果商标的使用方式会造成一种印象,即使用商标的第三方与商标所有人之间存在一种商业联系或者特殊联系的话,则违反了诚信惯例。另一方面,欧盟法院指出,因商标使用行为而获得了一种便利的事实本身与诚信惯例并不冲突。欧盟法院进一步指出,下列商标使用行为应当被认为违反了诚信惯例:(i)不当利用商标的声誉或者区别性特征导致商标价值受到影响的;(ii)导致商标的信誉减损的;(iii)第三方将自己的商品作为商标所有人商品的仿制品或复制品加以展现的(欧盟法院"吉列"案)。在 Anheuser-Busch 案中,欧盟法院认为,在评估诚信惯例的条件是否满足时应当考虑到,第三方使用商标的行为被相关公众作为指明第三方商品与商标所有人之间联系的理解程度。在欧盟法院 Portakabin v Primakabin 案中,《商标指令》第6条曾被广泛地讨论。这里的问题是,在商标所有人试图禁止广告商将商标或者近似标志作为关键字使用的案件中,广告商能否基于《商标指令》第6条抗辩。欧盟法院认为,如果可以的话,成员国法院需要评估这种使用行为是否符合诚信惯例。如果这种使用行为不能让网络用户正常地了解信息并引起合理的注意,或者令他们难以识别广告提及的商品或者服务究竟是源于商标所有人,还是与之有经济联系的实体,或是不相干的第三方的话,则不符合诚信惯例。欧盟法院进一步指出,第三方应当意识到其使用行为会造就上述联系的存在,这种注意程度应当在考虑范围内。

(a)商标的使用。当评估使用行为是否符合诚信惯例时,仅仅提及该商标亦或是"作为商标"使用的区别与评估是否相关,欧盟法院并未给出最终的定论。可以认为,欧盟法院在 Gerolsteiner Brunnen 案中回避了该问题,暗示了这种区别是不相干的。因此可以推定,在决定诚信惯例的要求是否满足时,是否被作为商标使用不在考虑范围内。

(b)其他相关因素。在 Anheuser-Busch 案中,欧盟法院认为,在评估诚信惯例的条件是否满足时,还要考虑到涉案商标是否在其注册的成员国内享有一定的声誉,以及对它的保护是否因为第三方通过销售商品而可能获益。据此,对诚信惯例的评估可能因涉案商标所建立信誉程度的差异而有所不同。

欧共体商标的权利穷竭

第13条

1. 商标所有人或他人经其许可将其商标下的商品投入欧盟市场后,商标所有人则无权禁止与该商品相关的使用。

2. 商标所有人有禁止其商品进一步商业化的合法理由的,尤其是商品的情况在投入市场后发生了变化或损害,可不适用前款之规定。

1. 概述

本条与《商标指令》第7条的内容相同,对这两条的解释也是一致的。本条通过阻止商标所有人行使禁止权,使得商标下商品的进一步商业化成为可能,从而协调商标保护与欧盟境内商品自由流通之间的利益。因此,权利穷竭原则可以被认为是在二者之间实现妥协:一边是对商标权利的尊重;一边是尽可能确保商标权不会被用来阻碍欧盟领域内的贸易流通,或者甚至是同一个成员国内的流通。本条第1款介绍了权利穷竭的概念,即某个商标下的商品一旦在该商标所有人的许可下被投入某个成员国市场,该商标的权利就穷竭了。穷竭意味着商标所有人不能行使商标权禁止商品的进一步贸易。欧委会在对《商标指令》的基本建议中还提出了国际权利穷竭。对于本条第1款适用结果的准确性一直是存在争论的。对此,欧盟法院在涉及有关《商标指令》第7条的判例法中大多予以了解答。需要注意的是,尽管服务也是商标保护的对象,但权利穷竭原则只适用于商品,不包括服务,这点非常重要。另外,一旦本条规定的情形满足,权利穷竭自动发生。一旦权利穷竭发生,不可能再行恢复。本条第 2 款规定,如果商标所有人有禁止商品进一步商业化的合法理由,则不适用权利穷竭原则。因此,这里认可了在特定情况下授予商标所有人禁止商品进一步商业化的权利是合理的,尽管该商品已经被其商标所有人或者经其同意的他人投入市场。

2. 权利穷竭原则的地域范围(第 1 款)

本条第 1 款明确规定了欧盟境内的权利穷竭。对于成员国法是否有空间允许国际穷竭[参见《商标指令》第 7 条注释 2]的问题仍存在不同的观点,但这些观点不适用于本条例。

3. 投入欧盟市场(第 1 款)

本款标准是非常重要的,因为只有商品被投入欧盟市场后,该商标权人的权利才会穷竭。

(a)欧盟市场。本款所称的"欧盟市场"通常不会引发争议或讨论,但需要指出的是,这一概念不仅包括欧盟的成员国,还包括整个欧洲经济区。

(b)宣传。权利穷竭不仅适用于被投入市场的商品进一步销售,还适用于对它们的宣传(欧盟法院 Dior 案和欧盟法院 Portakabin v Primakabin 案)。

(c)投入市场。本条第 1 款并未说明究竟何谓将商品投入市场。在 Peak Holding 案中,欧盟法院指出,商标所有人为销售目的而将商品进口至欧洲经济区,或者商标所有人在欧洲经济区内提供商品供消费者购买,但商品尚在商标所有人及其附属企业的商店中并未实际售出,均不属于《商标指令》第 7 条第 1 款(本条第 1 款同样如此)所称的商品被投入市场。换言之,某商标下的商品仅仅位于欧洲经济区内并不足以发生权利穷竭。这一解释与欧盟法院在 Class International 案中对《商标指令》第 5 条第 3 款(c)项和本条例第 9 条第 2 款(c)项的解释是一致的。只有当商品转移至第三方处置时,才满足"投入市场"的要求。

(d)举证责任。权利穷竭案件中的证据收集往往非常复杂。然而,本条第 1 款对举证责任问题只字未提。普遍认为,举证责任应当由主张商标所有人因权利穷竭而不能行使商标权的一方承担。因此,平行进口商必须证明该商品已经在商标所有人的同意下被投入欧洲经济区市场。在 Van Doren 案中,欧盟法院指出,当事人就涉案商品是否已经被投入市场存在争议的话,则产生举证责任的问题。欧盟法院认为,德国法中的证据规则对第三方负有证明权利穷竭条件的规定与欧盟法是一致的,但同时指出,这种证据规则的适用可能会导致"成员国市场分割的真实危险并以此协助维持不同成员国价格差异的存在",因此有必要加以检验。根据欧盟法院的要求,成员国法院应当区分不同事项并逐一审批。更具体而言,证明成员国市场存在分割危险的举证责任首先由平行进口商承担。如果这种危险是存在的,商标所有人应证明商品是在欧洲经济区外首次被投入市场。如果商标所有人成功证明了这一点,应由平行进口商证明商标所有人许可其后来将商品进口至欧洲经济区内。因此,对举证责任问题具有决定性的审查事项是市场分割危险是否存在。欧盟法院指出,如果商标所有人通过专门的分销系统将其商品投入欧洲经济区市场,则市场分割的风险是可能存在的;如果通过选择性的分销系统,则不存在这种风险(荷兰 Lancome v Kruidvat and Pelicar v Kia 案、比利时 Ninna Ricci 案)。

4. 许可(第1款)

根据本条第1款的规定,只有当商标所有人或者他人经其许可将商品投入欧盟市场的情况下,权利穷竭才会发生。《商标条例》和本条例均未对许可作出定义,因此,欧盟法院对这一概念作出了详细解释。

(a)对每个商品的许可。欧盟法院在 Sebago 案中指出,只有当商标所有人许可其商标下的每个商品投入市场,才会发生权利穷竭。因此,在商标所有人许可下,其商标下的类似商品已经被合法投入欧洲经济区市场并不满足这里所称的许可条件。同样,交易商仅证明商标所有人许可其一批商品中的一部分进一步商业化也是不够的。

(b)暗示性许可。本条第1款意义上的许可应当以明确表示放弃商标权意图的方式作出。通过 Davidoff 案可以认为,尽管这种意图通常是从一个明确的许可声明中推出,但通过事实和情形也同样可能证实这种意图。

在 Dopad v Dior 案中，欧盟法院指出，如果被许可人违反许可协议中有关《商标指令》第 8 条第 2 款列举的条款，其将该商标下的商品投入市场则属于未经商标所有人许可的行为。相应地，决定商标所有人是否许可他人将商品投入市场的关键因素是，被许可人投入市场的行为是否符合许可协议，以及从反面而言，商标所有人是否能证明被违反的涉案许可协议条款属于《商标指令》第 8 条第 2 款列举的情形。《商标指令》第 8 条第 2 款规定，被许可人违反许可协议中的下列条款之一，商标所有人可以依据商标权对其抗辩：期间、注册覆盖的形式、许可授予的商品或者服务的范围、商标使用的地域以及被许可人生产商品或者提供服务的质量。

5. 合法理由（第 2 款）

即使权利穷竭，但如果商标所有人有合法理由，仍可能禁止商品的进一步商业化。本款列举了商品发生变化或损害这两种理由，但并不限于此。

（a）商品的改变。根据本款，如果商品的情况在投入市场后发生了变化或损害，商标所有人就有了合法理由。

（b）再包装。在不同的成员国，某些商品包装的尺寸和样式往往是不同的。特别是，医药产品往往会根据不同的市场采用不同的包装。对商标所有人商品的再包装构成本款意义上的合法理由并因此可以被禁止，除非再包装的个人或者企业可以证明其满足了特定的要求。这些要求已由欧盟法院在例如 Merck 案中加以明确。因此，如果满足这些要求的话，商标所有人就不再享有本款意义上的合法理由。第一，只有在必要的情况下才能允许再包装。第二，只有当商品自身的原始情况没有受到影响的情况下才能允许再包装。第三，对商品进行再包装的个人及其厂商的名称应当在新包装上明确标明。第四，再包装商品的外观不应对商标及其所有人的声誉产生损害。第五，进口商在将再包装商品上架销售前，必须先行通知商标所有人，并在商标所有人的要求下为其提供再包装商品的样品。根据欧盟法院 Boehringer Ingelheim 案和欧盟法院 Wellcome Foundation 案可知，必要性的要求仅直接针对商品再包装的事实，而非已经完成的再包装的方法和样式。相应地，如果涉案再包装行为被证明是必要的，就只需要评估再包装的外观是否符合条件,例如不应损害商标或者商标所有人的声誉。对于上述第5点通知商标所有人的要求,欧盟法院在 Wellcome Foundation 案中指出,平行进口商应当向商标所有人提供必要和充足的信息,供商标所有人决定是否有必要为投入欧盟市场而进口该再包装商品。

（c）重新命名。由于在不同的成员国使用的商标不同,从而导致重新命名的发生。为了将从其他成员国进口的商品投入市场,进口商可能有必要更换名称。根据 Upjohn 案可以得知,适用于重新包装情形下的原则在这里也同样适用。

（d）其他合法理由。根据欧盟法院 BMW（宝马）案和欧盟法院 Dior（迪奥）案可以得知,如果由于进口商对商品的宣传损害了商标或者商标所有人的声誉,或者导致公众相信代理商与商标所有人之间存在某种商业联系,则商标所有人同样拥有本款意义上的合法理由。在 Copad v Dior 案中,欧盟法院重申了这一解释。欧盟法院还指出,当受争议的转售行为损害了商标的声誉,被许可人违反许可协议某个条款将奢侈品投入市场,而投入市场的行为又必须经商标所有人许可的,商标所有人也有禁止商品进一步商业化的合法理由。在 Portakabin v Primakabin 案中,欧盟法院认为,如果发生这样的情形,合法理由也是成立的,即未经商标所有人许可在广告语境中使用该商标宣传其转售行为的代理商,将商标所有人生产并投入市场的商品上提及的商标去除,并更换代理商自己名称的标签,从而掩盖该商标。

与侵权相关的成员国法的补充适用

第14条

1. 欧共体商标的效力仅应适用于本条例之规定。在其他方面,对欧共体商标的侵权应依据第十章之规定,适用于与侵犯成员国商标相关的成员国法。

2. 本条例不应禁止欧共体商标依据成员国法,特别是与民事责任和反不正当竞争相关的成员国法提出的诉讼请求。

3. 适用的程序规则应依据第十章之规定确定。

1. 本条例的适用(第1款)

根据本款的规定,本条例适用于欧共体商标效力的相关事宜,其他事宜适用于成员国商标法。适用的法律应依据第十章之规定确定。因此,享有司法管辖权的法院应适用其本国法,包括国际私法(见第101条的注释)。

2. 其他成员国法的适用(第2款)

根据本款的规定,成员国法可以适用于欧共体商标相关的诉讼请求。本款明确列举了与民事责任和反不正当竞争相关的成员国法,但从"特别是"这样表述可知,这一列举并非穷尽的。

3. 本条例第十章的适用(第3款)

本款规定了对本条例第十章的适用。第十章包含了与欧共体商标相关的法律诉讼管辖和程序规则。第94条是第十章最重要的条文,规定了44/2001条约(布鲁塞尔条约)的适用,第95、96条规定成员国有义务指定所谓的"欧共体商标法院",享有例如对侵犯欧共体商标的相关诉讼的专属管辖,第101条规定了法律适用的选择,首先应适用本条例,对本条例未规定的事宜,欧共体商标法院应适用其成员国法,包括国际私法。

第三节 欧共体商标的使用

欧共体商标的使用

第15条

1. 商标所有人在商标注册后的5年期间或者连续5年,未将欧共体商标在欧盟领域内真正使用于注册的商品或者服务上的,应受到本条例规定的制裁,但存在不使用的正当理由的除外。

下列情形同样构成前段意义上的使用:

(a)以不同的组成形式使用欧共体商标,且没有改变该商标注册形式的显著性；

(b)在欧盟领域内,仅为出口目的将欧共体商标附加于商品或者商品包装上。

2. 经商标所有人许可的对欧共体商标的使用应视为所有人的使用。

1. 使用要求的目的

对于那些"腐烂"在注册簿里,年复一年,从未在商业活动中被实际使用过的商标,没有保护它们的任何法律依据。如果因为与那些仅躺在注册簿里休眠的在先权利冲突,而导致经商者无法注册商标并使用,将是不公平的。注册商标要获得持续的保护,应承担实际使用商标的义务,这是合情合理的(还可参见本条例序言第 10 点)。

2. 宽限期的目的

商标注册的目的之一是允许经商者不需要通过大量使用即可获得对商标内在区别性的保护,并能够对仿冒或不正当竞争提出诉讼。因此,给予注册商标所有人一定的宽限期,以使他们为新商标在市场中运行做必要的准备,是合乎常理的。欧盟立法对商标的这一期限规定为 5 年,相对较为宽松。根据 TRIPS 协议第 19 条的规定,"连续至少 3 年未使用"可以成为撤销商标注册的理由。《巴黎公约》第 5 条 C 款(1)项规定,"经过合理期间"未使用,可以撤销商标注册。

3. 五年期间的起算

五年内必须使用的期间起算于注册日。《商标指令》第 10 条规定宽限期始于"完成注册程序时",但在不同成员国对完成程序的判断标准是不同的,因此,本条的表述更为清晰。

4. 使用要求的开放性

值得注意的是,商标使用的义务(或承担法律后果的义务)是开放性的。即使在注册后的 5 年内使用了商标,也不意味着商标从此不会因未使用而被撤销。相反,其后任何连续 5 年未使用商标都将受到相应的制裁。

5. 未使用的连续期间

需要重点强调的是,本条所称的 5 年期间是连续的,期间没有任何实际使用行为发生。商标所有人无需证明其在 5 年期间的大部分时间里使用了商标。即使使用行为发生在注册后 5 年宽限期的最后时刻,只要是真正的使用,同样满足要求(上诉委员会 Hervalia v Herbapura 案裁决第 21 段)。遗憾的是,欧盟普通法院在 Laboratoires RTB 案中未能完全理解这一点,该案判决的第 40—47 段是建立在这样的假设基础上的,即涉案商标应在 5 年期间内持续出现在市场中。但在另一起案件中,欧盟普通法院又认为,在 5 年期间内的最后 4 个半月的使用即满足要求(欧盟普通法院 MFE Marienfelde GmbH 案)。

6. 未使用的后果

本条指出,未履行使用义务将导致欧共体商标"受到本条例规定的制裁"。本质上,这些制裁列举如下:依据本条例第 56 条第 1 款(a)项向协调局提出申请或者依据第 100 条在一项侵权诉讼中提出反诉,欧共体商标根据第 51 条第 1 款(a)项的规定可能被撤销。根据第 42 条第 2 款的规定,如果在先商标所有人无法按照欧共体商标申请人的要求证明其使用行为,则不能将该在先商标作为提出申请异议的基础。根据第 57 条第 2 款的规定,如果其他当事人无法按照在后商标所有人的要求证明在先商标的使用,则在先商标所有人不能据此作为申请在后商标无效的基础。如果商标所有人向欧共体商标法院控告他人商标侵权,但无法按照要求证明其使用行为,则不能抗辩对方当事人提出的宣告无效之反诉(第 100 条第 5 款);或者如果对方当事人提出未使用的抗辩,商标所有人的诉讼请求将不予支持(第 99 条第 3 款)。读者可参阅上述条文相应的注释以获取更多的信息。从逻辑上说,不满足本条规定的使用义务的欧共体商标不能作为对成员国商标提出申请异议或无效请求的基础。但《商标指令》第 11 条并未阐明这一点。

7. 真正使用的概念

对"真正使用"的解释是非常重要的。如果通过极少的商业行为就足以满足本条的要求,使用义务的目的则可能无法实现:那些旨在通过防卫性注册囤积商标而并不打算在市场中实际使用的行为将更为便利（考虑到并没有规定以使用为目的的要求，参见第 52 条注释 1）。另一方面，如果商标使用的要求过高，较小的经济实体将处于非常不利的境地。因此，某种"中途客栈"（half-way house）可能是最为理想的。如果确实如此，遗憾的是，欧盟法院作出的判例法使得这种必要平衡的实现非常困难。其中最具有影响力的是欧盟法院 Ansul 案。在该案中，对于商标是否在相关的经济实体外被实际使用的审查，不仅要考虑使用的象征意义，还要考虑在相关的产业部门中为开拓或者保持一定市场份额的目的。广告宣传本身是足够的，无需证明实际销售的发生。但是，仅内部的准备工作是不够的。使用并不要求"相当显著"，即使"极小的使用"也是足够的（欧盟法院 La Mer Technology 案）。在较早的案例中（欧盟普通法院 Hiwatt 案），欧盟普通法院强加了非常严苛的使用义务，但已被欧盟法院明确推翻。

8. 使用地域范围的要求

在 Hiwatt 案中，欧盟普通法院认为，对于成员国商标而言，真正使用是指该商标必须"出现在其受保护的地域范围内的大部分地区"（裁决书第 37 段）。欧盟法院在 Ansul 案中明确纠正了这一点，对于欧共体商标而言，这样的要求会使得使用义务过重。事实上，普遍认为欧共体商标系统的吸引力之一在于，在一个成员国的使用就足以保护商标避免被撤销。Ansul 案和 La Mer Technology 案的裁决暗示了这种观点是正确的，从欧盟法院 Pago v Tirol Milch 案中也可以得出相同的结论，尽管该案处理的是欧共体商标的声誉问题，并非真正使用。目前在欧盟法院 Onel v Omel 案中也正在处理这个问题。

9. 未使用的正当理由

对于未使用的正当理由含义的理解，最具有影响力的案件是 Haupl v Lidl Stiftung 案，在该案中，欧盟法院为回应奥地利法院的问题作出了一项初步裁决。商标所有人（一家德国连锁超市公司）诉称，由于"官僚主义壁垒"，特别是营业执照许可的延误，阻碍其无法在奥地利开设超市，也无法使用一个在奥地利注册于"即食食品"上的商标。欧盟法院从 TRIPS 协议

第19条第1款得出这样的结论,独立于商标所有人意志以外的阻碍商标使用的情形,如进口限制或其他政府要求,属于未使用的正当理由。欧盟法院指出,只有当"官僚主义壁垒"与商标之间具有直接关系的情况下,例如商标的使用取决于成功完成相关的行政程序,才构成未使用的正当理由。阻碍商标使用的壁垒并不要求达到完全不可能的程度,只要造成了不合理的情形就足够了。特别是,商标所有人不能指望在其竞争对手的销售门店出售自己的商品。在 Bainbridge v Bridge 案中,欧盟普通法院认为,当对市场的商业开发被证明是"过度繁重",例如由于成员国法限制商标注册的商品投入市场,则构成未使用的正当理由。意大利法中允许的"防御性"注册不属于正当理由。如果商标所有人无法获得商标所注册的医疗用品的经营许可,则属于未使用的正当理由(上诉委员会 Viadua v Diadur 案);对于电视广播服务业务无法获得经营许可的情况,也同样如此(上诉委员会 tD Tele-Donosti v Teledonostia 案)。对于在先商标所有人提起侵权诉讼威胁的可能性是否能作为正当理由的问题,尚未定论。可以认为,对第三方的侵权属于商标所有人应面对的典型的商业风险,因此通常不属于未使用的正当理由。

10. 以不同的形式使用商标[第1款(a)项]

不时地对商标作微小的改动是典型的商业惯例。尤其对于图像和组合商标而言,以不同于注册形式的微小区别使用是很常见的。如果商标所有人因此被要求注册一个新的商标或者面临失去保护的风险,则未免过于苛刻。《巴黎公约》第5条C款(2)项也认可了这一点,规定以不同的组成形式使用商标且没有改变该商标注册形式的区别性特征,"不应使注册商标归于无效也不应丧失商标的保护"。本条第1款(a)项意在与这一规定保持一致。对注册商标作不改变其显著性的改变都是有限的改变(第43条第2款表述的"商标的实质性改变"的含义与之是否大体一致,并不是很清楚)。欧盟普通法院指出,当"在贸易中使用的标志与其注册的形式仅存在微不足道的区别,以至于两者可以被大致认为是相同的"的时候,即可适用本条第1款(a)项[欧盟法院 Ponte Finanziaria (Bainbridge)案裁决第50段]。本条第1款(a)项的要求是否满足,只能根据个案确定。在 Laboratoires RTB 案中,欧盟普通法院认为"GIORGI"标志的使用改变了注册商标"J. GIORGI"的显著性。但在 Online Bus v Bus 案中,一些对文字商标和组合方法相对实质性的改变却被容忍。对颜色、印刷样式的改变以及省略了一些"描述性"文字不是对商标区别性特征的改变。将一个注册商标与其他具有区别性特征的标志联合使用,也可能不会改变其自身的区别性特征(欧盟普通法院 Cristal v Cristal Castellblanch 案)。被使用的标志是否已注册,与其是否构成对其他注册商标的区别性特征的改变并无关联。对欧盟法院在 Il Ponte Finanziaria(Bainbridge)案裁决第 86 段中对该问题的相反陈述,不应脱离其上下文理解。

11. 仅为出口目的使用商标

根据本条第 1 款(b)项的规定,在欧盟领域内仅为出口目的将欧共体商标附加于商品或者商品包装上的行为被视为在欧盟领域内使用了该商标。即使涉案商品没有打算提供给欧盟境内的消费者,也同样认定为在欧盟领域内使用了该商标可能有些异乎寻常。

12. 经许可的使用(第 2 款)

由于欧共体商标可以被自由地许可使用(第 22 条),因而根据本条第 2 款,经商标所有人许可使用商标的行为从逻辑上应被视为商标所有人的使用。欧盟普通法院指出,商标所有人有义务证明其许可第三方使用商标的行为(欧盟普通法院 Vitafruit v Vitafrut 案裁决第 44 段),在该案中涉及的是成员国商标但同样适用于欧共体商标)。欧盟普通法院并未对这一表态作出解释,表面上这是符合逻辑的,但事实上并不一定。毕竟,依赖于第三方的侵权使用以防止自己的商标被撤销的情形是不太可能发生的。在正常情况下,商标所有人会直接起诉侵权者,而不会向法官伪造其许可侵权者使用商标的事实。如果商标所有人能够证明商标的使用且承认许可的事实,就应推定其真的作出了这样的许可,除非有相反的确凿证据。协调局一直以来也是这样实际操作的。

13. 对重复申请的态度

商标所有人是否可以通过一种权宜之计,即在其注册商标期满或即将期满时重新就相同的商标申请注册于相同的商品或者服务上,以逃避不使用商标的后果,对此立法并未给出答案。如果是可以的,这会使得从未使用的商标永久地躺在注册簿里成为可能。因此,如果重复申请的目的或效果会不利于使用要求,则可能被撤销或被申请无效,协调局《撤销指南》D 部分第 2 章第 4.3.2 节也同样表达了这一立场,尽管仍要基于个案情形加以考虑。

14. 欧盟集体商标的使用

关于集体商标,与本条第 2 款相应的内容规定在第 70 条中。

第四节　作为财产对象的欧共体商标

将欧共体商标视同成员国商标

第 16 条

1. 除第 17 条至 24 条另有规定外,作为财产对象的欧共体商标应以整体对待,并在整个欧盟领域内,依据欧共体商标注册簿被作为在成员国内注册的国内商标:

(a) 所有人在相关时间内拥有场所或住所;

(b) 如果无前项适用,所有人在相关时间内拥有机构亦同。

2. 对于没有前款规定之情形的,前款所指的成员国应为协调局所在地的成员国。

3. 如果欧共体商标注册簿注明商标为两人或者两人以上共有,第一款应适用于登记的第一共有人;如果不能适用,则按顺序适用于下一个共有人。如果第一款不能适用任何共有人,则适用第二款。

1. 可适用的财产法;"财产对象"

立法者应处理好欧共体商标的单一性与不同成员国财产法之间的关系。解决的方法是将欧共体商标视为其所在的或受法律管辖的某个成员国的财产对象。可适用的法律取决于商标所有人的场所、住所以及机构的所在地。如果商标所有人在欧盟境内没有场所、住所以及机构,则将欧共体商标作为财产对象管辖的法律为西班牙法。很明显,本条没有确定适用于欧共体商标交易的合同法。从这种交易的目的来看,当欧共体商标适用成员国法时,应当与在该国注册的成员国商标平等对待。因此,欧共体商标可能会与成员国商标一样,产生成员国印花税以及其他交易税费。

2. 场所或住所[第1款(a)项]

作为财产对象的欧共体商标适用的法律被默认为商标所有人的场所(当所有人为企业)或者住所(当所有人为个人)所在的成员国法。对此,欧共体商标注册簿上的地址并非是决定性的。相反,还应参考所有人在何地注册。如果所有人在多地注册,其总部或者主要注册地具有决定性。

3. 机构[第1款(b)项]

如果所有人在成员国没有场所或者住所,则适用所有人机构所在的成员国法。这里并未定义"机构"的含义,基于连贯性的理由,对其解释应与第97条一致。第97条将"机构"解释为"分支机构"而非独立的法律实体(例如子公司)。本条并未涉及欧共体商标所有人在若干不同的成员国拥有机构的情形(所有人在欧盟境内没有场所或住所)。从实践来看,由于在受理案件的法院或行政机关的管辖范围内至少存在一个分支机构,因此他们往往以此为理由依据本条适用该国法。

4. 西班牙法的默认(第2款)

如果所有人在欧盟境内没有场所、住所或机构,作为财产对象的欧共体商标将适用于西班牙法。在这种情形下,欧共体商标将被视为西班牙的国内商标,与此相应的是,具体的手续以及其他交易税费可能均同等适用。

5. 共有人(第3款)

如果欧共体商标由两人或者两人以上共有,则适用的法律依据注册簿上的登记顺序确定。如果登记的第一个共有人没有场所、住所或者机构,则对下一个共有人进行同样的分析,以此类推。如果全部共有人在欧盟境内均无场所、住所或者机构,则适用西班牙法。

转让

第 17 条

1. 欧共体商标可以独立于企业转让,就其注册的商品或者服务的全部或者部分转让。

2. 企业的整体转让应包括欧共体商标的转让,但根据对转让具有管辖效力的法律,如果存在与之相反的合同约定或明确规定的其他情形的除外。本条适用于企业转让的合同义务。

3. 在不违背前款规定的情况下,欧共体商标的转让应以书面形式完成并要求合同当事人签字,否则转让行为无效,但依法院判决形成的结果除外。

4. 如果转让文件中明显表明欧共体商标的转让可能对公众就商标注册的商品或者服务的性质、质量或产地引起误导的,协调局不得核准转让,除非受让人同意将欧共体商标的注册限于不会引起误导的商品或者服务上。

5. 经任何一方当事人的要求,转让应登记于注册簿并予公告。

6. 只要转让未经登记,受让人不得行使注册欧共体商标产生的权利。

7. 对协调局在限定时间内进行审查的商标,自协调局收到商标转让的登记申请时,受让人可以向协调局作出相应的陈述。

8. 依据第 79 条需要通知欧共体商标所有人的全部文书,应寄与登记为商标所有人的人。

1. 独立转让(第 1 款)

作为财产对象的欧共体商标是独立于其下的业务或企业的,因而可以受支配于不同的交易,用以提供担保甚至分离于企业转让。但许多成员国法仍然要求商标下的经营业务应随商标一同转让,这明显是重大不同的。在 15 个"老"成员国中,奥地利坚持这一要求的时间最长,尽管最终同样被废止。"转让"的概念包括通过合同转让或法律继受(例如继承、合并等)。如果企业改变了法律结构并产生了新的法人,同样会导致转让的发生,除非其适用的企业法规定这两个法律主体——原先的企业和新设的企业——被视为同一法律实体[例如法律实体变更的德国法§202(2)NO 1(Umwandlungsgesetz)]。当通过合同转让时,适用的合同法取决于当事人的选择或者国际私法的规则;但是,欲使转让有效,不仅应满足本条第3款①规定的书面要求,还应满足可能更为严格的相关商标转让程序和要件的国内法规定。

2. 全部或部分转让(第1款)

一个欧共体商标可以被整体转让,也可以就其注册的部分商品或者服务转让。由于本条例第1条第2款确立了欧共体商标的单一性特征,因此欧共体商标不能仅在部分欧盟领域转让(尽管欧共体商标可以在部分欧盟领域授权许可——见第22条第1款)。部分转让将产生一个新的欧共体商标并获得一个新的注册号。转让后的两个商标注册的目录总和不得超过原先商标的注册目录范围,其各自注册的商品与服务也不得重合。新的商标与原有商标的申请日和优先权日是一样的。如果相应的商标在成员国内注册,则是完全独立的,当然不应随欧共体商标一同转让。但如果在先商标的特权被援引且是有效的,不能转让成员国商标将导致特权失效。如果在先的成员国商标已经被放弃或失效,根据本条例第34条第2款,如果在先商标被继续注册,所有人将拥有与之前一样的权利。如果这一法律虚拟被严格对待,所有人同样应清楚无误地转让(失效的)成员国商标的在先特权。事实上,尽管这可能隐藏在转让合同中,但可以安全可靠地作出这样的解释,甚至会发现相应的成员国商标转让的必要程序;毕竟,这些商标仍可能成为无效或撤销诉讼的对象(见《商标指令》第14条)。

3. 企业的转让(第2款)

除非有相反的合同约定,企业的转让应自动包括其下所有欧共体商标的转让。所有涉及企业转让的合同义务均应以此解释。根据第2款的表述,如果存在"明确规定的其他情形",则不需要在合同中明确提及任何约定。在英国,第2款的含义被予以了字面解释[英国My Fotostop Ltd(in ad-

---

① 见下文注释4。

minition) v Fotostop Group Ltd 案]。在该案中,法院认为当事人旨在转让整个企业,欧共体商标应"随经营业务"一同转让,无需书面转让的形式要求。

4. 书面转让(第3款)

除依法院判决、整体法律继受或者随企业整体一并转让外,欧共体商标的转让应以书面形式完成并要求让与人和受让人签字,否则无效。在成员国法中,转让的规则较为宽松,例如仅有让与人的签名即可;但对于成员国商标的转让却规定了更多的程序要求,例如签名需经公证机构的公证。对于适用成员国法的选择应依据第16条的规定。

5. 导致商标误导的转让(第4款)

如果欧共体商标的转让可能对公众就商标注册的商品或者服务的性质、质量或产地引起误导的,协调局有权不予核准。本条很少适用。对"误导"的解释应与第7条第1款(g)项所称的"欺诈"类似。相应地,实际的或可能的使用情形,以及申请人事实上的身份,都不应对协调局的决定造成影响。如果商标中包含了前所有人的名称,则非由本人以外的其他主体提供商品或者服务的,则可能引起误导。部分转让可能会误导公众,例如,一个保护地理名称的欧共体集体商标被部分转让给非常相似的商品,消费者仍会误以为其来源于同样的地域(参加欧盟普通法院 Oldenburger 案)。

6. 转让的登记与公告(第5款)

转让的登记并非强制性的,但实际上是被强烈建议的[①]。协调局大力推荐用于申请转让登记的标准申请备案表,可以通过其网站上完成。协调局仅审查是否存在转让的证据,在一次转让中,仅交易双方均表示转让已经发生即可获得备案,无需审查转让本身在成员国法下是否有效。让与人和受让人一方均可以提出转让登记的要求,也可以联合提出要求。如果是联合提出,则无需另行证明转让的发生。如果受让人提出登记要求并附有让与人同意登记的声明,就无需另行证明转让的发生(见《商标条例实施细则》第31条)。除此之外,相应的证明是必要的(包括合同本身、对合同的

---

① 可参见本条注释7和第23条注释1有关不登记的后果。

摘录以及其他证明转让的文件)。在商标随企业整体转让的情况下,除非提供相应的证据,否则应出具企业整体转让的文件。在合并或者一般继承的情况下,提出登记要求应附有合并或继承的证据。如果符合相关的要求,转让将被登记在注册簿中并由欧共体商标公告进行公示。在欧共体商标申请的情形下,相应的材料均由协调局保存,因而不存在正式的要求,仅向协调局提交相关材料的复印件即可。

7. 未经登记的转让的效力(第6款)

根据本条第6款之规定,只要未经登记,受让人不得行使欧共体商标权,尽管按照成员国合同法或者依公平原则其已经成为该商标真正的所有人。另外,根据第23条的规定,未经登记前,转让对未经通知的第三方不发生效力(除非商标随企业一同转让)。因此,未经登记前,让与人仍然可以有效地将欧共体商标许可或转让给第三方。登记的好处还包括向协调局作陈述的权利(第7款)以及接收材料的权利(第8款)。由此可见,特别是从受让人的角度来看,一定会在协调局登记转让。但严格来说,登记并不是转让有效的必要条件。

8. 受让人[①]向协调局作陈述的权利(第7款)

在提出登记请求日至实际登记日期间,如果协调局设定了审查期限,受让人可以向协调局作出陈述。例如,一个欧共体商标因绝对事由遭到异议,受让人可以对此回应。转让登记并不影响已经进行的或由协调局设定的期限(尽管协调局事实上会因转让登记而暂停异议程序)。在商标随企业一同转让的情形下,新的所有人自登记转让完成起自动成为涉案商标程序的当事人,无需征得第三方的同意。特别在商标部分转让的情形下,会导致在程序中产生两个或三个异议人或申请人,但不同于商标分割,这里并不存在限制。

9. 通知给注册的所有人(第8款)

协调局会随时将有关通知寄与在注册簿中登记的商标所有人。转让未经登记意味着受让人无法接收有关期限、费用以及新的、潜在的与其注册商

[①] 原文使用的是assignor,但该段实际涉及的是assignee right。——译者注

标存在冲突的商标申请等重要通知。

以代理人名义注册的商标的转让

第 18 条

代表人或者代理人未经商标所有人授权以自己的名义注册欧共体商标,所有人有权要求转让该商标,除非代表人或代理人证明其行为是正当的。

含义

本条是对《巴黎公约》第 6 条之七的贯彻,规定了当代表人或者代理人以自己的名义恶意注册或申请欧共体商标时合法所有人的转让。转让的要求应向法院提出,而非协调局。对本条规定的实质性要求(即注册的所有人为代表人或代理人,而诉讼方是真正的所有人)的举证责任由提出诉讼的所有人承担;所有人证明之后,由代表人或者代理人证明其行为得到了所有人的授权或是正当的。这与第 8 条第 3 款下撤销或者无效的相对事由的相关规定一致。

绝对权[①]

第 19 条

1. 欧共体商标可以独立于企业被用于提供担保或作为绝对权的对象。
2. 应一方当事人请求,依前款设定的权利应在注册簿登记并公告。

1. 作为担保利益的欧共体商标(第 1 款)

欧共体商标可以被分别用于提供担保或作为绝对权的对象。由于欧共

---

① 国家工商行政管理总局商标局翻译的《欧洲共同体商标条例》中将 Rights *in rem* 译为"物权"。需要指出的是,Rights *in rem* 一词通常被译为"物权"、"对物权",但"将商标作为物权的对象"显然存在逻辑问题;而"对物权"的概念源于罗马法,罗马法中的"物"包括有体物和无体物(土地用益等),但自德国民法典后各国民法所指的"物"仅限于有体物,我国亦是如此,因此,"对物权"同样不妥。《布莱克法律词典》对 Rights *in rem* 的解释为"A right, often negative, exercisable against the world at large. Also termed real right; jus in rem."也就是说,该词首先表达的是消极的"对世权"之意,只是在一些情形下可以等同于"物权"概念,但同时还强调"A right in rem need not relate to a tangible res"。因此,结合上下文和我国法律用语习惯,这里将其译为"绝对权"。——译者注

体商标被作为某个成员国法意义上的财产,所以仅该成员国法认可的绝对权才可适用于欧共体商标,并且该成员国法规定的程序应遵循以财产为核心的绝对权。即便如此,当事人可以选择调整担保利益的法律。所适用的法律同样涉及绝对权的法律效果,包括对其他担保利益的优先权。

2. 担保利益的登记(第2款)

如同转让和许可一样,担保利益的登记并非强制性而是建议性的。需要再次强调的是,根据本条例第23条,未经登记的担保对未获得通知的第三方不具有强制性。事实上,大部分担保权人会要求登记担保以保护他们的利益(因为在理论上,如果不这样做,商标所有人可以进一步将商标担保与他人且登记的担保具有优先权)。申请担保利益登记应以书面形式向协调局提出,并以转让和许可同样的方式提供详细资料,最好通过申请备案的方式,同样是用于排除绝对权或担保利益。这里不需要复制担保利益的相关文件。当申请备案符合所有的形式要求,协调局会在注册簿中备案该项授予的担保权(或者当欧共体商标尚在申请的情况下,相关材料保存在协调局)。

强制执行

第20条

1. 欧共体商标可以被强制执行。

2. 根据第16条确定的成员国法院和主管机关对欧共体商标的强制执行程序享有专属管辖权。

3. 应一方当事人的请求,强制执行应在注册簿登记并予以公告。

1. 强制执行(第1款)

一个欧共体商标可能因法院或其他主管机关的裁决而被强制执行,因此可以被用于偿还债权人的债务。

2. 裁决强制执行(第2款)

从第16条的规定和欧共体商标的单一性可以明显得出这样的结论,对欧共体商标的执行应将商标作为整体并覆盖整个欧盟领域。有权裁决强制执行商标的机构为依据第16条确定的成员国法院或主管机关。执行程序同样由该成员国法管辖。无管辖权的法院作出的强制执行裁决是无效的。

3. 强制执行的备案(第3款)

强制执行的备案应依照标准的备案申请书。如果申请被接受,则会登记在注册簿中并予以公告或者保留在协调局的材料中(如果欧共体商标尚在申请中)。在申请的基础上,强制执行可以被修改或撤销。

破产程序

第21条

1. 只有在债务人主要利益集中所在的成员国进行的破产程序才可能涉及欧共体商标。

但是,如果债务人是欧洲议会和理事会2001年3月19日通过的2001/17/EC号指令①规定的正在重组或者清算的保险企业,或者是欧洲议会和理事会2001年4月4日通过的2001/24/EC号指令②规定的正在重组或者清算的信贷机构,只有在该企业或机构获得许可的成员国进行的破产程序才可能涉及欧共体商标。

2. 当欧共体商标为共有的情形下,前款适用于共有人的相应份额。

3. 经有管辖权的成员国当局的要求,涉及欧共体商标的破产程序事由应记载于注册簿中,并在第89条提及的欧共体商标公告中公布。

1. 破产程序的司法管辖(第1款)

只有在债务人主要利益所在的成员国进行的破产程序才可以对欧共体商标提出要求(通常为商标所有人住所地的成员国)。

2. 保险企业/信贷机构(第1款)

当债务人是保险企业(根据2001/17/EC号指令的规定)或信贷机构

---

① 《欧盟官方公报》L110,2001年4月20日,第28页。
② 《欧盟官方公报》L125,2001年5月5日,第15页。

（根据2001/24/EC号指令的规定）时，适用特别条款。此时，只有在该企业或机构获得许可的成员国进行的破产程序才可以对欧共体商标提出要求。

3. 共有人破产（第2款）

当一个商标共有人为破产程序的债务人时，该共有人的商标份额可以依据第1款的规定，在债务人主要利益所在的成员国进行的破产程序中被提出要求。

4. 破产程序的备案（第3款）

如果欧共体商标被牵扯进破产程序，相关成员国的主管机关可以要求将这一事实记录在注册簿中并予以公告。

商标许可

第22条

1. 欧共体商标可以就其注册的全部或部分商品或者服务在欧盟全部或部分地域内许可他人使用。许可可以是独占的，也可以是非独占的。

2. 欧共体商标所有人有权基于其享有的商标权利对抗违反许可合同中的下列事项的被许可人：

（a）许可期限；
（b）可以使用的商标注册形式；
（c）许可授予的商品或者服务的范围；
（d）商标可以使用的地域；或者
（e）许可的商品生产质量或服务提供质量。

3. 在不违反合同条款的情况下，经所有人同意，被许可人可以对商标侵权的行为提起诉讼。但是，如果所有人经正式通知后未在合理期限内提起诉讼，独占被许可人有权提起诉讼。

4. 为获得损害赔偿，被许可人有权参与由商标所有人提起的侵权诉讼。

5. 应一方当事人请求，有关欧共体商标许可的授予或转让，应在注册簿上登记并公告。

1. 全部或部分许可（第 1 款）

一个欧共体商标可以被全部或部分许可（就其注册的部分商品或者服务）。与第 17 条第 1 款有关商标转让的规定不同，欧共体商标可以在欧盟全部或部分地域内许可。所谓欧盟部分地域，可以是指一个或数个成员国或者一个成员国的行政区域。所谓独占性许可，是指被许可人有权排除包括所有人在内的他人使用该商标；所谓非独占性许可，是指所有人保留自己使用和进一步许可他人使用商标的权利。在登记独占性许可时，应明确声明其效果。只要不违反许可协议，被许可人可以再许可他人使用商标。

2. 援引商标授予的权利对抗被许可人（第 2 款）

当被许可人违反许可协议中的下列规定：(i)许可期限；(ii)可以使用的商标注册形式；(iii)许可授予的商品或者服务的范围；(iv)商标可以使用的地域（还受制于如消极销售这样的反垄断问题）；(v)许可的商品生产质量或服务提供质量，所有人有权基于其享有的商标权利对抗被许可人。基于许可合同的违反，同样会导致一个单独的诉讼。但是，如果商标权被侵犯，未经所有人（许可人）同意不得将商品投入市场，这点具有重要意义。违反为保障选择性分销的合同条款同样会导致商标侵权诉讼，如果其对于保持商标的声誉功能（例如奢侈品牌）是不可或缺的（欧盟法院 Copad v Dior 案裁决第 37 段）。

3. 提出侵权诉讼的权利（第 3 款）

非独占的被许可人提起商标侵权诉讼需经商标所有人同意。相反，如果所有人经正式通知后未在"合理"期限内提起诉讼，独占的被许可人有权提起诉讼。所谓"合理"期限，应取决于具体情况的紧急性，可能是一两天，也可能是一个月或更长。这一立法空白可以由许可协议的约定替代。值得注意的是，如果对方当事人在诉讼中提出无效或撤销的反诉，而所有人还不是诉讼的当事人，根据第 100 条第 3 款的规定，应依据所适用的成员国法将这一反诉通知所有人并允许其以当事人的身份参与诉讼。

4. 被许可人参与侵权诉讼的权利(第4款)

对于所有人提起的侵权诉讼,被许可人为获赔因该侵权造成的损失,有权参与该项诉讼。本条具有强制性,所以无法通过许可合同的约定排除其适用。这里没有规定与此相关的诉讼费用问题,应该可以由所有人和被许可人约定或适用相应的民事诉讼规则。

5. 在协调局进行许可登记(第5款)

许可登记虽然不是强制的,但建议采纳。许可登记的好处在于,根据第23条第1款的规定,只有经过登记程序,商标许可才直接对第三方发生效力。另外,许可登记后,如果所有人欲放弃商标,需证明其已经通知了被许可人这一意图后方能改变注册簿内容(《商标条例实施细则》第36条)。许可协议的任何一方或双方(或他们的代理人)均可以向协调局申请登记。如果申请人是商标所有人,则不要求提交许可合同的复印件。如果是双方联合申请,则双方均要签字。如果申请人是被许可人,应证明许可的存在,包括商标所有人及其代理人签字的声明或许可合同摘要(说明欧共体商标被许可的事实以及相关当事人及其签名)。这种许可合同摘要可以排除涉及商业秘密的事项。协调局并不审查许可的有效性。申请许可登记可以包括申请登记与许可相关的说明,例如授予许可的商品或者服务范围,或者欧盟部分地区的限制等。如果是这样申请的,协调局应审查相关事项是否明确。包括独占性许可、临时性许可、地域限制的许可、再许可或限定商品或者服务范围的许可等申请事项都将登记在注册簿中并公布与欧共体商标公告中。但这里并不包括具体信息(例如地域范围或商品或者服务的范围)。欧共体商标的许可可以被转让。转让与再许可均可以在协调局登记备案。

对第三方的效力

第23条

1. 只有在注册簿上登记后,第17条、第19条和第22条提及的有关欧共体商标的法律行为才对所有成员国的第三方发生效力。但是,如果第三方在明知这种行为已经发生的情况下获得了该商标上的权利,则在注册簿登记之前该行为对第三方亦发生效力。

2. 前款不适用于以整体的企业转让或其他概括性继受方式获得欧共体商标或者欧共体商标相关权利的当事人。

3. 第 20 条提及的法律行为对第三方发生的效力应依照第 16 条确定的成员国法调整。

4. 在破产领域的成员国共同规则生效前,破产或者类似诉讼对第三方的效力应依据在这一领域可适用首次提起这一诉讼的成员国的国内法或者法条约意义上的法律。

1. 与不知情的第三方交易的效力(第 1 款)

转让、担保利益或其他绝对权以及许可等,仅在登记后才对所有成员国的第三方发生效力,除非主张获得商标上的权利的第三方在涉案的交易中已经知情。这里应当是要求事实上的知情,而非推定的或默示的。正因为如此,强烈建议转让、提供担保以及许可行为发生后尽快在协调局登记。

2. 企业转让的例外(第 2 款)

无论是否登记,以整体的企业转让或其他概括性继受方式获得欧共体商标(或者欧共体商标相关权利)的第三方自转让或继受之日起受到约束。

3. 第三方权利的效力(第 3 款)

第三方有关对欧共体商标强制执行的权利应依据第 16 条确定的适用规范调整。

4. 破产诉讼(第 4 款)

破产共同规则目前尚未生效。在此之前,破产或者类似诉讼对第三方的效力应依据首次提起这一诉讼的成员国的法律。

作为财产对象的欧共体商标的申请

第 24 条

第 16 条至 23 条应适用于欧共体商标的申请。

含义

本节下的所有条款均应平等适用与欧共体商标的申请。唯一值得注意的是,当要求在注册簿中登记交易并在欧共体商标公告中公布时,协调局仅从事与欧共体商标登记有关的事宜。协调局对申请会更新档案材料。

第三章　欧共体商标的申请

第一节　申请的提交及申请要求的条件

申请的提交

第 25 条

1. 申请人应选择向下列机构之一提交欧共体商标的申请：

（a）协调局；

（b）成员国的中央工业产权局或比荷卢知识产权局。以该方式提交申请的效力等同于在同一日向协调局提交申请。

2. 成员国的中央工业产权局或比荷卢知识产权局在收到申请后的两周内，应采取一切措施将申请书送交协调局，并可以向申请人收取不超过收发申请书的行政成本费用。

3. 前款所指的申请书在被提交后超过两个月送交协调局的，以送达协调局的日期作为商标申请日。

4. 在欧洲理事会第 40/94 号条例生效 10 年后，欧盟委员会应起草一份关于欧共体商标申请制度运行的报告以及完善这一制度的任何建议。

1. 概述

本条第 1 款安排了欧共体商标申请可以采取的路径，即直接向协调局申请，或通过成员国登记机构，或通过比荷卢知识产权局。根据本条第 1 款的规定，向成员国登记机构或比荷卢知识产权局提交申请的效果等同于在同一日直接向协调局提交申请，但以遵守本条第 3 款规定的期限为前提。

考虑到申请可以通过传真或电子方式向协调局提交,且事实上超过80%的欧共体商标申请都通过电子方式(数量在不断增加),成员国登记机构申请途径的必要性存在争议。但是,如果某个地区的电话或者网络服务不可靠,或者发生了攻击电话或网络服务的事件,这一途径还是可以发挥作用的。申请人可以选择其本国以外的其他成员国机构,只要其认为便利的话。这一途径可能存在的不利之处是,申请人需依赖成员国机构的效率以尽早确定申请日。另外,由于在这一途径中不能采用电子申请方式,因此也无法享受电子申请费用的优惠。

2. 成员国登记机构的义务

根据本条第2款的规定,成员国机构在收到申请后的两周内,应采取一切措施将申请书送交协调局,并可向申请人收取不超过收发申请书的行政成本的费用。该费用由成员国机构向申请人收取。《商标条例》第72条第3款对协调局接收材料的期限或普通信件未能送达协调局所在地的期限的规定,同样适用于本条第1款第2项下的由成员国机构进行的事务。

3. 费用

申请费以及任何商标类别费用应直接交至协调局而非成员国机构。

4. 申请日[第1款(b)项,第3款]

根据第1款的规定,向成员国机构或比荷卢知识产权局提交申请并在两个月内送达协调局的,其申请日为成员国机构或比荷卢知识产权局收到申请之日。根据第3款的规定,如果协调局在两个月内未能收到申请,申请日为协调局收到申请的日期。该条此前的版本规定,如果协调局未能在一个月内收到申请,申请视为被撤销。由于协调局多久能收到申请是申请人无法控制的,因此这种规定可能会造成不公平的结果。成员国机构的失误不会影响协调局对申请人设定的最后期限,因此既不适用第81条规定的申请的恢复,也不适用第82条规定的程序的继续。

5. 十年报告(第4款)

根据第4款的规定,欧委会有义务在《欧共体商标条例》[Regulation (EC) No 40/94]生效十年后,起草一份关于欧共体商标申请制度运行的报告,并提出建议。欧委会起草的报告涉及对《欧共体商标条例》[Regulation (EC) No 40/94]的相关建议(包括其他部门起草的涉及检索制度和职业代理人制度的报告),并形成了第422/2004号修正案。由于本条例已经取代了《欧共体商标条例》[Regulation (EC) No 40/94],而本条第4款却并未被删除或修订,这是令人吃惊的。欧委会目前正在欧盟领域内着手进行一项关于商标制度功能的研究。在该研究的过程中,有人建议废除电子方式以外的其他任何欧共体商标申请途径。这一建议能否实现仍有待观望。如果被采纳,这可能会不利于那些没有电子申请手段申请欧共体商标的个人或小型企业。

申请应符合的条件

第26条

1. 欧共体商标的申请应包括以下内容:
(a)欧共体商标的注册请求;
(b)申请人的身份信息;
(c)申请注册的商品或服务清单;
(d)商标的图示。

2. 申请欧共体商标应交纳申请费,在适当的时候,应交纳一个或一个以上的商品类别产生的费用。

3. 欧共体商标的申请应符合本条例第162条第一款提及的《商标条例实施细则》所规定的条件,下文称为《商标条例实施细则》。

1. 概述

本条包含了作为一个有效的欧共体商标申请应当具备的基本条件,包括第1款规定的申请人的身份、申请注册的商品或服务清单以及商标的图示。

2. 注册欧共体商标的要求[第1款(a)项]

正如《商标条例实施细则》第83条第2款(b)项所述,申请人可以使用与官方申请书内容和格式相同的申请书。无论使用何种申请书,都必须包含注册欧共体商标的请求。

3. 申请人的身份信息[第 1 款(b)项]

提供申请人的姓名和住址足以满足这一要求,但如果协调局分配给申请人特定的识别号,则提供识别号即可。但是,为了谨慎起见,申请人至少还要提供姓名。[①]

4. 商品或者服务的清单[第 1 款(c)项]

商品或者服务的清单应当清楚地说明商品或者服务的性质,并使得每个分类条目与尼斯分类下的类别一一对应(《商标条例实施细则》第 2 条第 2 款)。由于零售服务的内容往往未能充分界定,因此导致商标异议。如果申请注册的商品或者服务在尼斯分类中没有具体的对应类别,申请人在申请书中不需要对商品或者服务清单作具体分类,由协调局会对商品或者服务作出其认为合适的分类。但是,强烈建议申请人按照协调局的欧盟分类体系规定的条目,预先对商品或者服务作出分类,因为这些条目已经被翻译并正确地分类,因此可以加速申请的进程(因为无需送至卢森堡翻译)。在一些特殊案件中,如果可以从申请书中推断出真实意图和正确商品或者服务清单的话,对于商品或者服务清单中存在的明显错误可以在下一步骤中纠正(例如因为文件支持的优先权要求,参见上诉委员会 Belsante 案)。

5. 商标的图示[第 1 款(d)项]

(a)申请书中的图示。《商标条例实施细则》第 3 条按照不同类型的商标设置了相应的图示。根据《商标条例实施细则》第 3 条第 1 款的规定,对于没有特定图像表现或颜色的文字商标,应用正常字母和/或者合适的大写字母组成的小型脚本描述。对于其他情形,除以电子方式申请外,商标应另页描述,纸张不能超过 A4 纸大小(29.7 厘米高、21 厘米宽),用于描述商标的空间不能超过 26.2 厘米高、17 厘米宽,且保持至少 2.5 厘米以上的左边距。当商标的方位并非显而易见时,可以在复印件上印有"top"字样以指示

[①] 对于有关申请人类型或者性质的说明,参见第 3 条的注释。

商标的正确方位。当以电子方式申请文字商标以外的商标,对商标的描述应包含 jpeg 格式的附件[①]。根据《商标条例实施细则》第 3 条第 3 款的规定,对于非文字商标的申请应包含能表现这一效果的标示,并可以包含对商标的描述。一般情况下,对商标的描述应在申请日提交,但根据第 43 条第 2 款的规定,也可以在日后作为对商标陈述的修订进行补充。修订不能对商标作出实质性改变,也不能与先前提交的其他图像图示冲突。如果描述能够澄清对图像图示的精准理解,则可以被接受。例如,通过对打点等值线使用的解释展现商标的背景和二维图像中特定位置的三维元素(例如上诉委员会 Golf Club Head 案中高尔夫球棒顶端底部的黄色)。

(b)七步标准测试。在 Libertel Orange 案中,欧盟法院确立了对非传统商标的图像图示的七步标准测试。据此,以图像形式展现的商标应清晰、精准、内在一致、易于理解、明白易懂、持久和客观(参见第 4 条注释 4)。根据这一要求,以及欧盟法院在 Heidelberger Bauchemie 案中对颜色组合和在 Shield Mark 案中对声音商标作出的要求,申请人可以获得对声音商标和颜色商标图像图示的充分指引。协调局同样接受移动商标和全息图的申请。但是,目前还不可能以图像的方式展现气味商标和味觉商标,触觉商标至少很难展现(对于这一问题的进一步评述可参见第 4 条注释 4)。

(c)对《商标条例实施细则》第 3 条第 4 款在其他类型的商标上所作的必要修正。从逻辑上说,对于其他类型的商标,尤其例如动感商标,应与《商标条例实施细则》第 3 条第 4 款的规则一致,最多可以提交 6 个不同视角的图示。但是,对于动感商标,协调局采取了更为宽松的做法,允许更多的图示以获得更为精准的动感图像(例如 1772615 号欧共体商标就包含了 15 个框架)。就笔者所知,这种商标的效力以及保护范围尚未得到司法实践的检验。

6. 申请费/类别费(第 2 款)

有效的申请需要交纳基本申请费,在适当情况,交纳 1 个或 1 个以上的

---

① 参见协调局第 EX－05－03 号局长令。

类别费。正如《商标条例实施细则》第 4 条所述，申请应交纳的费用包括基本费以及指定使用商品超过 3 个类别时按类别收取的类别费。《欧共体商标费条例》①设置相关费用的数额。目前，电子申请方式的基本费为 900 欧元，其他方式的基本费为 1050 欧元(《商标费条例》第 2 条)。对所有申请，类别费均为 150 欧元。相关费用同样适用于集体商标的申请。在申请过程中如果新增一种类别，例如随着对某项模糊的分类条目的阐明，该条目无法落入现有类别且申请人希望保留的话，即使申请的类别已经达到或超过 3 个，仍需交纳一个类别费。

7. 交费方法和推定支付日

(a)交费方法：银行转账、活期账户、信用卡。《商标费条例》第 5 条规定了可以接受的交费方法，即向协调局名下的账户支付或转账。协调局局长还可以谨慎地允许其他支付方式，包括使用信用卡，在协调局开设活期账户以电子方式申请和续展商标(第 EX - 07 - 4 号局长令)。协调局不再接受支票和现金，第 1687/2005 号欧委会条例也将它们排除在可接受的支付方式之外。支付方式应在申请书中注明。因此，在协调局开设活期账户的持有人欲通过该账户支付费用的话，应格外注意在申请书中注明正确的支付方式，因为如果选择了其他方式后再进行支付且支付没有完成，申请日期可能会丢失(上诉委员会 N-Joy 案)。

(b)推定支付日。支付日对于申请日而言具有重要影响，参见第 27 条：申请费应在一个月内交清。最为安全和便捷的支付方式是通过活期账户，根据第 27 条的规定，协调局会每个月末入账。如果申请人希望加速进程，可以在申请书中注明立即入账。当采用银行转账的方式，根据《欧共体商标费条例》第 8 条第 1 款的规定，推定的支付日被视为实际转账至协调局名下的银行账户的日期。以信用卡支付的推定支付日为通过网络成功提交电子申请的日期(第 EX - 07 - 4 号局长令)。但是，无论任何原因导致交易失败，支付都被视为未完成，尽管协调局会对个案进行调查是否存在特殊情

---

① CTMFR，以下简称《商标费条例》。——译者注

况并决定是否值得采取不同的措施。需要强调的是，以信用卡支付不存在推迟支付（至第27条所称的一个月期限末），必须即刻支付。事实上，如果对申请日有急迫的需求，支付应采取银行转账的方式，或要求在收到申请后即刻将相关活期账户上的资金入账，何种方法最快，应视情形而定。

8. 在协调局开设活期账户

根据《商标费条例》第5条第2款的规定，协调局局长可以允许其他支付方法，尤其是通过在协调局开设活期账户的方式。第EX－96－1号局长令和对该令的第EX－96－7、EX－03－1号修订使得开设这种活期账户成为可能。该令第7条（a）项规定，当基本费用从活期账户中支付，视为在要求的支付期限的最后一天支付（一个月，根据第27条），除非申请人明确要求在收到申请时入账，在这种情况下，支付被视为在收到申请的当日完成。该令第7条（b）项规定，对于一项申请中超过3个类别的每个类别费，视为协调局决定其应交纳数额的当日由活期账户支付，何时或在何时间段内支付依据协调局与申请人的协议。严格来说，当一项申请中包含了3个以上的类别，在这项申请的类别数量被合理确定前，类别费将不被视为交纳。在协调局以分类为目的审核申请前，这可能都无法确定，从而造成申请日的延误和不确定性。因此，在实际操作上，协调局根据基本费和申请中已经分类的类别数量确定的类别费交纳的日期确定为申请日。针对协调局审核行为的不确定性，第27条规定的一个月的推迟支付期限具有这样的作用：如果在提交申请的一个月内受到异议，申请人可以撤回申请从而无需交纳申请费。近来，异议往往很快提出，很有可能会发生这样的情形。

9. 符合《商标法实施条例》（第3款）

本条第3款规定欧共体商标的申请应符合《商标法实施条例》的规定。

申请日

第27条

欧共体商标的申请日为申请人向协调局提交包含第26条第一款所列信息的申请文件之日，或者如果向成员国中央工业产权局或比荷卢知识产权局提交申请的,以提交上述文件后一个月内支付了申请费的日期为准。

1. 概述

本条规定了欧共体商标申请日的计算方法。如果直接向协调局申请,直到第26条第1款要求的所有文件均提交至协调局时,申请日方可确定。这些必需的文件包括注册欧共体商标的请求、申请人的身份信息、注册的商品或者服务清单以及商标的展示。在以电子申请为主的时代,"文件"这一表述未作修正是令人惊讶的,当然,其也可以被解释为电子数据。如果向成员国中央工业产权局或比荷卢知识产权局提交申请,根据第25条第1款(b)项的规定,直到第26条第1款要求的所有文件均提交至相关机构时,申请日方可确定。事实上,在符合除申请费以外的其他要求的情况下,收到申请书只能确定"临时"申请日。在交纳了申请费后才自动转换为"正式"申请日(第4/98号局长通报)。在电子申请的情况下,申请日被推定为协调局收到数据的当日,只要其可以被协调局审核(第EX–02–2号局长令)。因此,即使申请人不存在过错,电子申请系统的故障也将导致无法确定申请日,因为协调局无法审核申请中的日期(上诉委员会Iplay案)。

2. 申请费

当相关机构收到符合第26条第1款规定的文件后,在一个月内直接向协调局交纳申请费后才能确定申请日。

3. 申请费的时限

根据《商标法实施条例》第70条第4款的规定,申请费应当交纳的计算期限为,自申请文件提交当天到下一月同一天的一个月内。如果申请文件在月末最后一天提交,或者下一月没有相同的一天,则期限至下一月的最后一天截止。尽管迟延支付会按照推迟确定申请日处理,但这一期限本身无法延长。对于因不可抗力事由导致的迟延支付能否被接受,仍存在争议,如在协调局第1/1997号异议处理决定中当事人因重大洪涝灾害而迟延提交异议书。

4. 未能提交全部必要文件或支付申请费

如果申请未能提交全部必要文件或在全部必要文件提交后的一个月内未能支付申请费，根据《商标法实施条例》第9条第1款的规定，申请人会被告知瑕疵并允许在两个月内采取补救措施，该期限不可延长。如果瑕疵在两个月内得以补救，根据《商标法实施条例》第9条第2款的规定，申请日以瑕疵补救完成之日为准。但是，少数情形下可能会产生这样的问题，即协调局迟延告知瑕疵，正如在上诉委员会Orange案中发生的那样。如果瑕疵在两个月内未能得到补救，根据《商标法实施条例》第9条第2款的规定，该申请将不再被当作欧共体商标的申请对待，相关申请费也将被退回。值得注意的是，第87条有关程序继续的规定明确将本条排除在外。对于未能及时交纳申请费的情形，尽管根据第81条的规定是可能被恢复的，但协调局一般不会这样操作（欧盟普通法院Dakota案）。

5. 迟延支付或未能支付申请费

根据《商标费条例》第8条第3款的规定，如果推定的支付日已经超过支付期限，申请人如能证明其在某一成员国内通过银行机构实施了支付行为并明确指示银行在相关期限内完成转账，则被视为在期限内完成支付。虽然主张存在银行转账的事实，但申请人和涉事银行均不能对此提供证据证明，即使是银行的责任，仍将被视为申请人的过错，因为银行被推定在职责范围内为支付者服务（上诉委员会K5案）。根据该条完成的支付需加收10%的费用，但总额不超过200欧元。如果能证明在期限届满的十天之前存在上述情形之一，则无需支付加收的费用。由于《商标费条例》第8条第3款（ii）项的末尾使用的是"或者"，因此可以认为只要满足该项规定的情形（及时指示银行转账），就无需支付加收费用。但是，"或者"一词所指的就是现在已经删除的（iii），而它仍出现《商标费条例》中，这是一个疏忽。因此，需考虑的情形事实上是累计的。该条不惠及信用卡支付方式，尽管协调局会考虑个案的特殊情形，并决定是否对迟延支付作出不同于一般原则的处理（第EX-07-04号局长令）。如果以活期账户的方式支付但账户资金不足，协调局会通知账户持有人并允许其在一个月内交足，在此之前的申请日不生效。如果未能及时交足账户资金，协调局会告知瑕疵并推迟申请日。

6. 未能足额交纳申请费

如果申请费未能足额交纳，根据《商标费条例》第 9 条第 1 款的规定，协调局会在支付期限后退还已交纳的费用。但是，根据该条第 2 款的规定，协调局可以在剩余的期限内尽可能地给申请人留有支付剩余款项的机会，或者如果合理的话，对小额的资金缺口忽略不计，支付人的权利也与他人同等对待。如果申请人在通知银行时未将手续费考虑在内的话，银行扣取手续费的行为可能会导致转账资金的不足。在有些情况下，这种资金缺口可能会被忽略不计，申请日的确定也不受影响，例如上诉委员会 Two Days a Week 案。但是，这并非协调局的义务，无法得到保障。

7. 申请日的不可撤销性

协调局一旦授予了申请日，则不可撤销（上诉委员会 Clear Bin Description 案、上诉委员会 Colour Purple 案）。

8. 申诉

对于未授予申请日的决定，申请人可以申诉（上诉委员会 Clubhouse 案）。

分类

第 28 条

欧共体商标申请注册的商品或服务应依据《商标条例实施细则》规定的分类制度进行分类。

1. 概述

本条与《商标条例实施细则》第 2 条连接，规定欧共体商标申请注册的商品或者服务应按照补充修订后的尼斯分类制度分类。尼斯分类的最新版本是在 2009 年 1 月修订完成并生效的第 9 版。协调局第 2/08 号局长通告规定协调局自通告当天起适用尼斯分类第 9 版，但此前提交的申请或注册不作重新分类,无论是否自愿。如果协调局认为对商品或者服务的描述模糊,需要作进一步分类的,可以要求申请人提交对商品或者服务的修订。如果申请人未能提交修订,协调局将驳回对这些商品或者服务的申请。如果申请人提交了修订,协调局可以决定是否(1)接受修订;(2)坚持要求并给予申请人继续回应的机会;(3)驳回对相关商品或者服务的申请。如果申请人未收到协调局的要求,或者协调局无论基于何种原因未能遵守其要求的回应时限,申请人可以在相关期限内提出申诉并交纳申诉费。申诉会导致驳回申请决定的效力待定,申请人从而可以专注于应对协调局的要求。如果申请人的修订被接受,则可以进行至下一阶段的申请程序(上诉委员会 Winspa 案)。

2. 类别标题

协调局接受申请书使用类别标题描述商品或者服务。协调局第 4/03 号局长通告阐明了有关类别标题使用的具体事项[但是,仅使用类别标题会产生不确定性,详情见第 7 条注释 3(a)]。

3. 零售服务

协调局接受有关零售服务的申请,无需具体指明所提供服务的类别,但仅说明服务机构的类型是不够的。对商品或待售商品类别的说明可以被接受。协调局在这一问题上的行为标准参照欧盟法院对 Praktiker 案的决定,并在协调局第 7/05 号局长通告得到确立,同时也适用于与零售服务类似的商品或者服务[①]。对于不符合这一标准的已注册商标,可以在说明书的范围内被部分保留。

---

① 参见欧盟普通法院 The O Store v O Store 案,该案涉及一个已经注册与商品的商标和一个申请注册于相同商品类型的零售服务商标的相似性问题

第二节　优先权

优先权

第 29 条

1. 在《巴黎公约》或者世界贸易组织协议的缔约国提交商标注册的申请人及其财产继承人，就相同或部分的商品或者服务以同一商标提出欧共体商标申请的，自首次提出商标申请之日起六个月内享有优先权。

2. 成员国基于双边或者多边协议制定的国内法将一项商标申请等同于有效的成员国申请，则依据该项商标申请提出的共同体商标申请享有优先权。

3. 有效的成员国注册申请是指足以确定申请日的申请，不论申请的结果如何。

4. 就相同的商品或者服务在相同的国家再次提出申请的，如果在再次申请之日，前一申请已被撤回、放弃或驳回，且未向公众公开，未遗留任何未完成之权利，未作为要求优先权的依据，则再次申请视为以要求优先权为目的的首次申请。在此以后，前一申请不得作为要求优先权的依据。

5. 对于在《巴黎公约》或者世界贸易组织协议的缔约国以外的国家提出的首次申请，如果根据公开的结论或承认，在该国享有与向协调局首次申请并符合本条例规定的同等条件，具有同等效力的优先权，前四款方可得以适用。

1. 概述

第 29—33 条是《巴黎公约》第 4 条的执行条款。对商标的六个月优先权通常也被称为"公约优先权"。优先权是指当申请人在《巴黎公约》或者世界贸易组织的任一成员国内第一次提出商标注册申请后，可以将这一申请日作为之后申请欧共体商标的优先权日。第 29 条明确了有关欧共体商标申请可以要求优先权的依据。欧共体商标的申请应在六个月的优先权期间内提交。原则上,欧共体商标申请与优先权商标申请中的商标、商品或者服务以及申请人应相同,且优先权商标申请应是"首次"申请并确定了申请日。

2. 六个月的优先权期间

六个月期间与《巴黎公约》第 4 条 C 款(1)项的规定一致。为要求优先权,欧共体商标申请应于在先申请后的六个月内提出,该期限不可延长,且不能在中止后恢复或继续程序(见第 81、82 条)。但是,《商标条例实施细则》第 70 条和第 72 条规定,如果该期限的最后一日为非工作日或协调局在该日未收到申请材料,则截止日推迟至下一个工作日。

3. 相同的商标、商品或者服务;部分优先权

原则上,申请的商标应与优先权申请覆盖的范围一致。细微的差别可以被接受,但极其例外。当存在诸如商标申请中的打印笔误这样的明显错误,或者从申请中可以明显推断出注册优先权申请中相同商标的意图,则对申请的修订和优先权要求也可以被接受(上诉委员会 T12 案)。两个或者两个以上的申请可以就不同的商品或者/和服务范围分别要求优先权。欧共体商标申请的商品或者服务应与优先权申请的说明范围一致或为其中一部分。按照协调局对有关使用类别标题的内部标准,对于就相同或部分的优先权申请中更为具体的类别标题的欧共体商标申请,协调局总会接受。反之,如果欧共体商标申请中的部分商品或者服务超过优先权申请的范围,仅能就重合范围内的那部分商品或者服务地要求优先权。这尤其适用于优先权申请涉及的是具体的商品或者服务,而欧共体商标申请覆盖了整个类别标题的情形。无论是部分优先权还是全部优先权,协调局不会在注册证书或者注册簿中加以区分。因此,从注册簿中无法得知优先权要求的范围,但这可以从评估要求何种优先权的申请范围中推断出来,且欧共体商标申请一经公布,即可以通过提交欧共体商标申请的网络,查询相关的优先权文件。

4. 申请人及其继承人(第1款)

原则上,只有首次申请的同一申请人才可以要求优先权。但是,对于欧共体商标以财产继承人的名义提出申请的,同样可以要求优先权。这并不能解释为优先权申请须被整体转让。包括协调局在内往往也接受仅优先权要求本身的转让(即优先权申请仍保留在原先的申请人名下)。因税收方面的原因,这种现象对于在世界范围内拥有商标申请或注册的不同集团公司而言是很常见的。优先权的转让通过简单的书面文件即可完成。

5. 优先权申请(第2款)

根据成员国基于双边或者多边协议制定的国内法,将一项商标申请等同于有效的成员国申请,则依据该项商标申请提出的共同体商标申请享有优先权。均应享有优先权。这里的含义是指,例如尽管比荷卢商标申请不是成员国商标申请,但也享有优先权。

6. 优先权申请的有效性(第3款)

本条第3款的规定,只有当满足确定申请日当地条件的申请才可以获得优先权要求。优先权申请后来的处理程序和结果与此无关。即使优先权申请在申请日确定后即被放弃或驳回,其优先权效力不受影响。

7. 再次申请(第4款)

根据本条第4款的规定,就相同的商品或者服务在相同的国家提出两次申请的,如果在再次申请之日,之前的申请已被撤回、放弃或驳回,且未向公众公开,未遗留任何未完成之权利,未作为要求优先权的依据,则再次申请视为以要求优先权为目的的首次申请。在此以后,之前的申请不得作为要求优先权的依据。一般而言,只有基于首次在《巴黎公约》或世界贸易组织缔约国提出的商标注册申请才可以要求优先权,本款是例外。未向公众公开应被严格解释为,在首次申请被撤回、放弃或驳回前,申请的细节未记载于注册簿中供公众查阅。本条的规定类似于等同专利条款,但在后者的情形中,专利申请在提出后的多月内一般都不会向公众公开。专利申请信息通常自提出后几天或最多几周即被登记在注册簿中,意味着这一规定可适用的申请是有限的,除非将其限定为以异议为目的的公开。就笔者所知,本款尚未得到案例法的解释。但笔者认为协调局并未按照严格的解释来适用,对于只要再次提交申请时,在《巴黎公约》或世界贸易组织缔约国内不存在以相同当事人的名义申请或注册的相同商标的所有情形,协调局都准备扩大至本款规则的适用范围内。

8. 互惠

本条第 5 款规定,对于在《巴黎公约》或者世界贸易组织缔约国以外的国家提交的申请,如果该国提供与欧共体商标申请优先权具有等同效力的权利互惠,则该申请仍被视为优先权申请。这种互惠应得到已公开结果的确认。《商标条例实施细则》第 101 条规定了欧委会审核任何特定国家有关互惠事由的程序。欧盟委员会已发布通报,先后确认了安道尔(1999 年 12 月 3 日)与台湾地区(1998 年 11 月 5 日)的互惠待遇,否决了开曼群岛(2001 年 5 月 19 日)的互惠待遇。

9. 展览优先权

就同一申请可以要求第 33 条下的展览优先权和第 29 条下的"条约优先权",但根据第 33 条第 3 款要求的展览优先权并不能延长条约优先权的六个月期限。

要求优先权

第 30 条

申请人若要利用前一申请的优先权,应提交优先权声明和前一申请的副本各一份。如果前一申请使用的语言不是协调局的工作语言之一,申请人应提交一份译本。

1. 优先权声明

根据《商标条例实施细则》第 6 条第 2 款的规定,优先权声明既可以包含在申请书中,也可以在申请提交后的 2 个月内单独提交。优先权声明仅要求申请人将其基于在先申请主张优先权以及优先权范围的意愿通知协调局。根据《商标条例实施细则》第 1 条第 1 款(f)项的规定,优先权声明至少应包括优先权申请提交的日期和所在国。

2. 提交优先权文件的期限

根据《商标条例实施细则》第6条第2款的规定,申请号的通知和优先权申请的复印件应在声明要求优先权日期3个月内提交。如果优先权声明被包含在申请书中,优先权文件应在提交申请书后的3个月内提交。如果优先权声明在申请提交后作出,则优先权文件应在作出声明后的3个月内提交。对于获得优先权文件有困难的申请人,建议其尽可能在最后期限声明优先权(自申请提交后的两个月,见上文注释1),由此可以实际上将提交优先权文件的期限延长至5个月。另外,协调局并未将《商标条例实施细则》第6条第2款规定的期限作为不可弥补的瑕疵,即一旦超出期限并非无法补救。如果超出3个月的期限,协调局会发布瑕疵通知,要求申请人在两个月内弥补瑕疵,因此提交优先权文件的期限会被延长至7个月或者更长(取决于瑕疵通知的发布时间)。

3. 优先权文件的要求

原则上,根据《商标条例实施细则》第6条第1款的规定,作为优先权文件的前一申请的复制件,应附有收到该申请的当局出具的对该复制件的准确性和载明前一申请的申请日的证明。如果前一申请为欧共体商标申请,协调局的欧共体商标申请档案中当然存有复制件。但是,根据《商标条例实施细则》第6条第4款的规定,协调局局长发布了一系列决定,放宽了这些要求。第EX-96-03号局长令规定对复制件的证明文件可以不用提交。第EX-05-5号局长令指出,如果申请人未提交优先权文件,协调局可以依职权证实优先权申请的申请号、申请日、申请人或所有人的名称以及商标及其商品或者服务清单能否在提交申请的中央工业产权局网站查询。如果上述信息无法查询,根据《商标条例实施细则》第9条第3款(c)项的规定,协调局会要求申请人提供并设定相应的期限。虽然协调局可以在中央工业产权局查阅相关信息,但申请人对上述信息的翻译义务并不因此免除。

4. 优先权文件的语言

根据《商标条例实施细则》第 6 条第 3 款的规定，如果优先权文件使用的语言不属于协调局工作语言之一，申请人会被要求在至少 3 个月的期限内将文件翻译为协调局的工作语言之一。在合理情形下，这一期限可能再被延长 3 个月（审查指南第 5 点）。

5. 程序的不可继续性

对于《商标条例实施细则》设置的适用于第 30 条的期限，本条例第 82 条第 2 款明确排除了适用程序继续的可能性。

117 优先权的效力

第 31 条

优先权所具有的效力是将优先权日确定为欧共体商标的申请日，从而使之具有优先效力。

含义

本条是关于优先权要求的效力的规定，即优先权日被确定为欧共体商标的申请日，以此在争议中确立优先于第三方的权利。本质上，在考虑何为在先权利时，优先权日替代了申请日。

欧共体商标申请等同于成员国商标申请

第 32 条

已经确定申请日的欧共体商标申请应在成员国内等同于有效的成员国商标申请，包括在适当的情形下要求欧共体商标申请的优先权。

含义

本条指出，在所有成员国内，已经确定申请日的欧共体商标申请等同于成员国商标申请。根据欧共体商标申请确定的优先权日如果是成员国商标申请的优先权日，应以同等方式对待。除本条外，第 1 条第 2 款也规定，欧共体商标注册在所有成员国内均享有同等效力。本条是扩大上诉委员会 Cardima v Cardiva 案裁决的依据，该案的裁决认为，由欧共体商标申请转换而来的成员国商标申请可以继续作为以欧共体商标申请为由开始的异议的基础。由于欧共体商标申请"产生"了成员国商标申请，因此二者并非毫无关联。

第三节 展览优先权

展览优先权

第33条

1. 商标在根据1928年11月22日在巴黎签订并于1972年11月30日修订的《国际展览公约》所称的官方举办或承认的国际展览会上展出的商品或者服务上使用，申请人自该商品或者服务首次展出之日起六个月内就该商标提出欧共体商标申请的，可以要求第31条意义上的优先权。

2. 依照前款要求优先权的，申请人应当按照《商标条例实施细则》规定的条件，提交使用该商标的商品或者服务的展出证明。

3. 在成员国或者第三国授予的展览优先权不得延长第29条确定的优先权期限。

1. 概述

商标在官方承认的国际展览会上展出的商品或者服务上使用，申请人自该商品或者服务首次展出之日起6个月内就该商标提出欧共体商标申请的，可以要求第31条意义上的优先权。管理这些展览会的机构是国际展览局，相关展览会的详情可参见网址 www.bie-paris.org。展览优先权意味着，申请人可以自由地在这些展览会上展出他们的商品或者服务，无需为防止第三方威胁自己的地位而提出优先权申请，从而耗费成本。这一措施可以激励申请人参与这些展览会。要求展览优先权并不存在特定的形式或者格式。协调局会不时地发布有关适用本条并可能涉及欧共体商标的展览会的公告,例如 2008 年 1 月 24 日发布的协调局第 1/08 号局长通报。

2. 展览优先权的效力

展览优先权与根据第 31 条要求的优先权的效力相同,换言之,展览优先权日应被视为欧共体商标申请日,以此在诸如异议或者无效争议中确立优先于第三方的权利,但注册产生的权利仍仅以实际申请日起算。

3. 条约优先权与展览优先权的共存

对于根据第 29 条要求条约优先权并就相同的申请要求展览优先权,不存在任何阻却事由。但是,根据本条第 3 款的规定,成员国或其他国家授予的优先权不得被用以延长根据第 29 条基于在先申请要求的优先权期限。与条约优先权不同的是,这里没有规定财产继承人可以要求展览优先权。

4. 要求展览优先权

欧共体商标申请应自商品或者服务首次展出之日起 6 个月内提出。根据《商标条例实施细则》第 7 条第 2 款的规定,优先权的声明应与申请书一并提交或在申请提出后的 2 个月内单独提交。优先权的声明仅意味着申请人通知协调局其要求优先权的意愿。展览优先权的声明不存在特定的形式和格式,但根据《商标条例实施细则》第 1 条第 1 款(g)项的规定,应包括展览的名称以及首次展出商品或者服务的日期。

5. 展览优先权的证明

要求展览优先权还应在作出声明后的 3 个月内提交优先权证明。如果优先权声明随申请书一并提交,展览优先权的证明应在提交申请书之日起 3 个月内提交。如果优先权声明在申请日后作出,相关证明应在提交声明之日起 3 个月内提交。根据《商标条例实施细则》第 7 条第 1 款的规定,展览优先权的证明是由负责工业产权保护的机构在展览会出具的证书,证实该商标确实是使用在该商品或者服务上,并标明展览会开始的日期;如果首次使用的日期与展览会开始的日期不符,标明首次使用的日期。证书应附有该机构对商标实际使用的充分确认。

6. 程序不可继续

对于本条第1款规定的展览权期限以及《商标条例实施细则》规定的适用于该期限的时间限制,第82条第2款明确规定不适用程序继续。

第四节 要求成员国商标的先前权

要求成员国商标的先前权

第34条

1. 在成员国在先注册的商标,包括在比荷卢国家注册的商标以及依据国际条约注册的在成员国具有效力的在先商标,其所有人以相同的商标就相同或部分的商品或者服务申请注册欧共体商标的,可以在先商标注册的相关成员国就欧共体商标申请要求基于在先商标的先前权。

2. 根据本条例之规定,先前权具有的唯一效力为,即使欧共体商标所有人放弃在先商标或者允许在先商标失效,其应被视为继续享有与该在先商标仍为注册状态时所享有的等同的权利。

3. 如果在先商标被撤销或被宣告无效,或者在欧共体商标注册前被放弃,就该在先商标要求的欧共体商标先前权消灭。

1. 概述

本条是在欧共体商标申请中要求先前权的依据。本条的基本思想是,允许欧共体商标所有人将其在欧盟境内的各种成员国权利打包并置于欧共体商标下保护,不会因放弃在先的成员国注册而遭受损失,尤其是不会丧失相应的申请日或优先权日。因此,必须遵循所谓的"三重一致原则"(triple identity rule):在先商标、商品或者服务以及所有人应一致(详情参见下文本条注释7)。先前权既可以在申请书中提出,也可以在申请提交后单独提出(尽管目前正在考虑不再允许在申请书中提出先前权要求,仅允许在欧共体商标注册后提出)。根据第153条第1款的规定,指向欧共体商标系统的国际商标申请同样可以要求先前权,尽管在这种情形下,先前权要求应在申请书中被一并提交。如果未能一并提交,根据第 153 条第 2 款的规定,当国际注册在欧共体商标体系下获得保护后,可以要求先前权。协调局有时会宣布终止先前权要求的全部或部分的审查,但是,无论是否正在接受审查,这种先前权要求始终是存在的。申请人有义务保障先前权要求的正确性。根据《商标条例实施细则》第 8 条第 3 款的规定,协调局可以视情形而定,将有效的先前权要求通报中央工业产权局或比荷卢知识产权局。就一个或者更多的成员国要求多项先前权是可以的。先前权要求可以以欧盟的任一官方语言提出。协调局有权要求将先前权要求或商品/服务清单翻译为申请的本国语或者协调局的 5 种工作语言之一,尽管这种要求极少发生。先前权要求的基本信息将记载于注册证书中并予以公告。先前权可以是部分的(覆盖部分在先注册的商品/服务),也可以是全部的(覆盖在先注册的所有商品/服务)。

2. 先前权声明

根据《商标条例实施细则》第 8 条第 2 款的规定,先前权声明可以随申请书一并提交,也可以申请提交后 2 个月内单独提交。先前权声明仅要求申请人通知协调局基于在先注册而要求先前权的愿望。先前权声明没有特别的形式或格式。但是,根据《商标条例实施细则》第 1 条第 1 款(h)项的规定,先前权声明应指明在先商标在哪些成员国或者向哪些成员国注册,相关有效注册的日期、相关注册的编号、商标注册的商品或者服务。但是,对于商品或者服务,协调局现在还接受对扩展至在先成员国商标注册的商品或者服务的先前权要求的说明,因为他们同样包含在欧共体商标申请中。

3. 先前权文件

在作出先前权声明后的 3 个月内,应提交证明文件。如果先前权声明随申请书一并提交,应在提出申请后的 3 个月内提交证明文件。如果先前权声明在提出申请后作出,应在作出声明后的 3 个月内提交证明文件。[①]

[①] 参见第 30 条注释 2 关于文件提交的总期限以及 3 个月期限并非不可补救的缺陷。

4. 有关先前权文件要求的放宽

《商标条例实施细则》第8条第1款规定,先前权的证明是相关注册文件的复印件,并由有权机构对其准确性出具证书。根据《商标条例实施细则》第8条第4款的规定,协调局局长发布了一系列决定指出,对于先前权要求,只要协调局可以从其他来源获得相关信息,局长就可以作出较低的证明要求。根据第EX-96-3号局长令,有权机构出具的证书从未在要求范围内。但是,仍应提交注册文件的准确复印件。如果向协调局提交的文件是在6个月以前的作出的,申请人表明这些文件仍能反映当前状况。另外,第EX-05-5号局长令指出,如果申请未能提供先前权要求的证明,协调局会依职权核实相关信息能否在在先商标申请的中央工业产权局网站或者世界知识产权组织国际局网站查询,包括在先商标是否在成员国注册,在先商标优先权日、申请日以及注册日,在先商标的注册编号,在先商标的所有人名称,在先商标的图示以及注册的商品或者服务的说明。如果未能查询到相关信息,根据《商标条例实施细则》第9条第3款(d)项的规定,协调局会要求申请人提供,并设置一定的期限。第EX-03-5号局长令规定,下列选项之一可以足以作为支持先前权要求的证明:(a)注册证书、续展证书以及由在先商标注册的有权机构发布的注册簿摘录;(b)有权机构发布的官方公报摘录,如果在先商标注册已经被公告的话;(c)由国际局发布的国际商标公报摘录,如果在成员国具有效力的在先国际商标已经公告的话;(d)证明在先注册存在的数据库或者数据记录媒体(例如只读光盘)的摘录或打印件,只要这些数据库或数据记录媒体是由有权机构发布的,或者是以其名义或在其提供的数据的基础上发布的;(e)上述(a)至(d)提及的文件的精确影印本。提交的文件至少应包括以下内容:在先商标注册的成员国,在先商标的优先权日、申请日或者注册日,在先商标的注册编号,在先商标的所有人名称,在先商标的图示以及注册的商品或者服务的说明。对于上述(d)和(e)项中文件,如果在先商标以彩色形式公告,相应的摘录、打印件或影印件应为彩色。

5. 先前权的效力(第 2 款)

除非出现先前权要求的成员国权利被放弃或失效的情形,否则先前权在法律上不会发挥任何效力。根据本条第 2 款的规定,如果发生上述情形,欧共体商标所有人应被视为继续享有与该在先商标仍为注册状态时所享有的等同的权利。本条第 2 款的含义可以被解释为是建立了一个拟制的注册商标,成员国当局机构和法院必须接受。这会导致权利的完全继续,包括欧共体商标所有人基于成员国商标进行的成员国程序(包括海关程序)。这种解释与本条第 2 款的字面意思是一致的,也符合这样一种意图,即欧共体商标所有人因为欧共体商标而放弃了成员国注册的话,其地位依然受到保护。还有一种解释是成员国机构和法院经常使用的,即本条第 2 款的效力仅限于申请日和优先权日的事项,以在先商标(已经被放弃或失效)的申请日或优先权日为准,视为欧共体商标所有人在涉事的成员国注册了该欧共体商标。后一种解释将导致涉及成员国注册的未决程序的不确定性,另外,一般认为欧共体商标的申请日或优先权日就其本身而言完全不受先前权的影响,但这种解释与其冲突。最能说明这一问题的情形是,当欧共体商标在在先商标注册的成员国生效之前,成员国商标已经失效了。对此,欧盟法院在适当的情形下会作出裁决。需要强调的是,在以确立何为第 8 条意义上的"在先权利"为目的的任何情况下,协调局通常都裁决先前权不会对欧共体商标申请的优先权产生影响(例如,上诉委员会 Yolka v Jolca 案)。根据《商标指令》第 14 条的规定,即使在先商标被放弃或者失效后,对其的撤销和无效宣告仍然可以成立。由此可见,立法者仍然认为该商标是存在,尽管是法律上的推定。

6. 先前权的审查

协调局对正式要求即先前权声明进行审查,确认成员国、有效日期、编号以及在先注册的商品或者服务是否符合"三重一致原则"。对先前权要求的审查工作曾因第 6/98 号局长通报而被暂停,后依据 2000 年 2 月 25 日发布的第 2/00 号局长通报得以恢复,期间造成了大量申请的积压;但是协调局并不会按照"三重一致原则"进行深入审查,仅限于商标及其所有人一致的审查。如果自申请日起 2 个月内未能满足上述任一要求，协调局会给予申请人 2 个月的期限加以补救，该期限不可延长。

7. "三重一致原则"

如果欧共体商标与在先商标的所有人、商标及其商品或者服务均一致，则可以要求先前权。

（a）所有人。所有人应为同一实体。实体之间的附属机构与此无关。但是，协调局更注重实质而不是形式（上诉委员会 Viceroy 案）。因此，对于在欧共体商标申请的相关日期而非在先商标注册日登记的欧共体商标申请和在先商标的转让，不会妨碍先前权要求的效力。但是，稳妥的做法是确保这些转让尽快登记，如果欧共体商标和在先商标会登记在同一人名下，最好在欧共体商标注册后再要求先前权，以排除任何不确定性。

（b）商标。商标应当是相同的。尽管微小的差异可以忽略的，但应当认为"相同"是指完全相同①。协调局上诉委员会在 Thinkpad 案中认为该商标与 THINK PAD 相同，这一裁决能否作为适当的指导是受到疑问的。

（c）商品和服务。先前权要求的效力范围仅限于欧共体商标和成员国商标所包含的商品或者服务。当欧共体商标的注册范围宽于成员国商标时，无论在先注册是否符合要求，也不能产生本条第 2 款的效力。当在先注册的商品或者服务没有被欧共体商标申请所包含时，先前权要求则不基于该部分商品或者服务。当决定是否允许成员国商标失效时，这些因素应充分考虑到。通常而言，欧共体商标申请没有包含的商品或者服务以及成员国商标并未在这些商品上使用都并不重要。

（d）符合相关要求的时间点。第 1/97 号局长通报指出，在欧共体商标申请之日应当满足"三重一致"以及在先商标注册存续的要求。但是，当在先注册被放弃或者终止时，这些要求同样应满足，因为本条第 2 款只能推定此时权利继续存在。

---

① 参见涉及相同商标问题的欧盟法院 LTJ Diffusion 案。

8. 在先注册的失效或被放弃（第 3 款）

正如上文所述，只有当在先注册被放弃或者失效时，先前权才会发生效力。在先前权被接受之前，在先注册应当是有效的，所以在此之前不能终止。根据本条第 3 款，在欧共体商标申请获得注册之前，在先商标不得被放弃、撤销或者宣告无效，否则先前权失效。同理，当在先商标失效、被放弃、撤销或者宣告无效前，则不能满足"三重一致"的要求，故先前权亦不具有效力。

9. 欧共体商标申请失效后的效果

如果欧共体商标申请被拒绝、撤回或者视为撤回，先前权要求失效。根据第 112 条第 3 款的规定，如果在先注册已经失效，欧共体商标申请可以转换为该国的成员国商标申请，以保留在该国的申请日、可适用的优先权日以及先前权日。在先注册尚未失效的情况下，欧共体商标申请亦可转换成成员国商标申请。但是，不同于维持在先注册，在成员国转换申请所具有的优势是最低限度的，因为转换申请的先前权日与在先注册的申请日和优先权日相同，且仍需要经历该成员国的申请程序。转换申请的一个可能的优势为，一旦注册就不会因连续 5 年未使用而被撤销（当然，除非成员国当局或法院认为这是为获得宽限期而采取的恶意行为，并因此适用对新的注册适用原有的宽限期；这一途径可以参考德国以传统方法对重复申请的处理）。

10. 在先注册续展的宽限期

尽管许多法律允许商标在期满终止后的一定宽限期内续展，但这并不必然意味着在宽限期内的商标是有效的。宽限期给予注册人回到期满前续展商标的机会，但除非根据成员国法成功续展，该商标在宽限期内已经失效。因此，如果欧共体商标在此期间注册，除非在先注册被续展，否则先前权无效。

11. 程序不可继续

对于由《商标条例实施细则》规定的第 34 条意义上的自欧共体商标申请提交后要求先前权的期限，第 82 条第 2 款明确排除了其适用程序继续的可能。

12. 有关先前权需要考虑的因素

要求先前权的好处有几点。先前权意味着可以避免相关在先注册的续展费以及为维持在先注册有效所必须达到的行政要求。涉及这些商标的异议或无效宣告程序可能被简化。所有人名称或住址的变更登记可以一步到位。但是，先前权也具有不利之处和不确定性。如果必须将欧共体商标申请转换为成员国商标，则该商标在成员国内被转换为国内申请程序，在转换的申请被注册前，所有人将失去注册商标保护。另外，成员国商标在某些方面的保护并不适用欧共体商标。例如，在爱尔兰、英国、西班牙、匈牙利和希腊，成员国商标是对侵权行为的当然辩护，但这并不适用欧共体商标。成员国可能会具有域外效力，或者有利于在该国原先管辖的司法领域提出注册申请。这些一般也不适用于欧共体商标。对于通过真正使用以抗辩撤销诉讼，二者也是不同的[参见第112条第2款(a)项]。最后，建议等欧共体商标注册相当一段时间以减少欧共体商标被撤销或者宣告无效的可能性之后，再放弃先前权要求所基于的在先商标。

在欧共体商标注册后要求先前权

第35条

1. 如果共同体商标所有人同时是在成员国注册在先的商标包括在比荷卢注册的商标和在成员国有效的国际注册商标的所有人，且该共同体商标的商品或者服务与在先商标注册的商品或者服务相同或者被其所包含，共同体商标所有人可以在或者向在先商标注册的成员国主张在先商标的先前权。

2. 第34条第2款、第3款同样适用。

1. 概述

除了第34条规定基于尚处于申请程序的欧共体商标可以要求先前权外，根据本条的规定，也可以基于已经注册的欧共体商标要求先前权。根据本条要求先前权的实质条件和形式条件是相同的（参见第34条注释2—4，相关内容在下文注释2中省略）。对于涉及指向欧共体商标系统的国际商标注册,第153条第2款与第35条是一致的。

2. 注册后要求先前权

《商标条例实施细则》第28条规定了注册后要求先前权的形式要求。提出先前权要求没有期限要求。但是,根据本条提出的先前权要求应一并附有相应的先前权材料,因为不存在提交这些材料的3个月的法定期限。如果先前权要求存在瑕疵,协调局会给予一定的补救期限(《商标条例实施细则》第28条第2款);期限届满未能补救瑕疵的,协调局将驳回要求。

3. 再次受理

对于之前提出的(包括申请时提出的和注册后提出的)但因证据不足或不符合"三重一致"原则(例如事实上在先商标在当时并不属于欧共体商标所有人)而被驳回的先前权要求,协调局不会拒绝再次受理。

第四章 注册程序

第一节 商标申请的审查

申请条件的审查

第36条

1. 协调局应审查：

(a)欧共体商标申请是否符合根据第27条授予申请日的要求；

(b)欧共体商标申请是否符合本条例和《商标条例实施细则》规定的条件；

(c)在适当的情况下，类别费是否已经在规定的期限内缴纳。

2. 欧共体商标申请不符合前款规定的条件，协调局应要求申请人在规定期限内补正或缴清欠款。

3. 根据第一款(a)项确定的瑕疵或欠款未能在规定期限内补正或缴清，该申请将不再作为欧共体商标申请对待。申请人遵守协调局要求的，协调局应将瑕疵补正完成或欠款缴清之日作为申请日。

4. 根据第一款(b)项确定的瑕疵未能在规定期限内补正，协调局应驳回申请。

5. 根据第一款(c)项确定的欠款未能在规定期限内缴清，除非已付款项用以支付的商品或者服务类别已经明确，否则视为撤回申请。

6. 未能满足有关要求优先权的条件将导致商标申请的优先权丧失。

7. 未能满足有关要求成员国商标先前权的条件将导致商标申请的该项权利丧失。

1. 基本要求和补正（第1款、第2款）

本条规定了适用于审查欧共体商标申请的规则。申请应符合第27条规定的有关确定申请日的条件，即相关材料应包含注册欧共体商标的要求、申请人的身份信息、要求注册的商品或者服务清单以及商标图示，且申请人应在协调局收到材料后的一个月内交纳申请费。申请还应符合本条例和《商标条例实施细则》规定的进一步要求。申请注册的商品或者服务类别超过3个的，类别费均应在协调局指定的期限内支付。如果申请未能满足上述一项或多项要求，根据本条第2款的规定，协调局会给予申请人一定期限的补救机会。

2. 未能补正影响申请日确定的瑕疵（第3款）

对于足以妨碍确定申请日的瑕疵，如果申请人未能在协调局规定的期限内补正，该申请不再被作为商标申请对待，且被视为从未提出过。如果申请人在规定期限内进行了补正，则补正完成之日将被作为申请日，且审查程序得以继续。

3. 未能补正其他瑕疵（第4款）

对依据本条例或《商标条例实施细则》认定的申请存在的瑕疵，申请人未能在规定期限内补正的，该申请将被驳回。

4. 与类别费有关的瑕疵（第5款）

对于涉及未支付类别费的瑕疵，如果申请人未能在规定期限内补救，除非已付款项用以支付的商品或者服务类型已经明确，否则视为撤回申请。例如，虽然申请人已经支付了类别费，但注册的商品或者服务被划分为4个类别，如果没有支付额外的类别费，协调局不能单方面决定已支付费用具体涵盖哪3个类别。申请人可以自行决定删除商品或者服务的类别。即使欧共体商标申请被视为撤回，其仍可以根据第112条第1款(a)项的规定进行转换。

5. 与优先权或先前权有关的缺陷（第6款、第7款）

根据本条第6款的规定，未能满足有关要求优先权的条件将导致商标申请的优先权丧失。同样地，根据本条第7款的规定，未能满足有关要求成员国商标先前权的条件,将导致商标申请的该项权利丧失。

6. 程序不可继续

对依据本条第 1 款所认定瑕疵的补正,本条第 2 款设定了相应的时限,但这一时限明确被第 82 条第 2 款排除在程序继续适用范围外。

驳回绝对事由的审查

第 37 条

1. 欧共体商标申请注册的全部或者部分商品具有第 7 条规定的不得注册情形的,对该商标注册申请在该全部或者部分商品上予以驳回。

2. 当申请商标中包含欠缺显著特征的要素,且会因此导致商标保护范围的不确定性,协调局可以要求申请人声明放弃该要素的专用权,以此作为注册该商标的条件。放弃专用权声明应根据具体情况与欧共体商标申请或注册一并公告。

3. 在驳回申请前,应给予申请人撤回或修改申请,或者陈述意见的机会。

1. 概述

本条规定了协调局对其认为不能注册的申请的处理程序,《商标条例实施细则》第 11 条作了补充。协调局依职权认定商标申请不符合条件的基础是第 7 条。

2. 部分驳回(第 1 款)

协调局仅在其认为不符合要求的范围内驳回申请。例如,一项商标申请仅涉及部分商品或者服务不符合要求,则对就这些商品或者服务的申请予以驳回,就其他商品或者服务的申请仍可以接受。

3. 放弃专用权声明(第 2 款)

当商标中包含欠缺显著特征的要素且会因此导致商标保护范围的不确定性,协调局可以要求申请人声明放弃该要素的专用权[①]。申请人可以根

[①] 还可参见《商标条例实施细则》第 11 条第 2 款。

据自身意愿独立决定是否作出弃权声明。当然,要求申请人作出弃权声明的情形极为罕见。协调局可以将弃权声明作为注册的条件,申请人未按照要求作出声明,则驳回申请。弃权声明会随申请和注册一并公告。弃权声明可以置于申请书中的相关部分,也可以单独附在申请书后;可以是自愿作出,也可以是为回应协调局的要求而作出。如果申请人将相同的在先注册的成员国商标提请审查员注意,以试图说服审查员不理会基于绝对事由提出的异议的话,申请人可以提供这些在先商标作出的任何要素的弃权声明。例如,在上诉委员会 Poly Pads 案的裁决中,在先商标并未被认为是前例,因为其声明放弃了相关要素内容,但这一要素并未在欧共体商标申请中放弃。但是,这里存在很大的风险,因为即使考虑到在先商标,协调局仍然可能会受理异议。声明放弃的原因也可能与注册事项无关,例如,是与第三方的并存协议的结果。弃权声明仅能由申请人作出或者由协调局审查部要求作出。协调局撤销部在第 C172734/1 号决定中指出其无权要求申请人就欧共体商标申请作出弃权声明,因为第 37 条第 2 款(原先第 38 条第 2 款)规定的是准予注册的条件,与注册后无关。但是,这暗示了撤销部可能会考虑在合适的案件中建议将这种弃权声明作为第 57 条第 4 款规定的协商解决的一部分。

4. 实践中不存在放弃专用权声明

协调局审查部从未行使这一职权要求申请人作出弃权声明。在欧盟普通法院 Oldenburger 案中,欧盟普通法院认为,协调局没有义务要求弃权声明,进一步而言,如果一个商标仅包含一个要素,对该要素的放弃会导致无法注册,这实际上意味着该商标不能获得保护。根据协调局上诉委员会的意见,只有当已被受理申请的商标除个别元素外的整体具有显著性时,弃权声明才有可能发生。如果缺乏其他更具有显著性的特征,对文字元素的弃权则无法构成商标(上诉委员会 SportsBet.com 案)。如果商标的所有元素的组合同样不具有显著性的话,对所有元素的弃权也没有意义(上诉委员会 Professional Way To Do It Yourself 案)。在欧盟普通法院 BabyDry 案中,欧盟普通法院指出,弃权声明可以在上诉的第一时间内作出。但是,该意见并未形成成文法,因此不能依赖。协调局不要求弃权声明的一贯做法,在一定程度上导致了审查和异议决定的尴尬矛盾。例如,在一些案件中,协调局先是驳回了一个文字商标的申请(该商标的文字是一种特定的语言),随后注册了一个包含该文字元素的复杂商标,然后又支持了针对另一项包含同样文字元素的欧共体商标申请的异议,理由是欧共体商标应当在整个欧盟领域内有效,而该文字元素在欧盟的全部或者部分领域内不具有显著性特征(对于该问题的讨论还可参见上诉委员会 Terre D'Italia 案和上诉委员会 Jamones Del Seron 案)。如果利用弃权声明的方法使得复杂欧共体商标的所有人不享有特定元素的专用权,则能很好地解决这一问题。

5. 撤回或修改的机会

协调局在基于绝对事由驳回申请前,应给予申请人撤回或修改申请的机会。相比于被驳回而言,申请人往往希望主动撤回申请,因为公众可以从注册簿中获知被驳回的事实,第三方从而可以在其他案件或争议中将这一事实作为支持自己有关该商标不具有可注册性主张的证据,或者削弱基于该商标主张权利的强度(可能是未注册的)。申请人可以通过修改注册的商品或者服务来排除异议所依据的绝对事由。例如,就部分商品或者服务的描述性、非显著性和不确定性的异议,申请人可以通过删除这些商品或者服务,从而有效地对抗异议。

6. 提交意见的机会

协调局在基于绝对事由驳回申请前,应给予申请人陈述意见的机会,但这并不意味着协调局要与申请人展开无期限的对话。另外,协调局认为其有权提出新的证据以支持自己的决定,只要这些新的证据系进一步支持其决定且事先提供给申请人(上诉委员会 IPL 案)。

第二节　查询

查询

第38条

1. 协调局在确定申请日后,应制作一份欧共体商标查询报告,引证经查询发现的可能根据第八条规定用以对抗欧共体商标注册申请的在先欧共体注册商标或欧共体商标申请。

2. 申请人在提出欧共体商标申请时要求成员国的中央工业产权局也准备一份查询报告,并在申请费的支付期限内交纳了合理的查询费的,成员国中央工业产权局决定在自己的商标注册簿中就欧共体商标申请进行查询并将这一决定通知协调局的,协调局在确定申请日后应尽快向其送交申请书的复制件。

3. 前款所称的各中央工业产权局应自收到欧共体商标申请之日起两个月内,将引证经查询发现且可能根据第八条的规定用以对抗欧共体商标注册申请的在先成员国商标或成员国商标申请的查询报告送交协调局,或者指出经查询未发现这种权利。

4. 前款所称的查询报告,应与第126条第1款规定的行政委员会(以下简称为"行政委员会")协商后,按照协调局起草的标准格式制作。《商标条例实施细则》应对该格式的基本内容加以明确。

5. 中央工业产权局根据第3款的规定向协调局提供查询报告的,协调局应向每个中央工业产权局的每份报告支付同等的费用。费用的具体数额应由预算委员会采取成员国代表四分之三多数通过的方式确定。

6. 协调局应及时将欧共体商标查询报告和依据第3款规定的期限内收到的成员国商标查询报告送交申请人。

7. 协调局应自送交申请人查询报告之日起一个月后公告欧共体商标

申请,并将这一公告通知查询报告中引证的在先欧共体商标或者商标申请的所有人。

1. 概述

2002年,欧委会曾建议将本条例前一版本第39条规定的查询制度整体予以废除。但经过深思熟虑后,查询制度得以保留,其中欧共体商标查询报告(本条第1款)仍为强制性的,成员国商标查询则改为自愿性(本条第2款)。这种自愿机制于2008年3月10日起实施,自此已有相当多的国家选择退出查询机制(目前仅保留了11个成员国)。另外,不出所料的是,极少有申请人要求成员国商标查询。目前,是否要完全废除查询机制,仍在考量之中。

2. 欧共体商标查询(第1款),送交(第5款),欧共体商标申请的公告(第7款)

协调局负责查询在先申请或者注册欧共体商标,并将结果告知申请人和在先商标权利的所有人或者申请人,这些在先商标在就欧共体商标申请所涵盖的商品或者服务上与可能与之构成相同或者近似。根据本条第5款的规定,协调局应立即将查询结果送交申请人。在此之后,理论上,协调局应等待1个月后才能公告申请(本条第7款和第39条第1款);但实际上,这一规定往往并未得到遵守,申请可能在查询报告刚刚送交之后即被公告,甚至在送交之前被公告。对此,申请人并不会不满,因为1个月的期限所欲实现的目的是不现实的:这里旨在给予申请人在申请被公告前撤回的机会,以避免第三方提出异议,从而耗费巨大成本。但是,申请自提出之日起即可在网上查询,且私人查询服务机构也会就欧共体商标申请在全球范围内提醒在先权利人,因此,申请是否已经公告无关紧要。另外,"冷静期"(cooling-off period)也可以避免耗费成本的决定,如果异议人是基于已废止的欧共体商标查询结果而匆忙作出异议决定的,甚至还可以退还异议费。最后,官方查询并非是对欧共体商标申请的可注册性作出定论。

3. 成员国查询(第2款)

申请人可以在申请书中声明是否要求中央工业产权局提供查询报告,

如果要求,需支付额外费用[根据《商标费条例》第 2 条第 1 款(a)项的规定,目前被要求进行这种查询的一个中央工业产权局的收费为 12 欧元]。根据《商标条例实施细则》第 10 条第 1 款的规定,如果申请人未在申请书中作出这种要求,或者未能在申请费应当交纳的期限内支付查询费,中央工业产权局不会实施查询。如果申请人要求查询并得到了成员国中央工业产权局的确认,协调局会复制一份申请书并送交该中央工业产权局。在收到申请书的 3 个月内,中央工业产权局应进行查询并将结果告知协调局(第 38 条第 3 款)。大多数申请人不选择向中央工业产权局要求查询报告的原因包括信息提供的有限性(但是,这里需要强调的是,《商标条例实施细则》第 5a 条规定了查询报告至少应包含的信息)、查询导致的延误、成本的增加以及提供查询服务的成员国不断减少。另外,一般而言,查询要么在提出商标申请前完成,要么在商标申请过程中完成。从实际情况来看,留给官方查询的时间是不够的。

4. 注意通知(第 7 款)

协调局不仅会通知申请人,同时也会分别通知查询报告中涉及的所有在先欧共体商标的所有人或者申请人。与其说协调局不会反对或拒绝与查询有关的申请或其他行为,倒不如说是为了对欧共体商标申请存有顾虑的在先权利人提出异议。通过注意通知提及欧共体商标申请,也并非是在异议或宣告无效宣告程序中证明相似的唯一依据。

第三节 申请的公告

申请的公告

第 39 条

1. 欧共体商标申请已满足应符合的条件且已过第 38 条第 7 款规定之期限的,应在根据第 37 条未被驳回的范围内予以公告。

2. 申请在公告后根据第 37 条被驳回的,驳回注册申请的终审裁决应予以公告。

1. 概述

根据本条的规定,当申请已满足应符合的条件且自查询报告送交申请日 1 个月期限届满①时,必须予以公告。公告的内容为未根据第 37 条规定的绝对事由被驳回的范围。指向欧共体商标体系的国际商标注册使用不同的条款②。目前,公告已由电子系统自动生成。

2. 公告后的驳回

根据本条第 2 款的规定,申请在公告后因绝对事由被驳回的,驳回注册申请的终审裁决应予以公告,所谓终审裁决是指任何申诉均被驳回或撤回。公告后被驳回通常是因为第 40 条规定的第三方的意见,当然,协调局也可以主动承认其错误地接受了申请,并可以在注册前的任何一个阶段予以驳回。

第四节　第三方的意见和异议

第三方的意见

第 40 条

1. 欧共体商标申请公告后,任何自然人、法人以及代表制造商、生产商、服务提供商、贸易商以及消费者的团体或组织,可以向协调局提出书面意见,指出该商标不得依职权予以注册的理由,特别是第 7 条规定的事由。上述主体不得作为协调局审理程序的当事人。

2. 前款所称的意见应送交申请人,申请人可以对意见作出评述。

---

① 参见第 38 条第 7 款及上文 38 条注释 2。
② 参见第 151 条的注释。

1. 概述

本条允许有利害关系的第三方提醒协调局(审查方)驳回注册事由的存在,尤其是第7条规定的可以导致驳回申请而非公告的事由,从而影响注册程序。本条的意义在于,这是除第56条规定的欧共体商标注册后的无效宣告程序外,第三人可以获得的唯一救济。

2. 提出意见的身份(第1款)

任何自然人、法人以及代表制造商、生产商、服务提供商、贸易商以及消费者的团体或组织,可以向协调局提出书面意见。实际上,本条允许任何第三方提出意见,并不要求具有利害关系;他们这种对审查驳回的绝对事由的间接参与,似乎是对官方审查的补充。

3. 程序(第1款)

(a) 程序的性质。提出意见并不会另行启动新的程序。相关方并未参与到协调局正在进行的程序中,协调局仍为单方审查。

(b) 意见的形式。意见应以书面形式提出,可附有相应形式的证据。《商标条例实施细则》第83条并未明确规定意见的具体形式。但这种形式应当能够明确说明驳回的事由,如有必要,一并提供相应的证据。相关方一方面主张在先权利反对欧共体商标申请的注册,一方面又提出应当驳回申请的第三方意见的,应当分别作出。有观点认为,既然第三方提出意见不会在协调局启动具体的程序,因此可以使用欧盟的任一官方语言。但是,这种观点与本条第2款的内容不符,该款规定了协调局应将第三方提出的意见送交申请人,申请人可以对意见作出评论。因此,意见一旦提出即成为协调局和申请人之间的程序的组成部分,可以合理地推断意见应当以该程序使用的语言之一作出。

(c) 期限。本条仅指出意见应在申请被公告后提出,其中"公告"应被广义地解释为"就特定的欧共体商标申请由协调局自动地向公众披露"(上诉委员会Christan Science案);但是,这里并没有规定意见提出的期限,尽管很明显的是,一旦商标被注册,意见将不被接受。较为合理的解释是,意见应当在商标注册前提出,但是,协调局根据《商标条例实施细则》第23条的规定发布注册费已交纳的通报后,将不再考虑相关意见。

(d)意见的依据。关于意见提出的依据,本条特别强调了第7条包含的事由。另外,对第5条的违背也可以作为第三方提出意见的依据。

4. 协调局的义务

协调局应将第三方提出的意见送交申请人。但是,如果申请人未能收到意见但并不会因此受到偏见的话,则不会影响对意见是否采纳的最终确定。除此之外,协调局不承担其他义务,尤其需要注意的是,协调局没有回应意见的义务。

异议

第41条

1. 欧共体商标申请公告后的三个月内,下列主体可以基于第8条规定的不可注册事由提出商标注册异议:

(a)第8条第二款所称的在先商标的所有人以及第8条第一款和第五款所称经这些商标的所有人授权的被许可人;

(b)第8条第三款所称的商标所有人;

(c)第8条第四款所称的在先商标或标志的所有人,以及基于成员国法的授权行使这些权利的人。

2. 对于根据第43条第二款第二句的规定修正的申请公告之后,也可以根据前款规定的条件提出异议。

3. 异议应当以书面形式提出,且应说明具体的异议理由。在支付异议费之前,异议不能视为正式开始。在协调局规定的期限内,异议人可以提交能说明其案情的事实、证据和主张。

1. 概述

异议程序适用的条文包括本条例第41条、第42条,《商标条例实施细则》第15条至第22条以及《审查指南》C部分。由于协调局在申请审查阶段不再考虑在先权利,第38条规定的商标查询纯粹以信息获取为目的。异议的目的在于,对于那些可能损害第三方在先权利的商标,第三方得以阻止其注册。是否阻止在后的申请,由在先权利人自行决策,从这种商标注册制度也可以看出,欧盟的立法者认为,在先权利人自己是判断其权利是否受到在后申请侵犯的最合适的人选。

2. 异议人的身份(第1款)

除了在先权利人外,获得所有人授权的被许可人也可以提出异议。但是,未注册商标或其他在商业活动中使用的标志的被许可人不能提出异议,除非经对这些权利有管辖权的成员国法的明确认可且满足相关条件。独占被许可人与非独占被许可人均可以提出异议,故本条对此未做区分。这与第22条第3款的规定不同,该款规定被许可人告知商标所有人商标侵权的事实,但商标所有人不采取任何措施的话,独占的被许可人可以提出商标侵权诉讼。一般而言,异议人通过注册证书证明自己在先权利的存在,但需要特别注意的是,异议人的名称应与证书显示的注册人的名称一致,否则无法在异议程序中证明异议人的身份。并且,上诉委员会认为这种瑕疵不能在上诉程序中补正(上诉委员会 Manifattura O. Arcolin v Christian Townsend 案)。异议人在欧盟成员国没有住所的,或者符合第92条第2款情形的,根据第93条第1款的规定,应由职业代理人代理。

3. 异议的理由(第1款)

(a)概述。异议可以依据第8条列举的任一相关驳回事由提出。根据本条的规定,一个异议可以依据一个或者多个理由。根据《商标条例实施细则》第15条第1款的规定,多个异议人应分别提出异议,除非异议基于共有的在先权利。但是,《商标条例实施细则》第15条第1款并未明确指出,如果许可人与被许可人基于相同的在先权利,是否可以共同提出异议。多个异议人基于分别享有的权利提出一个异议,协调局应要求他们指定一个异议人继续参与程序;在规定期限内未能指定的,对于非基于共有权利提出的所有异议理由均予以驳回(上诉委员会 Yule Catto plc v Exxon Corporation 案)。根据《商标条例实施细则》第15条第1款的规定,商标为多人共有的,任一共有人均可以提出异议。

(b)在先商标。对于在先商标的定义,参见第8条。

(c) 在先未注册商标。这里所称的在先未注册商标是指因使用而可以在成员国获得可执行的权利的商标。根据第 8 条第 4 款的规定,不仅具有本地意义的这些权利可以作为提出欧共体商标申请异议的理由。

(d) 在商业活动中使用的其他在先标志。这里包含了多种标志,在一个或多个成员国的商业活动中使用这些标志会依据该成员国法产生可执行的权利。这些标志包括企业名称、商号、企业标志、徽章以及根据《审查指南》第 1 部分第 6 章有关仿冒内容下的授予标志的权利。受保护的文学/艺术作品的标题能否作为提出异议的理由,取决于相关的成员国法的规定(上诉委员会 Disney v Pogola 案、欧盟普通法院 Dr No 案)。

(e) 驰名商标。商标在某个成员国的驰名是指《巴黎公约》第 6 条意义上的"驰名"。仅在成员国部分地域的驰名是不够的(欧盟法院 Nieto Nuno 案)。由于欧盟法没有对"驰名"作出定义,且各成员国的解释也各不相同,因此这类商标极具争议。唯一没有争议的是,未注册的驰名商标亦可受到保护,但就第 8 条第 5 款所称的不相同或不相类似的商品或者服务寻求保护的除外(欧盟普通法院 Mulhens v Mirco Cara 案)。

(f) 享有声誉的商标。这类商标是指,因享有声誉而可以对就类似或不类似的商品或者服务的相似的商标申请提出异议。享有声誉的商标是指在欧盟大部分地域内具有一定的相关公众认知度(欧盟法院 General Motors Corporation v Yplon 案)。认知的具体程度并没有明确规定,一个成员国(例如奥地利)也可以被认为满足了地域条件[欧盟法院 Pago v Tirol Milch 案;还可参见第 9 条注释 8(d)]。

(g) 违背诚实信用的代理人。违反诚实信用并不是驳回申请的相对事由,仅是宣告无效的理由。但是,如果异议人与申请人曾有合同关系且申请人是(或曾经是)异议人的代理人或代表人,也就是说,如果第 3 条规定的条件满足的话,也可以提出异议。

4. 对修正后的申请提出异议(第 2 款)

经修正后再次公告的申请也适用于 3 个月的法定异议期。应当认为,对修正后的申请提出异议仅能基于第一次公告中不存在的理由,也就是说,异议的理由来源于修正,因为再次公告不能被认为是对那些未能基于第一次公告中的理由而提出异议的人的补救。事实上,考虑到可修正的范围有限①,对再次公告的申请提出异议的可能性很低。

5. 异议(第3款)

(a)概述。协调局提供异议通知的表格,尽管这并非强制使用,但建议采纳,因为该表格涵盖了所有受理异议所应当满足的条件信息。根据本条第3款的规定,异议应当以书面形式提出,且应说明理由,并在异议期限内交纳异议费。异议人也可以通过网络提交电子异议,协调局会即刻回复,以此加快进程。

(b)受理异议的条件。除了上述的一般条件外(书面形式、异议理由以及支付异议费),《商标条例实施细则》第15—17条还规定了异议应当满足的其他条件,以避免异议被驳回。这些仍然是提出异议的理由,但基本原则是异议人必须提供所有必要的信息和细节以明确其异议所针对的商标申请及其所依据的在先权利。同样,如果异议不是以该程序使用的语言提出的,异议人应在异议期届满后的1个月内提交完整的译本。其他缺陷则应当在异议期内补救。对于多个异议人共同提出的异议但不符合《商标条例实施细则》第15条第1款规定的条件的,应指定其中一位异议人继续该程序。未能指定的,以不符合条件为由驳回该异议②。

(c)异议程序的开始。根据《商标条例实施细则》第16a条的规定,在异议受理前,协调局应将异议通知书以及异议人提交的其他文件的副本送交申请人。但是,在异议被视为受理且2个月的冷静期(或者最多可延长至24个月)届满前,异议程序的对抗阶段均未开始。如果在冷静期内,申请人缩减了申请指定的商品或者服务范围,异议人可以表明其是否坚持异议。但是,异议所直接针对的商品或者服务已被全部删除的,协调局会发布通知,表明已无裁决的必要。申请人也可以选择撤回申请从而终止异议程

---

① 参见第43条注释3。
② 参见上文注释2。

序。在这种情况下,异议费应退回异议人。异议程序只要在冷静期内终止,无论如何,协调局不会发布有关费用的通知。

(d)提交事实、证据和主张。根据《商标条例实施细则》第19条第1款的规定,异议程序开始后,异议人应在协调局指定的期限内提交能说明其案情的事实、证据和主张。对于超出期限提交的证据以及程序使用的语言之外且未经翻译的证据,协调局一概不予采纳。为了证明在先商标的有效存在,私人数据库的摘录是不够的,协调局要求由相关当局出具的官方证明、注册以及具有等同效力的文件的复制件。但是,从 TMView* 获取的摘录是可以接受的,因为其直接来源于不同的官方数据库。另外,注册或续展证书上所显示的保护期限应长于提交证据的期限。

异议的审查

第42条

1. 在审查异议的过程中,协调局应根据需要,邀请各方在规定的期限内就其他当事人提交的或协调局发布的文书提出意见。

2. 异议所依据的在先欧共体商标在欧共体商标申请公告日之前注册时间已不低于5年的,应申请人的要求,在先欧共体商标所有人应提供证据证明,在欧共体商标申请公告日之前的5年内,在先欧共体商标在欧盟领域内真正使用于其注册以及异议所依据的商品或者服务上,或者提供不使用的正当理由。出于审查异议的目的,在先欧共体商标仅在其注册的部分商品或者服务上使用的,视为其仅就该部分的商品或者服务注册。

3. 前款之规定适用于第8条第二款(a)项所称的成员国在先商标,该成员国在先商标在其受保护的成员国内的使用可以替代在欧盟地域的使用。

---

* TMview 商标检索项目是一项由欧盟知识产权局建立、世界上国家、国际和欧盟等层面的知识产权局加入的商标信息共享与检索项目。TMview 系在先检索工具,用户可以由此对已加入该项目的知识产权局的商标信息进行检索。——译者注

4. 协调局认为合适的,可以邀请各方和解。

5. 在审查异议时发现欧共体商标申请在其指定的全部或部分商品或者服务不得注册的,应在该商品或者服务上驳回申请。如未发现,应驳回异议。

6. 驳回申请的终审裁决应予以公告。

1. 概述

异议程序是书面审查程序,其实质上类似于民事主体之间民事诉讼,而非行政争议程序。虽然本条例没有完全排除口头审理程序,但协调局并不认为这对于各部门案件的裁决有帮助或有必要,包括异议审查部和上诉委员会。协调局应确保在异议程序中,各方均能获得平等阐明观点的机会,这是作为民事诉讼的本质使然。协调局对异议的审查应限于各方当事人提交的事实、证据和主张,以及其请求的救济。

2. 案件的说明(第1款)

(a)语言。根据第119条第7款和《商标条例实施细则》第16条第2款的规定,除各方一致同意外,异议程序使用的语言应为协调局的5种工作语言之一,即英语、法语、德语、意大利语和西班牙语。这一规定对异议程序的影响不仅涉及提交的异议通知书(或者根据《商标条例实施细则》第16条第1款的规定的译本)和其他书面文件,也涉及书面证据的语言问题。《商标条例实施细则》旨在强制执行对异议程序中有关语言的使用和翻译的严格规定。按照《商标条例实施细则》这些规定,尤其是第19条第3-4款,协调局要求在原文件应提交的期限内提交准确可靠的译本,并复制原文件的结构和目录且不限于当事方认为相关的内容的摘录。对于任何超出规定期限提交的文件及其译本,协调局一概不予接受。

(b)证据。尽管第78条规定了更为详细的证据事宜,但这里还是简要说明下何种证据应以何种形式出现在异议程序中。书面证据。异议程序是书面程序,因而书面证据对于异议的证明或者申请的辩护都具有至关重要的作用。为了证明使用行为的存在,异议人可以提供发货单、商品目录、交货凭证、广告和包装的复制件、价格清单以及曾被告知商标使用的人的书面陈述。但是,仅提交书面陈述的证据是不够的,尤其是这些证据均由异议人提供的话(欧盟普通法院 Solevita v Salvita 案)。证词。由于口头审理是极其例外的,证人证言一般采用宣誓书或其他等同的方式,因此无法对证人供述的事实通过盘问加以质证或评估。其他类型的证据。由于无法对出具书面证言的专家和诸如证人这样的作者进行盘问,因此只能以另行提供专家报告的方式加以反驳,包括得出相反的结论,指出此前报告的瑕疵或不一致之处等。市场调查对于确定相关公众对商标的认知程度具有重要作用,但必须说明调查所采用的方法是合理、专业的,不会诱导问题或不恰当地分割受访样本,否则不能被认定为值得信赖的证据。另外,在异议程序中,对当事人的询问是没有作用的。

3. 使用的证明(第 2—3 款)

(a)概述。如果欧共体商标、成员国商标以及指定一个或多个成员国的国际商标可能会因未使用而受到撤销的指控,就不能作为异议的有力依据。本条序言第 9 点[*]就明确表达了这样的原则,即除非商标被实际使用,否则不受法律保护。"要求商标真正使用的目的在于,通过保护已经实际使用的商标、不保护无正当经济理由至今没有使用的商标,以降低商标冲突的可能性"(欧盟普通法院 Aladin 案)。根据《商标条例实施细则》第 22 条第 1 款的规定,申请人应在协调局规定的首次提交异议答辩意见的期限内提出对方证明实际使用其商标的要求。要求证明实际使用的期限事宜一直是备受瞩目的话题,因为在第 1041/2005 号欧委会条例[Commission Regulation(EC) No 1041/2005]修正案出台前,《商标条例实施细则》并未明确这一期限。为满足使用商标的举证责任,仅使用行为是不够的,还需达到真正使用的程度,异议人的证明还应满足《商标条例实施细则》第 22 条第 3 款规定的条件。详情还可参见第 57 条注释 3。

(b)真正使用。商标的真正使用是指按照商标的基本功能连续使用,基本功能是指确保能识别商标注册的商品或者服务的来源,以开拓或保持

---

[*] 应为序言第 10 点,原文存在笔误。——译者注

这些商品或者服务的销路（欧盟法院 Ansul 案）。为维持注册商标排他效力的执行力而象征性地使用不属于真正使用。对商标是否真正使用的评估应考虑到所有相关因素和周边情形，包括商品或者服务的性质、市场的特征、使用的频率和范围、产量以及商标所有人的市场占有率（欧盟普通法院 Vitafrut 案、欧盟法院 Ansul 案；还可参见第 15 条的注释）。

（c）地点、时间、程度以及性质。如果申请人在规定时间内要求异议人提供使用证明，则异议人应在协调局规定的期限内提交相关证据（《商标条例实施细则》第 22 条第 2 款）。强烈建议异议人一次性提交所有证据，因为在随后阶段提交证据的可能性很低，详情可参见第 76 条第 2 款的注释 3。根据《商标条例实施细则》第 22 条第 6 款的规定，如果证据不是该程序使用的语言，协调局可以要求异议人提交译本。证据应说明使用的地点、时间、程度以及性质。建议异议人查阅协调局发布的有关提交证据的指南。关于使用的地点，证据应显示异议依据的注册商标所使用的成员国。关于使用时间，商标应在提出异议时前 5 年的使用，当然并不要求在这 5 年的期限内一直持续使用。关于使用程度，因为商标的使用并不仅限于大规模商业活动，所以本条第 2—3 款的目的并不在于评估特定商品或者服务的业绩和范围，或者企业的商业策略。欧盟法院在 Ansul 案中明确指出，只有足以开拓或保持特定商品或者服务的市场份额就构成真正使用，并不要求达到相当显著的程度。但是，就小范围的使用而言，应有足够的证据排除对真正使用的怀疑作为支撑。尽管有上述规定，但提交在被异议的欧共体商标申请公告日前第 4 个半月的使用证据，即使营业额很低，也可以被认定为满足了使用程度的要求（欧盟普通法院 Hipoviton 案）。关于使用性质，异议人提交的使用证据必须能够说明其商标正在或者曾经使用的商品或者服务的性质。这些使用必须和异议所基于的商品或者服务相一致。如果异议人仅在部分商品或者服务上使用了注册商标，异议程序将视同在该商标仅在该部分商品或者服务上注册并得以继续进行。

（d）未使用的正当理由。如果商标没有在提出异议前的 5 年期间内使用，异议人可以提交证据证明存在有未使用的正当理由，以避免异议被驳回。正当理由应当是商标所有人意志以外且在工商业界属于异常的事件。虽然经济萧条或产业的周期性危机不为商标所有人的意志所控制,但由于这些属于商业风险的一部分,因此不属于异常事件。严重的商业或者营销迟延虽然是异常现象,但仍属于经商者能够控制的,他本应合理地做出计划。另一方面,如果迟延是为了满足法律规定的条件,则能够作为可接受的正当理由。

4. 调解(第4款)

尽管本条第4款明确规定协调局可以邀请各方协商解决争议,但该款的一般性表述未包含任何有关协调局可采取措施的细节,导致该款几乎从未适用。

5. 程序终止(第5—6款)

结束异议程序的裁决应依据第75条的规定并以书面形式作出。裁决可全部或部分驳回异议,或者支持异议。协调局还会发布通报,支持胜诉一方的费用承担要求,协调局基于公平原则认为各自承担费用更为合适的除外。如果异议人撤回异议或者申请人撤回申请,或者双方达成和解,则协调局会认为无需就该事项进行裁决,进而发布通报终止程序。如果双方并未就费用承担达成一致意见并通知协调局,协调局会裁定由撤回申请或撤回异议的一方承担费用。

第五节　申请的撤回、限制、修改和分割

申请的撤回、限制、修改

第43条

1. 申请人可以随时撤回欧共体商标申请或者对申请的商品或者服务清单作出限制。申请已经公告的,撤回或限制措施亦应予以公告。

2. 在其他方面,经申请人的请求,欧共体商标申请可以予以修正,但仅

限于修正申请人的名称或地址、文字或抄写差错或其他明显的错误,只要这些修正没有实质上改变商标或扩大商品或服务清单。在申请公告后所作修正对商标图示或商品或服务清单产生影响的,应按修正后的内容予以公告。

1. 概述

本条第 1 款规定了申请人可以随时撤回欧共体商标申请或者对申请的商品或者服务清单作出限制。限制可以在申请过程中的任何时候作出,包括在上诉时(欧盟法院 Baby-Dry 案)。如果申请已经公告的,撤回或限制措施也应予以公告,这是唯一的要求。但是,申请人不得在欧盟普通法院进行的程序中修改欧共体商标申请,因为会导致与协调局上诉委员会程序中的主要内容不一致(欧盟普通法院 KWSSaat 案、Live Richly 案)。在 Telegharmacy Solutions 案中,欧盟普通法院通过判决驳回申请决定部分无效这一类似的诉讼请求,回避了这个问题。类似的是,在 Ovoid Tablet 案中,欧盟普通法院接受了就申请的特定商品的撤回要求。如果修正影响了商标图示或商品或服务清单,根据本条第 2 款进行的再次公告会引发新的异议期。如果协调局认为修正要求会对商标作出实质性改变,则应对其进行审查而非以上诉对待(欧盟普通法院 Soap I 案)。适用于修正的规则比较简单,规定在《商标条例实施细则》第 13 条之中。根据本条的规定,目前修正并不需要交纳费用。

2. 撤回申请;限制商品或者服务(第 1 款)

对申请的撤回或者对商品或者服务的限制应当以书面形式作出,且需内容明确、不附加任何条件。欧盟普通法院在 Ovoid Tablet 案中指出,在口头审理中口头提出修改是不被接受的。在 Ellos 案中,欧盟普通法院认为,附条件的部分撤回要求是无效的,因为这既不明确又非无条件。但是,在特定情形下的撤回可以从相关情形中推断出来(例如:参见上诉委员会 Aquafina v Aquafit 案)。但是,申请人在异议或者上诉程序中没有采取任何行动的事实并不能被视为对申请的默示撤回(欧盟普通法院 Laytoncrest 案)。对商品或者服务的限制应在原有申请的范围内。如果对商品或者服务的限制要求存有解释的空间,应作出对申请人有利的解释(上诉委员会 NKS v

MKS案)。对商品或者服务的限制应当是对申请范围的缩小,而非仅仅涉及主要应当由消费者来决定的这些商品或者服务的使用或适用(上诉委员会 Fresh Feet 案),或者商品销售的方式(上诉委员会 Zeldox v Zeloxzar 案)。

3. 修正(第2款)

本条第2款规定了欧共体商标申请可以予以修正,但仅限于修正申请人的名称或地址、文字或抄写差错或其他明显的错误。按照本款的规定,修正不应对商标作出实质性改变,但协调局一般并不严格执行这一规定。事实上,正如《审查指南》所述,如果原有商标图示无法达到以复制为目的的清晰程度,则允许申请人提交一个清晰的商标图示,且不影响申请日。根据《商标条例实施细则》第9条第2款的规定,如果申请书没有附有商标图示,协调局会通知申请人在规定期限内提交图示,但申请日推迟至该瑕疵补正之日。因此,这种情况并非本条所称的修正。

4. 修正文字或抄写差错或其他明显的错误

协调局仅允许在个别和例外的情形下对明显的错误进行修正,且这些错误可以从申请本身推断出来(例如上诉委员会 Blue Water 案中将 Blue Water 修正为 BlueWater,以及欧盟普通法院 Teleye 案中将 Teleye 修正为 Teleeye,在这两起案件中均考虑了拼写的正确性)。但是,不允许修正的情形很多。例如,大多数对商标类型的改变是不被允许的[①];对拼写的改变虽然相对较小,但如果会影响对商标的感知,通常也会被驳回(例如上诉委员会 Ranier 案中不允许将 Ranier 修改为 Rainier;上诉委员会 WapIT 案中不允许将 WapIT 修改为 Wapit)。

5. 影响商品或服务清单

修正不得扩大商品或者服务清单,即使是以修正错误为目的。如果申请公告后所作修正影响了商品或者服务清单的,修正后的申请应再次予以公告。在 Belsante 案中,协调局上诉委员会对于特殊情况下可能限制了适

[①] 参见上诉委员会 Natural Beauty 案中有关为文字商标添加设计元素;上诉委员会 Colour Light Green 案中有关就特定包装位置描述抽象颜色商标。

用范围的裁决,允许将申请书中列举的商品或者服务扩大解释到该申请要求的优先权申请包含的内容。

申请的分割

第 44 条

1. 申请人可以分割申请,将原申请的部分商品或者服务声明分割为一个或多个申请。分割申请的商品或者服务不得与原申请保留的商品或者服务重叠,也不得与其他分割申请重叠。
2. 具有下列情形之一,分割声明不予接受:
(a)针对原申请提出的异议所直接指向的商品或者服务被分割包含在分割申请中,且异议审查部尚未作出终审裁决或异议程序尚未终止的;
(b)在《商标条例实施细则》规定的期限内的。
3. 分割声明应符合《商标条例实施细则》规定的条件。
4. 分割声明在尚未支付应当交纳的费用前视为没有提出。
5. 分割自登记于协调局存档的原申请档案之日起生效。
6. 在协调局收到分割声明之日前就原申请提出的要求或支付的费用仍视为对分割申请有效。在协调局收到分割声明之日前就原申请支付的合理费用不予退还。
7. 分割申请的申请日、优先权日和先前权日以原先申请为准。

1. 申请的分割(第 1 款)

本条允许对欧共体商标申请进行分割,使得部分商品或者服务保留在原申请中,部分被转移至一个新的、独立的"分割"申请中,分割申请会创建一个独立的申请号码。这种方法可以应对因部分商品或者服务受到绝对事由异议的情形。理论上,一个欧共体商标申请可以被分割为无数个分割申请,只要原申请和分割申请之间以及分割申请之间的商品或者服务没有重叠。在 2004 年欧共体商标申请可以分割之前,申请人可以通过其他方式实现相同的效果,且没有本条第 2 款的限制,即将欧共体商标部分转让给其他所有人,然后在需要的时候让与回来。这种方式现在依然存在;另外,这种让与已经不需要交纳费用,但分割申请则不同①。即便如此,由于分割申请的费用较低,来回让与商标的这种努力通常不会是为了节省开支。

2. 排除情形(第2款)

当欧共体商标申请存有异议时,如果被异议的部分商品或者服务保留在原先申请中,部分被转移至分割申请中,则会导致两个异议,从而该分割申请不予接受。在这种情况下,在异议程序终止前,分割声明不予接受。另外,根据本条第2款(b)项和《商标条例实施细则》第13a条第3款的规定,在申请日确定以前或者在异议期间,分割声明不予接受。

3. 规则(第3款)

分割申请的相关规则比较简单,规定在《商标条例实施细则》第13a条。

4. 费用(第4款)

与其他应向协调局支付的费用不同,如果分割声明的相关费用没有支付,分割声明视为没有作出。每个分割声明应向协调局交纳250欧元(《商标费条例》第2条)。协调局在收到分割声明之日前就原申请支付的合理费用不予退还。

5. 效力(第5款)

分割自登记在协调局留存的原先申请的档案之日起生效,即分割声明获准且支付相关费用之日。根据本条第7款的规定,分割申请的申请日、优先权日和先前权日以原先申请为准。这里出现的"先前权"一词有些令人不解,因为根据第34条和第35条的规定,先前权不能以欧共体商标为基础提出要求,但这里旨在强调针对欧共体商标的已登记的先前权要求。根据《商标条例实施细则》第13a条第5款的规定,协调局会给分割申请分配新的申请号,并将其作为独立的申请对待。根据《商标条例实施细则》第13a条第6款的规定,在作出分割声明之前,原申请已经公告的,分割应予以公告,但并不因此产生新的异议期。在技术上,分割申请是新的、独立的申请,

---

① 参见下文本条第4款注释4。

因此理应被视为继受了原先申请的所有意图或目的。在基于未分割申请而采取的异议或其他措施的事件中，该点值得成员国法院和行政机构的注意。对于成员国法仅允许基于一个在先权利提出异议的，建议欧共体商标申请人可以选择将何种申请——原申请或分割申请，作为异议继续进行的基础。成员国机构基于申请号的理由坚持就原申请继续异议程序的做法明显是错误的。这种行为也与协调局在成员国商标转换的案件中的立场不一致，在后者的情形下，基于欧共体商标的此前正在进行的程序对转换商标继续有效（扩大上诉委员会 Cardima v Cardiva 案）。而转换会产生了新的成员国权利，分割可能完全几乎保留了原申请的所有内容，只是换了一个申请号而已。

6. 原先申请的延续

根据本条第 6 款的规定，申请人在协调局收到分割声明之日前就原申请提出的所有要求、请求或支付的费用仍视为对分割申请有效，包括弃权声明、申请费、类别费以及任何备案的申请。

第六节　　注　册

注册

第 45 条

对于符合本条例要求的申请，在第 41 条第一款规定的期限内没有异议或者异议被终审裁决驳回，且在规定期限内交纳了注册费的，则应核准注册为欧共体商标。在规定期限内未交纳注册费的，视为撤回商标申请。

1. 概述

本条规定了当商标申请公告后没有受到异议或者异议未成功的，应当予以注册。当然，注册的前提是申请应满足本条例的要求，这意味着协调局在注册前都有权基于绝对事由驳回申请。

2. 未支付注册费

本条还指出应在规定期间内支付注册费。但是,自第 355/2009 号欧委会条例于 2009 年 5 月 1 日生效后,注册费已经从《商标费条例》第 2 条(见第 2 条注释 7-11)中废除(或者可以说减为 0)。在此之后提出的申请,或者在此之前提出的但尚未根据《商标条例实施细则》第 23 条第 2 款的规定被要求交纳注册费的,可以不用支付。本条也应对此作出相应的修订。注册费的废除不仅为申请人节省了开支,也大大加快了协调局的审查进程,因为协调局无需在所有条件满足后要求申请人支付注册费,并再等待 2 个月才能注册欧共体商标。

第五章 欧共体商标的有效期，续展、变更和分割

注册的有效期

第46条

欧共体商标注册的有效期为10年，自申请之日起计算。可根据第47条之规定续展注册，每次续展注册有效期为10年。

含义

根据本条的规定，欧共体商标注册的首个有效期为10年，自申请之日起计算（并非优先权日）。对于指定欧盟的国际商标，这一日期以本条例第151条第1款的规定为准。欧共体商标可以续展，每次续展的有效期为10年，因此可以是永久性的（有关欧共体商标续展的评述参见本书第47条续展的注释）。

续展

第47条

1. 应商标所有人或其明确授权的任何人的要求且支付了费用，欧共体商标的注册应予以续展。

2. 协调局应在欧共体商标有效期届满之前，及时通知所有人以及就该欧共体商标拥有注册权的任何人。但协调局不承担这一信息发送失败所引发的责任。

3. 续展要求应在保护期届满当月的最后一日之前的六个月内提出，并在该期限内交纳费用。在此期间未能办理的，可以在前句所称之日起六个月的宽限期内提出要求并交纳费用，以及交纳附加费用。

4. 只就欧共体商标注册的部分商品或者服务提出续展要求或交纳费

用的,仅在此商品或者服务范围内续展注册。

5. 续展自现行注册有效期届满后的第二日生效。续展应予以登记。

1. 概述

本条规定了要求续展欧共体商标的主体、续展费的支付、迟延续展、部分续展以及续展的效力。有关续展行为的相应细则还规定在《商标条例实施细则》第30条和协调局第8/05号局长通报中。第5/05号局长通报旨在处理一个特殊的问题,即对超过10年仍悬而未决的欧共体商标申请的处理。从本条例使用的术语来看,第46条和第47条仅指已注册的欧共体商标,因此,悬而未决的欧共体商标申请是无法续展的。对于这一问题的解决途径是,规定在注册费交纳后立即交纳续展费。由于注册费已经被废除,因此可以推定在这种情况下,续展费应在商标注册后立即交纳。

2. 所有人或第三方的续展要求(第1款)

续展要求应由商标所有人或其明确授权的人提出。在实践中,协调局允许任何人提出续展要求并交纳续展费,并不要求他们提供授权证明(参见第8/05号局长通报)。事实上,只要支付凭证包含了以下必要信息,就无需提交其他任何证明:支付人的名称、欧共体商标的注册号以及"续展费"的备注[①]。由于第三方通常不会在未经所有人授权的情况下去支付不菲的费用,这种操作模式并未受到质疑。有关商标被许可人在注册未能续展的情况下申请恢复原状之诉的具体事宜,在欧盟普通法院Jurado Hermanos案得以强调,不应适用一般程序。

3. 协调局的续展通知(第2款)和续展的期限(第3款)

根据《商标条例实施细则》第29条的规定,协调局应在注册有效期届满之前6个月内及时提前通知商标所有人以及就该欧共体商标拥有注册权利的人。但是,如果这一信息未能成功发送至相关方,或者未提前告知以确保续展的准备时间的,协调局不承担责任(本条第2款第2句话)。续展申请可以在保护期届满当月的最后一日之前6个月内提出。需要注意的是,

---

[①] 参见第8/05号局长通报第3点和《商标条例实施细则》第30条第3款的规定。

对于一般续展的最后一日往往并不是有效期届满之日,而是在其后(届满当月的最后一日)。为遵循《巴黎公约》第 5 条第 1 款的规定,本条第 3 款也规定了 6 个月的续展宽限期。迟延续展除支付正常续展的费用外,还需支付正常费用 25% 的附加费,上限不超过 1500 欧元[①]。未能及时支付续展费的,可以适用第 81 条规定的恢复之诉,但不适用第 82 条第 2 款规定的程序继续。

4. 费用

《商标条例实施细则》第 30 条第 2 款规定的续展费的承担方式与申请费类似,即包含最多 3 个商品或者服务类别的基本续展费和超过 3 个的每个类别的类别费。《商标费条例》第 2 条第 12－16 款对这些费用作了具体规定。以电子方式提出续展要求的,基本费为 1350 欧元;其他方式为 1500 欧元。无论以何种方式提出要求,单个类别费均为 400 欧元。集体商标适用更高的收费。迟延续展需收取 25% 的额外费用,上文注释 3 已经提及。这里并不要求支付费用的人应与提出续展要求的人一致。就指定欧共体商标系统的国际商标的续展费用应支付给世界知识产权组织国际局。

5. 续展的范围(第 4 款)

只就欧共体商标注册的部分商品或者服务提出续展要求或交纳费用的,仅在此商品或者服务范围内续展注册。如果费用不足以支付注册的所有类别且没有说明,在明确了该费用用以支付哪些类别后,协调局仅就该部分续展。根据《商标条例实施细则》第 30 条第 5 款的规定,在没有其他标准的情况下,协调局应依据分类码的顺序确定类型。

6. 续展要求的内容

《商标条例实施细则》第 30 条规定了续展要求应具备的条件。根据《商标条例实施细则》第 30 条第 4 款的规定,协调局应在规定的期限内将续展要求中的瑕疵通知所有人,并设置一定的补正期限,但这并不会延长支

[①] 参见《商标费条例》第 2 条第 16 点。

付续展费或提供诸如相关注册号的其他必要信息的期限。

7. 续展的效力

续展自注册有效期届满后的第 2 日生效。这意味着所有人不会因较早支付续展费而遭受任何损失,因为无论何时支付续展费,续展的期限都是一样的。续展应予以登记。

8. 不续展的后果

如果注册不予续展,自有效期届满之日起终止效力。根据第 112 条第 1 款的规定,欧共体商标终止效力后,可以转换为成员国商标。

变更

第 48 条

1. 注册或者续展注册的有效期内,不得变更在注册簿中记载的欧共体商标。

2. 但是,对欧共体商标中所有人名称和地址的变更不会对原注册商标的特征产生实质性影响的,可以应所有人的要求予以登记

3. 变更登记的公告应包含变更后的欧共体商标图样。因变更可能受到权利损害的第三方可以在公告后的三个月内对变更登记提出异议。

1. 概述

根据本条的规定,欧共体商标不得变更。这与某些成员国的立场是不同的,例如在爱尔兰,成员国注册商标可以变更,只要变更不会影响商标的主要特征。

2. 例外(第 2 款)

本条第 2 款规定了欧共体商标可以变更的唯一例外,即对欧共体商标中所有人名称和地址的变更且不会对原注册商标的特征产生实质性影响。这一例外主要是考虑到一些成员国商标体系曾对特定种类的商标(例如医药商标)规定必须包含名称和地址,但这种商标现在已很少见,因此这一例外的适用非常有限。将名称和地址完全删除一般是不被允

许的①。要求变更的主体应为商标所有人。

3. 公告

变更注册的公告应包含变更后的欧共体商标图样。根据本条第3款的规定,因变更可能受到权利损害的第三方可以在公告后的3个月内对变更登记提出异议。根据《商标条例实施细则》第25条第4款的规定,这种异议的本质和程序适用本条例和《商标条例实施细则》有关异议的规定,只要在细节上作必要的修改即可。

4. 规则

适用于变更的规则规定在《商标条例实施细则》第25条中。

5. 费用

根据本条第2款进行的变更应支付200欧元的费用。根据《商标条例实施细则》第25条第2款的规定,在支付相关费用前,变更的要求视为尚未提出。

注册的分割

第49条

1. 欧共体商标所有人可以分割注册,将原先注册的部分商品或者服务声明分割为一个或多个注册。分割注册的商品或者服务不得与原注册保留的商品或者服务重叠,也不得与其他分割注册重叠。

2. 具有下列情形之一,分割声明不予接受:

(a) 针对原注册提出的撤销或无效宣告的申请程序已在协调局正式启动,如果撤销或无效宣告直接指向的商品或者服务被分割包含在分割注册中,且撤销部尚未作出终审裁决或程序尚未终止的;

(b) 在欧共体商标法院审理的撤销或无效宣告案件中提出反诉,如果反诉直接指向的商品或者服务被分割包含在分割注册中,且该欧共体商标法院的判决根据第100条第6款的规定尚未登记在注册簿中的。

---

① 参见上诉委员会 Iwaytrade.com 案裁决中附带意见。

3. 分割声明应符合《商标条例实施细则》规定的条件。

4. 分割声明在尚未支付应当交纳的费用前视为没有提出。

5. 分割自登记在注册簿之日起生效。

6. 在协调局收到分割声明之日前，就原注册提出的要求或支付的费用仍视为对分割注册有效。在协调局收到分割声明之日前就原注册支付的合理费用不予退还。

7. 分割注册的申请日、优先权日和先前权日以原注册为准。

1. 概述

本条允许对欧共体商标注册进行分割，使得部分商品或者服务保留在原注册，部分被转移至一个新的、独立的"分割"注册中。本条的内容与第44条有关分割申请的内容几乎相同，相应的注释也可以参考。理论上，一个欧共体商标注册可以被分割为无数个分割注册，只要原注册和分割注册之间以及分割注册之间的商品或者服务没有重叠。如果撤销或者无效宣告针对的是部分而非全部商品或者服务的话，分割注册仍然是可能的。

2. 排除情形

在协调局有针对欧共体商标正在进行的撤销或者无效宣告程序，或者在欧共体商标法院有针对商标侵权的反诉，如果被异议的部分商品或者服务保留在原注册中，部分被转移至分割注册中，则会导致两个诉讼程序，从而该分割注册不予接受。在协调局撤销部尚未作出终审裁决前或程序尚未终止的，或者欧共体商标法院的判决根据第100条第6款的规定尚未登记在注册簿中的，分割声明不予接受。

3. 规则

分割注册的相关规则规定在《商标条例实施细则》第25a条。

4. 费用

与其他应向协调局支付的费用不同，如果分割声明的相关费用没有支付，分割声明视为没有作出。每个分割声明应向协调局交纳250欧元。协调局在收到分割声明之日前就原先注册支付的合理费用不予退还。

5. 效力

分割自在注册簿登记之日起生效,即分割声明得以获准且支付了相关费用之日。根据本条第 7 款的规定,分割注册的申请日、优先权日和先前权日以原注册为准[①]。根据《商标条例实施细则》第 25a 条第 4 款的规定,协调局会给分割注册分配新的注册号。

6. 原注册的延续

根据本条第 6 款的规定,在协调局收到分割声明之日前就原注册提出的所有要求、请求或支付的费用仍视为对分割注册有效,包括弃权声明、注册费、类别费以及任何已备案的申请。

[①] 有关"先前权"事宜可参见第 44 条注释 5。

第六章 放弃、撤销、无效

第一节 放弃

放弃

第 50 条

1. 欧共体商标可以就全部或部分商品或者服务放弃注册。

2. 放弃应由商标所有人向协调局作书面声明,在注册簿登记后生效。

3. 放弃只有经注册簿中登记的权利人的同意才能予以登记。已登记使用许可的,商标所有人应证明其已将放弃商标的意图告知被许可人,否则不予在注册簿中登记;登记应在《商标条例实施细则》规定的期限届满后进行。

1. 概述

欧共体商标所有人可以在任何时候放弃商标。尽管立法没有明确指明放弃的效力,但很明显是指商标所有人不再享有第 9 条规定的权利,并根据第 112 条第 1 款(b)项的规定终止效力。放弃自登记于注册簿后生效,该行为不可恢复。放弃应以书面形式通知协调局(第 50 条第 2 款)。放弃无需交纳任何费用。放弃欧共体商标的典型原因包括:协议的要求;希望提前结束涉及欧共体商标效力的争议程序;希望将欧共体商标转换为成员国商标申请(或者将争议事项提交至成员国机构而非协调局)。

2. 全部或部分放弃

欧共体商标可以就全部或部分商品或者服务放弃注册。部分放弃与第 43 条第 1 款是一致的,该款规定,在注册前阶段,申请人可以随时对申请的商品或者服务清单作出限制。例如，一个商标注册于第 25 类下的帽子、套装、裤子、鞋子、袜子，其可以就帽子和鞋放弃，而继续保留西装、裤子和袜子。如果注册为第 25 类下的男士外衣，则可以修正为男士套装和衬衣，排除头饰和鞋类。任何与第 43 条第 1 款一样的限制，都可以接受。

3. 登记于注册簿中的权利

放弃只有经"注册簿中登记的权利人"的同意才有效。这里所指的权利为第 19 条至第 21 条规定的权利，特别是绝对权、商标被当做债务强制执行时债权人的权利以及涉及欧共体商标的破产程序引发的权利。

4. 许可

被许可人处于较为不利的境地。如果许可已登记在案（根据第 22 条第 5 款），欧共体商标所有人仅需要证明其已将放弃商标的意图告知被许可人。根据《商标条例实施细则》第 36 条第 2 款的规定，在商标所有人将放弃商标的意图告知被许可人这一事实向协调局证明之日起 3 个月后，放弃方可登记在注册簿中。如果商标所有人能证明相关权利人同意放弃，则可以立即登记在案。

5. 转换

放弃会导致欧共体商标效力终止并可以转换为成员国商标[第 112 条第 1 款(b)项]。但是，如果放弃发生在无效宣告作出后但生效前，是否可以转换则有争议。放弃当然可以发生在任何时间。但是，由于转换会将争议转至成员国机构进行，因此会出现滥用的可能。

第二节　撤销事由

撤销事由

第 51 条

1. 具有下列情形之一的，可以向协调局申请或者在侵权诉讼中基于反诉撤销欧共体商标所有人的权利：

(a)商标连续5年没有在欧盟境内就其注册的商品或者服务真正使用，且没有未使用的正当理由的；但是，在5年期满后，提出撤销申请或者反诉之前，商标开始或恢复真正使用的，任何人不得主张撤销欧共体商标所有人的权利；但是，商标所有人知道可能会被提出撤销申请或者反诉后才准备开始或恢复使用的，在撤销申请提出或者反诉前三个月的开始或者恢复的使用行为不予考虑，该期间最早于连续5年未使用期满后起算。

(b)因商标所有人的作为或不作为，商标成为其注册的商品或者服务行业的通用名称的；

(c)因商标所有人的或经其同意的就注册的商品或服务的商标使用行为，导致商标可能就该商品或者服务的性质、质量或产地等方面误导公众的。

2. 撤销事由仅存在于欧共体商标注册的部分商品或服务上的，仅在该商品或者服务范围内宣布撤销所有人的权利。

1. 撤销的含义

区分欧共体商标的撤销和无效宣告是非常重要的。撤销往往是由于商标注册后发生或未发生一定的事实而导致的。宣告无效则是基于注册时已经存在的事实。本条分别列举了三种撤销的理由：(a)连续5年未使用商标；(b)因商标所有人的作为或不作为，商标成为通用名称的；(c)因商标所有人的或经其同意的使用行为导致商标具有误导性的。

2. 因未使用的撤销[第1款(a)项]

(a)一般规则。本条第1款(a)项第一部分的规定与第15条是一致的。

(b)5年不使用期间届满后的开始或恢复使用。本条第1款(a)项第1个分号后的2句话包含了非常复杂的内容，旨在处理发生在5年未使用期间后的开始或恢复使用的不同情况。首先要强调的是，5年未使用商标并不意味着该商标从此以后都会面临着被撤销的危险。即使超过5年未使用商标，所有人仍可以开始或恢复使用。原则上，只要是真正的使用，所有人就可以对抗撤销申请或侵权诉讼中的撤销反诉。唯一的例外是,商标所有人知道可能会被提出撤销申请或者反诉后才准备开始或恢复使用的,在撤销申请提出或者反诉前3个月的开始或者恢复的使用不予考虑。这实际上意味着,试图基于未使用的理由撤销欧共体商标的人应通知商标所有人其意图,并在随后的3个月内着手实施。这样的话,除非商标所有人能够证明在此之前已经准备开始或恢复使用,否则商标将会被撤销。"准备"这一概念的含义是可以解释的。但很明显,仅限于所有人企业内部的讨论或者模糊的商标使用方案是不够的,还必须存在一些实际的行动,例如开始做广告或者为生产运营准备设备。

3. 因成为通用名称的撤销[第1款(b)项]

(a)概念。本条第1款(b)项预设商标在注册时具有显著性[否则该商标可以依据第52条第2款和相关的第7条第1款(b)、(c)、(d)项被宣告无效],但随后丧失了显著性并成为纯粹的描述。本条的表述暗示了这里主要指的是文字商标或者以文字元素为主的商标。其他类型的商标不可能成为一类商品或者服务的"通用名称"。然而,在欧盟法院 Levi Strauss 案中,欧盟法院认为《商标指令》中相同的条款也适用于图像商标。

(b)案例。淡化为通用名称的商标案例很多,例如电梯(elevator)、自动扶梯(escalator)、油地毡(linoleum)等,都是从私有商标开始的,后来逐渐演变为一般的词典词汇。对于创新型的产品而言,这种风险发生的可能性更大。

(c)所有人防止商标成为通用名称的义务。本条第1款(b)项赋予了商标所有人不得在媒体或者市场中不当使用的义务。也就是说,即使商标事实上成为了通用名称,但如果商标所有人能够证明其采取了一切确保作为商标地位的合理措施,该商标也可以免于被撤销。从这种意义上而言,本条的规定是相对慷慨的。在适当的情况下,提出侵权诉讼属于合理措施(欧盟法院 Levi Strauss 案裁决第34段)。为了维护商标的显著性,对于将商标当作通用名称使用的作者和新闻工作者,商标所有人要有组织地通知并要求他们使用非专有性术语[例如,应使用溜冰鞋(inline skate)而非 Rollerblade*]。这种要求有时候可能并不具有法律执行力(除非符合本条例第10条的情形),但这可以证明商标所有人保持了必要的警惕。本条第1款认为,在某些情况下,商标所有人可能会因自己不当的使用导致商标消灭。

(d)行业的通用名称。"行业的通用名称"这一表述引发了解释上的疑问。相关的行业圈是什么? 将商标作为商品或者服务的通用名称的人应达到什么样的比例? 通过什么样的方法确定商标已成为通用名称? 欧盟法院 Bostongurka 案的裁决为上述问题提供了一些指导。Bostongurka 曾是注册于腌黄瓜商品上的商标。申请撤销该商标的一方提供一份调查证据,证明公众认为 Bostongurka 是通用名称。商标所有人则提供证据证明食品协会将其视为商标。欧盟法院认为,相关类型的人原则上包括消费者和终端使用者;但是,根据相关商品市场的特征不同,对采购起决定作用的中间环节的影响以及他们对商标的感知,同样应在考量的范围内。

(e)地域范围。本条第1款(b)项并未说明商标在什么地域范围内成为通用名称才会被撤销。类推适用第7条第2款的规定似乎是较为合适的。因此,商标"仅在欧盟的部分地域内"成为通用名称就足够了。如果商标在一个成员国内已经成为通用名称,即使能够证明在其他所有成员国仍都被当作商标对待,也无力回天。这也符合欧共体商标单一性特征的原则(第1条第2款)。

4. 因误导的撤销

本条第1款(c)项预设商标在注册时不具有误导性[否则该商标可以依据第52条第2款和相关的第7条第1款(g)项被宣告无效],但由于使用的方式问题导致其具有误导性。这种现象并不少见,很少有商标本身明显具有误导性,但很多商标都能以算得上误导的方式加以使用。Cotonelle 是一种注册于厕纸商品上的商标,其本身并不具有误导性,因为公众一般不会

---

* Rollerblade 是国际直排轮滑业界领导品牌。——译者注

想到用棉织物制作厕纸。* 但如果宣传产品的方式可能会产生这种印象，即在其生产工艺中使用了棉织物的话，则需承担就商品性质误导公众的责任。如果商标包含了服装设计者的名字，但该人与拥有该商标的企业不再有任何关系的话，该商标不会仅因如此根据本条的规定轻易地被撤销（Elizabeth Emanuel案第53段）。

5. 公共政策或公认的道德准则不构成撤销事由

没有任何条款规定（无论是第51条还是《商标指令》第12条），商标可能因违反公共道德观或公共政策而被撤销。这一缺陷令人遗憾。例如，在早些时候，包含种族主义诽谤的商标仍能被容忍并作为注册商标被持续保护。尽管缺乏将这种商标排除于注册簿的相应程序，但可以根据相关成员国的普通法律禁止其使用。第110条第2款明确欧共体商标的这种可能性，其表述还暗示了成员国有权基于同样的理由禁止成员国商标的使用。

6. 部分撤销

撤销事由可能仅适用于商标注册的部分商品或服务上是不言而喻的，即商标注册了很宽泛的商品目录但仅在很小的范围内使用，或者由于其不当的使用导致商标在所注册的部分商品或者服务上成为了通用名称。因此，第51条第2款规定，在这种情况下，仅在存在撤销事由的部分商品或者服务范围上撤销商标注册，这符合逻辑的必然推理。欧盟普通法院创设了商品和服务的类别与子类别的复杂理论，在实践中有时很难适用。如果商标注册于一个广泛的商品目录（例如医药制剂），但仅限于在很小的范围内使用（例如含有肾上腺皮质类脂醇的多剂量干粉吸入器，仅能凭处方获得），商标应视为注册于这些具体商品归属的子类别（例如，治疗呼吸疾病的医疗制剂：欧盟普通法院 Respicort v Respicur 案）。还可参见欧盟普通法院 Aladdin v Aladin 案和欧盟普通法院 Calsyn v Galzin 案。

---

* Cotonelle 与 cotton（棉织物）近似。——译者注

第三节 无效事由

无效的绝对事由

第52条

1. 具有下列情形之一，可以向协调局申请或者在侵权诉讼中基于反诉宣告欧共体商标无效：

(a) 欧共体商标的注册违反了第7条之规定的；

(b) 申请人在提交商标申请具有恶意行为。

2. 欧共体商标的注册违反了第7条第一款(b)、(c)或(d)项之规定，但注册后因使用行为使得该商标就其注册的商品或者服务取得显著特征的，可以不被宣告无效。

3. 无效的事由仅存在于欧共体商标注册的部分商品或者服务上的，仅在该商品或者服务上宣告商标无效。

1. 无效是纠正审查阶段错误的方法

审查人员不可避免地会犯一些错误。一些商标会错误地因绝对事由而被拒绝，其他一些商标会被错误地接受。复杂的申诉机制可以确保前一种错误得到弥补。本条则旨在为后一种错误提供救济。本条第1款(a)项的表述很明确，对于协调局审查人员以第7条规定的绝对事由进行商标审查后，并依据第37条的规定决定予以公告中可能出现的错误，撤销部必须无条件地认同这种可能性的存在。在欧共体商标体系的早些年，协调局撤销部坚持认为，只有当审查员犯了实质性错误，才能依据绝对事由撤销商标 [Mortar & Pestle device (CD) 2000年1月31日]。所幸的是，这种状况已经得到转变。

2. 相关日期

判断受争议的商标是否具备第7条第1款(d)项规定，也可能是第7

条其他款项的规定的相关日是指该商标申请的提出日:参见欧盟法院 BSS 案第 40 段①。也就是说,如果一个标志在申请时具有显著性,但后来变为通用名称,根据 BSS 案的判决,不得根据本条第 1 款(a)项的规定宣告无效。协调局被要求在此情形下维持一个在注册时已经变为通用名称的标志的注册看似非常奇怪,但欧盟法院 Flugborse 案判决已确立这一规则。当然,此类商标仍然可以根据第 51 条第 1 款(b)项的规定而被撤销,只是这比注册之初即不具有显著性设定的门槛要高②。

3. 审查的性质是当事人之间的程序

无论是通过向协调局申请还是根据第 100 条在欧共体商标法院正在进行的侵权诉讼程序中提出无效反诉,对无效的绝对事由审查的性质与注册前阶段审查员进行的审查是完全不同的。不同的本质在于,这种无效宣告程序是当事人之间的。因此,商标所有人以外的其他人可以阻止该商标继续在注册簿中存在。与第 40 条规定的第三方观察人不同,这里启动无效宣告申请的第三方拥有无效宣告程序当事人的身份,也因此享有当事人的所有权利,包括上诉的权利。更重要的是,当事人可以对市场进行调查并提供给协调局,而这些信息往往是审查员依据职权所难以获得的(第 76 条第 1 款)。

4. 一般利益;提出的论据不适当或协调局依据职权提出依据

尽管主张商标无效的一方可能出于强烈的自身利益考虑,但也可以以一般性利益为依据,这也是绝对事由的最终意图。在这种情况下,根据第 76 条第 1 款的规定,协调局可以不限于当事人提出的绝对事由,可以依职权对绝对事由进行全面审查。这意味着,协调局撤销部和上诉委员会可以认为在该程序中被提出的论点和证据不合适(上诉委员会 Proteomics 案)。在上诉委员会 Gerson 案中,尽管申请人主张无效的依据是恶意行为,但争议双方均主张对"Gerson"名称在营养疗法方面享有专用权,但双方提交的

---

① 还可参见欧盟法院 Flugborse 案。
② 参见第 51 条注释 3。

证据表明这一名称系作描述性使用，上诉委员会最终以缺乏显著性为由废除了该商标。

5. 恶意

（a）概念。本条第1款（b）项规定，如果申请人在提交商标申请时存在恶意行为，商标应宣告无效。尽管在申请注册后的恶意行为本身并不能构成无效的事由，但其可以被当做证明申请人在提出申请时存在恶意动机的证据。本条例与《商标指令》的相关条文之间的对比值得注意。后者规定，成员国既可以将恶意作为驳回商标申请的理由，也可以作为宣告商标注册无效的理由。前者没有授予协调局以恶意为由拒绝注册的任何权力，但申请人在提交商标申请时存在恶意行为的，可以请求协调局应宣布该注册无效。恶意并未得到明确定义，这一概念很不严谨，其含义仁者见仁，智者见智。协调局将其定义为"对不符合可接受的商业行为标准的不诚信"。英国法院创设了一个类似的测试：Gromax Plasticulture Ltd v Don K Low Nonwovens Ltd 案裁决第 379 段。协调局认为，不能因为申请人在提出申请时还没有真正打算将商标使用在其寻求保护的商品或者服务上而认为构成恶意（协调局撤销部第 C000053447/1 号决定）。由于商标可以就其注册的全部商品或者服务自由转让和许可，并在 5 年未使用后被全部或部分撤销，所以很难证明在申请"过宽"的类别就存在恶意。由于英国法要求申请人陈述就其申请注册的商品或者服务上使用商标的真诚意图，申请人知道如果其陈述不属实，会被认定为存在恶意。英国的不同实践操作可能与此有关，当然，英国的这一立法与《商标指令》是否兼容仍存在争论。

（b）典型情形。在法律著述以及判例法中提及的绝大多数恶意案例都涉及这样的情形，即一方在明知的情况下注册了他人更有资格注册的商标。尤其是，与商标的所有人存在业务关系的人（分销商、代理商、代理商以及客户）以自己的名义注册了商标所有人仅在其他法域使用的商标。普遍认为，注册本应属于他人的商标构成本条第1款（b）项所称的恶意，但把这一情形当作无效的绝对事由违反了基本的逻辑。双方就商标的真正归属发生争议完全是相对事由,不会影响公共利益,也没有理由将申请废除注册的资格扩展至被侵权方以外的人。然而,根据第56条第1款(a)项的规定,基于第52条申请废除商标注册的主体非常宽泛:参见上诉委员会Claire Fisher案裁决第20段。需要进一步强调的是,如果恶意被视为无效的绝对事由,协调局可以不限于审查当事人提出的事实、证据和主张(第76条第1款)。但是,这在当事人之间发生的争议中同样是不合逻辑的。在Claire Fisher案中,上诉委员会认为,"如果欧共体商标申请人试图通过注册控制第三方所有的商标,且申请人与该第三方之间存在合同或前合同关系,或者基于诚信原则要求申请人对第三方合法利益负有公平竞争义务的任何关系",则认定恶意存在。上诉委员会似乎认为,恶意仅存在于具有某种合同关系的当事人之间。这种观点未免过于狭隘。

(c)利用商标注册阻止他人继续使用。欧盟法院在Lindt & Sprungli案中处理了恶意问题,但并没有阐明恶意的概念。欧盟法院认为,如果商标所有人在申请商标时明知该商标(或者与之构成实质性近似的标志)正在为他人所使用,其试图通过利用商标注册阻止他人的继续使用,并依赖于涉案标志获得法律保护的构成恶意。对这一判决的解读应当结合奥地利最高法院请示的案件及其问题。"涉案标志获得法律保护"应当理解为,如果商标申请在本质上是为了巩固和加强已经存在权利,例如基于反不正当竞争的权利或未注册商标权利,就不能仅因其试图阻止第三方使用该标志而判定其存在恶意。毕竟,授予商标所有人对一项标志的专用权是商标注册不可或缺的内容。仅仅知道第三方的使用并试图阻止这种使用并不能构成恶意,否则不仅与欧盟法建立的以注册为基础的商标体系背道而驰,而且是通过"秘密途径"引入了使用在先制度。

6. 注册后获得显著性

尽管因违反了第7条第1款(b)、(c)或(d)项的规定而不应被注册为欧共体商标,但如果商标所有人能证明在注册后该商标因使用而获得了显著性的,可以免于被废除。这里所称的获得显著性的含义与第7条第3款的含义一致①。本条第 2 款表述为"注册后"获得显著特征。但是，原本不具有显著性的商标在申请日和注册日之间获得显著特征也是完全可能的。在这种情况下，如果严格按照"注册后"这一表述而拒绝商标所有人适用本条第 2 款的话，则不符合逻辑。

7. 部分无效

本条第 3 款与第 51 条第 2 款的内容基本相同，只要在细节上略有修改②。

无效的相对事由

第 53 条

1. 具有下列情形之一，可以向协调局申请或者在侵权诉讼中基于反诉请求宣告欧共体商标无效：

（a）存在第 8 条第 2 款所称的在先商标且满足第 8 条第 1 款或第 5 款规定之情形的；

（b）存在第 8 条第 3 款所称的商标且满足该款规定之情形的；

（c）存在第 8 条第 4 款所称的在先权利且满足该款规定之情形的。

2. 欧共体商标可能因其他在先权利尤其是下列在先权利的保护，根据管辖该权利的欧盟法或成员国法而被禁止使用的，可以向协调局申请或者在侵权诉讼中基于反诉宣告该商标无效：

（a）名称权；

（b）肖像权；

（c）著作权；

（d）工业产权。

3. 第 1 款或第 2 款所指权利的所有人在提出无效申请或反诉之前明确同意欧共体商标注册的，该商标可以免于宣告无效。

---

① 参见第 7 条注释 16。
② 参见第 51 条注释 6。

4. 第 1 款或第 2 款所指权利的所有人曾援引某一项权利对提出欧共体商标的无效宣告申请或者在侵权诉讼中提出反诉的，该权利的所有人不得根据在首次申请或反诉中援引的上述权利中的其他项权利而提出新的无效申请或反诉。

5. 第 52 条第 3 款同样适用。

1. 可以在异议程序中援引的在先权利（第 1 款）

根据本条第 1 款的规定，如果欧共体商标与在注册前的异议程序中就可以被援引的在先权利发生冲突的，也可以据此请求宣布其无效。这些权利规定在第 8 条中。本条第 1 款对于在先权利的所有人而言是一项重要的保障，表现为以下几个方面。第一，他们可以不必时时监控欧共体商标的申请。如果与他们的在先权利冲突的欧共体商标申请公告后，即使未能在《商标条例实施细则》第 41 条规定的 3 个月期限内提出异议通知，它们仍可以向协调局提出宣告该欧共体商标无效的申请。如果他们被诉侵犯该欧共体商标的权利，也可以提出无效的反诉（第 100 条）。第二，虽然提出异议，但由于某些缺陷导致异议失败的话（例如因没有翻译注册证书文件而未能证明在先权利，或者未能证明商标的使用），他们仍可以保留权利，直接向协调局提出无效申请或在侵权诉讼中提出反诉。同样，即使异议因实体问题被驳回，他们仍可以基于同样的权利向协调局提出无效申请（或基于在异议程序中没有援引的其他在先权利）。因为《商标条例实施细则》没有排除这种情形的申请。事实上，应当认为，与本条第 4 款的规定相反，在异议程序和无效宣告程序中的以相同事由可以再次向协调局提出。这一点在欧盟普通法院审理的 Timi Kinderjoghurt 案中得到了证实。本条没有规定基于相对事由请求废除商标的期限限制，但因适用本条例第 54 条默许限制禁止在先权利的所有人请求宣告无效的除外。

2. 仅在注册后才可以援引的其他在先权利

（a）概述。本条第 2 款列举了一系列在先权利，这些权利不能作为依据第 41 条提出异议的基础，但可以在欧共体商标注册后作为请求宣告无效的理由。普遍认为，之所以存在这样的区分，在于异议程序应当快捷,不应牵涉成员国法中的复杂问题。但这种观点并不足以令人信服,因为基于第 8 条第 4 款规定的未注册商标提出的异议同样耗时。事实上,这是因为本条第 2 款提及的一些权利的范围难以准确界定,在许多案件中需要对不同成员国法中的冲突或不协调之处加以研究。例如,成员国法中的肖像权和名称权的概念就很模糊,且各国差异很大,无法达成一致。由于欧盟的指令、伯尔尼公约和 TRIPS 协议的存在,著作权的概念已经达成广泛一致,但有关一项作品是否受著作权法保护以及是否受到注册商标侵权的问题,在成员国法中的争论是永无止境的。对于成员国法中存在的问题,协调局视其为需要证明的问题(就此问题的讨论可进一步参见欧盟普通法院 BUD2008 案裁决第 90 段,对该案判决的上诉现在正在欧盟法院审理中,参见 C‐96/09 P,欧盟普通法院 Atomic Blitz 案裁决第 35 段以及第 8 条第 4 款)。很明显,协调局也往往缺乏这方面的专家。

(b)工业产权。本条第 2 款(d)项允许基于"工业产权"对欧共体商标注册的有效性提出质疑。这一广泛的权利种类包括外观设计,尤其是已经登记外观设计。在这一领域,至少协调局拥有必需的专家团队,适用的实质上是欧盟法。

(c)其他在先权利的开放性。从"特别是"这一表述可知,本条第 2 款(a)至(d)项列举的在先权利并非是穷尽的。任何在先权利都可能被援引,只要根据管辖该权利的法律,欧共体商标的使用可能会被禁止。这里的法律包括成员国法或欧盟法。在本条第 2 款的原有版本中并没有"欧盟法"的规定,这是为了援引外观设计权的可能性而特别新增的。根据本条第 2 款援引的权利必须是在先权利,意味着这种权利应当在涉案的欧共体商标申请日之前已经存在。

(d)案例。在上诉委员会 Turning Leaf 案中,上诉委员会废除了一个欧共体商标(注册于酒类上的图像商标,其中包含了一个秋叶作为其一部分),理由是其实质上借鉴了一项艺术作品,该作品的著作权属于美国加利福尼亚的一个酒庄,根据英国版权法的规定该商标不得使用。上诉委员会

Elio Fiorucci 案的案情与欧盟法院 Elizabeth Emanuel 案[①]相似,虽然途径完全不同,但得出的结果也基本相同。这一结论包含了对意大利法有关个人名称权的艰苦分析。这两个案件均表明,个人(如设计师)将自己的姓名开发为商标,但后来由于破产(或一些其他因素)而丧失了对其名称或商标的控制,则很难再恢复对其名称进行商业开发的权利。

3. 同意注册

如果在先权利的所有人已经明确同意欧共体商标注册的,则之后不得以侵害在先权利为由提出无效申请或反诉(本条第 3 款)。这一规则的逻辑是简明、合理的,即在先权利的所有人不能出尔反尔,先同意欧共体商标的注册,然后要求废除,诱使他方白费功夫,甚至陷入困境。同意应当是明确的,但并不一定是书面形式。但是,出于举证的考虑,欧共体商标所有人最好获得书面的同意或协议。本条第 3 款明确规定,同意应在提出无效申请或反诉之前作出。在此之后则不再适用本条第 3 款。但是,商标所有人和在先权利所有人仍然可以进行和解——这也是协调局根据第 57 条第 4 款的规定所鼓励的。这种和解协议原则上对当事人具有约束力。如果在先权利所有人在提出无效申请或反诉之后作出同意,但申请或反诉并未撤回,则欧共体商标所有人可以通过适当的手段实现其合同的权利。同意当然可以在欧共体商标注册前后作出。

4. 禁止多重挑战

本条第 4 款规定在先权利所有人只有一次挑战的机会。因此,无论是向协调局提出无效申请还是在侵权诉讼中向法院提出反诉,都要谨慎地援引其享有的所有相关在先权利。其不得根据在首次申请或反诉中可以援引的其他权利而提出新的无效申请或反诉。这一规则明显是必要的。否则,拥有很多成员国商标的所有人可以每次依据一个不同的权利而提出一系列的挑战。这将是难以忍受且不公平的。尽管本条第 4 款明确指出,不得依据其他项权利在此提出挑战,但《商标条例实施细则》并没有规定不得基于

---

① 参见第 51 条注释 4。

同一项在先权利作出其他行为。这里不太明确的是,所谓的"已经提出"是指之前的争议尚在审理中,还是指已经终结;如果终结,还关系到就实体问题的裁决是否已经作出。同样不明确的问题是,本条第4款在性质和程度上究竟是未决程序的规则,还是一事不再理规则,亦或是对在首次申请或反诉中可以援引的其他在先权利的预判。

5. 部分无效

本条第5款规定第52条第3款同样适用,这与第51条第2款的规定是一致的①。

默许导致的权利限制

第 54 条

1. 在先的欧共体商标所有人明知并默许在后的欧共体商标在欧盟境内连续使用5年的,则不得再以在先商标为由就在后商标已使用的商品或者服务申请宣告其无效或禁止其继续使用,但在后注册的欧共体商标是以恶意申请获得注册的除外。

2. 在先的欧共体商标所有人明知并默许在后的欧共体商标,在第8条第2款所称的在先成员国商标或者第8条第4款所称的其他在先标志受保护的成员国内连续使用5年的,则不得再以在先商标或者其他在先标志为由,就在后商标已使用的商品或者服务申请在后商标无效或禁止其继续使用,但在后欧共体商标是以恶意申请获得注册的除外。

3. 在前述两款的情形下,即使不得援引在先权利对抗在后欧共体商标,但在后欧共体商标的所有人亦无权阻碍该在先权利的行使。

1. 基本规则

在本条例中没有可供欧共体商标抗辩的规则。尤其是,在先权利人根据第56条的规定并依据第53条第1款提出欧共体商标的无效申请没有时效限制。但是,如果他们已经默许了欧共体商标的使用,则不得再实施这种

---

① 参见第51条注释6。

反对行为。本条规定的默许需要"连续 5 年"的期限,这与《商标指令》第 9 条的规定是一致的。在先权利所有人默认的不仅是注册这一事实,而且是欧共体商标的使用行为。如果在先权利本身是欧共体商标,则使用应发生在"欧盟境内",即任何一个成员国(第 53 条第 1 款)。如果在先权利是成员国商标——包括注册商标和未注册商标——或者第 8 条第 4 款所称的"其他标志",则使用应发生在该在先权利受保护的成员国内(如果是比荷卢商标则是比荷卢地区)。在后商标在注册前是否使用则不予考虑①。

2. 第 53 条第 2 款列举的权利不会因默许受到影响

援引第 53 条第 2 款列举的权利作为在后欧共体商标无效理由不会因默许而丧失行使可能性。本条没有提及这些权利令人感到疑惑,尤其是《商标指令》第 9 条已经授权成员国可以规定这些权利受制于对在后成员国商标的默许。这个问题会在第 110 第 1 款有关使用问题中加以强调,参见第 110 条注释 3。

3. 默许的证明

只有当在先权利所有人明知欧共体商标连续使用 5 年之后才会构成默许。很明显,除非当事人就欧共体商标的使用达成事实上的一致,否则必然会引发举证责任的问题。尽管明知属于主观状态,但在先权利的所有人也不能掩耳盗铃,对其所在的市场领域中商事主体施以普通注意就能知晓的事实仍佯装不知。因此,如果能足以证明欧共体商标的大范围使用,则可以提高在先权利所有人明知认定的可能性。

4. 连续 5 年

本条第 1 款要求在先权利的所有人明知欧共体商标连续使用 5 年。这在一方面意味着,欧共体商标确确实实在这 5 年内被连续使用,或者至少欧共体商标所有人不应被视为在这 5 年期间内放弃了其商标。另一方面意味着,在先权利的所有人应知道欧共体商标连续使用的事实。如果欧共体商

---

① 参见欧盟法院就英格兰和威尔士法院提出的《商标指令》第 9 条相关问题的意见:英国 Buudweiser 案。

标所有人与在先权利所有人的活动地域相距甚远,则是否会明知则成为问题。

5. 默认继受的适用

如果在先权利转让或通过其他方式让与他人(并非概括继受一切权利和义务全财产继承人),那么,默许是否能够"继受"则成为问题。这取决于默许是否被视为双方的准合同关系,其中一方规定了长期不作为的义务,从而确保另一方可以放心持续地使用在后商标;或者默许的情形是否与在先权利相关并应随之一并转让(作为准绝对权)。对此,许多成员国的传统做法是基于恶意的一般条款分析默许,但这导致了准合同的地位不能自动地随在先权利一并转让。这种做法在本条以及《商标指令》第9条之下是否合适是另一个问题,就这两条而言,由于没有确立绝对的不可抗辩,确实旨在为在后商标的利益提供一定的安全保障。另外,一般而言,商标不会与经济实体分离而单独转让,但这在欧共体商标法律体系中是可能的。因此,让与人和受让人之间的认知度应当是相同的。

6. 恶意

如果在后欧共体商标是以恶意申请获得注册的,则不适用默许。之所以这样规定,有观点认为可能是因为根据第52条恶意被视为无效的绝对事由。但这样的话,否定在先权利人基于相对事由提出反对也没有道理。另一种原因是为了平衡在后欧共体商标所有人与在先权利所有人之间的利益。默许保护的是依诚实信用而获得商标使用的行为资格的当事人的投资。但是,如果申请人存在恶意,则没有理由保护其利益。

7. 默许的后果

默许有两种后果。在先权利的所有人不得就在后商标已使用的商品或者服务申请宣告其无效;并且不得就在后商标已使用的商品或者服务禁止其继续使用,尤其是在侵权诉讼程序中。所谓"就在后商标已使用的商品或者服务",应当解释为"就在先权利所有人明知的在后商标已使用的商品或者服务"。例如,在后欧共体商标注册并使用在第3类香水和第25类服装上,在先商标的所有人仅知悉在服装上的使用,则不能反对欧共体商标上服装上的注册,因为其默许了在服装上的使用(当然这里假设已经连续使用5年);但是其并没有默许在后欧共体商标就香水的使用,因此仍可以反对其在香水上的注册。

8. 因默许的共存

即使在先商标的所有人因默许丧失了反对在后欧共体商标的权利,但仍可以保留使用其自己商标的权利。本条第3款允许冲突商标的共存,由此可能给消费者带来的混淆程度则不予考虑(例如,相同商品或者服务上的相同商标)。

9. 默许后的无效反诉

本条并未明确在先权利所有人是否会因默许而在侵权诉讼中不得提出无效的反诉(第100条)。本条的表述暗示了其仅针对直接向协调局提出申请的情形,第100条也不适用本条(尽管适用第57条)。但实际上,到目前为止这还不成为问题,因为包括在先商标的使用在内的被诉侵权行为可以适用本条第3款的规定。

10. 在先欧共体商标与在后成员国商标

本条第1款解决的是前后商标均为欧共体商标的情形。本条第2款涉及的是在先成员国或标志与在后欧共体商标之间的默许问题。《商标指令》第9条第1款对相反的情形(即在先的欧共体商标所有人默许了在后的成员国商标的使用)作出了规定,实质内容是一致的。

第四节 撤销和无效的后果

撤销和无效的后果

第55条

1. 欧共体商标被撤销的,其根据本条例所具有的效力自申请撤销或在反诉中提出撤销之日起视为不存在。应当事人一方的要求,亦可以在裁决中确定提前至撤销事由发生之日起视为不存在。

2. 欧共体商标被宣告无效的，其根据本条例所具有的效力视为自始不存在。

3. 下列情形不受商标撤销或无效的追溯力影响，但成员国法对涉及因商标所有人的过失或不诚信造成的损害赔偿请求以及不当得利另有规定的除外：

（a）当局已对侵权已作出终审裁决并在撤销或无效裁决作出前执行的；

（b）合同在撤销或者无效裁决作出前已经签订并履行的；但是，根据合同已经支付的款项可以在适当的情形下依据公平原则主张退回。

1. 概述

本条第 1 款分别规定了欧共体商标被撤销和被宣告无效的后果。在这两种情况下，欧共体商标都不再具有依据本条例发生的效力［第 112 条第 1 款(b)］。特别是，所有人不再享有第 9 条规定的专用权，也不得再依据第 41 条以第 8 条第 2 款(a)项(i)为由将欧共体商标作为异议的根据。本条的起草者似乎忽视了欧共体商标在《商标指令》下也具有效力［参见第 4 条第 2 款(a)项(i)，第 4 条第 2 款(b)项以及第 4 条第 3 款］。尽管本条的表述仅涉及"本条例所具有的效力"，但应当明确是，欧共体商标依据《商标指令》所具有的效力同样不再存在。因此，欧共体商标也不得用以对成员国商标申请的异议或者对成员国商标的无效申请。但是，欧共体商标可以在满足第 112 条规定的情形下发生转换。

2. 撤销的有限追溯（第 1 款）

在一般情况下，欧共体商标的撤销自申请撤销之日或在反诉中提出撤销之日起发生效力。这一规定的逻辑在于，欧共体商标本来是有效的，但因后来发生的事由导致效力丧失（例如不使用、误导性使用或未能防止商标成为通用名称）。撤销的机构（协调局撤销部或者上诉委员会，或者成员国欧共体商标法院）有一定的权限将欧共体商标停止效力之日提前。但这一权力的行使以当事人的请求为前提，提出这一请求的一方应当说明理由。

3. 无效的完全追溯(第2款)

原则上，宣告欧共体商标的裁决具有完全的追溯力。欧共体商标被视为自始无效。

4. 追溯力的例外(第3款)

本条第3款对无效的完全追溯力和撤销的有限追溯力规定了例外情形。规定这些例外是源于这样的想法，依当时的法律状态已经有效执行的交易不因情况的改变而改变。这也是欧盟立法中确定性原则的一部分。本条第3款(a)项保护的司法裁决不仅应当是终局的，且应当在欧共体商标被撤销或者被宣告无效前已经执行。因此，如果在侵权诉讼中判定赔偿且已经执行，侵权人原则上不得要求返还已经支付给欧共体商标所有人的赔偿。本条第3款(b)项就在欧共体商标失效前已经签订并履行的合同作出了类似的规定。

5. 例外之例外(第3款)

本条第3款的开放性表述对侵权的司法裁决和合同这两类情形的适用规定了"例外之例外"。这需要援引成员国法且明显旨在授予有管辖权的成员国法院以自由裁量权。适用的成员国法应当是涉及因商标所有人的过失或不诚信造成的损害赔偿请求以及不当得利的规定，因此被废除的欧共体商标的所有人可能会因其存在欺诈而被要求返还通过侵权诉讼而获得赔偿。本条第3款(b)项的表述进一步规定了"例外之例外"。这里适用的是依据合同支付价款的情形，不需要援引成员国法，依据公平原则就可以要求返还。

第五节 协调局审理有关撤销或无效的程序

申请撤销或申请无效宣告

第56条

1. 下列主体可以申请协调局撤销欧共体商标所有人的权利或者宣告

商标无效：

(a)适用第51条和第52条的,为依据对其具有管辖的法律享有独立诉讼能力的任何自然人、法人或代表制造商、生产商、服务商、贸易商或消费者的其他组织或机构。

(b)适用第53条第1款的,为第41条第1款所称的人。

(c)适用第53条第2款的,为该款所称的在先权利的所有人或者根据成员国法有权行使涉案权利的人。

2. 申请应以书面形式提出并说明理由。未交纳费用前,申请视为没有提出。

3. 就已经由成员国法院审理并作出终审裁决的相同当事人之间的相同事由提出撤销或者无效申请的,不予受理。

1. 概述

本条规定了撤销申请(依据第51条)以及无效宣告申请(依据第52条的绝对事由或第53条的相对事由)的提出。这样的申请应当向协调局提出并由协调局的撤销部负责处理。无效宣告的申请当然也可以在侵权诉讼中向欧共体商标法院通过反诉提出。提出撤销或无效的申请人应满足主体资格。这取决于其采取的行动的不同类型:根据第51条的撤销和根据第52条的绝对事由的无效在本条第1款(a)项中被视为一种情形,即没有主体资格的要求。依据第53条第1款和第2款的相对事由的无效申请应具备主体资格,分别规定在本条第1款(b)项和(c)项中。本条规定,申请应当以书面形式提出并说明理由(第2款)。本条第3款特别规定,为避免程序重复,有的撤销和无效申请不予受理。如果所依据的权利由不同的法律主体享有,即使是隶属于一个集团公司里的企业,也要分别提出无效申请。另外,撤销和无效宣告程序被视为不同的性质,需要分别交费,尽管它们可能会在同一个程序中同时被提出。

2. 提出撤销(第51条)和依据绝对事由提出无效宣告(第52条)的主体资格[第1款(a)项]

对于根据第51条提出撤销和根据第52条的绝对事由提出无效宣告的

主体资格并不存在实质性的限制:本条第1款(a)项首先也表明申请人可以是任何自然人或法人,除此之外还扩大了范围,即任何代表制造商、生产商、服务商、贸易商或消费者"组织和机构"。这些组织或者机构应当根据其受管辖的成员国法享有独立的诉讼能力。对此的解释应当与第3条是一致的。本质上,这一规定是为了相关机构(例如商业协会、消费者团体等)有途径请求撤销欧共体商标或宣告欧共体商标注册无效,原因包括商标未使用,商标成为通用名称,或者由于其自身原因自始即不应取得注册。

3. 依据第53条第1款的相对事由提出无效宣告的主体资格[第1款(b)项]

本条第1款(a)至(c)项完全体现了第8条界定的可以据以提出欧共体商标异议的在先权利。在本质上,第53条第1款下的无效事由的范围与第41条和第8条下异议的范围是一致的。因此,如果依据第53条第1款提出无效申请,本条第1款(b)项将可以提出申请的主体限定在第41条第1款的范围内,即有权提出异议的人,包括3种类型:第8条第2款定义的在先商标的所有人或许可使用人;第8条第3款所称的商标所有人;第8条第4款所称的在先商标或标志的所有人以及根据相关成员国法可以行使这些权利的人①。

4. 依据第53条第2款的相对事由提出无效宣告的主体资格[第1款(c)项]

除了第53条第1款、第8条的范围以及异议程序外,第53条第2款还允许基于其他相对事由提出无效宣告申请。本条第1款(c)项将依据第53条第2款的相对事由提出无效宣告的主体资格限定为该款所称的在先权利的所有人或者根据成员国法有权行使该权利的人。这里的表述与第41条第1款(c)项相似,该款允许在先成员国权利的所有人,以及有权行使这些权利的人提出异议。由于第53条第2款涉及因成员国权利导致的相对事由(尽管在是无效宣告的语境中提及),因此与上文注释3相比,在这种情

---

① 参见第8条、第41条和第53条。

形下的申请人主体资格相对模糊：权利的所有人以及能够行使这些权利的人。后一类人会因不同成员国法有关合同、许可以及诉讼、采取法律措施的规定不同而不同。

5. 申请应以书面形式提出并说明理由（第2款第1句）

（a）书面要求。撤销或无效申请应以书面形式向协调局提出。在实际操作中，申请人一般会使用协调局有关撤销或无效申请的范式文本，尽管这不是强制的。与异议程序不同的是，在一般情况下，向协调局提出撤销和无效申请不存在期限限制。当然，如果以第51条第1款（a）项的未使用为由提出撤销，欧共体商标的注册时间至少达到了5年，否则撤销申请不可能获得支持。但是，这与申请人启动撤销程序本身并没有关系①。

（b）内容要求：概括性的。本条第2款指出，申请应以书面形式提出并说明理由。在程序上，申请材料应当包含所有协调局需要处理的信息。这包括两层含义，申请的实质内容以及根据《商标条例实施细则》第37条、第38条的可受理性。

（c）内容要求：实质性的。就实质内容而言，需要陈述的理由因程序不同而不同。对于因绝对事由（第52条）和相对事由（第53条）的无效宣告程序，申请人所试图依据的所有事实、证据和主张都要包括在内（进一步的讨论可参见第56条注释2）。如果是绝对事由，根据第76条第1款的规定，协调局会依职权审查事实，因此可能会发现申请人在陈述中没有提出的问题（参见第57条注释1和第76条第1款，注释1）。但如果是相对事由，根据第76条第1款的规定，协调局不可能依职权对申请未提出相关问题进行调查（除非是公知的事实），因此申请人必须将其试图依据的所有事实、证据和主张都包含在内，无论这些是在申请时已经存在还是在申请后才发生的。以第51条第1款（a）项的未使用为由申请撤销的，申请人只需要说明其要求撤销欧共体商标的理由是未使用，然后证明使用的举证责任由商标所有人承担［参见第57条注释2（b）］。这种最低要求与许多成员国法的

---

① 参见第54条注释1。

规定相比并不一样。一般而言,撤销申请至少要初步说明涉案商标没有在必要的期限内使用,然后证明使用的举证责任才转移给商标所有人。

(d)内容要求:可受理性(《商标条例实施细则》第39条)。撤销或无效宣告申请可能会因语言的问题[《商标条例实施细则》第38条、第39条第3款,下文注释(e)],或者因未支付费用[《商标条例实施细则》第39条第1款,下文注释(f)]而不被受理。另外,《商标条例实施细则》第39条第3款规定,如果申请不符合《商标条例实施细则》第37条的条件,申请人应按照协调局的要求在指定期限内弥补瑕疵,否则不予受理。《商标条例实施细则》第37条分3项详细规定了申请应当包含的内容要求。(a)项要求包含涉案注册商标的必要信息,如注册号、商标所有人名称和住址以及直接对抗的商标注册的商品或者服务。(b)项要求申请所依据的理由,这与不同的废止程序相关,其中(iv)提及了支持理由的事实、证据和主张。尽管这里表明所有理由和证据、事实等都要在第一次提出申请时一并提交,但实际上往往并非如此,协调局会在申请后留有一定的期限。(c)项涉及的是申请人自己的必要信息,包括名称、住址,如果有代理人,还应附有代理人的必要信息。

(e)语言(《商标条例实施细则》第38条、第39条第2款)。根据第119条第6款的规定,申请人可以使用协调局的5种工作语言之一提出申请,但如果申请人选择的语言不是欧共体商标注册认同的2种语言之一,申请人应在1个月内(《商标条例实施细则》第38条第1款)自费完成一份译本(第119条第6款)。未能按规定提交译本的,申请不予受理。另外,第119条第7款还允许撤销或无效宣告程序的当事人协商选择欧盟的其他官方语言(即不一定为协调局的5种工作语言)作为程序使用的语言。在这种情况下,根据《商标条例实施细则》第38条第3款的规定,当事人一方应在协调局根据《商标条例实施细则》第40条第1款的规定向商标所有人送达程序通知书后的2个月内告知协调局。然后,申请的译本应在告知协调局后的1个月内提交,否则程序使用的语言不发生改变。

(f)费用交纳(第2款第2部分和《商标条例实施细则》第39条第1

款)。申请撤销或宣告无效应当交纳700欧元的必要费用。严格来说,未交纳费用并不影响申请的受理,但往往会导致申请被视为从未提出。这与异议程序(第41条第3款)、上诉程序(第60条)、恢复原状之诉(第81条第3款)以及程序继续(第82条第1款)是一致的。但是,在实践中,费用交纳被视为审查申请是否可以受理的一部分,相关规定可参见《商标条例实施细则》第39条第1款。如果协调局发现申请人未交纳费用,会要求申请人在指定期限内(实际操作一般为2个月)弥补这一瑕疵,否则视为申请从未提出。

(g)多重请求。尽管绝对事由和相对事由可以在同一个撤销或无效宣告申请中一并提出,但不可以在同一申请中一并提出撤销和无效宣告申请。协调局本来是允许这种一并申请的,但2004年以后发生了变化。因此,如果申请人试图同时依据第51条和第52条或第53条提出主张,应分别提出申请且分别支付700欧元的费用。否则,其中之一的申请,往往是后提出的申请,会因没有交纳费用而被视为没有提出。

6. 避免重复程序(第3款)

如果撤销或者无效宣告申请已经由成员国法院审理并作出终审裁决,则不得提出相同的申请。这同样适用于协调局此前作出的裁决(第100条第2款)。本款的适用需要满足3个条件:申请依据的事实和理由相同,案由相同,以及涉及的当事人相同。这当然是一事不再理原则的适用,但在不同情形下的适用程度仍有不同。

(a)相同的事实和理由。如果在协调局提出的理由与在成员国法院提出的依据不同,则不适用一事不再理原则。这种情况可能为,申请撤销或无效宣告所依据的商标是一样的,但严格来说,一个是成员国商标,而另一个是欧共体商标。本条例中唯一将一事不再理原则扩展到其他商标的条文是第109条,即以欧共体商标和成员国商标为根据同时和相继进行的民事诉讼,且该条的表述与第44/2001号条例第27条非常相似。因此,从逻辑上说,在这种情况下一事不再理原则的解释应当相当谨慎。与之类似的是,在撤销程序中,现实的情形往往会不断变化,只要申请人能够证明这一点,一事不再理就并非永恒适用。

（b）相同的案由。这里指的是请求排除规则,即就相同当事人之间基于相同的事实和理由提出的争议已经作出的既定判决,无论是撤销还是无效宣告争议,当事人不得再次提出相同请求。

（c）相同的当事人。如果当事人均为相同的法律实体,适用本条是很明确的。如果当事人一方或双方为此前成员国法院中当事人的权利继受人的话,则不太明确。出于公平考虑,一事不再理也应适用权利的继受人。

申请的审查

第57条

1. 在审查撤销权利申请或者无效宣告申请的过程中,如有必要,协调局应邀请各方当事人在规定期限内就他方或协调局的文书提出意见。

2. 在先欧共体商标注册不低于5年的,应欧共体商标所有人的要求,作为无效宣告程序中一方当事人的在先欧共体商标所有人应提供证据证明,在提出无效宣告申请之日前的5年内,在先欧共体商标在欧盟领域内真正使用在其注册并作为申请依据的商品或者服务上,或者提供未使用的理由。另外,欧共体商标申请公告之日前在先欧共体商标注册不低于5年的,在先欧共体商标所有人应提供证据证明第42条第2款规定之情形在该日已经满足。未能提供证据证明的,驳回无效宣告申请。出于无效宣告审查的目的,在先欧共体商标仅在其注册的部分商品或者服务上使用的,视为其仅就该部分的商品或者服务注册。

3. 前款之规定适用于第8条第2款（a）项所称的成员国在先商标,该成员国在先商标在其受保护的成员国内的使用可以替代在欧盟领域的使用。

4. 协调局在认为合适的情况下,可以邀请各方和解。

5. 在审查撤销或者无效宣告申请时发现商标注册的全部或部分商品或者服务不应注册的,应就该商品或者服务撤销欧共体商标所有人的权利或者宣告无效。如未发现,应驳回撤销或者无效宣告的申请。

第六章 放弃、撤销、无效 205

6. 协调局就撤销权利或者无效宣告申请作出的终审裁决应登记在注册簿中。

1. 概述

（a）书面程序。本条调整的是协调局在依据第 56 条和《商标条例实施细则》第 39 条的规定受理撤销或无效申请之后，作出终审裁决之前的撤销或无效宣告审查程序。相应的程序性细则规定在《商标条例实施细则》第 40 条中。协调局采取的是书面程序。尽管第 77 条和《商标条例实施细则》第 56—60 条也规定了口头审理程序，但从未在撤销或无效宣告程序中适用过。协调局有权自由裁量举行口头审理是否有意义，实际上几乎从未实施：只有一个例外[1]，上诉委员会曾经举行过一次口头审理[2]。本条第 1 款允许协调局在"必要"情况下邀请各方当事人提出意见。实际操作上，程序一般分为 3 个步骤，即提出申请并说明理由，商标所有人提出答辩意见，申请人进行回应。如果商标所有人不发表任何答辩意见，则直接进入裁决程序。在本条例中，商标所有人一般没有提出答辩意见的义务。但根据第 51 条第 1 款（a）项以不使用为由提出的撤销申请是例外，商标所有人如果不能提供真正使用的证据，会导致欧共体商标被撤销[3]。在依据相对事由提出的无效宣告案件中，如果申请人被要求提供使用的证明[4]，则会引发新的程序，其步骤为：提出申请并说明理由，商标所有人提出答辩意见并要求申请人证明其在先商标的使用，申请人就使用的事宜进行回应，商标所有人再进行回应。根据本条的第 1 款的规定，协调局并没有义务邀请申请人回应商标所有人的答辩意见，但只要意见涉及实质性内容，协调局通常会采取这一措施。

（b）根据第 76 条第 1 款后半部的规定不得依职权审查事实。根据第 76 条第 1 款后半部的规定，在以相对事由提出的废止注册程序中，协调局

---

[1] 参见上诉委员会 Hollywood 案。
[2] 参见第 77 条注释 2、3。
[3] 《商标条例实施细则》第 40 条第 5 款。
[4] 参见下文注释 3。

不得依职权审查事实,只能依据当事人提供的事实、证据和主张。严格来说,这也是异议程序的范围,而实际上协调局对于依据第53条的相对事由的无效宣告程序的处理与异议程序也是一样。另外,虽然严格而言第52条第1款(b)项的恶意属于绝对事由,不属于第76条第1款的调整范围①,但协调局对以此为由提出的无效宣告程序也采取了类似的处理方法。

(c)根据第76条第1款前半部的规定依职权审查事实。根据第76条第1款前半部的规定,在不涉及相对事由的撤销或无效宣告程序中,协调局有权依职权审查事实。这包括以第52条的绝对事由的无效宣告程序和第51条的撤销程序。对于前者,协调局可以不限于第7条规定的可注册事项的审查,而可以从头审查,包括无效宣告针对的原申请在内。对于后者,协调局实际上只依据当事人提供的事实、证据和主张②。

2. 意见(第1款)

(a)意见的性质。意见可以仅为法律观点,也可以一并包括事实、证据和主张。根据《商标条例实施细则》第40条第1款的规定,最开始由商标所有人提出意见。由于相对事由的无效宣告程序和撤销程序中的举证义务由申请人承担[除了以商标未使用为理由,参见下文(b)],因此,商标所有人一般仅就法律问题进行回应。当然,商标所有人还可以提交事实和证据作为其意见的一部分③。类似的是,如果协调局允许申请人回应商标所有人的意见,以及根据本条第1款的规定进行的多个回合意见交换,适用的程序都是一样的。在绝对事由的无效宣告程序中,商标所有人并非一定要证明当初的注册满足第7条第3款的显著性要求。因为第52条第2款明确规定,如果在注册后因使用而取得显著性的,不会被宣告无效。

(b)根据第51条第1款(a)项的撤销。只有在以第51条第1款(a)项的商标未使用为由的撤销程序中,商标所有人才有义务提出证据证明使用的存在(《商标条例实施细则》第40条第5款)。也就是说,只要申请人根

---

① 就该条的调整范围问题可参见第76条注释2。
② 参见《审查指南》D部分第2章 3.1.1,3.2.1,3.3.1。
③ 参见第78条注释2有关本条例中证据的构成。

据第 54 条第 2 款的规定提出申请并说明了理由,举证责任就明显转向商标所有人一方,这与其他类型的程序形成了鲜明对比。这是因为第 15 条规定了欧共体商标的一项基本要求,即如果不存在未使用的正当理由,就应在欧盟领域内真正使用,以避免根据第 51 条第 1 款(a)项被撤销。一旦申请人以不使用为由提出了撤销申请,商标所有人就因证明商标在相关期限内真正使用。这也是所有撤销或无效宣告程序中,唯一一个因商标所有人证据的瑕疵而会对其构成致命影响的情形。

(c)期限。根据《商标条例实施细则》第 40 条第 1 款的规定,商标所有人应当在协调局指定的期限内提出意见。在实际操作中,这一期限一般为协调局通知商标所有人程序开始之日起 3 个月内。协调局会以正式的书面形式将截止日期告知商标所有人或其代理人,附在撤销或无效宣告程序的通知书后。同样地,如果协调局决定允许申请人提出意见回应商标所有人,申请人应当在协调局指定的期限内提出。对于第 2 轮意见的提交,协调局一般设定为 2 个月的期限。如果一方或双方希望暂停程序进行和解的话,上述所有期限原则上都可以延长。

(d)第 82 条的适用;程序继续。协调局对于撤销或无效宣告程序设定的各种期限,包括当事人提出意见的期限,都可以通过申请第 82 条规定的程序继续而延长。因为这些期限并没有被明确排除在第 82 条第 2 款程序继续的范围外。相比之下,异议程序中的相关期限则在第 82 条的范围外,因为第 82 条第 2 款明确指出,第 41 条、第 42 条设置的期限不适用程序继续。异议程序和撤销、无效宣告程序的这种差别在第 6/05 号协调局局长通报中也有提及[1]。

(e)第 81 条的适用;恢复原状之诉。对 81 条第 2 款并没有将撤销或无效宣告程序中提出意见的期限排除在外,所以在原则上可以适用恢复原状之诉。在实践中,当事人不太可能选择依赖繁琐的第 81 条,而更倾向于选择第 82 条,因为无需证明其他时间。另外,两种期限是不同的,有可能发生

---

[1] 更多细节可参见第 63 条注释 7。

的情况是,第82条第1款规定的2个月期限已过但没有超过第81条第2款的恢复原状之诉的期限。在这种情况下,当事人肯定会选择第81条。

(f)语言(《商标条例实施细则》第38条)。《商标条例实施细则》第38条第1款和第3款规定了撤销或无效宣告程序的语言选择①。《商标条例实施细则》第38条第2款规定,撤销或无效的申请如果未能以程序使用的语言提交证据,应在2个月提交译本。但对于其他当事人提交意见的语言方面,这一规定从未适用过。这意味着应适用《商标条例实施细则》第96条第1款的一般规则:当事人可以以协调局5中工作语言之一提出意见,如果与程序使用的语言不同,应在提交原先材料之日起1个月内提交译本。对于第57条第2款规定的使用要求的证明,应准用《商标条例实施细则》第22条的规定。

(g)中止。需要强调的是,《商标条例实施细则》第40条中并不涉及第20条第7款有关异议程序中止的规定。但在实际操作中,协调局也采取了同样的标准。

3. 使用的证明(第2款、第3款)

(a)概述。本条第2款和第3款与第42条第2款和第3款规定的异议程序的相关内容非常相似。在程序上,《商标条例实施细则》第40条第6款和第22条第2—4款规定了证据提交的期限以及应当提交的证据内容。但是,根据《商标条例实施细则》第22条第5款的规定,实质性意见的回应可以推迟至收到证明使用的要求后,这不同于22条第6款,允许以任何语言提交对使用的证明。实际上,在根据第57条第2款和第3款要求提供使用证明的情况下,上述两条都可以由协调局准用。本质上,这些规定调整的情形是,申请人以第53条第1款(a)项的相对事由提出无效宣告申请,而在先商标(第8条第2款定义的)在无效宣告申请提出前已经注册了5年或5年以上。在这种情况下,商标所有人可以要求申请人证明,在先商标就其注册且涉案的商品或者服务在5年内真正使用。如果在这一期间内没有真

---

① 参见第56条注释5(e)。

正使用,且没有未使用的正当理由的,在无效宣告程序中将不再考虑该在先商标。但这并不意味着该在先商标被撤销——这需要另行提出撤销程序——但其将不会在无效宣告程序中发挥作用。本条第 2 款的内容明确指向欧共体商标,第 3 款指出第 2 款同样准用于成员国商标。①

(b)在后欧共体商标申请公告之日前 5 年期限(第 2 款第 2 句)。以证明使用为目的的 5 年期限与第 42 条相应的内容是一致的。本条第 2 款第 2 句指出,欧共体商标申请公告之日前在先欧共体商标注册不低于 5 年的,在先欧共体商标所有人应提供证据证明第 42 条第 2 款规定之情形除了在无效申请提出之日外,在该日也已经满足。这一规定同样准用于本条第 3 款中的在先成员国商标。

(c)真正使用。更多详情可参见第 15 条注释 7。在要求使用证明的情形下,欧盟法院对"真正使用"的含义作出了较为谨慎的解释。在欧盟法院 Ansul 案中,欧盟法院确立了几项核心原则(第 35—39 段)。首先,真正使用意味着对商标的实质性使用;第二,真正使用不能仅仅是为了维持注册权利的使用;第三,真正使用与商标的基本功能相一致,即向消费者保证商品或者服务的来源,从而与其他商品或者服务加以区分,避免混淆的可能;第四,仅内部的使用不构成真正使用,使用应当在市场中进行;第五,应当在已经投入或准备投入市场的商品或者服务上使用,或者相关的准备工作已经就绪,例如以广告宣传的形式;第六,应结合所有相关情形评估是否为真正使用,尤其是使用对于商标注册的商品或者服务所占市场份额的维持或开拓是否有必要;第七,真正使用并不要求一直保持相当大的规模。这些原则在欧盟法院 La Mer Technology 案中得到了进一步发展。尤其是就 Ansul 案的上述第 6 点,欧盟法院认为,对维持或开拓市场份额的评估应结合个案的情况加以考虑,包括以下几个因素,即涉案商品或者服务的特征,商标使用的频率和规律性,商标是否为所有人的全部或部分商品或者服务市场营销而使用(第 22 段)。最后,就 Ansul 案的上述第 7 点,欧盟法院认为,真正使

---

① 更多详情参见第 42 条注释 3。

用这一要求的最低限度并不因此降低。这两个裁决中的意见都在欧盟法院的 The Sunrider Corporation 案的裁决中被采纳。在实践中,无效宣告的申请人应商标所有人的要求提交使用证明的,应符合《商标条例实施细则》第 22 条第 2 款、第 3 款的规定,这些规定调整的是异议程序中的类似问题,只要作必要的修改即可适用于无效宣告程序①。《商标条例实施细则》第 22 条第 3 款要求提交的说明和证据应包括 4 个方面,即就注册的商品或者服务所使用的时间、地点、程度和性质。《商标条例实施细则》第 22 条第 4 款对构成证据的项目进行了开放列举,本条例第 78 条对此还规定了一般条款。《商标条例实施细则》第 22 条第 3 款设置的 4 项内容应当与欧盟法院在 Ansul 案、La Mer Technology 案、The Sunrider Corporation 案中确立的原则保持一致。协调局的《异议审查指南》也涵盖了协调局对使用证明的分析(第六部分)。另外,协调局最近就使用证明的作出的新的要求也值得关注,即证据应正式提交且应翻译为程序使用的语言②。

(d)在先商标仅在部分商品或者服务上使用的(第 2 款第 4 句话)。在先商标有时可能仅使用在其注册的部分商品或者服务上。在这种情况下,根据本条第 2 款第 4 句话的规定,出于审查无效宣告的目的,视为其仅就该部分的商品或者服务注册。

(e)期限(《商标条例实施细则》第 40 条第 6 款)。欧共体商标所有人可以依据本条第 2 款或第 3 款的规定要求申请人提供证据证明使用的存在,但应在《商标条例实施细则》第 40 条第 6 款规定的期限内提出这一要求。《商标条例实施细则》第 22 条第 1 款并非旨在指向《商标条例实施细则》第 40 条第 6 款。但是,建议欧共体商标所有人最好在首次答复意见时提出使用证明的要求,否则这种要求可能会依据第 72 条第 2 款的规定而被认定为超过期限。收到这一要求后,协调局应当要求申请人在《商标条例实施细则》第 40 条第 6 款规定的期限内回应。实践中,这一期限一般为协

---

① 参见《商标条例实施细则》第 40 条第 6 款。
② 更多详情可参见协调局官方网站 oami.ruropa.eu。

调局书面告知申请人之日起2个月内。如果提交的证据并非程序使用的语言,根据协调局最新更改的操作规则,一般会要求申请人在指定期限内提交译本(《商标条例实施细则》第22条第6款)。这一期限一般为2个月内。

4. 协调局撤销或无效的裁决(第5款和第6款)

本条第5款规定,如果协调局认为商标注册的全部商品或者服务不应注册的,应撤销欧共体商标所有人的权利或者宣告该注册商标无效。如果协调局认为商标注册的部分商品或者服务不应注册的,应就该商品或者服务撤销欧共体商标所有人的权利或者宣告无效。如果协调局认为欧共体商标不存在被撤销或无效的事实,则应驳回撤销或者无效宣告的申请。相应的费用承担由协调局根据第85条的规定进行裁决。无效或撤销的后果由第55条调整。如果对协调局的裁决不服,可以根据第58条的规定向上诉委员会上诉。根据本条第6款的规定,协调局作出的任何有利于申请人的就撤销权利或者无效宣告申请的终审裁决应登记在注册簿中。

5. 邀请各方和解(第4款)

本条第4款允许协调局邀请当事人各方在友好的基础上解决无效或撤销争端。该款的规定与第42条第4款有关异议程序的内容相似。在实践中,协调局一般不会适用该款。事实上,当事人出于商业因素的考虑进行协商是家常便饭,协调局是否邀请他们和解,对于问题的解决不会产生实质性的影响。

第七章 上诉

可提出上诉的裁决

第 58 条

1. 对审查员、异议处、商标管理及法律事务处以及撤销处作出的裁决可提起上诉。上诉具有中止效力。

2. 对于尚未终止一方当事人程序的裁决,应就终审裁决一并上诉,除非裁决本身允许单独上诉。

1. 可提起上诉的裁决(第 1 款第 1 句)

(a) 一审的裁决主体。协调局作出的终止程序的一审裁决可以提出上诉。这些程序是在申请、异议、撤销或无效宣告程序中作出的,也包括协调局作出的其他裁决,尤其是涉及欧共体商标注册或代理人名单的裁决。本条第 1 款有关裁决主体所使用的术语正是第 130 条所称的以及其他等。考虑到协调局的机构重组,就本书所著时的情况来看,应称之为商标部(包括审查处与异议处)和废止与诉讼部(独立于原来的废止处,同时承担商标管理和注册的职能,旨在处理欧共体商标注册和职业代理人名单的事项)[①]。

(b) 裁决。只有裁决才可以上诉。旨在听取申请意见而由协调局作出的对申请意见不予采纳不属于裁决。但是,如果通知中包含了根据《商标条例实施细则》第 52 条第 2 款规定的上诉权的说明,则可以被认为是一种裁决,即使这是违反口头审理权利的。另一方面,协调局没有在裁决中作出这种说明的,并不会排除当事人在规定的期限内获得提出可受理的上诉所

---

① 更多详情可参见 oami.europa.eu 中"关于协调局——机构信息"对组织章程修订的实时更新。

具备的条件(《商标条例实施细则》第 52 条第 2 款第 3 句话)。就权利丧失的通报不是裁决。只有当协调局作出支持这一观点的裁决后,才能提出上诉(《商标条例实施细则》第 54 条)。同样的,对依据第 40 条向第三方通报的协调局的意见不会产生任何效力,因此也不是裁决,因为提交意见的第三方无权重启审查且不会成为任何程序的当事人。但是,对于因被驳回的不被接受的商标撤回通报被视为可上诉的裁决,即使其没有说明法律救济途径①。

2. 中止效力(第 1 款第 2 句话)

上诉可以中止裁决的效力。上诉并非完全能够被受理,但必须要遵循 2 个月的期限并交纳费用(否则上诉视为没有提出)。中止的效力在最终裁决作出前一直有效,这意味着将持续在欧盟法院或欧盟普通法院所有可能进行的潜在程序的期间内②。中止效力意味着上诉的裁决被视为没有作出。相应地,与中止事项有关的任何行为都是允许的,且当事人仍可以依据一般的规定撤回或改变他们的请求。一审裁决直到上诉期满后才为最终裁决,与是否实际提出上诉无关③。需要注意的是,如果欧共体商标申请在上诉提出后但上诉期满前撤回的,上诉因缺乏主题而被视为没有提出且没有交纳费用。

3. 仅为终止程序的裁决(第 2 款)

(a)上诉的可受理性。本条第 2 款明确指出,对于尚未终止一方当事人程序的裁决,应就终审裁决一并上诉。这是为了避免行政程序的延误和分割。这一规定应当给予狭义的解释。终止"辅助性"程序的裁决应当可以上诉,例如有关优先权或先前权要求的程序(上诉委员会 Viceroy 案),或者对欧共体商标申请修订的允许(上诉委员会 Teleye 案)。考虑到优先权认定的重要影响,就申请日作出的裁决可以单独上诉。不得单独上诉的裁

---

① 参见扩大上诉委员会 Optima 案裁决第 12 段。
② 尽管这些程序本身并不具有中止的效力,参见《欧洲联盟运作条约》第 278 条,以及本条例第 64 条第 3 款。
③ 参见扩大上诉委员会 Optima 案以及上诉委员会 Making Tomorrow Happen 案。

决有:受理异议、驳回延长期限的要求、驳回恢复原状的要求以及审查员拒绝接受对商品或者服务清单的一定限制。在这些情况下,申请人需等待最终的驳回申请裁决(包括部分驳回)。另一方面,协调局在一开始发布的有关特定产品不属于商品或者服务清单一部分的通报可以被视为部分驳回申请,因此可以上诉(上诉委员会 BioGeneriX 案裁决第 13 段)。

(b)允许的单独上诉。可以单独上诉的情形非常少见。在任何情况下,包含有上诉权的说明即可被解释为这种允许(上诉委员会 BioGeneriX 案裁决第 14 段)。另外,如果申请人希望注册一个具有固有显著性的商标,尽管协调局会以取得显著性要求(第 7 条第 3 款)为条件接受这一商标,但申请人必须要求作出部分裁决,且这种裁决是可以上诉的。如果第 7 条第 3 款的条件满足,第 7 条第 1 款(b)至(d)项则不再适用,则没有理由驳回。因此,在这种情况下,如果申请人希望固有的显著性得到认同,只能通过对审查员作出的"暂定驳回"的裁决提出上诉才能得以实现。

有权上诉和有权成为上诉程序当事人的主体

第 59 条

受到裁决不利影响的任何当事人可以提起上诉。程序的其他当事人自动成为上诉程序的当事人。

1. 受到不利影响的当事人(第 1 句)

根据本条第 1 句话的规定,仅受到裁决不利影响的当事人才可以提出上诉。如果当事人已经实质上达成了其目的,即使其不认同裁决的理由,亦不得提出上诉。因此,这取决于协调局就案件的主旨作出的处理以及裁决是否整体上有利于或(部分的)不利于该当事人。

(a)申请人;单方程序。欧共体商标的注册申请旨在注册商标,如果作出部分或全部驳回申请的裁决,申请人即受到了不利影响。以取得显著性(第 7 条第 3 款)为条件接受申请的裁决其实是核准了申请人的请求,因此不应被视为(部分)驳回注册请求,故不得上诉。如果申请人希望通过更高的审级使得其商标固有的显著性得到认可,则必须要求作出的"暂定驳回"

的裁决,且依据第 58 条第 2 款可以单独提出上诉[参见第 58 条注释 3(b)]。

(b)申请人;当事人之间的程序。申请人至少受到因欧共体商标申请异议而被部分驳回的不利影响。如果异议被驳回且没有对申请造成任何影响,即使协调局可能就相关事项不认同申请人的观点,但申请人并没有受到不利影响,因此不得提出异议。例如,如果申请人主张在先权利的不使用且同时辅助主张缺乏混淆可能,而协调局要么找到了使用的充分证据,要么甚至决定不就此事项加以审查,但以缺乏混淆可能为由驳回了异议,申请人可能不同意协调局的理由,但实际上已经达到目标,因此不得上诉。

(c)异议人。异议人的目标是在异议范围内驳回欧共体商标的申请。如果协调局在异议范围内驳回欧共体商标申请,异议人没有受到不利影响。即使协调局否定了异议人相关的主张或者请求,也同样如此。例如,协调局可能会认为,就一个或多个在先商标所提交的使用证据并不充分,不认同在一个或多个成员国内享有声誉,或者认为特定的在先权利不存在或确定不相似。但协调局仍可能基于一个或多个援引的在先权利驳回欧共体商标申请,尽管这可能在申请人转换的可能性问题上给异议人造成不利的影响,但异议旨在驳回欧共体商标申请而并非阻止转换。这点已经得到了欧盟普通法院的认可(欧盟普通法院 MGM 案)。另外,存在多个异议时,协调局可以仅基于一项异议驳回欧共体商标申请,在这种情况下,其他异议程序未经裁决即被终止(《商标条例实施细则》第 21 条),也同样说明了这一点。这样的话,也没有理由推定协调局有义务在一项异议中对每一项援引的在先权利加以裁决。

(d)双方均受到不利影响。正如上文所述,当欧共体商标申请被驳回的范围小于异议的范围时,申请人和异议人均(部分)受到不利影响,因此都可以上诉。对于一方当事人是否可以将对方当事人提出的上诉范围扩大到对方当事人没有提出的事项上的问题,可参见第 60 条注释 1(e)*。由于

---

* 应当为第 60 条注释 1(f),原文存在笔误。——译者注

双方的上诉来源于同一项裁决,因此应合并审理(上诉委员会程序规则第 7 条第 1 款)。

(e)关于撤销或无效宣告的程序。上文所述的内容同样适用于撤销或无效宣告程序:如果注册被维持,仅申请撤销或无效宣告的人才受到不利影响并可以提出上诉。当注册在撤销或者无效宣告申请的范围内被撤销或被宣告无效,则只有欧共体商标所有人受到不利影响。如果撤销或者无效宣告的申请仅得到部分支持(例如仅就部分商品或者服务,或者在撤销案件中迟于要求的日期),双方均可上诉。

2. 上诉程序的其他当事人(第 2 句)

在当事人之间的程序中,当一方当事人对作出的裁决提出上诉,一审程序的任何其他当事人自动成为上诉程序的当事人。如果上诉未能及时提出或因未能及时交纳费用而被视为没有提出(第 60 条),则认定不存在上诉,也不存在"其他当事人"。但是,有关上诉是否可以受理的问题(可能包括第 81 条规定恢复原状之诉)是上诉程序的组成部分,因此在法律上也同样涉及其他当事人。这关系到上诉因不得受理而被驳回的成本决策问题。如果其他当事人由职业代理人代表,即使他们尚未收到上诉书的副本或提出任何意见,他们仍可以根据第 85 条第 1 款的规定要求补偿他们支付的代理费(或者在根据第 85 条第 3 款规定的撤回上诉的情况下)。

上诉的期限和形式

第 60 条

对裁决不服提起上诉的,自裁决通知之日起两个月内应以书面形式向协调局提交上诉书。上诉书在交纳上诉费后才视为提交。自裁决通知之日起四个月内应以书面形式提交上诉理由。

1. 上诉的 2 个月期限(第 1 句)

为了满足本条第 1 句话设置的 2 个月期限,提起上诉的人应保证协调局能在期限届满的最后一日收到书面形式的上诉书①,且交纳上诉费②。

(a)为满足 2 个月期限的最低要求。根据《商标条例实施细则》第 49 条第 1 款的规定,上诉书应指明上诉的裁决以及上诉的范围[《商标条例实施细则》第 48 条第 1 款(c)项],并采用上诉程序可以使用的语言(《商标条例实施细则》第 48 条第 2 款)。另外,上诉书可通过实物送达(亲自送交、邮寄或者其他方式),或者通过传真送达③;电子方式目前还不适用于上诉(《商标条例实施细则》第 82 条)。理论上,根据《商标条例实施细则》第 49 条第 1 款的规定,对这些最低要求存在的缺陷可以在 2 个月期限届满之前补救。但实际上,上诉委员会的立案处往往不会审查新的上诉并发布通知要求弥补这种基本错误;更何况,这些缺陷的发生往往临近上诉期届满之时。因此,《商标条例实施细则》第 49 条第 1 款强调的缺陷,一方面极为少见,一方面也难以在期限届满前补救。

(b)语言。根据《商标条例实施细则》第 48 条第 2 款的规定,上诉书应采用上诉裁决所属程序使用的语言。在一般情况下,这就是上诉裁决使用的语言。在涉及欧共体商标申请的单方案件中,如果申请人使用的语言不是协调局的工作语言之一的话,协调局与当事人用第二种语言交流也是很常见的。尽管当事人同意使用第二种语言,但第一种仍为程序使用的语言(就此问题可参见欧盟法院 Kik 案裁决第 48 段)。当然,在这种情况下,申请人一般不会坚持裁决或上诉应使用申请时使用的第一种语言。《商标条例实施细则》第 48 条第 2 款否定了《商标条例实施细则》第 96 条第 1 款的适用,因此,如果上诉书以错误的语言提交,不存在额外 1 个月提交译本的机会,而直接因不符合受理条件而被拒绝(《商标条例实施细则》第 49 条第 1 款)。但是,协调局官方网站 oami. europa. eu 上的官方申请书接受不同的语言,只要在上诉书记载的日期前采用程序使用的正确语言即可。

(c)可以在后来满足的其他受理要求。为满足受理的要求,上诉书当

---

① 期限的计算可参见《商标条例实施细则》第 70 条。
② 本条第 2 句话,参见下文注释 2。
③ 参见《商标条例实施细则》第 79 条、第 80 条。

然应包含更多的信息,特别是明确诉求,有代理人的话还应指明代理人[《商标条例实施细则》第48条第1款(a)项和(b)项],还应签名以满足书面要求[《商标条例实施细则》第79条(a)项;但是,《商标条例实施细则》第80条第3款规定了例外,即通过电子传真的方式送达的,指明发送人的姓名等同的签名]。从英国的实践来看,协调局一般认可通过签名表明企业或合作方的名称;但是这种做法并没有得到普遍的认同,因此建议签署有权代表上诉方的个人的姓名。如果不符合上述条件,立案处会要求上诉人在一定期限补救缺陷(《商标条例实施细则》第49条第2款),一般情况下为2个月。如果缺陷未能补救,则以不符合条件为由拒接受理。在这种情况下,上诉费不予退还。使用官方的上诉书并不是强制的,但有助于避免错误。

(d)不适用程序继续;恢复原状。2个月的上诉期限不能通过要求适用第82条规定的程序继续而延长,因为第82条第2款明确排除了本条规定的期限。但是,在适当的情况下,第81条规定的恢复原状是可以适用的,因为第81条第5款并未提及本条。

(e)不得延长或中止。由于本条规定的期限是法定的,而《商标条例实施细则》第71条第1款第2句话仅指协调局设定的期限(扩大上诉委员会Kosmo案裁决第14段),因此不得延长。另外,即使当事人双方均要求中止程序,在本条规定的期限得到遵守前也不予接受[①]。

(f)被上诉人的辅助上诉。上诉委员会程序规则第8条第3款规定,在当事人之间的程序中,"被告人"(即被上诉人)可以"请求废除或在上诉的诉求范围外改变涉案的裁决"。这也得到了欧盟普通法院程序规则第134条第3款的认可。很明显,这一规定旨在允许上诉事项扩展到上诉人没有提出的范围,扩展的事项仅对被上诉人造成了不利影响,而非上诉人。也许有人会问,这是否能成为第60条和第58条第1款第2句话的合法"例外"?这两条规定,如果没有在期限内提出上诉,裁决将在没有提出上诉的范围内

[①] 参见下文第63条注释2.c。

最终生效。毕竟,上诉委员会的程序规则不能改变本条例的规定。但是,这在成员国的程序法中是很常见的,并且正如上文所述,欧盟普通法院也允许在一方当事人上诉的基础上扩展上诉事项的范围。另外,如果不这样理解上诉委员会程序规则第 8 条第 3 款的规定,就意味着如果被上诉人不认同协调局作出理由,即使没有因此受到不利影响,也可以提出这一事项。但这一问题早在第 2082/2004 号欧洲理事会条例引入上诉委员会程序规则第 8 条第 3 款之前,就已经有案例加以明确(上诉委员会 Dual 案),尽管在上诉委员会内部对此有时仍存在争议。因此,以这种方式解释上诉委员会程序规则第 8 条第 3 款的规定不会造成任何实质性影响。可以肯定是,如果原先的上诉撤回,上诉委员会无需就被上诉人的意见作出处理(上诉委员会程序规则第 8 条第 3 款第 2 句话)。

2. 交纳上诉费(第 2 句)

在提交上诉书后的 2 个月期限内,应当向协调局交纳 800 欧元的上诉费。通过银行转账[《商标费条例》第 5 条第 1 款(a)项]或者直接向协调局持有的账户支付(《商标费条例》第 5 条第 2 款)都是可以接受的交费方式。在可预见的未来,信用卡支付也将是一种可以接受的交费方式,当然目前尚未开通这一途径(《商标费条例》第 5 条第 2 款和 2006 年 5 月 18 日第 EX - 06 - 03 号协调局局长决定第 3 条第 2 款)。现金和支票支付一直是不予接受的。只要上诉费未能足额交纳,上诉视为没有提出。如果费用在 2 个月的上诉期届满之后才交纳至协调局,将被退回上诉人(《商标费条例》第 49 条第 3 款),除非适用《商标费条例》第 8 条第 4 款规定的迟延支付的例外情形(即在期限届满之日提前 10 日告知银行,或不满 10 日但无论如何早于期限届满之前,且加收 10% 的费用)。根据《商标费条例》第 7 条的规定,任何向协调局支付的费用应包含必要的信息以明确目的。尽管《商标费条例》第 7 条第 1 款(a)至(d)项没有明确强调上诉费,但建议标明"上诉费"以及上诉的裁决编号和日期,以确保支付的准确定位。

3. 提交上诉理由的 4 个月期限(第 3 句)

(a)要求。上诉理由应在自裁决通知之日起 4 个月内以书面形式提交。这4个月的期限与何时提出上诉无关。为确保上诉能被受理,上诉理由不能仅包含对上诉裁决的陈述,也不能仅援引之前提出过的意见。但实际上,上诉委员会在这一问题上是很宽松的,只要提交一些材料,上诉一般都会受理①。

(b)恢复原状。有关恢复原状和程序继续的问题(第81条和第82条),上文注释1(d)也同样适用。但是,需要重申的是,提交上述书面意见的4个月期限与提起上诉的时间无关。其结果是,如果错过了上诉期,例如忽视了一审裁决的通知或未注意截止期限,提交上诉理由的期限往往也会错过。在这种情况下,应就这两项错过的期限要求程序恢复,且"遗漏的行为"应在要求权利恢复时完成。这意味着上诉书和上诉理由应一并提交。另一方面,对于上诉委员会来说,这将被视为一个要求(尽管严格来说涉及两个期限),因此只需要交纳一个200欧元的恢复费用即可。

(c)不存在延长或中止。4个月提交上诉理由的期限既不能延长也不能中止;参见上文注释1(e)。

(d)语言。上诉理由应当以所属程序可使用的语言或者其他协调局工作语言提出。如果采用其他语言,应在提交原先材料之日后的1个月内提交程序使用的语言的译本(《商标条例实施细则》第96条第1款第2句话)。需要强调的是,提交译本的1个月期限起算并非以本条第3句话为准,而是以提交原先材料之日为准。

对单方当事人案件裁决的修正

第61条

1. 提起上诉的当事人是程序的唯一当事人,且作出被诉裁决的部门认为上诉理由充分、可以接受的,该部门应修正其裁决。

2. 收到上诉理由后的一个月内未修正裁决的,应立即将上诉移送上诉

---

① 但是,参见上诉委员会 President 案中上诉直接针对的是中止的失败,而非涉案的裁决;同时还可参见欧盟普通法院 Claro 案中因上诉理由的一般性表述而被认定不符合条件。

委员会,对上诉内容无需评述。

1. 概述

本条与第 62 条规定了作出被上诉裁决的一审主体对裁决进行中间修正,并最终依据第 80 条的规定撤销。中间修正对于在单方当事人程序中作出的裁决一直是存在的,但对于当事人之间的程序直到 2004 年才引入。与此同时还引入了第 80 条,规定了撤销、改正裁决或登记在注册簿中的法律依据(尽管协调局已经在此之前根据第 83 条指向的一般公认的行政程序法原则纠正了明显的错误)。从立法的指导思想上看,裁决的中间修正和撤销旨在让协调局消除明显的错误,当事人从而无需进行上诉程序。在实践中,中间修正相对少见。

2. 单方当事人案件中的中间修正程序(第 1 款)

上诉委员会立案处将受理的上诉及其理由送交作出被诉裁决的部门,以供参考是否应当修正裁决。该部门应当在收到上诉理由后的一个月内修正裁决。否则,上诉将被移交至上诉委员会立案处(第 2 款)。在实践中,修正往往针对的是明显的程序性错误,例如遗漏了交费,未经任何在先反对通知即驳回申请,或者遗漏了申请人对反对意见的回应。

3. 退还上诉费和下一步程序(第 2 款)

如果对裁决进行修正,则应退还上诉费[《商标条例实施细则》第 51 条(a)项]并终止上诉程序。程序退回到没有错误的原先裁决阶段。相应地,一审部门可以基于不同的理由(或修正的理由)作出新的裁决以实现同样的结果,在这种情况下,(前)上诉人以及其他受影响方仍可以提起新的上诉。例如,审查员第一次提出了反对意见且认为申请人没有回应,则驳回了申请,但事实上申请人作出了回应。那么,由于错误明显,审查员可以修正这一裁决的错误,然后考虑申请人(或上诉人)的理由,并重新作出驳回的裁决。

对当事人之间案件裁决的修正

第 62 条

1. 提起上诉的当事人与其他当事人存在争议,且作出被诉裁决的部门认为上诉理由充分、可以接受的,该部门应修正其裁决。

2. 作出被诉裁决的部门告知其他当事人修正裁决的意图,且其他当事人自收到告知之日起两个月内接受的,可以修正裁决。

3. 其他当事人在前款提及的收到告知之日起的两个月期间内,不接受对被诉裁决的修正并作出具有相同效力的声明,或者未在该期限内作出任何声明的,应立即将上诉移送上诉委员会,对上诉内容无需评述。

4. 但是,作出被诉裁决的部门自收到上诉理由后,不认为上诉理由充分且可以接受的,可以不采取前两款规定的措施,立即将上诉移送上诉委员会,对上诉内容无需评述。

1. 含义

正如上文所述(第61条注释1),本条也是在2004年才引入的。本条的实际操作性不强,不仅是因为异议处极少会修正裁决,更因为其他当事人一般也不会同意修正。即使在作出的裁决明显错误的情况下,(一审的)胜诉方仍会抱有希望认为,上诉委员会可能仍然作出相同的裁决,即使依据的理由不同。在这种情况下,唯一能够促使他们同意修正的是经济上的动因:如果因不同意而无法修正裁决,而上诉委员会作出的裁决有利于上诉人的话,被上诉人(一审中的胜诉方)就要承担上诉人的成本,包括上诉费[根据《商标条例实施细则》第51条(b)项的规定已经退还的除外]。由于程序的复杂性导致了本条实际适用效果不佳,且又造成了涉及当事人之间案件的上诉程序的延误,因此,本条的引入备受争议。

2. 修正的程序

本条的含义是明确的。唯一需要注意的是,被上诉人的同意应当明示,也就是说,不表态是不够的。这与本条例中不存在缺席审判的规定是一致的,尽管这可能导致对于那些明显就该事项丧失利益相关性或已经停止运作的当事人,协调局及其上诉委员会仍要继续审理他们的案件。程序继续在这里不得适用,因为第82条第2款明确排除了本条。

上诉的审查

第 63 条

1. 上诉被受理的,上诉委员会应审查上诉是否成立。

2. 在审理上诉的过程中,如有必要,上诉委员会应邀请各方当事人在规定期限内就他方或上诉委员会的文书提出意见。

1. 上诉内容审查(第 1 款)

本条调整的是上诉委员会适用的程序。其他相关条文有第 77 条第 3 款(口头审理程序)和第 80 条第 3 款(撤销程序)。本条的实施细则为《商标条例实施细则》第 50 条和上诉委员会程序规则第 8—10 条。

(a)程序法的基本原则,尤其是:正当程序。欧盟普通法院指出,程序法的基本原则,尤其是《欧洲人权公约》第 6 条第 1 款和公正处理权并不适用于上诉委员会进行的程序,因为就性质而言这些属于行政程序而非司法程序[1]。该观点似乎存在问题,因为上诉委员会承担了司法职能,本条例规定了审判人员独立、公正的要求,且上诉委员会应依据客观的标准处理承担的案件(例如第 135 条)。大多数确保公正处理的原则也当然在本条例中得以确立,特别是口头审理的权利[2]。要求在合理期限内审结程序的权利也得到了欧盟普通法院的认可,尽管其是被作为行政程序的基础(欧盟普通法院 Top 案裁决第 47 段至第 51 段)。许多法律制度的基本原则之所以会存在争议,是因为可能不符合每个案件都应遵循客观、既定的标准这一理念。在上诉委员会中,每个独立案件的审理委员会由 3 个以上的成员组成,均有上诉委员会主席指定,这是否符合上述原则存在疑问。但是,欧盟普通法院认为,本条例和上诉委员会的程序规则总体上接受了程序法的原则(第 83 条),充分保护了在上诉委员会进行的程序中各方当事人的程序

---

[1] 参见欧盟普通法院 Soap Ⅱ 案裁决第 22 段至第 23 段、欧盟普通法院 Calypso v Calpico 案裁决第 62 段。

[2] 第 75 条第 2 句话;参见欧盟普通法院 Calypso v Calpico 案裁决第 63 段。

权利。

（b）书面审理。上诉委员会的审理程序是以书面形式进行的。尽管在第77条，《商标条例实施细则》第56—60条，以及欧盟普通法院程序规则第9条明确规定了口头审理程序，[1]但是上诉委员会仅在一例案件中举行了口头审理程序（上诉委员会 Hollywood 案）；

（c）程序的步骤。在单方当事人案件中，由于只有一方当事人，书面程序是相对简单的，且没有特别规定。一般情况下，如果上诉是可以受理的，上诉委员会则依据收到的上诉理由作出决定。另外，上诉委员会可能会根据程序规则第10条的规定以"通报"的形式发布意见，并根据第63条第2款的规定要求在指定期限内答复。除此之外，涉及单方当事人案件的上诉不存在其他特别规定。相反，当事人之间的案件则规定的更为详细，尤其是上诉委员会第8条第2款引入了答复和二次答辩规则。程序通常包括4个步骤，即上诉并陈述理由，回应，答复以及二次答辩，尽管上诉委员会已经指出当事人答复与二次答辩权利所存在的问题并加以讨论。作为本条例下的一般原则，没有义务提交意见和不存在默认决定。在当事人之间的程序中引入新的事实和证据应受到质证，因此可适用第82条的规定[2]。

2. 事实、证据和主张的提交（第2款）

根据第61条第2款的规定，上诉委员会应邀请各方当事人提交"意见"。问题在于，上诉人和被上诉人可以在何种程度内提交新的事实、证据和论点。

（a）功能的连续性。《商标条例实施细则》第50条第1款第1句话规定，上诉程序准用作出被诉裁决的部门的程序规则。审查员与上诉委员会之间存在功能的连续性，第64条第1款第2句话即表明了这一点，即允许上诉委员会在作出被诉裁决的部门的职责范围内行使权力（欧盟普通法院 Soap Ⅱ案裁决第21段）。相应的，在涉及绝对事由的无效或驳回程序中，

---

[1] 参见第75条注释2。
[2] 参见第82条注释2（b）。

上诉委员会可以依职权审查事实,但在涉及相对事由的程序中,上诉委员会仅限于当事人提交的事实、证据和论点(第 76 条第 1 款)。与异议处和撤销处一样,上诉委员会也可以将"众所周知"的事实纳入考虑范围①。上诉委员会决定将先前没有引入程序的事实作为定案依据的情况很常见,以事实并非"众所周知"为由试图推翻某一项裁决是非常困难的。

(b)向上诉委员会提交新的事实和证据。欧盟普通法院曾偶然地将功能的连续性解释为,一般情况下,在上诉程序中,新的事实和证据只要能在这些程序规定的期限内提交即可(即一般情况下陈述理由的期限)。但是,欧盟法院在 OHIM v Kaul 案中推翻了该观点,认为上诉程序并不能重新启动期限,上诉委员会应像审查员一样,行使自由裁量权决定是否将它们作为考虑范围之内。单方当事人案件。在单方当事人案件中,迟延提交通常不会构成问题。特别是自从欧盟普通法院 Soap Ⅰ 案后,在上诉委员会第一次就显著性条件提出的要求明显是可以受理的,且一般会根据第 64 条第 1 款第 2 句话的规定,由上诉委员会移交审查员作进一步处理。异议程序。对于异议程序,《商标条例实施细则》第 50 条第 1 款第 3 句话规定,上诉委员会应就在适用的期限范围内呈现的事实和证据展开审查,除非根据第 76 条第 2 款的规定存在额外的或追加的事实或证据。在实践中,纯粹新的事实或证据,诸如在异议处适用的期限届满之前不存在事实或证据,通常是可以接受的。更重要的是,对先前提交的补充证据的追加证据通常也是可以接受的。如果在一审中没有提交任何证据,在上诉程序中提交的新证据则通常不予采纳(追加证据接受的案例有:上诉委员会 Minerva 案和上诉委员会 Conquistador 案,新证据不予采纳的案例:上诉委员会 M & K 案)。废止程序。与异议程序不同,废止程序并不存在严格的期限限制②。这同样反映在上诉阶段中,上诉委员会更愿意采纳新的事实和证据,《商标条例实施细则》第 50 条第 1 款第 3 句话确立的规则也仅针对异议程序,原则上不涉及

---

① 参见欧盟普通法院 Picasso v Picaro 案裁决第 29 段,并在欧盟法院 Picasso 案中得到确认。
② 参见第 57 条。

当事人之间的程序,也不涉及诸如第76条第1款的相对事由。

3. 当事人之间案件上诉程序的期限

上诉委员会程序规则第8条第2款规定了当事人之间案件的四步程序,包括上诉并陈述理由,被上诉人答辩,上诉人就被上诉人答辩的回应,被上诉人的二次答辩。上诉书和上诉理由提交的期限和其他要求规定在第60条中。这些期限既不能延长,也不能在这一阶段被中止[①]。答辩的期限由上诉委员会规定,一般为2个月。根据《商标条例实施细则》第71条第1款第2句话的规定,这也是唯一一个能够基于合理要求而延长的期限。上诉委员会程序规则第8条第2款分别规定了上诉人回应和被上诉人二次答辩的2个月法定期限,且均不可延长。但是,一旦符合第60条的要求,可以中止上诉程序。如果当事人共同申请中止程序,一般会得到允许。但上诉委员会对此的实际操作并不完全具有可预见性,因此并不能得到保证。就所有这些期限而言,理论上可以适用第81条规定的恢复原状。与废止程序相关的上诉可能适用第82条规定的程序继续。涉及异议程序的上诉应遵循《商标条例实施细则》第50条第1款第2句话的规定,当上诉直接针对的是异议程序中作出的裁决时,程序继续不适用第63条第2款确定的期限。唯一存在争议的是对上诉答辩的期限,因为这是唯一一个由上诉委员会"确定"的期限,而上述其他所有上诉程序中的期限均为法定期限。

4. 陈述意见的语言

对于在上诉程序中提交的任何材料,不存在特别的规定要求使用何种语言是合适的。但是,正如《商标条例实施细则》第50条第1款第1句话规定的那样,这里应准用作出被诉裁决的部门进行的程序相同的规定。相应地,在单方当事人程序中,上诉人可以以欧盟的任何一种语言提交证据材料。上诉委员会有权要求提交译本(《商标条例实施细则》第96条第2款),但这种情况很少发生。在异议程序中,《商标条例实施细则》第19条第3款和第22条第6款同样适用于上诉阶段。相应地,任何事实和证据均

[①] 参见上文第60条,注释1(e)和注释3(c)。

应当在期限内提交且使用程序的语言或提交译本。当然,对(进一步)使用的证明除外,其可以以任何语言提交,当然协调局可以要求提交译本。对于废止程序,如果提交的语言不是程序使用的语言,但属于协调局的工作语言,则适用《商标条例实施细则》第96条第1款第1句话规定1个月提交译本的通常期限。对于支持无效或者撤销申请的证据,如果是与申请一并提交的,则适用《商标条例实施细则》第38条第2款规定的2个月提交译本的期限。

上诉的裁定

第64条

1. 上诉委员会对上诉的可诉性进行审查后,应对上诉作出裁定。上诉委员会可以行使对被诉裁决负责的部门职责范围内的任何权力,或者将案件移送该部门进一步审理。

2. 上诉委员会将案件移送被诉裁决的部门作进一步审理的,在事实相同的情况下,该部门应受上诉委员会裁定理由的约束。

3. 上诉委员会的裁定自第65条第5款所称的期限届满之日起生效,或者在该期限内向法院提起诉讼的,自诉讼被驳回之日起生效。

1. 概述

本条第1款确定了上诉委员会的职责,既可以自己改判被诉裁决,也可以将案件移送作出被诉裁决的部门作进一步审理。本条第2款规定了移送的后果。第3款明确了上诉委员会裁定的生效前提为,根据第65条的规定没有向普通法院提起诉讼或诉讼已被最终驳回。因此,上诉的中止效力(第58条第1款第2句话;参见第58条注释3)一直持续到上诉委员会作出最终裁定且没有进一步诉讼提起。关于本条的具体实施,《商标条例实施细则》第50条第2款规定了上诉委员会裁定的内容和形式,第51条规定了上诉费的退还。另外,上诉委员会程序规则第12条、第13条还提及了上诉委员会的审议和成员的投票顺序。

2. 功能的连续性，相关时间点（第 1 款）

（a）功能的连续性。上诉委员会与作出被诉裁决的部门具有功能上连续性[还可参见第 63 条，注释 2（a），（b）]。与功能的连续性一致的是，上诉委员会可以行使作出一审裁决的部门职责范围内的任何权力。特别是可以重启事实的查证和评估程序，将新的事实和证据作为考虑范围内，以及代替行使一审部门享有的任何自由裁量权。

（b）相关时间点。功能的连续性对于上诉委员会确定相关时间点具有同样重要的作用，例如涉案商标应在何时具有显著性，或应在何时产生了混淆可能等。简而言之，上诉委员会遇到的问题和适用的规则与一审部门是一样的。相关时间点的确定取决于适用的规则。但从广义上说，这个时间点是上诉委员会作出裁定的时间，或者是当事人最后一次提交可以被受理的意见的时间，而非一审裁决作出的时间。这点确实如此，因为上诉委员会并不限于审查被诉裁决的合法性，尽管其也可以限于这个问题的范围内，而是有权决定是否就实质性事项进行审查。就这一点而言，上诉委员会与第 65 条规定的法院的角色是不同的。相应地，在当事人之间的案件中，有效的在先权利不仅应存在于被诉欧共体商标提出申请时，因为第 8 条确定在先权利的必要条件也应存在于对异议进行裁决时，无论这项裁决是异议处还是上诉委员会作出的，否则，就没有驳回申请的裁决依据（欧盟普通法院 Metro 案）。

3. 案件的移送（第 1 款最后，第 2 款）

选择行使一审部门的职权并就全部实质性问题作出裁定，还是废除一审裁决发回原审部门重审，取决于上诉委员会的自由裁量。在单方当事人案件中，当最终裁定需要提交并审查大量新的证据时，有必要发回重审，以避免剥夺对当事人的事实审理。另一方面，当所有的事实已经确定，上诉委员会认为有利于上诉人且不存在《商标条例实施细则》第 51 条（b）项规定的应当退还上诉费的情形，则直接就实质性事项作出裁定更为合适。在双方当事人之间的案件中，考虑到作为程序的高级阶段，当事人提交新的事实和证据受到了限制，因此，对于涉及违反实质性程序的一审（例如忽略了使用证明的要求或重要证据)的案件,大多发回重审,并退还上诉费。无论在何种情况下,只要上诉委员会移送案件,一审部门作出的新裁决的依据应以上诉委员会为准。

4. 退还上诉费,《商标条例实施细则》第51条

《商标条例实施细则》第51条规定了上诉费的返还。其中,(a)项涉及的是中间修正,(b)项涉及的是上诉委员会认为"因违反实质性程序而应合理"退还的案件。对该条的解释,上诉委员会历来是很宽松的。但是,在上诉委员会Polar案中,上诉委员会查明的事实基本确定(原则上)协调局应当退还一半的异议费(即175欧元),上诉委员会承认异议处违反了程序并支持了上诉,但并不认为应当退还上诉费(从而导致上诉人在协调局费用的"净亏损")。

向法院起诉

第65条

1. 对上诉委员会的上诉裁定不服的,可以向法院起诉。
2. 起诉的理由包括超越职权,违反基本程序要求,违反条约、本条例或其适用的法律的任何规定以及滥用权力。
3. 法院有权判决变更或撤销被诉裁决。
4. 受上诉委员会裁定不利影响的任何程序当事人均可起诉。
5. 起诉应在上诉委员会通知裁定之日起两个月内向法院提出。
6. 协调局应采取必要措施执行法院的判决。

1. 概述

本条允许当事人就上诉委员会或扩大委员会的裁定起诉。上诉委员会和扩大委员会被认为是协调局的组成部门,旨在处理欧共体商标的注册事宜,尽管在这一过程其承担的是复审职责。正因为如此,有必要提供司法救济的可能,以防止在该过程中的行政专断,这正是本条规定的内容。上诉委员会的裁定首先应由欧盟普通法院审理。因为《欧盟运作条例》第256条规定,欧盟普通法院对《欧盟运作条例》第263条所称一审程序享有司法管辖权。《欧盟运作条例》第263条指出,应对欧盟的组织、机构或部门作出的旨在对第三方当事人产生法律效力的行为的合法性进行审查。协调局当然是欧盟的机构。根据《欧盟运作条例》第256条的规定,对欧盟普通法院的判决仅就法律问题可以向欧盟法院提起上诉。向欧盟普通法院起诉(正式来说应为一审法院)会自动获得中止效力,但从普通法院向欧盟法院上诉的话则不同。

2. 法院(第1款)

本条例序言第14点指出,欧盟普通法院行使一审司法权。向该法院起诉的事由可以为法律问题,也可以为事实问题。但是,任何后来向欧盟法院提起上诉的事由仅限于法律问题。目前,上诉是被允许的。但是,由于上诉量过大,目前正在考虑引入上诉的要求,以排除无益的上诉。当然,这一变化需要修改本条例方能实现,因此在可预见的将来不太可能发生。

3. 理由(第2款)

任何违反实体法、程序法或惯例的行为均可能构成合适的起诉理由。以不符合本条例要求为由拒绝受理起诉的情况几乎不存在,因为起诉的理由非常广泛。但是,以不符合手续为由拒绝受理起诉的情况是很常见的。

4. 判决(第3款)

被诉裁决只能被变更或撤销。这为起诉可以合理寻求的救济设置了限制。据此,除了判决变更或撤销被诉裁决以及费用承担外,不得给予其他救济。如果被诉裁决被撤销,则相应事项将移送协调局,协调局或者直接接受这一结果,或者在必要情况下就此案作出新的裁决。

5. 任何受到不利影响的人均有权起诉(第4款)

如果一项欧共体商标申请因绝对事由被驳回,申请人可以就此起诉。同样地,注册商标的所有人或撤销或无效宣告的申请人可以就异议或废止程序作出的不利裁决起诉。甚至没有实际参与上诉委员会程序的当事人,只要受到裁决的不利影响,亦可以起诉,这是因为他们仍为这些程序的当事人。起诉人也被称之为申请人:如果上诉人是异议程序的反对方,则会产生混淆,因为欧共体商标的申请人也会介入这个程序。在所有案件中,协调局都是被告方。但协调局并不一定始终坚持被诉的裁决。协调局本身也并非上诉委员会任何裁定的"当事人",即使其认为上诉委员会的裁定是错误的,也不会就此起诉。因此,对上诉委员会裁定的起诉仅限于上诉委员会没有支持当事人主张的情形。但是,作为欧盟普通法院的当事人,协调局可以决定是否就对其不利的判决向欧盟法院提起上诉。诉求。向欧盟普通法院提交的起诉状不得超过 20 页,且应注明诉求,包括诉讼费用承担的要求。另外还要包括适用法律和主张的概述。律师应在起诉状的最后签名。除此之外还需提交各种程序性材料,例如律师的执业证书,存在法律意义上申请的证明,律师的授权书以及权利人合法作出该授权的证明。这些程序性材料并不一定要在 2 个月的期限内提交,但如果要超出该期限提交,应在该期限届满之前要求并获得延期的许可。如果起诉状是通过传真提交的,应在提交之日起 10 日内提交复印件。复印件应有获得授权的律师的证明。法院需要 5 份复印件,其他当事人各一份,一共 7 份。

6. 2 个月(第 5 款)

诉讼应在裁定通知之日起 2 个月内提出。上诉委员会目前仅通过传真通知裁定。传真发送之日即为通知之日,可能会实际晚于裁定作出之日。考虑到距离的因素,欧盟普通法院一般会再延长 10 日,如果最后一日恰好为立案处休息日,则会更长。对于提交的格式存在很多具体的要求,哪些应当提交,以何种方式提交,均规定在欧盟普通法院的程序规则中。这些规定的现行版本在法院网站上可以轻松获取[1]。欧盟普通法院的程序规则经常有大幅度变动(一般 1 年 1 次),所以稳妥的办法是通过网络查询当前版本。

7. 必要措施(第 6 款)

协调局应采取必要措施执行法院的判决。相应地,普通法院不会给协调局留有自由裁量权的空间,例如直接命令注册欧共体商标。因此,对于这种自由裁量的要求,法院是不会接受的(欧盟普通法院 Mitsubishi HiTec 案、

---

[1] 参见 curia. europa. eu。

欧盟普通法院 Eurocool 案以及欧盟普通法院 Cargo Partner 案）。

8. 不得提出新的事实

需要强调的是，当事人不得向欧盟普通法院提出新的事实，因为法院仅就上诉委员会的裁定的合法性进行审查，所依据的就是上诉委员会认定的事实（欧盟普通法院程序规则第 135 条）。

第八章　欧共体集体商标

欧共体集体商标

第66条

1. 欧共体集体商标是指协会申请并成为所有人后,可用以区分其成员与其他企业的商品或者服务的欧共体商标。根据受管辖的法律规定,具备以自己的名义行使各种权利、承担各种义务、签订合同或完成其他法律行为、起诉和应诉的制造商、生产者、服务提供商或贸易商协会以及受公法管辖的法人,可以申请欧共体集体商标。

2. 与第7条第一款(c)项不同,在贸易中用于表示商品或者服务的地理来源的符号或标志可以构成前款所称的欧共体集体商标。欧共体集体商标的所有人不得禁止第三方在贸易过程中依据诚实的工商业习惯使用该符号或标志的行为;特别是,不得援引这种商标禁止有权使用地理名称的第三方。

3. 本条例的各项规定,除第67条至第74条外,适用于欧共体集体商标。

1. 定义(第1款第1句)

本条给欧共体集体商标下了定义:它是欧共体商标,(i)由协会申请,(ii)申请人在申请时标明为集体商标,(iii)由该协会的成员使用以区分于其竞争对手的商品或者服务。在某些成员国,"集体商标"的概念包括两种不同的商标:一是集体商标"本身",其功能仅为识别协会成员的商品或者服务的共同特征,并与其竞争对手的商品或者服务相区分;二是"保证或证明"集体商标,旨在向消费者保证该商标下的商品符合特定的质量要求,这一标准通常由一个独立的机构掌握①。本条例没有作出任何这样的区分，仅规定了单一的、通用的欧共体集体商标制度，并不涉及保证或证明功能。

2. 申请人（第1款第2句）

欧共体集体商标仅能由协会申请，该协会的成员从事商业或服务活动，或者由受公法管辖的法人申请。个人或商业性企业不得成为欧共体集体商标的所有人，因为集体商标不可能是仅为了拥有该商标的协会中某一成员所使用。

3. 显著性特征的要求（第2款）

在贸易中用于表示商品或者服务的地理来源的符号或标志原则上不得注册为欧共体商标的，但本条第2款指出，欧共体集体商标不受此限。这意味着，纯粹描述商品或者服务的地理来源的标志，例如生产所在地的名称、地域象征或来源的标示，尽管其不得作为个人欧共体商标注册，但可以注册为欧共体集体商标。本条同时规定，欧共体集体商标的所有人不得禁止第三方合法使用该地理名称。这是为了防止地理名称被一个实体不当占有，从而损害其他人的利益。对此，第67条第2款还规定拥有欧共体集体商标的协会应当允许来源于该地理区域的商品或服务的任何人成为该协会的成员。

4. 一般规则的适用（第3款）

本条第3款指出，调整普通欧共体商标的一般规则均适用于欧共体集体商标，但本条例第67条至第74条规定了相关事项除外②。

集体商标使用管理规则

第67条

1. 欧共体集体商标的申请人应在规定期限内提交使用管理规则。
2. 商标使用管理规则应列明被许可使用的人、该协会成员的条件以及

---

① 参见《商标指令》第15条注释1。
② 就此问题还可参见《商标条例实施细则》第42条。

使用商标的客观条件,包括制裁措施。第66条第二款所称的商标使用管理规则应允许商品或者服务来源于相关地域的任何人成为该商标所有人的协会成员。

含义

欧共体集体商标最大的特点之一即在申请时还需要提交商标使用管理规则。

(a)提交的期限(第1款)。如果申请书中没有包括使用管理规则,根据《商标条例实施细则》第43条第1款的规定,申请人应当在提交申请之日起2个月内提交。

(b)使用管理规则的内容(第2款)。本条第2款提及了部分使用管理规则中应当包含的内容,其他内容可参见《商标条例实施细则》第43条第2款的内容。如果集体商标是由指明商品或者服务地理来源的标志组成,则使用管理规则应允许商品或者服务来源于相关地域的任何人成为该商标所有人的协会的成员[①]。通过协调局的欧共体商标在线数据库可以查询与欧共体集体商标一同登记的使用管理规则(在数据库中查询集体商标并点击"在线获取文件"选项)。

申请的驳回

第68条

1. 欧共体商标申请具有第36条和第37条规定的驳回事由,或者不符合第66条或第67条规定,或者使用管理规则违背公共政策或公序良俗的,应予驳回。

2. 欧共体商标申请在商标的性质或意义可能误导公众,特别是其可能被当作集体商标以外其他标志的,应予驳回。

3. 申请人通过修订使用管理规则且符合前两款规定的,不应驳回。

---

① 参见第66条注释3。

含义

本条列举了欧共体集体商标申请的驳回事由。

(a)驳回事由(第1款)。这些事由为:不符合适用于所有欧共体商标申请的一般规则[申请的正式条件和驳回的绝对事由包括,例如不符合事实的葡萄酒或烈酒的地理标志(第7条第1款(j)项)或者农产品或食品产地来源的标记或注册标志(第7条第1款(k)项)],不符合适用于欧共体集体商标申请的特别规则以及公共政策或公序良俗。

(b)误导性商标(第2款)。本条第2款规定,如果就商标的性质或意义可能误导公众的,应驳回欧共体集体商标的申请。第7条第1款(g)项已经规定了一般规则,所有具有误导性的商标均不能获得注册,包括商品或者服务的性质、质量或地理来源方面的误导。本条第2款进一步明确指出,如果集体商标的身份具有误导性,不应予以注册。

(c)修订(第3款)。申请人可以通过修订使用管理规则中的违法内容以避免欧共体集体商标申请被驳回。

第三方的意见

第69条

除第40条涉及的情形外,该条所称的任何人、团体或组织均可以基于第68条规定的驳回欧共体集体商标申请的特殊事由向协调局提出书面意见。

含义

本条将欧共体集体商标置于第40条的一般规则的调整之下,使得第三方可以向协调局提出书面意见,解释他们为何认为应当驳回申请。本条明确指出,这些第三方可以援引专门针对欧共体集体商标的事由作为他们的主张。这些意见会通报申请人,申请人可以就此作出回应。

商标的使用

第 70 条

任何得到授权的人对欧共体集体商标的使用应符合本条例的条件,且符合本条例有关欧共体商标使用的其他条件。

含义

本条与因未使用而被撤销的事由具有相关性。自得到授权的人使用欧共体集体商标起,就可以避免被撤销。这种使用显然要符合本条例规定的能够避免被撤销的其他条件[①]。

商标使用管理规则的修订

第 71 条

1. 欧共体集体商标的所有人应向协调局提交修订后的使用管理规则。

2. 修订后的使用管理规则不符合第 67 条的要求或涉及第 68 条的驳回事由之一的,不予在注册簿中登记修订。

3. 第 69 条适用于修订后的使用管理规则。

4. 为适用本条例,使用管理规则的修订自登记在注册簿之日起生效。

含义

本条规定了适用于使用管理规则修订的规则,尤其是欧共体集体商标注册后的修订。任何这种修订均应提交至协调局,且自登记在注册簿后方可生效。如果修订不符合使用管理规则一开始提交时所适用的规则,则不应登记在注册簿中。第三方可以向协调局提交书面意见,阐明他们认为应当驳回修订的原因。

---

① 参见第 51 条第 1 款(a)项。

有权提起侵权诉讼的人

第72条

1. 第22条第三款和第四款有关被许可人权利的规定同样适用于经授权使用欧共体集体商标的每个人。

2. 未经许可使用欧共体集体商标致使经授权使用该商标的人遭受损失的,欧共体集体商标的所有人有权代表他们请求赔偿。

含义

欧共体集体商标的侵权诉讼与普通欧共体商标适用的规则是一样的,均为第22条第3款和第4款。但是,这种一般规则并不完全适合欧共体集体商标的特点,尤其是考虑到被授权使用商标的人并非该条严格意义上的被许可人。对此,本条就提起侵权诉讼的原告方面作了一些调整。

(a) 协会成员的行为(第1款)。本条第1款将被授权使用欧共体集体商标的人类推为被许可人,其行为适用于第22条第3款。第22条第3款规定,"在不违反合同条款的情况下,经所有人同意,被许可人可以对商标侵权的行为提起诉讼。但是,如果所有人经正式通知后未在合理期限内提起诉讼,独占许可的被许可人有权提起诉讼。"很明显,第22条第3款第2句话有关独占许可的被许可人提起诉讼的规定不适用于欧共体集体商标,因为独占许可显然与集体商标的功能相悖。

(b) 赔偿(第2款)。第22条第4款规定,"为获得损害赔偿,被许可人有权参与由商标所有人提起的侵权诉讼。"本条给予了被授权使用欧共体集体商标的人同样的权利。另外,为了更便于获得赔偿,本条规定作为欧共体集体商标所有人的协会可以代表遭受损失的成员要求赔偿。这一规定与一些成员国法适用的一般原则不符:商标所有人仅能就其自身遭受的损失主张赔偿。这一原则同样体现在《知识产权执行指令》(第2004/48号欧洲理事会指令)第13条中,"成员国应确保有权的司法机构命令侵权方……就侵权行为给权利人带来的实际损失予以合理赔偿"。

撤销事由

第 73 条

除第 51 条规定的撤销事由外,具有下列情形之一的,可以向协调局申请或者在侵权诉讼中基于反诉请求撤销欧共体集体商标所有人的权利:

(a)商标的使用不符合登记在注册簿的使用管理规则中所规定或修订的使用条件,所有人未采取合理措施阻止的;

(b)所有人使用商标的方式构成第 68 条第二款所称的可能误导公众的方式的;

(c)对登记在注册簿的商标使用管理规则的修订违反第 71 条第二款的规定的,但商标所有人进一步修订使用管理规则且符合要求的除外。

含义

对普通欧共体商标的撤销事由同样适用于欧共体集体商标。本条规定了其他可能撤销欧共体集体商标的事由。这种撤销请求可以直接向协调局提出,也可以在侵权诉讼中通过反诉向法院提出。本条(a)项和(b)项制裁的是违反商标使用管理规则的使用行为,以及误导公众的行为。如果涉案集体商标是证明商标,这两点尤为重要,因为证明商标承担着对产品一定质量的保证功能。本条(c)项规定,对使用管理规则的违法修订通过某种方式被登记在注册簿中的,可以撤销该欧共体集体商标。

无效事由

第 74 条

除第 52 条和第 53 条规定的无效事由外,对违反第 68 条的规定注册的欧共体集体商标,可以向协调局申请或者在侵权诉讼中基于反诉请求宣告该商标无效,但该商标所有人修订使用管理规则且符合要求的除外。

含义

普通欧共体商标的无效事由同样适用于欧共体集体商标。本条进一步规定,因违反调整欧共体集体商标的特别规定而可以宣布其无效。这种无效请求可以直接向协调局提出,也可以在侵权诉讼中通过反诉向法院提出。法国的案例法曾遇到过一个有趣的问题,即协会将其所有的普通商标完全当作一个集体商标使用,那么是否可以因申请该商标时没有提交使用管理规则而宣告其无效。法国最高法院的立场是,这种商标应当被视为集体商标,因此应宣告无效[①]。有观点认为,就欧共体商标而言并不存在这一问题,因为第66条规定应当在申请时明确注明申请的欧共体商标是集体商标。这意味着没有注明为集体商标的欧共体商标均为普通商标,不论其如何使用。

[①] 参见法国Le Platane案以及最近的法国AVS A Votre Service案。

第九章 程序

第一节 一般规定

说明裁决依据的理由

第 75 条

协调局应说明作出裁决所依据的理由。裁决只能基于相关当事人有机会阐明意见的证据或理由做出。

1. 概述

本条包括两项重要的规定,协调局有义务说明作出裁决所依据的理由(第 1 句话),以及裁决只能基于相关当事人有机会阐明意见的证据或理由做出(第 2 句话)。这两项规定都是欧盟法的一般原则,具体细节将在下文注释 2、3 中详述。2001 年 8 月 1 日,协调局 ADM－00－37 号局长决定生效,采纳《欧盟良好行政行为规范》,强调了本条和其他一般规定。合法性是该规范确立的良好行政行为的首要原则,对于协调局而言,这意味着既要适用欧盟法中一般的实体和程序规则,也要适用管辖协调局及其行为的特别规定。很明显,这包括了当事人表达意见的基本权利,或两造兼听,即本条第 2 句话所表述的。这一局长决定重申了协调局应当对作出的任何裁决说明理由的义务。本条是上诉最经常援引的条文,因为协调局违反任一规定都可能导致上级法院重新考虑上诉人的事项。但是,基于本条提起的上诉很少能得到支持。

2. 说明裁决的理由(第 1 句)

(a) 与《欧盟运作条约》第 296 条具有等同意义。欧盟法院认为,说明理由的义务应遵循前《欧共体条约》第 253 条,即现行《欧盟运作条约》第 296 条①。案例法确定了根据《欧盟运作条约》第 296 条的规定,说明理由应当以清楚、明白的方式作出,采取涉案行为的机构以该种方式说明的理由应当能够被当事人确定为行为依据的理由,也能够供有管辖权的法院行使审查权。并且,理由应包括所有必要的相关事实和法律,因为对理由的审查不仅包括表述方面,也包括涉及的法律规定。

(b)这些原则对协调局的适用。协调局应在其裁决中提供全面、详细的理由说明,当然,如果受到裁决影响的当事人可以明了其内涵,较为简短的说明也是可以接受的。受到裁决不利影响的当事人可以通过上诉对裁决的效力提出挑战。欧盟法院认为,如果一个商标并不仅仅具有一个明确描述自己特征的元素,简单地说明该商标是描述性的但不附加理由是不够的(欧盟法院 SAT. 1 SatellitenFernshen GmbH v OHIM 案)。换言之,如果就特定事项的裁决并非是显而易见的话,协调局应给予充分的解释,以避免在上诉中被误读或受到不当的挑战。说明理由的义务仅限于第 58 条第 1 款所称的裁决,不涉及协调局在初审或其他通报中表达的意见②。

3. 表达意见的权利(第 2 句)

(a)原则。正如上文所述,表达意见的权利是欧盟法的基本原则,也是协调局程序的基础。但是,由于协调局往往没有允许当事人就相关事项合理发表意见,会发现许多裁决都违反了这一规定(例如欧盟普通法院 Shape of a Guitar 案、欧盟普通法院 White Polished Bottle 案),可以称之为"重大程序瑕疵"。这些可能是实质性事项,例如一方当事人未就另一方当事人提交的事实、证据和主张提出意见,也可能是程序性事项,例如当事人没有机会就未能及时提交材料进行解释。欧盟法院认为,如果协调局将依职权主动查明的事实作为裁决依据的话,有义务告知当事人这些事实以使他们就此表达意见③。

---

① 参见欧盟法院 Celltech 案裁决中关于先前案例法的观点,第 48 段。
② 参见欧盟普通法院 Golf USA 案。
③ 参见欧盟法院 Libertel 案裁决第 41 段等。

(b)表达意见权利的限制。这里有三点值得注意。首先,上诉委员会在案件中对事实的审查属于裁定程序的一部分。因此,表达意见的权利涵盖所有裁定行为所依据的事实和法律事项,但并不及于协调局最终认定的事实和适用的法律①。其次,不能因为在之前审级中没有合理提出,而依据本条第 2 句话的规定提出新的事项。例如,对于上诉委员会没有就特定事项听取当事人意见的问题,如果在向欧盟普通法院起诉时没有合理提出,则不能依据本条的规定在后来向欧盟法院上诉时提出。这点在欧盟法院 Storck Gold Wrapper 案中得到了欧盟法院的明确认同。最后,上诉委员会和审查员的功能连续性意味着其不能被视为"审判机关",因此,上诉人的意见不可能在所有情况下被"公正地听取"②。这虽然不同于在协调局就实质性或程序性问题发表意见的基本权利,但仍要符合本条第 2 句话的规定。欧盟普通法院曾受理过一起案件,原告主张上诉委员会侵犯了其辩护权,因为上诉委员会成员中有此前作出驳回其申请裁决的成员相同。欧盟普通法院认为,上诉委员会应当保护上诉人根据第 132 条所享有的权利,包括可以基于正当怀疑的理由排除或质疑上诉委员会的成员组成。虽然如此,但值得注意的是,正当程序是成员国程序法的一般原则,同样适用于行政程序,无论上诉委员会是法院、一般司法主体或行政主体,都应当遵守这一原则。

(c)相关当事人。尽管这一表述似乎比协调局"程序中的当事人"的表述范围更大,但事实并非如此。根据第 59 条的规定,只有受到裁决不利影响的协调局"程序中的当事人"方可提起上诉。从表面上看,"相关当事人"还包括第三方,例如根据 40 条的规定对注册商标提出反对意见的人。但很明显,不存在因第三方未能提交意见而提起的上诉,因为第 40 条明确规定提交意见的一方并不能成为协调局程序的当事人。如果"相关当事人"在任何语境下都包括第三方,则第三方就可以依据本条的规定而成为程序的当事人,也可能提起上诉。这明显是错误的,因此,这一表述只能解释为协

---

① 参见欧盟普通法院 Solevita v Salvita 案裁决第 62 段。
② 参见欧盟普通法院 Soap Ⅱ 案裁决第 20 段至第 24 段。

调局"程序中的当事人"。

协调局自行审查事实

第 76 条

1. 协调局在审理案件的程序中应自行审查事实；但是，对于以相对事由驳回注册的程序，协调局只能就当事人提交的事实、证据或主张和寻求的救济进行审查。

2. 对于相关当事人未在期限内提交的事实或证据，协调局可不予考虑。

1. 协调局自行审查事实（第 1 款第 1 句）

本条第 1 款一开始设定了一般原则，即协调局在审理案件的程序中有权自行审查事实。但该一般原则受制于本条第 1 款第 2 部分设置的重要例外，即在有关相对事由的程序中，协调局不得涉及当事人未提出的事实、证据和主张[①]。原则上，这一限制并不因此适用于有关绝对事由的无效宣告程序。但是，这是否正确以及本条第 1 款第 2 部分是否并不适用所有当事人之间的程序是存在争论的。在实践中，协调局一般不会在无效宣告程序中自行调查，无论该程序是否基于绝对事由。当然，协调局也很少根据本条第 2 款的规定拒绝当事人提交的事实或证据[②]。

2. 不得依职权主动审查相对事由（第 1 款第 2 部分）

（a）法律语境。在民事诉讼中，应由当事人而非法院去采取欧盟法规定的行为，这是一般原则。欧盟法院在 Van Schijndel 案中认为，法院或审判机关只能在公共利益需要其介入的例外情形下才能自行采取措施。这一原则旨在坚持国家与个体之间的正确关系，在确保辩护权的同时采取适当的措施保证程序的进行，特别是防止因新的诉讼导致的延误（第 20、21 段）。

（b）"普遍可获得的来源"。欧盟普通法院对本条第 1 款的解释是相当

[①] 参见下文注释 2。
[②] 参见下文注释 2(a) 和 3。

宽泛的,但是,在其2004年6月22日的裁决中(欧盟普通法院Picasso v Picaro案裁决第29段),欧盟普通法院认为,"上诉委员会对事实基础审查的限制并不能作为不予考虑这些事实的理由,另外,众所周知的事实,即所有人都知道的或者可以通过普遍可获得的来源得知的事实,亦是如此。"对此,法院的基本理由是,本条第1款对协调局的限制并非旨在要求当事人在相对事由的程序中证明所有的事实,包括那些已经是众所周知的事实,因为这会导致漫长的证据提交和更加繁琐的程序(第30至32段)。但是,欧盟普通法院的这一判决产生了这样的一些疑问,即何为"普遍可获得的来源",例如网络是否能够包括在内,以及在何种程度上包括在内。有一点似乎是可以明确的,协调局应当允许当事人就其认为是众所周知的事实阐述意见,因此,应在裁决中说明理由,否则违反了第75条的规定。

(c)以构成第51条第1款(b)项*规定的恶意为由的无效宣告程序。对于涉及"恶意"事由的无效宣告程序,尽管属于第52条规定的绝对事由,但协调局在实践中不会自行审查事实。相反,协调局只会依据当事人提交的事实、证据和主张。在注册时存在恶意行为的欧共体商标在本质上是可以被废止的。但是,就其本质而言,商标注册的恶意行为一般是当事人对本应属于他人的财产采取的不正当行为(也许这里的"他人"并不在欧盟的司法领域,所以并不受相对事由的无效调整),其证据的提交更类似于对相对事由的证明,而非第7条规定的内在事由的证明。

3. 未在期限内提交事实或证据(第2款)

对于涉案当事人未能在期限内提交的证据或事实,本条第2款授权协调局可自由裁量是否接受。法律论点或意见则不能同样以此拒绝接受,因为它们并不在本条的调整范围内。在欧盟法院OHIM v Kaul案中,本条第2款被谨慎地加以阐明。法院进行了平衡,事实上,一方面并不绝对禁止协调局接受延期提交的事实和证据;另一方面当事人不得无条件地要求协调局接受其延期提交的事实和证据(第42、43段)。本条的表述,尤其是"可以"

---

* 应当为第52条第1款(b)项,原文存在笔误。——译者注

一词,授予了协调局广泛的自由裁量权,以决定是否考虑这种材料,并承担裁决中对其明确说明理由的义务(第75条)。欧盟法院又指出了可能说服协调局接受延期提交的事实和证据的参考因素,尽管这些因素是针对异议程序的,但法院的评述同样适用于其他当事人之间的程序:首先,这些材料与异议的结果具有相关性;其次,迟延提交发生的程序阶段及其当时的情形并不妨碍对该材料的考量(第44段)。就第一点而言,仅考虑与结果相关的材料本来就是不言而喻的。如果事实或证据不具有相关性,则不会引发本条第2款的争论。当然,协调局很乐于在行使自由裁量权时援引该"标准"。到目前为止,因不采纳意见对当事人的影响尚不在协调局考虑范围内,尽管事实上一般是挑战方(主张废止的人)受到的影响比申请人小。同时,如果协调局被强迫要求在任何情况下接受迟延提交的证据,本条例有关当事人之间程序的各项期限规定则纯属多余。因此,法院也认可协调局根据本条第2款的规定谨慎地行使拒绝迟延证据的权力,从而确保本条例中相关期限规定的效力。综上所述,欧盟法院认为,协调局有权拒绝迟延证据的这一规则会合理地激励当事人遵循本条例规定的期限。但另一方面,协调局行使这一自由裁量权有助于法律的确定性和行政行为的合理性,尤其是在可以驳回注册申请的情况下,避免后来的无效或反诉行为的发生(第47段、第48段)。因此,欧盟法院OHIM v Kaul案裁决的效力旨在强调协调局依据本条第2款享有的自由裁量权,鼓励协调局在将上述两个方面的所有因素充分考虑在内的前提下行使这一权力。这一裁决推翻了先前欧盟普通法院就向上诉委员会提交材料问题的立场[1]。就本质上而言,任何在相关规定期限内提交给上诉委员会的材料都应当受理,不应根据本条第2款的规定排除在外。欧盟法院设定的协调局应当受理迟延证据的标准在一定程度上使得说服协调局去这样做变得更加困难。这里尚不明确的是,对于程序期限届满之时不存在或客观上无法获得且因此无法提交的新事实,

---

[1] 参见欧盟普通法院Kleencare案、欧盟普通法院Hi-FOCuS案、欧盟普通法院La Baronnie案以及欧盟普通法院Asetra案。

本条第 2 款应如何适用。

口头审理

第 77 条

1. 协调局认为采用口头审理更为有效的,可以自行决定或经程序的任何一方当事人的请求举行。

2. 审查员、异议处和商标行政管理与法律事务处的口头审理程序不公开进行。

3. 撤销处和上诉委员会的口头审理程序及其裁决的公布应当公开进行,但举行口头程序的部门认为公众的参与会产生严重且不公正的不利影响,尤其是对程序的当事人的话,可以决定不公开进行。

1. 概述

本条第 1 款对协调局的口头审理程序作出了一般规定,允许协调局自行决定或经程序的任何一方当事人的请求举行口头审理程序。一经决定启动口头审理程序,协调局应传唤各方当事人参与。根据《商标条例实施细则》第 56 条第 1 款的规定,自通知口头审理程序之日起,至少应给予 1 个月的期限,除非当事人各方一致同意缩短期限。如果协调局认为不能通过书面程序有效解决相关问题的话,可以在作出裁决前举行口头审理程序加以讨论,这也是口头审理程序的制度功能。因此,根据《商标条例实施细则》第 56 条第 2 款的规定,协调局在传唤各方当事人时应当指明其认为需要讨论的问题。协调局同样可以邀请当事人在口头审理程序开始前提交书面意见或证据(《审查指南》A 部分第 2.3.1 段)。为此,协调局应当为程序的另一方当事人留有足够的时间充分考虑。根据《商标条例实施细则》第 56 条第 3 款的规定,当事人经传唤但并未出席并不影响程序的进行。根据口头审理程序的裁决可在第一时间以口头形式作出(《商标条例实施细则》第 52 条第 1 款)。

2. 口头审理程序的有效性(第 1 款)

本条第 1 款授予协调局以自由裁量权,允许其在认为"有效"的情况下举行口头审理程序。实践中,这一自由裁量权无法运用,因为与本条的精神不符,况且,事实收集应当在最开始的阶段完成,此后再"告知"提交事实至少可以说是存在问题的。除了非正式的口头审理外,至今为止口头审理程序仅在一起案件中举行过一次(上诉委员会 Hollywood 案)。《审查指南》中调整协调局程序的一般规则就明显体现出协调局对举行口头审理程序极不情愿的态度,并且难以想象存在支持该程序的现实情形(《审查指南》A 部分第 2.3 段)。如果要证明口头审理程序的正当性,仅仅表达举办口头审理程序这种愿望是不够的,还需要特别解释在特定案件中书面意见和/或证据存在的不足,这种论点通常都会被驳回。

3. 口头审理程序的性质(第 2 款和第 3 款)

(a)程序是否公开。对此,本条进行了区分,一方面,审查员、异议处和商标行政管理与法律事务处的口头审理程序不公开进行(第 2 款),另一方面,撤销处和上诉委员会的口头审理程序应当公开进行(第 3 款)。但是,如果举行口头审理程序的部门认为公众的参与会产生严重且不公正的不利影响,尤其是对程序的当事人的话,有权决定仍不公开进行。考虑到协调局大幅度的机构重组,上述区分应以不同部门的实际职能为准,而非他们的名称。

(b)笔录(《商标条例实施细则》第 60 条)。口头审理程序应当存有备忘录,当然仅记录核心部分即可,无需逐字地记录所有的陈述(《审查指南》A 部分第 2.4 段)。协调局应当向当事人提供备忘录的复制件,且这些属于正式文件的一部分(《商标条例实施细则》第 60 条第 2 款)。根据《商标条例实施细则》第 60 条第 3 款的规定,证人、专家或当事人的陈述应当记录在案。因此,协调局应当就当事人或代表当事人在口头审理程序中陈述的意见形成完整的记录,尽管不需要将此纳入备忘录并送交该当事人。

(c)语言(《商标条例实施细则》第 97 条)。《商标条例实施细则》第 97 条规定了涉及口头审理程序使用的语言。基本原则是,应当采用涉案程序使用的语言。但是,当事人可以选择使用欧盟的官方语言之一,并自费将其意见翻译为程序使用的语言(《商标条例实施细则》第 97 条第 1 款)。《商标条例实施细则》第 97 条第 2 款至第 6 款还规定了其他涉及口头审理程序的规则。

（d）其他程序性规定(《商标条例实施细则》第 57—59 条)。这些规定涉及证据的一般采纳和费用的承担,且与第 78 条、第 85 条以及第 86 条结合适用。《商标条例实施细则》第 57 条第 1 款允许协调局要求当事人、证人和专家参与口头审理会(第 1 句话),且允许当事人对证人和专家作出同样的要求(第 2 句话)。《商标条例实施细则》第 59 条规定了协调局调取证据时发生的费用和相关见证人、专家的费用返还事宜。

取证

第 78 条

1. 在协调局进行的任何程序中,应当以下列方法之一提供或取得证据:

（a）听取当事人的证词;

（b）要求提供资料;

（c）出示书证或物证;

（d）听取证人证言;

（e）专家提供意见;

（f）在成员国起草并依据该国法律宣誓、确认或具有同等效力的书面陈述。

2. 相关部门可以委任其一名成员对举证进行审查。

3. 协调局认为有必要听取当事人、证人或专家的证言的,应发传票传唤相关人员出席。

4. 协调局应当通知当事人听取证人或专家的证言。当事人有权出席并质询证人或专家。

1. 概述

本条适用于所有在协调局进行的程序。相应的证据规则(包括口头审理程序)可参见《商标条例实施细则》第 56 条至第 60 条,协调局的相关实践操作反映在《审查指南》中(A部分第2章第2.2段)。一方当事人需要在协调局进行的程序中举证的情形很多,包括在单方当事人案件中为证明第7条第3款要求的显著性的取得,或者在当事人之间的案件中(异议、撤销或无效宣告程序)任何一方希望通过证据而不仅仅是观点来证明自己主张,或者证明第81条的恢复原状。本条确定的原则平等地适用于所有这些情形。本条第1款列举了提供或获得证据的不同方法,这一列举是开放式的,相关详情可参见下文注释2至7。本条第2款允许协调局内处理证据事宜的部门委任其一名成员审查涉案证据。

2. 听取当事人的证词[第1款(a)项]

根据本条第3款的规定,协调局可以选择听取当事人(或者证人、专家)亲自展现的证据,作为提交证据的其中一种方式,本条允许当事人口述证据①。但实践中,协调局不仅不会这样要求,甚至不会允许。当事人亲自展现证据是一回事,完整的口头审理程序是另一回事,二者存在技术上的差别,因为在前者情况下可能存在其他没有传唤的证人。但是,很明显协调局没有严格区别这两种情形,而是将本条第1款(a)项的操作方法与第77条口头审理程序的一般规定保持一致。

3. 要求提供资料[第1款(b)项]

为查明事实或证据事宜,协调局可以要求任一当事人提供相关资料。在实践中,协调局一般不会这样做,在大多数案件中只是允许当事人提供材料并以此为据作出裁决。当然,协调局还可以走得更远一些,原地采取证据审查措施②。《审查指南》指出这仅限于特殊情形(A部分第2章第2.2.4段),如果协调局认为有必要审查,应告知相关当事人需要证明哪些事实,并明确审查的期限且该期限足够当事人作充分的准备。据笔者所知,到目前为止协调局没有采取过这种措施。

4. 出具书证或物证[第1款(c)项]

本项的规定很广泛,原则上允许所有的书证或物证作为证据。本项所

---

① 参见下文注释8。
② 参见《商标条例实施细则》第57条第1款。

称的"书证"的含义并不延伸至本条第 1 款(f)项所称的书面陈述①,但可能存在包含关系,例如企业会计的书信、已审核账目的复制件、第三方的书信、促销传单以及文字、已印制的广告材料等。当然,相比本条第 1 款(f)项所称的证人证言,提交任何形式的书信一般都更有效率。但是,对于一项证据的证明力问题是由协调局判断②,本条并没有规定,仅是简单地原则上允许这些材料可以在协调局进行的程序中作为证据提交。"其他物证"同样非常广泛,但不包括书证,例如产品样品、包装、DVD 或其他电子形式的广告展示等。同样,这些物证也可能通过本条第 1 款(f)项所称的陈述的形式加以展现,但本项允许其独立于任何陈述之外单独提交至协调局,尽管其证明力较弱。

5. 听取证人证言[第 1 款(d)项]

本项允许证人口述证词。这里考量的因素与上文注释 2 提及的本条第 1 款(a)项是一样的,详情将在下文注释 8 讨论。

6. 专家提供意见[第 1 款(e)项]

协调局可以在任何程序中委任一名专家提供意见,尽管这从未发生过。有关专家证言的程序规则规定在《商标条例实施细则》第 58 条中。是否需要委任专家,委任谁以及如何呈现他们的报告(《商标条例实施细则》第 58 条第 1 款),是以书面形式还是面述,这些都由协调局决定。《商标条例实施细则》第 58 条第 2 款规定了专家的参考条款,包括任务的精确描述,提交报告的期限,程序当事人的姓名,以及根据《商标条例实施细则》第 59 条要求专家所应承担的费用。考虑到协调局极不情愿举行口头审理程序,所以几乎可以确定的是,所有专家报告都是以书面形式提交的。在这种情况下,协调局应向相关当事人送交复制件(《商标条例实施细则》第 58 条第 3 款)。最后,《商标条例实施细则》第 58 条第 4 款规定了当事人可以基于下列事由对协调局选择的专家提出质疑的程序:该专家不能胜任、存在利益冲

---

① 参见下文注释 7。
② 参见下文注释 9。

突、存在偏袒的嫌疑或者之前涉及了此项争议。除不能胜任的事由外,其他事由与当事人根据第137条第3款质疑审查员或上诉委员会成员的事由是一样的。如果当事人启动了该程序,协调局应就质疑作出裁决,但当事人即使不服裁决也不得上诉。

7. 书面陈述[第1款(f)项]

个人的证言陈述可以作为证据形式采纳,但需要经过宣誓或确认。当然,如果根据陈述人所属成员国法的规定,该未经宣誓的陈述与宣誓或确认的陈述具有同样的法律效力,也可作为证据采纳。经宣誓或确认的陈述原则上均可作为本条第1款(f)项的证据。只有在未经宣誓或确认的情况下,协调局才会审查该书面陈述在其起草并签署的成员国的法律效力。例如,在英国起草并签署的证言陈述是可以接受的证据。尽管其仅为证人相信某项事实的真实性的陈述而没有宣誓或确认,但在英国的效力等同于宣誓书或法定声明(二者均为宣誓),因此这样的陈述符合本条第1款(f)项的规定。本条第1款(f)项规定的书面陈述往往包括第1款(c)项规定的书面材料①。这些材料可以独立于书面陈述单独提交,例如当事人的法定意见,协调局不会因此降低其证明力。

8. 口头证据和审查的程序

(a)协调局的传唤(第3款)。根据本条第3款的规定,如果协调局希望当事人、证人或专家提供口头证据,可以发出传票。协调局应在第一时间裁决是否需要听取口头证据或对证据进行审查。裁决应当指明协调局获得证据的手段(口头审理或审查)、待证的事实以及口头审理或审查的日期、时间和地点(《商标条例实施细则》第57条第1款)。传唤应当至少自通知口头审理或审查之日起留有1个月的期限,除非当事人一致同意更短的期限(《商标条例实施细则》第57条第2款)。传票中还应包含上述提及的裁决的摘要,当事人的名称以及根据《商标条例实施细则》第59条第2—5款规定的要求证人或专家出庭的费用。

---

① 参见上文注释4。

(b)当事人要求听取口头证据。如果一方当事人要求证人或专家出具口头证据,适用的程序基本相似,但有两点不同:第一,收到这样的要求后,协调局根据《商标条例实施细则》第57条第1款的规定作出准予该请求决定,应在决定要求的该当事人在一定期限内提出其希望出具证言的证人或专家的姓名。第二,根据《商标条例实施细则》第59条第1款的规定,协调局可以要求该当事人预付一定的资金用以支付口头审理程序可能产生的费用。

(c)涉及证人和专家的当事人权利(第4款)。本条第4款要求协调局通知当事人听取证人或专家的证言,并授予当事人出席并质询证人或专家的权利。

9. 证明力

本条仅限于取证的事宜,不涉及各项证据的证明力问题。欧盟法院和欧盟普通法院均在不同的场合表示,为了评估一项文件的证明力,首先,也是最重要的是要考虑其内容的可信度。因此,有必要考虑该文件来源于谁,强调的是谁,在何种情形下产生以及从其表面上看是否真实和可信[1]。在适用这些原则时,协调局会认为,有证明材料支持的陈述比单独的陈述证明力强,第三方确定的证词比当事人自己的证词证明力强。但是,对于经宣誓的陈述或宣誓书,协调局往往没有给予足够的重视,因此受到批评。尽管虚假的陈述最终会受到刑事制裁。但是,作为协调局而言,要求其对不同成员国法下的陈述作出不同的解释是不现实的。

通知

第79条

协调局应当将计算时效的裁决、传唤、通告以及其他通报,或者本条例或《商标条例实施细则》规定的其他应当通知的相关事宜,或者协调局局长

---

[1] 例如参见欧盟普通法院 Solevita v Salvita 案裁决第42段、欧盟法院 Acerinox v Commission 案裁决第202段。

命令通知的事宜通知相关人员。

1. 概述

本条规定了协调局的一般义务，即在任何程序中应将附有期限的裁决、传票、通告或通报通知必要的相关当事人。本条还规定，对于本条例和《商标条例实施细则》中涉及通知的规定，以及协调局局长命令的通知，协调局也要同样适用上述规定。概括而言，协调局的通知应当以下文详述的方式向当事人送交原先的材料或其未经证明的复印件（《商标条例实施细则》第61条第1款）。根据《商标条例实施细则》第55条第1款的规定，协调局应当指明作出裁决、通告或通报的部门，根据《商标条例实施细则》第55条第2款的规定，应确保对部门名称的说明至少是清楚的。协调局局长可以据此避免在每一起案件中使用协调局的印章。对指定代表人的，通知会直接送交给代表人（《商标条例实施细则》第67条）。

2. 协调局通知的方式

《商标条例实施细则》第61条第2款列举了协调局可以采用的通知方式，详情可参见下文（a）至（d）。根据《商标条例实施细则》第61条第3款的规定，协调局可以自行选择不同的通知方式。欧盟普通法院的支持这一点，认为协调局局长决定采用传真通知的方式可以适用协调局作出的任何裁决或通告，《商标条例实施细则》第62条有关邮寄送达的具体规定的适用应当以协调局选择了该方式为前提条件（欧盟普通法院 Pan & Co. 案裁决第59段至第60段）。

（a）邮寄（《商标条例实施细则》第62条）。除了附有上诉期的裁决和传唤必须以挂号信送交外，协调局的其他通知均可以采用普通信件（《商标条例实施细则》第62条第1款）。以挂号信（《商标条例实施细则》第62条第3款）或普通信件（《商标条例实施细则》第62条第5款）通知的，自投递后的第10日起视为通知生效。

（b）传真或其他技术手段（《商标条例实施细则》第65条）。对于联系方式是传真号码的，协调局可以采用传真的方式送交所有材料，包括裁决。自通知送达至接收人的传真机时，视为通知生效。协调局会保留传真日志，以此证明送交的时间(《审查指南》A 部分第 1.3.2.1 段)。至于相关的"其他技术手段",《商标条例实施细则》第 65 条第 2 款允许协调局自行决定合适的处理方式。

(c)人工送交或通过协调局的信箱(《商标条例实施细则》第 63 条和第 64 条)。如果接收人本人会到协调局,可以人工送交通知。接收人应当签名并确认接受的日期(《商标条例实施细则》第 63 条和《审查指南》A 部分第 1.3.2.4 段)。理论上,如果接收人在协调局开设了信箱,也可以通过直接将材料留置于该信箱完成通知。在这种情况下,自留置材料之日起 5 日后视为通知完成(《商标条例实施细则》第 64 条和《审查指南》A 部分第 1.3.2.3 段)。但是,这一规定从未适用过,因为协调局并没有开设这种信箱。

(d)公告通知(《商标条例实施细则》第 66 条)。如果无法确定接收人的地址,或者至少其他一种通知方法无法实现的,协调局可以在网上公布该通知,使用的语言应为该通知涉及的程序所采用的语言。在这种情况下,自公布之日起 1 个月后视为通知生效(《商标条例实施细则》第 66 条和《审查指南》A 部分第 1.3.2.6 段)。《商标条例实施细则》第 66 条第 2 款允许协调局局长自行决定公告通知的方式,2005 年 7 月 27 日的第 EX－05－06 号局长令对此进行了详细的规定。

(e)通知的不规范性(《商标条例实施细则》第 68 条)。如果通知已经送交接收人,但通知的相关规定没有得到遵守,则通知的日期为协调局证明接收人收到材料的日期。换言之,证明接收和通知的举证责任由协调局承担。但是,如果材料根本没有到达接收人,《商标条例实施细则》第 68 条的规定不得用以弥补任何协调局通知方法上的缺陷。其后果取决于通知的性质,如果当事人的权利受到了影响,则适用第 80 条的规定。

(f)涉及多方当事人的通知(《商标条例实施细则》第 69 条)。一方当事人作出的包含实质性意见的材料,或者宣布撤回这种实质性意见的材料,应当由协调局通知其他当事人(第 1 句话)。但相关材料没有提出新的诉讼且涉及的事宜已经准备裁决的除外(第 2 句话)。

3. 当事人的通告和通报

本条的规则主要涉及的是协调局应合理、适当地通知当事人的义务。相应的,《商标条例实施细则》第61—69条主要涉及的也是协调局应如何承担这些义务的事宜。尽管当事人提交书面材料及其正式表格的行为一般规定在《商标条例实施细则》第79—83条中,但是,《商标条例实施细则》第61条第1款调整的是当事人而非协调局发布的文书,明确认可其采用副本或未经证明的复制件的形式。

(a)通报的方式。根据《商标条例实施细则》第79条的规定,向协调局送交材料可以采用邮寄、人工送达或"其他方式",例如传真或者电子手段[分别规定在《商标条例实施细则》第79条(a)项、(b)项和(d)项中]。《商标条例实施细则》第79a条规定,在当事人之间的案件中,当事人提交书证和物证应当按照程序的当事人数量制作相应的复制件。当然,这仅限于实物材料,不包括传真或电子材料。因此,复制文件材料的义务则由协调局转移至当事人。传真仍然是协调局最为常用的送交方式,对于迟延提交新商标的图示(《商标条例实施细则》第80条第1款)以及无法使用传真方式的程序,《商标条例实施细则》第80条还作了更为详细的规定。这些规定同样准用于电子方式的通报(《商标条例实施细则》第82条),在传真和电子送交的情况下,说明发送者的名称即等同为签名(分别规定于《商标条例实施细则》第80条第3款和第81条第3款中)。对于电子送交的,协调局局长有权自行设定或改变其参数。

(b)书式(《商标条例实施细则》第83条)。《商标条例实施细则》第83条第1款列举了协调局应当向公众免费提供的以欧盟的所有官方语言制作的官方书式,包括提出申请、异议、撤销、无效宣告、转让登记、许可登记、续展、代理授权,以及根据《马德里议定书》提出的国际申请或后期指定。对于以一种欧盟官方语言提出的官方书式,协调局视其为任何官方语言。换言之,书式本身不需要翻译或者译为正确的语言,即使根据《商标条例实施细则》的规定应在后来翻译书式中的信息。

撤销裁决

第 80 条

1. 协调局在注册簿中的登记或作出的裁决具有归咎于协调局的明显程序错误的,应当废除登记或撤销裁决。程序中仅有一方当事人且登记或裁决影响其权利的,即使错误对于当事人并非显而易见,仍要确定废除或撤销。

2. 作出登记或裁决的部门应依职权或依程序当事人一方的要求确定前款所称的废除或撤销。废除或撤销应自登记在注册簿中或作出裁决之日起六个月内确定,且应征求程序当事人和任何涉案欧共体商标登记在册的权利人的意见。

3. 本条应无差别地适用于当事人根据本条例第 58 条和第 65 条提起诉讼的权利,或者《商标条例实施细则》对相关错误修订的程序或条件规定的可能性,包括任何语言错误或誊写错误、协调局裁决中明显的错误或在商标注册及其公告时归咎于协调局的错误。

1. 概述

本条是由 2004 年 2 月 19 日生效的第 422/2004 号欧洲理事会条例引入的,旨在构建一个简单机制,当事人无需通过诉讼程序即可修正明显的程序错误。在此之前,只能依据第 83 条的规定修正明显的错误,协调局应遵循公认的法律程序原则。在实践中,本条很少适用,只有上诉委员会的个别裁决曾援引这一规定。

(a) 与第 61 条和第 62 条的关系。第 61 条和第 62 条分别强调了单方当事人和当事人之间案件被诉裁决的中间修正,本条是对它们的补充。在某些情况下,尤其是第 62 条规定的当事人之间的案件中,协调局可以在中间修正或撤销之间进行选择。在对第 80 条应用指引中[①],协调局表示更倾向于第 80 条,因为不需要另一方的同意。

---

① 参见 oami. europa. eu 中"实践方面"。

(b)明显的程序错误(第1款)。尽管第83条的规定优先适用,但本条是对其在特定情形下的补充。本条并不允许当事人向协调局挑战其获悉的实体法上的错误,例如两个商标是否相似,这些问题当然应通过正常的诉讼程序解决。根据本条修正的错误应当同时具备程序性和明显性两个特征,例如协调局发布裁决时错误地忽略了此前收到的当事人的意见,而该意见对裁决的性质具有实质性的影响。

2. 废除和撤销(第1款和第2款第1句)

本条第1款提及了两种协调局出现的错误,在注册簿中的登记或作出的裁决具有归咎于协调局的明显程序错误。在单方当事人案件中,如果当事人的权利受到影响,即使当事人没有发现这一错误,协调局也应当主动废除错误的登记或撤销裁决①。本条第2款第2句话**允许协调局依职权或依程序当事人一方的要求启动修正程序。

3. 期限和程序

(a)期限(第2款第2句话)。本条第2款规定,废除登记或撤销裁决应当自登记在注册簿中或作出裁决之日起6个月内确定。该期限不可延长。另外,本条第2款设置了协调局在改正前应征求程序当事人和涉案欧共体商标登记在册的任何权利人意见的义务。由于修正应当在6个月的期限内生效,所以征求意见同样应在这一期限内。

(b)程序(《商标条例实施细则》第53a条)。《商标条例实施细则》第53a条规定了撤销裁决的程序。首先,协调局应当通知任何可能受到撤销意图影响的当事人,协调局自己或程序的当事人对此是否明了在所不问(《商标条例实施细则》第53a条第2款)。在对第80条的应用指引中,协调局表示这一过程通常需要1个月或2个月。如果有利害关系的当事人同意改正或没有提出意见,协调局则会废除登记或撤销裁决。否则,协调局将作出裁决(《商标条例实施细则》第53a条第3款并参见下文注释4)。在一

---

① 参见下文注释3中有关程序的内容。
** 应为本条第2款第1句话,原文系笔误。——译者注

些案件下,撤销将导致对实质性事宜作出新的裁决。在这种情况下,协调局在其应用指引中表示应尽可能只作出一项新的裁决以同时解决撤销和实施性问题。根据《商标条例实施细则》第 53a 条第 5 款的规定,已经公告的登记或裁决的废除或撤销同样需要公告,而事实上几乎所有的情形均是如此。作出废除或撤销决定的主体为作出原先裁决或负责原先登记的部门(《商标条例实施细则》第 53a 条第 6 款)。

4. 上诉

如果当事人不同意废除或者撤销的决定,协调局会就此作出正式的裁决[1]。这就引发了根据第 58 条提出上诉的可能。当然,当事人因程序错误而对裁决提起上诉的情形很多见,例如证据没有得到理会。本条第 3 款明确指出本条应无差别地适用于当事人提起诉讼的权利。但是,从时间上看,上诉的提起是在先的,当事人为了坚持自己的立场应根据第 60 条规定的 2 个月期限内提起上诉。上诉可以援引本条的规定并要求协调局遵循撤销程序而非上诉程序。除此之外,当事人也可以在提起上诉后另行告知协调局明显的程序错误,并要求中止上诉程序而适用本条的程序。但是,中止并不影响提交上诉理由的 4 个月期限(扩大上诉委员会 Kosmo 案)。

恢复原状

第 81 条

1. 欧共体商标的申请人、所有人或者任何其他的程序当事人,虽然根据已经发生的情形尽一切应有的注意,但仍无法遵守协调局规定的期限,且根据本条例的规定导致丧失权利或救济措施的直接后果的,可申请重新确立其权利。

2. 申请应当自不能履行期限的原因消除后的两个月内以书面形式提交。未履行的行为应当在此期限内完成。在未遵守的期限届满之日起一年后提出的申请不予受理。未提交续展注册申请或者未交纳续展费的,第 47

---

[1] 参见上文注释 3 和《商标条例实施细则》第 53a 条第 3 款。

条第三款第三句话规定的六个月的宽限期不计算在一年期限中。

3. 申请应说明依据的理由和事实。未交纳重新确立权利的费用前，视为没有提出申请。

4. 申请应由有权决定未履行行为的部门裁决。

5. 本条不适用于本条第二款、第41条第一款和第三款以及第82条规定的期限。

6. 善意第三方在欧共体商标或欧共体商标申请的权利丧失至公告重新确立的期间内，以与该欧共体商标相同或近似的标志向市场投放商品或提供服务的，欧共体商标申请人或所有人不得援引该重新确立的权利对抗之。

7. 第三方可以依据前款的规定，自欧共体商标的申请人或所有人的权利重新确立公告之日起两个月内提起第三方程序，对重新确立该权利的裁决提起诉讼。

8. 本条允许成员国就本条例规定的，以及对该国当局应予遵守的期限准许恢复权利。

1. 概述

本条规定了在未能遵守协调局规定期限的特定情形下，恢复原状或恢复权利。某些期限不在恢复的范围内①。如果未遵守期限会导致丧失权利或救济措施的直接后果，协调局正在进行的程序的当事人均可以请求恢复（第81条第1款）。申请恢复的当事人需要克服较大的阻碍，因为其必须证明根据现有的情形尽一切努力后仍无法遵守协调局规定的期限（第81条第1款）。在实践中，协调局和欧盟普通法院对这一情形的解释非常严格②，以至于成功申请恢复权利的情况极为少见，除非涉及不可抗力事由。一旦申请获得准许，恢复的效力即视为遵守了期限，申请人在这一期间内不会丧失任何权利。但是，为平衡在这一期间内开始使用这一标志的善意第

---

① 参见下文注释2。
② 参见下文注释5。

三人的利益,本条第6款和第7款规定了保护措施①。只要有任何成功的可能,对恢复的申请都应当谨慎且全面②。

2. 恢复的排除范围

(a)期限(第5款)。本条例中的一些期限规定不适用恢复,它们列举在本条第5款中,包括:本条第2款提及的申请恢复本身的期限;第41条第1款规定的提交欧共体商标申请异议的期限;第41条第3款有关"协调局规定"异议人可以提交能说明其案情的事实、证据和理由的期限;以及第82条有关请求程序继续的期限。在2004年2月19日第422/2004号欧洲理事会条例生效之前,本条第5款还包括第29条第1款规定的优先权期限,但现在这一期限可以适用恢复。就上述提及的第三个例外而言,第41条第3款本身并没有明确设置期限。相反,该条表述为"协调局规定的期限",且《商标条例实施细则》第19条第1款再次指出这一期限"由协调局确定",但自程序开始后不应少于2个月(即冷静期后)。

(b)程序的当事人(第1款)。非协调局程序的当事人不得申请恢复。因此,诸如希望根据第40条提交意见的人则不可能提出申请。类似地,如果当事人错过了符合恢复范围的期限,与该当事人具有密切关系的人不得提出申请:无论如何,申请只能由受到不利影响的当事人自己提出。

3. 权利的丧失(第1款)

恢复的前提是未遵守期限会导致当事人丧失权利或救济措施的直接后果。这种后果在许多情形下都明显存在,例如,错过第60条规定的上诉期限,错过第112条规定的转换期限,或者错过第29条规定的优先权期限。在其他情形下,权利的丧失虽然并不明显,但仍然存在,例如申请人错过《商标条例实施细则》第20条第2款规定的在异议程序中提交意见的期限。如此一来,这将导致实质性事实不再由协调局考虑,从而影响裁决的作出。当然,也存在错过期限但不会导致权利丧失的情形,例如错过《商标条

---

① 参见下文注释8。
② 同上。

例实施细则》第18条第1款规定的异议程序延长冷静期的期限。总之,申请人应当向协调局证明权利丧失的存在。

4. 申请恢复的期限(第2款)

申请恢复应同时满足两个期限。

(a)未遵守的期限届满。恢复的申请应当在未遵守的期限届满之日起1年内提出(本条第2款第3句话)。这一期限是绝对的、不可延长的,未能遵守亦不得申请恢复[1]。在错过续展日的情况下,第47条第3款有关迟延支付续展费的6个月宽限期并不被认为旨在申请恢复(本条第2款第4句话)。也就是说,1年的恢复期限起算于续展到期当月的最后一日,而非6个月的宽限期届满后。

(b)未能履行期限的原因消除。恢复的申请应自不能履行期限的原因消除后的2个月内提交(本条第2款第1句话)。不能履行期限的原因消除不一定与期限的错过同时发生。在欧盟普通法院 Beckett Expression 案的裁决中,法院认为恢复申请的提交超出了2个月的期限(第42段)。申请人的代表人因病未能根据第60条的规定于2000年2月8日的最后截止日前提交上诉理由,而于2000年2月10日提交。2000年4月26日,协调局以书面形式告知其已过提交期限,2000年5月29日,其申请恢复。尽管当时仍在协调局通知其已过提交上诉理由的2个月内,但2月8日这一期限"未能履行的原因"是代表人的疾病。其已于2月10日开始工作,因此申请恢复的期限应截止于2000年4月10日。

(c)完成未履行的行为。第81条第2款第2句话指出,申请恢复的人应在上文(b)中提及的2个月期限内完成未履行的行为。这一条件同样是绝对的,该步骤不得在2个月的期限外完成。在实践中,这一步骤通常都与申请恢复的行为一并完成。在任何情况下,申请人都应当同时满足上述两个期限,尽管在程序上,应先申请恢复,再补救未履行的行为。

---

[1] 参见上文注释2。

5. 尽一切应有的注意（第 1 款）

未能遵守期限应当以"虽然根据已经发生的情形尽一切应有的注意"为前提。"尽一切应有的注意"的含义往往是此类案件的核心。到目前为止的案例法表明，协调局对此适用了较高的标准。对情有可原的错误的理解往往较为严格，且仅适用于特殊情形。如果是内部机构的程序出现问题并导致错误，并不足以证明这是令人遗憾且非典型性的，特别是这一错误从一开始就掺杂了冗长的拖延。在这种情况下，在代理人的"尽一切应有的注意"应包括进一步的核查和提示，至少以此发现最初的错误，避免这种拖延（参见欧盟普通法院 Dakota 案裁决第 57 段至第 61 段）。上诉委员会的许多裁决也遵循了相似的脉络。在上诉委员会 York v Viyork 案中，上诉委员会适用了欧盟普通法院在先前裁决中就上诉期限问题设置的一些原则（欧盟普通法院 Weisse Serten 案裁决第 18 段）。欧盟普通法院清楚地提及不可抗力和不可预见的情形，欧盟法院当局作出的先前裁决也重申了这一点。对此，上诉委员会将这些原则具体适用到恢复的概念上，指出发挥作用的既有客观因素也有主观因素。客观因素包括与当事人无关的反常情形，这些情形会产生障碍或不能履行期限的原因。主观因素包括当事人有义务"在不遭受不合理牺牲的前提下采取适当的手段"以避免反常情形带来的结果（上诉委员会 York v Viyork 案裁决第 15 段）。但是，客观上，一个勤勉谨慎的人能够在期限届满前采取适当的措施遵守该规定的，不适用恢复。仅仅不存在过失并不符合应有的注意。在行政助理造成错误的情况下，仅证明律师本人对其进行了良好的培训和充分的监督且不存在过失，仍然是不够的。上诉委员会作出的其他裁决也遵循了上述相同的脉络。对于涉及快递材料的迟延送交的案件，协调局更倾向于授予恢复。但是，申请人应当证明快递公司享有声誉，与其惯常的表现相比，此次快递的失败是极少见的，且对这些情形应提交充分的证据证明并作为恢复申请的一部分（参见上诉委员会在 Mag-Form v Mage 案的裁决第 29 段）。

6. 提出恢复申请（第 2 款和第 3 款）

（a）书面形式。申请恢复应当以书面形式提出。官方并未提供格式文本。申请恢复应当以明示的方式作出。完成未履行的行为并不意味着申请恢复。申请恢复需另行提出。①。

(b)理由和事实证明。申请人应当提出理由、证明事实。正如上文注释5所述，申请人需要克服巨大的障碍说服协调局其已经尽一切应有的注意，所以通过证据证明事实是很重要的，如果通过宣誓或陈述的方式佐证申请人的意见，不得有所夸大。例如，如果因一个关键人物失联而错过期限，应提供证据证明曾采取何种努力联系该人②。类似地，对于传真未能成功发送或者材料未能准时通过快递送达的情况，所有围绕这些事件的情况，都应当通过直接参与人员的陈述加以证明。涉及内部机构体制和程序的问题，负责解释该体制如何运行以及为何该事件是特例且不可避免的人，应当提交证词。简而言之，事实应当公正、清楚地通过证据证明，因此，申请恢复的人如果能够提供更使人信服的意见，将更有成功的可能。

(c)费用。恢复申请的费用为200欧元，在该费用尚未交纳前，申请视为没有提出。正如协调局的其他程序一样，未按时支付费用并不涉及受理的问题。但是，申请被视为自始没有提出。

(d)语言。申请恢复应采用错过的期限所在的程序所使用的语言。如果涉案的程序允许两种语言，例如简单的欧共体商标申请情形，申请恢复应使用这两种语言之一。如果申请一开始使用了错误的语言，则适用《商标条例实施细则》第96条的一般规定。也就是说，自提交申请恢复之日起，申请人有1个月的时间提交正确语言的译本。

7. 有权部门裁决恢复（第4款）

恢复的申请应当由有权决定所欲恢复的未履行行为的部门处理。根据协调局的组织结构，在单方当事人申请、异议或无效的情况下，应由商标部或撤销部处理。在上诉的情况下，应由上诉委员会处理恢复的申请。就上诉委员会作出的一项裁决，提出的上诉已经涵盖了申请恢复所依据的实体

---

① 参见欧盟普通法院 Dakota 案裁决第43段。
② 参见上诉委员会 F1 v Formula 1 案。

事项(上诉委员会Sybex New Classics v Sidex案)。尽管申请恢复涉及的是有关异议的程序性事项,根据本条第4款的规定应当由异议审查员处理更为合适,但上诉委员会仍决定将二者一并处理。

8. 恢复的效力和第三方权利(第6款和第7款)

一经准许,恢复即具有视为错过的期限已经得到遵循的法律溯及效力。期限届满至恢复程序之间发生的任何权利丧失视为没有发生。在申请人或欧共体商标所有人成功申请恢复的情况下,第三人可能在这一时间段内已经善意地开始在相同或类似的商品或者服务上使用相同或近似的商标。本条第6款规定,在这种情况下,欧共体商标所有人不得援引该权利对抗该第三人。根据本条第7款的规定,第6款确规定的第三人可以对重新确立商标所有人或申请人权利的裁决发起"第三人程序",期限为自权利重新确立公告之日起2个月内。协调局《审查指南》指出(A部分第6章第6.3.6段),只有当恢复申请所针对的未遵守期限会产生改变欧共体商标状态的公告时,才会发布本条例第81条第7款所称的公告。这一规定的合理性在于,只有在这种情况下,第三人才会对重新确立的这些权利在当时被废止的事实产生信赖。一经公告,本条第7款所称的2个月的期限是很明确的。对于没有公告的,《审查指南》指出(A部分第6章第6.4段),2个月的期限起始于准许恢复的裁决作出之日,但第三人如何得知准许恢复的裁决作出则不得而知。本条第7款所称的第三人程序并不存在相应的程序。《审查指南》仅仅提及协调局将采取对抗式程序,有权处理该程序的部门是作出准许恢复裁决的部门。

9. 成员国准许恢复的权利(第8款)

本条第8款允许成员国就本条例规定的以及对该国当局应予遵守的期限准许恢复权利。

程序继续

第82条

1. 欧共体商标的申请人、所有人或者任何其他的程序当事人未能遵守协调局规定的期限的,可以请求程序继续,但提出请求时应当已经完成未履行的行为。程序继续的请求应当自未遵守的期限届满之日起两个月内提出,否则不予受理。未交纳程序继续的费用前,视为没有提出请求。

2. 本条不适用于第 25 条第三款、第 27 条、第 29 条第一款、第 33 条第一款、第 36 条第二款、第 41 条、第 42 条、第 47 条第三款、第 60 条、第 65 条第五款、第 81 条、第 112 条或者本条规定的期限,或者《商标条例实施细则》中有关申请提出后,请求第 30 条所称的优先权、第 33 条所称的展览优先权或者第 34 条所称的先前权规定的期限。

3. 申请应由有权决定未履行行为的部门裁决。

4. 协调局准许申请的,因未遵守期限所导致的后果视为没有发生。

5. 协调局驳回申请的,退还费用。

1. 程序继续

本条是由 2004 年 2 月 19 日生效的第 422/2004 号欧洲理事会条例引入的,规定了程序继续,这是一种对已经错过期限的状态的简单恢复机制。本条例原先不存在这一程序,但其在观念上类似于此前欧盟专利法院的进一步处理机制,所以从总体而言,其对于知识产权领域并非新生事物。在第 422/2004 号欧洲理事会条例生效前,本条例中唯一可以用于弥补错过期限的机制是第 81 条的恢复原状。但是,本条的核心点与第 81 条是截然不同的。只要不在排除的期限范围内①,且符合其他特定的主要行政要求的,按理就应当准许程序继续。更重要的是,这里不需要证明已经采取"一切应有的注意"而错过期限,相比于申请恢复,不仅相当简便,也大大提高了法律确定性。

2. 排除范围(第 2 款)

(a)明确的排除。本条第 2 款将本条例中规定的许多期限排除于程序继续的范围,包括:成员国机构将欧共体商标申请送交协调局的 2 个月期限(第 25 条第 3 款);为新的欧共体商标申请交纳申请费的 1 个月期限(第 27

---

① 参见下文注释 2。

条);6个月的优先权期限(第29条第1款)以及《商标条例实施细则》第6条第2款有关迟延请求优先权的额外2个月期限;6个月的展览优先权期限(第33条第1款);弥补有关新的欧共体商标申请日缺陷的期限(第36条第2款);欧共体商标申请公告后提出异议和支付异议费的3个月期限,以及异议程序中的所有期限(第41条第1款和第3款),包括异议人证实其异议,申请人答辩以及任何进一步的意见交流(参见第6/05号协调局局长通报);欧共体商标的续展期限以及支付额外费用仍得以续展的6个月宽限期(第47条第3款);2个月的上诉期以及4个月提交上诉意见的期限(第60条);涉及对当事人之间案件裁决修正所设置的期限(第65条第5款);向欧盟普通法院提起诉讼的2个月期限(第65条第5款);涉及适用恢复原状的期限(第85条);寻求程序继续的2个月期限[第82条;参见下文注释3(a)];将欧共体商标转换为成员国商标申请的3个月期限(第112条)。

(b)涉及对异议裁决上诉的排除。由第1041/2005号欧洲理事会条例引入的《商标条例实施细则》第50条第1款第2句话指出,如果上诉直接针对的是异议程序中作出的裁决,则本条的程序继续不适用于第63条第2款确定的期限。该规定仅适用于异议程序,不适用撤销或无效宣告程序。该条立法的考量为,既然第41条规定的期限(这些期限适用于异议程序)被排除于程序继续的范围①,在上诉阶段也应当被同等对待(《商标条例实施细则》第50条第1款第1句话)。但是,这一规定的可适用性十分有限。其似乎仅涉及上诉委员会根据第63条第2款确定提出意见的期限,但答辩和二次答辩的期限并不是"根据第63条第2款确定",而是由上诉委员会程序规则第8条第2款加以具体化的。另外更重要的是,《商标条例实施细则》对程序继续的这一排除与本条例的规定不符,根据第162条第1款的规定,可以认为这超出了《商标条例实施细则》的职能范围。本条第2款包含了详细的清单,明确了哪些期限不适用程序继续。第60条被列为其中,但

---

① 参见本条第2款。

第 63 条第 2 款和欧盟普通法院程序规则第 8 条第 2 款并不在其中。

3. 程序继续申请的提出（第 1 款）

程序继续的申请应当以书面形式提出。官方并未提供格式文本。欧共体商标的申请人、所有人或者任何其他的程序当事人均可以提出申请。

（a）期限。本条第 1 款规定了自未遵守的期限届满之日起 2 个月的期限。正如申请恢复一样，特别要注意的是，这里的期限并非起算于协调局告知涉案当事人错过期限之日。该期限不可延长，其本身既不适用程序继续（第 82 条第 2 款），也不适用申请恢复（第 81 条第 5 款）。

（b）已经完成未履行的行为。在申请程序继续时，未履行的行为应当已经完成。在实践中，提出申请的同时可能也意味着完成了未履行的行为这一必要步骤。

（c）费用。申请程序恢复的费用为 400 欧元，该费用尚未支付前，视为申请没有提出。正如协调局的其他程序一样，未按时支付费用并不涉及受理的问题。但是，申请被视为自始没有提出。如果协调局驳回程序继续的申请，会退还费用（本条第 5 款）。

4. 有权处理程序继续的部门（第 3 款）

程序继续的申请由有权决定未履行行为的协调局部门处理。例如，如果未能在欧共体商标申请公告前遵循审查员的报告，则由商标部的审查员处理。尽管本条第 1 款第 1 句话的表述作出了相反的暗示，但实际上对程序继续请求的审查没有实质性条件。如果满足本条第 1 款的程序性要求，则应准许程序继续的请求①。

5. 程序继续的效力

程序继续的申请一经准许，原先错过的期限则视为已经遵守，当事人因此回复到已经履行期限的初始状态。

---

① 参见扩大上诉委员会 LEGO Brick 案裁决第 24 段。

参照一般原则

第83条

本条例、《商标条例实施细则》、收费条例或上诉委员会的程序规则缺乏程序性规定的,协调局应考虑成员国普遍认可的程序法原则。

含义

本条提到了本条例、《商标条例实施细则》、《商标费条例》或程序规则中缺乏程序规定的情形。在这种情况下,协调局应当考虑"成员国普遍认可的程序法原则"。除特殊情形外,协调局在其裁决中极少援引本条的规定。协调局提及本条的一种情况是涉及被各成员国视为基本程序权利并加以确立的口头审理权。这与第75条第2句话的规定相关,即要求协调局作出裁决只能依据相关当事人有机会阐明意见的证据或理由[1]。因此,如果协调局未将一方当事人的事实、证据和主张送交另一方当事人但在裁决中加以考虑,则同时违反了第75条第2句话和本条的规定[2]。另一种情况是援引所有成员国法中的基本对抗原则。协调局程序中的当事人有时会援引本条的规定,试图阻止败诉的结局。但是,这种尝试通常不会成功,原因有两点:只要欧共体商标立法体系中存在程序性规定,就会优先于依据本条诉诸的任何一般原则;另外,一项程序原则很难被证明是所有成员国公认的。如果当事人希望利用某一成员国法律体系中存在的特定程序,仅援引本条的一般规定是明显不够的。

经济义务的终止

第84条

1. 协调局要求当事人交纳费用的权利自该费用支付期届满之自然(日历)年度结束起4年后消灭。

---

[1] 参见第75条,注释3。
[2] 例如参见上诉委员会 Ceramica Viva v WP viva Fertig-Parkett 案裁决第16段。

2. 要求协调局退还费用或退还超出费用的支付金额的权利,自权利产生之自然(日历)年度结束起4年后消灭。

3. 在第一款规定的期限内要求交纳费用的,在第二款规定的期限内书面提出合理请求的,前两款规定的期限中断。期限中断后立即重新起算,自原先起算的自然(日历)年度结束起6年后终止,但在该期间内强制执行权利的司法程序已经开始的除外;在该情形下,期限自终审裁决生效后最早1年后终止。

含义

本条规定了有关向协调局交纳费用和协调局退还费用的经济义务的终止,其含义大多一目了然。这些规定旨在终结费用及其退款被忽视的情形。本条第1款将协调局对于交纳费用的权利限定在费用到期之自然(日历)年度结束起4年内。本条第2款对要求协调局退还费用或退还超出费用的支付金额的权利也作出了相应的限定。本条第3款概括了这4年期限可以延伸的特定情形。就第1款所称的迟延支付的费用而言,如果协调局在这4年中对涉案的费用提出主张,则期限中断。就第2款的退还而言,如果涉案当事人提出合理请求,则期限中断。但是,这4年的期限会在中断后立即起算,并于原先起算的自然(日历)年度结束起6年后终止。当然,对此还存在进一步的例外。如果强制执行权利的司法程序已经开始,期限自终审裁决后1年内终止。在程序上,如果涉案金额过小或者对其执行具有不确定性,《商标条例实施细则》第74条授权协调局局长放弃执行任何应交纳的金额。

第二节　费用

费用

第85条

1. 在不违背第119条第六款的情况下,在异议、撤销、无效宣告或上诉程序中的败诉方应当承担对方当事人因该程序所遭受的必要开支和成本，包括律师、顾问或代理人的报酬、差旅费和生活补贴，其金额应限于按照《商标条例实施细则》规定的条件所确定的各项费用标准范围内。

2. 但是，各方当事人在不同方面各有胜负，或者根据衡平法所述理由的指示，异议处、撤销处或上诉委员会应裁定费用的不同分摊比例。

3. 当事人以撤回欧共体商标申请、异议申请、撤销权利申请、无效宣告申请或上诉申请、不续展注册或者放弃欧共体商标的方式终止程序的，应根据前两款的规定承担对方当事人遭受的开支和成本。

4. 案件未作裁决的，费用的承担应由异议处、撤销处或上诉委员会自由裁量。

5. 各方当事人在异议处、撤销处或上诉委员会就费用承担所达成的协议与前四款规定不一致的，相关部门应将该协议进行记录在案。

6. 应当支付的费用仅限于协调局收取的费用和代理费用的，异议处、撤销处或上诉委员会应根据前五款的规定确定应当支付的费用金额。除此之外，异议处、撤销处或上诉委员会的登记处经要求应根据前五款的规定确定应当支付的费用金额。该要求仅在该费用的终审裁决作出之日起两个月内予以受理。在规定的期限内，当事人提出请求的，异议处、撤销处或上诉委员会应对所确定的金额进行审查。

1. 概述

本条就协调局程序中当事人之间案件的费用判定提供了基本框架，第86条提及了费用判定的执行。2004年2月19日第422/2004号欧洲理事会条例生效后，本条第6款进行了修订，使得涉及费用判定的程序更加便捷、更有效率[①]。《商标条例实施细则》第94条规定了相应的程序性规则，并随着本条第6款的修订由第1041/2005号欧洲理事会条例进行了相应的程序性修订。败诉方承担胜诉方的费用是一般原则。上述对本条例以及《商标条例实施细则》的修订并非违背这一原则，而是简化程序，即原先规

---

① 参见下文注释2。

定协调局应当依照当事人的要求判定费用承担,但在大多数案件中协调局并未依照当事人的要求而加以判定①。当然,原先的规定在一些特定的情形下依然有效②。本条的主要内容将在下文的(a)至(b)中分析。

(a)败诉方承担胜诉方的费用(第1款)。本条第1款就费用的承担设定了规则起点,即败诉方承担对方当事人的费用。本条的适用范围包括异议、撤销、宣告无效或上诉程序。审查员裁决驳回注册申请的,申请人无法获得费用的补偿,第三人依据第40条的规定成功提出意见的,亦同。作为裁定的基础,费用应当是"必要的",《商标条例实施细则》第94条第3款还指出胜诉方应当证明其费用主张的合法性③。承担的费用还延伸至律师、顾问或代理人的报酬、差旅费和生活补贴,但在个案中金额数量不得超出《商标条例实施细则》第94条第7款设置的范围④。本条第1款还规定了一般原则的唯一例外,即异议人或撤销、无效宣告程序的申请人依据第119条第6款的规定自费提交相关文书译本所产生费用。

(b)当事人之间的费用分摊(第2款)。各方当事人在不同方面各有胜负的,协调局会根据胜负的情况裁定费用分摊比例,较为典型的是裁定承担各自的费用。

(c)一方当事人终止程序(第3款)。如果一方当事人终止协调局的程序,包括撤回欧共体商标申请、异议申请、权利撤销申请、无效宣告申请或上诉申请,不续展注册或者放弃欧共体商标,该当事人有义务承担对方当事人根据本条第1款和第2款产生的合理费用。

(d)未裁决案件的费用(第4款)。包括上文(c)在内的任何情形下,如果未能就案件作出裁决,本条第4款允许协调局自由裁量费用分摊。

(e)当事人之间的费用承担协议(第5款)。当事人之间就费用承担达成协议是很常见的,例如作为和解程序中的组成部分。较为典型的情形是,

---

① 参见下文注释2。
② 参见下文注释2(b)。
③ 同上。
④ 参见下文注释3。

协议规定当事人承担各自的费用。本条第5款并未进一步要求协调局必须采纳这种协议,但至少应予以记录。实践中,协调局一般会尊重当事人之间的这种协议。

2. 有关费用的程序(第6款和《商标条例实施细则》第94条)

(a)协调局收取的费用和代理费用(第6款第1句话)。本条第6款第1句话规定,应当支付的费用仅限于协调局收取的费用和代理费用的,协调局应确定费用的数额。实践中,这几乎涉及了所有程序,因为除此之外的费用在实践中从未发生过,例如口头审理程序以外的差旅费和生活补助以及个人出庭作证的费用。相应的,协调局理所当然地要在其裁决中(异议、撤销、无效宣告以及上诉)确定费用的金额。根据《商标条例实施细则》第94条第3款第4句话的规定,出庭费的确定应当以《商标条例实施细则》第94条第7款(d)项规定的标准为准,费用的实际发生情况不予考虑。

(b)所有与案件有关费用的确定(第6款第2句话)。在其他任何情形下,费用的确定应经当事人的要求。这种要求应附加账单和证明数额的证据支持(《商标条例实施细则》第94条第3款第1句话),从而确立要求的可信度,当然,对于出庭费而言,对其发生的保证就足够了。

(c)期限(第6条第3句话)。任何裁定费用的要求应于作出该费用终审裁决之日起2个月内提出。协调局继而通知承担费用的一方当事人。《商标条例实施细则》第94条第4款规定,在通知后的1个月内,当事人可以申请对确定的费用金额进行审查,但需交纳申请费用。

(d)裁决和上诉。无论是根据简易程序还是应一方当事人的要求确定费用,均部分或全部构成协调局的裁决,因此属于第58条规定的上诉范围,并适用第60条规定的2个月上诉期。《商标条例实施细则》第94条第5款进一步规定,应当事人要求而作出的裁决,协调局应直接作出裁决,不举行口头审理程序。

3. 费用承担的金额(《商标条例实施细则》第94条第7款)

《商标条例实施细则》第94条第7款根据第1041/2005号欧洲理事会条例进行了修订,对每项数额提高了50欧元。《商标条例实施细则》第94

条第7款(a)项规定了口头审理程序中无代理人的当事人的差旅费和生活补助。《商标条例实施细则》第94条第7款(b)项规定了代理人的差旅费。《商标条例实施细则》第94条第7款(c)项规定了根据《商标条例实施细则》第59条要求证人、专家所产生的费用，包括差旅费、生活补助以及因口头审理造成的经济损失。《商标条例实施细则》第94条第7款(d)项规定了第93条第1款所称的代理的费用。费用的范围下至为异议程序的当事人代理的300欧元[《商标条例实施细则》第94条第7款(d)项(i)和(ii)]，上至为上诉委员会程序的当事人代理的550欧元[《商标条例实施细则》第94条第7款(d)项(v)和(vi)]。根据《商标条例实施细则》第56条的规定传唤当事人参加口头审理程序的，《商标条例实施细则》第94条第7款(d)项规定的每项金额需另增加400欧元。很明显，这些规定的金额并不足以支付在协调局程序中实际发生的代理费用。

确定费用金额裁决的执行

第86条

1. 协调局确定费用金额的任何终审裁决具有强制执行力。

2. 执行应依照其所在成员国现行的民事程序规则进行。成员国政府应以执行为目的指定国内机构并通报协调局和欧盟法院，执行令应附于裁决后，除该机构出具证明裁决真实性的材料外，无需其他手续。

3. 相关当事人申请完成上述手续后，可直接根据成员国法的规定将此事提交有权机构执行。

4. 只有欧盟法院的裁决才能中止执行。但是，相关成员国法院有权管辖被投诉为违规执行的案件。

1. 费用的裁决具有强制力（第1款）

本条第1款规定，协调局确定费用金额的任何终审裁决（根据第85条）原则上具有强制执行力。第85条和《商标条例实施细则》第94条设立的费用确定框架允许对确定费用的裁决提起上诉。上诉的前提是，费用裁决是终审的且具有执行力。

2. 执行程序（第2款和第3款）

对费用裁决的执行由执行所在的成员国民事程序规则调整。成员国政府应当指定执行机构并通报协调局和欧盟法院（根据本条第2款），请求执行的当事人应当向有管辖权的成员国指定机构递交协调局的费用裁决。该机构会出具执行令并附于协调局的裁决后，当事人继而可以依据本条第3款的规定根据相关成员国的程序进行执行。在实践中，费用裁决的执行的情形极为罕见，因为涉及的金额相对而言实在微不足道，不值得在执行程序中耗费时间和经济成本。相比于在欧盟领域外执行裁决，这种情况甚至更为常见。

3. 中止（第4款）

严格来说，费用裁决执行的中止仅能由欧盟法院作出。但是，本条第4款第2句话授权成员国法院管辖当事人投诉的违规执行。

第三节　供公众和成员国机构查询的资料

欧共体商标注册簿

第87条

协调局应设置注册簿，名为《欧共体商标注册簿》，记载注册详情或本条例、《商标条例实施细则》规定的事项。注册簿应供公众公开查阅。

含义

本条规定协调局应设置并保存欧共体商标的注册簿。注册簿应当供公众自由查询，从而任何人均可借此确定任何当事人根据本条例获得的权利性质和范围。注册簿中的信息应当与本条例和《商标条例实施细则》有关公共信息的要求相一致。《商标条例实施细则》第84条详细规定了注册簿应当包含的信息。《商标条例实施细则》第84条第2款列举了信息应当包含的基本内容，第3款进一步列举了应当包含的事项，还规定应当公告这些事项记载于注册簿的时间。这两项列举清单并非封闭的,协调局局长可以随时决定其他应当登记在册的事项(《商标条例实施细则》第84条第4款)。另外,协调局还应当为任何当事人提供经证明或未经证明的注册簿摘要,当事人须相应支付30欧元或10欧元[《商标条例实施细则》第84条第6款和《商标费条例》第2款第24项(a)和(b)]。在实践中,注册簿是电子形式的,当然其中的信息在某些方面仍存在缺陷。例如,优先权和先前权要求的"详细说明"[《商标条例实施细则》第84条第2款(h)项至(j)项]所实际呈现的内容并不足以评估其法律边界;转换请求目前尚未登记在册或公告[《商标条例实施细则》第84条第2款(p)项]。

查询档案

第88条

1. 涉及尚未公告的欧共体商标申请材料的,未经申请人同意,不得提供查询。

2. 任何人能证明欧共体商标申请人曾声明在商标注册后将援引该商标权对抗自己的,可以在申请公告前,不经申请人同意,查询该申请的材料。

3. 欧共体商标申请公告后,可以请求查询该申请及注册商标的材料。

4. 但是,根据《商标条例实施细则》的规定,前两款规定查询的材料中部分文件不得查询。

1. 公告后查询官方材料(第3款)

本条规定了协调局设置的官方材料的查询。《商标条例实施细则》第90条授权协调局在本条和《商标条例实施细则》第88条且支付费用的前提下,自由裁量通报涉及欧共体商标的任何材料信息。在以异议为目的公告欧共体商标申请后,可以查询相关材料,这是基本原则(本条第3款)。对于相关材料证实或未证实的复制件的申请,应当向协调局提出且支付必要的费用[《商标条例实施细则》第89条第4款和第5款以及《商标费条例》第2条第26款(a)项和(b)项]。指定欧盟的国际注册商标材料可以自第152条第1款所称的公告日后查询(《商标条例实施细则》第89条第6款)。

但是,由于可以在协调局网站上获取相关材料,对实体材料的查询需求明显降低。

2. 公告前查询官方材料(第1款和第2款)

在公告前即可查询官方材料的情形有两种:一是申请人同意(第1款);二是申请查询的人证明欧共体商标申请人曾声明在商标注册后将援引该商标权对抗自己的。在后一种情况下,可以不经商标申请人的同意。根据《商标条例实施细则》第89条第2款的规定,申请查询尚未公告的欧共体商标申请材料,应至少就上述两种情形之一加以说明并证实。

3. 特定材料不得查询的裁量(第4款)

协调局有权将特定材料排除于查询范围。这些规定在《商标条例实施细则》第88条中,包括:依据第137条做出的关于审查员、异议处、撤销处或上诉委员会合议庭组成成员回避决定有关材料[《商标条例实施细则》第88条(a)项];草拟的裁决、意见及其准备材料[《商标条例实施细则》第88条(b)项];相关当事人强烈要求保密的材料,但请求查询的当事人能够证明查询具有更优先的法律利益的除外[《商标条例实施细则》第88条(c)项]。对于最后一种情形,当事人应在查询请求提交前明确说明保密所依据的特别利益(《审查指南》E部分第7章4.1.3段)。

定期出版物

第89条

协调局应定期出版:

(a)欧共体商标公告,内容包括欧共体商标注册簿登记的事项以及本条例和《商标条例实施细则》规定公告的其他特殊事项;

(b)官方杂志,内容包括协调局局长颁发的带有普遍适用性质的通知和信息,以及有关本条例及其实施方面的任何其他信息。

1. 欧共体商标公告[本条第(a)项]

本条规定协调局应当发布两种刊物,第一是欧共体商标公告。该公告每周以欧盟所有官方语言出版,可通过只读光盘的形式获取或登录协调局网站"欧共体商标公告"一栏查询。欧共体商标公告已取消纸质形式。《商标条例实施细则》第85条第2款规定,欧共体商标公告应当包含以异议为目的的申请公告(第39条第1款)、注册簿登记的事项以及本条例和《商标条例实施细则》规定公告的其他有关申请或注册的特殊事项。欧共体商标公告的结构和内容详情可参见协调局公布的指南,网址 oaim. europa. eu/pdf/mark/vademecum - ctm - en. pdf。总结而言,公告内容包含以下几个方面。

(a)欧共体商标申请。这里包括第39条规定的以异议为目的公告的欧共体商标申请,以及先前公告的欧共体商标申请的各种类型的公告。

(b)欧共体商标注册。《商标条例实施细则》第23条第5款要求公告注册的欧共体商标。在公告中,这一方面的内容包括:申请公告后没有修订的登记,申请公告后经过修订的登记,就部分商品或者服务转让的登记以及错误的修正。

(c)注册簿中登记的事项。这部分内容包括本条例和《商标条例实施细则》规定有关欧共体商标申请和注册的事项,尤其是涉及所有人、代表人、商标自身、商品或服务的明细、许可、绝对权、破产、质押、先前权、无效和撤销以及错误修正。这些事项的公告一般仅为信息的目的,因为它们仅为注册簿中的内容,并不因公告而对第三方发生效力(第23条第1款)。但是,一个重要的例外是第48条所称的商标变更,因为《商标条例实施细则》第25条第4款规定可以对公告的变更提出异议。

(d)续展。这里包括续展本身以及在续展中修正错误。

(e)请求转换。《商标条例实施细则》第46条第1款规定根据第112条的欧共体商标转换申请应予以公告,同时这也准用于根据第159条有关指向欧共体商标的国际商标申请的转换。这部分内容包括欧共体商标申请的转换申请、欧共体商标注册和指定欧盟的国际注册商标,以及对上述三个类型的先前商标公告的错误修正。当然,到目前为止,协调局尚未作出任何这种公告。

(f)请求恢复原状。第81条第6款规定经申请成功恢复的权利应予以公告。因此,公报中也包括这方面的内容,当然也包括对先前错误的修正。

(g)指定欧盟的国际注册。这部分内容包括《马德里议定书》规定的指定欧盟的国际注册,以及后来的指定,这些根据第152条第1款的规定应当予以公告。另外,根据第152条第2款的规定,当拒绝保护这种国际注册的决定告知或撤销的,应予以公告。对于这两种类型的错误修正,也应予以公告。

2. 官方杂志[本条(b)项]

该杂志由协调局每月以5种语言发布(《商标条例实施细则》第86条第2款)。① 该杂志包含了协调局局长作出的决定和通报、部长理事会决议、实践指南以及欧盟法院、欧盟普通法院、上诉委员会和撤销和异议处有选择性的裁决。该杂志还列举了协调局的职业代理人,以及有关协调局的其他数据和信息。

行政合作

第90条

协调局、法院或成员国当局应相互协助,经请求交换信息或公开档案以供查询,但本条例或成员国法另有规定的除外。协调局向法院、检察机关或中央工业产权局公开档案以供查询的,不受第88条的限制。

含义

本条要求协调局、法院和成员国当局相互合作,经请求提供协助。协助包括相关信息的交换或公开档案供查询。根据《商标条例实施细则》第92条第2款的规定,协调局、法院或成员国当局之间的信息交换直接有效。在查询档案的情况下,如果是法院、检察机关或中央工业产权局根据本条提出的,则不受第88条的限制。根据《商标条例实施细则》第93条第2款的规定,上述机构可以将收到的协调局档案交第三方查询,如果这样的话,则仍

---

① 自2007年1月后,该杂志只在网上发布,可参见协调局网站 oaim. europa. eu/en/office/diff/official_journal. htm。

适用第88条和《商标条例实施细则》第88条的规定。另外,当协调局向本条所述的机构送交档案时,应当说明适用于该档案的任何限制(《商标条例实施细则》第93条第3款)。

交换出版物

第91条

1. 协调局和成员国中央工业产权局之间,应依相互请求免费赠送各自出版物的一份或多份复制件,以供使用。

2. 协调局可以签订有关交换或提供出版物的协议。

含义

本条的含义是不言自明的,《商标条例实施细则》并未对本条进行补充。本条只是要求协调局和各成员国中央工业产权局根据相互请求免费赠送各自的出版物。这一要求适用于第89条规定的协调局的两种出版物,欧共体商标公报和官方杂志,以及成员国当局相应的出版物。当然,本条第2款允许协调局进一步与个别成员国签署协议。实践中,协调局与各国当局之间的各项合作远不止本条例规定的这些义务。

第四节　代理

代理的一般原则

第92条

1. 在协调局办理事务的人不应被强迫代理,但本条第二款的规定除外。

2. 在不影响本条第三款第二句的情况下,在欧盟境内没有住所、主要营业场所或真实、有效的工商机构的自然人或法人,应依据第93条第一款的规定指定代理人参加本条例确立的协调局程序,但提交欧共体商标申请以及《商标条例实施细则》允许的其他例外事项除外。

3. 在欧盟境内有住所、主要营业场所或真实、有效的工商企业的自然人或法人,可以委任一名雇员代理参加协调局程序。依据本款委任的法人雇员亦可代理与第一法人具有经济联系的其他法人,即使该法人在欧盟境内没有住所、主要营业场所或真实、有效的工商机构。

4. 雇员是否应当,以及在何种情形下应当向协调局提交签字的授权书并存入档案,由《商标条例实施细则》另行规定。

1. 概述

涉及代理的法律条文规定在第 92 条和第 93 条中,两条均由 2004 年 2 月 19 日生效的第 422/2004 号欧洲理事会条例加以修订。第 92 条规定了代理的一般原则,第 93 条规定了职业代理人。《商标条例实施细则》第 75—78 条规定了相应的程序。《商标条例实施细则》第 77 条特别明确了指定代理人的效力:协调局的任何通报送达代理即具有送达当事人自身同样的效力,由代理人向协调局提出的意见的,亦同。《商标条例实施细则》第 76 条规定了授权事宜,该条由 2005 年 7 月 25 日生效的第 1041/2005 号欧洲理事会条例加以大幅度修订。在协调局办理事项的当事人不应被强迫代理,这是一般原则(本条第 1 款)。但是,一个重要的例外是,除特殊情形外,欧盟领域以外的当事人应当被代理[①]。需要代理时,可以委托法律从业人员或职业代理人(第 93 条第 1 款),在某些情形下,也可以指定雇员担任代理人[②]。在特定情形下,应当向协调局提交授权书[③]。

2. 欧盟领域外的自然人或法人(第 2 款)

本条第 2 款规定,在欧盟领域外的自然人或法人,应依据第 93 条第 1 款的规定指定代理人参加所有的协调局程序,除非他们满足下文(b)、(c)和(d)中所述情形之一。这里涉及的不是国籍问题,而是住所、主要营业场所或真实、有效的工商企业。因此,一个具有英国国籍但定居香港的人应通

[①] 本条第 2 款并参见下文注释 2 和 3。
[②] 参见下文注释 3。
[③] 参见第 93 条注释 4。

过代理参加协调局程序,但一个具有加拿大国际但定居法国的人则不需要。

(a)"在欧盟境内"的含义。这一表述表明,自然人或法人在欧盟境内至少应当符合下文(b)、(c)和(d)中所述情形之一。值得注意的是,除了欧盟成员国外,其他一些领域由于与成员国之间具有联系,也属于欧盟领域。它们是奥兰群岛、马提尼克、瓜德罗普岛、留尼旺岛和圭亚那、亚速尔群岛、马德拉群岛、加纳利群岛、休达自治市和梅利利亚。以下列举了欧盟以外的领域及其具有特定联系的成员国(括号内),但这些列举并不是穷尽的:格陵兰群岛和法罗群岛(丹麦),阿鲁巴和前荷属安的列斯群岛(荷兰),澳门(葡萄牙),海峡群岛、马恩岛和直布罗陀(英国)。即使一些领域已经通过立法认可欧共体商标在当地具有效力(例如地处于海峡群岛中的泽西岛),但这并不足以认定在该司法管辖下的商事主体属于本条第2款所称的"在欧盟领域内",也不符合《商标条例实施细则》所称的其他任何目的。

(b)住所。本条第2款对一般原则规定的第一个例外即在欧盟领域内的住所。对于法人而言,住所应根据《欧盟运作条约》第54条进行确定。《审查指南》指出(A部分第5章第5.3.1.1段),真实的或主要的住所应在欧盟领域内,仅管辖该企业的法律是欧盟成员国法是不够的。

(c)主要营业地。第二个例外是自然人或法人的主要营业地在欧盟境内。

(d)机构。第三个例外是自然人或法人在欧盟领域内有真实、有效的工商机构。这一表述与《马德里协议》第1条第3款和《马德里议定书》第2条第1款有关申请人使用国际商标申请机制的资格是一致的。这一含义并不完全明确,且尚未得到欧盟法院的解释(尽管在成员国中有相关的裁决)。但是,一般认为,仅在欧盟领域内拥有商业用途的邮箱地址或服务地址是不够的,仅提供代理商的地址也是不够的。另一方面,一个独立的分支机构如果是享有完全自主权的法律实体,也不能被认为是母公司的"机构"。一般而言,不享有法人资格的非独立分支机构适用本条第3款第2句话的规定。

3. 雇员担任代理人(第3款和第4款)

本条第3款允许欧盟境内的自然人或法人[即符合上文(b)、(c)和(d)中所述情形之一]由其雇员代理办理协调局的各项事宜。这不同于第93条第1款所称的职业代理人,也不同于委托未登记在册的代理人[1]。当然,真实的情况是,这些雇员通常是《欧共体商标公报》中提及的"代理人"。根据本条第4款和《商标条例实施细则》第76条第2款的规定,雇员代理人应当向协调局提交授权书[2]。另外,本条第3款第2句话允许法人雇员亦可代理与该法人具有经济联系的其他法人,即使该法人在欧盟境内没有住所、主要营业场所或真实、有效的工商机构。这是对上文注释2提及的本条第2款的一般原则的例外:一般情况下,与欧盟不具有上文(b)、(c)和(d)中所述情形之一的联系的非欧盟企业,应当根据第93条第1款的规定委托代理人。就实践而言,协调局在《审查指南》中指出,构成"经济联系"的,则予以认可(A部分第5章第5.2.3.2段)。本质上,如果协调局程序中的当事人在经济上依赖于该雇员的雇主,则符合该情形,反之亦然。这种经济上的依赖关系的形成因素包括:两个法人均隶属于同一家集团企业,管理控制机制相互渗透,一方控制着另一方大部分的资本或股份,一方可以任命另一方超过半数的管理人员。另一方面,如果双方仅仅具有商标许可协议,或者仅仅具有一般意义上的供求关系,协调局不予认可。

职业代理人

第93条

1. 自然人或法人在协调局的代理人只能由下列人员担任:

(a)成员国任何有资质的执业律师,在欧盟领域有营业场所且在该成员国有权从事商标代理业务;

(b)被列入协调局名单中的职业代理人。代理人是否应当,以及在何

---

[1] 参见《商标条例实施细则》第84条第2款(e)项。
[2] 参见第93条注释4有关提交授权书的内容。

种情形下应当向协调局提交签字的授权书并存入档案由《商标条例实施细则》另行规定。代理人应当向协调局提交签字的授权书并存入档案的，相应细节由《商标条例实施细则》另行规定。

2. 同时具备下列条件的自然人，可以列入职业代理人名单：

（a）具有成员国国籍；

（b）在欧盟境内工作或有营业场所；

（c）有权在成员国中央工业产权局代理自然人或法人的商标事宜。该权利在该成员国并不以特别职业资质为条件的，申请列入职业代理人名单的人，应当在该国中央工业产权局从事该业务至少5年以上。但是，在成员国中央工业产权局代理自然人或法人的商标事宜的职业资质根据该国的规定得到官方认可的，不受从业时间的限制。

3. 申请列入名单应一并提交相关成员国中央工业产权局出具的材料，证明其已经符合前款规定的条件。

4. 协调局局长可以批准免除：

（a）第二款（c）项第二句话的要求，如果申请人提供证据证明其已经通过其他方式获得必要的资格；

（b）在特殊情形下，第二款（a）项的要求。

5. 从职业代理人名单中除名的条件由《商标条例实施细则》另行规定。

1. 概述

本条规定了协调局的职业代理人。本条第1款明确了只有两种人可以担任职业代理人：执业律师［第1款（a）项］和被列入协调局名单中的职业代理人［第1款（b）项］。下文注释2和3将详述之。《商标条例实施细则》第76条第9款允许委托代理人协会，例如律师事务所或职业代理人合伙企业，在这种情况下，委托是协会而非该协会内的个人。这样一来，协会中的任何职业代理人（其本身已经是职业代理人）均可以在该协会的名义下在协调局办理事宜。对于协会的新成员，只要能证明其本身已经是职业代理人的，也同样如此。协调局无需通报该协会中的职业代理人的人员变动情况。

2. 执业律师[第1款(a)项]

这是本条规定的职业代理人的第一种类别,有以下3个要求:

(a)资质。执业律师应当依据成员国法的规定获得资质。协调局在《审查指南》(A部分第5章第5.2.1.1段)"职业代理人"中列明了执业律师的资质条件(尽管这一清单没有提及在2004年5月1日和2007年1月1日加入欧盟的成员国)。协调局一般不会核查执业律师的资质,但有理由对资质严重怀疑的除外。

(b)成员国法上的权利。上文提及的资质并不一定授权执业律师在相关成员国从事商标业务[这不同于第92条第2款,参见下文注释3(a)]。因此,在成员国拥有执业律师资质的人可能从事于完全不相干的领域,没有权利从事商标业务,但其在协调局仍为执业律师。

(c)营业场所。执业律师若在欧盟得到认可,应当在欧盟境内有营业场所①。营业场所可以在其获得资质的国家以外的成员国内,但其主要营业场所不得在欧盟境外。如果作为职业代理人协会的律师事务所拥有若干办公室,只有一个在欧盟境内,协调局与该办公室联系代理事宜②。在这里没有国籍限制。协调局中的执业律师可以是欧盟成员国以外国籍的人。

(d)未列入职业代理人名单的执业律师。只要满足上述3个条件,执业律师即可在协调局从事代理业务,这不同于本条第2款提及的未列入名单的其他职业代理人③。

3. 列入名单的职业代理人[第1款(b)项、第2款、第3款]

本条规定的第二种职业代理人是指那些非上文所称的执业律师,但有资格在协调局职业代理第三方的人④。满足下列条件(a)和(b)的人,可以通过成员国商标局证书的形式证明自己的资质(本条第3款),申请列入协调局职业代理人名单。

---

① 参见第92条第2款注释2对这一概念的解释。
② 参见《审查指南》A部分第5章第5.2.1.4段。
③ 参见下文注释3。
④ 参见《审查指南》A部分第5章第5.2.2段。

(a)成员国法下的资质[第2款(c)项]。根据成员国法的规定,个人应当有权在该国商标局从事商标业务。各国体制相差很大,但本质上有三种类型的从业人员是协调局根据本条第2款(c)项所认可的。首先,为在成员国商标局从事商标业务而在该国取得特别职业资质的人。对此,只要提供证据证明拥有这种资质,即可要求被列入协调局名单。其次,如果成员国对于在该国商标局从事商标业务没有特别资质要求、任何人均可从事的,申请列入协调局的名单的人应当证明其已经实际在该国商标局从事业务至少5年以上。最后,对于从事商标业务需要取得职业资质,但在商标局从事这一业务并不需要先前条件的混合情况,拥有该资质的人可以无需证明5年的实际从业经历,但没有该资质的人仍需证明。无论如何,相关证据材料应附随列入协调局名单的申请一并提交。

(b)国籍和营业场所[第2款(a)和(b)项]。成为本条第2款规定的职业代理人还应当具备欧盟成员国的国籍,并在欧盟境内有营业场所。如果申请人具有成员国国籍,则无需具备上文(a)所述的在该国的资质或经历。

(c)免除(第4款)。本条第4款允许协调局局长在两种情形下不遵守上文(a)和(b)所述的要求。第一,如果申请列入协调局名单的人可以证明其通过其他方式取得了相同的资格,无需证明5年的从业经历。例如从事5年内部商标经理的人,尽管其没有直接在商标局从事业务。第二,在特殊情形下,本条第2款(a)项规定的国籍要求可以免除。

(d)代理人名单的移除(第5款)。在特定情形下,协调局名单中的职业代理人会被除名。这些情形详细规定在《商标条例实施细则》第78条第2款和第3款中,包括死亡、丧失代理人的法定资格、本条第2款规定一项或多项要求不再满足或者该人在其成员国商标局从事业务的资质被中止。代理人也可以主动要求从名单中去除(《商标条例实施细则》第78条第1款)。

4. 授权[第1款(b)项和《商标条例实施细则》第76条]

(a)实践中的宽松性。根据第2/03号协调局局长通报,以及根据第

1041/2005 号欧洲理事会条例修改并生效的《商标条例实施细则》第 76 条，协调局在实践中对于有关提交指定代理人的任命书的事宜是相当宽松的。根据《商标条例实施细则》第 76 条第 1 款的规定，只有当协调局要求的情况下，执业律师和职业代理人才需要提交授权书。当然，协调局很少会作出这样的要求。这一原则同样适用于当事人之间的案件中，除非一方当事人对另一方当事人提出明确要求，否则无需提交授权书。

(b)第 92 条第 3 款规定的雇员。根据《商标条例实施细则》第 76 条第 2 款的规定，雇员代表雇主在协调局从事商标事宜仍需提交授权书。职业代理人和雇员这种区别对待的原因并不清楚，在《商标条例实施细则》修订的过程中，有人对此提出过看法，但并未得到坚持。

(c)存入档案。《商标条例实施细则》第 76 条第 1 款和第 2 款的表述体现了协调局希望尽可能减少授权书带来的行政负担。作为授权书的一部分，协调局将不再发布授权编号、也不会就此事宜联系代理人。因此，对需要存档的授权书的审查工作将减少。

(d)程序。为了便于代理人完成工作，协调局提供格式授权书。授权书可以以任何欧盟官方语言提交，可以覆盖同意权属下的所有申请编号和注册编号，还可以采取一般代理的形式负责被代理人的在协调局的一切事宜(《商标条例实施细则》第 76 条第 3 款)。如果要求提交授权书，协调局会根据《商标条例实施细则》第 76 条第 4 款的规定确定相应的期限(实践中一般为 2 个月)。如果未能遵守上述规定，会导致正在进行的程序仍将直接影响被代理人，如果要求强制代理的(第 92 条第 2 款)，协调局将告知该当事人必须指定代理人。

第十章　有关欧共体商标诉讼的管辖和程序

第一节　第 44/2001 号欧洲理事会条例的适用

第 44/2001 号欧洲理事会条例的适用

第 94 条

1. 有关欧共体商标和欧共体商标申请的诉讼，以及同时和相继进行的有关欧共体商标和成员国商标的诉讼，应适用第 44/2001 号欧洲理事会条例，但本条例另有规定的除外。

2. 对于涉及第 96 条所称的诉讼和请求的程序：

（a）第 44/2001 号欧洲理事会条例第 2 条、第 4 条、第 5 条第一款、第三款、第四款、第五款以及第 31 条不适用；

（b）第 44/2001 号欧洲理事会条例第二十三款和第二十四款应当适用，但本条例第 97 条第四款限制的除外；

（c）第 44/2001 号欧洲理事会条例第二章适用于在欧盟成员国有住所的人，也适用于在欧盟成员国无住所但设有机构的人。

1. 概述

本条例序言第 14 点明确指出，为了加强欧共体商标的保护，有必要尽量减少就欧共体商标侵权和无效事宜进行裁决的一审和二审法院的数量。为此，本条例对这些法院的司法管辖作出了特别规定（例如本条至第 98 条）。但是，这并不是为了建立一个完整、闭合的司法管辖体制。对于本条例未作规定的事项,适用《布鲁塞尔条例》的规定。

2.《布鲁塞尔公约》和《布鲁塞尔条例》(第1款)

(a)《布鲁塞尔条例》替代《布鲁塞尔公约》。在《布鲁塞尔条例》生效前,本条例的表述为,对于未作规定的事项适用《布鲁塞尔公约》。《布鲁塞尔公约》至今仍然有效,但极少被援引,因为所有欧盟成员国已将其替代为《布鲁塞尔条例》。曾经有一段时间,丹麦被排除在《布鲁塞尔条例》适用范围之外,但依据2007年7月1日欧盟与丹麦签订的协议,这一情况得以改变。《布鲁塞尔条例》①允许其他欧盟立法设置特别的司法管辖规则,例如本条例。

(b)《布鲁塞尔条例》的可适用性。对于《布鲁塞尔条例》的可适用性,例如满足该条例第6条第1款规定的下列情形的,可以起诉居住在欧盟成员国的人:该人为多个被告人之一,他们在法院所在地均有住所的,如果诉讼请求具有紧密联系,以致合并审理更有利于避免不同程序所带来相互矛盾的裁决。在德国K案中,作为产品分销商的德国公司和作为生产商的西班牙公司即被认为具有这种联系。但在 Bacardi v BAT Beverage 案(荷兰)中却有不同的意见,海牙上诉法院从欧盟法院 Roche v Primus 案中得出结论,认为该案中的事实情形不相干(侵犯欧共体商标权的荷兰分销商及其进口来源的同样侵犯欧共体商标权的德国生产商)。另外,第97条第4款指出,对于在有司法管辖权的法院以外协商指定法院管辖的,以及被告在有管辖权以外的法院出庭的②,适用《布鲁塞尔条例》第23条和第24条。

3.《布鲁塞尔条例》可适用和不可适用的具体条款(第2款)

本条第2款明确了《布鲁塞尔条例》具体条款的适用是否被排除、限制或者扩张。

(a)适用的排除[第2款(a)项]。本条第2款(a)项首先提及了《布鲁塞尔条例》中被排除适用的条款,包括第2条、第4条、第5条第1款、第3

---

① 参见该条例第67条。
② 参见第97条注释5。

款、第 4 款、第 5 款以及第 31 条,这些内容或者已经具体规定在本条例中,或者与涉及欧共体商标保护的争议无关。

(b)有限适用[第 2 款(b)项]。本条第 2 款(b)项指出,《布鲁塞尔条例》第 23 条、第 24 条可以适用,但应受到本条例第 97 条第 4 款的限制(详情可进一步参见第 97 条注释 5)。

(c)扩张适用[第 2 款(c)项]。《布鲁塞尔条例》第 2 章调整的是居住在欧盟成员国的人。由于本条第 2 款(c)项的规定,该章的所有内容也可以适用在欧盟成员国无住所但设有机构的人。

第二节　有关欧共体商标侵权和效力的争议

欧共体商标法院

第 95 条

1. 成员国应在其领域内尽可能少地指定一审和二审的法院或法庭数量,以下称为"欧共体商标法院"。欧共体商标法院应履行本条例赋予的职责。

2. 成员国应在第 40/94 号欧洲理事会条例生效后的 3 年内向欧盟委员会通报欧共体商标法院的目录,列明名称及其管辖地域。

3. 前款所称的目录通报后,变更法院的数目、名称或管辖地域的,相关成员国应立即通报欧盟委员会。

4. 欧盟委员会应将前两款所称的信息通告所有成员国并公告在《欧盟官方公报》上。

5. 成员国未通报第二款所称的目录的,第 96 条规定的任何诉讼和诉求的管辖,以及依据第 97 条确定的有管辖权的成员国内的法院管辖,应属于对涉及该国注册商标的诉讼享有属地管辖权和属物管辖权的该国法院。

含义

(a)欧共体商标法院(第1款)。本条例序言第14点明确指出,为了加强欧共体商标的保护,有必要尽量减少就欧共体商标侵权和无效事宜进行裁决的一审和二审法院的数量。成员国应按照本国的体制进行操作。本条的含义是,如果依照成员国法并非仅有一个专门法院享有管辖权,则可以指定更多的欧共体商标法院。在某些国家不只有一个一审和二审欧共体商标法院,例如德国、意大利和英国;而在大多数国家则只有一个,例如法国和西班牙。

(b)指定、通报信息、变更和公告(第2款至第4款)。根据本条第2款的规定,每个成员国都应当向欧盟委员会通报该国指定的欧共体商标法院目录。到目前为止,所有国家均已提交,相关目录可以在协调局网站中查询("商标"——"案例法"——"欧共体商标法院的判决")。目录内容的任何变更应当向欧盟委员会通报,目录中的所有内容及其变更均应当在《欧盟官方公报》上公告。

(c)过渡条款(第5款)。在成员国尚未向欧盟委员会通报指定的欧共体商标法院目录前,本条第5款提供了管辖权的过渡机制。由于目前所有国家均已向欧盟委员会通报了目录,只有当本条例可以适用于新加入的成员国后,该国尚未向欧盟委员会通报欧共体商标法院目录前,这一规定才可能得以适用。在这种情况下,依据本条第5款规定,有权管辖成员国商标侵权或无效案件的成员国法院对欧共体商标案件有管辖权。

侵权和效力的管辖

第96条

欧共体商标法院对下列诉讼享有专属管辖权:

(a)根据成员国法允许的所有欧共体商标侵权诉讼和有关遭受侵权威胁行为的诉讼;

(b)根据成员国法允许的主张确认不侵权的诉讼;

(c)第9条第三款提及的行为所引发的任何诉讼;

(d)根据第100条提出的撤销或宣告欧共体商标无效的反诉。

1. 概述

本条授予了欧共体商标法院对四种情形的专属管辖权。这意味着其他法院无权处理这些情形。但是,根据第103条的规定,欧共体商标法院以外的法院可以采取临时和保全措施。

2. 侵权[本条(a)项]

第一种情形是对欧共体商标侵权或有侵权威胁。这涉及欧共体商标所有人欲强制实现其享有的第9条规定权利的案件。欧盟法院的专属管辖,不仅包括请求禁令救济,也包括因欧共体商标侵权而请求的赔偿。侵权威胁。欧共体商标法院对侵权威胁的案件享有专属管辖,但前提是这种诉讼是其适用的成员国法所允许的。但问题是,这里所称的适用的成员国法指的是什么。根据第101条第2款或第3款的规定,应当为审理案件的欧共体商标法院所在国的法律(实体法或程序法)。即使侵权威胁发生在允许这种诉讼的国家,只要审理案件的欧共体商标法院所在国的法律不允许这种诉讼,法院不会给予制裁。第102条有关处罚的规定具有一定的迷惑性,该条第1款规定,欧共体商标法院认定被告人对欧共体商标侵权或具有侵权威胁的,应发布禁令。尽管该条提及了侵权威胁,但到目前为止,这一规定的适用应以欧共体商标法院所在的成员国法的允许为前提。本条例应当对侵权威胁的诉讼部分规定程序制度。

3. 确认不侵权[本条(b)项]

欧共体商标法院享有专属管辖权的第二种情形是确认不侵权之诉,但应以欧共体商标法院所在国法的允许为前提。是否允许确认不侵权属于程序性问题。这意味着,根据第101条第3款的规定,对就宣称被侵权的成员国商标主张确认不侵权是否有成员国法的依据,欧共体商标法院应当作出判断。如果认为不存在依据,即使这种确认不侵权在其他成员国是可能的,欧共体商标法院也不得作出这种确认。另一方面,如果受理案件的欧共体商标法院所在国的法律允许这种确认,该确认对于其他不得作出确认的管辖领域同样具有效力。值得注意的是,根据第97条第5款的规定,有关侵权的诉讼可以向侵权行为发生地所在国的欧共体商标法院提起,但这一规定并不涵盖确认不侵权之诉。对此,应适用第97条第1—4款的司法管辖规则。只要不符合第9条第1款规定的情形之一,即可请求确认不侵权,无需以欧共体商标无效为前提。这一点从第99条第2款中也可以看出,该条规定,在确认不侵权之诉中不得对欧共体商标的有效性提出质疑。

4. 合理补偿[本条(c)项]

对于第9条第3款第二句话规定的合理补偿请求,欧共体商标法院也享有专属管辖权。这种补偿应当以欧共体商标申请公告日和注册日之间的侵权行为为准。

5. 撤销或无效[本条(d)项]

根据本条例的体系,正如第51条至第53条和第73条、第74条规定的那样,欧共体商标的撤销或无效宣告请求应当向协调局提起,而非法院。在基于成员国商标主张在后欧共体商标所有人侵权的案件中,成员国商标的所有人同样会要求从注册簿中去除该欧共体商标。这被认为是变相的无效宣告请求,因此不被允许(德国 Mediantis 案)。但是,在侵权案件中,被告人可以以原告的身份提出欧共体商标应予撤销或宣告无效的反诉。当然,在这种情况下,主诉讼同样应当以欧共体商标为基础。如果案件仅以成员国商标为基础,则不得提出欧共体商标的撤销或无效宣告请求(德国 Betty 案)。但是,如果主诉讼旨在基于在先的欧共体商标而撤销或宣告成员国商标无效,则可以对该欧共体商标提出反诉(荷兰 Replay 案)。有关这种反诉的详细程序规则可参见第100条的规定。

国际管辖

第97条

1. 有关第96条所称的诉讼和请求应当向被告住所地所在的成员国法院提起,被告在任何成员国均无住所的,应向其设立的机构所在的成员国法院提起,但本条例和依据第94条适用的第44/2001号欧洲理事会条例任何条款另有规定的除外。

2. 被告在任何成员国既无住所也无机构的,此类诉讼应向原告住所地所在的成员国法院提起,原告在任何成员国均无住所的,应向其设立的机构所在的成员国法院提起。

3. 被告和原告在任何成员国既无住所也无机构的,此类诉讼应向协调局所在的成员国法院提起。

4. 上述三款的规定不适用于下列情形:

(a)当事人通过协议选择其他欧共体商标法院管辖的,适用第44/2001号欧洲理事会条例第23条;

(b)被告在其他欧共体商标法院出庭的,适用第44/2001号欧洲理事会条例第24条。

5. 有关第96条所称的诉讼和请求,还可以向侵权行为或侵权威胁发生地或者第9条第三款第二句话所称的行为发生地所在的成员国法院提起,但确认未侵犯欧共体商标权利的诉讼除外。

1. 概述

本条规定了欧共体商标法院的国际管辖,并不涉及成员国内部的欧共体商标法院的管辖问题(假设不只一个法院)。尽管本条例没有对成员国内的法院管辖问题作出规定,但这一问题应当完全依照成员国法处理。本条仅适用于欧共体商标法院,即对第96条所称的案件享有专属管辖权的法院。第103条规定,欧共体商标法院以外的法院对采取临时和保全措施也享有管辖权。按照本条的体系,原告应当遵循第1款至第3款的步骤,不得挑选适合自己的选择。只有本条第5款允许原告在本条第1款至第3款规定的法院以外选择欧共体商标法院。

2. 被告的住所或机构(第1款)

本条第1款规定,原告的诉讼应当向被告住所地所在的成员国法院提起,被告在任何成员国均无住所的,应向其设立的机构所在的成员国法院提起。众所周知,这一规定(至少就住所地而言)是《布鲁塞尔条例》第2条的基本管辖规则。本条例没有对"住所"和"机构"作出定义。对于"住所"这一概念的解释,可以从《布鲁塞尔条例》第59条和第60条中得到一些指引

(本条一开始就明确提及)。对于评估某人是否在成员国内设有机构,应当适用该国的国内法。对于"机构"这一概念,应当由成员国法确定其含义。但是,机构是否应当符合《巴黎公约》第3条意义上的真实性和有效性,以及是否一定不能是独立的法人而必须是分支机构,这些都存在争议。

3. 原告的住所和机构(第2款)

如果被告人在欧盟没有住所或机构的,则适用国际管辖的第二项规则。在这种情况下,原告的诉讼应向原告住所地所在的成员国法院提起,原告在任何成员国均无住所的,应向其设立的机构所在的成员国法院提起。

4. 协调局所在的成员国法院(第3款)

如果被告和原告在任何成员国既无住所也无机构的,则适用国际管辖的第三种规则。在这种情况下,原告只有一种选择,即向协调局所在的成员国法院起诉。由于协调局设立在西班牙的阿利坎特,且一审欧共体商标法院即阿利坎特一审法院,所以应当在那里提起诉讼。

5. 协议选择欧共体商标法院或在欧共体商标法院出庭(第4款)

根据本条第4款指引的《布鲁塞尔条例》第23条和第24条的规定,本条第1款至第3款之外的欧共体商标法院也可能享有管辖权。根据这些规定,能够在本条例的规则之外获得管辖权的情形有两种:当事人的协议或被告的出庭。就《布鲁塞尔条例》第23条和第24条而言,本条第4款的适用是有限制的。首先,《布鲁塞尔条例》第23条存在两种限制:第一,除了该条本身的限制外,当事人仅能协议其他欧共体商标法院管辖,而非所有的法院;第二,协议只能指定一个欧共体商标法院,而非多个。从本条第4款的表述看,当事人的协议不得违反本条对5款有关法院管辖的规定。如果被告人在本条第1款至第3款以外的欧共体商标法院出庭,《布鲁塞尔条例》第24条允许该法院因此获得管辖权,但该被告人的出庭旨在规避管辖的除外。另外,《布鲁塞尔条例》第24条也有同样的限制,即只有其他欧共体商标法院能够享有管辖权。

6. 侵权所在地的欧共体商标法院(第5款)

在本条第1款至第3款确定的欧共体商标管辖之外,本条第5款为原告提供了其他可能。因此,作为本条第1款至第3款可能的替代,这一规定允许自行选择管辖。对于第96条所称的相关诉讼和请求程序,原告还可以向侵权行为或侵权威胁发生地的法院提起,或者第9条第3款所称的行为发生地的法院提起。但这里有一个例外,即在特定管辖的法院被诉侵权人不得据此向侵权发生地的法院主张确认未侵犯欧共体商标。选择侵权行为或侵权威胁发生地的法院后,该法院获得有限的管辖权[①]。

管辖范围

第98条

1. 依据第97条第一款至第四款确定的有管辖权的欧共体商标法院应管辖下列行为:

(a)在任何成员国领域内发生的侵权行为或侵权威胁;

(b)在任何成员国领域内发生第9条第三款第二句话所称的行为。

2. 依据第97条第五款确定的有管辖权的欧共体商标法院仅管辖其所在的成员国领域内发生的侵权行为或侵权威胁。

1. 管辖范围;第97条第1款至第4款(本条第1款)

本条第1款是欧共体商标制度的核心组成部分,即对一个有效欧共体商标侵权的裁决可能在整个欧盟领域内具有效力。这显然是创设统一权利的结果。只要是根据第97条第1款至第4款确定的有管辖权的欧共体商标法院,可以处理任何成员国内的侵权事宜。如果该法院认为欧共体商标正在遭受侵权或侵权威胁的,可以依据第102条的规定向所有成员国发布禁令,或者采取这些成员国法所允许的措施。**特定成员国裁决的限制**。一个有趣的问题是,根据第97条第1款至第4款确定的有管辖权的欧共体商标法院究竟是向整个欧盟领域,还是仅向诸如侵权行为或侵权威胁发生地、第9条第1款(b)项所称的混淆可能所在地或者第9条第1款(c)项所称的商标享有声誉所在地的成员国发布禁令(或命令采取欧盟所有成员国法

---

① 参见第98条注释2。

所允许的其他措施)。第 97 条并没有强制要求欧共体商标法院总是向整个欧盟领域发布禁令。原则上,欧共体商标法院应当这样做,但存在特定情况下的例外,德国 The Home Store 案证实了这一点。目前,欧盟法院正在 DHL Express 案中审视这一问题。

2. 管辖范围;第 97 条第 5 款(本条第 2 款)

如果原告选择向侵权行为或侵权威胁发生地所在的成员国法院起诉,该法院仅能就该国享有管辖权。在这种情况下,被告可以根据第 96 条(d)项的规定提出撤销或无效宣告的反诉。原告对法院管辖的选择不会影响其在以后向根据第 97 条第 1 款至第 3 款确定的有管辖权的欧共体商标法院提起诉讼,但根据一事不再理原则,后来的法院不会对先前已经裁决的侵权作出处理。

推定有效——抗辩事由

第 99 条

1. 欧共体商标法院应认可欧共体商标的效力,但被告提起撤销或者无效宣告的反诉导致其效力存在争议的除外。

2. 在主张确认不侵权之诉中不得对欧共体商标的效力提出争议。

3. 在第 96 条(a)项和(c)项的诉讼中,有关欧共体商标撤销或无效的诉求不是通过反诉提起的,被告主张欧共体商标所有人的权利因未使用而应被撤销或者因被告的在先权利而应宣告无效的,应予以受理。

1. 推定有效(第 1 款)

除非有撤销[①]或无效宣告[②]的反诉质疑欧共体商标的效力,否则欧共体商标法院应当认可其有效。因此,被诉侵权人主张欧共体商标缺乏显著性是不够的,必须根据第 52 条的规定提出无效的反诉。当然,他也可以向协调局提交无效申请。在这种情况下,适用第 104 条调整有关欧共体商标法

---

① 参见第 51 条的注释。
② 参见第 52 条和第 53 条的注释。

院和协调局正在进行的诉讼的规则。但是,被诉侵权人可以不提出反诉,而通过主张该欧共体商标未真实使用或者其享有在先权利进行抗辩[①]。

2. 确认不侵权之诉中不得主张无效(第2款)

被控侵权的人向法院主张确认不侵权的,不得主张该欧共体商标无效。由于对欧共体商标效力的质疑只能在侵权诉讼中通过反诉而不得通过主诉讼实现,这一规定旨在防止规避现行的制度。任何试图通过主诉讼质疑欧共体商标效力的人,均应当根据第51条至第53条的规定向协调局提交申请。主张确认不侵权的依据包括缺乏混淆可能性或/和淡化,或者第12条适用的各项限制,或者第13条规定的权利穷竭。

3. 有关撤销或无效的诉求(第3款)

为了避免迫使侵权案件中的被告人向协调局启动无效宣告程序或者提出反诉,其也可以基于以下两点事由进行抗辩:该欧共体商标未真实使用或其享有可以宣告该欧共体商标无效的在先权利。这种抗辩可以导致在当事人之间评估欧共体商标的效力,因此无需依据绝对事由。从第100条第7款的规定中可以看出被告为何不选择反诉。因为如果被告选择提出反诉,原告可以申请中止程序并要求被告在法院规定的期限内向协调局提交撤销或无效宣告申请。但在被告提出这种诉求的情况下,原告没有这样的权利。

反诉

第100条

1. 要求撤销或无效宣告的反诉只能以本条例规定的撤销或无效事由为依据。

2. 协调局曾就相同的标的、相同的事由和相同当事人作出终审裁决的,欧共体商标法院应驳回撤销或无效宣告的反诉。

3. 对非诉讼当事人的商标所有人提出反诉的,应当告知该商标所有人,其可以依据成员国法规定的情形作为当事人参加诉讼。

[①] 参见第99条注释3。

4. 提出撤销或无效宣告欧共体商标反诉的,欧共体商标法院应向协调局通报提出反诉的日期。协调局应在欧共体商标注册簿中记载这一事实。

5. 第57条第二款至第五款应予适用。

6. 欧共体商标法院对撤销或无效宣告欧共体商标的反诉作出终审裁决的,应向协调局送交判决书的复制件。任何当事人均可查询送交的信息。协调局应依据《商标条例实施细则》的规定在欧共体商标注册簿中记载该判决。

7. 审理撤销或无效宣告欧共体商标反诉的欧共体商标法院,经欧共体商标所有人的申请并听取其他当事人的意见后,可以中止诉讼并要求被告方在法院规定的期限内向协调局提交撤销或无效宣告的申请。未在规定期限内提交的,恢复诉讼,反诉视为被撤回。第104条第三款应予适用。

1. 概述

本条规定了侵权案件中撤销或无效宣告反诉的各方面内容。这种反诉的可能性在第51条至第53条以及第73条至第74条中提及(还可参见第96条有关欧共体商标法院裁判规则的规定以及第104条有关协调局程序的规定)。无效宣告的反诉应当以注册欧共体商标的存在为前提。有判例认为,要求撤回欧共体商标注册申请的诉讼可以根据成员国法的规定向成员国法院提起(德国 The Colour of Elegance 案)。但是,这与本条例有所相悖,因为其包含了与无效事由相似的制度。

2. 反诉的专门事由(第1款)

本条第1款规定,要求撤销或无效宣告的反诉只能以本条例规定的事由为依据。因此,被告没有其他方式对抗欧共体商标的效力。这一规定确认了第51条至第53条以及第73条至第74条分别规定的绝对事由和相对事由的闭合性。同时,只有至少在主诉讼所依据的是欧共体商标的情况下,才能对该欧共体商标提出撤销或无效宣告的反诉。因此,反诉附随主诉讼。"反诉"这一表述不能从字面上加以解读。例如,如果主诉讼依据的是著作权侵权,被告提出了侵犯欧共体商标权的反诉,在这种情况下,反诉中的被告(即主诉讼中的原告)可以提出无效的主张。荷兰 Starform v Time Out 案就《欧盟外观设计条例》第85条第1款也作出了这样的判决。

3. 协调局作出的在先撤销或无效宣告案件(第2款)

为了避免相互矛盾的判决,本款明确规定,协调局就相同的标的、相同的事由和相同当事人作出终审裁决的,欧共体商标法院应驳回撤销或无效宣告的反诉。这一规定与第56条第3款有关在先欧共体商标法院的撤销或无效案件的终审裁决的规定是一致的。但是,如果无效宣告不是通过反诉提出的,而是通过第99条第3款所称的请求提起的,这种情形能否适用本款并不明确。①

4. 非欧共体商标所有人的起诉人(第3款)

由于欧共体商标所有人以外的人提起侵权诉讼的可能性是存在的,例如第22条第3款规定的许可使用人,第96条**第3款规定,应当告知商标所有人,并且其可以依据成员国法规定的情形作为当事人参见诉讼。

5. 向协调局提供反诉的信息并登记在册(第4款)

为确保第三方能够获悉撤销或无效宣告欧共体商标的诉讼,本条第4款要求欧共体商标法院向协调局通报提出反诉的日期。协调局应在欧共体商标注册簿中记载这一事实。

6. 第57条第2款至第5款的适用(第5款)

在反诉程序中适用第57条第2款至第5款意味着,如果反诉是基于在先的欧共体商标或成员国商标的,可以要求这些权利的所有人证明使用的存在。另外,这意味着法院可以邀请当事人各方和解。在大多数法院体制下,法院拥有这样的权力。最后,这还意味着如果撤销或无效的事由仅适用于部分商品或者服务,法院可以裁决部分撤销或宣告欧共体商标无效。

7. 向协调局提供裁决的信息并登记在册(第6款)

法院一旦就反诉作出终审裁决,应通报协调局,任何有兴趣的人均可以

---

① 对于同时审理撤销或无效宣告案件的情形的问题,可参见第104条的注释。
** 该内容在修订前为第96条,修订后为第100条(即本条),原文存在笔误。——译者注

查阅这一信息。协调局会将该裁决登记在注册簿中[参见《商标条例实施细则》第84条第3款(n)项至(o)项和《商标条例实施细则》第85条第2款]。

8. 提起反诉后向协调局申请的可能(第7款)

从欧共体商标制度体系来看,立法者更倾向由协调局处理撤销和无效宣告案件。这不仅表现为欧共体商标法院提出的主张不具有事实上的直接效力,也表现为本条第7款的规定。只要提起反诉,欧共体商标所有人可以要求欧共体商标法院中止诉讼,以便被告人在规定期限内向协调局提起撤销或无效申请。正如第99条注释3中所述,这种情形不适用于被告基于未使用或在先权利为由提起的诉讼(这种诉求不可能基于绝对事由提起)。如果欧共体商标所有人认为,协调局裁决撤销或无效宣告的几率更小,则可以启动这一选项。欧共体商标法院应当听取各方当事人的意见,但没有义务必须准许这一要求。被告人未在规定期限内向协调局提交申请的,恢复诉讼;反诉视为被撤回。如果法院中止诉讼,可以根据第104条第3款的规定在案件中决定采取临时或保护措施。

法律适用

第101条

1. 欧共体商标法院应适用本条例的规定。

2. 本条例未规定之事项,欧共体商标法院应适用其所在成员国的法律,包括国际私法。

3. 欧共体商标法院应适用其所在成员国有关调整与国内商标相同类型的诉讼的规则,但本条例另有规定的除外。

含义

本条第1款明确要求欧共体商标法院应当适用本条例的规定,尽管该表述略显多余。这一规定表明本条例优先于成员国法适用。第14条也规定,欧共体商标的效力仅由本条例调整,在其他方面,欧共体商标侵权应由有关成员国商标侵权的成员国法调整①。根据本条第2款的规定,本条例未规定的事项,应适用包括其国际私法在内的成员国法,例如合同法或处罚规则②。因为欧共体商标法院根据本国程序法实现自身的管辖,所以适用于本国商标的国内程序法也当然适用于欧共体商标案件。在这些事项中适用法院地法不同于第102条第2款的规定,即在侵权案件中科以处罚适用侵权行为地法。本条第3款明确规定,欧共体商标法院应适用其所在的成员国调整有关与商标相同类型的诉讼的规则,但本条例另有规定的除外。例如,可以提起何种类型反诉的问题应由第100条调整;但以何种方式提起反诉则适用成员国法的规定。另外,第102条有关处罚的规定要求一旦成立侵权,欧盟法院应发布禁令。但是,其他形式的救济则依据成员国法的规定。

处罚

第102条

1. 欧共体商标法院认定被告对欧共体商标已经构成侵权或侵权威胁的,应发布命令禁止被告对欧共体商标继续或可能的侵权行为,但因特殊事由不发布禁令的除外。该法院还应依据其国内法采取旨在确保禁令得以遵循的措施。

2. 在其他所有方面,欧共体商标法院应适用侵权行为或侵权威胁行为发生地所在成员国的法律,包括国际私法。

含义

(a)禁令(第1款)。对于(威胁)侵权事宜,欧共体商标法院有义务发布禁令。该处罚措施构成欧共体商标制度的一部分,且独立于成员国法。因此,即使欧共体商标法院所在的成员国法不允许对侵权威胁发布禁令,欧共体商标法院仍应为之。当然,本条例还规定了其他处罚措施,

---

① 参见第14条的注释。
② 参见第102条第2款。

例如要求合理补偿的可能①。但是,对于如何确保禁令得以遵循的问题,根据本条第1款最后一句话的规定,应适用成员国法。例如,在大多数法律体系中,违反禁令可处以罚金;在英国法中,违反禁令还构成藐视法庭。在 Nokia Wardell 案中,欧盟法院对这一规定的含义给予了指引:首先,仅存在下列事实并不足以构成欧共体商标法院不发布命令禁止被告继续行为的特殊事由:对欧共体商标进一步侵权的风险或侵权威胁不明显或相当有限;成员国法存在禁止侵犯欧共体商标的一般条款,且规定无论是故意还是由于重大过失,进一步侵权或侵权威胁均可能受到处罚。另外,欧盟法院认为,即使存在下列情形,根据本条第1款的规定,欧共体商标法院仍应依据其国内法采取旨在确保禁令得以遵循的措施:成员国法存在禁止侵犯欧共体商标的一般条款,且规定无论是故意还是由于重大过失,进一步侵权或侵权威胁均可能受到处罚;成员国法中没有规定这样的措施。在这种情况下,欧共体商标法院应当根据成员国法的一般原则采取这种措施。进一步的指引可以参见欧盟法院对 GHL Express 案相关事宜的裁决。

(b)其他处罚(第2款)。对于其他任何处罚,欧共体商标法院应适用侵权行为地法。对于跨国侵权事宜,欧共体商标法院不得不适用多种法律制度,这无疑是复杂的,因为并非所有制度均规定了相同的处罚。这种差异会缩小《执行指令》的实施范围。

(c)刑事处罚。除了第110条第2款涉及了旨在禁止使用欧共体商标而适用刑法外,本条例没有规定刑事处罚。当然,《TRIPS 协议》第61条规定了在商标侵权案件中追究刑事责任的义务。

临时和保全措施

第103条

1. 对于欧共体商标或欧共体商标申请,可以向包括欧共体商标法院在

---

① 参见第9条注释11。

内的成员国法院,甚至依据本条例的规定就实体性事宜向有管辖权的其他成员国的欧共体商标法院,申请与其所在的成员国法关于国内商标相同的包括保全措施在内的临时措施。

2. 依据第97条第一款至第四款享有管辖权的欧共体商标法院有权采取临时和保全措施且适用于任何成员国领域,但第44/2001号欧洲理事会条例第三章关于认可和执行的必要程序另有规定的除外。其他法院没有此类管辖权。

1. 临时措施(第1款)

本条第1款明确规定,法院可以采取包括保全措施在内的临时措施,本条例将这些措施表述为对成员国商标可能采取的措施。《执行指令》第9条列举了至少可以采取的措施:中间禁令,查封或者扣押被诉侵权物品以及冻结银行账户。对实体性事宜享有管辖权的其他法院也可以采取这些措施。具体由哪一个成员国法院对采取上述措施享有管辖权,取决于该国法的规定。

(a)基于欧共体商标申请的措施。有趣的是,本条第1款还规定可以基于欧共体商标申请采取临时措施,也有法院曾援引这一规定发布了禁令。但是,即使成员国法允许基于商标申请采取临时措施,只要没有欧共体商标专用权,本条例第9条似乎不允许授予这种禁令。

2. 其他成员国的管辖权(第2款)

基于第97条第1款至第4款获得管辖权的欧共体商标法院采取的临时措施对任何成员国均具有效力。这意味着,如果管辖权是基于侵权行为发生地确定的(第97条第5款),或者欧共体商标法院以外的法院采取的措施,仅对其所在的成员国领域具有效力。

相关诉讼的特殊规则

第104条

1. 因向欧共体商标法院提起撤销或无效宣告的反诉或者向协调局提起撤销或无效宣告的申请,导致欧共体商标的效力已经存在争议的,其他欧共体商标法院应在听取当事人意见后依职权或应一方当事人的请求并听取其他当事人的意见后,中止其正在审理的确认不侵权之诉以外的第96条所称之诉讼,但存在特殊事由需要继续审理的除外。

2. 因向欧共体商标法院提起反诉导致欧共体商标的效力已经存在争议的,协调局应在听取当事人意见后依职权或应一方当事人的请求并听取其他当事人的意见后,中止其正在审理的撤销或无效宣告程序,但存在特殊事由需要继续审理的除外。但是,欧共体商标法院应诉讼中的一方当事人请求并听取其他当事人的意见后,可以中止诉讼。据此,协调局应继续未决之程序。

3. 欧共体商标法院中止诉讼的,可以采取中止期间的临时和保全措施。

含义

本条就效力待定的欧共体商标的相关程序应如何处理的问题作出了规定。在本条第1款中,相关诉讼一方面指的是基于第96条的侵权诉讼(宣告未侵权除外),另一方面指的是先前向其他欧共体商标法院提起撤销或无效宣告的反诉,或向协调局提起的撤销或无效宣告的申请。在本条第2款中,相关程序一方面指的是向协调局提出的撤销或无效宣告申请,另一方面指的是先前向欧共体商标法院提起的就同一欧共体商标的撤销或无效宣告的反诉。基本的原则是,为顾及先前的诉讼,对于在后的案件,欧共体商标法院或协调局应职权或应请求中止程序,除非存在特殊事由需要继续程序。这种特殊事由包括,例如欧共体商标法院认为反诉缺乏依据,或者案件显然不能胜诉从而无需中止直接裁定侵权。在 Manpower(奥地利)案中,侵权主张先是基于成员国商标,后来又同时基于欧共体商标。最高法院拒绝中止诉讼,理由是诉讼请求所依据的不仅是欧共体商标,并且第三方还提出了无效宣告的诉讼。在法国 Sothys v SEDP 案中,法院认定此前刚刚提起的一项无效宣告诉讼是继续该案侵权诉讼程序的特殊事由,另外也是因为市场中还存在假冒产品。本条第2款最后一部分体现了立法者倾向于由协调局处理无效的案件①。即使欧共体商标法院审理的反诉先于协调局的程序,欧共体商标法院仍然可以应一方当事人的请求中止程序,从而让协调局的程序优先继续审理。值得注意的是,本条的适用并不要求相关程序的当事人是相同的,或者所涉及撤销或无效的事由是相同的。本条第3款规定,欧共体商标法院中止程序的,可以采取临时和保全措施。

二审欧共体商标法院,以及进一步上诉的管辖

第105条

1. 对欧共体商标法院就第96条所称的诉讼和请求作出的一审裁决不服的,有权向二审欧共体商标法院提起上诉。

2. 向二审欧共体商标法院提起上诉的条件由该法院所在的成员国法确定。

3. 成员国法关于进一步上诉的规定适用于二审欧共体商标法院作出的裁决。

含义

(a)向二审欧共体商标法院提起上诉(第1款)。根据第95条的规定②,成员国应指定一审和二审欧共体商标法院。本条第1款规定,对欧共体商标法院就第96条所称的诉讼和诉求作出的一审裁决不服的,有权向二审欧共体商标法院提起上诉。

(b)上诉适用成员国法(第2款)。根据本条第2款的规定,向二审欧共体商标法院提起上诉的条件由该法院所在的成员国法确定。在一些法域中,只有根据特定事由才能提起上诉,或者在上诉中仅对部分事宜进行审理(即部分上诉审)。由于是否采取临时和保全措施(第103条所称)的问题适用成员国法有关国内商标的规定,因此对于采取这些措施的裁决(即使是由欧共体商标法院作出的)提起上诉的可能性完全由成员国法调整,无

---

① 参见第100条注释7。
② 参见第95条注释1。

需在本条第1款中另述。

(c)进一步上诉(第3款)。迄今为止,成员国法存在允许进一步上诉至三审法院,例如德国联邦最高法院、荷兰最高法院和法国最高法院。在绝大多数情况下,这种上诉仅限于法律问题事宜。

第三节　有关欧共体商标的其他争议

欧共体商标法院以外的其他成员国法院管辖的补充规定

第106条

1. 在根据第94条第一款享有管辖权的法院所在成员国内,对涉及该国注册商标的行为享有属地管辖权和属物管辖权的该国法院,有权管辖第96条所述之外的诉讼。

2. 依据第94条第一款和前款之规定,没有法院对第96条所述之外的涉及欧共体商标的诉讼享有管辖权的,可以由协调局所在的成员国法院审理。

含义

(a)成员国法院管辖的补充规定(第1款)。本条第1款对欧共体商标法院根据第96条不享有管辖权的事宜作出了规定。其他所有涉及欧共体商标的事项(例如涉及许可和财产权利的问题)均由根据第94条享有管辖权的成员国法院管辖,即意味着适用《布鲁塞尔条例》。至于应由该成员国内的哪一个法院管辖,无论是基于地理位置还是基于事项的种类,由成员国商标法调整。

(b)西班牙阿里坎特法院的管辖权(第2款)。如果依据第94条第1款*的规定,没有法院对第96条所述之外的诉讼享有管辖权,则由阿利坎

---

* 和本条第1款。——译者注

特法院审理。

成员国法院的义务

第107条

成员国法院审理第96条所述之外的欧共体商标诉讼,应认可该商标的效力。

含义

除第96条以外的其他所有案件,成员国法院应认可欧共体商标的效力,例如认可其为合同的事项或者其作为财产的地位。参见第99条注释3有关成员国法院应当认可欧共体商标效力的情形,例如在第96条(a)项和(c)项的案件中。

第四节 过渡规定

有关《管辖和执行公约》适用的过渡规定

第108条

第44/2001号欧洲理事会条例于规定时间在成员国生效的,方能依据前述条款在该成员国援引适用该条例的规定。

含义

由于《布鲁塞尔条例》[①]已经生效,本条不再具有意义。

---

① 参见第94条注释2。

第十一章　成员国法的效力

第一节　基于多个商标的民事诉讼

基于欧共体商标和成员国商标的同时和相继进行的民事诉讼

第109条

1. 对于涉及相同诉讼理由和相同当事人的侵权诉讼,不同成员国的法院分别以欧共体商标和成员国商标为根据受理的:

（a）涉案商标相同且就相同的商品或者服务具有效力的,为便于第一个受理案件的法院,其他法院应自行放弃管辖。对第一个受理案件的法院的管辖存在争议的,应当放弃管辖的法院可以中止诉讼。

（b）涉案商标相同且就类似的商品或者服务具有效力的,或者涉案商标近似且就相同或类似的商品或者服务具有效力的,第一个受理案件以外的其他法院可以中止诉讼。

2. 对相同当事人之间基于成员国商标的侵权诉讼已经作出终审裁决,又基于相同商品或者服务上的相同的共同体商标提起诉讼,且诉讼理由相同的,法院应予驳回。

3. 对相同当事人之间基于共同体商标的侵权诉讼已经作出终审裁决,又基于相同商品或者服务上的相同的成员国商标提起诉讼,且诉讼理由相同的,法院应予驳回。

法院对相同诉由和相同当事人之间的成员国商标侵权诉讼已经作出终审裁决,以相同的欧共体商标起诉且该商标就相同的商品或者服务具有效力的,应予驳回。

4. 本条第一至第三款不适用于临时措施,包括保全措施。

1. 概述

对于基于欧共体商标和成员国商标的相同的当事人之间的相同行为的事项,本条旨在避免不同成员国法院作出相互矛盾的判决。序言第17条指出,本条是《布鲁塞尔条例》规定的相关诉讼规则和进入诉讼程序规则的典范。本条仅适用于不同成员国法院的未决案件。对于在同一个成员国内的相关或相继的诉讼的处理,应由该国法调整。

2. 相关未决诉讼(第1款)

本条第1款调整的是,对于涉及相同诉由和相同当事人的侵权诉讼,不同成员国的法院分别依据欧共体商标和成员国商标受理且同时审理的情形。商标及其效力范围内商品或服务是否相同或是否相似,决定了处理方式的不同。在相同的情形下,在后受理案件的法院应自行放弃管辖,以便于第一个受理案件的法院;如果对第一个受理案件的法院的管辖权存在争议,则在后的法院可以中止程序以等待管辖问题的结论[本条第1款(a)项]。在相似的情形下,在后的法院可以中止诉讼,以等待前案的结果。这一规定适用的前提是,涉案诉由和当事人都是相同的,因此也包括相同的侵权行为。但是,不同成员国的法院分别依据欧共体商标和成员国商标受理且同时审理的情形,并非必然适用这一规定。如果在先的案件是由于侵犯欧共体商标的行为发生在成员国A,从而使该国欧共体商标法院享有管辖权(第97条第5款),而在后的案件是基于相同的成员国商标由成员国B审理的,要求在后审理的法院为了便于成员国A*的欧共体商标法院而放弃管辖,是不能接受的。否则,发生在成员国B的侵权行为无法得到处理。对此可以解释为,这个案件的诉求不同,因此不适用本条第1款;也可以解释为,本条例没有对《布鲁塞尔条例》第28条的适用另行规定,在后法院从而可以继续审理案件。

---

* 就原文欲表达的含义而言,这里应当为成员国A,原文B可能系笔误。——译者注

3. 相继的诉讼（第2款和第3款）

本条第2款和第3款对欧共体商标和成员国商标的相继诉讼作出了规定。这两个诉讼的当事人、商标及其有效的商品或者服务以及诉由均相同。在英国 Prudential 案中，法院认为涉及成员国商标的案件并非异议案件，而是侵权案件。

（a）基于成员国商标的在先案件（第2款）。如果在先案件是基于成员国商标，而在后诉讼是基于相同的欧共体商标，在后的法院应予驳回。如果仅从字面理解，这一规定颇为怪异。不妨假设一下，一个德国法院已经对一件德国商标案作出裁决，而同一原告随后就相同的欧共体商标向海牙的欧共体商标法院提起侵权诉讼（假设该法院对整个欧盟领域具有管辖权）。那么，如果该法院不得向整个欧盟领域发布禁令的话，则相当令人费解。应当认为，在这种情况下，海牙的欧共体商标法院只要就相关的德国领域驳回禁令请求，理由是二者之间的诉求不同（一个是在德国的侵权，另一个是在除德国之外的其他欧盟领域的侵权）。事实上，这也得到了德国法院的认可，在德国 Rodeo 案中，法院认定基于欧共体商标的在先案件限于法国领域内；而同样是基于欧共体商标的在后案件，则认定在法国领域外构成侵权。由于诉由不同，本条第2款不适用，德国法院因此可以审理该案。

（b）基于欧共体商标的在先案件（第3款）。如果在先案件是基于欧共体商标提起的，在后审理的法院应当驳回。这似乎完全合乎逻辑，因为根据第98条第1款的规定，欧共体商标法院作出的在先裁决在整个欧盟领域具有效力。但是，如果在先的法院的管辖仅具有属地性（第98条第2款）或者因原告诉求自身的限定而有所限制（例如德国 Rodeo 案），而在后的案件涉及的是其他管辖领域，则在后的法院有权审理并作出裁决。

4. 临时措施（第4款）

由于临时措施并非最终裁决，且前三款出现相互矛盾的裁决的风险较小，所以本条第4款规定前述三款不适用于采取临时措施。

第二节　旨在禁止欧共体商标使用的成员国法适用

欧共体商标使用的禁令

第 110 条

1. 依据成员国法存在的权利属于第 8 条或第 53 条第二款意义上的在先权利的,可以援引该权利起诉在后欧共体商标的使用构成侵权,不受本条例的影响,但本条例另有规定的除外。第 8 条第二款和第四款意义上的在先权利的所有人,已不能依据第 54 条第二款申请欧共体商标无效的,不得援引该权利提起侵权诉讼。

2. 依据成员国的民事、行政或刑事法或欧盟法的规定可以禁止成员国商标的使用的,有权依据该成员国法或欧盟法起诉禁止欧共体商标的使用,不受本条例的影响,但本条例另有规定的除外。

269　**1. 概述**

在特定情形下,各成员国法将决定任何特定的欧共体商标在该国的使用是否会被禁止。

2. 在先权利(第 1 款第 1 句)

本条例不影响依据已经存在的成员国权利禁止在后欧共体商标的使用(另有规定的除外)。就本质而言,欧共体商标并不必然优先于成员国商标,因此在面临基于这些在先权利的诉讼时,亦无豁免。反过来说,欧共体商标的注册并不意味着一定有权使用。

3. 默许(第 1 款第 2 句)

但是,如果连续默许 5 年,在先权利的所有人不得再起诉欧共体商标所有人侵权。这里所称的"默许"具有特定的含义,即在先权利的所有人明知在后权利的使用,但并未针对该权利启动无效宣告程序。但是,如果在后欧共体商标是恶意申请获得注册的,不得以默许抗辩。

4. 其他欧共体商标使用的禁令(第2款)

如果在成员国中存在禁止欧共体商标使用的其他法律,除另有规定外,同样不受本条例的影响。其它法律包括可能是成员国法,也可能是欧盟法,例如成员国法中有关诽谤或违反公序良俗内容的禁止,以及《欧盟运作条约》第34条和第510/2006号欧洲理事会条例第14条基于对产地来源标志和地理标志的保护而规定的禁止使用。

适用于特定领域的在先权利

第111条

1. 在先权利仅适用于特定领域的,其所有人可以在相关成员国法允许保护的权利范围内,反对欧共体商标在该领域的使用。

2. 在先权利的所有人明知并默许欧共体商标在其权利受保护的领域内连续使用5年的,不适用前款之规定,但欧共体商标是恶意申请获得注册的除外。

3. 即使不得援引第一款所称的在先权利用于对抗欧共体商标,欧共体商标的所有人亦无权阻碍该在先权利的行使。

1. 概述

只有当在后的欧共体商标无法被在先权利宣告无效的情形下,具有地域性的在先权利所有人才会援引本条的规定。如果在先权利"仅具有区域性意义",则无法依据第53条第1款(c)项和第8条第4款宣告在后的权利无效。对此,在先权利的所有人可以在特定条件下禁止在后欧共体商标的使用(本条第1款)。如果构成默许,则禁止在后权利使用的权利丧失(本条第2款),在这种情形下,在先权利和在后权利均可使用。《商标指令》第6条第2款规定了相似的条文。

2. 在先权利(第1款)

在先权利的性质不存在限制,可以是注册的也可以是未注册的,可以是商标权利也可以是非商标权利。

3. 特定领域(第1款)

目前还没有立法和高级别的司法指引解释"特定领域"这一概念的含义(但可以参见英国 Compass 案、欧盟普通法院 BUD2008 案;这两起案件已经上诉至欧盟法院等待判决)。很明显,这不是指在某个成员国的全部领域具有效力的权利,例如注册商标。因为在这种情形下,在先权利可以被用于宣告在后的欧共体商标权无效(依据第53条的规定)。如果在后的欧共体商标被宣告无效,根据第112条的规定,欧共体商标可以转换为除在先权利所在的成员国以外的其他成员国商标。一经转换,即无必要援引本条之规定。在第8条第4款和第53条第1款(c)项中,"不仅具有区域性意义"曾被解释为未注册商标应在多个成员国领域内具有效力(英国 Compass 案),但这一解释过于狭窄。在某些法域中(例如英国),这也可能是指存在地域限制的注册商标,即仅在该国部分领域具有效力。另外,在英国还可能对过境侵权提供救济,以保护仅在英国部分领域具有效力的未注册商标。在这种情形下,在先权利仅适用于特定领域是符合逻辑的。也就是说,"仅具有区域性意义"的界限不能依据成员国权利的范围,而应依据在先标志在市场中的经济影响,因为这是欧盟法的自主规则①。应当指出的是,所谓的在先权利仅限于在后欧共体商标申请之日其受保护的领域内,因为在该领域外,其对于欧共体商标而言不再是在先权利。因此,在先权利不得以欧共体商标的注册而随之扩展其领域。

4. 默许(第2款)

本款中所称的默许应当与第54条的解释相一致。如果欧共体商标是恶意申请获得注册,则不适用默许条款。

5. 不得阻碍在先权利的继续行使(第3款)

这一规定相当模糊,必须结合上下文理解,即在先区域性权利的所有人默许在后欧共体商标的使用的情形。据此,两种权利可以共存,类似于第

---

① 参见欧盟普通法院 Generaloptica 案和欧盟普通法院 BUD 2008 案,上诉正在审理中。

54 条第 3 款的规定[①]。

第三节　转换为成员国商标申请

请求适用国内申请程序

第 112 条

1. 具有下列情形之一的,欧共体商标申请人或所有人可以请求将其欧共体商标申请或欧共体商标转换为成员国商标申请:

（a）欧共体商标申请被驳回、撤回或视为撤回的;

（b）欧共体商标失效的。

2. 具有下列情形之一的,不得转换:

（a）欧共体商标所有人的权利因未使用而被撤销的,但欧共体商标在请求转换所在的成员国已投入使用,且被该国法认可为真正使用的除外;

（b）依据协调局或成员国法院的裁决,撤销、无效宣告或拒绝注册的事由在该成员国适用于欧共体商标或欧共体商标申请的。

3. 欧共体商标或欧共体商标申请转换为成员国商标申请的,应在该成员国享有该商标或申请的相关申请日或优先权日,在适当情形下,亦享有依据第 34 条或第 35 条之规定要求的成员国商标先前权。

4. 欧共体商标申请被视为撤回的,协调局应通知申请人可以自通知之日起三个月内提交转换请求。

5. 欧共体商标申请因放弃登记而被撤回的,或者欧共体商标因未续展注册而失效的,应自撤回或失效之日起三个月内提交转换请求。

6. 欧共体商标申请被协调局裁决驳回的,或者欧共体商标被协调局或欧共体商标法院裁决失效的,应自当局作出终审裁决之日起三个月内提交

---

① 参见第 54 条注释 3。

转换请求。

7. 未在规定期限内提交请求的,第 32 条所称的效力终止。

1. 概述

本条对欧共体商标申请和已注册欧共体商标的转换作出了规定,《商标条例实施细则》第 44 条和第 45 条规定了转换申请的要求。有关指定欧盟的国际注册商标的转换,参见第 159 条的规定。

2. 情形〔第 1 款〕

转换只有发生在欧共体商标申请被驳回、撤回或视为撤回,或者欧共体商标失效(例如放弃或期满终止)的情形下。转换应限于一定事实范围之内,例如,欧共体商标申请的部分商品或者服务被驳回的,仅能就该部分发生转换。驳回和撤回很容易理解,无须赘述。如果未交纳第 36 条第 5 款规定的类别费,或者支付的费用无法确定类型的,视为撤回申请。另外,欧共体商标申请的转换应当以申请日的确定为前提。如果申请日尚未确定,例如未交纳申请费的,则仍不能被当作欧共体商标申请对待,而视为从未提出过申请,因此不同于申请被驳回、撤回或视为撤回的情形。已注册欧共体商标失效〔本条第 1 款(b)项〕的原因有期限届满、放弃、撤销或无效宣告。

3. 例外〔第 2 款〕

(a)因未使用而被撤销情形下的转换〔第 2 款(a)项〕。欧共体商标因未使用而被撤销的,不得转换,但欧共体商标在请求转换所在的成员国被认可真正使用的除外。从目前的实践情况来看,这一例外很少适用,因为成员国商标的真正使用一般即构成欧共体商标的真正使用。无论如何,由于存在这一转换的禁止,如果欧共体商标因未使用而被诉且很可能会被撤销的话,及时放弃注册并申请转换倒不失为上策。转换而来的成员国申请注册后,是否享有新的宽限期,这一问题尚不清楚;新的注册商标是否应从一开始就要遵循使用要求的问题,有的成员国已经展开了讨论,例如德国。

(b)据以驳回或宣告无效的事由不适用时方能转换。依据协调局或成员国法院的裁决，驳回、撤销或者无效宣告的事由适用于欧共体商标或欧共体商标申请的，同样不得转换。因此，这完全取决于驳回、撤销或无效宣告的裁决，协调局在决定是否可以转换时，无需考虑涉及的绝对事由或相对事由的地域范围。绝对事由的裁决。在基于绝对事由作出的裁决中，协调局往往在使用特定语言的商标是否具有描述性或者缺乏显著性的问题上保持克制。因此，从这种裁决中无法得知，对申请的驳回究竟涉及广泛使用这种语言的所有国家，还是仅涉及将其作为官方语言的国家。对此，《商标条例实施细则》第45条第4款明确指出，在这种情形下，将所有这种语言作为官方语言之一的国家均不得转换。《商标条例实施细则》第45条第4款同时指出，在撤销或无效的事由适用于所有成员国的情形下，例如有商品形状构成的立体商标，而该商品形状是实现特定技术成果所必须的，在任何成员国均不得转换。也就是说，在满足第7条第3款情形的成员国内可以转换。相对事由的裁决。异议和无效诉讼往往基于各种在先权利。为了便捷程序，协调局一贯的做法是，如果异议成立，挑选出最简单明了的在先权利，而不是就所有援引的在先权利一一论证。援引一连串在先权利的异议或无效申请人尽管赢得了诉讼，但仍要在各成员国针对已转换的商标申请启动相关程序。协调局的这种做法得到了欧盟普通法院 MGM 案以及近期欧盟普通法院 Teletech Holdings 案的认可。但是，对于争议焦点问题相同的，协调局在实践中会基于各种相同的在先权利作出裁决。如果依据在先的欧共体商标裁决异议或无效成立，则依据《商标条例实施细则》第45条第4款的规定，转换已无可能。这会导致不公平的结果，尤其是混淆可能已经明确被认定仅存在于欧盟的部分领域（例如，因为商标要素虽然近似，但该要素在欧盟的其他地域具有明显的描述性）。这一规定在2005年被引入《商标条例实施细则》，但欧盟法院在 Nomafoam v Armafoam 案中并未援引。

4. 效力（第3款）

转换而来的成员国商标申请，仍保留原先欧共体商标或欧共体商标申请的申请日和优先权日。另外，如果已经依据第34条或第35条的规定要求先前权的,亦同。但这显然存在问题,在成员国商标没有被放弃或失效前,会导致在同一注册簿中重复出现同一个商标。另外,第112条和第165条均未明确提及对新加入的成员国的情形应如何处理的问题。但是,考虑到欧盟法在成员国加入之前并不适用,且欧共体商标仅在成员国加入起享有优先权,因此合乎逻辑的解释是,转换商标依据本条第3款享有的日期只能追溯至成员国加入之日,当然在该国存在有效的先前权除外。

5. 提出转换请求期限:3个月

欧共体商标申请被视为撤回的,协调局会给申请人设定3个月提交转换请求的期限(本条第4款)。除此之外,协调局不会通知申请人或所有人这一相关期限。如果欧共体商标申请被撤回或欧共体商标失效,该期限为自撤回或失效之日起3个月(本条第5款)。对于放弃而言,由于放弃只有登记在册后才会发生效力(第50条第2款),所以3个月的期限应自登记在册之日起算;但是,这一日期往往难以核实,因此,最为安全的方式是自实际宣告放弃之日起算。根据《商标条例实施细则》第47条第3款的规定,注册期满后申请转换的,3个月的期限应起算于根据第47条第3款可以请求续展的最后一日的第二日,即保护期届满当月的最后一日之后的6个月后。这意味着,未续展的欧共体商标有9个月的时间可以申请转换"复活",在进行清理查询时应注意这一事实。欧共体商标申请被协调局裁决驳回的,或者欧共体商标被协调局或欧共体商标法院裁决失效的,转换请求应当自当局作出终审裁决之日起3个月内提交(本条第6款),即任何上诉期均已届满之日。

6. 迟延提交请求(第7款)

如果未能在规定期限内提交转换请求,第32条规定的欧共体商标申请等同于成员国商标申请的原则不再适用。

7. 费用

根据《商标条例实施细则》第45条第2款的规定,目前每个转换请求应向协调局支付200欧元。费用应在转换请求的3个月期限内交纳。

8. 不适用程序继续

第82条第2款明确排除了本条规定的期限适用程序继续的可能。

转换请求的提交、公告和移送

第113条

1. 转换请求应向协调局提交并指明其希望转换申请注册国家商标所属的成员国。未交纳转换费的,请求视为未提交。

2. 欧共体商标申请已经公告的,转换请求应登记在欧共体商标注册簿中并予以公告。

3. 协调局应审查转换请求是否符合本条例,尤其是第112条第一款、第二款、第四款、第五款和第六款以及本条第一款规定的条件,并审查《商标条例实施细则》规定的形式条件。满足上述条件的,协调局应移送转换请求至其指明的成员国的中央工业产权局。

1. 概述

本条规定了请求转换的程序,以及协调局对转换请求可受理性的审查,包括第112条第2款规定的条件。请求应当向协调局提交并指明欲转换的国家。根据本条第1款的规定,在未交纳转换费的,请求视为未提交。

2. 公告

根据本条第2款的规定,欧共体商标申请已经公告的,转换请求应登记在欧共体商标注册簿中并予以公告。在实践中,协调局往往不会公告转换请求,尤其不会在欧共体商标网站上提及。因此,利益相关方不得不通过网络查询请求转换的成员国。如果欧共体商标申请尚未公告的,转换请求不予公告。

3. 审查

根据本条第3款的规定,协调局应审查转换请求以确保其符合第112条和第113条以及《商标条例实施细则》第44条和第45条的规定。这包括审查与请求转换的成员国相关的绝对或相对驳回事由。如果审查通过,协调局会移送转换请求至其指明的成员国的中央工业产权局。如果存在除未交纳费用以外的缺陷,协调局应告知申请人并允许其在一定的期限内补救。对协调局就转换请求作出的裁决可以上诉[①]。

转换的形式条件

第 114 条

1. 任何中央工业产权局接受移送转换请求的,可以要求协调局移送与该请求相关的其他信息,以便对转换而来的商标作出处理。

2. 成员国法的形式条件不同于或者多于本条例或《商标条例实施细则》的,不适用于依据第 113 条移送的欧共体商标或欧共体商标申请。

3. 任何中央工业产权局接受移送转换请求的,可以要求申请人在至少两个月的期限内:

(a)交纳成员国申请费;

(b)提交请求及其附件的该国官方语言之一的译本;

(c)注明在该国的送达地址;

(d)按照该国规定的复制件数量提供商标图示。

1. 概述

对于转换而来的成员国商标申请程序,应适用成员国法,一般与普通的成员国商标申请程序并无二异,但有成员国法规定此种注册可更为便利。例如,德国法规定,对于欧共体商标失效的情形,无需再次审查和公告。本条从欧共体商标法的视角,就中央工业产权局对转换申请应如何对待的问题作出了规定。根据本条第 1 款,中央工业产权局可以要求协调局移送其他信息,以决定是否准许在该国的转换。本条第 2 款规定,成员国法的形式条件不同于或多于本条例或《商标条例实施细则》的,不适用于转换的欧共体商标或欧共体商标申请。

2. 允许的条件(第 3 款)

中央工业产权局可以要求申请人:交纳成员国申请费;提交请求及其附

[①] 参见上诉委员会 Dfusion 案。

件的该国官方语言之一的译本;注明在该国的送达地址;按照该国规定的复制件数量提供商标图示。为此,中央工业产权局应当设定期限,该期限不得少于2个月。

第十二章 协调局

第一节 总则

法律地位

第 115 条

1. 协调局为具有法人资格的欧盟机构。
2. 协调局在每个成员国内应享有该国法人所具备的最广泛的权利能力；尤其是取得或处理动产和不动产以及以当事人的身份参加诉讼的资格。
3. 协调局局长为法定代表人。

职员

第 116 条

1.《欧盟官员的职员条例》(以下简称《职员条例》)，欧盟其他公务人员的雇佣制度以及欧盟各机构之间协议通过的实施《职员条例》和上述雇佣制度的规则，应适用于协调局的职员，但违反适用于上诉委员会成员的第 136 条规定的除外。

2.《职员条例》和其他公务人员雇佣制度赋予的权力应由协调局对其职员行使，但违反第 125 条规定的除外。

特权和豁免权

第 117 条

《欧盟特权和豁免权议定书》适用于协调局。

责任

第 118 条

1. 协调局的契约责任应依据涉案合同所适用的法律。

2. 法院有权依据协调局在合同中订立的仲裁条款作出判决。

3. 在非契约责任的情况下,协调局应根据各成员国普遍适用的一般原则,对协调局各部门或其公务人员在履行职责时造成的任何损失予以赔偿。

4. 欧盟法院有权管辖前款所称的有关赔偿损失的争议。

5. 协调局的公务人员对协调局的个人责任应依据适用于他们的《职员条例》或雇佣制度的规定。

语言

第 119 条

1. 欧共体商标申请应当以欧盟的官方语言之一提交。

2. 协调局使用的语言为英语、法语、德语、意大利语和西班牙语。

3. 在异议、撤销或无效宣告程序中,申请人应在协调局使用的语言中指定其可以接受的第二种语言。申请书以协调局使用的语言之外的语言提交的,协调局应安排将第 26 条第一款关于申请书内容翻译的规定为申请人指定的语言。

4. 欧共体商标申请人是协调局程序中唯一当事人的,程序使用的语言应为提交欧共体商标申请所使用的语言。申请人以协调局使用的语言之外的语言提交的,协调局可以使用申请人在申请书中指定的第二种语言送交书面通报。

5. 异议书和撤销或无效宣告申请书应以协调局使用的语言之一提交。

6. 异议书和撤销或无效宣告申请书依据前款之规定选定的语言,是商标申请书使用的语言或申请人指定的第二种语言的,应使用该语言进行程序。

异议书和撤销或无效宣告申请书依据前款之规定选定的语言,不是商标申请书使用的语言或申请人在提交申请时指定的第二种语言的,异议人或撤销或无效宣告申请人应自费将其异议书或申请书译为商标申请书使用的语言,前提是该语言是协调局使用的语言之一,或者译为提交申请时指定的第二种语言。译本应在《商标条例实施细则》规定的期限内提交。申请书的译文应为诉讼使用的语言。

7. 异议、撤销、无效宣告或上诉程序的当事人可以协商使用其他欧盟官方语言作为诉讼使用的语言。

1. 概述

1980年和1984年,欧盟委员会向欧洲议会和欧盟理事会先后提交的本条例和修订建议,但均未涉及协调局程序所使用语言的问题。1993年10月的特别峰会在选定了协调局地点(西班牙)的同时,还将语言体系限于5种——英语、法语、德语、意大利语和西班牙语。本条第2款确定了基本原则,本条第1款和第3款至第7款以及第116条[①]规定了例外。另外,《商标条例实施细则》对协调局负责每项程序涉及的语言问题均作出了特别规定。原则是,对于注册前的单方当事人程序,应使用申请人根据本条第1款和第3款选定的语言,注册前的异议程序仅能使用协调局的5种语言;对于注册后的程序,无论是一方当事人(例如续展)还是多方当事人(例如撤销),仅能使用协调局的5种语言。当然,对于提交材料和提交书面意见存在例外,一般而言,协调局会要求在1个月内提交程序所使用的语言的译本(《商标条例实施细则》第96条第1款)。欧盟法院认为,限制语言数量的规则符合《欧盟运作条约》的规定(欧盟法院 Kik 案)。

2. 协调局使用的语言(第2款)

协调局使用的语言有5种,官方文件的表述依次为(按照各种语言本身的第一个字母排序):西班牙语、德语、英语、法语和意大利语。这不仅适用于协调局的各项程序,也适用于协调局的内外事务,例如与行政委员会和预算委员会之间的事务,与成员国当局和用户团体之间的事务,以及除第

[①] 这里指的是修订前的第116条,本条例修订后应为第120条,原文存在错误。——译者注

116条①之外的协调局公告。例如,《官方杂志》由5种语言的电子版出版,并以5种语言提供相似的网页。对于其他一些行为,协调局应遵循相关机构(例如欧盟委员会、欧洲议会等)的语言规则,例如有关职员的特定事宜。

3. 提交申请使用的语言(第1款)

提交欧共体商标申请的,目前申请人可以使用23种官方语言(保加利亚语、捷克语、丹麦语、荷兰语、英语、爱沙尼亚语、芬兰语、法语、德语、希腊语、匈牙利语、爱尔兰语、意大利语、拉脱维亚语、立陶宛语、马耳他语、波兰语、葡萄牙语、罗马尼亚语、斯洛伐克语、斯洛文尼亚语、西班牙语、瑞典语)。未以上述语言提交申请的(例如挪威语),协调局将视为申请没有提出。

4. 指定第二语言(第3款)

(a)第二语言。申请人应在其申请书中指定第二种语言,且应为协调局使用的5种语言之一。即使申请人使用的是协调局的5种语言之一,仍要履行这一义务。在这种情形下,申请人应在其余4种语言中选择。"第二语言"的作用是不同的,取决于第一语言是否为协调局的5种语言之一。如果第一语言是这5种语言之一,第二语言的作用仅为依据本条第5款和第6款规定的当事人之间程序中两种语言之一。如果第一种语言是非协调局以外的其他18种语言之一,则第二种语言不仅是本条第5款和第6款规定的当事人之间程序中唯一语言,也是本条第4款第2句话规定的,协调局申请审查这一单方当事人程序中与申请人交流所使用的语言。

(b)翻译。如果申请书是以协调局语言以外的其他18种官方语言提交的,应当将申请书中第26条第1款所称的内容翻译成第二种语言。在实践中,这种翻译义务并未被视为处理欧共体商标申请的单独步骤,因为欧共体商标申请的这些内容应当被翻译成所有欧盟官方语言公告在《欧共体商标公告》中(第120条第1款),这一翻译义务则包含在内。根据第121条的规定,协调局行使职责所需的翻译业务应通过欧盟翻译中心完成。翻译

---

① 这里指的是修订前的第116条,本条例修订后应为第120条,原文存在错误。——译者注

不收取额外费用。第一语言不是协调局5种语言的，申请人有权对协调局提供的第二种语言的译本发表意见(《商标条例实施细则》第85条第6款)。

5. 单方当事人申请审查程序中的语言(第4款)

(a) 单方当事人程序。审查欧共体商标申请的第一语言为程序使用的语言。这一规定仅适用于审查申请的单方当事人程序，不适用于任何其他单方当事人程序，例如续展、放弃或分割注册，仅能使用协调局的5种语言。但是，在实践中，协调局对于申请相关的"附带"程序也会使用第一语言，例如根据第43条规定的申请限制，或根据第44条规定的申请分割。

(b) 意见。申请人可以一直使用申请程序所使用的语言。但是，第一语言不是协调局的5种语言的，申请人可以使用第二语言提交意见(《商标条例实施细则》第96条第1款)。

(c) 材料。根据《商标条例实施细则》第96条第2款的规定，在审查申请或其他任何单方当事人程序中提交材料的，无需翻译成申请程序所使用的语言。但协调局可以要求翻译，尽管在实践中极少这样做；如果要求，当事人应提供协调局5种语言之一的译本。

(d) 协调局的通报。根据本条第4款第2句话的规定，商标申请所使用的第一语言并非协调局使用的语言，协调局可以使用申请人在申请书中指定的第二种语言送交书面通报。在Kik案中，欧盟法院认为，"书面通报"应作狭义理解，不包含任何具有裁决性质的通报。因此，对于向申请人送交的有关申请的实质性审查的通报，例如形式瑕疵、分类或可注册性的报告以及所有中间或终审裁决，均应使用第一语言，除非申请人同意以第二语言发布所有这些通报，包括任何裁决在内。在实践中，申请人一般都会同意使用第二语言送交上述通报。

6. 当事人之间程序的语言(异议和撤销)(第5款至第7款)

(a) 当事人之间的程序。当事人之间的程序是指欧共体商标申请人与异议人之间以及欧共体商标所有人与撤销请求人之间的程序。本条第5款规定，提交异议书和撤销或无效宣告的申请书这类启动行为，应当使用协调局的 5 种语言,否则视为没有提交。根据本条第 6 款第 1 段的规定,异议人或撤销请求人选定的语言是商标申请书使用的语言(其为协调局的 5 种语言之一)或申请人指定的第二种语言(其必然为协调局的 5 种语言之一)的,应使用该语言进行诉讼。根据本条第 6 款第 2 段的规定,异议书和撤销或无效宣告申请书选定的语言不是商标申请书使用的语言或申请人在提交申请时指定的第二种语言的,异议人或撤销或无效宣告申请人应自费将其异议书或申请书译为商标申请书的语言,前提是该语言是协调局使用的语言之一,或者译为提交申请时指定的第二种语言。该段最后提及的期限已被确定为自异议期满后的 1 个月(《商标条例实施细则》第 16 条第 1 款),以及自申请撤销或无效宣告期满后的 1 个月(《商标条例实施细则》第 38 条第 1 款)。

(b)意见和材料。一方当事人在异议和撤销诉讼中的意见应当在《商标条例实施细则》规定的期限内以程序所使用的语言提出,否则,应在提交原先意见之后的 1 个月内提交译本(《商标条例实施细则》第 96 条第 1 款)。对于特定意见应适用何种可能情形的问题,取决于相关程序,应当认真分析。总之,异议的规则要严于撤销。支持异议的文件应当以程序所使用的语言提交,或在协调局规定的期限内提供译本(《商标条例实施细则》第 19 条第 3 款)。证明使用的文件(《商标条例实施细则》第 22 条)可适用任何欧盟官方语言,只有当协调局要求时,才需要提供译本(《商标条例实施细则》第 22 条第 6 款)。当《商标条例实施细则》修订时,有关撤销程序中使用证明所使用语言的规定(《商标条例实施细则》第 40 条)并未修订为可适用《商标条例实施细则》第 22 条第 6 款。但是,结合上下文来看很明显的是,适用于异议程序中的使用证明的语言规则应适用于撤销案件。

(c)协商其他语言(第 7 款)。在多方当事人案件中,当事人之间可以协商使用根据本条第 6 款确定之外的欧盟官方语言,从而成为诉讼使用的语言。这种协商应当在诉讼的开始阶段确定(《商标条例实施细则》第 16 条第 2 款规定的异议诉讼,《商标条例实施细则》第 38 条第 3 款规定的撤销诉讼)。在实践中,当事人在根据一般规则确定的语言之外另行协商的情形极为少见。

注册簿上的登记和公告

第 120 条

1. 第 26 条第一款所称的欧共体商标申请的内容,以及本条例或《商标条例实施细则》规定公告的所有其他信息,应以所有欧盟官方语言公告。

2. 欧共体商标注册簿中的所有事项均应以所有欧盟官方语言登记。

3. 存在争议的,应以申请欧共体商标所使用的协调局语言为准。提交申请所使用的是协调局语言之外其他欧盟官方语言的,应以申请指定的第二种语言为准。

1. 概述

本条是对第 119 条的补充,明确了协调局在制作第 89 条(a)项规定的《欧共体商标公告》和登记第 87 条规定的注册簿事项时,应使用所有欧盟官方语言。这些事项中很多都是代码,因而无需翻译,例如姓名和地址。最重要的翻译事项是商品或服务清单,以及有时附随于欧共体商标公告或注册的说明或其他文字材料。

2. 商标公告的语言(第 1 款)

第 89 条(a)项规定的《欧共体商标公告》目前至少每周出版一次,甚至每日出版,仅限于协调局网站上的电子形式,提供所有 23 种欧盟官方语言版本。

(a)欧共体商标申请。《商标条例实施细则》第 12 条规定了应当予以公告的申请内容(也因此应予翻译)。

(b)其他信息的公告。其他应当予以公告的信息包括:转让、欧共体商标的绝对权和其他权利、许可、限制、分割、续展、撤销、无效、权利恢复和转换。所有这些登记在注册簿中的事项均应使用所有欧盟官方语言(第 120 条第 2 款),并根据第 89 条(a)项的规定予以公告。

3. 登记在注册簿中的语言(第 2 款)

所有登记在册的事项均应使用所有欧盟官方语言。在实践中,一般先以一种语言登记后再进行翻译。《商标条例实施细则》第 84 条规定了应当予以登记的事项。根据《商标条例实施细则》第 84 条第 1 款的规定,注册簿本身仅以电子数据库的形式保存。

4. 基准语言(第 3 款)

对于无需协调局核准或诉讼当事人提供的翻译,则存在准确性的问题。根据本条的规定,存在争议的,应以申请欧共体商标所使用的协调局语言为准。提交申请所使用的是协调局语言之外其他欧盟官方语言的,应以申请指定的第二种语言为准,从而在很大程度上解决了这一问题。这是在第一语言不是协调局 5 种语言之一的情形下,协调局应听取欧共体商标申请人就第二语言译本的意见的原因所在(《商标条例实施细则》第 85 条第 6 款)。在实践中,申请人往往倾向于随申请一并提交译本。在这种情形下,协调局会直接接受译本不作任何改动,申请人也无需对译本提交意见。

翻译中心

第 121 条
协调局行使职责所需的翻译业务,应由欧盟机构翻译中心提供。

翻译中心的翻译。协调局行使职责所需的所有翻译业务,均应由欧盟的特定机构代理,翻译中心设立在卢森堡(1994 年 11 月 28 日第 2965/94 号欧洲理事会条例决议设立欧盟机构翻译中心)。尽管本条曾是本条例中唯一没有得到欧洲理事会命名的条文,但本条的标题已经增加。

合法性的管控

第 122 条
1. 欧盟委员会应审查协调局依据第 138 条内设的预算委员会的行为的合法性,以及审查协调局局长行为的合法性,但欧盟法规定由其他机构审查其合法性的除外。

2. 欧盟委员会应要求变更或撤销前款所称的任何非法行为。

3. 各成员国、任何直接和相关的人可以将第一款所称之明示或暗示行为的合法性提交欧盟委员会审查。相关方应自首次知道该行为之日起一个月内提交欧盟委员会。欧盟委员会应在三个月内作出裁决。在此期限内未作出裁决的,应视为驳回。

查询资料

第 123 条

1. 2001 年 5 月 30 日的欧洲议会和理事会第 1049/2001 号条例有关查询欧洲议会、理事会、委员会资料①的规定适用于协调局保存的资料。

2. 行政委员会应通过涉及本条例的第 1049/2001 号实施细则的实践安排。

3. 对协调局依据第 1049/2001 号条例第 8 条作出的裁决,可分别依据第公约第 195 条和第 230 条规定的情形向监察专员申诉或向欧盟法院起诉。

第二节 协调局的管理

局长的职权

第 124 条

1. 协调局应由局长管理。

2. 为管理之目的,局长尤其负有下列职责和行使下列职权:

(a) 为确保协调局的运行采取一切必要措施,包括制定内部行政指令和发布公告;

(b) 在征求行政委员会的意见后,可以向欧盟委员会提议修改本条例、

---

① 《欧盟官方公报》L145,2001 年 5 月 31 日,第 43 页。

《商标条例实施细则》、上诉委员会程序规则、收费条例以及其他任何适用于欧共体商标的规则,涉及收费条例和本条例有关预算规定的,应征求预算委员会的意见;

(c)起草协调局的收支评估并执行预算;

(d)每年向欧盟委员会、议会和行政委员会提交管理工作报告;

(e)行使第 116 条第二款规定的涉及职员的权力;

(f)可以委托他人行使其权力。

3. 局长应由一位或多位副局长协助其工作。局长空缺或不能胜任工作的,应依据行政委员会的程序由一位副局长代为履行其职责。

高级官员的委任

第 125 条

1. 协调局局长由理事会从行政委员会提出的候选人中任命,候选人最多不超过三名。经行政委员会提议,理事会有权免去局长一职。

2. 局长任期不超过 5 年,可以连任。

3. 协调局副局长的任命与免职与第一款的规定相同,但事先应与局长磋商。

4. 理事会对第一款和第三款所称的官员享有惩戒权。

第三节　行政委员会

设立和职权

第 126 条

1. 协调局内部设立行政委员会。行政委员会享有以下职权,但与预算委员会在第五节"预算和财务监督"下的职权相冲突的除外。

2. 行政委员会应拟定第 125 条规定的候选人清单。

3. 行政委员会应就协调局负责的事项向局长提供建议。

4. 协调局通过审查指南和本条例规定的其他事项前,应征求行政委员会的意见。

5. 行政委员会认为如有必要,可以向局长和欧盟委员会提出意见并查询信息。

组成

第 127 条

1. 行政委员会由各成员国的一名代表、欧盟委员会的一名代表以及他们的候补代表组成。

2. 行政委员会的委员可由顾问和专家协助工作,但应遵循行政委员会内部程序规则。

主席

第 128 条

1. 行政委员会应从其委员中选举主席和副主席各一名。主席因故不能履行职责的,副主席自动代行主席职责。

2. 主席和副主席任期 3 年,可以连任。

会议

第 129 条

1. 行政委员会会议由主席召集。

2. 协调局局长应参加会议,但行政委员会另有决定的除外。

3. 行政委员会应每年召开一次常规会议;此外,经主席召集或者欧盟委员会或三分之一的成员国的提议,应召开会议。

4. 行政委员会应通过程序规则。

5. 行政委员会的决议,应由成员国全体代表的过半数通过。但是,行政委员会依据第 125 条第一款和第三款授权作出的决议,应由成员国全体代表的四分之三以上的多数通过。在上述两种情形下,各成员国享有一个表决权。

6. 行政委员会可以邀请观察员参加会议。

7. 协调局应向行政委员会提供秘书。

第四节　程序的实施

权限

第 130 条

下列机构和人员有权作出与本条例规定的程序相关的裁决:

(a)审查员;

(b)异议处;

(c)商标管理处和法务处;

(d)撤销处;

(e)上诉委员会。

1. 概述

本条例仅规定了在协调局各项程序中负责作出裁决的机构和个人,并在随后的条文中明确了他们的构成和权限。本条以及其他条文没有规定或者没有具体规定协调局内部的组织机构。根据第 124 条第 2 款(a)项的规定,协调局的机构设置属于局长的权限范围。因此,协调局最初设有若干个"处":审查处、异议处、撤销处,此外还有法务部以及上诉委员会,二者均由负责法律事务的副局长领导。法务部涵盖了商标管理处和法务处的职责。后来,内部机构设置有所调整,产生了新的"部":商标部,负责处理商标的审查、异议和撤销;商标与外观设计管理部,负责商标的形式审查以及商标和外观设计注册簿的行政管理;另外,上诉委员会隶属于局长委员会的管理。目前(2010 年),商标的审查和异议由商标部负责,外观设计及其所有注册簿事项由外观设计部负责,撤销案件归属诉讼与撤销部。协调局的组成部门还有很多,例如人力资源部、设备管理与信息技术部、财务部、总务与对外关系部、知识产权政策部以及质量管理部,这些均未在本条例中涉及,都是局长依据第 124 条的授权设立的。

2. 有权作出裁决的机构和个人

依据本条的规定,下列机构和人员有权在协调局的各项程序中作出裁决:审查员、异议处、商标管理处和法务处、撤销处、上诉委员会。

审查员

第 131 条

审查员应代表协调局就申请注册欧共体商标的事项作出裁决,包括第 36 条、第 37 条和第 68 条所称的事项,但应由异议处负责的事项除外。

含义

审查员可以在注册前的单方当事人程序中作出裁决,即商标的形式和实质审查。但事实上,审查员有权作出裁决并非意味着其不受上级的指导。在实践中,审查员往往是团队作业的,重大疑难案件或新型问题还要请示团队或部门领导。本条并不要求对申请的所有事项均由同一个审查员处理。因此,特定案件的裁决可能是不同审查员作出的。对于审查员的资质,本条例未作规定。根据《职员条例》(第 116 条)的规定,在欧共体商标案件中作出裁决的行政人员不需要取得法律资质(尽管通常都具备),也无需具备大学以上学历(尽管通常都具备)。

异议处

第 132 条

1. 异议处负责对申请注册欧共体商标的异议作出裁决。

2. 异议处的裁决应由三位成员组成的团队作出,其中至少有一位具有法律资质。《商标条例实施细则》规定特殊案件由一位成员裁决的除外。

1. 概述

欧共体商标申请通过可注册性的形式和实质审查后,应在《欧共体商标公报》中公告(第 39 条和《商标条例实施细则》第 12 条)。在先权利的所有人可以在公告后的 3 个月内提出异议(第 41 条)。此后进行的是异议人和欧共体商标申请之间的程序(第 41 条和第 42 条,以及《商标条例实施细则》第 15 条等)。但是,这一程序的特定阶段仍然是单方当事人程序,例如《商标条例实施细则》第 18 条规定的最初的审查受理阶段,这一阶段没有欧共体商标申请人的参与,以及审查受理欧共体商标申请人对商品或者服务清单限制的宣称,这一阶段不涉及异议人。从提出异议至作出终审裁决,无论是全部或部分驳回欧共体商标申请,还是驳回异议,或是因其他行为终止程序(例如缺乏审理的必要而结案),均属于审理该案的异议处的职责范围。

2. 异议处(第 1 款和第 2 款)

(a)裁决。作出裁决的异议处可能是 3 位成员组成,也可能是 1 位成员组成。"裁决"不仅是指对异议的最终驳回或认可,也包括在审查异议过程中作出的所有其他决定。裁决是否能被上诉并无影响(根据第 58 条第 2 款的规定,仅终审裁决才能被上诉;允许单独上诉中间裁决)。但是,"裁决"并不包括协调局向当事人送交的通报,包括要求在一定期限内提交意见和材料的通知。这些通报可以由处理异议案件的行政职员作出,实践中也是这样操作的。

(b)组成和资质。每个异议处通常由 3 名成员组成,其中 1 名必须具有"法律资质",即大学以上法律学位。第 422/2004 号欧洲理事会条例修订本条例后,"在特定案件中",1 人异议处也可以作出裁决,该人无需具有法律资质。《商标条例实施细则》第 100 条列举了 1 个成员裁决的情形,并规定了裁决的费用、裁决结案、裁决受理以及裁决合并异议或分离共同异议。

商标管理与法务处

第133条

1. 本条例中不属于审查员、异议处或撤销处职权范围的事项，尤其是涉及欧共体商标注册簿中的登记事项，应由商标管理与法务处作出裁决。

2. 商标管理与法务处还负责对第93条所称的职业代理人名单进行存档。

3. 商标管理与法务处的裁决由一位成员作出。

1. 概述

根据《欧盟外观设计条例》第104条第1款的规定，原先的"商标管理与法务处"已更名为"商标和外观设计管理与法务处"。除本条外，该处还行使《欧盟外观设计条例》赋予的全部职责。

2. 商标和外观设计管理与法务处（第1款至第3款）

（a）裁决。该处并非以一个行政单元存在，而是协调局诸多部门的组成部分。该处的成员可以就审查申请、异议和撤销之外的所有程序作出裁决。这意味着注册后的一切事项，例如修订、限制、分割、放弃、续展以及转换，均由该处的成员处理。其他需要该处裁决的事项有，变更姓名或代理人、转让、登记绝对权或其他权利、许可以及分割申请，不论这些事项是单独发生的还是发生在正在进行的程序中。职业代理人名单同样也归该处负责（本条第2款）。

（b）组成和资质。裁决由一名成员（审查员）作出。本条例为此没有设置资质条件。在实践中，大部分的裁决都涉及注册簿的登记事项，均由不具备法律资质的行政职员作出。

撤销处

第134条

1. 撤销处负责对有关欧共体商标撤销或宣告无效的申请作出裁决。

2. 撤销处的裁决应由三位成员组成的团队作出,其中至少一位具有法律资质。《商标条例实施细则》规定特殊案件由一位成员裁决的除外。

1. 概述

欧共体商标申请通过了可注册性的形式和实质审查,也未受到异议程序的影响,在交纳费用后,可以登记在注册簿中。但是,这种注册仍可能受到质疑,包括绝对事由(第52条)和相对事由(第53条)。另外,注册还可能因第51条规定的撤销事由而受到质疑,这些事由可以被援引用于撤销或无效宣告诉讼(第56条和第57条)。此后进行的是欧共体商标所有人和撤销申请人之间的程序(《商标条例实施细则》第37条等)。但是,这一程序的特定阶段仍然是单方当事人程序,例如《商标条例实施细则》第39条规定的最初的审查受理阶段,这一阶段没有欧共体商标所有人的参与。从提出撤销或无效宣告申请至作出终审裁决,无论是全部或部分驳回欧共体商标,还是驳回申请,或是因其他行为终止程序(例如缺乏审判的必要而结案),均属于审理该案的撤销处的职责范围。

2. 撤销处(第1款和第2款)

(a)裁决。作出裁决的撤销处可能是由3位成员组成的,也可能是由1位成员组成的。"裁决"不仅是指对撤销或无效宣告申请的最终驳回或认可,也包括在审查申请过程中作出的所有其他决定。裁决是否能被上诉并无影响(根据第58条第2款的规定,仅终审裁决才能被上诉;允许单独上诉的中间裁决)。但是,"裁决"并不包括协调局向当事人送交的通报,包括要求在一定期限内提交意见和材料的通知。这些通报可以由处理撤销案件的行政职员作出,实践中也是这样操作的。

(b)组成和资质。每个撤销处通常由3名成员组成,其中1名必须具有"法律资质",即大学以上法律学位。第422/2004号欧洲理事会条例修订本条例后,"在特定案件中",1人撤销处也可以作出裁决,该人无需具有法律资质。《商标条例实施细则》第100条列举了1个成员裁决的情形,并规定了裁决的费用和裁决结案。相比之下,撤销案件这种情形比异议案件还要少，例如不包括裁决受理和裁决合并案件或分离共同案件。

上诉委员会

第 135 条

1. 对审查员、异议处、商标管理与法务处和撤销处作出的裁决提起上诉的，上诉委员会应负责作出裁决。

2. 上诉委员会的裁决应由三位成员作出，其中至少两位具有法律资质。对于特殊案件，应由上诉委员会主任担任主席的扩大上诉委员会裁决，或者由具有法律资质的单个成员裁决。

3. 确定由扩大上诉委员会管辖的特殊案件时需要考虑法律难度大、案情重要或证明情形特殊的因素。下列案件可以移送至扩大上诉委员会：

（a）依据第 162 条第三款所称的委员会程序规则设立的上诉委员会机构审理的案件；或者

（b）上诉委员会审理的案件。

4. 第 162 条第三款所称的委员会程序规则，应明确扩大上诉委员会的组成和移送规则。

5. 确定由单个成员管辖的特殊案件时需要考虑涉及的法律和事实难度小、个案的重要性有限或没有其它特殊情形的因素。向单个成员移送案件的决定应由处理该案的上诉委员会作出。更多细节由第 162 条第三款所称的委员会程序规则另行规定。

1. 概述

（a）上诉委员会的性质。上诉委员会是协调局的二审机构，是自成一体的行政法庭，就其裁判活动具有实质的自治性和完全的独立性。这一机构的建立以欧盟专利局上诉委员会为样本。二者最显著不同的是，在欧盟法制度下，至少在依据《欧盟运作条约》第 257 条和第 262 条创设其他"法院"之前，只有欧盟法院和欧盟普通法院（在《里斯本条约》生效前为欧盟一审法院）（以及根据《欧盟运作条约》第 257 条设立的职员裁判所）有权行使司法职能。欧盟普通法院在其受理的第一例起诉协调局的案件（欧盟普通法院 Baby-Dry 案）中表示，协调局各机构作出的裁决和上诉委员会审查这些裁决具有功能上的一致性。上诉委员会应以提交至上诉委员会前的程序结束时的全部事实和证据为准作出裁决，不能仅限于审查被诉裁决是否正确。对于"功能上的一致性"范围的理解一直存在分歧。协调局一直认可在单方当事人案件中可以向上诉委员会提交新的事实和证据，但在异议案件中却坚持相反的态度，这并非认为二者功能不一致，而是因为异议程序的期限在本质上被认为是"强制的"。欧盟法院在 OHIM v Kaul 案的判决中认为，上诉委员会可以考虑新的事实和证据，即使已经超过期限，但是，如果新的事实和证据符合第 76 条第 2 款意义上的迟延（"未在期限内"）提交，也可不予理会。2005 年《商标条例实施细则》修订时新增了第 50 条第 1 款，概括而言，在异议案件中，只有附加的和补充的证据（不是"新的证据"）方可提交至上诉委员会，前提是上诉委员会认为这种附加的和补充的证据不违反第 76 条第 2 款的规定（即未在期限内提交，更多详情可参见第 63 条注释 2）。

（b）《商标条例实施细则》和程序规则。调整上诉委员会裁决活动的规定，有本条例第 58 条至第 64 条、《商标条例实施细则》第 48 条至第 51 条以及上诉委员会程序规则。上诉委员会程序规则是欧盟委员会依据第 216/96 号欧洲理事会条例第 162 条第 3 款的授权通过的，最近的一次修订是 2004 年 12 月 27 日生效的第 2082/2004 号欧洲理事会条例，旨在配合本条例在 2004 年的修订。

（c）上诉委员会的组织。根据第 136 条的规定，上诉委员会是协调局的机构，由上诉委员会主任领导。原则上，上诉委员会的行政组织属于协调局局长的职权范围[第 124 条第 2 款（a）项]。在实践中，上诉委员会实质上是在主任的领导下自主运行的。根据程序规则（GC）第 1 条的规定，上诉委员会的"权力机构"是"常务委员会"，有权决定每个历年的委员会构成（应在协调局的《官方杂志》上公告），决议负责审理案件的各委员会，以此组织上诉委员会的裁决活动。上诉委员会常务委员会最新的 2009－2 号决议(为2010年制定的)可以在协调局网站中查询 oami. europa. eu。常务委员会同时也就行政事宜向委员会主任提供咨询。常务委员会由上诉委员会主任、所有副主任以及选举产生的占总成员1/4的"常委"组成。目前(2010),上诉委员会有1名主任、3名副主任和11名成员,其中3名成员选举为常委。因此,目前的常务委员会由7名成员组成。常务委员会决定自2010年起,上诉委员会分设5个分委会,1、2、4、5号分委会处理商标案件,3号分委会由主任分管并从其他分委会抽选5名成员,负责处理外观设计案件。上述内容的详情可参见上诉委员会常务委员会第2009－2号决议。

2. 上诉委员会的职权(第1款)

对审查员、异议处、撤销处和商标管理与法务处(各自的职权在上文已作解释)作出的裁决提起上诉的,上诉委员会应负责作出裁决。

3. 上诉委员会的组成;资质(第2款)

上诉委员会作出裁决的形式有3种:3名成员组成的委员会、扩大上诉委员会或独任审理。组成的细节由常务委员会确定。各分委会主任组建各自的3人团队,即除主任以外的其他2名有权处理案件的成员。程序规则(GC)第1a条规定了扩大上诉委员会的组成。本条第5款规定了由1人裁决的案件。3人团队至少有2人应具有法律资质。由独审委员裁决案件的,该人必须具有法律资质。此处没有关于扩大上诉委员会成员资质问题的规定。"法律资质"的含义与第132条和第134条相同,即取得大学法律学位。

4. 决定由独任委员审理

常务委员会每历年指派独任委员,所依据的客观标准规定在程序规则(GC)第1条第5款中。例如,2010年的上诉委员会常务委员会第2009－2号决议,可以在协调局网站中查询 oami. europa. eu。一般原则是将登记的委员按照年代顺利循环指派。但是,德国和意大利的案件仅指派给3个商标委员会中的2个,第3个委员会仅审理外观设计案件,这是对一般原则的补充。关联案件可以一并审理。

5. 扩大委员会（第3款和第4款）

2004年本条例的修订设立了扩大委员会,旨在为协调局提供更为统一的指引,避免自相冲突的裁决,并审理具有重大法律和实践意义的案件。截至2010年初,扩大委员会仅审理了7起案件。这与设立扩大委员会的目标还相距甚远。根据本条第3款和第4款的规定,扩大上诉委员会的组成和移送案件程序由程序规则另行规定。

（a）组成。根据程序规则（GC）第1a条第2款的规定,扩大委员会由上诉委员会主任领导,除此之外,还包括各分委会主任、优先推荐至扩大委员会的指定书记员,除上诉委员会主任和分委会主任的其他成员轮流担任扩大委员会成员。常务委员会应起草名单,并明确从名单中挑选成员所依据的客观标准。名单和标准应在协调局《官方杂志》上公告。如果没有优先推荐至扩大委员会的指定书记员,主任将在扩大委员会成员中指定。

（b）向扩大委员会移送案件。程序规则（GC）第1b条规定向扩大委员会移送案件的规则,包括审理特殊案件的分委会的移送和常务委员会的移送。如果分委会如果认为其必然会与扩大委员会此前的裁决相背离时,应当移送案件。另外,分委会认为法律难度大、案件重要或具有其他特殊情形的,可以移送。例如,上诉委员会因案件引发的法律问题作出了不同的裁决。基于同样的理由,在上诉委员会主任的建议或者常务委员会成员的要求下,常务委员会可以向扩大委员会移送案件。由于上诉委员会审理的案件量过多（每年大约1800件）,常务委员会和上诉委员会主任很难发现应当移送的案件。因此,是否移送的问题一般取决于分委会。在实践中,当事人认为案件符合移送扩大委员会条件,应当考虑通知常务委员会和主任,即使当局未采取措施,当事人也可以采取适当的行动。所有将案件移送扩大委员会的,应当说明理由并告知当事人［程序规则（GC）第1b条第5款］。

6. 独任委员的裁决（第5款）

2004年本条例的修订还规定,对于没有特殊性或影响较小的案件,可以由1名委员独任审理并作出裁决。程序规则（GC）第1c条规定了相应的细节。常务委员会负责起草由独审委员会审理的案件清单,例如依据当事人的协议结案以及对费用和上诉受理的裁决,但特殊情形除外。这一清单可参见常务委员会第2009-2号决议,除上述两种情形外,还包括对登记处依据第85条第6款最后一句话确定费用的审查裁决。常务委员会也可以起草不得由独审委员会审理的案件清单,当然,这一清单尚未起草。各分委会可以委任其成员去审理符合常务委员会要求的独任审理案件。决定独任审理的,应当通知案件当事人。在实践中,指派独任审理案件的制度几乎没有发挥作用,因为其程序过于复杂。相比而言,在实践中,1名成员作出裁决后再找其他2名成员在裁决中签字更为简便。

296 **上诉委员会成员的独立性**

第136条

1. 上诉委员会及其分委会主任的任命应适用第125条规定的协调局局长任命的程序,任期五年。协调局不得在任期内解聘,但存在需要解聘的重大事由且经任命机构的申请、欧盟法院裁决解聘的除外。上诉委员会及其分委会主任可续任五年,在新的任期内达到退休年龄的,可续任至退休年龄。

上诉委员会主任享有管理和组织的权力,尤其是:

(a)主管第162条第三款所称的上诉委员会程序规则所设立的机构,制定规范,组织开展工作;

(b)确保各机构裁决的实施;

(c)依据上诉委员会各机构确定的客观标准确定案件管辖;

(d)起草预算并报送协调局局长。

上诉委员会主任应主管扩大委员会。

相关细节由第162条第三款所称的上诉委员会程序规则另行规定。

2. 上诉委员会成员由行政委员会任命,任期5年,可续任5年,在新的任期内达到退休年龄的,可续任至退休年龄。

3. 协调局不得在任期内解聘上诉委员会成员,但存在需要解聘的重大事由,上诉委员会主任在征求该成员所在的分委会主任意见后提议,由行政委员会将案件提交至欧盟法院并最终作出解聘裁决的除外。

4. 上诉委员会主任、分委会主任和成员具有独立性,裁决案件不受任何指示的约束。

5. 上诉委员会主任、分委会主任和成员不得由审查员或异议处、商标管理和法务处或撤销处成员兼任。

1. 概述

从标题可以看出,本条处理的是上诉委员会成员的独立性问题。本条同样还涉及成员的任免事宜,这能否算作独立性的一部分,存在争论。另外,本条还规定了上诉委员会主任的职责,这部分内容放置于第135条中更为合适。随着本条例在2004年的修订,本条于2004年12月27日生效,同时生效的还有上诉委员会的程序规则。

2. 上诉委员会主任的任命(第1款)

上诉委员会主任由欧盟部长理事会任命,适用任命协调局局长和副局长的程序(第125条的规定)。任期5年,可续任5年,如果在新的任期内达到退休年龄的,续任至退休年龄。

3. 上诉委员会主任的职权(第1款)

上诉委员会主任享有行政管理和裁决权。本条第1款(a)项概括了行政管理的职权,包括领导常务委员会[1]、制定预算、分配案件。事实上,案件的分配由常务委员会制定的规则调整[2]。裁决权主要集中在由其领导的扩大委员会中。

4. 分委会主任的任命(第1款)

分委会主任同样由欧盟部长理事会任命,适用的程序亦同,任期5年。续任的规则也与上诉委员会主任相同。

5. 上诉委员会成员的任命(第2款)

上诉委员会成员由第126条规定的行政委员会任命,任期和续任规则

---

[1] 参见第135条。
[2] 同上。

相同。

6. 协调局解聘（第1款和第3款）

只有欧盟法院的裁决才能解聘上诉委员会主任、分委会主任和成员，向法院申请解聘的机构为任命的机构，即部长理事会或行政委员会。至今为止，尚无解聘先例。

7. 独立性（第4款）

本条第4款规定，该上诉委员会的所有主任、成员"具有独立性"。这种独立性表现在任免的规则和固定的任期，以及第2句话所称的裁决案件不受任何指示的约束。不受约束包括整个审理案件的过程，不仅指最后的裁决。事实上，协调局的审查指南也没有"约束"上诉委员会的内容。另外，除了有义务接受欧盟普通法院和欧盟法院的撤销裁决外，上诉委员会并不受到上述法院在法律上的"约束"。但是，在实践中，欧盟普通法院确立的规则往往优先适用，欧盟法院确立的案例法则更是如此。除了制度上的独立性外，作为协调局官员的上诉委员会的成员受到《职员条例》（第116条）的保护，还享有更高级别优先权，例如休假和假期。另外，他们无需接受协调局进行的职员年度考核。

8. 不得兼任（第5款）

上诉委员会主任和成员不得由协调局其他裁决部门的成员兼任。

回避和反对

第137条

1. 审查员、协调局各部门成员和上诉委员会成员与诉讼具有任何个人利害关系，或曾经代理过一方当事人的，不得参与该案的审理。异议处三名成员中应有二人未参与过该申请的审查，撤销处成员曾参与注册或异议程序的终审裁决的，不得参与该案的审理。上诉委员会的成员曾参与被诉裁决的，不得参与该上诉案的审理。

2. 各部门和上诉委员会的成员因前款规定的事由或因其他事由，认为自己不应参与诉讼的，应通知相应的部门或委员会。

3. 审查员、各部门成员或上诉委员会成员存在第一款规定的事由,或涉嫌偏袒的,任何当事人可以提出反对意见。当事人在明知反对事由的情况下已经采取程序步骤的,反对意见不予受理。不得以审查员或成员的国籍为由提出反对意见。

4. 各部门和上诉委员会应就前两款的情形作出裁决,自行申请回避和受到反对的成员不得参与裁决,应由其所在的部门或上诉委员会成员替补。

1. 概述

本条是关于利益冲突处理的规定。

2. 回避(第1款)

在协调局从事裁决事务的人,例如审查员、各部门成员或上诉委员会成员,如果与案件具有利害关系,或者曾经代理过一方当事人的,应当回避。另外一个规则是,如果参与过相同的商标(或外观设计)的前一阶段的程序,也应当回避。异议处三名成员中应有二人未参与过该申请的审查。撤销处的规则更加苛刻:任何成员曾参与注册或异议程序的终审裁决的,均不得参与该案的审理。这里不包括"参加"审查或异议,只要求参加终审裁决的作出。对上诉委员会的成员而言,唯一的禁止是不得参与被诉终审裁决作出的。这里不包括参加相同商标(或外观设计)的审查或异议审理。

3. 回避程序(第2款至第4款)

本条第2款至第4款规定了存在冲突的情形下应当遵循的程序。除了本条第1款的情形外,本条第3款还补充规定,当事人可以因涉嫌偏袒的理由质疑审查员、各部门成员或上诉委员会成员。例如,上诉委员会成员曾在成员国法院处理过实质相同的事项。在实践中,这种质疑很少发生,因为一旦发生这种情形,审查员、各部门成员或上诉委员会成员往往会因为本条第1款的理由自行请求回避。

第五节　预算和财务管理

预算委员会

第 138 条

1. 协调局内设预算委员会。预算委员会行使本节和第 38 条第四款赋予的权力。

2. 第 126 条第六款、第 127 条、第 128 条和第 129 条第一款至第四款、第六款和第七款应准用于预算委员会。

3. 预算委员会的决议,应由成员国全体代表的过半数通过。但是,预算委员会依据第 38 条第四款、第 140 条第三款和第 143 条授权作出的决议,应由成员国全体代表的四分之三以上的多数通过。在上述两种情形下,各成员国享有一个表决权。

预算

第 139 条

1. 每个财年应对协调局的收支情况作出评估并列入协调局预算中,财年应与历年一致。

2. 列入预算的收支应当平衡。

3. 在不影响其他类型的收入的情况下,收益应包括:收费条例规定应当支付的各项费用;本条例第 140 条所称的《马德里议定书》规定的,为指定欧盟的国际注册应当支付的各项费用以及应当向《马德里议定书》的缔约方支付的其他费用;2001 年 12 月 12 日有关欧盟外观设计[①]的第 6/2002 号欧洲理事会条例第 106c 条所称的《日内瓦法案》规定的,为指定欧盟的

[①] 《欧盟官方公报》L3,2002 年 1 月 5 日,第 1 页。

国际注册应当支付的各项费用以及应当向《日内瓦法案》的缔约方支付的其他费用。如有必要，应在欧盟总预算中的欧盟委员会一节内单列一项补助。

制定预算

第 140 条

1. 局长每年应起草下一年度的协调局收支评估，并于每年 3 月 31 日前将评估连同职员名单一同送交预算委员会。

2. 预算评估列有欧盟委员会补助的，预算委员会应立即将评估送交欧盟委员会，并由其转交欧盟预算机关。欧盟委员会可以对评估附加意见书并附随另一份备选评估。

3. 预算委员会应通过附有协调局职员名单的预算。预算评估列有欧盟总预算补助的，如有必要，应调整协调局预算。

审计与控制

第 141 条

1. 协调局应以相关国际标准建立内部审计职能。内部审计员由局长任命，负责审核协调局预算实施系统和程序的正确运行。

2. 内部审计员应当就管控系统的质量发布独立意见，就优化运行实施条件和促进健全的财务管理提出建议，从而提醒局长处理风险。

3. 授权官员应负责推行内部审计员履行职务所需的内部管控系统和程序。

账目审计

第 142 条

1. 局长应于每年 3 月 31 日前将上一财年的协调局总收支账目送交欧盟委员会、欧洲议会、预算委员会和欧洲审计院。审计院应依据《欧盟运作条约》第248条①的规定审查账目。

2. 预算委员会应给协调局局长出具同意实施预算的证明。

财务规章

第143条

在征求欧洲审计院和欧盟委员会的意见后,预算委员会应制定内部财务规章,尤其是确定和实施协调局预算的程序。欧盟设立的其他机构与协调局的性质具有可比性的,应参照其通过的财务制度。

收费条例

第144条

1. 收费条例尤其应明确费用金额和支付方式。

2. 费用金额大小的确定旨在使该笔收益原则上足以保证协调局的预算平衡。

3. 收费条例的通过和修订应遵循第163条第二款所称的程序。

---

① 现已修订为第287条。——译者注

第十三章　商标国际注册

第一节　一般规定

规定的适用

第 145 条

以欧共体商标或欧共体商标申请为基础，依据 1989 年 6 月 27 日在马德里通过的《商标国际注册马德里协定相关议定书》提出国际注册申请的（以下分别简称为"《马德里议定书》"和"国际申请"），以及世界知识产权组织国际局的国际注册簿中的注册商标（以下分别简称为"国际局"和"国际注册"）指定为欧盟的，适用本条例及其《商标条例实施细则》的规定，但本章另有规定的除外。

含义

本条概括性地规定，本条例适用于基于欧共体商标或欧共体商标申请的国际注册，以及指定欧盟的在世界知识产权组织注册的国际商标。但是，本条例的部分内容在《马德里议定书》中没有相应的规定，因此无法适用，例如《马德里议定书》下欧共体商标指定的分割。

第二节 以欧共体商标和欧共体商标申请为基础的国际注册

提出国际申请

第146条

1. 依据《马德里议定书》第3条的国际申请是以欧共体商标或欧共体商标申请为基础的,应当向协调局提出。

2. 国际申请提出后,作为其基础的商标被注册为欧共体商标的,国际注册的申请人应在欧共体商标或欧共体商标申请之间择一作为其国际注册的基础。国际注册以已经注册的欧共体商标作为基础的,协调局视为在该欧共体商标注册之日收到该国际申请。

1. 向协调局提起(第1款)

无论是以欧共体商标申请还是欧共体商标为基础,国际注册申请均应向协调局提出。欧共体商标或欧共体商标申请应当是有效的,或者是效力待定的,换言之,不能是已经被完全驳回、宣告无效或撤销。另外,国际注册应当与基础商标严格相同且归属于同一人。基础商标的许可使用人或其所有人的子公司不得提出国际注册申请。国际注册的商品与服务清单的类别应等同或小于基础商标的范围。

2. 申请日(第2款)

《马德里议定书》第3条规定,"国际注册以原属协调局收到国际申请的日期为准。"国际注册以注册欧共体商标为基础的,申请日为协调局收到申请之日。国际注册以欧共体商标申请为基础的,应当以欧共体商标的注册为前提,直到欧共体商标注册后,才视为收到国际注册的申请。另一个问题是,欧共体商标已经被作为国际注册的基础,但后来被撤回或驳回,是否可以代替为转换而来的成员国商标。对此,本条例和《马德里议定书》均未规定。但是,考虑到相关的不确定性以及原属局的变更,应当不允许这种代替。有相反观点认为,扩大上诉委员会在 Cardima v Cardiva 案中允许受异议的欧共体商标由转换而来的成员国商标代替,但该案并不适用于这里的情形:首先,该案的商标机构已变更;其次,程序已变更(成员国程序和协调局程序);更重要的是,成员国的规则与协调局所遵循的相应规则可能不同(例如,有些成员国同意马德里体系下的相关限制,而欧盟则作出了保留)。

国际申请的文本和内容

第 147 条

1. 国际申请应当以欧盟的官方语言之一提出,并使用协调局提供的文本。协调局应当以格式文本中使用的语言与申请人联络,但申请人提出国际申请时在该文本中另有说明的除外。

2. 国际申请使用的语言不属于《马德里议定书》允许范围内的,申请人应当在该范围内指定第二语言。协调局应以该第二语言将国际申请送交国际局。

3. 国际申请使用的语言不属于《马德里议定书》允许范围内的,申请人可以提供商品或者服务清单的译本,译文的语言为依据前款的规定向国际局送交国际申请所使用的语言。

4. 协调局应及时向国际局送交国际申请。

5. 提出国际申请应向协调局交纳费用。在第 146 条第二款第二句话所称的情形下,应在欧共体商标注册日前交纳费用。费用尚未交纳前,申请视为没有提出。

6. 国际申请应符合《商标条例实施细则》规定的相关要求。

1. 申请文本和语言(第 1 款)

向协调局提出国际注册申请应当使用世界知识产权组织 MM2 型官方文本(目前有英语、法语和西班牙语版本),或者协调局的改编本(协调局

EM2型文本)。使用协调局版本的,可以使用欧盟的任何官方语言提出申请。国际注册申请使用的语言可以不同于基础商标使用的语言。

2. 第二语言(第2款)

如果国际注册申请使用的语言不属于《马德里议定书》允许范围内(法语、英语或西班牙语),申请人应当在该范围内指定第二语言。协调局应以该第二语言将国际申请送交国际局。

3. 商品或服务的译本(第3款)

如果国际注册申请使用的语言不是法语、英语或西班牙语的,申请人可以将商品或服务翻译为其指定的第二语言。如果申请人没有提供译本,根据《商标条例实施细则》第102条第4款的规定,协调局可以在申请授权的情形下,安排由翻译中心处理。对于其他内容,例如颜色主张或描述,如果申请人没有以适当的语言提交的,翻译中心也应当翻译。

4. 协调局将申请送交国际局(第4款)

协调局应"及时"将申请送交国际局(需要注意《马德里议定书》第3条第4款设定的2个月期限)。只要申请通过协调局的审核并交纳了相关费用,协调局应通过电子形式送交世界知识产权组织。协调局还要保证国际注册申请与其作为基础的欧共体商标是相同的。

5. 申请费(第5款)

在没有交纳相关申请费用(目前为300欧元)前,视为没有收到国际注册申请。如果国际注册申请的基础是欧共体商标申请,且国际注册以欧共体商标的注册为前提的,应在欧共体商标注册后方可交纳费用。

6. 瑕疵及其补正(第6款)

国际注册申请应当满足《商标条例实施细则》第十三章A部分设置的有关国际申请文本的条件。如果协调局发现申请存在瑕疵,应发布通知给予1个月的答复期限。申请人基于自身的利益考虑,应尽快补正瑕疵,以便协调局可以在2个月的期限内送交国际局。国际局在期限内收到申请的,国际注册的日期为协调局收到申请之日;否则,注册日为国际局收到申请之日(《马德里议定书》第3条第4款)。

档案和注册簿的登记

第 148 条

1. 国际注册以欧共体商标申请为基础的,其日期和编号应记载于该申请的档案中。该申请注册为欧共体商标的,其日期和编号应登记在注册簿中。

2. 国际注册以欧共体商标为基础的,其日期和编号应登记在注册簿中。

含义

本条以及相应的《商标条例实施细则》第 84 条规定,以欧共体商标申请为基础的国际注册的日期和编号,在欧共体商标注册后应根据第 148 条第 1 款和第 2 款的规定登记在注册簿中,以欧共体商标为基础的国际注册,亦同。以欧共体商标申请为基础的国际注册,相关信息应登记在申请档案中,商标注册后,登记在注册簿中。

国际注册后的领土延伸请求

第 149 条

依据《马德里议定书》第 3 条之三第二款,在国际注册后提出领土延伸请求的,可以通过协调局转交。提出请求应使用依据第 147 条提交国际注册申请所使用的语言。

1. 概述

在国际注册后,可以通过协调局提出领土延伸请求,无需交纳费用。当然,延伸请求也可以直接向世界知识产权组织提交[①]。事实上,协调局的《审查指南》也建议直接向世界知识产权组织提交。

---

① 参见《马德里议定书》下《共同条例》第 24 条第 2 款(a)项的规定。

2. 商品和服务

国际注册后请求延伸所指定的商品和服务范围可以等同于或小于国际注册的范围。商品和服务清单不得超出国际注册的范围，即使其属于基础商标的范围内①。在国际注册后，可以在指定的不同缔约国请求不同的清单，即使向一个缔约国的指定被驳回后，仍可以向其他缔约国提出延伸请求。

3. 瑕疵及其补正

协调局会通知申请人有关国际注册后领土延伸请求中的任何缺陷。《商标条例实施细则》第 105 条完全列举了相关瑕疵，包括：没有使用提出国际申请时所使用的语言，没有标明国际注册的编号，使用错误的申请文本等。协调局会要求申请人在指定的期限内补救瑕疵。未能补救的，协调局会拒绝将请求送交世界知识产权组织。更多相关信息可参见《共同条例》分别规定"不规范行为"和"在后指定的日期"的第 24 条第 5 款和第 6 款。

国际注册费

第 150 条

依据《马德里议定书》应当支付给国际局的任何费用应直接向国际局交纳。

含义

具有《马德里议定书》缔约国国籍，或者在缔约国境内拥有住所或商业机构的任何人，在该国国内拥有国内商标或商标申请（基础商标）的，可以通过注册该基础商标的该国机构（原属机构）代为向世界知识产权组织提出国际申请或领土延伸请求。2004 年 10 月 1 日欧盟加入《马德里议定书》后，国际注册可以提出指定欧盟的领土延伸请求。

---

① 参见《商标条例实施细则》第 105 条（c）项。

第三节　指定欧盟的国际注册

指定欧盟的国际注册的效力

第 151 条

1. 国际注册指定欧盟的,自依据《马德里议定书》第 3 条第四款的注册之日或依据第 3 条之三第二款的注册后指定欧盟之日起,具有与欧共体商标申请同等的效力。

2. 指定欧盟的国际注册未依据《马德里议定书》第 5 条第一款和第二款被驳回或驳回决定被撤销的,自前款所称之日起,具有与注册欧共体商标同等的效力。

3. 为适用第 9 条第三款的规定,依据第 152 条第一款对指定欧盟的国际注册事项的公告即为欧共体商标申请的公告,依据第 152 条第二款的公告即为欧共体商标注册的公告。

1. 指定欧盟的效力(第 1 款)

指定欧盟的国际注册与向协调局提出的欧共体商标申请具有同等的法律效力。

2. 世界知识产权组织的处理

收到国际申请后,世界知识产权组织会进行形式核查,例如分类,如果与缔约国机构的意见不一致,世界知识产权组织有最终决定权,当然也存在例外,例如美国和韩国。但是,成员国机构如果认为某个术语过于宽泛或者过于模糊以致难以阐述的话,可以提出异议,异议可以以部分驳回的方式作出。对过于宽泛或模糊的术语被较为狭窄或更为精确的术语的代替,主要取决于相关缔约国的保护范围。原属机构证明国际申请与作为基础的国内申请或注册一致后,世界知识产权组织将进行注册。一经注册,国际注册将在国际公报上予以公告并通报其指定的国家机构。指定欧盟的,将以电子形式通报协调局。

3. 协调局的处理

协调局收到世界知识产权组织的国际注册通报后,应在 18 个月内提出所有可能的对欧盟指定的驳回事由。协调局不对国际注册的形式作任何审查,特别是不对分类进行审查(假设世界知识产权组织与协调局就此问题没有重大分歧的话)。但是,协调局会核对是否指定了第二语言(不同于第一语言且属于协调局的工作语言之一:西班牙语、德语、英语、法语或意大利语),以作为异议、撤销、无效宣告程序所使用的语言。如果不符合此项要求,协调局会通报世界知识产权组织暂定驳回(由世界知识产权组织转告国际注册的所有人),并设置 2 个月满足要求的期限。如果申请人未能达到要求,则对申请的暂定驳回将被确认。在实践中,协调局很少因为形式事由提出异议。然后,国际注册公告后(所谓的"首次公告"),协调局会依据第 7 条的绝对事由进行审查[①]。

公告

第 152 条

1. 协调局应公告下列内容:依据《马德里议定书》第 3 条第四款的指定欧盟的商标注册的日期,或依据第 3 条之三第二款的注册后指定欧盟的日期,提出国际申请使用的语言和申请人指定的第二语言,国际注册的编号和国际局将该注册发布在公报中的日期,商标的图示和其主张保护的商品或者服务的类别编号。

2. 指定欧盟的国际注册未依据《马德里议定书》第 5 条第一款和第二款被驳回或驳回决定被撤销的,协调局应公告这一事实,且一并公告国际注册的编号,如果可以,还应公告国际局在公报中公告该注册的日期。

---

① 参见第 154 条注释 1。

1. 首次公告(第1款)

协调局一旦确认收到指定欧盟的国际注册并经审核后,应公告国际注册的细节,包括申请语言、在世界知识产权组织公报上的公告日期以及分类号。在实践中,由于审核的内容不多,协调局会在收到国际注册后的很短时间内公告在《欧共体商标公报》的单独一节中。完整的商品或者服务清单不在公告范围内,但是,可以在世界知识产权组织的公报中查询。公告在《欧共体商标公报》后,根据第151条第3款的规定,国际注册与已经公告的欧共体商标申请具有同等的效力,以便第9条第3款第2句话得以适用(对于在欧共体商标申请公告后、注册公告前发生的侵权行为,可以要求合理补偿)。

2. 二次公告(第2款)

如果协调局没有驳回,或者驳回决定被撤销,将继续二次公告,以向国际注册的所有人保证其不会再被驳回。二次公告与根据《商标条例实施细则》第23条第5款的欧共体商标注册公告具有同等效力。也就是说,自二次公告之日起,国际注册与欧共体商标具有同等效力并具有执行力(第9条第3款),且所有人负有使用该商标义务的5年期限开始起算(第15条和第160条)。

先前权

第153条

1. 指定欧盟的国际注册申请人可以在国际申请中要求第34条所称的成员国注册商标的先前权,包括在比荷卢国家注册的商标以及依据国际条约注册的在成员国具有效力的商标。

2. 指定欧盟的国际注册的所有人,自依据第152条第二款公告注册之日起,可以向协调局要求第35条所称的在先成员国注册商标的先前权,包括在比荷卢国家注册的商标以及依据国际条约注册的在成员国具有效力的商标。协调局应相应地通报国际局。

1. 概述

先前权是欧共体商标制度的一大特色，其可以实现一个或多个成员国商标权利的整合（更多分析可参见第 34 条的注释）。

2. 在国际注册申请中要求先前权（第 1 款）

在指定欧盟的国际申请中，同样可以要求在先成员国商标的先前权。要求先前权的，应填写单独的官方表格（MM17），指明在先权利所注册的欧盟成员国、注册编号和注册日期，并附于国际注册申请书或在后指定书后。《商标条例实施细则》第 109 条规定，如果协调局对先前权要求审查得出了消极的结论，应将这一情况告知世界知识产权组织。如果协调局撤销或限制先前权要求的，亦同。协调局收到先前权要求后，应直接通报相关的成员国机构，无需由世界知识产权组织转告。与欧共体商标不同，国际注册提出后，不存在 2 个月内另行提交先前权要求的机会①

3. 直接向协调局提出先前权要求（第 2 款）

自二次公告之日起，指定欧盟的国际注册与注册欧共体商标具有同等效力，从而可以直接要求成员国商标的先前权。这一要求可以直接向协调局提出，无需通过世界知识产权组织。协调局应相应地通报世界知识产权组织和相关成员国机构。

有关驳回的绝对事由的审查

第 154 条

1. 指定欧盟的国际注册，应当以欧共体商标申请同等的方式接受有关驳回的绝对事由的审查。

2. 国际注册的所有人应当有机会放弃或限制在欧盟的保护，或提出自己的意见，否则不得驳回对该国际注册的保护。

3. 驳回保护即为驳回欧共体商标申请。

4. 依据本条的规定终审裁决驳回国际注册保护的，或者国际注册的所

---

① 参见《商标条例实施细则》第 110 条。

有人依据第二款之规定放弃在欧盟的保护的,协调局应将《商标条例实施细则》规定的个人费用部分退还国际注册的所有人。

1. 有关驳回的绝对事由的审查(第1款)

首次公告后,对国际注册的绝对事由的审查立即开始。协调局有6个月的时间作出结论并发布通报,暂定驳回或暂定给予保护。如果不存在绝对事由的异议,协调局会发布暂定给予保护的通报并相应地送交世界知识产权组织,由其转交申请人,并在国际公报中公告和在国际注册簿中登记。协调局一般会在3个月以内发布暂定给予保护的通报,但这并不能加快进程,因为无论如何都要等完第156条第2款规定的异议期限。

2. 申请人放弃或限制国际注册的权利或提出意见的权利(第2款)

为了回应暂定驳回的通知,申请人有权限制国际注册或提出意见。协调局会向世界知识产权组织送交暂定驳回的通报(由其转交国际注册的所有人)并设置2个月的答复期限。与标准的欧共体商标申请不同,这里的期限起始于发布暂定驳回通报之日①。但是,对于所有人没有收到暂定驳回通知的情况,协调局上诉委员会仍存在不同意见。第一分委会认为,任何通知均应当已经送达所有人②;第四分委会认为,协调局已经适当履行了自身的义务将通报送交世界知识产权组织,所有人是否真正收到在所不问(上诉委员会 Green Plus 案)。第一分委会的立场似乎更为合理,因为第二种意见侵犯了表达意见的权利(第75条)。根据《商标条例实施细则》第112条第1款的规定,国际注册的所有人根据第92条第2款有义务指定代理人参加协调局程序的,通报中应包含指定代理人的要求。国际注册的所有人未能在协调局暂定驳回后指定代理人的,仍可以在上诉阶段指定,从而补救该缺陷(上诉委员会 X-Ray Tytor 案)。如果没有异议提出,协调局会发布第二份保护声明并公告国际注册(二次公告),从而确认对其在欧盟的

---

① 参见《商标条例实施细则》第112条第1款。
② 参见上诉委员会 Bizlink 案。

保护。

3. 驳回保护(第3款)

基于绝对事由驳回国际注册即"驳回保护"。协调局会发布最终的"驳回保护通知书",不再相应地驳回欧共体商标申请。

4. 退还费用(第4款)

本条第4款规定,如果国际注册未能在欧盟获得保护,则应退还国际费(即等同于注册费)。由于注册费已经被废除,这一规定已无适用的可能①。

查询

第 155 条

1. 协调局收到指定欧盟的国际注册通报后,应依据第38条第一款的规定立即起草一份欧共体商标查询报告。

2. 成员国中央工业产权局依据第38条第二款的规定,决定在自己的商标注册簿中实施查询并将这一决定通知协调局的,协调局收到指定欧盟的国际注册通报后应立即向其送交副本。

3. 应准用第38条第三款至第六款的规定。

4. 协调局应将依据第152条第一款规定公告的指定欧盟的国际注册内容,通知欧共体商标查询报告引证的在先欧共体商标或欧共体商标申请的所有人。

含义

就查询而言,这里的程序与欧共体商标申请是一样的。首次公告后,协调局应立即向国际注册的所有人提供欧共体商标查询报告,包括类似的欧共体商标和指定欧盟的国际注册商标。根据本条第4款的规定,报告中涉及的欧共体商标或欧共体商标申请的所有人会收到一封监测信,以提醒他

---

① 参见修订前的本条例第149条第4款和第151条第4款,以及修订前的《商标费条例》第13条第3款。

们对在后的商标采取适当的措施,例如及时提出异议。2008年3月10日后,为欧共体商标提供成员国查询报告不再是强制的,也就是说,只有申请人提出要求并支付费用后才提供成员国查询报告[①]。由于参与查询体系的成员国数量正不断减少,在本文起草时,成员国查询制度再次被提议废除。

异议

第 156 条

1. 指定欧盟的国际注册应当以公告的欧共体商标申请同等的方式接受异议。

2. 提出异议的期限为依据第 152 条第一款规定的公告之日的六个月后的三个月内。未交纳异议费的,视为异议没有有效提出。

3. 驳回保护即为驳回欧共体商标申请。

4. 依据本条的规定终审裁决驳回国际注册保护的,或者在终审裁决前,国际注册的所有人放弃在欧盟的保护的,协调局应将《商标条例实施细则》规定的个人费用部分退还国际注册的所有人。

1. 概述(第 1 款)

由于指定欧盟的国际注册应当以公告的欧共体商标申请同等的方式接受异议,所以《商标条例实施细则》中有关异议程序的规定(第 15 条至第 22 条)同样适用于国际注册商标,但《商标条例实施细则》第 114 条有特别补充规定的除外(特别是有关异议的通知)。

2. 异议期(第 2 款)

对国际注册商标提出异议的期限为,依据第 152 条第 1 款在《欧共体商标公报》中公告国际注册之日的 6 个月后至第 9 个月。如果在该期限之前提出异议,协调局将保存并视为其在异议期的第一天提出(《商标条例实施细则》第 114 条第 3 款)。超过期限提出异议的,不予受理。协调局受理异

---

① 参见第 38 条。

议后,应根据《马德里议定书》第 5 条第 1 款、第 2 款(a)项和(b)项以及《共同条例》第 17 条第 1 款(a)项的规定,向世界知识产权组织送交暂定驳回保护的通报。如果异议仅直接针对申请的部分商品或者服务,在通报中亦应指明。世界知识产权组织会将暂定驳回告知国际注册的所有人。根据《商标条例实施细则》第 18 条的规定,协调局也会单独通知国际注册的所有人。那么,所有人可能会没有收到世界知识产权组织的暂定驳回通知,但收到了协调局的通知。在这种情形下,期限仍无法确定。但是,国际注册的所有人有义务向世界知识产权组织进一步查询该事宜,否则可能导致其丧失在欧盟的保护,因为其曾有机会提出意见并指定代理人[1]。

3. 驳回保护(第 3 款)

基于相对事由驳回国际注册即"驳回保护"。协调局会发布最终的"驳回保护通知书",不再相应地驳回欧共体商标申请。

4. 退还费用(第 4 款)

本条第 4 款规定,如果国际注册因遭受异议而未能在欧盟获得保护,则应退还国际费(即相等的注册费)。由于注册费已经被废除,这一规定已无适用的可能[2]。

国际注册代替欧共体商标

第 157 条

协调局经要求应在注册簿中注明,依据《马德里议定书》第 4 条之二的规定,欧共体商标视为已被国际注册代替。

含义

依据《马德里议定书》第 4 条之二的规定,国际注册的所有人可以要求协调局在注册簿中注明,欧共体商标视为被指定欧盟的国际注册代替,且不影响在先注册所获得的权利。协调局会按照审查先前权同样的标准进行形

---

[1] 参见第 154 条注释 1。

[2] 参见修订前的本条 149 条第 4 款和第 151 条第 4 款,以及修订前的《商标费条例》第 13 条第 3 款。

式审查,包括商标是否相同,欧共体商标的注册是否先于对欧盟的指定,以及欧共体商标和国际注册的商品或者服务是否存在重合。但是,协调局不会审查两个商标是否同属于一人。请求注明代替无需交纳费用。然后,协调局会通报世界知识产权组织欧共体商标已被国际注册代替,进而登记并公告在《国际公报》中。只要欧共体商标的所有人续展,该欧共体商标会一直存在于注册簿中。如果欧共体商标是基础商标的话,国际注册的所有人不能在5年的附属期内让其失效。

国际注册效力的废除

第 158 条

1. 指定欧盟的国际注册效力可以被废除。

2. 指定欧盟的国际注册效力的废除申请即为第 51 条规定的撤销宣告申请或第 52 条或第 53 条规定的无效宣告申请。

1. 概述

与已注册的欧共体商标一样,对指定欧盟的国际注册也可以向协调局申请撤销(第 51 条规定的事由)或宣告无效(第 52 条或第 53 条规定的事由)。这种申请没有期限限制。但是,只有当协调局证实认可国际注册的指定后,即已经发布授予保护的二次声明后[①],无效申请方可受理。同理,基于未使用而提出的撤销申请,只有当国际注册二次公告起经过5年后,方可受理(根据第 160 条的规定,第 152 条第 2 款规定的公告日等同于国际注册的注册日,在此后应当投入真正使用)。协调局应当以处理欧共体商标同样的方式处理此类申请及其程序。

2. 废除的结果

如果指定欧盟的国际注册被全部或部分废除,协调局应通报世界知识产权组织(根据《马德里议定书》第 5 条第 6 款和《共同条例》第 19 条)。世界知识产权组织应登记在注册簿中并公告于《国际公报》。如果撤销的事

---

① 参见第 151 条第 2 款。

由成立,国际注册自此无效(向未来无效);如果无效的事由成立①,则自始无效(欧共体商标应视为自始不具有效力)。

通过国际注册转换为成员国商标申请,或成员国指定而转换欧盟指定

第 159 条

1. 国际注册对欧盟的指定被驳回或失效的,其所有人可以请求将欧盟的指定转换为:

(a)成员国商标申请,应遵循第 112 条、113 条和 114 条的规定;

(b)成员国指定,该成员国应为《马德里议定书》或 1891 年 4 月 14 日通过并经修改和修订的《商标国际注册马德里协定》(以下简称"《马德里协定》")的缔约方,且在提出转换请求之日可以依据《马德里议定书》或《马德里协定》直接指定该国。第 112 条、113 条和 114 条应予适用。

2. 由国际注册对欧盟的指定转换而来的成员国商标申请或作为《马德里议定书》或《马德里协定》缔约方的成员国指定,应在该国享有《马德里议定书》第 3 条第四款规定的国际注册日、第 3 条之三第二款规定的在国际注册后延伸至欧盟之日或国际注册的优先权日,在适当时还可以依据第 153 条的规定请求该国商标的先前权。

3. 转换请求应予公告。

1. 转换(第 1 款)

指定欧盟的国际注册可以像欧共体商标或欧共体商标申请一样,根据第 112 条、第 113 条和第 114 条的规定转换为成员国商标申请。国际注册也可以根据《马德里议定书》或《马德里协定》转换为注册后的成员国指定(即所谓的"重新选择")。指定的成员国应当已经是马德里体系的缔约国,不仅是在提出转换请求时,而且是在国际注册指定欧盟之日。但是,对于新加入欧盟的成员国,即使国际注册指定欧盟时其尚未成为马德里体系的缔

---

① 参见第 55 条。

约国,转换仍然是可能的。根据第 165 条的规定,转换申请的优先权日即到达新的成员国的时间。国际注册的所有人可以先要求转换某些成员国商标申请,随后再要求转换其他一些成员国。转换申请应向协调局提出,在未交纳费用(目前是 200 欧元)前,视为没有提出要求。

2. 优先权日(第 2 款)

无论是转换为成员国商标申请还是转换为马德里体系内的成员国指定,转换商标均享有国际注册日或原先通过国际注册指定欧盟之日,包括在适当时享有优先权日和先前权日。

国际注册下的商标的使用

第 160 条

为适用第 15 条第 1 款、第 42 条第 2 款、第 51 条第 1 款(a)项和第 57 条第 2 款的规定,依据第 152 条第二款的公告日即为注册日,自该日起,指定欧盟的国际注册下的商标应当在欧盟领域内真正投入使用。

含义

本条规定,根据第 152 条第 2 款的二次公告之日即为注册日,作为计算在欧盟应真正投入使用的 5 年期限的起算点。这是符合逻辑的,因为指定欧盟的国际注册自二次公告之日起即享有与欧共体商标同样的效力(第 151 条第 2 款与其相联系的《商标条例实施细则》第 116 条第 2 款)。关于真正使用的认定问题,可参见第 15 条。

转换

第 161 条

1. 依据《马德里议定书》第 9 条之五的规定,申请将国际注册转换为欧共体商标申请的,应准用欧共体商标申请所适用的各项规定,但第二款的规定除外。

2. 申请转换指定欧盟的国际注册,该国际注册的相关事项已经依据第 152 条第二款予以公告的,不再适用第 37 条至第 42 条的规定。

1. 概述（第1款）

转换制度源于《马德里议定书》，旨在减轻5年附属期限带来的后果。如果在5年的附属期限内，指向欧盟的国际注册因"中心打击"而被废除，其所有人可以根据《马德里议定书》第9条之五的规定，就相同的商标向协调局提出欧共体商标申请。在提出转换申请时，对欧盟的指定应当仍具有效力，即没有被协调局最终驳回。如果国际注册所有人自己要求废除该注册的，不予转换。同样需要注意的是，欧共体商标指定无法转换为成员国指定；但是，通过第159条的转换可以实现同样的效果。国际注册转换为"普通"欧共体商标后，如果被撤回或驳回的话，仍可以进行转换。根据《马德里议定书》第9条之五的规定，转换申请"应视为在国际注册之日提交"，这意味着享有相同的优先权日。

2. 已经授予保护的国际注册（第2款）

如果申请转换的指定欧盟的国际注册已经根据第152条第2款予以公告，则不再进行审查和异议程序。申请转换本身无需交纳费用，当然，转换而来的欧共体商标申请仍需交纳正常的欧共体商标申请费。如果申请转换的指定欧盟的国际注册尚未根据第152条第2款予以公告（即尚未得到协调局的最终认可），则应和普通的欧共体商标申请一样，审查绝对事由并以异议为目的进行公告。但是，指定欧盟的国际注册已经二次公告的，本质上无需再次经历申请程序，因此不适用第37条至第42条的规定。

第十四章　最后规定

欧盟实施规定

第162条

1. 实施本条例的规定应当以《商标条例实施细则》的形式通过。

2. 除上述条款规定的费用外,依据《商标条例实施细则》规定的具体适用规则,具有下列情形之一的,应收取费用:

(a) 迟延交纳注册费的;

(b) 发布注册证书副本的;

(c) 登记欧共体商标许可或其他权利的;

(d) 登记欧共体商标申请许可或其他权利的;

(e) 撤销许可或其他权利登记的;

(f) 变更注册欧共体商标的;

(g) 发布注册簿摘要的;

(h) 查阅档案的;

(i) 发布存档文件副本的;

(j) 发布申请书的认证副本的;

(k) 通报档案信息的;

(l) 重新核定应返还的程序性费用的。

3.《商标条例实施细则》和上诉委员会的程序规则应依据第163条第二款规定的程序通过并修订。

委员会的设立和通过《商标条例实施细则》的程序

第163条

1. 欧盟委员会应由"内部市场协调局(商标和外观设计)内有关费用、

实施细则和上诉委员会程序的委员会"协助。

2. 援引本条的,第 1999/468/EC 号决议第 5 条和第 7 条应得以适用。第 1999/468/EC 号决议规定的期限应为三个月。

与其他欧盟法律条款的兼容

第 164 条

本条例不得与第 510/2006 号欧洲理事会条例相冲突,尤其是其第 14 条。

有关欧盟扩大的规定

第 165 条

1. 在保加利亚、捷克共和国、爱沙尼亚、塞浦路斯、拉脱维亚、立陶宛、匈牙利、马耳他、波兰、罗马尼亚、斯洛文尼亚和斯洛伐克(以下简称"新成员国")加入欧盟之日前依据本条例注册或申请的欧共体商标,应自加入欧盟之日起延伸至该国领域,从而在整个欧盟领域内具有同等效力。

2. 新成员国加入欧盟之日正在申请的欧共体商标,由于新成员国的加入才得以适用第 7 条第一款列举的任何驳回的绝对事由的,不得据此驳回该商标的注册。

3. 在新成员国加入欧盟之日前六个月内提出的欧共体商标注册申请,在加入日前在该国善意取得了第 8 条意义上的在先商标或其他在先权利,且其申请日、可能的优先权日或者获得权利之日先于欧共体商标申请的申请日或可能的优先权日的,可以依据第 41 条的规定提出异议。

4. 第一款所称的欧共体商标不得以下列方式宣告无效:

(a)由于新成员国的加入才得以适用无效事由的,依据第 52 条;

(b)在新成员国注册、申请或取得在先成员国权利之日先于该国加入欧盟之日的,依据第 53 条第一款和第二款。

5. 在新成员国善意注册、申请或取得在先商标或其他在先权利之日或者可能的优先权日先于该国加入欧盟之日的,可以依据第 110 条和第 111

条的规定禁止第一款所称欧共体商标的使用。

1. 概述

本条规定了新成员国的加入对现存的欧共体商标申请和注册的影响。本条(原第159a条)源于2004年5月1日生效的有关10个新成员国加入欧盟的条约,最初作为本条例的第142a条。随着欧盟成为马德里联盟的成员,本条例新增第十三章,第142a条演变为第159a条。第159a条被保加利亚和罗马尼亚的加入条约修订并于2007年1月1日生效。修订后的第159a条在新成员国名单中新增了这两个国家。这是最新的一次修订,此后,本条原先对2004年3月1日新加入的10个国家所具有的效力现在也适用于保加利亚和罗马尼亚。

2. 自动延伸(第1款)

本条第1款规定,所有现存的欧共体商标申请和注册的效力,自加入欧盟之日起,自动延伸至新成员国领域。2004年5月1日加入的10个新成员国和2007年1月1日加入的保加利亚和罗马尼亚均是如此。自动延伸的发生属于法律事务,无需行政干预。效力在指定的日期发生效力,2004年5月1日和2007年1月1日均为法定节假日的事实不予考虑。自动延伸需要配套的特殊机制,尤其是驳回或无效宣告的相关绝对或相对事由。本条第2款至第5款对此作出了规定。但本条不包括涉及欧盟扩大的其他效力。

3. 有关驳回的绝对事由的"溯及既往"(第2款)

本条第2款规定,由于新成员国加入欧盟才得以适用驳回的绝对事由,不得据此驳回在加入日前提交的正在进行的欧共体商标申请。最主要的绝对事由往往是就新的语言审查欧共体商标申请引起的,例如最近的保加利亚语和罗马尼亚语。欧共体商标申请是否会因缺乏显著性、描述性、通用特征、欺骗性或违反公序良俗而被驳回,均与官方语言相关。在实践中,2004年的欧盟扩大并未引发很多这样的绝对事由,只是对"新的"欧共体商标申请,即2004年5月1日之后或2007年1月1日之后提出的欧共体商标申请引发了这种绝对事由。本条第2款将这些绝对事由限于仅由于新成员国的加入方得以适用的事由。其他一些事由,例如根据《巴黎公约》第6条之三对国徽的保护,即使在这些国家加入欧盟之前也是适用的。如果申请人为抗辩基于绝对事由的反对而要证明正在申请的欧共体商标具有显著性,与新成员国无关。

4. 基于新成员国的在先权利提出异议(第3款)

对于在新成员国加入欧盟之日前6个月内提出的欧共体商标申请,可以基于在该国善意取得的在先权利提出异议。对于2004年加入欧盟的成员国而言,这一期限为2003年11月1日至2004年4月30日,对于保加利亚和罗马尼亚而言,这一期限为2006年7月1日至12月31日。提起异议所依据的在先权利应当符合第8条的含义(不包括第53条第2款意义上的在先权利),应当是绝对意义上的在先(不仅先于加入日),且应当是善意取得的。很少有案件会涉及这里所称非善意取得。如果欧共体商标的申请日早于这一期限,则不得以新成员国存在的在先权利为由提出异议。这就是所谓的"异议窗口",属于一般"溯及既往"的例外[①],且仅限于异议。相应地,如果不满足异议窗口的条件,亦不得基于新成员国的在先权利反对已经注册的在后欧共体商标。

5. 有关无效宣告的绝对和相对事由的"溯及既往"(第4款)

如果已经注册的欧共体商标申请日是在新成员国加入欧盟之前(即早于2004年5月1日或2007年1月1日),不得基于该国的绝对事由宣告无效。这一规定与本条第2款仅限于欧共体商标申请的规定相辅相成,将"溯及既往"延伸至所有在加入日前提出申请的欧共体商标,无论其已经注册还是尚在申请中。在先权利也适用同样的规则:不得基于新成员国存在的在先权利反对注册欧共体商标。但是,注册的"溯及既往"并不必然产生在先权利所在的新成员国的"使用权"。相反,在先权利的所有人仍有权阻止欧共体商标的延伸使用(本条第5款)。

---

① 参见下文注释5。

6. 禁止欧共体商标延伸使用的权利保留(第5款)

新成员国的在先权利,即在加入欧盟之日前获得权利的所有人,可以保留禁止欧共体商标延伸使用的权利。这意味着如果他们是善意取得了这些权利,可以根据相关成员国法禁止这种使用,并获得赔偿或其他救济。以欺诈取得的权利不仅不能阻止欧共体商标的自动延伸,其本身的效力也会归于无效。

7. 扩大的其他效力

除本条的规定之外,现存欧共体商标申请和注册的扩大和自动延伸还会立即发生其他效力:成员国应将欧共体商标作为在先权利融入其国家商标体系,应提供侵权救济,应设立欧共体商标法院等。另外,还会存在一些其他问题,尤其是语言、先前权要求和转换。

(a)语言。第120条规定了翻译所有公告和注册簿事项的义务,理论上适用于所有尚未公告的事项,甚至可能适用于所有现存的欧共体商标申请和注册,无论其是否已经公告。协调局的意见是,在欧盟扩大时现存的欧共体商标申请和注册就不再以新成员国的语言进行公告(或再次公告),这也得到了欧委会和成员国的认可。

(b)先前权要求。对于根据第34条提出的有关申请的先前权要求或注册后根据第35条提出的先前权要求,在先成员国商标的"在先"概念应当以加入欧盟之日为准。因此,可以对在新成员国加入欧盟之日前获得的商标要求先前权,即使就绝对日期而言,欧共体商标的申请日可能更早。

(c)转换。如果欧共体商标申请或注册最终"失效",但满足第112条规定的条件,则可以在所有成员国内转换为国内商标申请,且享有原先欧共体商标的申请日或优先权日。如果这一日期早于新成员国加入欧盟之日,则需要回答的问题是,这种转换申请在该国的有效日期应如何确定。由于欧共体商标的延伸自新成员国加入欧盟之日发生效力,所以转换日应以加入欧盟之日为准,即2004年5月1日,或者对于保加利亚和罗马尼亚而言,是2007年1月1日。

废止

第 166 条

第 40/94 号欧洲理事会条例以及附件一列举的历次修订废止。

援引废止条例的,应解释为援引本条例且应遵循附件二的对比表。

含义

编纂后的本条例通过后,第 40/94 号欧洲理事会条例废止。附件二的对比表有助于比照先后两个版本的条例。很明显,本条在第 40/94 号欧洲理事会条例中没有对应的条文。

生效

第 167 条

1. 本条例自公告于《欧盟官方公报》后第 20 天生效。
2. 成员国应自第 40/94 号欧洲理事会条例生效后 3 年内采取必要措施实施第 95 条和第 114 条。

1. 概述

本条对编纂后的本条例的生效进行了规定(本条第 1 款),并要求成员国在一定期限内采取必要的实施措施(本条第 2 款)。

2. 生效(第 1 款)

编纂后的本条例版本于 2009 年 2 月 26 日通过,并于 2009 年 3 月 24 日公告(OJ L 78, p. 1)。生效的日期为公告后 20 天,即 2009 年 4 月 13 日周一。

3. 成员国采取的实施措施(第 2 款)

本条规定了欧共体商标制度和成员国商标制度的若干"接口"。为了这些"接口"能够适当地运行,成员国不仅要依据 1988 年的《商标指令》进行变革,而且要在其他方面调整其成员国制度,从而给予欧共体商标和成员国商标相同的待遇(例如民事或刑事制裁、限制状态等)。本条第 2 款仅提及了依据第 95 条设立的欧共体商标法院和处理转换申请的成员国措施。

这些实施措施应于1997年3月15日前采取,但许多成员国未能在这一期限内达到要求。对于欧共体商标法院的指定而言,未设立欧共体商标法院,仅意味着有权管辖商标侵权的一般成员国法院负责管辖欧共体商标的侵权(规定在第95条中)。对于转换而言,如果没有具体的规则,意味着转换申请无法适当处理。对于本条例通过后加入欧盟的新成员国,没有过渡期限。本条第2款没有提及成员国应当采取的另一措施是,指定有权当局发布协调局费用裁决的执行令,这是第82条第2款强制要求。①

4. 先前版本

(a)生效。本条的前身是第40/94号欧洲理事会条例第160条。该条最初为第143条,在引入有关处理欧共体商标制度与《马德里协定》下的国际注册商标制度之间的关系的第13章后,才变为第160条。后来对本条例的修订没有涉及第160条的内容,而是作为相应的修订条例的一部分且提及在相应的修订条文评述中。第40/94号欧洲理事会条例是在1993年12月20日通过的,但由于其是在1994年1月14日公告的,所以冠之以2004②的编号。根据原先的第143条(后来的第160条),本条例自公告后第60日生效,即1994年3月15日。

(b)首次公告。仅本条例自身的通过是不足以启动欧共体商标制度的,还需要运行的机构。原第143条(后来的第160条)规定了富有效率的协调局启动方式,绕开了欧盟理事会的决定。行政委员会(现规定在第126条中)有权确定启动日期,即可以开始向协调局提交欧共体商标申请的日期。1994年7月,协调局正式在阿利坎特成立,并于1994年9月1日开始运行。行政委员会于1995年7月11日作出决定(第CA-95-19号协调局行政委员会决定),确定可以提交欧共体商标申请日期为1996年4月1日。根据原第143条第4款(后来的第160条第4款)的规定,所有在1996年4月1日之前的3个月内,即1996年1月1日至3月31日提交的申请,申请

---

① 这里实际指的是本条例第86条第2款的内容,第82条第2款是修订前的条款。——译者注

② 这里应为1994,原文应为笔误。——译者注

日均为4月1日。这些申请日相同的欧共体商标申请具有相同的"次序",互不干扰。

324 本条例全部内容具有约束力,且对所有成员国直接适用。

2009年2月26日完成于布鲁塞尔

理事会理事长(签字)
朗格尔(I. Langer)

商标协调指令(修订本)[*]

---

[*] 欧洲议会与欧洲联盟理事会关于成员国相关商标法律趋于一致的指令(2008/95/EC)。2008年9月22日。

欧洲议会和欧盟理事会，

考虑到《建立欧洲共同体条约》，尤其是其第 95 条，

考虑到欧盟委员会的提案，

考虑到欧盟经济社会委员会的意见①，

依据条约第 251 条规定的程序，②

鉴于

（1）协调成员国相关商标法律的 1988 年 12 月 21 日的第 89/104/EEC 号理事会指令③已经修订④。为了清晰度和合理性的考量，本指令应予修订。

（2）在第 89/104/EEC 号指令生效前，成员国适用的商标法之间存在矛盾，导致在共同市场内，阻碍了商品的自由流通和服务的自由提供，且可能妨碍正常的竞争。因此，有必要使各成员国的法律趋于一致，以确保内部市场的正常运行。

（3）非常重要的一点是，不应忽视欧共体商标制度对于希望获得商标的企业所能给予的途径和便利。

（4）要求成员国法律全面一致似无必要，只要限于最直接影响内部市场运行的成员国法律规定之间的接近即可。

（5）通过使用获得的商标，成员国有继续保护的权利，本指令不得剥夺，但本指令应仅就这种商标与注册商标之间的关系考虑在内。

---

① 《欧盟官方公报》C161，2007 年 7 月 13 日，第 44 页。
② 2007 年 6 月 19 日欧洲议会的意见（《欧盟官方公报》C146E，2008 年 6 月 12 日）和 2008 年 9 月 25 日理事会决议。
③ 《欧盟官方公报》L40，1989 年 2 月 11 日，第 1 页。
④ 见附录 I，A 部分。

(6)成员国还有制定商标的注册、撤销和无效宣告的程序规则的自由。例如,成员国可以确定商标注册的形式和无效宣告程序,决定在先权利的援引应发生在注册程序中还是无效宣告程序中,亦或二者皆可;如果允许在注册程序援引在先权利,是采取异议程序还是采取依职权程序,亦或二者兼之。成员国有权确定商标撤销或无效宣告的效力。

(7)本指令不得排除成员国商标法以外的法律规范对商标的适用,例如涉及不正当竞争、民事责任或消费者保护的规定。

(8)欲达成法律趋于一致之目标,原则上,在所有成员国获得和继续持有注册商标的条件应当相同。为此,有必要列举可能构成商标的标志,该标志应可以区分企业之间的商品或者服务。有关商标自身驳回或无效宣告的事由,例如缺乏显著性特征或涉及商标和在先权利的冲突,应以穷尽的方式列举。部分列举事由具有选择性,成员国应可以在其立法中保留或引入。就获得和继续持有注册商标的条件相关的驳回或无效宣告事由,如果没有关于诸如授予商标的资格、商标的续展、费用规则或涉及对程序规则的违反的一致性规定,成员国应可以在其立法中保留或引入。

(9)为减少在欧盟注册和保护的商标总数,从而降低商标之间引发的冲突数量,必须要求注册商标真正投入使用,否则予以撤销。有必要规定,不得基于未使用的在先商标主张其他商标无效,但成员国应仍有权就注册商标适用相同的原则,或者规定,商标因诉讼而证实可能被撤销的,无法在侵权诉讼中成功援引。在所有这些情形下,由成员国建立适用的程序规则。

(10)欲促进商品或者服务的自由流动,应确保注册商标在所有成员国的法律制度下享有相同的保护,此为基本要务。当然,不得阻止成员国决定对享有声誉的商标给予更多的保护。

(11)保护注册商标的功能主要是保证商标作为来源的指示,在商标和标志之间、商品或服务之间均相同的情形下,保护是绝对的。在商标和标志之间、商品或服务之间近似的情形下,也应适用保护。在解释近似这一概念时,必然要涉及混淆可能。对混淆可能的理解取决于诸多因素,特别是商标在市场中的认知、与使用或注册的标志之间可能产生的联系、商标和标志之间的近似度和商品或者服务之间的类似度,应构成保护的具体条件。确认混淆可能的方式,特别是举证责任,属于成员国程序规则的事项,但不得与本指令冲突。

(12)基于法律确定性的考量,且为避免不公平地损害在先商标所有人的利益,应规定后者不得再提出无效宣告的主张,前者在明知的情况下容忍在后商标使用了相当长的时间,亦不得禁止在后商标的使用,但在后商标是恶意申请的除外。

(13)所有成员国应受《保护工业产权巴黎公约》的约束。本指令的所有条款应与该公约完全一致。成员国基于该公约承担的义务不受本指令影响。在适当情况下,应适用条约第307条第2款。

(14)对于成员国移植入国内法的义务,应遵循第89/104/EEC号指令附件一B部分设置的相关期限,本指令不得违反。

本指令已通过:

范围

第1条

本指令适用于就商品或者服务在成员国或比荷卢知识产权局注册或申请注册的所有商标,包括个体商标、集体商标、保证商标或证明商标,或者在成员国具有效力的国际注册。

1. 概述

欧洲的商标法协调进程最初构想是分阶段进行的。因此,1988年的《商标指令》被称为"第一指令",仅限于通过注册获得的商标保护问题,且仅处理实体商标法中的重大事项。未注册权利的问题和其他的商标法事项,无论是实体性的还是程序性的,均留给日后的协调行为去完成。从最初(1980年)向欧洲议会和理事会提出设想到现在已经过去30多年了,欧盟委员会没有提出其他协调建议。因此,编纂后的本指令甚至删去了"第一"的称谓。

2. 适用范围

(a)注册商标。本指令仅适用已经注册或者已经提交注册申请的商标。通过使用获得的商标权不在范围之内。《巴黎公约》第6条之二规定了对未注册的驰名商标提供保护的义务,对此,作为公约缔约方的成员国有权确定获得商标权利的使用条件。依据《与贸易有关的知识产权协定》第2条第1款的规定,世界贸易组织的成员也承担相同的义务。

(b)个体商标、集体商标、保证商标或证明商标。本指令不仅覆盖个体商标,也调整集体商标、保证商标和证明商标。集体商标由协会、团体等集体所有,供集体成员使用以表明其在该集体的成员资格或该集体成员提供的商品或者服务的特定共同特征。《巴黎公约》第7条之二要求缔约国保护集体商标,《与贸易有关的知识产权协定》第2条第1款将这一义务扩展至所有世界贸易组织成员。保证商标由个体或集体所有,用于表明所提供的商品或者服务具备特定的品质或特征。证明商标同样由个体或集体所有,用于证实特定品质或特征的存在。并非所有成员国均保护保证商标和证明商标。本指令中有关驳回的绝对或相对事由同样对集体商标、保证商标和证明商标具有约束力。但是,根据第15条第1款的规定,"因这些商标功能的需要",成员国可以规定其他事由;另外,根据第15条第2款的规定,成员国可以将地理标志作为集体商标、保证商标或证明商标注册,《欧共体商标条例》第66条第2款也有相同的规定。《联合声明》第1点指出,成员国将本指令适用于集体商标、保证商标和证明商标的前提是,"目前在该国法中已经存在这些类型的商标;没有这些类型的商标的成员国没有引入的义务"。

(c)商品商标和服务商标。对于在服务上注册(或申请注册)的商标和在商品上注册(或申请注册)的商标,本指令一视同仁。但是,本指令并不要求成员国通过注册保护服务商标。事实上,目前所有的成员国均有这样的规定,尽管在本指令通过之时(1988年)并非如此。本指令并未对"服务"的概念作出定义。欧盟法院认为,"服务"同样包括商品零售商提供的服务;为了法律确定性的考量,注册此类服务的,应当指明零售的商品类型

（欧盟法院 Praktiker 案）。

构成商标的标志

第 2 条

商标可以包含用图像表现的任何标志，尤其是包括人名在内的文字、图案、字母、数字以及商品或者其包装的形状，这些符号应能够区分企业之间的商品或者服务。

含义

本条与《欧共体商标条例》第 4 条表述一致，只是没有提及欧共体商标而已。这两条均只适用于注册商标（第 1 条）。[①]

驳回或无效的事由

第 3 条

1. 下列不得注册，已经注册的，应为无效：

（a）不能构成商标的标志；

（b）缺乏显著特征的商标；

（c）仅由在商业活动中用于指明商品或者服务的种类、质量、数量、用途、价值、产地、生产日期以及其他特征的标志或标示的组成的商标；

（d）仅由在现行语言或善意和实践建立的贸易中具有通用性的标志或标示组成的商标；

（e）仅由下列标志组成的商标：

i. 商品自身性质产生的形状；

ii. 为获得技术效果而需有的商品形状；

iii. 使商品具有实质性价值的形状；

（f）违反公共秩序和善良风俗的商标；

（g）具有欺骗性，容易使公众对商品或者服务的性质、质量或者产地等

[①] 参见《欧共体商标条例》第 4 条的注释。

产生误认的商标;

(h)尚未获得主管机关的授权,且依据《保护工业产权巴黎公约》(以下称为《巴黎公约》)第6条之三将被予以驳回或宣告无效的商标;

2. 任何成员国均可以规定下列商标不得注册,已经注册的,应宣告无效:

(a)依据相关成员国或欧共体的商标法之外的其他法律规定不得使用的商标;

(b)包含具有较高的象征价值,尤其是宗教符号;

(c)包含《巴黎公约》第6条之三之外的具有公共利益的徽章,标志和铭牌的商标,但该商标的注册主管机关认可其符合该国法律的除外;

(d)申请人通过恶意申请注册的商标。

3. 商标在申请日或注册日前经使用已经获得显著特征的,不得依据第一款(b)、(c)或(d)项驳回注册或宣告无效。任何成员国均可另行规定,在申请日或注册日后获得显著特征的,也适用这一规定。

4. 任何成员国均可以规定,在该国实施第89/104/EEC号指令所必要的条文生效之日前,驳回或无效宣告的事由在该国已经生效,违反前三款规定的,应适用在该日期前提出申请的商标。

1. 驳回或无效宣告的强制绝对事由(第1款)

本指令将驳回商标申请和宣告商标无效一并列举在同一条文中。本指令的体系安排与《商标条例》不同,《商标指令》第7条和第53条(反过来援引第7条)分别列举了驳回申请和宣告无效的绝对事由。特别是,本条第1款的各项内容与《商标条例》第7条第1款的内容是一致的。

2. 可选择的绝对事由(第2款)

本条第1款(a)项预设了可选择的驳回或无效宣告的绝对事由,成员国可以实施其国内法,当然没有义务必须这样做。这种事由包括:(a)依据相关成员国或欧共体商标法之外的其他法律规定不得使用商标;(b)商标包含具有较高的象征价值的符号,尤其是宗教符号;(c)商标包含《巴黎公约》第6条之三之外的具有公共利益的徽章,标志和铭牌,但该商标的注册主管机关认可其符合该国法律的除外;(d)申请人恶意申请注册的商标。

3. 获得显著性(第3款)

本条第1款(a)项要求成员国预设,商标在申请日或注册日前经使用已经获得显著特征的,不得依据第一款(b)、(c)或(d)项驳回注册或宣告无效。成员国均可另行规定,在申请日或注册日后获得显著特征的,也适用这一规定。当然,相比于整个欧盟而言,证明在一个成员国内获得显著性的难度较低。

4. 可选择的对原先注册的溯及既往(第4款)

本条第4款允许任何成员国规定,在该国实施第89/104/EEC号指令所必要的条文生效之日前,驳回或无效宣告的事由在该国已经生效,违反前三款规定的,应适用于在该日期前提出申请的商标。令人奇怪的是,这里所称的第89/104/EEC号指令并未进行修订,而是直接由现行的指令所取代。这一定是本指令在2008年修订时的疏忽。

与在先权利冲突的其他驳回或无效宣告事由

第4条

1. 具有下列情形之一的,商标不得注册,已经注册的,应宣告无效:

(a)在相同的商品或者服务上申请或注册的商标与在先商标相同的;

(b)在相同或者类似的商品或者服务上申请或注册的商标的与在先商标存在相同性或近似性,且部分公众可能因此产生混淆的;这种混淆包括与在先商标产生相联系的可能性。

2. 前款所称的"在先商标"是指:

(a)在欧共体商标注册申请之日前已经申请注册的下列商标,在适当的情形下,这些商标的申请日的确定还应考虑到优先权要求:

i. 欧共体商标;

ii. 在成员国注册的商标,或者就比利时、荷兰、卢森堡而言,在比荷卢知识产权局注册的商标;

iii. 在对成员国有效的国际框架下注册的商标;

(b)依据1993年12月20日通过的有关欧共体商标的第40/94号欧盟条例①的规定,要求前项 ii 和 iii 所称的商标的先前权的欧共体商标,即使前项 ii 和 iii 所称的商标已被放弃或已经失效;

(c)前两项所称的商标申请获得注册的;

(d)在申请注册之日或在适当情形下依据优先权要求确定的申请之日,在成员国已驰名的商标,对"驰名"一词含义的理解应以《巴黎公约》第6条之二的规定为准。

3. 在不类似的商品或者服务上申请或注册的商标与本条第二款所称的在先欧共体商标相同或近似,因在先欧共体商标在欧盟享有声誉且无正当理由使用在后商标会损害或不当利用在先欧共体商标的声誉或显著特征的,不予注册,已经注册的,应宣告无效。

4. 任何成员国可以另行规定下列商标不得注册,或者已经注册的,应宣告无效:

(a)在不类似的商品或者服务上申请或注册的商标与本条第二款所称的在先成员国商标相同或近似,因在先商标在相关成员国享有声誉且无正当理由使用在后商标会损害或不当利用在先商标的声誉或显著特征的;

(b)在申请注册在后商标之日前或依据优先权要求确定的在后商标的申请之日前,取得了未注册商标权或在贸易中使用的其他标志的权利,且该未注册商标或标志的所有人有权禁止在后商标使用的。

(c)商标可能因第二款和本款(b)项之外的在先权利而被禁止使用的,尤其是:

　　i. 名称权;
　　ii. 肖像权;
　　iii. 著作权;
　　iv. 工业产权。

(d)商标与在先集体商标相同或近似,在先集体商标所享有的权利系

---

① 《欧盟官方公报》L11,1994年1月14日,第1页。

在该商标在申请前最多3年内失效；

(e) 商标与在先保证商标或证明商标相同或近似，该保证商标或证明商标所享有的权利在该商标申请前成员国规定的期限内失效的；

(f) 在相同或类似的商品或者服务上申请或注册商标与在先商标相同或近似，该在先商标所享有的权利在该商标申请前最多2年内因未续展而失效的，但在先商标的所有人未使用商标或同意在后商标注册的除外；

(g) 申请人在提出申请时存在恶意，可能与申请时正在国外使用的商标产生混淆的商标。

5. 成员国可以规定，在先商标或其他在先权利的所有人同意在后商标注册的，在适当情形下免于驳回商标注册申请或免于宣告无效。

6. 任何成员国均可以规定，驳回或无效宣告的事由在该国生效的日期早于实施第89/104/EEC号指令所必要的条文生效日前，违反前五款规定的，应适用在该日期前提出申请的商标。

1. 概述

本条规定了商标驳回或无效的其他事由，包括强制性和选择性的实施条件。这些驳回或无效宣告的事由是对第3条的补充。第3条的事由涉及商标自身的性质，通常被称为绝对事由。本条的事由涉及与其他在先权利可能的冲突，通常被称为相对事由。1988年的原版指令（本指令是修订版）旨在迈出协调的第一步，而《商标条例》旨在构建完整的体系。因此，本指令中的许多内容均出现在条例中。基于此，这里的注释较为简略，可对照检索条例的相关条文注释。

2. 相同或近似商标，相同或类似商品或者服务（第1款）

当商标与在先商标相同，且申请的商品或者服务也相同时，在后商标不得注册。这是强制性规定，不存在混淆可能的问题。[①] 当商标相同但商品或者服务仅为类似，或商标仅为近似，在后商标只有"部分公众存在混淆可

[①] 完整的论述可参见《商标条例》第9条注释5—7。

能"的情形下才应驳回。①

3. 在先商标的定义(第2款)

值得注意的是,"在先商标"包括在先的商标申请,只要该申请最终获得注册即可。② 1993年12月20日通过的第40/94号欧盟条例的对照表目前尚未更新。

4. 在欧盟享有声誉的在先欧共体商标(第3款)

与在先欧共体商标相同或近似且满足下列情形的,应驳回商标注册申请(或应宣告无效):首先,在先欧共体商标"在欧盟领域内享有声誉";其次,"无正当理由"使用;最后,使用在后商标会"损害或不当利用"在先商标③。需要强调的是,尽管本条的表述很明确,但其同样适用于相同或类似的商品或者服务。④

5. 可选择的条款(第4款)

本条第4款列举了其他7种事由,成员国就这些事由规定驳回商标申请或宣告商标无效。对此,《商标条例》第4条(a)项至(c)项的注释更为完整,因此这里的注释较为简略。(a)在成员国享有声誉的在先商标[第4款(a)项]。这一规定与本条第3款的内容一致,只是将在先欧共体商标换为在先成员国商标而已。需要强调的是,这一规定对于欧共体商标而言是强制性的,但对于成员国商标只是选择性的。大多数成员国均实施了这一规定。(b)在贸易过程中使用的未注册标志[第4款(b)项]。在商标提出申请前存在未注册权利的(例如在意大利、德国或英国的未注册商标禁止仿冒的权利),可能据此驳回申请⑤。(c)其他在先权利[第4款(c)项]。⑥

6. 集体商标[第4款(d)项]

本条第4款(d)项是选择性条款,旨在阻止已经失效的集体商标与在

---

① 更完整的论述可参见《商标条例》第9条注释7。
② 更多论述可参见《商标条例》第8条注释5(应为注释4,原文存在笔误。——译者注)。
③ 参见《商标条例》第9条注释9。
④ 参见《商标条例》第9条注释8(c)。
⑤ 参见《商标条例》第8条注释7。
⑥ 参见《商标条例》第53条注释2。

后申请的商标之间潜在的冲突。禁止在后商标的注册的期限最多为 3 年。有趣的是,这一比较仅限于争议商标之间的近似,不要求商品或者服务之间的相同或者近似,也就是说,这涉及了所有可能的商品或者服务。

7. 保证商标或证明商标[第 4 款(e)项]

该选择性条款旨在阻止已经失效的保证商标或证明商标与在后申请的商标之间潜在的冲突。同样地,这一比较仅限于争议商标之间的近似,但对于失效商标的额外保护期限可以由各个成员国确定。许多成员国均未实施这一规定。

8. 失效商标[第 4 款(f)]

本条第 4 款(f)项同样是选择性条款,旨在阻止已经失效的商标与在后申请的商标之间潜在的冲突。禁止在后商标的注册的期限最多为 2 年①,但在先商标的所有人未使用商标或同意在后商标注册的除外。应当认为,这两项条件是可以分离的,满足其一即可。

9. 与在国外使用的商标的冲突[第 4 款(g)项]

该选择性条款旨在阻止在国外使用的商标与在后申请的商标之间潜在的冲突。争议的商标可能使用在相同、类似甚至不类似的商品上。但是,这里需要证明存在恶意,商品或者服务越不类似,则越难以证明这一点。另外,外国商标的使用不仅应发生在提出申请时,还应发生在异议或无效时,如此一来,当事人可以试图通过缩短或者延长申请程序而有利于自己。

10. 同意(第 5 款)

本条第 5 款也是选择性条款。在适当情形下,在先权利的所有人的同意可以推翻其他方面的反对或否定其他方面的异议或无效诉讼。这就引发了两个问题:首先,何为适当的情形,这里没有说明,尤其是考虑到本款显得非常宽松,允许当事人之间的意思自治。其次,无论如何,在先商标的所有人应当非常谨慎地作出这种同意,因为这可能将导致其商标依据《商标条例》第 51 条第 1 款(c)项而被撤销。即便如此,成员国的通常做法是,在存

---

① 第 4 款(f)规定为 2 年,本书此处原文为 3 年,系笔误。——译者注

在同意的情形下,允许近似商标在注册簿中的共存。

11. 旧法适用旧商标(第6款)

本条第6款旨在成员国法规定而本指令没有规定的商标驳回或者无效宣告条款的溯及力问题。成员国可以将这些条款适用于在本指令生效前提出的商标申请,当然成员国没有义务必须这么做。这一规定对于现在的成员国而言已经没有意义,但对于新成员国仍有适用的可能。

商标享有的权利

第5条

1. 注册商标所有人享有商标专用权。商标所有人有权禁止他人未经许可在商业活动中使用:

(a)与商标相同,且使用在与其注册范围相同的商品或者服务上的任何标志;

(b)与商标存在相同性或者近似性,且使用在与其注册的相同或者类似的商品或者服务上,且可能导致部分公众产生混淆可能的任何标志;这种混淆包括将该标志与该商标相联系的可能性。

2. 任何成员国还可以规定,商标所有人有权禁止他人未经许可在商业活动中在不相同或者不类似的商品或者服务上使用与其商标相同或者近似的任何标志,如果商标在该成员国享有声誉,且无正当理由使用该标志会损害或者不当利用商标的声誉或者显著特征的。

3. 根据前两款之规定,下列行为可能被禁止,尤其包括:

(a)将标志用于商品或者商品包装上;

(b)提供带有标志的商品,将其投入市场或者以此目的加以储存,或者以该标志提供服务;

(c)进口或者出口带有标志的商品;

(d)将标志用于交易文书或者广告宣传中。

4. 在相关成员国实施第89/104/EEC号指令所必要的条文生效之日前,成员国法不禁止第一款(b)项和第二款所称的情形下的标志使用的,不得依据商标授予的权利禁止标志的继续使用。

5. 无正当理由使用标志会损害或不当利用商标的声誉或显著特征的,本条第一至四款不影响成员国有关禁止非以区分商品或者服务为目的的标志使用的规定。

1. 概述

本条描绘了商标所有人的权利,与《商标条例》的相关条文基本相同,尤其是第9条。

2. 所有人的专用权(第1款)

本条第1款赋予了注册商标所有人专用权,包括禁止他人在相同的商品或者服务使用相同的标志;禁止他人在相同或类似的商品或者服务使用上具有相同性或者近似性的标志,且存在混淆可能的情形①。

3. 在成员国享有声誉的商标(第2款)

如果商标"在成员国享有声誉",且无正当理由使用其他标志会损害或不当利用该商标的声誉或显著特征的,商标所有人可以禁止其他标志在不同的商品或者服务上的使用。欧盟法院认为,当商标就其商品或者服务为大多数相关公众所知晓,即可认定为享有声誉。在比荷卢,应涉及大部分地域,其中部分地域可能为其中一个国家(欧盟法院 Chevy 案)。②

4. 侵权使用的类型(第3款)

本条以非穷尽的方式列举了商标所有人有权禁止使用冲突标志行为的清单③。

5. 本指令实施前未禁止标志的继续使用(第4款)

本条第4款规定,如果本条第1款(b)项和第2款引入的禁止对于成员国而言是新的规定(即在本指令实施前不得禁止这些使用行为),则这些使用行为可以像以前一样继续下去,即保留既得的商事权利。

---

① 参见《商标条例》第9条注释5至注释7。
② 有关损害或不当利用声誉或显著特征的含义,可参见《商标条例》第9条注释9。
③ 参见《商标条例》第9条注释10。

6. 以区分以外的目的的使用（第5款）

正如欧盟法院佐审官在 Robelco 案中所言，本条第5款主要旨在适应比荷卢商标法的类似规定。在大多数成员国，商标所有人只能禁止使用其商标或类似标志区分商标或者服务①。这一规定给了更多的自由空间，成员国还可以提供全面的保护，禁止以区分商品或者服务以外的目的的商标使用。在比荷卢法中，类似的条款适用于域名或商号的禁止事项。欧盟法院明确指出，本条第5款给予成员国选择的自由（欧盟法院 Robelco 案）。目前，欧共体商标制度的修订工作已经着手实施，希望能够在此次修订过程中对此问题有所变革。

商标效力的限制

第6条

1. 商标的所有人无权禁止他人在商业活动中使用：

（a）自己的名称或地址；

（b）有关种类、质量、数量、用途、价值、产地来源、生产商品或提供服务的时间的标志，或有关商品或服务的其他特点的标志；

（c）在必要的情况下用以表明商品或服务用途的标志，特别是对于附件或者备用零件；但应符合诚实的工商业习惯。

2. 在先权利得到相关成员国法认可且仅限于认可的特定领域的，商标的所有人无权禁止他人在商业活动中在该特定领域内使用该在先权利。

1. 对照（第1款）

本条第1款与《商标条例》第12条第1款基本相同②。

2. 特定领域的在先权利（第2款）

本条第2款规定，如果在先权利得到成员国法的认可且在认可的领域内使用，则商标所有人不得禁止他人使用适用于特定领域的在先权利。这

---

① 更多信息可参见《商标条例》第9条注释4。
② 参见《商标条例》第12条注释2—5。

一例外涉及纯粹在当地使用的未注册商标和其他自身被作为在先权利所保护的标志。这种在先权利的所有人可以据此在其特定领域内抗辩。欧盟法院目前上没有机会对"特定领域"的含义加以阐述[①]。

商标权利的穷竭

第7条

1. 商标所有人或他人经其许可将该商标下的商品投入欧盟市场后,商标所有人则无权禁止与该商品相关的使用。

2. 商标所有人有合法理由禁止其商品进一步商业化的,尤其是商品的情况在投入市场后发生了变化或损害的,可不适用前款之规定。

1. 对照

本条相当于《商标条例》第 13 条。[②]

2. 穷竭原则的地域范围(第 1 款)

本条第 1 款明确规定了欧盟境内的权利穷竭。欧盟法院指出,成员国法不得规定国际穷竭,因为如果部分成员国规定欧盟穷竭,而部分规定国际穷竭的状况会导致商品自由流通原则产生问题(欧盟法院 Silhouette v Hartlauer 案)。

许可

第8条

1. 商标可以就其注册的全部或部分商品或者服务在相关成员国全部或部分领域内许可他人使用。许可可以是独占的,也可以是非独占的。

2. 商标所有人有权援引商标赋予的权利对抗违反许可合同中的下列事项的被许可人:

(a)许可期限;

---

① 还可参见《商标条例》第 111 条注释 3。
② 相应的注释可以参照《商标条例》第 13 条。

(b)在注册范围内可以使用的商标形式；

(c)许可授予的商品或者服务的范围；

(d)商标可以使用的地域；或者

(e)许可的商品生产质量或服务提供质量。

1. 全部或部分许可（第1款）

一个商标可以被全部或部分许可（就其注册的部分商品或者服务）。所谓独占性许可，是指被许可人有权排除包括所有人在内的他人使用该商标；所谓非独占性许可，是指所有人保留自己使用和进一步许可他人使用商标的权利。在登记独占性许可时，应明确声明其效果。只要不违反许可协议，被许可人可以再许可他人使用商标。

2. 援引商标授予的权利对抗许可人（第2款）

当被许可人违反许可协议中的下列规定：(i)许可期限；(ii)可以使用的商标形式；(iii)许可授予的商品或者服务的范围；(iv)商标可以使用的地域（还受制于如消极销售这样的反垄断问题）；(v)许可的商品生产质量或服务提供质量，所有人有权援引商标赋予的权利对抗被许可人。基于许可合同的违反，同样会导致一个单独的诉讼。所有这些规定与《商标条例》第22条第1款和第2款是一致的。①。

默许结果的限制

第9条

1. 明知并默许在后商标在成员国境内连续使用5年的，第4条第二款所称的在先商标的所有人在该成员国不得再以在先商标为由，就在后商标已使用的商品或者服务申请在后商标无效或禁止其继续使用，但在后商标是恶意申请获得注册的除外。

2. 任何成员国均可以规定前款准用于第4条第四款(a)项所称的在先

---

① 有关概念的解释和案例，尤其是欧盟法院对 Copad v Dior 案的裁决，可参见《商标条例》第22条的注释。

商标或第 4 条第四款(b)项和(c)项所称的其他在先权利的所有人。

3. 在前述两款的情形下,即使在先权利不得被援引用于对抗在后商标,在后注册商标的所有人亦无权阻碍该在先权利的行使。

1. 相应的《商标条例》第 54 条

本条对应于《商标条例》第 54 条①。

2. 本条的范围

本条调整的是有利于"在成员国注册"的在后商标的默许,这在逻辑上也包括比荷卢商标以及在成员国具有效力的国际注册商标。因此,受到本条的默许不利影响的在先商标(即其权利人不得再以在先商标为由,就在后商标已使用的商品或者服务申请在后商标无效或禁止其继续使用)可能包括成员国注册商标、比荷卢商标或在相关成员国受到保护的国际注册商标,也包括欧共体商标。但是,两个欧共体商标之间的默许,以及在先的成员国商标与在后的欧共体商标之间的默许,不归本条调整,而应由《商标条例》第 54 条调整,内容实质上是一样的。

3. 对其他在先权利的选择性延伸

本条第 2 款允许成员国选择规定,如果其他特定种类的权利的所有人容忍在后商标的使用,也应当承受默许的后果。这些权利包括:(1)未注册商标和在商业活动中使用的其他标志[即第 4 条第 4 款(b)项所称的在先权利];(2)名称权;肖像权;著作权;工业产权[即第 4 条第 4 款(c)项所称的在先权利]。本条第 2 款还提及了"第 4 条第 4 款(a)项所称的"在先商标,但这令人难以理解,因为第 4 条第 4 款(a)项处理的是享有声誉的商标的延伸保护问题。此类在先商标属于"第 4 条第 2 款所称",应当属于本条第 1 款调整。事实上,没有必要在默许制度中对享有声誉的商标作出特别规定。此处援引第 4 条第 4 款(a)项应当是表达错误(《商标条例》第 54 条第 2 款没有复制这一表述,其仅援引了《商标条例》第 8 条第 2 款和第 4 款,没有援引第 5 款)。

---

① 因此可以参见《商标条例》第 54 条的注释。

4. 共存

本条第3款对应于《商标条例》第54条第3款。即使在先商标的所有人因默许丧失了反对在后商标的权利，但仍可以保留使用其自己商标的权利。冲突商标允许共存，由此可能给消费者带来的混淆程度则不予考虑。

商标的使用

第10条

1. 商标所有人在完成商标注册程序之日后的5年期间或者连续5年，未将商标在成员国真正使用于注册的商品或者服务上的，应受到本指令规定的制裁，但存在未使用的正当理由的除外。

下列情形同样构成前段意义上的使用：

（a）以不同的组成形式使用商标，且没有改变该注册商标的显著特征；

（b）在成员国内，仅为出口目的将商标附加于商品或者商品包装上。

2. 经商标所有人的许可对商标的使用或者任何有权使用集体商标、保证商标或证明商标的人的使用，应视为所有人的使用。

3. 对于实施第89/104/EEC号指令所必要的条文生效之日前注册的商标：

（a）对于一定连续期间的未使用行为，在该日前有生效条款科以处罚的，第一款第一段所称的相关5年期间应与任何已经计算的未使用期限视为同时起算。

（b）在该日前没有生效条款规制使用的，第一款第一段所称的5年期间应视为最早自该日起算。

1. 概述

本条对应的是《商标条例》第15条，因此，该条的大多数注释均可准用本条。本条第1款和第2款分别机会逐字对应《商标条例》第15条第1款和第2款。微小的区别在下文注释2中会加以强调。本条第3款包含了过渡条款，目前除了对新成员国外，一般不会适用。

2. 5 年期间的起算

根据《商标条例》第 15 条的规定,5 年期间起算于欧共体商标注册之日。本条第 1 款规定期间起算于"完成注册程序之日"。本指令之所以采用不同的表述,是因为不同成员国的注册程序并不完全一样;尤其是一些国家(例如英国)在注册前规定有异议程序,而其他一些国家(例如德国)只允许在注册后提出异议。这种区别应当考虑在内,以确保注册商标的使用义务在所有成员国内以相同的方式适用。欧盟法院认为,"完成注册程序之日"的确定,应当遵循相关成员国具有效力的注册程序规则(欧盟法院 Armin Haupl v Lidl Stiftung & Co. KG 案裁决第 22 段)。例如,德国法规定,在对注册商标提出异议的情形下,异议诉讼完成之日即成为注册程序完成之日(《德国商标法案》第 26 条第 5 款)。相应地,将经历过注册后异议诉讼的德国注册商标作为异议欧共体商标申请的基础,5 年的期间起算于异议诉讼终结之日,而非德国商标注册之日(上诉委员会 Da Vinci v Leonardo da Vinci 案)。对于在成员国具有效力的国际注册商标,期间的起算日取决于成员国法。有的成员国法(例如《德国商标法案》)规定,只要在国际注册后没有发布暂定驳回,即认为完成了注册程序。有的成员国法规定,期间起算于成员国当局可以分别根据《马德里议定书》和《马德里协议》发布暂定驳回的通报的期限结束后,一般为 12 个月或 18 个月(上诉委员会 Atoz v Artoz 案),或者起算于暂定驳回取消、注册授予保护之日。

3. 使用义务的的地域范围

本条所称的使用指的是在相关成员国内,《商标条例》第 15 条指的是在欧盟领域内,这是显而易见的。就成员国商标的使用要求而言,只要在其注册国使用即可,不要求在其他国家使用。根据本条第 2 款[①](b)项的规定,在成员国内,"仅为出口目的"将商标附加于商品或者商品包装上也构成使用。对于比荷卢商标而言,在比荷卢其中一国的使用应当已经满足条件,尽管对这一问题尚没有权威的解释。

---

① 应为第 1 款,原文系笔误。——译者注

4. 有权使用集体商标、保证商标或证明商标的人的使用(第2款)

本条第2款调整的是有权使用集体商标、保证商标或证明商标的人的使用问题。本款的表述与《商标条例》第15条第2款相同,只是多了"或者任何有权使用集体商标、保证商标或证明商标的人"这一表述。《商标条例》第1条和第15条均提及了集体商标、保证商标或证明商标。成员国并没有义务授权注册此类商标(从《商标条例》第15条第1款的表述可知),但如果允许注册,则应当与其他商标一样,注册人应当使用并承受不使用的后果。此类商标的性质决定了其可以由很多企业使用。本条第2款规定,由任何授权许可的人使用即视为所有人的使用。

5. 过渡条款(第3款)

(a)概述。本条第3款包含了过渡条款,适用于"实施第89/104/EEC号指令所必要的条文生效之日前注册的商标"。相关的日期并非本指令实施的日期,而是必要的实施条款生效的日期。如果实施本指令的必要条文尚未在相关成员国通过时,这里即存在争议。因此,本条第3款应当就其目的和语境进行解释。本款旨在实现一种状态的过渡,即成员国现行的没有使用义务或不同的使用义务转变为本条规定的使用义务。因此,这适用于与本条相一致的使用义务引入成员国时已经登记在册的商标(不包括正在申请的商标)。

(b)原先规定了使用义务的成员国。本条第3款(a)项调整的是成员国已经规定不同形式的使用义务的情形。这一规定假设在成员国实施本条的规定生效时,注册商标已经在一定的期限内未使用。因此,根据成员国法的规定,该商标已经面临撤销(或者其他制裁)的危险。本条第3款(a)项的效力是,对不使用的制裁于不使用起算后的5年后适用,即使不使用的起算早于实施本条的条款生效前,即使此前成员国法规定了不同的期限。

(c)原先没有规定使用义务的成员国。本条第3款(b)项调整的是在实施本条的成员国法之前,成员国没有规定使用义务的情形。(丹麦是最为常见的例子。)在这种情况下,在实施本条的条款生效前的任何未使用期间均不予考虑。在此之后,如果商标连续未使用5年,则应当受到相应的制裁。

（d）新成员国。对于本指令通过时的欧盟12个成员国而言,本条第3款仅具有历史性的意义。但是,其对于新加入的成员国而言是息息相关的。正如上文所述,尽管严格而言本指令一经加入即为实施,但从本条第3款的意图来看,相关的日期以必要的实施条文生效为准。

6. 未使用的制裁

本条第1款规定,未遵守使用义务的,"应受到本指令规定的制裁,但存在未使用的正当理由的除外"。① 对未使用商标的制裁规定在本指令第11条、第12条第1款和第13条中,下文将详述。根据《商标条例》的规定,未使用成员国注册商标同样会遭致特定的制裁,尤其是《商标条例》第42条第3款、第57条第3款和第100条第5款。

对不使用商标的司法和行政制裁

第11条

1. 商标与在先商标存在冲突,但该在先商标未达到第10条第一款和第二款规定的使用要求的,或者就具体情形未达到第三款要求的,不得据此宣告商标无效。

2. 任何成员国均可以规定,商标申请与在先商标存在冲突,但该在先商标未达到第10条第一款和第二款规定的使用要求的,或者就具体情形未达到第三款要求的,不得据此驳回注册。

3. 在不违反第12条的适用的情形下,提出反诉的,任何成员国可以规定,作为请求的结果,可以确定依据第12条第一款撤销商标的,不得在侵权诉讼中援引该商标。

4. 在先商标仅在其注册的部分商品或者服务使用的,在适用前三款时,视为仅注册于该部分的商品或者服务。

---

① 对于未使用的正当理由的解释,可参见《商标条例》第15条注释6。

1. 在基于相对事由的无效宣告程序中对未使用的制裁(第1款)

本条第1款涉及的是司法或行政程序中注册商标因相对事由而受到的挑战,即在先的注册商标的冲突而产生的事由。作为明显的强制性条款,本条第1款指出,当在先商标不符合第10条规定的使用义务的,不得宣告被诉商标无效。这与《商标条例》第57条第2款和第3款形成了明显的对比。根据《商标条例》的规定,只有经被诉商标的所有人主张,才会审查在先商标的不使用问题。而本条第1款表明,受理商标无效宣告案件的法院或行政机构,应当依职权审查在先商标是否符合第10条规定的使用要求。但是,考虑到本指令的概略性,可以认为成员国有权规定,在先商标的所有人只有在被诉商标所有人要求的情形下,才有义务证明其使用行为。事实上,大多数成员国都是这样实施这一条文的,与《商标条例》保持一致。

2. 在基于相对事由的异议程序中对未使用的制裁(第2款)

本条第2款涉及在注册前给予相对事由的异议程序。本款是选择性条款,因为注册前的异议诉讼本身由成员国自行规定[①]。

3. 在侵权诉讼中对未使用的制裁(第3款)

本条第3款涉及的是注册商标所有人对被诉侵权者的提出的司法诉讼。在该类诉讼中,被告可以以在先商标没有遵守第10条的规定真正投入使用为由,提出撤销在先商标的反诉。作为请求的结果,如果法院认为在先商标因未使用而应依据第12条予以撤销的话,则逻辑上不可能支持侵权诉讼的主张。因此,本条第3款的表述似乎没有意义,因为成员国注册商标一旦因不使用而被司法认定为应予撤销,则不可能在侵权诉讼中成功援引。但是,应当认为本条第3款是指成员国还可以规定,侵权诉讼中的被告可以不提出反诉,而是通过诉讼请求的方式提出不使用的事宜。这样的话,如果不使用成立,侵权诉讼败诉,但注册商标本身的效力不受影响。事实上,《商标条例》第99条第3款提供了这一选择途径。因此,"提出反诉的"应当解读为"可以提出反诉的"。

[①] 参见语言第5点。

4. 就部分商品或者服务的使用

本条第 4 款调整的是,在无效、异议或者侵权诉讼中所依据的商标仅就其注册的部分商品或者服务使用的情形。在这种情形下,商标视为仅注册于该部分的商品或者服务。①

撤销的事由

第 12 条

1. 商标连续 5 年未在成员国就其注册的商品或者服务真正使用,且没有未使用的正当理由的,应予撤销。

但是,在 5 年期满后,提出撤销申请之前,商标开始或恢复真正使用的,任何人不得主张撤销商标所有人的权利。

商标所有人知道可能会被提出撤销申请后才准备开始或恢复使用,在提出撤销申请前三个月的开始或者恢复的使用行为不予考虑,该期间最早于连续 5 年未使用期满后起算。

2. 在不违反前款的情形下,商标在注册后具有下列情形之一的,应予撤销:

(a)因商标所有人的作为或不作为,商标成为其注册的商品或者服务行业的通用名称的;

(b)因商标所有人的或经其同意的就注册的商品或服务的商标使用行为,导致商标可能就该商品或者服务的性质、质量或产地等方面误导公众的。

含义

本条与《商标条例》第 51 条第 1 款几乎是逐字对应的。因此,读者可以参考该条的相关注释。本条第 1 款[对应于《商标条例》第 51 条第 1 款(a)项]调整的是因不使用而被撤销的问题。本条第 2 款(a)项[对应于《商标条例》第 51 条第 1 款(b)项]调整的是商标因成为通用名称而被撤销

---

① 该问题的更多讨论可参见《商标条例》第 51 条注释 6。

的问题。本条第 2 款(b)项[对应于《商标条例》第 51 条第 1 款(c)项]调整的是商标因存在误导性而被撤销的问题。本条与《商标条例》对应的条款之间的差别主要在于,前者仅涉及在注册所在国的事宜。如果商标没有在该国使用,以在欧盟其他地域使用并不能抗辩撤销。如果商标在注册所在国被证明成为通用名称或具有误导性,即使能证明其在欧盟的其他地域仍具有显著性且不具有误导性,也没有任何帮助。

仅就部分商品或者服务的驳回、撤销或者无效事由

第 13 条

商标的驳回、撤销或者无效事由仅存在于其申请或注册的部分商品或者服务的,就该部分商品或者服务驳回、撤销或者宣告无效。

1. 概述

本条是第 3 条、第 4 条和第 12 条的"大清扫"条款。本条的效力是,如果商标的驳回、撤销或者无效绝对或相对事由仅存在于其申请或注册的部分商品或者服务的,应就该部分商品或者服务驳回、撤销或者宣告无效。商标因未投入真正使用、成为通用名称或具有误导性而被撤销的,应遵循相同的规则。

2.《商标条例》相对应的条款

本条对应于《商标条例》第 37 条第 1 款、第 42 条第 5 款、第 51 条第 2 款、第 52 条第 3 款以及第 53 条第 3 款。

3. 对各类别应具体对待

欧盟法院认为,基于绝对事由驳回注册的,权力机构应就申请人指定的各类商品或者服务分别说明裁决理由。当然,如果一类或一组商品或者服务的驳回事由相同,则权力机构可以就相关的商品或者服务使用概括性事由[欧盟法院 BVBA Management 案、欧盟法院 Audi v OHIM(Vorsprung durch Technik)案]。

4. 商品或者服务的类别和群组

欧盟普通法院在 Aladdin v Aladin 案以及后续案件[①]中创设的理论应同样假定适用于因未使用的撤销。

对商标事后提起无效或者撤销

第 14 条

以欧共体商标要求在先商标先前权的,可以对该在先商标失效或允许放弃后提起无效或撤销之诉。

含义

本条规定,以放弃或允许失效的在先商标要求欧共体商标先前权的,尽管商标已经不以注册形式存在,但仍应允许对其采取无效或撤销诉讼。这样的话,第三方可以通过挑战失效或者放弃的成员国注册商标来对抗先权要求。从而导致的结果是,欧共体商标所有人无法通过要求先前权,而避免在该成员国因不使用和允许失效而产生的后果。即使欧共体商标在其他成员国真正使用,争议的成员国注册商标以及先前权要求仍会因未使用而被撤销。就笔者所知,这一点不会对法院的审理构成实质性的影响。一般而言,商标所有人极少会依据在先成员国商标的先前权支持其侵权诉讼请求,欧共体商标的先前权就足够了。反过来而言,商标所有人一般会等欧共体商标注册相当一段时间后再放弃先前权要求的在先商标[②]。

有关集体商标、保证商标和证明商标的特别规定

第 15 条

1. 成员国允许注册集体商标、保证商标和证明商标的,可以依据此类商标功能的需要,在第 3 条和第 12 条之外另行规定对此类商标驳回注册、撤销或宣告无效的事由,但不得违反第 4 条的规定。

---

① 参见《商标条例》第 51 条注释 5(应为第 51 条注释 6,原文存在笔误。——译者注)
② 参见《商标条例》第 34 条注释 5 和注释 12。

2. 不同于第 3 条第一款(c)之规定,成员国可以规定在商业活动中用于指明商品或者服务的产地来源的标志或标示可以构成集体商标、保证商标或证明商标。此类商标的所有人不得禁止他人依据诚实的工商业习惯在商业活动中使用该标志或标示;尤其是不得援引此类商标对抗有权使用地理名称的他人。

1. 概述

本条允许成员国在适用于普通商标的一般规则之外,为集体商标、保证商标和证明商标设置特别规则。这一规定是对《巴黎公约》第 7 条之二第 1 款回应,该款规定,"社团的存在不违反其原属国法律的,即使该社团没有工商业营业所,本联盟各国也承诺受理申请,并保护属于该社团的集体商标。"这些规定促进了一些欧盟国家制定了集体商标的特别规定,体现了本条的实践运用。本条对"集体商标"、"保证商标"和"证明商标"的概念未作出定义,对适用于这些商标的实质性规则也相当简单,主要适用于成员国的国内法。只有两个问题是本指令特别明确进行调整的[①]。定义。正如上文所述,本指令对"集体商标"、"保证商标"和"证明商标"的概念未作出任何定义。从几个国家对"集体商标"概念的最简单定义来看,是指:一种标志;以集体方式使用;旨在区分来源于不同企业的产品的共同特征;这些企业通常为拥有商标并控制商标使用的协会的成员。但是,这种定义相当模糊,因为其包含了两类功能各不相同的商标:集体商标"本身"("普通"的集体商标)和"保证和证明"商标。

(a)集体商标和保证商标、证明商标之间的区分。集体商标。特定的集体商标服务于拥有该商标的协会成员的利益,旨在便于其经济和商业的发展,例如使得他们获得市场的关注或一定的经济规模。这在本质上具备了区别功能,即识别协会成员的商品或者服务的共同特征,从而区别于他们的竞争对手。就这一点而言,集体商标在本质上与个体商标无异,除了有关申请人的资质问题外,无需不同的调整规则。这就是集体商标"本身"。保

[①] 参见注释 3 和 4。

证商标和证明商标。除了识别和区别功能外，此类商标还具有向消费者保证商品或服务质量的功能。这种质量保证一般是通过协会成员国遵守使用该商标应达到的要求而实现的，使用要求的规定由独立的组织制定和管理。此类商标在本质上是为了实现一般利益的目标：将商品的质量告知公众。就这一点而言，它们的功能已经超越了个体商标和普通的集体商标，集体商标的功能在于保证商品来源，而非质量（或者只是附带性的）。尽管在理论上很容易理解这种区别，但在实践中却并不那么容易认清。因此，最近法国最高法院裁定，集体商标若要符合证明商标的要求，应具有证明功能，且任何人符合使用商标规则的要求，均可以使用该商标。而事实是，本案的关键在于，拥有商标的协会进一步要求使用者必须通过入会程序，法院从而否定其为证明商标[AVS A Votre Service(法国)]。

（b）区别的法律效果。有些成员国不区分两种类型的集体商标，而是置于同一个整体的法律制度下。《商标条例》也是如此，将两种类型的商标同一规定在"欧盟集体商标"的标题之下。而其他一些制度，例如1991年1月4日第91-7号法国《商标法》，出于特定功能的理由，区别了"集体商标"和"证明商标"，前者与个体商标适用相同的规则，后者适用特别规则。本指令反映了定义的复杂性和各成员国状况的不同：特意同时提及了集体商标和保证商标、证明商标。需要强调的是，这样区分并非仅具有形式上意义，因为第4条第4款对二者分别设置了不同的规则①。

2. 集体商标的特别规定（第1款和第2款）

本条允许成员国就注册集体商标、保证商标和证明商标在第3条（驳回或无效的绝对事由）和第12条（撤销的事由）之外另行规定驳回注册、撤销或无效宣告的事由。这给予了成员国很大的自由。当然，"另行"这一表述也暗示了，对于驳回、无效宣告或撤销的事由而言，成员国也不一定要设置特别不同于个体商标适用的规定，或者仅进一步增加事由。其结果是，在各成员国，集体商标、保证商标和证明商标受商标法的一般原则调整，另有

---

① 参见注释3。

规定的除外。①。本指令对集体商标、保证商标和证明商标仅有的两项特别说明分别为,与在先权利的冲突(本条第1款)和就产地来源的显著性要求(本条第2款)。成员国可以选择适用这些规定。

3. 与其他权利的冲突(第1款)

本条第1款指出,成员国有权对集体商标、保证商标和证明商标作出特别规定,"但不得违反第4条的规定"(即驳回或无效的相对事由)。很明显,集体商标、保证商标和证明商标不得侵犯在先权利。但是,第4条第4款赋予了集体商标、保证商标和证明商标对于在后侵权商标的特别保护。因此,本条允许成员国规定,集体商标、保证商标和证明商标在失效后一段时间内不得由他人获得,旨在防止他人通过申请一个与失效集体商标相同但无关的商标试图制造混淆。本指令规定,对于集体商标而言,不可获得的期限最多为3年,对于保证商标和证明商标的期限,由成员国自行决定[第4条第4款(e)项]。

4. 地理集体商标(第2款)

本条第2款指出,成员国可以规定在商业活动中用于指明商品或者服务的产地的标志或标示可以构成集体商标、保证商标或证明商标,从而不遵循第3条第1款(c)项的规定②。这意味着,成员国可以选择规定,纯粹描述相关商品或者服务产地的标志,即商品地域的名称、来源的地理描述或指示,可以注册为集体商标、保证商标或证明商标,尽管不能作为个体商标注册。但是,本条规定,此类商标的所有人不得禁止他人依据诚实的工商业习惯在商业活动中使用该标志或标示。这主要是为了阻止某个主体的不当占有,从而损害他人利益。

通报

第16条

成员国应向委员会通报本指令管辖范围内已经通过的国内法主要条文

---

① 类似的原则的说明可参见《商标条例》第66条第3款。
② 同样可以参见《商标指令》第66条第2款。

的文本。

解释

本条确定了实施本指令所遵循的标准程序。对于原先的 12 个成员国的实施期限为 1991 年 12 月 28 日,即本指令通过后 3 年,后来由 92/10/EEC 号委员会决议延伸至 2002 年 12 月 31 日。尽管如此,许多成员国,包括德国和西班牙,超期很久后才制定出新的成员国法。新加入的成员国为了符合欧共体商标法的要求,速度相对较快。

废止

第 17 条

89/104/EEC 号指令经附件一所列的决议修订后予以废除,但不影响附件一 B 部分规定的成员国有关转换为国内法的期限义务。

援引废止指令的,应解释为援引本指令且应遵循附件二的对比表。

收受方。本条包含了惯例条文,下达给各成员国。

生效

第 18 条

本指令自公告于《欧盟官方公报》后第 20 天生效。

收受方

第 19 条

本指令下达给各成员国。

2008 年 10 月 22 日完成于斯特拉斯堡

欧洲议会	理事会
主席(签字)	理事长(签字)
伯特林(H. -G. Pöttering)	儒耶(J. -P. Jouyet)

欧共体外观设计条例[*]

---

[*] 有关欧共体外观设计的欧洲理事会(EC)第 6/2002 号条例 2001 年 12 月 12 日。

欧洲理事会,

考虑到《建立欧洲共同体条约》,尤其是第 308 条;

考虑到欧盟委员会的建议;①

考虑到欧洲议会的意见;②

考虑到欧洲经济与社会委员会的意见;③

并鉴于:

(1)一种取得可在欧共体所有地域内获得统一保护效力的欧共体外观设计的统一制度,将更好地推进《建立欧洲共同体条约》规定的共同体的目标;

(2)只有比、荷、卢国家建立了统一的外观设计保护法。在其他成员国,外观设计的保护由相关国内法调整并且仅限于相关的成员国地域范围内。同样的设计因此可能在不同成员国受到不同的保护,并且由不同的所有人受益。这将不可避免地在成员国之间的贸易过程中产生冲突。

(3)成员国的外观设计法之间的重大差异,阻碍并扭曲了共同体范围内的竞争。相对于国内的外观设计产品的贸易和竞争而言,欧共体范围内的外观设计产品的贸易与竞争,被大量的申请、机构、程序、法律、国内的独占权以及相应造成的高昂申请成本与费用的行政支出所阻碍与扭曲。1998年 10 月 13 号的欧洲议会及欧洲理事会关于外观设计法律保护的 98/71/EC 号指令④有助于弥补该状况。

(4)外观设计保护限于各成员国的地域范围,而不论其法律是否类似,结果导致不同的个人对一项外观设计享有国内权利,而可能形成包含此外观设计之产品的内部市场分割,因此构成商品自由流通的障碍。

---

① 《欧盟官方公报》C 29,1994 年 1 月 31 日,第 20 页和 C 248,2000 年 8 月 29 日第 3 页。
② 《欧盟官方公报》C 67,2001 年 3 月 1 日,第 318 页。
③ 《欧盟官方公报》C110,1995 年 5 月 2 日和 C75,2000 年 3 月 15 日,第 35 页。
④ 《欧盟官方公报》L 289,1998 年 10 月 28 日,第 28 页。

(5)为此需要创立可直接在各成员国实施的欧共体外观设计,因为唯其如此,才可能依据同一法律和单一的程序通过向(商标与外观设计)内部市场协调局提出的一项申请,取得一项覆盖所有成员国地域的外观设计权。

(6)鉴于欧共体外观设计及其管理机构的设立级别和效力,各成员国不足以达成建议行动的目标——即,在所有成员国范围内保护单一的外观设计权,且在欧共体层面上可以达成并更好地达成此目标,欧共体可以根据《建立欧洲共同体条约》第 5 条确立的辅助原则采取措施。根据该条规定的相称原则,本条例没有超出为实现上述目标的必要程度。

(7)加强对工业外观设计的保护,不仅会促进个体设计者对整个欧共体在此领域的卓越地位作出贡献,也会鼓励新产品的创新和开发以及对这些产品的投资。

(8)因此,一个适应内部市场需求的更为便利的外观设计保护制度,对于欧共体的产业而言必不可少。

(9)本条例关于外观设计法的实质性条款应当符合外观设计协调(98/71/EC 号)指令的相关条款。

(10)技术创新不得因为对完全由技术功能所决定的特征授予外观设计保护而受到妨碍。但这并不意味着外观设计必须具有审美性质。同理,不同产品之间的兼容不得因为对机械配件的外观设计保护而受到妨碍。因此,在评估外观设计的其他特征是否满足保护要件时,不应考虑基于上述理由被排除保护的外观设计特征,

(11)但是,模块产品的机械配件可能构成模块产品创新特征的一个重要元素,并产生主要的市场价值,因此应当受到保护。

(12)保护不应扩展到在产品的正常使用中不可视的组件,也不应扩展到下述组件的特征——如果该组件被安装后不可视,或者这些特征自身不符合新颖性和个性的要求。因此,基于上述理由被排除保护的外观设计的特征,在评估外观设计的其他特征是否满足保护要件时不予考虑。

(13)当设计被应用于或包含于一产品,该产品构成一个组合产品的部件,且受保护的外观设计的外观附属于该组合产品,是否允许为了修理组合

产品使其回复原貌而使用受保护的外观设计,对此成员国的法律未能通过外观设计协调指令达成全面共识。在上述指令的协调程序框架内,欧盟委员会负责在指令实施的最后时限满三年后审议该指令的后果,尤其是对最受影响的产业。在此背景下,在欧洲理事会根据欧盟委员会的提议确定此问题的政策之前,不宜对下述外观设计给予欧共体外观设计保护:如果一项设计被应用于或包含于一项产品,该产品构成一组合产品的部件,且该外观设计的外观附属于该组合产品,并且用于修理组合产品使其恢复原貌。

(14)评估一项外观设计是否具有个性特征,应当根据一个观看设计的懂行使用者的整体印象是否明显地有别于已有的设计整体,并考虑应用或包含外观设计的产品的性质,尤其是产品所属的行业和设计者在开发设计时的自由程度。

(15)欧共体外观设计应当尽可能地服务于欧共体所有行业的需求。

(16)这些行业中,有的产出大量的设计用于市场生命力通常较短的产品,没有注册手续负担的保护对其有利,而保护期限的意义较小。然而,注册带来的更大的法律确定性对某些行业有利,这些行业需要与其产品可以预见的市场生命力相应的较长保护期。

(17)因此需要两种保护形式,一是短期的未注册外观设计,另一种是较长期限的注册外观设计。

(18)注册欧共体外观设计需要建立和维持一种注册簿,该注册簿将登记符合形式要件并且确定了注册日的全部申请。原则上,在注册之前对是否符合保护要件的实质性审查不应作为该注册制度的基础,由此对申请人造成的注册和其他程序负担保持最小化。

(19)除非外观设计是新的,而且与其他设计相比具有个性特征,否则不得认定为欧共体外观设计。

(20)同时应当允许设计者或其权利继受人在决定是否有必要注册欧共体外观设计之前,对使用外观设计的产品进行市场测试。因此,欧共体外观设计申请日之前12月内设计人或其权利继受人公开,或他人恶意公开该外观设计,不应影响对该设计的新颖性或个性的认定。

(21)欧共体注册外观设计权的排他性与其更高的法律确定性相一致,而未注册的欧共体外观设计仅具有禁止他人抄袭的权利。因此,保护不能拓展到他人独立设计的外观设计产品。外观设计的权利应当同时扩展到使用侵权外观设计的产品的交易中。

(22)权利的执行留待国内法决定。因此有必要在所有的成员国提供某些统一的基本制裁。这些制裁措施应使得无论在哪个辖区执法,均可以制止妨害行为。

(23)任何第三人,只要能够证明其已经在欧共体范围内善意地使用了(即便是出于商业目的)虽为欧共体注册外观设计权所涵盖,但并非抄袭前者的设计,或者为此种使用已经作了重要而有效的准备,有权对该设计进行有限制的使用。

(24)条例的基本目标之一是,取得欧共体注册外观设计权的程序给申请人造成的成本与难度应当最小化,使中小企业和个人设计者都易于注册。

(25)对于产生大量的生命力可能较短,只有一部分可能最终会商业化的外观设计的行业而言,未注册欧共体外观设计更有利。此外,这些行业也有需要更便利地取得欧共体注册外观设计权。因此,允许在一份合案申请中联合若干外观设计,可以满足上述需求。但是,为了权利的执行、许可、行使支配权、为执行而扣押、破产程序、放弃权利、续展、转让、延迟公开或宣告无效,一份合案申请中的若干设计可能被各自独立地处理。

(26)欧共体外观设计注册之后的正常公告,有时可能破坏或有损与外观设计相关的商业活动的成功举行。在合理期限内延迟公开的做法可为此情形提供解决方案。

(27)在一个地方对欧共体注册外观设计有效性的争议举行听证的程序,与涉及不同国内法院的程序相比,更节约成本与时间。

(28)因此有必要提供一些保障,包括向上诉委员会上诉的权利,以及最终上诉到欧洲法院的权利。这些程序将有助于形成对欧共体外观设计有效性要件的统一解释。

(29)欧共体外观设计权可在共同体全境以有效的方式得到执行,至关重要。

（30）诉讼制度应当尽可能地避免"选择管辖"。因此有必要确立明晰的国际管辖规则。

（31）本条例不排除取得共同体外观设计权的设计适用成员国的工业产权法或其他相关法律，例如与注册外观设计保护有关的法律，或与未注册外观设计、商标、专利和实用新型、不正当竞争或民事责任有关的法律。

（32）在欠缺完整的版权法协调的前提下，建立欧共体外观设计与版权法保护的双重保护原则非常重要，而版权保护的程度及其条件留待成员国自行决定。

（33）采取实施本条例的必要措施，应当符合1999年6月28日有关《欧盟委员会实施权的执行程序》的理事会1999/468/EC号决定[①]。

通过本条例如下：

[①] 《欧盟官方公报》L 184，1999年7月17日，第23页。

第一章 一般条款

欧共体外观设计

第1条

(1)符合本条例规定条件的外观设计在下文被称为"欧共体外观设计"。

(2)一项外观设计应当受到保护：

a. 作为"未注册欧共体外观设计"，如果该设计以本条例规定的方式公开；

b. 作为"注册欧共体外观设计"，如果该设计以本条例规定的方式注册。

(3)欧共体外观设计应当具有统一性。其应在整个欧共体具有同等的效力。欧共体外观设计只能在整个欧共体范围内被注册、转让、放弃、宣告无效或禁止使用。除非本条例另有规定，应当适用该原则及其实施规则。

1. 概述

外观设计是保护产品或产品部件的外形这一创造成果的法律工具。《欧共体外观设计条例》的不同文本使用了不同的表述（西班牙语用"diseño"和"dibujos y modelos"，法语用"dessin et model"，英语用"design"），但是在所有的文本中都包含二维和三维的创造。《欧共体外观设计条例》包含十二章，前三章规定欧共体外观设计的实质性规则。第四章到第七章规定与注册欧共体外观设计相关的特定程序性规则，即申请和注册程序（第四、五章）；放弃与无效（第六章）和上诉（第七章）。有关内部市场协调局的程序的一般规则（第八章）补充上述规则。第九章规定欧共体外观设计的执法。第十章包含两个条款，涉及国内程序和在成员国保护外观设计的关系。涉及内部市场协调局的补充性条款——其中最重要的是语言制度,见第十一章。第十二章包括与条例实施、欧盟扩展以及条例生效相关的最终条款。

2. 与成员国国内法的协调

《欧共体外观设计条例》的实质性规则大部分与《外观设计协调指令》的条款相同(见序言第9条)。根据第111条,《欧共体外观设计条例》于2002年3月6日生效。条例不具有溯及力,即对于此日期前公开的外观设计不得适用。但是,依据第5条判断新颖性时当然要考虑这些外观设计。根据第107条,欧盟委员会发布了《欧共体外观设计实施细则》(下文,有时简称为《实施细则》)和《收费条例》。负责注册欧共体外观设计法律保护制度的行政事务——尤其是注册和无效程序的欧盟机构,是根据《欧共体商标条例》成立的内部市场协调局,如果《欧共体外观设计条例》没有相反规定,适用《欧共体商标条例》第十二章对内部市场协调局及其一般职能的规定(见《欧共体外观设计条例》第97条)。

3. 保护形式(第2款)

欧共体外观设计有两种,一种称为未注册欧共体外观设计,公众可通过第11条规定的方式取得。另一种是注册外观设计,依据第35条及其之后的条款在内部市场协调局注册之后取得。这种制度考虑到不同的产业需求的差别,某些产品生命力较短而其外观设计又非常重要,要求其在欧共体层面进行注册是不合理的(参见序言条款第15-17条)。

(a)未注册外观设计

未注册外观设计有利于产生大量的推陈出新而市场生命短暂的外观设计的行业(例如,某些生产服装或时尚配饰的行业),因为未注册外观设计使得这些产业可以快速地获得一定程度的法律保护,无须履行手续并且节省了登记费用(序言条款第16条)。未注册外观设计禁止他人抄袭的保护期是公开后三年。但是,未注册外观设计的拥有人可以在公开后12个月内进行注册,将其转换为注册外观设计,以延长外观设计的保护期。

(b)注册外观设计

注册外观设计享有更长的保护期,并具有更强的法律确定性,最长可达

25年(序言条款第16条)。注册外观设计需要建立和管理一个注册簿,并且需要一个主管机构从事管理行为,以便对合法提出并符合条例规定条件的申请进行注册。但是,欧共体立法者的选择是,只规定最低的条件,最重要的实质性有效要件——例如新颖性和个性都不是注册的要件,内部市场协调局不予审查。因此,与所获得的较大的保护程度相比,取得注册外观设计相当迅捷、容易,并且代价低廉。保证外观设计的有效性,尤其是不存在现有设计,则是权利人的责任。

4. 保护程度(第3款)

保护在整个欧共体范围内有效[第1条之(3)],不得超越这一地域限制。根据第110a条,从新的成员国加入之日起,一项欧共体外观设计,无论是否已经获得保护,或在此期限前根据《欧共体外观设计条例》提出了申请,应当扩展到这些成员国,以便在整个欧共体具有同等效力。正如2004年有关扩展欧盟范围的第5/03号内部市场协调局局长通讯所声明的,第110a条的起草目的是为了保证欧共体外观设计的统一性得以维持,并保证新成员国内的在先权利得到充分的尊重。

5. 基本原则

欧共体的外观设计法律保护制度建立在几个基本原则之上:(a)统一原则。根据这一原则,可以通过一份申请,以一种语言,支付单一的费用并通过一个自治机构——内部市场协调局,在整个欧盟范围内注册相同的外观设计。此统一制度符合内部市场的要求,并可实现欧共体地域内的外观设计统一保护。欧共体外观设计在整个欧共体具有同等的效力,除非针对整个欧盟范围,否则不得注册、转让、放弃、宣告无效或禁止使用,欧共体立法有其他明确规定的例外。此外,欧共体外观设计的拥有人可以通过在成员国指定的主管法院提起单一的诉讼维护其权利免受妨害(欧共体外观设计的一审与二审法院),效力遍及整个欧盟。(b)自治原则。依据自治原则,欧共体外观设计保护制度是完整、自足的。欧共体外观设计由《欧共体外观设计条例》、《欧共体外观设计实施细则》和当前有效或将来通过的欧共体立法调整。欧共体制度界定外观设计的概念,确定欧共体外观设计必须满足的要件以及必须符合的注册标准。但是,该原则有若干例外:例如,在涉及外观设计的侵权和权利有效性的争议中,欧共体外观设计法院必须执行一些程序条款,这些条款调整法院所在的成员国国内外观设计的类似诉讼,《欧共体外观设计条例》另有明确规定的除外。

协调局

第 2 条

(商标和外观设计)内部市场协调局,以下简称"协调局",根据1993年12月20日(EC)第40/94号关于欧共体商标的欧洲理事会条例,[1]以下称"欧共体商标条例",应当履行本条例赋予之职责。

含义

内部市场协调局(OHIM)是负责管理欧共体外观设计注册制度并履行本条例赋予其在此方面之职责(见第2条)的机构。根据第97条,除了《欧共体外观设计条例》中有关协调局的条款以及条例的实施条款可适用于所述注册制度外,《欧共体商标条例》的第十二章有关协调局的一般性条款,也可适用。协调局是一个享有法律、行政和财政自治的欧共体机构,同时在技术方面也具有独立性。协调局的工作语言是英语、法语、德语、意大利语和西班牙语。但是,在协调局的活动可以使用欧盟的任何一种官方语言。协调局的活动以及该局与用户之间的联系已经高度电脑化处理,旨在促进"无纸化办公",加快裁决并方便用户快速地获取信息。参见《欧共体商标条例》第2条。

---

[1] 《欧盟官方公报》L 11,1994年1月14日,第1页。该条例最终被(EC)第3288/94号条例修正(《欧盟官方公报》L 349,1994年12月31日,第83页)。

第二章 与外观设计相关的规则

第一节 保护要件

定义

第3条

为本条例之目的：

(a)"外观设计"是指一个产品的全部或部分外观，尤其是由线条、轮廓、颜色、形状、质地和/或产品自身的材料和/或产品的外饰产生的特征；

(b)"产品"是指任何工业的或手工的物品，包括用于组装成组合产品的部件，包装、装潢、图示符号和印刷字体，但不包括计算机程序。

(c)"组合产品"是指由多个可替换的部件构成，可以拆卸和重组的产品。

1. 概述

这一重要条款说明了外观设计法上的两个主要概念的和一个次要概念。"外观设计"和"产品"的定义是整部条例的基础，而"组合产品"的定义与那些涉及保护或不保护零部件的条款相关。

2. 外观设计的定义[第(a)项]

去掉示例内容，外观设计的定义很简单："外观设计"指一个产品的全部或部分的外观，由产品本身和/或其外饰……产生的特征。就一个注册欧共体外观设计而言，涉及的产品包括但不限于第36条第2款规定的产品指定中指明的产品。此处，外观可以被限定为可视性外观[参见，涉及第10条中同一术语的"Metal Rappers"案（欧盟普通法院）]。对于二维和三维设计没有正式的划分,但后者通常对应于产品本身的形状,而前者通常对应产品的外饰。第47条第1款(a)项要求内部市场协调局审查注册欧共体外观设计是否符合此定义,但很少被否定。由于此定义的宽泛性,设想被排除的范围比设想囊括的范围更容易。内部市场协调局审查实务第2/2005号注释表明,下列对象被排除:单一的颜色本身;香味与气味;单纯的字母和字母顺序(没有采用一种独具风格的形式);音乐和声音;活的植物(可以推想,以及动物和人类);房屋的图纸或其他用于建造房屋的建筑图。

3. 产品的定义[第(b)款]

产品的定义同样包括了绝大多数人工产品,尤其是工业或手工制品——虽然可以推知自然产生的物体(例如植物,见上文)一般不构成产品。产品不要求是三维的,因为图示符号作为产品大多数是二维的,(如今的)字体是二维的,装潢(该术语在不同语言的条例版本中有不同的翻译)也可能是二维的。内部市场协调局把一组不同的但配套使用而有紧密联系,且有共同外观设计特征的物品——例如刀叉——视为一个产品的一件设计(审查指南,5.1)。印刷字体与此类似,配套使用的一套单字可以被登记为一件设计。对"计算机程序"的特别排除,并不意味着计算机程序所产生的屏幕显示不能登记(审查实务第2/2005号),而且在实务中,协调局已经允许屏幕显示注册在洛迦诺分类的第14类。该除外条款是有意宣示的,以避免与欧盟第91/250号计算机程序指令对代码赋予的版权保护发生重叠。

4. 产品部件的外观设计[第(b)款]

"产品"的定义包括用于组装的分离部件。但是,条例同样保护一件产品的完整部件或一件产品的一部分的外观设计,即便该部件或部分并非单独制造或销售。如果是注册欧共体外观设计,该部分可以用虚线、边界点或在黑白图中标颜色来指定(审查指南,11.4)。如果是未注册欧共体外观设计,该部件可以在提起诉讼之时指定。

5. 组合产品[第(c)款]

"组合产品"的定义在第4条和第110条中使用(见第4条注释3,第

110条）。常引例证是机动车,但定义的覆盖面更广。不过,一套非组装的或拆开的(例如,上文提到的刀叉)独立物品,一般不是组合产品。该定义的重要性体现在"可以被替换的部件"这句表述。此种替换发生的典型情况是部件的修理当中。

保护的要件

第4条

(1)一项外观设计只有具备新颖性和个性,才能获得欧共体外观设计的保护。

(2)仅在下列情况下,构成组合产品之部件的产品所使用或包含的外观设计可以被认为具有新颖性和个性:

a. 如果该部件,一旦其被包含于组合产品,在后者的正常使用过程中依然可视;且

b. 部件的可视性特征本身符合新颖性和个性。

(3)第2款a项中的"正常使用"是指最终用户的使用,不包括维护、服务或修理工作。

1. 概述

第4条第1款引入了新颖性和个性的要件。这些要件在第5条和第6条中得到详释。从表述中可以推定,任何有个性的新颖的外观设计都可受到保护,但进一步的无效理由规定在第25条。

2. 不可视的部件(第2、3款)

第4条第2款和第3款规定了"组合产品"之"部件"的特别规则。对这些部件适用了一种法律虚构:在某些情况下,部分或全部的外观设计被视为缺乏新颖性和个性。这实际上是一个独立的无效理由,超出了第4条规定的一般情形。该条款的意图是对正常情况下不可视的部件排除保护。但部件不能为用户所见时,其外观通常无关紧要。但是,这并非该规则的基础,因为这一推理可适用于产品的所有部分,而不仅仅是"部件"(下文注释3将论及)。此规则的历史原因是:它是旨在解决汽车修理市场已经出现的

垄断问题的若干条款之一。

3. 组合产品的部件(第2、3款)

"组合产品"的定义见第3条(c)项。该定义要回过来参照第3条(b)项关于"产品"的定义，"产品"包括"用于组装成组合产品的部分"，并且"部件"应当在这种意义上理解。因此，汽车是一个典型的"组合产品"。因为这是有效性的例外，这些术语的范围应当采用狭义解释，仅限于为了修理或更换目的，可以被组装成诸如汽车之类的组合产品或从组合产品拆分出来的部件。产品中不可拆分的集成部分以及独立的产品不受影响。"可消耗的"部分(例如电池，订书机中的订书针，或复印机中的墨盒)的地位尚不明确。

4. 正常使用(第4款)

第4条第4款原本的立法目的是为了排除对汽车零部件的保护，例如引擎的部件，当引擎盖关闭时是看不见的。把正常使用的主体限定为"最终用户"，排除了对那些只有修理者可以看见或专业买家在购买时可以看见的部件的保护。"正常使用"不包括"服务、维护或修理"。"正常"一词的范围不清晰。汽车的主要功能("正常使用"的含义之一)是被驾驶，在这种使用的过程中，最终用户(司机和乘客)看不到部件。从一种更广义的角度解释，"正常使用"可能包括不经常发生的或超越产品主要功能的使用。例如，司机不会经常打开引擎盖给玻璃水箱加水，办公室职员也不会经常打开复印机清理被卡住的纸。在这些例子中，许多内部的机器部件都能被看见。狭义解释更符合立法的背景。

新颖性

第5条

(1)一项外观设计应被认定为具有新颖性：

a. 如果是未注册欧共体外观设计，在请求受保护的外观设计首次公开之前没有相同的外观设计被公开；

b. 如果是注册欧共体外观设计，在请求受保护的外观设计注册申请日之前,或主张优先权时在优先权日之前没有相同的外观设计被公开。

(2)如果外观设计仅在无关紧要的细节特征上有区别,应当被认定为相同。

1. 概述

此条确立了外观设计的新颖性要求;外观设计必须区别于现有设计。虽然"现有设计"在定义上与《欧洲专利公约》第52条有区别(见第7条,注释2),但立法意图相同,即禁止对作为现有设计的已经公开的设计进行垄断。比较的对象不是外观设计的保护范围(考虑到个性检验标准,这是多余的),而是外观设计本身。无论是注册的还是未注册的欧共体外观设计,都适用同样的检验标准。这是客观的检验,不考虑设计者主观上的知悉。这一点不同于版权法上的独创性概念。因此,即使一项外观设计是对在先设计的复制也仍然具有新颖性,只要在先设计没有构成现有设计。如果在先设计已经公开,即使外观设计是独立完成的也不具有新颖性。

2. 起算日期[第1项(a)款]

如果是注册欧共体外观设计,起算日期是申请日或优先权日。如果是未注册外观设计,起算日期则是外观设计的首次公开日。按照德国法院的观点,如果构成了现有设计的首次公开不是发生在欧盟,未注册的欧共体外观设计一概缺乏新颖性[Ab Swing Hometrainer案(德国),Gebäckpresse Ⅱ案(德国)]。然而,有观点则认为起算日期可以追溯到欧盟以外的首次公开,以根据第11条和第110a条,使此后在欧盟范围内公开的未注册欧共体外观设计获得保护,以阻却首次公开到欧盟公开期间的其他公开行为形成先占。

3. 无关紧要的细节(第2款)

作为一个实务问题,同一设计的两种不同的表现很少出现相同。因此,只在"无关紧要的细节"上不同的外观设计被视为"相同"。例如,颜色或质地的差别不能被当然地视为"无关紧要",因为这二者是第3条(a)项所列举的特征;而色调(hue)的细微差别可能是无关紧要的。

4. 新颖性判断的实践意义

和在先外观设计相同(除了细枝末节的差别)的设计,几乎都会当然地与现有设计产生相同的整体印象,因此会欠缺第6条涉及的个性特征。在法律表述上,新颖性判断在大多数时候似乎是多余的,因为还要进一步判断个性。但是,要证明欠缺个性特征更为复杂。因此,在清晰的情况下(例如一个所有人已经公开了外观设计,之后又注册相同的设计),用新颖性作为挑战理由比采用"个性特征"更为有效。

个性特征

第6条

(1)一项外观设计应被认为具有个性特征,如果其产生的总体印象对于懂行使用者而言,与下列时间已经公开的任何外观设计所产生的总体印象存在区别:

a. 对于未注册欧共体外观设计,在请求受保护的外观设计公开之前;

b. 对于注册欧共体外观设计,在注册申请日之前,若主张优先权,则在优先权日之前。

(2)在评估个性特征时,应当考虑设计者在设计开发方面的自由程度。

1. 概述

"个性"特征判断决定着一项外观设计要表明其在多大程度上区别于现有设计方为有效。因此该要件在一定程度上与专利的"创造性"要件具有同样的功能。个性特征判断不是基于设计的价值或创造该设计所需的技巧,而是外观设计对使用者可能产生的效果。这是客观判断,基于"懂行使用者"的印象,而不是基于设计者行为的主观判断。

2. "懂行使用者"的性质(第1款)

通常,法官会扮演懂行使用者的角色。他"既不是一个包含或应用争讼外观设计的产品的生产者,也不是此种产品的销售者。懂行使用者特别善于观察,并且对现有设计有一定的了解,即对于争讼外观设计注册申请日之前或优先权日之前已经公开的与涉案产品有关的现有设计有一定的了解。"［Metal Rappers案（欧盟普通法院）］。因此他通常是一个产品的购买者或消费者。但是，他不是一个疏忽大意的购买者，而是一个对市场上常见的产品非常熟悉，并且对产品的功能和使用方法有所了解的购买者。他有合理的识别力，对外观设计很留心，了解普遍为人所知的"外观设计大全"，可能比商标法上的"普通消费者"更懂行［Procter & Gamble v. Reckitt Benckiser案（英国）］。因此，懂行使用者会知晓某些特征在市场上是否常见。常见的特征不太可能给懂行使用者留下深刻印象，于是在一个有很多类似外观设计的"鱼龙混杂的领域"，懂行使用者的眼睛会敏感地认为相当小的差别产生了不同的"整体印象"［Daimler Chrysler's Application 案（瑞典）］。不过，没有理由推定懂行使用者熟悉所有的现有设计［Procter & Gamble v Reckitt Benckiser（英国）］，或者具有专家的技术知识。懂行使用者熟悉的"行业"可以用注册欧共体外观设计的产品领域指南来确定［Mental Rappers案，（欧盟普通法院）］。

3. 现有设计

外观设计要与"任何已经公开的外观设计"相比较。由此可以清楚地推断出，外观设计要和现有设计中的单个设计相比较，而不是合成设计。懂行使用者应当是面对一件单独的现有设计和争讼设计进行比较，以断定整体印象是否相同，同时考虑懂行使用者事先掌握的信息。"公开"一词的定义规定在第7条。只有在申请日或优先权日（对注册欧共体外观设计而言）之前公开或在首次公开日（对未注册欧共体外观设计）之前公开的外观设计才予以考虑。申请在先但公开在后的外观设计不构成现有设计，但可能依据第25条构成"在先权利"。

4. 整体印象的判断（第1款）

"整体"一词表明，外观设计的全部特征在对比时都予以考虑。但是，对比基本上是视觉上的［Mental Rappers案，（欧盟普通法院）］，在正常使用过程中不可见的部件的特征不能用以证明设计的优先性；外观设计差别性特征的重要程度取决于它们在正常使用过程中的可见程度［Communication Equipment（欧盟普通法院）］。在考虑何为"外观设计"时，完全由技术功能决定的特征和兼容性特征有可能被全部忽略,因为"一项欧共体外观设计不能存在于"此类特征(第8条)。并且,如果是注册欧共体外观设计,任何弃权部分(第25条,第6款第二句)都必须予以考虑,还可以参考对图形的简短描述[第36条第3款(a)项]。除此之外,"懂行使用者"在审查了申请中的图形或样品之后不能理解的所谓外观设计的特征不应予以考虑。如果是未注册欧共体外观设计,外观设计是否包括所有已公开的特征(前面提到的部件的隐性特征以及技术性或兼容性特征除外),或权利主张者是否可根据其意愿在提起侵权之诉时确定产品部分的外观设计[第3条(a)项],尚不明确[参见 Fulton v Totes Isotoner 案(英国上诉法院依据英国未注册外观设计权),Bailey v Hayners 案(英国专利郡法院)]。在确定了"外观设计"后,对比包括外观设计的被识别的所有特征。因此,如果只有外观设计的一小部分区别于现有设计,整体印象可能是相似而非不同[Daimler Chrysler's Application 案(瑞典)]。该判断不是依据懂行使用者是否认为外观设计与现有公开设计相同,而是二者是否造成了同样的整体印象。所以,"类似"可能足以使在后设计无效。

5. 设计者的自由度(第2款)

设计者通常会追求简约,从而限制了设计的可能性范围。若外观设计是产品的形状,产品的功能可能对形状构成限制。成本、现有材料、应用技术、法定或其他标准、安全性都可能限制设计者的自由[Mental Rappers 案(欧盟普通法院)]。设计自由受到的限制常常会导致两个不同的设计在外观上有相似之处,尽管设计者尽了最大的努力形成外观设计的个性特征。外观设计受到的约束越大,就越有可能与现有设计相似。因此,外观设计的自由度必须予以考虑,当外观设计的自由度受到较大约束时,为达到个性特征要件所必需的与现有设计的差别程度应该降低。这一从属判断(自由度判断)导致的结果是:对于不知晓设计自由度限制的人而言产生了相同整体印象的外观设计,应当认定其有效。为了避免产生大量的极其相似的外观设计的权利,对此类外观设计给予相对较窄的保护(第10条第2款),因为在确定此类外观设计的权利是否被妨害时都要适用从属判断。外观设计自由度从属判断通常在涉及技术性相对较强的外观设计(或技术性的外观设计特征)时应用,此时外观设计自由度受到的约束最大。

公开

第7条

(1)为适用第5条和第6条之目的,在第5条第1款a项和第6条第1款a项或第5条第1款b项和第6条第1款b项规定的时间之前(视情况而定),如果一项外观设计已经因注册或其他原因而出版或被展出,在交易中被使用,或以其他方式公开,该外观设计应被认为已经公开,除非上述情事在正常的商业过程中不能被欧共体范围内经营的相关行业的业内人士所知悉。但是,外观设计不能仅仅因为在明示或暗示的保密条件下向第三人披露而被认为公开。

(2)为适用第5条和第6条之目的,如果一项依据注册欧共体外观设计请求保护的设计以下列方式公开,则披露不予考虑:

a. 被设计人或其权利继受人公开,或因设计人或其权利继受人提供的信息或实施的行为而导致的第三人公开;且

b. 发生在注册申请日之前12个月,或主张优先权时优先权日之前12个月。

(3)如果外观设计因为滥用与设计人或其权利继受人的关系而公开,第2款亦得适用。

1. 概述

第7条界定了现有设计。它规定了在第5条和第6条讨论过的现有技术起算日期(即注册外观设计的申请日或优先权日,未注册欧共体外观设计的首次披露日)之前发生的情事。

2. 新颖性原则(第1款)

(a)绝对新颖性

如果一项外观设计已经被非秘密地以任何方式披露(如同《欧洲专利

公约》第54条第2款对专利的规定），在构成现有设计的意义上即为已公开，除了下文讨论的主要例外情形。故而出版、在先使用、销售、网页展示、广播电视中的披露，甚至口头的披露（只要构成设计的"语言描绘"）都可能构成现有设计。因为考查现有设计的基本目的是防止对公知的事物重新进行垄断，下文讨论的例外情形不应当太宽泛，并且一旦证实已经发生了非秘密的披露，适用例外的举证责任通常由设计所有人承担。

(b) 相关业内人士的知悉

除非披露引起"欧共体范围内经营的相关行业的业内人士"在"正常的商业过程中"的注意，否则不构成现有设计。没必要也不可能证明任何披露在实际上引起了相关行业的注意，只需考察披露是否有这种合理的可能。不过，如果披露在事实上确实使在欧共体经营的业界知悉，设计所有人应负举证责任，证明该知悉不是"合理的"或"正常的"。对"相关行业"的考察通常不要求披露使相关的整个行业都知悉，有可能"业界"的一个成员即足矣，因为此人可能会自由地向其他人披露。"业界"很可能既包括设计人也包括消费者，以及他们的雇主。

(c) 相关行业

"相关行业"既可以指在先披露所属的行业，也可以指在后外观设计所属的行业。不过这一条既然是与披露相关，在先外观设计所属的行业比在后外观设计更合乎此条款的内容。此外，如果（按人们通常认为的，见第10条注释1）对外观设计的保护涵盖所有的产品（因此涉及所有行业），上述解读避免了不合理的结果。例如，设想一种墙纸的花样后来被用于一种受保护的衬衫外观设计上。该设计可能已经被墙纸行业的业内人士知悉，但衬衫行业的人士并不知晓。但是，允许衬衫设计的注册将使所有人有权控制墙纸上应用的外观设计。如果相关行业是指披露行业（即墙纸），衬衫上的在后设计就是无效的。另一方面，如果相关行业是在后设计的行业（即衬衫），在后设计有效，设计所有人可以把墙纸产品逐出市场，尽管该设计已经在墙纸行业被公知——从而导致对现有设计的重新垄断，违反了新颖性标准的原则[Green Lane v PMS 案（英国）]。

(d) 在欧共体范围内经营

虽然相关行业在欧盟经营,但披露可能发生在欧盟内或欧盟外。在很多行业,欧盟内的披露更可能引起欧盟范围内经营的业内人士的注意,但也可能对于某些人而言情况正好相反(例如,筷子行业或牛仔靴行业)。因此,《欧共体外观设计条例》没有"本地新颖性"的要求[Computergehäuse v Computer Casing 案, Kanton-Messe v Canton Fair 案(德国)]。

3. 宽限期(第2款)

第7条第2款确立了申请日或优先权日之前一年的宽限期,容许设计人或其权利继受人(如雇主),或第三人因设计人的信息或行为导致的披露。宽限期适用于第5条和第6条,因此设计人自己的披露不影响新颖性和个性特征。所以,即使在后外观设计申请涉及的外观设计与已披露的设计不完全相同,设计人仍有可能得到宽限期保护,否则第6条的规定就是多余的。不过,条款规定的是"已经公开"的"一项依据注册欧共体外观设计请求保护的设计",似乎要求此外观设计与在先披露的外观设计相同。在先披露的外观设计能否有细微的差别(例如雏形),尚不清楚。"请求保护的设计"有可能适用于欧共体外观设计申请保护范围内的任何设计,即与申请的欧共体注册外观设计产生相同整体印象的任何设计。如是,任何在先披露的、相似到足以令在后申请无效的设计都是"请求保护的设计",且在先披露能得到宽限期的保护。不过,为审慎起见,除非万不得已不要依赖宽限期。

披露效果小结:对设计人在先披露的效果作一番总结或许很有用处。如果披露尚未被相关行业知悉,如前所述,披露不产生效果。如果已经为相关行业知悉,则构成现有设计,启动一年宽限期的开始。在某些(非常罕见的)情况下,在先披露是"国际展览"(第44条),可成立为期6个月的"展览优先权",在此期间任何第三人的在后披露都不生效力。在所有的其他情形下,宽限期都不产生优先权,因此宽限期内第三人的独立披露会使得在后注册欧共体外观设计申请无效。最后,如果披露发生在欧盟,可以产生未注册欧共体外观设计权(第11条和第110a条第5款)。

4. 滥用性披露（第 3 款）

如果因滥用与设计人之间的关系而披露，也可被宽限。"滥用"的含义宽泛到足以包含第 7 条第 1 款规定的违反"明示或默示保密条件"的披露。这一问题与《欧洲专利公约》第 55 条有关的判例法可能具有相关性。披露适用宽限期的举证责任通常由设计所有人承担。如果设计所有人不知晓的第三人在宽限期内披露，且不清楚该披露是否属于对所有人设计的复制（于是构成"因设计人提供的信息或实施的行为而导致"或"因为滥用"）——所有人需要证明第三人复制了其设计，如果第三人没有参与相关诉讼，这一证明可能很困难。正因为此，对宽限期的依赖（除非必不可少，或在最短的时间内）不值得推荐。

由技术功能和设计间的内接所规定的外观设计

第 8 条

（1）一项欧共体外观设计不得存在于纯粹由技术功能所规定的产品外观特征之上。

（2）如果为了一项包含或应用外观设计的产品能够被物理地联接、内置、外置或靠置于另一产品，以便两种产品之一能够实现功能，该产品的外观特征必须按照确切的形状和尺寸被复制，则欧共体外观设计不得存在于这些外观特征之上。

（3）尽管有第 2 款的规定，在符合第 5 条和第 6 条的前提下，用于实现一个模块系统中的多重组装或相互可替换产品之联接的设计，可以成为欧共体外观设计。

1. 概述

两种密切关联的没有设计自由（无论对设计者，还是擅自使用者而言）的设计被排除保护：产品的形状由技术功能规定的设计，以及该产品与其他产品的物理匹配所规定的形状设计。因此，一项设计可能包含不受保护的特征（由功能或匹配所规定）和可保护的特征（存在设计自由）。

2. 技术性设计(第1款)

"纯粹由技术功能所规定"的表述不同于《欧共体商标条例》第7条第1款(e)项(ii)的相应内容,而接近英国1949年注册外观设计法的措辞("纯粹由物品要实现的功能所规定……")。这段话有两种可能的意思[Amp v Utilux(英)]:一种为"强制"意思(功能强制了设计,也就是说,只有一种形状是可能的);另一种是"因果"意思(功能是形状的原因,虽然也可以采用其他形状)。这两种选择对于合乎保护条件的外观设计的数量将产生极为不同的效果。根据"强制"解释,如果一项设计可以采取不同的形式,就是可保护的。依此解释,很少有技术性或工程性设计会被排除保护——只有那些擅用者毫无选择、为了达到同样的技术功能不得不复制的设计除外。根据"因果说",除非设计在技术功能之外另有目的,否则设计特征将不予保护。如是,被排除保护的设计数量将会大得多。但是,很清楚的是,第8条不应当解释为设计具有审美特征,因为根据《欧共体外观设计条例》序言第10条,"这并不意味着外观设计必须具有审美性质"。"强制说"可能是正确的解释[Philips v Remington(欧洲法院),佐审官意见],因此,只有当设计特征无可取代时才不受保护——与《欧共体商标条例》中对欧共体商标的相应问题采用"因果说"形成了对比[Philips v Remington(欧洲法院)]。"强制说"也曾经被英国上诉法院[Landor & Hawa v Azur(英)]采纳,并且内部市场协调局撤销处也适用了同一理由。然而,荷兰的下级法院通过对商标案的类推适用,把欧洲法院的"因果说"应用于外观设计,但没有评论佐审官的相反意见[Synergys v Geha(荷)];内部市场协调局上诉委员会对"强制说"提出了批评,并且采纳了"因果说"[Chaff Cutters(上诉委员会)],英国下级法院则认为 Philips v Remington(欧洲法院)一案中的佐审官意见和 Landor & Hawa v Azur 一案中英国上诉法院的观点都是判决中的附带意见,于是采纳了内部协调局上诉委员会的立场[Dyson v Vax(英)]。因此,这个具有重要商业意义的条款的范围依然不清楚,有待欧洲法院作出决定。

3. 内接性外观设计（第2款）。

必须采用特定形状以与其他产品匹配的特征——即机械性接口特征，该条对其不予保护。目的在于禁止利用外观设计保护垄断兼容产品的市场。接口的两个方面都被涵盖。因此，当两种产品相互匹配时，两种产品的匹配性特征均不受保护。如果其中一种产品被竞争者复制，权利人不能对被复制的产品主张权利，也不能对该产品所匹配的另一产品的接口部分所形成的相同形状主张权利。该条款的历史渊源是1988年的《版权、外观设计和专利法》，旨在处理诸如排气管必须与汽车底部匹配之类的案件[British Leyland v Armstrong（英）]。此规定主要的效果是针对配件，因为所有的配件都必须组装于其他产品因此具有内接性特征。然而，该规定并不限于配件。即使是有独立经济意义以及能独立使用的物品，例如茶杯和杯碟，也落入其调整范围。另一方面，在接口中，只有在"必须按照确切的形状和尺寸被复制"的特征，只有在这一程度上才不予保护。因此，对于可以进行非严密的匹配的接口，有可能根本不适用保护之排除。

4. 模块产品（第3款）

即便内接性特征可能如上所述被排除保护，但如果该特征"用于实现一个模块系统中的多重组装或相互可替换产品之联接"，仍然可以受到保护。"模块系统"的标准例子是乐高积木系统，曾经在最初的专利和外观设计权到期后引发国际版权、商标权和反不正当竞争诉讼。除了乐高和其他积木玩具（如Knex和Meccano），架设棚架、行李架或搭建屋顶的模块构筑系统也与此类似，因此可予保护。《欧共体外观设计条例》的序言第11条规定，如果内接特征构成系统的"创新特征的一个重要元素"以及"主要的市场价值"，可以获得保护。"模块系统"在《欧共体外观设计》中没有被定义，但是暗示了这是一种可被另一种不同形状的产品替换，并与另一产品共享同一机械接口的产品，正如乐高积木。

5. 与TRIPS的相容性

TRIPS第25条第1款规定，"成员可以规定该保护不应延及主要出于技术性或功能性考虑所作的外观设计"。这一表述可能宽泛到足以适用于对技术性外观设计的排除和对内接性外观设计的排除,因此该条款符合 TRIPS 的规定。

违反公序良俗或道德的外观设计

第 9 条
欧共体外观设计不得违反公序良俗或公认的道德原则。

含义
本条排除了对不道德的或违反公序良俗的外观设计的保护。所有人或其他任何人使用此种外观设计并不受禁止,因此在效果上创立了此类外观设计的自由市场而非压制该市场。但是,保护的缺位可能会减少向此类外观设计的开发进行投资的经济动力。本条的措辞类似于《欧洲专利公约》的第 53 条(a)项和《欧共体商标条例》第 7 条第 1 款(f)项(《欧共体商标条例》第 7 条的注释 9 可以准用)。在普通法中,版权保护和保密信息的保护也不得及于不道德的标的。道德与公共政策的标准在欧盟范围内有很大的差异,因此,结果主要取决于在何处确定外观设计的有效性。

(a)基于产品性质的反对。在某些情况下,对保护的反对可能基于产品本身的性质。例如,因为《欧洲人权公约》是欧共体法的组成部分,所有的成员国都反对保护酷刑器具。根据 1997 年《禁止使用、储存、生产、运输杀伤性地雷及其销毁的公约》(简称为《全面禁止杀伤性地雷公约》),世界上大多数国家也禁止保护杀伤性地雷。

(b)基于外观设计性质的反对。不过,更常见的是基于产品上适用的外观设计而反对保护,例如纳粹或其他种族主义的符号,以攻击性方式使用的宗教符号,或是侮辱性的人物形象。

(c)内部市场协调局的实践。内部市场协调局获准驳回此类欧共体外观设计的申请(见第 47 条注释 1)。内部市场协调局驳回过一些与性行为有关的外观设计,认为违反道德。当然,协调局对绘有裸体形象的设计并非一概驳回。协调局还驳回过一些由国旗或国徽(无论是欧盟国家的,还是其他国家的)组成的设计,认为违反公序良俗。

第二节　保护的范围与期限

保护范围

第 10 条

（1）欧共体外观设计的保护范围应包括没有使懂行使用者产生不同整体印象的任何外观设计。

（2）在评估保护范围时，应当考虑设计者开发其外观设计的自由度。

1. 概述

本条界定了"保护范围"，即与注册欧共体外观设计所公开的设计（或者已经公开的未注册外观设计）相类似的设计的范围。和判断个性特征一样，首先要确定"外观设计"是什么？第 36 条第 6 款明确规定，欧共体外观设计注册表格中指定的产品，对外观设计的任何描述，以及对外观设计的分类，均不影响保护范围"本身"。但是，放弃它一定会影响保护范围（第 25 条第 6 款）。对"任何外观设计"的"保护范围"不限于应用在同一产品之上的设计，或同类产品之上的设计。因此，保护范围不限于相同产品或同类产品（与某些非欧盟国家的制度不同）。

2. 与个性特征检验的对应（第 1 款和第 2 款）

比较一个被控侵权的设计和一个受保护的设计，确定前者是否落入后者的保护范围，类同于比较一个受保护的设计和在先设计以确定前者是否因后者而无效。因此，首要的问题是二者是否使"懂行使用者"产生了相同的"整体印象"，第二步则要考虑设计者（指受保护外观设计的设计者，而非侵权设计的设计者）的设计自由度。鉴于保护范围判定中的"整体印象"和"设计自由度"与个性特征判断中的相同（可参考第 7 条注释 2 - 5）。有一点不同的是，在正常使用中不可视的组件（第 4 条第 2 款）似乎仍然是外观设计的一部分，因此在确定保护范围时应考虑在内（事实上会缩小范围）。

3. 有效性与保护范围之间的相互作用

值得注意的是，在侵权诉讼中可以反诉无效（第24条第1款），如果所有人的设计比被控侵权的设计更接近在先设计，则不能胜诉。因为在此情况下，如果该设计与被控侵权的设计产生了相同的整体印象，它必定与在先设计也产生相同的整体印象（从而欠缺个性特征）。因此，与在先设计差别较小的设计只能有效地获得狭隘的保护范围。当设计自由度有限时，会发生这种情况。

4. 起算日期

懂行使用者在注册日或优先权日的认知可能不同于在侵权日（有可能是25年以后）的认知。第10条没有规定采用哪个日期（或者哪个懂行使用者）。在法律上，一致采用"注册日或优先权日的懂行使用者"，理由有二：其一，和判断设计的有效性适用同一标准，保持有效性与保护范围的对应关系。其二，因为保护范围要保持固定，以利于法律的确定性。从实践的角度而言，评估过去的"懂行"使用者的反应具有更多的假想性，证明"懂行使用者"的认知不可避免地比采用侵权日标准需要更多的证据。不过，在判断无效反诉时，这种评估可能无论如何都是必要的。

未注册欧共体外观设计保护的起算点与期限

第11条

（1）符合第一节要求的外观设计应当作为未注册欧共体外观设计受到为期三年的保护，自该设计在欧共体范围内首次公开之日起算。

（2）为适用第1款之目的，如果一项外观设计已经被出版、展出、在交易中使用，或以其他方式披露，导致在正常的商业过程中欧共体范围内经营的相关行业的业内人士所知悉，则该设计应被认为已经公开。但是，如果外观设计根据明示或暗示的保密条件被披露给某个第三人，不得仅仅为此而认为该设计已被公开。

1. 未注册外观设计的保护期（第1款）。本条规定了未注册欧共体外观设计的保护期和起算点，包括对"公开"的界定。其表述与有关注册外观设计的第 7 条第 1 款基本相同。

2. 公开（第 2 款）。因为外观设计未被注册，所以没有注册登记或注册申请。这使得在实践中评估未注册外观设计的新颖性时很难确定相关的在先设计。这个问题在 Green Lane v PMS 案（英国）中被涉及。作为总体评价，法院认为评价外观设计的相关行业应当是（至少应当包括）外观设计被实际公开的行业。

3. 与 TRIPS 的相容性。本条与 TRIPS 协议第 26 条第 3 款的相容性存在疑问，后者规定外观设计的最低保护期限是 10 年。然而，第 11 条似乎并不违反 TRIPS 协议，因为欧共体承担国际义务的最主要和最重要的措施不是未注册外观设计制度，而是注册外观设计制度。未注册外观设计是大多数现有制度无法提供保护之时而引入的一种附加保护。

注册欧共体外观设计保护的起算点与期限

第 12 条

符合第一节要求的外观设计经内部市场协调局注册之后，应当作为注册欧共体外观设计受到为期 5 年的保护，自申请之日起算。权利人可以一次或多次续展，每次 5 年，但累积不得超过自申请之日起 25 年。

含义。

一项注册外观设计应当自申请之日起保护 5 年。权利人可以续展一次或多次，每次 5 年，累积上限为申请之日起 25 年（第 12 条）。这一期限介于专利保护期（通常为 20 年）与版权保护期（通常对智力创造的保护期更长）之间。可以说，这是 TRIPS 协议与欧共体外观设计条例关于保护期的又一处差异。具体而言，根据 TRIPS 协议第 26 条第 3 款，外观设计的保护期至少为 10 年。而本条规定的最低保护期为 5 年，权利人可以 5 年一续展，总计不超过 25 年。不过，上述差异很明显并不意味着在这一点上与 TRIPS 不符。欧共体条款提供了 25 年的保护并且由权利人来决定注册欧共体外观设计的最终保护期应该是多长。

续展

第 13 条

(1) 欧共体外观设计的注册应根据权利人或权利人明确授权的任何人之请求而续展,并应缴纳续展费。

(2) 内部市场协调局应在注册到期前的合理时间,将到期情况通知注册欧共体外观设计的权利人以及任何享有第 72 条规定的欧共体外观设计注册簿(以下简称"注册簿")上记载的权利之人,以下"注册"是指欧共体外观设计注册。如未作上述通知,内部市场协调局不承担责任。

(3) 续展申请的提交与续展费的缴纳应在距保护期届满当月的最后一天 6 个月内完成。如未能完成,申请提交和费用缴纳的时限可在前述基础上再延长 6 个月,但须缴纳延长期的额外费用。

(4) 续展自现有注册到期之日的第二天生效。续展应载入注册簿。

1. 保护的续展(第 1 款)

根据权利人或其明确授权的任何人的请求,注册欧共体外观设计可在缴纳相应费用之后得以续展(第 13 条第 1 款)。初始的 5 年保护期可以 5 年为期再行续展,但自申请之日起累积不得超过 25 年。因此,注册欧共体外观设计可以续展四次。

2. 注册到期的通知(第 2 款)

在注册欧共体外观设计到期前的合理时间,内部市场协调局应将注册的即将到期告知权利人,或对该设计享有记载于注册簿上的权利之人(视具体情况而定),包括该设计的被许可人。此处的"注册簿"是第 72 条提到的注册簿,即由内部市场协调局负责的欧共体外观设计注册簿,记载《欧共体外观设计条例》和《欧共体外观设计实施细则》规定的注册。"合理时间"被理解为注册到期前至少 6 个月(《实施细则》第 21 条)。尽管有上述规定,未发出通知并不影响注册的到期(第 13 条第 2 款;《实施细则》第 21 条、第 47—55 条)。

3. 续展申请的内容（第3款）

续展申请的内容规定在《实施细则》第22条第1款。根据该条款，设计权利人提交的申请必须包含权利人的姓名、地址、国籍、住所地国或成立国。自然人的姓名应包括姓和名，法人名称应采用正式称呼，也可以是惯用简称，并指明适用哪国法律。如果权利人提供了数个地址，只考虑首先提及的地址，除非权利人指明其他地址之一作为送达地址。如果内部市场协调局已经给了权利人一个识别号，只要提供识别号和权利人姓名即可。如果申请由外观设计权利人明确授权之人提出，被授权之人应提供姓名和地址，以及获得申请续展授权的证据。如果权利人任命了一个代表，应当依据《实施细则》第1条第1款(b)项和(e)项指明该代表的姓名与营业地址。如果该代表已经获得内部市场协调局分配的识别号，只要指明识别号与姓名即可。有可能存在多个权利人，这种情况下续展申请最好委托一个申请人或一个代表。申请还应包含外观设计注册号。如果存在多项注册，应当注明是否对注册证上包含的所有外观设计进行续展，或者指明哪些设计需要续展。

4. 续展程序（第3款）

续展请求的提交和续展费的支付必须在保护到期之月最后一天的前6个月内完成。如果是多项注册，续展费应与续展外观设计的数量成比例[《实施细则》第22条第2款(a)项]。6个月到期后，在上述截止期之后的6个月内仍然可以提交续展请求和续展费，只要支付额外的费用（第13条第3款）。上述因延迟缴费或延迟申请而需支付的额外费用由《欧共体外观设计收费条例》（以下简称《收费条例》）规定。自未遵守的时限届满后一年内，是可以申请权利恢复的时限。如果没有提交申请或没有支付上述续展费和额外费用，6个月的延长期应从一年中扣除。这是保有权利的最后机会，只适用于第67条规定的例外情形。如果续展申请在6个月内提出，但不完全符合《欧共体外观设计条例》第13条和《实施细则》第22条的规定的条件，内部市场协调局应将申请瑕疵告知申请人。获得权利人明确授权而提交申请之人应当收到该通知的副本。如果续展申请未提交或在延长期届满后提交、未缴费或在相关时限届满后缴费,或申请瑕疵未在内部市场协调局指定的时限内纠正,内部市场协调局可以决定注册到期,并相应地通知权利人或在适当情况下通知续展申请人和注册簿上载明的权利主体。在多项注册的情形下,如果缴纳的费用不足以包含全部请求续展的设计,内部市场协调局可以确定缴纳的费用涵盖哪些设计,除非从文件中可以明确地推出相反的结论。如果缺乏其他标准,内部市场协调局可以根据代表外观设计的数字顺序来确定,并且可以决定未支付缴费或未足额缴费的外观设计到期(《实施细则》第22条第4款)。如果决定是终局的,内部市场协调局将在现有注册到期的次日从注册簿撤销外观设计(《实施细则》第22条第5款)。如果续展费已经缴纳但注册未获续展,费用将被退还(《实施细则》第22条第6款)。此外,内部市场协调局关于费用缴纳的权利,以及要求内部市场协调局退还费用或超过费用的余款的权利,应遵守第69条关于经费义务终止的规定。

5. 续展的效力(第4款)

续展应自注册到期的次日生效,并应载于注册簿[《欧共体外观设计条例》第13条第4款,《实施细则》第69条第3款(m)项]。内部市场协调局应向任何提出请求之人提供该信息,但需收取相应费用(《实施细则》第75条)。

第三节 欧共体外观设计的权利

欧共体外观设计的权利

第14条

(1)欧共体外观设计权应赋予设计人或其权利继受人。

(2)如果两个或两个以上的人共同开发了一项设计,欧共体外观设计权应由其共有。

(3)但是,若一项外观设计系雇员在履行职务或根据雇主的指令完成,则欧共体外观设计权属于雇主,有相反约定或国内法有相反规定除外。

1. 概述

本条调整注册及未注册欧共体外观设计的权利归属。国内外观设计的权利归属不受影响,依然由国内法调整,因为《外观设计协调指令》不涉及权属。

2. 设计人

《欧共体外观设计条例》没有定义"设计人"。不过,既然"外观设计"是"产品全部或部分的外观"[第3条(a)项],设计人就是确定外观之人。在实践中,某个外观设计可能涉及不同层次的贡献,从拟定详细说明或摘要(在大多数情况下,详细阐述外观可能是很高层次的贡献,足以使阐述者成为设计人),到绘制产品图或计算机辅助设计文件(在大多数情况下可能层次太低)。

3. 权利继受人(第1款)

英语中的"权利继受人"并不能精确地表达其他所有语言中的相同意味(如法语中的"ayant droit")。这个词涉及优先权(第41条)和宽限期披露(第7条及序言第20条)时也用过,它明确地涵盖诸如合同转让等移转(第28条)的受让人,而且不限于因死亡、合并或概括继受发生的移转。在权属语境下,这一概念及其同义词应当被理解为包括根据第14条第3款规定的雇佣关系取得权利之人[Feia案(欧洲法院)],以及依据国内法规定的其他任何途径取得权利之人(例如委托,见下文注释6)。

4. 共同设计人(第2款)

在其他规定中,《欧共体外观设计条例》承认外观设计可以由一个团队完成[第36条第3款(e)项]。可以从几种角度来理解"共同开发"。不同设计者可能对同一部分在不同的抽象层次上进行了合作,有的设计了外观的高度抽象的层面,有的使设计具化、丰满。另一方面,不同设计者也可能设计了同一物体的不同方面,每个人都是各部分的独立设计者,但是因为他们进行了合作,构成整体设计的共同设计者。当一个设计者修改了一个已知的现有设计,则需要斟酌。他固然是新部分的独立设计人,但整体设计的地位不明确:在先设计人是否构成共同设计人存在质疑,因为这是先后的而非共同的开发。财产法中的共有规则可得适用。(参见第 27 条,注释 5)

5. 雇员设计(第 3 款)

第 14 条第 3 款确立了一种默认的权属规则,但可以被约定或国内法排除。此处的"雇员"和"雇主"概念并不延及所有的一方向另一方付费的关系,仅指雇佣法承认的雇员依附于雇主的关系[Feia 案(欧洲法院)],在判定是否构成雇佣关系时将涉及国内法。本款的措辞来自《计算机程序指令》。履行职务的具体情形与被雇佣的设计人相关。在工作时间以外创造的设计,也可能对雇员而言是"在履行职务过程中",因为雇员的大脑在下午 5 点不会关闭。设计非其本职的雇员所创造的外观设计,如系受到雇主的特别指示而创造,也可能属于雇主。非为履行本职,也非受到指令而为的设计是否属于职务设计,则不甚清楚,答案很可能为否定。但是,因为国内法优先,在个案中查明和适用相关的国内雇佣法非常重要。此处的"约定"包括雇佣合同,因此第 14 条的默认规则仅在雇佣合同没有约定时可得适用。国内法可以既优先于雇佣合同,也优先于第 14 条。例如,公司的高管(如董事)和高级职员可能有义务向公司转让自己的设计[如 Intercase v Time Computers 案(英)],即使他们不是严格意义上的雇员[如 Ultraframe v Fielding(英)]。

6. 委托设计

从第 14 条及前述注释 3 和注释 5 可以推出,如果没有雇佣关系,受某人委托创造的设计并不当然地属于委托人。值得注意的是,如果有效的合同条款约定把所有权移转给委托人,在很多行业,标准的实践是在合同顺利履行后才移转权属,因此若发生争议则权利仍属于设计人。某些国家的法律(如西班牙和英国)把国内的委托外观设计的权利赋予委托人,但这些法律只在其构成委托设计合同的准据法时才可得适用(结合考虑有关准据法的各种欧盟条例)。

关于欧共体外观设计权利资格的主张

第15条

(1) 如果依据第14条，一项未注册欧共体外观设计被某个无权主体披露或主张权利，或一项注册欧共体外观设计被某个无权主体申请或注册，依据此条享有权利之人可以请求确认其作为欧共体外观设计的合法权利人。

(2) 如果某人对欧共体外观设计有共有资格，可依据第1款请求确认其作为共有人。

(3) 根据第1款或第2款提起法律诉讼的时效在注册欧共体外观设计公告之日起三年后，或未注册欧共体外观设计披露之日起三年后届满。如果无权取得欧共体外观设计的主体在申请、披露或受让该外观设计时出于恶意，则不受此限。

(4) 如果是注册欧共体外观设计，下列事项应载入注册簿：

a. 依据第1款已经提起法律诉讼的提示；

b. 诉讼的终局裁决或其他任何终止；

c. 任何因最终裁决发生的注册欧共体外观设计的权属变化。

1. 概述

本条用一般性措辞确立了对欧共体外观设计主张权属的权利（"资格"或"返还"之诉）。此类诉讼可因外观设计的创造背景而引起（例如设计人的署名错误，或权利人标示为设计人而非雇主），或因后续的转让或其他移转而引起。权利主张成功的法律效果由第16条规定。本条同时适用于注册和未注册欧共体外观设计，虽然对后者而言短暂的保护期有可能在诉讼结束之前就届满了。

2. 诉讼的管辖机构

值得注意的是（虽然第14条的字面意思并不明显），内部市场协调局对权属问题没有管辖权［见 Loudspeakers 案（内部市场协调局上诉委员会）］。因此（第79条第1款），管辖根据《布鲁塞尔条例》确定。根据该条例,基本准则是:如果被告(即不合法的财产权人)位于一个欧盟成员国,则被告所在国的法院有管辖权[见专利案 Duijinstee v Goderbauer(欧洲法院),认为布鲁塞尔条例第22条第4款的替代性规定不得适用],并且无论原告住所地为何处,都只能向被告所在国起诉。如果被告不在欧盟成员国,而原告在欧盟成员国,则原告所在国家的法院拥有管辖权。

3. 时效(第3款)

从首次公开之日起三年的时效对于未注册欧共体外观设计几乎是无关紧要的,因为这是此类设计的整个生命期,而且很少有人希望在到期后仍取得权利;唯一可能与此有关的挑战者是被控侵权人,他们希望通过主张自己是真正的权利人而使外观设计权自始无效,从而摆脱自己的侵权责任。

4. 恶意(第3款)

跨越时效障碍的唯一方式是证明存在恶意。"恶意"概念在《欧共体外观设计条例》和《欧共体商标条例》中处处可见,但每一处可能表达的含义不同。在涉及商标时,单纯的"知道"被认为尚不足以成立恶意;申请人的意图是相关的[Chocoladefabiken Lindt & Sprüngli 案(欧洲法院)]。根据英国法院的观点,如果非法取得财产权之人会意识到其他人可能认为其行为非法,则足以成立恶意,尽管他自己认为是合法的[Harrison v Teton Valley(英国)]。在涉及外观设计时,当申请人知道外观设计事实上是他人财产,可能构成恶意(如同以欧共体专利公约为基础的专利法,例如1977年专利法的第37条),除非极其特殊的情况(例如,非法的申请人是为了保护真正的权利人)。

5. 注册欧共体外观设计在内部市场协调局的相关程序(第4款)

如果内部市场协调局得到通知(申请人最好自己通知协调局,而不要依赖法院去通知),应当公开权利遭到异议的提示。没有条款规定内部市场协调局可以主动中止法律程序,所以请求人最好寻求一个法院的临时禁令,阻止恶意取得权利的主体于诉讼期间在内部市场协调局转让、抛弃、放弃或限制外观设计权。如果无效宣告或上诉正在进行,内部市场协调局当然有权主动地中止相关法律程序,至少应一方当事人请求可以中止,协调局也可以审慎地要求当事人中止。一旦法院的权属诉讼(包括上诉)完结,内部市场协调局应当公示最终裁判,新的权利人可以取得注册资格,或者要求宣告无效[第25条第1款(c)项]。因为内部市场协调局不能挑战法院裁判的实质内容,所以无效宣告几乎是当然成功的。

6. 共有请求(第2款)

共有权利人也可以提起确认之诉,尽管胜诉结果不会全然地改变权属,以至于根据第16条发生的法律效果会更加受限。胜诉的共有人能否依据第27条宣告无效,仍有疑问。

注册欧共体外观设计权属判决的效力

第16条

(1)如果依据第15条第1款的诉讼结果,注册欧共体外观设计的权属发生完全的改变,自真正权利人记载于注册簿开始,原有的许可和其他权利失效。

(2)如果在第15条第1款规定的法律诉讼被登记之前,注册欧共体外观设计的原权利人或被许可人已经在欧共体范围内使用了该设计,或者为该使用作了重要且有效的准备,其可以继续该使用,只要其在实施细则规定的期限内向注册簿记载的新权利人提出非独占许可的请求。许可应以合理期限和合理条件授予。

(3)如果注册欧共体外观设计的原权利人或被许可人在开始使用设计或为使用而准备时出于恶意,则第2款不得适用。

1. 原有权利的失效(第1款)

本条涉及前述第15条规定的权属之诉的胜诉后果。根据第16条第1款,如果权属发生了完全的变动,任何原有被许可人的最初许可人已经丧失了法律资格并且被取消,任何此类权利都属授予不当而因此失效。"和其他权利"至少可能包括可以被登记的交易,例如准物权或担保利益。

关于部分胜诉:本条只适用于权属的完全变动,全部原有权利人被撤销的情况。因此,若权属的异议只是部分成功,增加了新的权利人,但是原有的一个或多个权利人依然保留,原有的许可依然有效,作为共有人的原权利人的权利根据第27条第3款由国内法调整。

2. 对善意使用的保护(第2、3款)

善意地开始使用设计的被许可人或原权利人可以继续使用,只要请求获得非独占许可(在新的权利人被登记之日起三个月内,《实施细则》第24条第5款)。保护的条件和第22条在先使用人的保护条件相同,但是此处提到许可要给予"合理期限",表明这不是永久性权利,因此原权利人或被许可人可能最终被要求退出市场。原被许可人或权利人善意地取得权利还不够,他们必须在使用行为或准备行为开始时出于善意。因此,真正的权利人会希望尽早地让所有当事人知道自己的权属请求。

有利于注册外观设计权利人的推定

第17条

以其名义注册欧共体外观设计的注册人,或者在注册之前以其名义提出申请的申请人,在内部市场协调局或其他任何法律程序中,应当被视为权利人。

含义

本条表明,欧共体外观设计的权属问题留待国内法院根据第15条和第25条第1款(c)项解决,内部市场协调局无权调查权属,因此只能将申请表上的申请人视为正确。权属的推定只有根据第25条第1款(c)项规定的法院判决才能推翻,但是协调局在权属依据第14条遭到异议时有当然的权力中止程序。如果申请人或权利人有数个,根据《实施细则》默认第一署名人为全权代表。有一个特殊情况是:根据第28条(c)项,向协调局提出的改变权属的请求悬而未决时,可能的新权利人取得某些临时的程序性权利。"其他任何法律程序"可以适用于侵权之诉、对被许可人的合同之诉,但不应解释为包括第14条的权属异议。

设计者的署名权

第18条

设计者应当有权在内部市场协调局和注册簿中署名,署名方式与欧共体外观设计的申请人或权利人相同。如果设计是团体的成果,则团体的署名可以取代个体设计者的署名。

1. 内部市场协调局的程序

本条确立了设计者的身份标示权。向内部市场协调局提交的设计者姓名应当在欧共体外观设计公报、注册簿和注册证中公开。正常情况下,申请表中要注明设计者,但根据第36条第3款(e)项,设计人可以放弃此权利。即使他们没有放弃,未标注设计人也不会导致内部市场协调局的异议;根据第36条第3款(e)项,设计者的署名是申请的可选项,因此协调局不会调查署名的准确性,或申请人是否从设计者处取得授权。

2. 团体设计

如果设计是团体成果,该团体可以整体而非个体的方式署名。团体成果的概念暗示了合作,在已有设计中独立地添加新的特征并不导致新的设计者和旧的设计者成为团队成员,或使设计成为合作设计。

3. 署名的效力

相对于申请人而言,设计人有署名的人身权利,但是作为设计人的署名(或未署名)在欧共体法上没有法律后果;设计人不是诉讼当事人,与任何函件都无关,且没有财产权。国内法有可能对设计人作出更多的规定。

第四节 欧共体外观设计的效力

欧共体外观设计权的内容

第19条

(1)注册欧共体外观设计的权利人享有独占的使用权,有权禁止任何第三人未经其许可使用该设计。前述"使用"尤其应当包括对体现或应用了外观设计的产品进行制造、兜揽、投入市场、进口、出口或使用,或者为了前述目的而存储。

(2)但是,仅在系争使用是基于对受保护的设计的抄袭时,未注册欧共体外观设计的权利人方可禁止第1款规定的行为。

如果系争使用是基于一个设计者的独立创造成果,且该设计者可以被合理地认为不熟悉权利人公开的外观设计,该使用不得被视为基于对受保护的设计的抄袭。

(3)如果设计的公开被延迟,注册簿和文件的相关登记没有按照第50条第4款被公众知悉,第2款也适用于注册欧共体外观设计。

1. 概述

第19条首先明确,如果某行为属于第10条规定的外观设计权的保护范围,则构成对外观设计权的妨害。第19条第2款和第3款分别规定了未注册欧共体外观设计的"抄袭"要件和未公开的注册欧共体外观设计。欧共体外观设计产生独占使用权,但不应被理解为与第三人权利无关的积极权利,而应理解为排除他人的消极权利(一种"排他"权)。当然,被赋予的权利所依托的设计应当是有效的;除非外观设计权的有效性通过反诉或抗辩受到质疑,否则应当推定有效(第85条)。权利的例外规定在第20—23条和第110条。

2. 使用外观设计的权利(第1款)

第19条第1款赋予了宽泛而自由的排除他人使用外观设计的权利。因此,"使用外观设计"比"使用外观设计产品"的含义要广,后者只是第19条第2款规定的几种使用外观设计的方式之一。有一点尚不清楚:使用外观设计是否必须意味着"用作外观设计",即必须应用于产品的外观或外饰。例如,在电视上展示产品外形也是广义的"使用外观设计"。无论怎样,似乎没有对使用外观设计的产品有任何限制(不同于其他很多法域的规定)。

3. 妨害行为的示例(第1款和第2款)

所列举的特定妨害行为都与"体现外观设计"(针对产品形状设计)或者"应用外观设计"(针对外观装潢或外饰设计)的产品有关,并且紧密地对应《欧共体专利公约》草案中的对欧共体专利的主要侵权行为(相应的国内法是1977年专利法的第60条第1款)。因此,制造外观设计产品;兜揽该产品;把该产品投入市场(例如销售或出租);进口该产品;出口该产品;或者使用该产品,以及为前述目的保有该产品都构成妨害。

(a)制造

这是指生产整个产品。没有特别的条款规定供应部分外观设计的行为。不过,有可能在某些情况下,这种行为构成更宽泛含义上的"使用"外观设计(有可能制造整个产品而以零部件的方式销售)。一旦妨害构成,禁止当事人销售零部件的救济可依第89条第1款(c)项获得。

(b)兜揽

"兜揽"的含义很广,包括广告或没有确定价格的谈判,而且不限于具有合同约束力的要约[Gerber v Lectra(英), Tamglass v Luoyang(英)]。

(c)投入市场

此行为包括销售,也包括租借、短期出租或长期出租,以及其他供应形式。

(d)进口

进口方的身份可以依据合同条款确定(例如离岸价或船上交货)。

(e)出口

解释同上。

(f)使用

最终使用者也会妨害欧共体外观设计权,除非是第20条规定的"私人的非商业性"使用。

(g)为前述目的的存储

仅仅是在仓库中善意地存储受保护的外观设计产品,不构成妨害。不过,很难设想出不是为了使用、投入市场、进口或出口而为的存储;以销毁为目的的存储是一个非妨害性目的的例子。

4. 抄袭和法定的善意推定（第 2 款和第 3 款）

只有作为（某人某处）抄袭的结果，才构成对未注册欧共体外观设计权的妨害。善意销售或使用的"从属"妨害者在购买时忽略了外观设计的来历，也可能构成妨害。"抄袭"的概念已经在版权法中清楚地确立。很少有可能直接地证明抄袭（可能通过交叉检验，或向法庭扣押，或披露外观设计文件），但是很多法院在某些情形下会推定抄袭。由于未注册欧共体外观设计必须公开到相关行业的业内人士通常知晓的程度，在后的设计如果极为类似，法院通常会推定存在抄袭，该推定只能由被控妨害人提出反证来推翻。[例如 Bedstede 案（荷）]。其他情形也可能导致对抄袭的推定，例如"类似事实"证据，即抄袭者过去有类似的行为[见 Mattel v Woolbro（英）]。对抄袭的推定可以由被告推翻。第 2 款规定了一个抄袭推定的法定抗辩：如果被控妨害的设计人"可以被合理地认为不熟悉（权利人公开的）外观设计"。既然如前所述权利人必须证明设计已经被欧盟范围的相关行业所知悉，那些不属于相关行业或者在欧盟以外的设计人最容易从这一抗辩中受益。当第 2 款适用时，原则上仍然有可能通过可以获得的直接证据证明存在抄袭。

欧共体外观设计权的限制

第 20 条

（1）欧共体外观设计权不得针对以下行为实施：

　a. 出于私人的或非商业目的之行为；

　b. 出于实验目的之行为；

　c. 为引用或教学目的之复制行为，只要该行为合乎公平的商业习惯且未不合理地损害外观设计的正常利用，并且注明了出处。

（2）此外，欧共体外观设计不得针对以下情形实施：

　a. 临时进入欧共体的在第三国登记的船舶和航空器的设备；

　b. 为修理上述交通工具而在欧共体进口零件与附件；

c. 修理上述交通工具的行为。

1. 概述

本条规定了免于构成妨害的行为。这些行为是基于《集成电路指令》规定的例外。它们包括第 20 条第 1 款规定的实质上具有商业性特点的一组行为,以及第 20 条第 2 款规定的与航空器和船舶的通行自由有关的一组行为。这类例外是 TRIPS 协议第 13 条所允许的,只要不与正常的作品利用相关冲突或者不会不合理地损害权利人的合法利益;TRIPS 协议第 26 条第 2 款针对外观设计增加了"考虑第三人利益"的要件。在解读所有的例外时都应当考虑这些一般要件。

2. 私人与非商业目的[第 1 款(a)项]

大多数私人消费者在大多数时候都可以根据这一抗辩免除妨害责任。但是,许多消费性产品也用于商业目的。例如,汽车可以由同一个人既用于私人目的,又用于商业目的。此条相当于《集成电路指令》的第 5 条第 2 款。

3. 实验目的之使用[第 2 款(b)项]

此项允许为实验而使用。其对应于《集成电路指令》第 5 条第 2 款。但与其不同的是,是否必须限于和外观设计本身有关的实验,尚不清楚。因此,有可能实验室的玻璃器皿设计被用于化学实验而不构成妨害。实验是否必须是非商业性的也不清楚;有些公司会利用研究结果从事商业活动。不过,广义的解释可能与 TRIPS 协议第 13 条和第 26 条第 2 款相冲突,因此狭义解释可能是正确的。

4. 合理使用:引用或教学[第 1 款(c)项]

此项似乎是基于《伯尔尼公约》第 10 条的合理使用条款以及《集成电路指令》的第 5 条第 3 款。但是"引用"如何需要复制外观设计,尚不明确。当外观设计是教学的主题时,为教学而复制可能是必要的。不过,与《集成电路指令》第 5 条第 3 款不同,为教学而使用的权利不限于这种方式。因此,有可能允许一个教师使用受保护的白色书写板的外观设计,而所教的主题与白色写字板无关(或许是语言、数学等)。"使用应合乎公平的商业习惯"这一要件是基于《伯尔尼公约》第10条,"使用不应不合理地损害外观设计的正常利用"这一要件在TRIPS协议第13条和第26条第2款中可以看到类似的表述。"注明出处"的要件来源于《伯尔尼公约》第10条第3款。对于已发表的文学艺术作品的而言,出处可以被理解为书目引用。但是,不太清楚如何理解欧共体外观设计的"出处"。对于注册外观设计而言,指明外观设计注册号可能就足够了(因为通过欧共体外观设计公报就可以清楚地确定出处),而对于未注册欧共体外观设计,可能至少要指明制造者和/或提供者。与版权不同,无须指明设计者或作者。

5. 临时进入欧共体的船舶与航空器[第2款(a)项]

此项旨在为国际自由贸易提供便利。它的基础是《巴黎公约》第5条之三关于船舶和航空器和《国际民航公约》第27条关于航空器,这两个规定都是适用于专利。即使某个交通工具重复地进入欧盟领土[例如,Stena v Irish Ferries 案件(英)中的渡船],也不构成妨害。此规定仅适用于悬挂非欧盟国旗的船舶或航空器;悬挂欧共体成员国国旗的交通工具仍然可能构成妨害(至少当这些交通工具处于欧盟领土内时)。

6. 外国船舶与航空器的进口与修理[第2款(b)、(c)]

为修理前述船舶与航空器而进口零件,以及对船舶和航空器的实际修理,都不构成妨害。不过,只有这些行为被豁免责任,因此,诸如存储、兜揽或提供等行为,依然属于妨害。所以,零件的进口应当是出于当下修理的必要,而不是预先进口和存储以备将来之需。当然,很多部件根据第4条第2款并不符合受保护的条件。此外,如果修理的目的是为了恢复原始的外形,根据第110条,任何与修理相关的行为都不构成妨害。

权利穷竭

第21条

如果产品体现或应用的设计属于欧共体外观设计权的保护范围,一旦该产品被欧共体外观设计的权利人或经其同意投入欧共体市场,欧共体外观设计权不应延及与该产品相关的行为。

1. 概述

商品的自由流通是欧盟条约规定的基本经济自由。知识产权保护只提供了对该基本原则的有限的例外,商品一旦投入欧盟市场,应当被允许在市场中流通。外观设计权只能在保护外观设计权的特定标的物的必要范围内可以限制商品的自由流动[见 Nancy Keen v Keurkoop(欧洲法院),Volvo v Veng(欧洲法院)]。此条大体上与《欧共体商标条例》的第 13 条第 1 款一致。因为欧共体外观设计在整个欧盟范围内有效,仅仅把商品从欧盟的一处运到另一处不会构成妨害。"欧共体"应当解释为《欧洲经济区协议》附件十七规定的"欧洲经济区"。

2. 欧共体穷竭

迄今为止,在一些成员国,一旦产品被首次在欧盟之外投入市场而后进口到欧盟,权利人的权利也被认为穷竭。根据欧洲法院的商标判例[例如 Silhouette v Hartlaure(欧洲法院)],似乎国际穷竭原则照例不适用于欧共体外观设计[Sony v Pacific(英)]。

3. 权利穷竭,默示许可和同意

即使不存在国际穷竭,权利人也不能制止将其在欧盟以外销售的货物进口到欧盟,如果其同意该进口,因为依据第 19 条,经过同意不构成妨害。同理,权利人也不能禁止对这些产品在欧盟范围内进一步地流通(既然这些产品是经过同意投入欧盟市场的)。明示同意只是一种理论上的可能性,不过,不同国家的法院对于"同意"通常是否可以默示,在何种程度上可以明确推翻这种默示同意,结论不一(例如,标示"不得在欧盟销售")。欧洲法院没有专门针对外观设计提出任何清晰的最终规则,不过根据商标判例[Davidoff and Levi Strauss(欧洲法院)],似乎仅在清晰而明确地同意在欧盟范围内销售时,才会产生国际穷竭的效果。

4. 穷竭与修理

当消费者购买了来自权利人或经权利人同意而进入欧盟市场的受保护的欧共体外观设计产品,权利人在该产品上的权利穷竭,因而不能利用其权利禁止消费者修理产品（或请他人为自己修理）。当修理包括替换产品的主要部分时，就不再是对原产品的修理，而实际上变成新产品的制造，不再适用权利穷竭，也不再适用任何针对原产品的默示许可［United Wire v Screen Repair Service（英）］。不过，若修理是对产品零部件的更换，虽然整体产品的权利已经穷竭，零部件（作为享有独立权利的产品）的权利并未穷竭。零部件也可能作为整体或部分依据第 4 条或第 8 条第 2 款不受保护，或者依据第 20 条或第 110 条允许修理。当这些条件均不适用时，有的国家（如英国）认为销售整体产品包含了默示许可修理权或修理权［参见版权判例 British Leyland v Armstrong（英）］。与权利穷竭或"修理权"不同，默示修理许可，可被相反的明示销售条款推翻。

注册欧共体外观设计的先用权

第 22 条

（1）在申请日之前，或者在享有优先权时的优先权日之前，如果第三人善意地在欧共体范围内使用了属于欧共体外观设计权保护范围的，但并非抄袭前者的设计，或者已经为此使用目的进行了重要而有效的准备，该第三人享有先用权。

（2）享有先用权的第三人可在其于注册欧共体外观设计的申请日之前或优先权日之前的使用目的范围内，或其重要而有效的准备行为的目的范围内利用该设计。

（3）先用权不延及对其他人授予利用外观设计的许可。

（4）先用权不得转让，除非当第三人是企业时，连同发生使用行为或准备行为的业务一同转让。

1. 概述

本条为在先使用人或准备使用人保留了一个继续使用外观设计的权利，该使用本来构成对欧共体外观设计权的妨害。外观设计的"使用"是第 19 条意义上的广义概念，因此包括可能构成妨害的所有行为。此权利仅适用于注册欧共体外观设计，因为任何作出与未注册欧共体外观设有关的相同准备行为,都不构成抄袭,因此绝对不会构成妨害。对权利的范围采用了限缩性表述,在适用时需要司法作出解释。本条在国内专利法中有对应的规定(如1977年《专利法》第64条,德国《专利法》第12条)。

2. 善意、非抄袭的要件(第1款)

这些条件排除了抄袭受保护的外观设计(例如,在宽限期内被使用)或者获取了与受保护的外观设计相关的保密信息的在先使用人。

3. 在欧共体在先使用或为此使用而准备的要件(第1款)

如果在先使用被公开,公开程度足以引起相关行业的注意(第7条,注释2),设计即成为"现有设计",而使得在后的注册欧共体外观设计无效。因此,只有不构成现有设计状态的使用或披露,才与先用权有关(即秘密使用,或不引人注目的使用)。该使用必须发生于欧盟范围内,欧盟以外的使用本身不足以成立在欧盟内的任何权利。但是准备行为不一定要发生在欧盟,只要该准备是为了在后的欧盟范围内的使用。准备必须是既"有效"又"重要"的。在实践中,这意味着准备已经基本上可以开始在欧盟使用了[Lubrizol v Esso(英)]。"使用"应当是本来构成妨害的行为,相近但有差别的使用还不够[Biegevorrichtung(德)]。

4. 权利的限缩性质(第2款)

先用权是对在先使用的相同设计继续使用的权利。只允许对外观设计作极其细微的改动[Lubrizol v Esso(英)]。使用只能为了与在先使用或在先准备相同的目的。因此,即使是相同的设计,在先使用人也不能以不同的方式使用。

5. 先用权不得许可(第3款)

先用权是一种指定享有权,不能许可给他人。不过,如果产品由在先使用人提供,这些产品上的权利被视为穷竭,被提供者似乎可以继续在提供的目的范围内使用,否则先用权没有意义。

6. 先用权不得转让,除非连同业务一并转让(第4款)

除非连同业务一并转让,先用权本身不得转让。在转让整个企业时,对先用权的转让无须明示[DV GmbH V AAG B(德)]。

政府使用

第 23 条

成员国法律中允许国内外观设计由政府或为了政府使用的任何规定都可以适用于欧共体外观设计,但仅限于重大的国防或安全需求所必要的程度之内。

1. 概述

本条允许成员国准予政府使用欧共体外观设计,只要它们准予对国内外观设计的使用。这是在《欧共体外观设计条例》缔结的后期增加的规定。"任何规定"的广泛程度足以涵盖成员国为本国提供的各种方式,例如强制许可,或权利的限制(如英国)。此类规定并不必然允许成员国免费使用外观设计,权利人可以有权请求补偿(如英国)。"由政府或为了政府"这一表述允许政府准予其代表机构或承包方使用。这样看来,规定是宽泛的。不过,也有两个限制条件:首先,对外观设计的使用必须出于国防或安全之"必要";其次,需求是"重大的"。对必要性检验似乎设置了很高的门槛。这是一个事实判断,因此政府仅仅合理地认为有必要使用外观设计,是不够的。政府的决定应当有机会通过提起妨害之诉在法院受到挑战,但法院有可能不愿意对国防和安全领域的行政措施进行干预。

2. 实际效果

成员国经常需要出于国防的目的而利用专利技术,因此国家通常会用到专利法的相关规定。但是,成员国在历史上很少会使用注册外观设计,因为美感(过去这是许多国家的外观设计法规定的要素之一)对国防产业影响很小。由于根据序言第 10 条,外观设计现在不需要具备美感特质,有可能在将来受保护的外观设计的使用会更加广泛。其中一个成员国的使用选择余地可能很小的领域,是修理设备的零部件的供应,该设备可能是很多年以前制造的。但是,根据第 110 条的过渡规定,这种修理和相关行为目前还不构成妨害。

3. 实施

没有对国内外观设计规定政府使用的成员国,似乎不能利用此条款使用欧共体外观设计。它们能否利用其它的法律规定则不清楚,不过,除了在主权豁免原则适用的有限情况下,可能性不大。《欧洲国家豁免条约》(欧洲理事会条约)对在本国国土外采取军事行动的缔约国赋予了有限的权利。允许政府使用国内外观设计的成员国包括英国和爱尔兰。在英国,国内法的规定已经延及欧共体外观设计以实施本条例,英国法院据此可以审理关于政府使用引起的争议。在此争议中,由于政府使用不构成妨害,第81条无法适用,外观设计必须依照第94条视为有效。

4. 与 TRIPS 的相容性

TRIPS 第 73 条(b)项(ii)允许成员国采取任何其认为是保护本国"根本安全利益"所必须的行为,包括"武器交易"和其他物资。因此,本条符合 TRIPS 协议。

第五节　无效

无效宣告

第 24 条

(1)注册欧共体外观设计权可以依据第六章和第七章规定的程序向协调局申请宣告无效,或基于侵权诉讼的反诉由欧共体外观设计法院宣告无效。

(2)即使在失效或被放弃之后,欧共体外观设计权仍可被宣告无效。

(3)未注册欧共体外观设计权可由欧共体法院基于向该法院提出的申请或侵权诉讼的反诉宣告无效。

1. 概述

本条规定了无效宣告的概念,并指明了受理无效宣告的管辖。具体程序涉及《欧共体外观设计条例》的其他规定。对外观设计权的无效宣告相当于《欧共体商标条例》中的撤销。无效宣告使相关权利在整体上丧失效力,而非仅具有宣示性效果。在普通法系国家,无效宣告的救济通常由法庭裁量,而且仅在适当的条件下做出,而《欧共体外观设计条例》确立了通过恰当的管辖途径请求无效宣告的权利。

2. 注册欧共体外观设计的无效(第 1 款)

协调局具有首要的管辖权,可依申请对注册欧共体外观设计宣告无效,程序由第 52 条至第 54 条规定。欧共体法院只能在外观设计侵权诉讼中基于无效反诉宣告无效,依据第 84 条至第 87 条的规定。如果侵权人希望宣告欧共体外观设计权无效,可以选择由法院合并审理无效之诉与侵权之诉,或者单独向协调局申请无效宣告。

3. 失效外观设计的无效(第 2 条)

外观设计的无效具有溯及力(第 26 条第 1 款)。然而,依据第 51 条放弃权利,或因未交续展费而失效,不具有溯及力,因此权利人依然有可能就外观设计失效之前的侵权行为提起诉讼。第 24 条第 2 款为此使潜在侵权人,或其他任何人,通过宣告外观设计自始无效来免除风险。

4. 未注册欧共体外观设计(第 3 条)

协调局对未注册欧共体外观设计没有管辖权,因此欧共体外观设计法院不仅可以审理对未注册欧共体外观设计的无效反诉,在没有侵权诉讼时也可以受理对未注册欧共体外观设计的无效之诉。具体规定见第 81、84、85 和 87 条。

无效事由

第 25 条

(1)仅在下列情形中一项欧共体外观设计可被宣告无效:

a. 如果外观设计不符合第 3 条(a)项的规定;

b. 如果不符合第 4 条至第 9 条规定的要件;

c. 如果根据法院的裁决,权利持有者不是第 14 条规定的欧共体外观设计的适格权利主体；

　　d. 如果欧共体外观设计与在先外观设计相冲突,此在先设计在申请日之后已经公开,或者在主张优先权的情况下在欧共体外观设计的优先权日之后已经公开,并且在先于前述日期之前已经获得下述保护:注册欧共体外观设计、注册欧共体外观设计申请、某一成员国的注册外观设计权或外观设计权申请。

　　e. 如果一项区别性标记被使用于在后设计中,并且规范该标记的欧共体法或成员国法律赋予该标志的权利人禁止此种使用的权利；

　　f. 如果外观设计构成对受到成员国版权法保护的作品的擅自使用；

　　g. 如果外观设计构成对《保护工业产权巴黎公约》(后文简称《巴黎公约》)第6条之三列举的任何标志的不当使用,或者构成对前述第6条之三规定之外的涉及成员国特别公共利益的徽章、标志和纹章的使用。

　　(2)第1款(c)项的理由只能由第14条第3款规定的欧共体外观设计的权利人主张。

　　(3)第1款(d)、(e)、(f)项的理由只能由在先权利申请人或在先权利拥有人主张。

　　(4)第1款(g)项的理由只能由使用所涉及的个人或机构主张。

　　(5)第3款和第4款不妨碍成员国有自由规定第1款(d)项和(g)项的理由也可由相关成员国的适当的机构依职权主张。

　　(6)依据第1条(b)、(e)、(f)或(g)项被宣告无效的注册欧共体外观设计可以通过修正的形式被维持,只要通过这种形式该外观设计符合保护条件并且外观设计的特征被保留。以修正形式而"维持"可以包括附带注册欧共体外观设计权利人的部分弃权声明的登记,或将宣告注册欧共体外观设计部分无效的法院裁决或协调局的决定登记于注册簿。

1. 概述

　　本条穷尽地列举[Metal Rappers(欧盟普通法院)]了欧共体外观设计的无效事由。《外观设计协调指令》的第11条列举了类似的事由,但在某些情形下,对这些事由的适用是任选的。无效事由可以分为四类:"绝对"

事由,源自外观设计的自身本质;"在先设计"事由,源自在先公开;"权利资格"事由,权利持有人不是真正的拥有者;"相对"事由,源自于在先的未公开设计或不同类型的现有知识产权的冲突。

2. 绝对事由[第1条(a)项和(b)项]

绝对事由包括:(i)外观设计不是第3条(a)项界定的外观设计;(ii)根据第9条外观设计违反规定的公共政策或道德;(iii)根据第4条第(2)款,外观设计属于正常使用中不可见的部件而排除保护;(iv)根据第8条第1款,外观设计仅由完全是技术功能所决定的特征所构成;内部市场协调局仅可以审查事由(i)与事由(ii),甚至这两种审查都不是强制性的。因此,不能推定注册欧共体外观设计在"绝对"事由方面都是有效的。更详尽的评注,参见此处提及的各条文的注释。

3. 现有设计事由[第1款(b)项]

根据第5条到第7条,对外观设计与现有公开的设计相比欠缺新颖性或个性特征的异议,可以适用第25条第1款(b)项。

4. 欠缺权利资格[第1款(c)项与第2款]

如果注册的权利人(或者未注册欧共体外观设计的形式权利人)没有权利主体资格,真正的权利人可以主张外观设计权无效(其他人无权主张,见第2款)。但是,对权属的判定本身不是无效诉讼的组成部分,因为欧共体外观设计法院和内部市场协调局(其唯一的管辖权是无效请求)均无权管辖外观设计的权属之诉。像专利问题一样[Duijinstee V Goderbauer(欧洲法院)],《布鲁塞尔条例》因此得以适用。权属主张根据第15条提起。因此在实践中,在向欧共体外观设计法院或内部市场协调局主张无效之前,可能有必要先寻求对权属的判定,从其他法院获得判决。通常,真正的权利人会要求取得外观设计权,而不是宣告其无效。该事由因此可能很少被援引。

5. 在先外观设计的权利[第1款(d)项]

该事由适用于欧共体或国内外观设计在涉案欧共体外观设计的申请日或优先权日之前申请但是之后公开的情形。在先的扩展到欧盟的《海牙协定》申请也构成在先外观设计。是否"冲突",根据在后外观设计是否可能妨害在先设计来判断[Metal Rappers(欧盟普通法院)]。与在先设计相比是否具有个性特征的判断实际上与保护范围的判断相同(即,两个外观设计是否产生相同的"整体印象"),因此比较在先外观设计权和比较现有设计的无效判定结果通常是一致的。当在先外观设计的公开依据第 50 条(以及国内法和《海牙协定》的类似规定)被推迟时,最有可能引发与在先未公开外观设计的冲突。

6. 与其他知识产权的冲突[第 1 款(e)至(g)项]

一项欧共体外观设计可以根据在先权利人的申请被宣告无效,在先权利包括显著性标记[第 25 条第 1 款(e)项]——例如欧共体或国内注册商标,或由国内法保护的未注册的标记权利。在此情况下,欧共体外观设计可能被宣告无效,无论其与在先标记完全相同还是仅仅相似,判断的方式与判定妨害商标权相同[Instrument for Writing(欧盟普通法院)]。在先的国内版权,或是《巴黎公约》第 6 条之三规定的国家标志、政府间标志、官方检验标志,都构成无效请求的基础。外观设计不能仅仅因为与在先的(未公开的)专利或实用新型有冲突就被宣告无效,因为外观设计可以基于实用新型主张优先权。在上述情形中,必须检验对在先权利的利用是否违反法律,因此实际上是在判断欧共体外观设计是否妨害了在先权利。

7. 只能由在先权利人主张的相对事由(第 3 款至第 5 款)

基于与在先权利冲突的无效主张只能由在先权利人提起(即在先外观设计或在先标记的权利人,在涉及官方标志时则是相关的官方机构),除非成员国做出的保留使其可以根据第 25 条第 5 款主动提起。

8. 修正(第 6 条)

已经被宣告无效的外观设计可以被修正并维持,只要不改变外观设计的特征。但是,大多数对外观的修正(除了修正极其微小的情况)都会改变外观设计的特征,除非法院对"特征"一词作广义的解释(可能相当于"外观设计产生的整体印象")。修正可以包含部分弃权,例如放弃对附带包含于外观设计中的在先标记的权利。

无效的后果

第 26 条

（1）在被宣告无效的范围内，一项欧共体外观设计应被视为自始不具有被条例规定的效力。

（2）在符合国内法关于因欧共体外观设计权利人的疏忽或恶意而请求损害赔偿的规定或请求返还不当得利的规定的前提下，欧共体外观设计无效的溯及力不应影响：

a. 在无效宣告之前已经生效并执行的侵权判决；

b. 在无效宣告之前已经订立并被履行的合同；但是，根据衡平原则，可以根据具体情形请求在正当范围内返还依据相关合同支付的费用。

1. 溯及力［第 1 款］

一旦被宣告无效，一项欧共体外观设计视同未曾存在。在这一点上，无效宣告不同于放弃权利（第 51 条）。相同的规定可见于《欧共体商标条例》第 55 条和《欧共体专利公约》第 68 条。

2. 判决的既判力［第 2 款第（a）项］

一旦侵权判决已生效，即使之后法院或内部市场协调局认定外观设计无效，也不能溯及既往地推翻判决。因此，任何已支付的损害赔偿通常不能返还。专利领域的一个例子是 Coflexip v Stolt Offshore（英），在此案中，一项专利在最终判决认定侵权后不久被宣告无效，但是在随后起诉另一当事人的诉讼中，确定赔偿数额的裁决在宣告专利无效时尚未作出。尽管专利被认定无效，第一个案件的侵权人依然被判令支付赔偿。如果权利人出于疏忽或恶意（可能是明知或应知无效事由的存在），且国内法允许以此为由返还赔偿，或以不当得利为由，已经被判令赔偿的不幸的"侵权人"有可能请求返还。

3. 合同的效力［第 2 款（b）项］

第 26 条第 2 款（b）项涉及无效外观设计的合同（通常是许可合同）尚未效力。在许可合同中，被许可人不再需要得到许可人的同意，因为权利已经消灭,权利溯及既往地消灭意味着事实上被许可人从来都不需要征得许可。不过,由于在订立许可合同时对此无法预见,第26条第2款(b)项规定,权利溯及既往地消灭不影响已经履行的合同的效力。因此一般而言,已支付的许可费无须返还。至于合同的将来履行,《欧共体外观设计条例》没有涉及。不过,在对许可协议而言,相关权利的丧失消除了合同的基础,因此被许可人的任何支付许可费的将来义务通常可得免除。

4. 以衡平为由的费用返还[第2款(b)项]

第26条第2款(b)项为被许可人(或其他合同当事人)创立了一种请求返还许可费的权利,如果该许可费是在外观设计被宣告无效之前被善意地支付。在英国,如果接受者已经支付了对价(例如已经支出费用或已承担义务),禁反言原则通常禁止索回已支付的金额,理由是:索回金钱对接受者不公平。但是,此条款似乎允许被许可人以支付对其不公平为由而索回已经支付的报酬。可以设想的一种情况是,当事人原本为了长期使用而支付的一揽子费用。如果权利人不可能合理地预见到无效的发生,多数法院都不愿意通过裁决费用返还而干预自由订立的合同。

第三章 作为财产权对象的欧共体外观设计

视同国内外观设计权的欧共体外观设计

第27条

(1)除非第28、29、30、31和32条另有规定,一项欧共体外观设计作为财产权对象,应当在整体上并且在欧共体的全部范围内视同下列成员国的国内外观设计:

    a. 权利人于有关期限内在该成员国有经营场所或住所;或

    b. 如果第(a)项无法适用,权利人于有关期限内在该成员国设有机构。

(2)如果是注册欧共体外观设计,第1款应根据注册簿的登记适用;

(3)在权利共有的情况下,如果两个或两个以上的权利人满足第1款的条件,此款所指的成员国应当以下述方式确定:

    a. 对于未注册欧共体外观设计,根据共有权利人的共同协议所指定的相关权利人;

    b. 对于注册欧共体外观设计,根据注册簿记载的第一顺序权利人。

(4)如果第1、2、3款无法适用,第1款所指的成员国应当是协调局所在国。

1. 概述

第三章同时适用于注册与未注册欧共体外观设计,指明了如何把外观设计作为财产权的对象来对待。根据第34条,本章的规定也适用于欧共体外观设计申请。因此,下文的"权利人"和"欧共体外观设计"也应作一致的理解。如同其他的财产权,欧共体外观设计可以独立于企业被转让、用作担保或许可。《欧共体外观设计条例》规定,由某一个欧盟成员国的财产法调整欧共体外观设计的交易。根据该成员国的法律产生的法律效力统一适用于欧盟的全部范围。值得注意的是,本章在总体上没有调整涉及欧共体外观设计的合同成立、效力或解释有关的法律。此外,还应当注意到,在欧共体外观设计合案申请中,这些规定分别适用于每一项欧共体外观设计。《欧共体外观设计条例》第 27 条基本上相当于《欧共体商标条例》的第 16 条,参见《欧共体商标条例》第 16 条的注释 1 至注释 5,除非有特别条款作了某些相反规定并在下文作了说明。

2. 可适用的财产法

《欧共体外观设计条例》的立法者不得不协调欧共体外观设计的单一性质与欧盟各成员国的不同的财产法。解决方案是把欧共体外观设计视为处于某一成员国或受辖于某一成员国法律的财产权对象。应当适用的法律取决于权利人的经营场所、住所或机构设置。如果权利人在欧盟范围内没有经营场所、住所或机构,调整作为财产权对象的欧共体外观设计处分的法律是西班牙法。

3. 注册欧共体外观设计(第 2 款)

因为第 27 条不仅涵盖注册欧共体外观设计,也囊括未注册欧共体外观设计,第 27 条第 2 款规定,注册簿中的细节用于确定第 27 条第 1 款设定的条件。

4. 共有权利人(第 3 款)

如果欧共体外观设计为两个或两个以上的主体共有,可适用的法律根据注册簿上的顺序确定(这一点第 27 条第 3 款与《欧共体商标条例》的第 16 条第 3 款相同),或者在未注册欧共体外观设计的情形依据共同协议确定。如果处分之时不存在协议,应当召集当事人达成协议。如果当事人拒绝(例如,一项未注册欧共体外观设计根据第 30 条在执行程序中被征收),在全体权利人都参加法院诉讼的情况下,国内法院应当有权确定协议。如果第一顺序权利人在成员国没有经营场所、住所或机构,根据第二顺序权利人的状况确定,以此类推。如果所有的权利人在欧共体都没有经营场所、住所或机构,适用西班牙法。

第三章　作为财产权对象的欧共体外观设计　461

5. 缺省适用西班牙法(第4款)

如果权利人在欧共体没有经营场所、住所或机构,应适用西班牙法调整作为财产权对象的欧共体外观设计的处分。此时,欧共体外观设计应视同西班牙国内设计,具有《欧共体商标条例》第16条注释4所阐述的后果。

注册欧共体外观设计的移转

第28条

注册欧共体外观设计的移转应符合下列规定:

a. 应当事人之一的请求,转让应被记载于注册簿并公告;

b. 在转让被记载于注册簿之前,权利继受人不得主张欧共体外观设计注册所产生的权利;

c. 如果在协调局处理的事务中需要遵守时限,权利继受人可以在移转登记的申请被协调局受理后向协调局作出相应的声明;

d. 根据第66条需要通知注册欧共体外观设计权利人的全部文件,都应当由协调局告知登记权利人或其委任的代表。

1. 移转的登记与公告[第(a)项]

与欧共体商标不同,外观设计的转让无须书面形式。移转登记不是强制性的,但在实务中登记被强烈推荐(参见注释2以及第33条注释1—2中关于不登记的后果)。协调局强烈推荐在申请登记移转时采用《登记申请标准表格》。协调局仅审查是否有足够的证据表明移转的存在,而不审查移转本身根据国内法是否有效。登记请求可由原始权利人或权利继受人提出。请求可由原始权利人、权利继受人或双方共同签署。如果请求系双方共同签署,无须补充其他移转的证据。如果权利继受人提出的请求附有原始权利人同意登记的声明,也无须补充其他证据(《实施细则》第23条规则)。在其他情况下,需要提交证据(可能包括合同或其他证明移转的文件)。如果发生合并或概括继受,登记请求必须附有合并或概括继受的证据。与《欧共体商标条例》不同,《欧共体外观设计条例》没有对概括继受作特别对待,而是适用同样的规定。登记请求一旦符合所有的要求,移转将被记载于注册簿并且在欧共体外观设计公报上公示。如果是欧共体外观设计申请的移转,应当被留存在协调局保管的文档中。没有形式上的要求,只要向协调局提交文件的复印件即可。

2. 未登记的移转的效力[第(b)项]

只要移转未经登记,受让人不得主张欧共体外观设计权,即使根据国内合同法或衡平原则其是真实的财产权人。此外,根据第33条,在记载于注册簿之前,未经公示的移转不得拘束第三人(除非该移转是企业整体移转或其他概括继受的一部分)。因此,在移转登记之前,原始权利人可以许可或继续转让欧共体外观设计权。登记的其他益处包括:可向协调局作出声明[第28条(c)项];得到通知的权利[第28条(d)项]。本条与《欧共体商标条例》第17条第6款基本一致(见《欧共体商标条例》第17条注释7)。

3. 受让人向协调局声明的权利[第(c)项]

在提交移转登记请求和实际登记的期间,受让人可以为了遵守时限而向协调局提交声明。例如,一项外观设计申请已经受到异议,权利继受人可以回复该通知。移转登记的请求不影响已经经过的时限或协调局规定的时限。一旦发生移转,新的权利人自动地成为与外观设计有关的程序中的当事人,无须经过第三人同意其参与。该条与《欧共体商标法条例》第17条第7款基本一致(见《欧共体商标条例》第17条,注释8)。

4. 向已登记的权利人发送通知[第(d)项]

协调局会向注册簿记载的欧共体外观设计权利人发送通知。未能登记移转可能意味着权利继受人不能收到重要通知,包括缴费到期的通知。本条与《欧共体商标条例》第17条第8款基本一致(见《欧共体商标条例》第17条,注释9)。

注册欧共体外观设计的支配权

第29条

(1)注册欧共体外观设计可以被用于担保或成为支配权的对象。

(2)应一方当事人请求,第1款权利提及的权利应当被记载于注册簿并公示。

1. 欧共体外观设计作为担保物权(第1款)

本条相当于《欧共体商标条例》的第19条第1款(参见《欧共体商标条例》第19条的注释1,准用于本款)。

2. 担保物权的登记(第2款)

本条相当于《欧共体商标条例》的第19条第2款(参见《欧共体商标条例》第19条注释2,准用于本款)。

强制执行

第30条

(1)注册欧共体外观设计可强制执行。

(2)对于注册欧共体外观设计的强制执行程序,根据第27条确定的法院和成员国的主管机关应当享有排他管辖权。

(3)应一方当事人请求,强制执行应当被记载于注册簿并公示。

含义

本条总体上相当于《欧共体商标条例》的第20条第1—3款(参见《欧共体商标条例》第20条注释1—3,准用于本条)。值得注意的是,第30条在字面上只适用于注册欧共体外观设计,而非未注册欧共体外观设计。不过,假如第27条适用于未注册欧共体外观设计,本条也应当准用之。

破产程序

第31条

(1)涉及欧共体外观设计的破产程序只能在债权人的主要利益中心所在的成员国启动。

(2)如果欧共体外观设计系共有,第1款应适用于共有权利人的份额。

(3)如果一项欧共体外观设计牵涉破产程序,应国内主管机构的要求,此效力应当记载于注册簿并且在第73条第1款规定的《欧共体外观设计公报》上公告。

1. 破产程序的管辖(第1款)

欧共体外观设计只能在债权人拥有主要利益的成员国(大多数情况下,该成员国是债权人的住所地)发生的破产程序中被主张。本条与《欧共体商标条例》第21条第1款相当(不过只与第一句相当,而不是后一段关于保险企业的规定)[参见《欧共体商标条例》第21条注释1,准用于本款]。

2. 共有权利人的破产(第2款)

本款类似于《欧共体商标条例》第21条第2款[见《欧共体商标条例》第21条注释2,准用于本款]。

3. 破产程序的登记(第3款)

本款类似于《欧共体商标条例》第21条第3款[参见《欧共体商标条例》第21条注释3,准用于本款]。

许可

第32条

(1)欧共体外观设计权可以在欧共体全部范围或部分范围内被许可。许可可以是独占或非独占。

(2)在不影响基于合同法的任何法律程序的前提下,权利人可以援引欧共体外观设计权,对抗在期限、使用外观设计的形式、许可授权的产品范围、被许可人生产产品的质量等方面违反许可合同任何条款的被许可人。

(3)在不影响许可合同条款的前提下,只有经权利人同意,被许可人才可提起欧共体外观设计权的侵权之诉。但是,如果独占许可的被许可人已经通知欧共体外观设计权利人提起侵权诉讼,后者在合理期限内未提起,被许可人可以提起诉讼。

(4)为获得损害赔偿之目的,被许可人应当有权参与欧共体外观设计权利人提起的侵权之诉。

(5)就注册欧共体外观设计而言,应一方当事人的请求,外观设计权的授予或移转应当被记载于注册簿并公示。

1. 整体或部分许可（第 1 款）

本款与《欧共体商标条例》第 22 条第 1 款类似（参见《欧共体商标条例》第 22 条注释 1，准用于本款）。

2. 援引许可条款对抗被许可人（第 2 款）

本款类似于《欧共体商标条例》第 22 条第 2 款（参见《欧共体商标条例》第 22 条注释 2，准用于本款）。

3. 提起侵权之诉的权利（第 3 款）

本款与《欧共体商标条例》第 22 条第 3 款类似（参见《欧共体商标条例》第 22 条，注释 3 准用于本条）。值得注意的是，如果出现撤销或宣告无效的反诉，而欧共体外观设计权利人不是诉讼当事人，根据第 84 条第 3 款，必须将反诉通知权利人，其可以根据可适用的国内法作为一方参与诉讼。

4. 被许可人参与侵权之诉的权利（第 4 款）

本款与《欧共体商标条例》第 22 条第 4 款类似（参见《欧共体商标条例》第 22 条注释 4，准用于本款）。

5. 在协调局登记许可协议（第 5 款）

本款类似于《欧共体商标条例》的第 22 条第 5 款（参见《欧共体商标条例》第 22 条，注释 5 准用于本款）。

对第三人的效力

第 33 条

（1）第 28、29、30 和 32 条规定的法律行为对于第三人的效力，适用根据第 27 条确定的成员国的法律。

（2）但是，对于注册欧共体外观设计，第 28、29 和 32 条规定的法律行为只有在注册簿上登记之后才在所有的成员国对第三人发生效力。不过，该法律行为在登记之前，如果第三人在该法律行为发生之后取得注册欧共体外观设计的相关权利，但在取得权利之日已经知晓该法律行为，则该法律行为对该第三人有效。

（3）第 2 款不得适用于通过企业整体移转或其他概括继受而取得注册

欧共体外观设计权或与注册欧共体外观设计相关权利之人。

（4）成员国在破产领域的共同规则生效之前，破产程序对于第三人的效力，应当由根据国内法或该领域可适用的条例而首次提起该破产程序的成员国的法律调整。

1. 第三人权利的效力（第1款）

第三人有关欧共体外观设计权的移转、担保或其他支配权、强制执行和许可的权利，应当适用根据第27条确定的法律。本款有一部分类似于《欧共体商标条例》第23条第3款（对于欧共体商标，只涉及强制执行而非所有的权利变动，可以准用于本款）。

2. 移转对于未经告知的第三人的效力（第2款）

本款类似于《欧共体商标条例》第23条第1款（参见《欧共体商标条例》第23条注释1，准用于本款）。

3. 排除企业移转（第3款）

本条类似于《欧共体商标条例》第23条第2款（参见《欧共体商标条例》第23条注释2，准用于本款）。

4. 破产程序（第4款）

本款类似于《欧共体商标条例》第23条第4款（参见《欧共体商标条例》第23条注释4，准用于本款）。

作为财产权对象的注册欧共体外观设计申请

第34条

（1）注册欧共体外观设计申请作为财产权对象应当在整体上于欧共体全部范围内，视同第27条确定的成员国的国内外观设计权。

（2）第28、29、30、31、32和33条应当准用于注册欧共体外观设计申请。如果上述某个条款的效力以记载于注册簿为条件，在该申请取得注册欧共体外观设计权之后，在登记中应当履行此手续。

含义

本章的所有条款都同样适用于注册欧共体外观设计申请。唯一值得注意的区别是,对权利移转在注册簿记载,并在欧共体外观设计公报公示的要求,协调局只能适用于已注册的欧共体外观设计。对于欧共体外观设计申请,该申请一旦被注册,协调局的文件应当更新,权利移转应被登记。

第四章 注册欧共体外观设计的申请

第一节 申请的提出与条件

申请的提起与转交

第35条

(1) 注册欧共体外观设计的申请人可以选择向下列机构提交:

a. 协调局;或

b. 成员国的中央工业产权局,或

c. 在比荷卢经济联盟向比荷卢外观设计局

(2) 如果向成员国的中央工业产权局或向比荷卢外观设计局提交申请,这些机构应采取一切步骤在两周内向协调局转交申请。可以向申请人收取不超过接收、转交申请之行政成本的费用。

(3) 协调局一旦收到成员国中央工业产权局或比荷卢外观设计局转交的申请,应当通知申请人,确定协调局收到申请的日期。

(4) 在本条例生效后10年之内,欧盟委员会应当草拟一份关于注册欧共体外观设计申请制度运作的报告,并提出其认为适当的修正建议。

1. 概述(第1款)

第35条第1款允许欧共体外观设计的申请向协调局直接提交,或者向成员国的中央工业产权局或比荷卢外观设计局提交。这种任选制度与欧共体商标申请制度一样(参见《欧共体商标条例》第25条第1款),并且应当在2012年之前修正(见第35条第4款)。考虑到通过国内的(或区域内的,例如比荷卢机构)机构申请在申请日方面有一定的风险(见第38条注释2),大多数申请人选择直接向协调局申请,或者采用传统方式(纸质申请),越来越多的人采用电子方式。第35条的实施办法规定在《实施细则》第7条。不过应当注意,延迟不会产生不利后果,除非超过两个月,申请人会丧失原始申请日(见第38条注释2)。

2. 在协调局提交的申请

如果申请向协调局提交,根据《实施细则》,协调局应当在申请文件上标注接收日期和申请号。在合案申请中的每一项外观设计都应该予以编号。

3. 协调局发送接收通知(附带检索报告)(第3款)

一旦协调局收到申请(无论是直接提交还是成员国中央工业产权局或比荷卢外观设计局转交的),就要发送一个接收通知,标明申请号、描述、设计的识别号(如果是合案申请,则为第一个设计的识别号)、文件的性质与编号、接收日期,以及合案申请的外观设计的编号(《实施细则》第7条第1款)。如果申请已经向成员国中央工业产权局或比荷卢外观设计局提起,协调局的接收日期应当在通知中标明。如果申请没有任何瑕疵,通知会指出注册申请已经被接受。但是,如果根据第45条及之后的条款,审查发现缺陷,审查员将在通知中可能包含的"审查报告"中指明这些缺陷。因此,通过接收服务,申请人会被告知申请的接收,同时被告知可以补正的缺陷和需要提供的遗漏事项,以便可以获准注册。通过对接收通知和审查报告的结合,协调局和申请人(或其代表)的联系可以尽可能地减少,注册程序也得到简化(见《欧共体外观设计审查指南》,3.1)。

4. 电子申请

(a)概述

《欧共体外观设计条例》未提及是否可以提起电子申请。不过,《实施细则》第67条规定了欧共体外观设计的电子申请依照协调局局长规定的条件。这些条件已经规定在协调局第EX-07-4号局长令中。

(b)接收的日期

自协调局的电子数据处理系统接收到电子申请的数据之日起,申请视为被接收,只要该数据能够被协调局处理。

(c) 附件

对外观设计的描述必须作为电子申请表的附件,并且必须采用 jpeg 格式。每个附件的大小不得超过 5MB(不再是第 EX-07-4 号局长令中限定的 2MB;见"注册欧共体外观设计电子申请帮助")。每个外观设计的视图只能包含一幅照片。支持优先权主张的文件必须作为电子申请表的附件,采用 pdf 或 jpeg 格式,每个附件最大不超过 2MB。不符合上述条件的附件视为未提交申请。

(d) 外观设计的数量以及每个外观设计的视图的数量

过去关于一项电子申请最多只含 99 个外观设计的限制已经被取消。即便如此,在实践中,超过 30 件外观设计的合案申请很难进行电子申请,因为系统会变得特别慢。申请中每件外观设计的视图不超过 5 幅。超过上述限制的任何外观设计和每件外观设计的任何视图将被视为未提交申请,协调局不予受理。

(e) 接收的电子确认

协调局一旦接收,就会给发件人发送电子收据,标明电子申请接收的日期与时间,并附上申请表的电子副本与临时申请号。此外,收据还要根据《实施细则》第 7 条第 1 款以纸件形式寄送。

(f) 作为申请组成部分的电子申请

电子申请被接收之后,它的内容将被输进协调局的数据库,并且被转换成图形文件,这个文件相当于申请人电脑屏幕上显示的电子申请表格。图形文件构成欧共体外观设计申请,是欧共体外观设计申请文件的组成部分,并且成为申请审查的对象(《实施细则》第 74 条)。

5. 申请制度的修正(第 4 款)

本条例生效十年之后,即 2012 年 3 月 6 日,欧盟委员会应当根据第一个十年的实务积累的经验审查欧共体外观设计制度。因此协调局应当起草一个关于该制度运行的报告,附上其认为适当的修正建议(参见《欧共体商标条例》第 25 条注释 5）。

申请必须符合的条件

第 36 条

（1）一项注册欧共体外观设计的申请应当包含：

a. 一项注册请求；

b. 申请人的身份信息；

c. 具有可复制性的外观设计的描述。但是，如果申请的标的是二维的外观设计，并且申请中包含了第 50 条规定的延迟公开请求，对外观设计的描述可以用样品取代。

（2）申请还应当包含对意图包含或使用外观设计的产品的指定。

（3）此外，申请可以包含：

a. 对描述或样品的解释性说明；

b. 依据第 50 条所作的延迟公开注册的请求；

c. 在申请人任用代理人的情况下该代理人的身份信息；

d. 根据分类表，意图包含或使用外观设计的产品的类别；

e. 对设计人或设计人团队的标注；或者由申请人承担责任的设计人或设计人团队放弃标示权的声明。

（4）申请应当缴纳注册费和公告费。如果依据第 3 款(b)项作出了延迟请求，公告费应替换为公告延迟费。

（5）申请应当符合实施细则规定的条件。

（6）第 2 款和第 3 款(a)项与(d)项包含的信息不应影响外观设计的保护范围。

1. 概述。对欧共体外观设计申请的最低要求（第 1 款）

《欧共外观设计条例》对欧共体外观设计申请的内容规定了强制性要求和选择性要求。第 36 条第 1 款规定了根据第 38 条第 1 款获得申请日期所必须具备的要件（同时参见第 45 条第 1 款和第 46 条第 2 款）。包括：注册欧共体外观设计的请求；申请人的身份信息；具有可复制性的对外观设计的描述(或者是延迟公开情况下的二维外观设计的样品)。《实施细则》第1—6条包含了申请内容和费用缴纳的进一步规定。

2. 注册的请求[第1款第(a)项]

当申请人完成(至少是部分完成)协调局提供的申请表(协调局通过局长通讯第13/02号公布,可在网上获得),就可以被分配一个申请日。不过,申请人也可以使用自己的表格。

3. 申请人的身份[第1款(b)项]

通过申请人的身份信息,可以知道谁是申请人。申请中必须写明申请人的姓名、住址、国籍和住所地所在国,或者是经营场所或机构所在国。自然人的姓名必须标注姓和名。公司、企业和其他法人除了名称之外,必须标注组织形式,可以采用缩写(例如 PLC.,SA),并且写明受哪国法律的规制(尤其当申请人是美国公司时,协调局要求提供该信息)。如果协调局已经分配给申请人一个识别号,写明识别号和申请人的姓名即可。指南的11.1建议,法人名称用全称,只有组织形式用缩写。如果可能的话,地址应当包括街道、门牌号、城市或区县、邮编和国家。申请人应当只指定一个地址,如果指定了多个,审查员会记录第一个作为收件地址,除非申请人特别指明另一个作为收件地址。申请人还可以提供电话号码、传真号和其他联系方式,例如电子邮件,但并非必须提供。

4. 外观设计的描述[第1款第(c)项]

描述是指明希望受保护的外观设计特征的方式,因此必须认真准备并且保证高质量。一旦申请,外观设计本身不得被修订或重新界定。最好,当申请中的描述过多或不一致时,某些描述可以被取消。《实施细则》第4条第1款(d)项作了有关纸面描述的详细说明。

(a)电子格式的描述

在以电子方式提交申请时,申请必须符合协调局第EX07-4号局长令规定的,以及注册欧共体外观设计电子申请帮助文件增补的要求。每幅视图都必须作为不超过5MB[见第35条注释5(c)与(d)]的独立附件提交。

(b)纸面描述

《实施细则》第 4 条第 1 款包含了详尽而清晰的指南,规定了使用的纸张[每幅视图用独立的一张不透明的白纸,不要装订:《实施细则》第 4 条第 1 款(a)项],大小[带有明确空白的 DIN A4 纸:《欧共体实施细则》第 4 条第 1 款(c)项],以及质量和素色背景[《实施细则》第 4 条第 1 款(e)项]。根据第 1/2005 号《审查实践》,只要设计可以被清晰地辨认,背景就视为素色。外观设计的描述可以由一件外观设计的黑白或彩色的图形或照片构成。可以混用不同类型的复制方式(例如绘图和照片),但是二者必须都是黑白的或者都是彩色的。

(c)视图的数量

根据《实施细则》第 4 条第 2 款,描述可以包含七幅不同的视图(注意:比三维的欧共体商标多一幅)。另外,欧共体立体商标的六幅视图必须是在同一个图片中,而注册欧共体外观设计的每幅视图必须是独立的图片或图纸,《欧共体商标实施细则》第 4 条第 2 款包含了计数的更多规定。视图可以是平面图、立视图、截面图或透视图,也可以对设计的局部细节视图进行放大。当整体外观设计的个别特征或细节需要强调时,这么做很有用。如果提供的视图超过七幅,审查员对多余的视图将不予注册和公告(《实施细则》第 4 条第 2 款)。审查员会审查视图在表面上是否与同一外观设计相关。描述应当限于希望得到保护的特征。但是,描述可以包括有助于识别需要保护的特征的其他因素,例如箭头或虚线。如果外观设计涉及外饰,应用该外观设计的产品可以用虚线识别,或者在外饰周围表明界限。

(d)模式

根据《实施细则》第 4 条第 3 款,如果外观设计由重复的外观模式构成,外观设计的描述必须展现完整的模式,以及重复性外观的充分局部。

(e)印刷字体

注册欧共体外观设计是保护印刷字体的恰当途径。《实施细则》第 4 条第 4 款规定了字体描述的方式(一列字母表的全部字母,大写与小写,全部阿拉伯数字,五行用字体形成的文本,全部使用 16 号字)。五行字文本通常是臆造的,较好的选择诸如"lorem ipsum…"。

5. 延迟公开的二维外观设计的样品[第1款(c)项的第二个备选项]

如果申请涉及二维的外观设计并且申请中包含了依据第50条第1款提出的延迟请求,外观设计的图样或照片可以用外观设计的样品替代。只有当上述两个条件都满足时才能提交样品。《实施细则》第5条规定了样品的细节。重要的是,样品要和申请同时到达内部协调局(《实施细则》第5条第1款第三句),并要提交五份(《实施细则》第5条第3款)。如果外观设计是一种模式,对样品的要求和描述的要求一样(即,要显示完整的模式,并且重复使用的模式的局部也要充分显示,《实施细则》第5条第4款)。

6. 对产品的指定[第2款,第3款(d)项,第6款]

申请必须进一步包含对将要包含或应用外观设计的产品的指定。可以参考《实施细则》第3条。如果有缺陷,应该通知申请人,并给予两个月时间补正缺陷。只有当缺陷未能补正时,申请才会被驳回。申请人对产品的用语应当清晰地指明产品的性质,使每一种产品都能够被归入洛迦诺分类中的某一类。依据《审查指南》6.1,审查员在明确的情况下可以把申请人的用语替换成属于洛迦诺分类的同义词。"明确的情况下"的例子是美式英语与英式英语的词汇,例如 trunk 和 boot,sidewalk 和 pavement 之类。不过,审查员应尽量避免把申请人的用语替换成更特定的词。为了加快与简化注册程序,建议使用洛迦诺分类表中列举的词汇,或者用欧洲-洛迦诺数据库(可以在 0ami.europa.eu 网站获得;另参见《实施细则》第3条第3款和《审查指南》6.2)。需要重视的是,根据第36条第6款,外观设计的分类不影响保护范围。

7. 注册欧共体外观设计申请的选择性内容(第3款)

第36条第3款包含了关于可选性内容的5项内容。其中之一[第3款(d)项——产品分类]已经在注释6中介绍了。

(a)对外观设计描述或样品的说明[第3款(a)项,《实施细则》第1条第2款(a)项]。

提交说明时,不得超过100字。必须是对设计描述所揭示的特征之中立、客观的说明。如果说明在申请日之后提交,将被拒收。说明不影响保护的范围(第36条第6款)。说明将被作为申请文件,但不记录在注册簿中或全文公开。但是,注册簿中会指明有一个说明被提交。

(b)根据第50条请求延迟公开[第3款(b)项;《实施细则》第1条第2款(b)项]

延迟公开请求必须在申请中提出,之后的请求将不予考虑。请求延迟公开可以只涉及合案申请中的某些设计(见第50条注释1及以下)。延迟请求需要缴纳延迟费,参见本条例第50条第1款和《实施细则》第6条第1款(b)项及第2款。

(c)代理人的身份(第3款c项,《实施细则》第3条第3款c项,第1条第1款e项,第77条第2款)。

在欧共体境内没有住所、主要营业场所或真实有效的工商业机构的自然人或法人,必须指定一名代理人参与注册欧共体外观设计的程序,提交申请除外。在强制代理的情况下,即使没有委托代理人,申请依然有效,但申请人会被要求委派代理人。第77条、第78条关于在欧共体外观设计事务中向内部协调局委派代理人的规定,相当于《欧共体商标条例》的第92条和第93条。除了雇员作为代理人的情形,无须提交授权书,见《实施细则》第62条第1款、第2款。这种差别对待的理由不明。一旦指定代理人,代理人的姓名和商业地址必须符合对申请人地址设定的要求[见注释1(b)]。如果有一个以上的代理人且商业地址不同,申请人应当指定其中之一作为收件地址。如果没有指定,审查员将把第一个地址作为收件地址。如果申请人、代理人或代理人团体已经被分派身份识别号,只要指明姓名和识别号即可。申请人或其代理人在欧共体商标事务中已经取得身份识别号的,可以使用该号码(见《审查指南》11.2)。

(d)对外观设计人的注明(第3款e项,《实施细则》第1条第2款d项)。

设计人有权被协调局注明并记入注册簿(第18条),因此逻辑的结果是,申请可以包含设计人或设计人团队的署名,或指明设计人或设计人团队已经放弃署名权。作为可选项,署名与放弃或欠缺对设计人的指示,不属于审查的对象。未注明设计人或未指明署名权的放弃,审查员不得提出异议。

8. 费用支付(第4款)

申请需缴纳注册和公告费,如果延迟公开,公告费将被延迟费取代(同时参见《实施细则》第6条)。根据第46条第3款,未缴费是可补救的缺陷,不是授予申请日的要件。但是,未缴费将导致申请被驳回(《实施细则》第10条第5款)。关于费用支付、数额、确保费用正确分配的必要说明等特别事项,规定在《收费条例》第5条和以下条款以及该条例的附件中。费用必须以欧元支付,只能通过银行转账支付给协调局的往来账户,如果是电子申请则通过信用卡。

9.《实施细则》对申请的规定(第5条),尤其是语言。

注册欧共体外观设计的申请还必须符合《实施细则》规定的其他条件。根据《实施细则》第1条第1款(h)项的规定,申请必须指明使用的语言及第二语言。

合案申请

第37条

(1)多件外观设计可以在注册欧共体外观设计的一项合案申请合并。除外饰之外,只有当包含或使用外观设计的产品都属于工业设计国际分类中的同一类时,才可合案申请。

(2)除了第36条第4款规定的费用外,合案申请应当缴纳额外的注册费和公告费。如果合案申请包含延迟公开的请求,额外的延迟公开费将取代公告费。额外的费用应与每件增加的外观设计的基本费用相对应。

(3)合案申请应当符合《实施细则》规定的外观设计描述的条件。

(4)每项合案申请或注册中包含的每一件外观设计在适用本条例的目的范围内可以被独立对待。尤其在被执行、被许可、成为支配权行使、执行扣押或破产程序的对象、被放弃、被续展、被转让、成为延迟公开或宣告无效的对象时应当被独立对待。只有根据《实施细则》规定的条件合案申请或注册方可被分割为独立的申请或注册。

1. 概述

可以在一项申请中合并多件外观设计，是注册欧共体外观设计制度的一大好处，它使得多个外观设计可以获得节约成本的保护，尤其是一个新颖的产品包含多个需要保护的外观设计元素时，或者是已经有一个初始创新，但有可能产生多个不同的最终特征的时候。大量的外观设计被作为合案外观设计申请。一项合案外观设计一旦被注册，在事实上是一组彼此独立的外观设计注册，可以相互独立地被转让、许可、放弃等（见下文注释4）。但是，合并于一项合案申请中的数个外观设计必须属于洛迦诺分类中的同一类，外饰除外。《实施细则》第2条包含了合案外观设计申请的其他规定。

2. 无限制的外观设计数量与统一类别。例外：外饰（第1款）。

（a）无限制的外观设计数量

一项合案申请中包含的外观设计数量没有限制。电子申请中最多包含99件外观设计的限制同样已经被解除［见第35条注释5(c),(d)］，也同样要考虑包含大量外观设计的合案申请在电子申请过程中受到的实际上的限制。对于合案申请中的每一件外观设计，申请人都要提供外观设计的描述（见第36条注释4），并指明包含或应用该外观设计的产品（第36条注释6）。申请人必须使用阿拉伯数字连续地为合案申请中包含的外观设计编号。除外饰外，合案申请中每一件外观设计所指定的产品都必须属于洛迦诺分类的同一类别。

（b）外饰

外饰是可应用于各种产品而不会实质性影响产品轮廓的附加的装饰性元素。如果合案申请的外观设计用于外饰，则不适用"统一类别"原则。申请是否涉及外饰，由申请人指明。申请人的决定不受深度审查。但是，如果审查员的初步印象对外观设计属于外饰存疑，可以提出异议。

（c）不同类别的产品

如果合案申请指定的产品(涉及外饰以外的外观设计)不属于同一类别,审查员会要求申请人拆分合案申请,并在两个月缴纳因拆分导致的额外的费用(见《实施细则》第10条第3款(d)项第3段)。需缴纳的费用总额由审查员计算。如果申请人遵守要求,原始申请日将予保留[《实施细则》第10条第3款(d)项第4段]。申请人也可以撤回部分申请。如果申请人在规定时间内没有遵守拆分申请或缴纳费用,申请将被整体驳回。

3. 合案申请的费用支付

合案申请需要缴纳注册费和增加的每一件外观设计的额外公告费[《实施细则》第6条第1款(c)项、(d)项]。如果合案申请包含延迟公开请求,被请求延迟的每一件外观设计的额外公告费将被额外的延迟费所取代[《实施细则》第6条第1款(d)项]。如果合案申请的费用未足额缴纳,申请人将被给予一定的足额缴纳的时间期限[《实施细则》第10条第3款(b)项],如果协调局未按期收到费用,申请将被驳回(《实施细则》第10条第5款)。如果费用未足额缴纳,支付费用未包含的额外的外观设计的申请将被驳回(《实施细则》第10条第6款第1段)。除非申请人自己说明了放弃哪些外观设计,审查员将按排序确定(《实施细则》第10条第6款第2段)。

4. 合案外观设计申请的描述(第3款)

显然,合案申请中每一件外观设计的描述都应当符合《实施细则》对描述的要求。

5. 权利束(第4款)

合案申请中的每一件外观设计都是独立的,各有其自身的命运。尤其是可以被相互独立地执行、许可、支配、扣押、破产清算、放弃、续展、转让、延迟公开或宣告无效。在符合《实施细则》第2条第2款和第10条第3款(d)项的条件下,合案申请或注册可以被拆分为独立的申请或注册。即,仅在合案申请包含了属于洛迦诺分类的不同类别的外观设计时,可得拆分。

申请日

第 38 条

(1) 注册欧共体外观设计的申请日应为申请人将包含第 36 条第 1 款规定之信息的文件提交给协调局之日,或者,如果申请已经向成员国的中央工业产权局或比荷卢外观设计局提交的,为向该局提交之日。

(2) 作为对第 1 款的限制,如果申请向成员国中央工业产权局或比荷卢外观设计局提交,自包含第 36 条第 1 款规定之信息的文件提交之日起超过两个月才到达协调局的,申请日应为协调局接收文件之日。

1. 概述(第 1 款)

本条相当于《欧共体商标条例》第 25 条第 3 款和第 27 条有关欧共体商标的规定。注册欧共体外观设计的申请日应为包含第 36 条第 3 款规定之信息的文件提交至协调局之日,或者是提交至成员国的中央工业产权局或比荷卢外观设计局之日——只要申请在该局接收之日起两个月内到达协调局。

2. 国内或区域性机构对申请转递的延迟(第 2 款)

如果申请在接收日起两个月以后才到达协调局,协调局的接收日将被视为申请日。这种情况下申请人很难获得补救,因此极力推荐直接向协调局申请,尤其是采用电子方式,以确保协调局准确及时地接收申请。

欧共体申请与国内申请的等同

第 39 条

已经取得申请日的注册欧共体外观设计的申请在成员国内相当于普通的国内申请,包括取得该申请的优先权。

含义

如同《欧共体商标条例》第 32 条对欧共体商标的规定,第 39 条规定,注册欧共体外观设计的申请具有成员国国内普通申请的相同效力。这一点尤其涉及优先权主张,欧共体申请可以作为在后相同外观设计的优先权主张的基础,无论是在欧盟成员国、巴黎公约成员国、WTO 成员国,还是在与欧盟就此订立了协议的国家(见第 4 条第 2 款)。

分类

第 40 条

在本条例目的范围内,1986 年 10 月 8 日在洛迦诺签署的《确立工业设计国际分类的协议》应作为本条例之附件。

含义

2009 年 1 月 1 日,洛迦诺分类表第 9 版实施(协调局局长第 2/08 号通讯)。新版本采用之后,已有的申请和注册维持现状,新版本只适用于其生效之后提交的申请(见第 36 条注释 6,关于申请中产品的指定,协调局的工具数据库 EuroLocarno 提供了便利)。

第二节　优先权

第 41 条

(1)在《保护工业产权巴黎公约》或《成立世界贸易组织协定》的成员国合法提起了外观设计或实用新型申请之人或其权利继受人,为了就相同的外观设计或实用新型提起注册欧共体外观设计的申请,可自首次申请之日起六个月内享有优先权。

(2)根据申请提起所在国的国内法,或根据双边或多边条约等同于正规国内申请的申请,均应享有优先权。

(3)"正规国内申请"是指提交的申请足以确定申请日,无论申请的结果如何。

(4)一个在后的外观设计申请,如果该外观设计是在先首次申请的主题,且该在先申请已经在或为了相同国家提起,在确定优先权的目的范围内应被视为首次申请,只要在后申请提出之日在先申请已经被撤回、放弃、驳回,但没有开放给公众查询,并且没有留下任何未决的权利,也没有作为主张优先权的基础。在先申请此后不得再作为主张优先权的基础。

(5)如果首次申请提起的所在国不是《巴黎公约》或《成立世界贸易组织协定》的成员,仅在该成员国根据公开的调查以协调局的申请为基础,根据本条例相同的条件,授予同等效力的优先权时,第1至4款方得适用。

1. 概述

第41条来源于《巴黎公约》第4条并且与《欧共体商标条例》第29条相当。优先权可以基于在先的(首次)申请而提出。优先权也可以基于根据《专利合作条约》而提出的在先专利申请,因为该条约第2条第2款(i)项对"专利"的定义很宽泛。不过,鉴于第41条的明确措辞,在先权利不能包括在先商标或版权申请,尽管它们的标的常常与在后外观设计申请的标的相同或至少包含在后的外观设计申请的标的。

2. 进一步的要件和特定的相关优先权

《实施细则》第8条包含了更多的有关注册欧共体外观设计申请优先权的规定。注册欧共体外观设计的优先权只能自在先申请之日起六个月内提出,该时限不适用"恢复原状"条款(见第67条第5款)。可以主张多项优先权,尤其是在合案申请中当包含于合案申请的外观设计已经分别在或向前述任何成员国提出申请。如果首次申请所在的国家不是《巴黎公约》或《成立世界贸易组织协定》的成员,也可以主张优先权,但仅当该国家以欧盟同等的条件授予优先权时方可。某国家的授权条件是否与欧盟成员国的授权条件相同,由欧盟委员会确定。一个有效的优先权主张之后,在先申请的命运如何无关紧要(第41条第3款)。如果合案申请中包含的外观设计受到多个在先申请或注册的保护,可以主张多个优先权。和商标一样,优先权请求通常需要权利人的身份证明(除了外观设计的身份证明之外),但是,优先权可以独立于在先申请而转让。至于申请手续、所需文件和适用的时限,见第42条,注释2—3。

优先权之主张

第 42 条

注册欧共体外观设计的申请人若意欲行使在先申请的优先权,应提交优先权声明以及在先申请的复印件。如果在先申请的语言不属于协调局的任何工作语言,协调局可要求提交属于任何工作语言之一的在先申请译本。

1. 概述

第 42 条与《欧共体商标条例》的第 30 条相同(见《欧共体商标条例》第 30 条的注释)。不过要注意的是,主张注册欧共体外观设计优先权和欧共体商标优先权的时效不同(外观设计是申请之日起一个月内,而商标是申请之日起两个月,见《实施细则》)。

2. 主张优先权的时效和文件(《实施细则》,第 8 条第 1、2 款)

优先权主张可以在申请时提出,也可以在提交注册欧共体外观设计申请之日起一个月内提出(《实施细则》第 8 条第 2 款)。优先权声明中应指明在先申请的时间与所在国。如果优先权是在申请中主张,申请人应在提出欧共体外观设计申请之日起三个月内,指明在先申请的申请号并提交复印件,或适格优先权的证明复印件或主管部门颁发的注册证书的复印件。如果优先权的主张是在申请提出之后,三个月自优先权主张之日起算。不过,和欧共体商标注册一样,"三个月"是一个"软"期限,如果时限没有被遵守,协调局不会驳回优先权,而是会确立两个月的时限补救缺陷。

3. 优先权资料

只要提交优先权的复印件就可以被协调局接收,不需要提供证书。但是,如果外观设计是彩色的,必须提交彩色资料。

4. 审查

优先权声明作出之后,协调局会审查是否符合形式要件和某些实质要件。实质审查方面,只限于申请人的身份(或者优先权声明是否已有效地转让)。根据协调局在 2009 年 1 月《阿利坎特新闻》的报道,协调局不再审查优先权的标的和申请标的是否一致。因此,它也接收不包含优先权声明所依据的在先外观设计视图的优先权文件。如果审查发现缺陷,协调局会通知申请人并要求其在一定期限内补正,补正期限通常为两个月[见《实施细则》第45条第2款(d)项;第10条第3款(c)项;第57条第1款]。如果在此期限内缺陷未补正,整个申请的优先权丧失(《实施细则》第64条第4款;第10条第7款),或者当合案申请中受影响的仅为部分外观设计时,该部分外观设计的优先权丧失(《实施细则》第10条第8款)。

优先权的效力

第43条

在第5条、第6条、第7条、第22条和第25条第1款(d)项以及第50条第1款的目的范围内,优先权日应当被作为注册欧共体外观设计的申请日。

含义

一个有效的优先权请求的结果是,优先权日被当作注册欧共体外观设计的申请日。这一点的重要性不仅体现于优先权对抗第三人权利,而且也决定了注册欧共体外观设计是否具有新颖性(第5条)和个性(第6条),是否已公之于众(第7条),是否必须赋予第三人以优先使用权(第22条),或者注册欧共体外观设计是否可被宣告无效[第25条第1款(d)项]。同时也涉及请求延迟公开外观设计(第50条第1款)。不过,优先权日不影响申请程序自身应当遵守的时限。

展览优先权

第44条

(1)如果注册欧共体外观设计的申请人已经在官方举办的或被官方承认的国际展览会上公开了含有或应用该外观设计的产品,该展览会合乎1928年11月22日签署于巴黎并最后修订于1972年11月30日的《国际展览会公约》的条款,如果该申请人在上述产品首次公开之日起六个月内提出申请,可以在第43条规定的意义上主张基于此公开日的优先权。

(2)希望依据第1款主张优先权的申请人,根据《实施细则》规定的条件,必须提交其已经在展览会上公开了包含或应用外观设计之产品的证据。

(3)在某个成员国或第三国被授予的展览会优先权不得超过第41条规定的优先权期限。

1. 主张展览会优先权的条件(第1款)

本条相当于《欧共体商标条例》的第33条。展览会优先权只能基于《国际展览会公约》规定的官方承认的国际展览会产生,例如世界博览会。只有自外观设计首次展览之日起六个月内提出注册欧共体外观设计申请的,才能授予优先权。

2. 如何主张优先权(第2款)

如果申请中已经主张了优先权,申请人必须连同申请或最晚于申请提交之日起三个月内,提交展览会上由负责保护工业产权的主管机关颁发的证书。更多细节见《实施细则》第9条。

3. 优先权的最长期限(第3款)

依据第41条,优先权的最长期限是六个月。在任何情况下,该期限都不得被成员国或第三国的展览会优先权延长。

第五节　　注册程序

对申请的形式审查

第45条

(1)协调局应当审查申请是否符合第36条第1款关于赋予申请日的要求。

(2)协调局应当审查:

a. 申请是否符合第36条第2、3、4、5款规定的其他条件,以及在合案申请是否符合第37条第1、2款;

b. 申请是否符合《实施细则》中关于实施第 36 条和第 37 条的形式要求；

c. 是否符合第 77 条第 2 款的要求；

d. 在主张优先权的情形下是否符合优先权的条件。

(3)关于申请的形式审查的条件应当在《实施细则》中规定。

1. 概述

第 45 条和第 46 条规定协调局对形式要件的审查。第 47 条涉及(极少数)注册的实质性要件，第 48—50 条规定注册、公告和延期。第 45 条和第 46 条规定的形式审查在《实施细则》第 10 条中得到补充(见第 45 条第 3 款)。

2. 注册欧共体外观设计申请的最低条件的审查(第 1 款)

协调局审查申请是否符合第 36 条第 1 款关于赋予申请日的条件，即是否至少包含：注册欧共体外观设计的请求；申请人的信息；对可复制的外观设计的描述；请求延迟公开的二维外观设计的样品(见第 36 条，注释 5)。根据第 46 条第 1 款和《实施细则》第 10 条第 1 款，如果存在缺陷，申请人有机会补正，如果缺陷在规定时间内得到补正，补正之日为申请日(见第 46 条第 2 款；《实施细则》第 10 条第 2 款)。如果缺陷没有得到补正，申请视为未提交。

3. 其他条件的审查(第 2 款)

还应对申请是否符合第 36 条第 2—5 款的规定进行审查(见第 36 条，注释 6—9)。对合案申请应审查是否符合第 37 条的其他条件(见第 37 条，注释 4)。此外，协调局必须保证申请符合《实施细则》规定的实施第 36 条和 37 条的形式要件，以及符合第 77 条第 2 款规定的外观设计描述的一般原则。在涉及优先权请求时，还要符合优先权的条件。

可补救的缺陷

第 46 条

(1)在依据第 45 条进行审查时，如果协调局发现存在可以纠正的缺陷,应当要求申请人在规定期限内予以补正。

(2)如果缺陷涉及第36条第1款规定的条件,并且申请人在规定期限内达到了协调局的要求,协调局应当把缺陷补正之日确定为申请日。如果缺陷没有在规定期限内补正,该申请不应被视为注册欧共体外观设计申请。

(3)如果缺陷涉及第45条第2款(a)、(b)、(c)项规定的条件,包括缴费要求,并且申请人在规定时间内达到协调局的要求,协调局应将原始的申请日期作为申请日。如果在规定期限内缴费瑕疵没有被补正或没有缴费,协调局应当驳回申请。

(4)如果缺陷涉及第45条第2款(d)项规定的条件,未能在规定期限内补正的,将丧失申请的优先权。

含义

第46条规定了可以补正的缺陷。对相应条件的规定,也涉及《实施细则》第10条(见第36条和第37条的注释)。

不得注册的事由

第47条

(1)在依据第45条进行审查时,如果协调局发现寻求保护的外观设计:

a. 不符合第3条(a)项的定义;或

b. 违反公共政策或公认的道德准则,应当驳回申请。

(2)在允许申请人撤回、修正申请或提交意见之前,不得驳回申请。

1. 审查的范围(第1款)

注册程序不包括对保护的实质性要件的审查,以使申请人和协调局的程序负担降到最低。但是,有两个实质性理由可以驳回申请:申请的标的不符合第3条(a)项的外观设计的定义,或者外观设计违反公共政策或公认的道德准则(见第3条注释2和第9条的注释)。如果发现不得注册的事由,审查员连同其它申请缺陷一并告知申请人,允许其在两个月内补正。如果申请人在规定时间内未能消除禁止注册的事由,应驳回申请。

2. 申请的撤回或补正（第 2 款）

根据第 47 条第 2 款，在申请人被允许撤回、补正申请或提交意见之前，不得驳回申请。撤回当然可在任何时候做出，在合案申请的某一个或某几个外观设计存在缺陷时撤回尤其有意义（见《实施细则》第 12 条第 1 款）。至于修正，原则上说，存在缺陷并不意味着对外观设计描述一定有修正的可能，如果超出了"明显的错误"：根据《实施细则》第 12 条第 2 款，依据申请人的请求，只有申请人或代理人的姓名和地址、拼写或打印错误，或其他明显的错误可以被修正。尽管如此，既然第 25 条第 6 款允许注册欧共体外观设计在部分无效的情况下以修正的方式得到维持，对审查阶段的缺陷也同样适用，只要外观设计的资格得到维持。《实施细则》第 12 条第 3 款规定了依据细则第 12 条第 2 款请求补正的形式要件。据此规定，请求应当包含申请号、申请人或代理人的姓名与住址、对需要补正的申请元素的说明，以及更正后的版本。该形式要件的缺陷还可以在协调局进一步指定的期限内得到补正。

注册

第 48 条

如果申请注册欧共体外观设计的条件已经满足，并且依据第 47 条申请没有被驳回，协调局应当在欧共体外观设计注册簿上把申请登记为注册欧共体外观设计。注册应当标明第 38 条规定的申请日。

1. 概述

注册是注册欧共体外观设计存在和保护的要件，尤其是第 19 条第 1 款规定的权利以注册为前提。有趣的是，《欧共体商标条例》的第 9 条第 3 款规定欧共体商标的注册必须公告才能产生《欧共体商标条例》第 9 条第 1、2 款的效力，而与此不同，本条例的第 19 条第 1 款只要求注册而非公告。不过，这种差别意义甚微，因为公告通常紧随注册之后（见第 49 条注释 1）。第 19 条第 3 款对延迟公开规定了一个例外。在注册和最终公告之间，注册欧共体外观设计可以享有未注册欧共体外观设计的保护，尽管其没有被披露(不过还要参见第50条,注释9)。通常注册应当在三个月内完成。单一的外观设计或少量的外观设计申请在顺利的情况下,甚至可能在一个星期内完成注册(至少在本文撰写之时是如此)。

2. 注册的细节

如果申请已经根据第47条的实质性条件审查,申请中包含的外观设计和《实施细则》第69条第2款规定的事项将记载于注册簿(同时参见《实施细则》第13条)。《实施细则》第69条第1款规定,注册簿可以电子数据库的形式保存,协调局已经选择了此做法。根据《实施细则》第69条第2款,大体而言,所有界定外观设计的细节、优先权、确定保护范围的细节以及相关主体的细节(设计人、权利人、代理人)都应当公告。至于样品或解释说明,只需提及其存在[《实施细则》第69条第2款(n)、(o)项],但皆不需公告。如果存在延迟公开的请求,延迟的最后期限也应登记[《实施细则》第13条第2款,第69条第2款(m)项]。

3. 注册证书

根据《实施细则》第17条,协调局颁发包含所有注册项目的注册证书,但是在依据第49条公告之前不予颁发。

4. 费用不返还

根据《实施细则》第13条第3款,根据《实施细则》第6条第1款应支付的费用(即所有与注册欧共体申请相关的费用)不予返还,即使申请未获注册。尽管如此,当申请视为未提交时,或支付超过了应付数额时——例如,在合案申请中对外观设计的数量发生计算错误,协调局无权保留费用而应予返还。

公告

第49条

一经注册,协调局应当在第73条第1款规定的《欧共体外观设计公报》上公告注册欧共体外观设计。公告的内容由实施细则确定。

1. 概述

除非申请中请求延迟公开,在注册之后应当立即在《欧共体外观设计公报》中公告(《实施细则》第 14 条第 1 款)。在实践中,注册与公告的时间差不超过 3 个工作日。如果合案申请中包含了延迟公开部分外观设计的请求,公告限于未请求延迟的部分外观设计。

2. 公告事项

《实施细则》第 14 条第 2 项详细规定了需要公告的注册事项。这些事项对应于《实施细则》第 69 条第 2 项规定的注册事项,当然还包括公告日期。

3. 公告的效力

(a)注册证

公告之后,协调局将颁发注册证,证书上包含依据第 69 条第 2 款注册在注册簿上的事项,并且包含"上述事项已经注册于注册簿"的声明(《实施细则》第 17 条第 1 款)。

(b)法律效力

结合第 19 条第 1 款和第 1 条第 2 款(b)项以及第 19 条第 3 款(同时参见第 48 条,注释 1),公告不是注册欧共体外观设计的生效要件。尽管如此,在延迟公开的情形下,如果后来的公告条件没有满足,注册欧共体外观设计将失效(见第 50 条,注释 4)。

延迟公开

第 50 条

(1)注册欧共体外观设计的申请人在提交申请时可以请求把外观设计的公告推迟到自申请之日起的 30 个月之后,如果主张优先权日,则自优先权之日起算。

(2)依据上述请求,如果满足第 48 条规定的条件,注册欧共体外观设计可以被注册,但依据第 74 条第 2 款,对外观设计的描述以及任何与申请有关的材料都不得允许公众查询。

(3)协调局应当在《欧共体外观设计公报》中告知注册欧共体外观设计的公告延迟。此告知应同时公布权利人的身份信息、申请日,以及实施细则规定的其他事项。

(4)延迟期限届满后,或者应权利人的请求在延迟期限之前的任何时间,协调局应当开放所有注册事项,以及与申请有关的材料供公众查询,并于实施细则规定的时限内在《欧共体外观设计公报》上公告注册欧共体外观设计,但应满足下列条件:

a. 已缴纳公告费,并且在合案申请的情况下已缴纳额外的公告费;

b. 如果已经选择了第36条第1款(c)项规定的做法,权利人已经向协调局提交对外观设计的描述。

如果权利人未能满足上述条件,注册欧共体外观设计应被视为自始不产生本条例赋予的效力。

(5)在合案申请的情形,第4款只需适用于公开请求中包含的部分外观设计。

(6)在延迟公开期间,基于注册欧共体外观设计而提起法律诉讼的,应当首先把注册信息以及与申请相关的材料提供给诉讼所针对的主体。

1. 概述

注册欧共体外观设计的申请人可以请求延迟公开。延迟公开可以在申请之日起或优先权之日起30个月内避免公众知悉新的外观设计。这样有利于新颖的设计达到惊人的效果,避免其他人作出类似的设计,或者当某种产品设计仅仅是研发过程的中间成果时避免最终的新成果被泄露。在延迟公开的情况下,欧共体外观设计的注册也要马上公告,但不公开对外观设计的描述也不指定产品(首次公告)。《实施细则》第50条第1款和第15条第1款规定了延迟的请求——结合第36条第1款(c)项,后者允许提交二维外观设计的样品。延迟公开之外观设计申请的注册和首次公告,由《实施细则》第50条第4款和第15条第1、2款规制。第50条第5项规定了合案申请的延迟公开。第50条第6款明确指出,如果外观设计权利人在延迟公开期间希望对第三人实施其权利,应向利害关系人披露外观设计。为此目的,外观设计权利人可以取得一份经过鉴定的或未经过鉴定的注册摘要,摘要包含对外观设计的描述或任何其他界定外观设计的事项[《实施细则》第73条(b)项]。

2. 延迟的请求(第1款)

延迟公开的请求是任选的,但必须在提交申请时作出[同时见《实施细则》第1条第2款(b)项]。如果延迟请求被遗漏,首先的补救是撤回申请并重新提交带有延迟请求的申请,并且缴纳延迟费而非公告费[《实施细则》第6条第1款(b)项]。

3. 注册与延迟公开的欧共体外观设计申请之首次公告(第2、3款)

如果申请满足第48条规定的要求,申请中包含的外观设计和《实施细则》第69条第2款规定的事项将记载于注册簿(见第49条,注释1—2)。但是,一旦公开被延迟,第三人能够获悉的和注册相关的事项受到限制。能够获悉的信息包括权利人或代理人(如果有的话)的姓名、申请日、注册日和申请号。外观设计的描述和所指定的产品都不公开。第50条第2款需结合《实施细则》第74条第2款,后者为具有法律利害关系的当事人查询材料规定了例外。尤其是当利害关系人可以证明外观设计的权利人已经针对自己采取实施外观设计权的行动时。因此,这是在权利人被迫依据第50条第6款于诉讼中披露之前,获知注册欧共体外观设计的一种途径。

4. 延迟期限(第1款,第4款)

公开的延迟期限是从申请日或优先权之日(如果有优先权)起30个月。请求延迟较短的期限不能被接受,依然被视为请求延迟30个月。但是,一旦外观设计被注册,权利人可以在30个月届满前的任何时间请求公开。一旦作出此种请求,必须立刻满足本应在延迟期限届满后符合的要求(第50条第4款;《实施细则》第15条第1款;如果未满足,注册欧共体外观设计视为无效)。协调局不会向申请人或其代理人发送延迟期限的提醒通知(《审查指南》,15.3)。遵守时限是申请人或其代理人的责任。如果在申请中或申请之后主张了优先权,需要特别注意,因为优先权日将决定延迟的时限。如果合案申请中的不同外观设计主张了不同的优先权日,更要加倍注意。此时,同一个注册之下可能存在几个不同的延迟时限。这需要小心地记录。

5. 二次公告的要求(第 4 款)

在请求公开之时,或者最迟在申请日或优先权日起的第 27 个月的最后一天(见《实施细则》第 15 条第 1 款),权利人必须缴纳与延迟的注册欧共体外观设计相关的公告费[第 50 条第 4 款(a)项;《实施细则》第 15 条第 1 款(a)项、(b)项]。并且,当外观设计的描述被样品取代时,还应依据《实施细则》第 4 条[第 50 条第 4 款(b)项;《实施细则》第 15 条第 1 款(c)项]提交正确的外观设计描述。如果是合案申请,且权利人选择请求公开某几个外观设计,依据第 50 条第 5 款其有权如此选择,但应当指明希望公开的外观设计。如果此种请求在 30 个月的期限届满前作出,其他的外观设计依然被延迟,除非它们被明确地弃权。如果最后期限届满,其他外观设计应当被弃权或被视为无效("自始不产生本条例赋予的效力")(《实施细则》第 15 条第 4 款)。

6. 缺陷

如果公告请求中存在缺陷,协调局通知权利人并设定补正期限(《实施细则》第 15 条第 2 款)。通常期限是两个月,但无论如何不能超过 30 个月的法定延迟期。如果缺陷在规定时间内没有补正,而请求是为了提前公开,则该请求"应视为未提交"[《实施细则》第 15 条第 3 款(b)项]。因此,部分费用应当被返还。如果协调局设定的补正时限与 30 个月的延迟期的最后期限重合,未满足要求的注册欧共体外观设计则被视为自始无效[《实施细则》第 15 条第 3 款(a)项]。《实施细则》第 15 条第 4 款规定了费用支付的瑕疵。如果《实施细则》第 15 条第 1 款(a)、(b)项规定的公告费没有在 30 个月延迟期的最后三个月内支付,依据《实施细则》第 15 条第 4 款第 1 段和本条例第 107 条第 2 款(b)项,应当支付滞纳金。滞纳金的数额是固定的而非按应缴费用的百分比计算(依据《收费条例》的附件第 8 条,目前是 30 欧元),除非涉及合案申请。在合案申请时,第一件外观设计的滞纳金是固定数额,额外费用的滞纳金是全部应缴费用的 25%(《收费条例》附件第10条)。如果权利人请求了提前公开但没有缴费,他无须支付滞纳金,只需撤回请求而后重新申请并按规定缴费即可,但必须在30个月延迟期的最后三个月内作出。

7. 延迟后的公告(第4款)

在延迟期届满前或依据提前公开的请求,如果符合了相关要求,协调局应尽可能地迅速公开注册欧共体外观设计(《实施细则》第16条第1款)。除了《实施细则》第14条第2款规定的事项外(第49条,注释2),公告应注明申请中请求了延迟以及提交了样品(如果有的话)。申请材料和注册簿上的记载事项可供公众查询[第74条;《实施细则》第16条第1款(b)、(c)项以及第74条]。但是,对于合案申请中未请求公开的外观设计以及相应费用未缴纳的外观设计,不得供公开查询(《实施细则》第16条第2款)。

8. 合案申请

关于合案外观设计,第50条(乃至整部条例)用"合案申请"之谓,尽管此时欧共体外观设计已经注册。在延迟公开的情形,合案申请中各外观设计的独立性依然保留,每件外观设计有其独立的效力(参见第37条,注释5)。上文已述,每件外观设计可以被单独放弃,可以请求提前公开,也可以在延迟期届满时公开,并且任何瑕疵只会影响一件或几件外观设计(第50条第4款、第5款)。如果缴费不足,处理方法和即时公开相同,即:协调局会审查所缴费用已经明确指定了哪些外观设计,如果未指明,则根据编号顺序进行公告(《实施细则》第15条第4款第4段;同时参见第37条,注释4)。

9. 诉讼中的披露(第6款)

在注释1中已述,结合第50条第6款和第19条第2款,延迟公开的注册欧共体外观设计权利人可以主张外观设计权,其权利视同未注册外观设计权。不过,在这种情况下,权利人必须披露其注册信息以及与申请相关的信息。

第六节 注册欧共体外观设计权的放弃与无效

放弃

第 51 条

（1）放弃注册欧共体外观设计权的声明应由权利人以书面形式向协调局作出。权利放弃记载于注册簿之后方生效力。

（2）如果被放弃的欧共体外观设计是延迟公开的，视为自始不产生本条例所赋予的效力。

（3）注册欧共体外观设计可以被部分放弃，只要修正的形式符合保护条件，并且外观设计的资格被保留。

（4）只有经过注册簿上记载的权利人同意，弃权方可被记载于注册簿。如果存在已登记的许可，只有当注册欧共体外观设计权利人证明其已经将弃权意图通知了被许可人时，弃权方可被记载于注册簿。登记应在实施细则规定的时限内作出。

（5）如果已有注册欧共体外观设计权属的诉讼依据第 14 条向欧共体外观设计法院提起，未经原告同意，协调局不得进行弃权登记。

1. 弃权声明（第 1 款）

根据第 51 条，已注册的欧共体外观设计权可以被自愿放弃，放弃声明必须为此目的而提交给协调局。

（a）书面形式。弃权声明必须以书面形式提交。没有正式的格式要求，因此可以采用书信的形式。《实施细则》第 27 条第 1 款列举了弃权声明必备的要素，包括：外观设计的注册号[（a）项]；权利人的姓名与住址[（b）项]；权利人之代理人（如果有的话）的姓名与住址[（c）项]；如果注册外观设计权包含多件外观设计，弃权是否仅限于其中一件或多件，并应指明要放弃哪几件[(d)项];如果是部分放弃(见下文注释3),需有修正后的外观设计权的描述[(e)项]。根据《实施细则》第27条第4款,如果弃权声明存在任何瑕疵,协调局应当通知权利人(或其代理人)在规定期限内补正,未经此程序,协调局不得直接登记弃权。在实践中,允许随后提交第二次弃权申请。

(b)由权利人提出。弃权声明必须由权利人提出,即注册欧共体外观设计所登记的持有人。

(c)弃权声明的生效日期。弃权声明在申请提交至协调局之时并不生效,只有被实际记载于注册簿时才生效。之所以如此,因为要通知被许可人,并且通知需要一定的时间。不过,请参见以下注释2,对于延迟公告的注册外观设计规定了一个例外。

2. 延迟公告时的弃权(第2款)

在正常情况下,一项被放弃的注册外观设计应被视为已经存在,其效力于弃权之日终止[见上文注释(c)]。这意味着外观设计权对诸如弃权之日以前发生的侵权等行为具有溯及力,但是,如果注册外观设计权被放弃之时仍处于延迟公告阶段,根据第52条第2款,将被视为自始不存在。这是因为处于延迟期的外观设计不为公众所知,因此不具有溯及力方为合理。

3. 部分弃权(第3款)

注册外观设计权可以依据第51条第3款被部分放弃。部分放弃不是指放弃在部分地域的权利,这样做违背了基本的单一性原则。部分弃权是指权利人可以放弃外观设计的某些方面或某些要素。权利人弃权的目的可能是为了避免被宣告无效或对方在侵权诉讼中提起反诉。部分弃权的前提是修正后的外观设计依然符合本条例规定的保护条件,并且维持了外观设计的资格。自弃权之日起,部分弃权将导致注册外观设计权受到限缩,但在此之前未放弃的部分也具有效力。如果注册外观设计在弃权时处于延迟公告状态则除外(见上文注释2)。

4. 对被许可人的预先通知(第4款)

在弃权被记载于注册簿生效之前,必须向协调局证明权利人已经将弃权意图告知了所有的被许可人。这一点规定在第51条第4款,要求权利人向协调局证明已经告知。在实践中,在权利人证明其告知之后满3个月,弃权方可登记(第51条第4款第三句,和《实施细则》第27条第2款第二句)。例外的情况是,如果被许可人在三个月期限届满前明确地同意弃权,则可以即时登记(《实施细则》第27条第2款第三句)。在何种程度上被许可人可以反对注册外观设计权的放弃,这并不清楚。如果当事人会因为弃权受到不利影响,可以对协调局同意弃权的决定进行上诉(第56条)。三个月的通知期限使被许可人或其他利害关系人可以反对弃权登记,不过,他们多半是向法院主张权利人违反合同义务。《实施细则》第27条第2款第一句提到在注册簿上记载的与注册欧共体外观设计相关的第三人(被许可人以外的),例如共有人,并规定第三人的同意声明将构成其允许弃权的充分证据。

5. 在其他程序中的弃权(第5款)

如果当弃权申请向协调局提起时,有关注册欧共体外观设计权属的诉讼依据第14条正在进行,该弃权不得记载于注册簿。因此,没有原告的同意,弃权不生效。依据《实施细则》第27条第3款,原告或其代理人的同意声明可以构成"同意"的充分证据。

申请宣告无效

第52条

(1)在符合第25条第2、3、4、5款的前提下,任何自然人或法人以及有资格的公共机构,可以向协调局申请宣告注册欧共体外观设计无效。

(2)申请必须是书面的包含理由的陈述。在申请宣告无效的费用缴纳之前,申请视为未提交。

(3)如果关于同一标的和同一理由,且涉及相同当事人的申请已经受到欧共体外观设计法院的裁判,并且已经作出最终裁决,该无效宣告申请不得被受理。

1. 概述

第52条规定了无效宣告申请的提交。由于和《欧共体商标条例》不同,在注册欧共体外观设计授权之前没有异议程序,因此本条例中唯一的反对注册欧共体外观设计效力的机制就是无效宣告。无效宣告申请应向协调局提交,具体处理的部门是外观设计部的无效审查处。宣告注册欧共体外观设计无效的请求也可以在欧共体外观设计法院审理的侵权诉讼中以反诉的方式提起。无效宣告可由任何自然人或法人提起,不过要遵守第25条的诸款规定[见下文注释2(a)]。无效宣告也可以由具备资格的公共机构提起[第52条第1款,见下文注释2(b)]。根据本条提起的申请必须采取书面形式并缴纳适当的费用[第52条第2款,下文注释3(f)]。为了避免重复诉讼,第52条第3款详细规定了哪些情况下无效宣告申请不得提起(见下文注释4)。

2. 申请资格(第1款)

(a)任何自然人或法人

虽然基本的立场是对于无效宣告申请没有资格限制,但依然要以遵守第25条第2、3、4、5款为前提。总体而言,这些条款规定,基于相对理由提起无效请求的,申请人必须是在先权利人或国家主管机构[见下文(b)以及第25条注释6]。如果是基于其他理由,例如外观设计不符合第3条(a)项[根据第25条第1款(a)项]或因欠缺个性特征而不符合第6条[依据第25条第1款(b)项],则申请人没有资格限制,只要是自然人或法人。

(b)有资格的公立机构

第25条第5款规定,某些无效理由[根据第25条第1款(d)项有在先注册的外观设计,或根据第25条第1款(g)项对《巴黎公约》第6条之三规定的任何标志的不当利用]可以由成员国的"适当的机构"主张。第52条第1款认可公共立构有可能成为无效宣告申请人——只要其被赋予这种资格。本条例没有说明如何获得该资格以及资格的范围。第25条第5款当然限定了上文提到的特定的无效理由,但第52条第2款也可能被扩大适用,有可能赋予公共机构一种请求宣告无效的一般性资格。

3. 申请必须是书面的包含理由的陈述(第 2 款第一句)

(a)书面要件

无效宣告的申请必须以书面形式向协调局提交。为此目的有一个官方格式,虽然协调局关于无效宣告的指南(在下文第 52 条至第 54 条的注释中简称为"无效指南")强烈推荐申请人采用该格式(第 3.1 段),但不是强制性的。原则上,也没有关于何时必须提出无效宣告申请的正式期限限制。

(b)关于内容的一般要件

第 52 条第 2 款规定,申请必须是书面的含理由的陈述。在程序上,申请必须包含便于协调局处理申请的全部信息。这些信息包含两个层面,其一是申请的实质内容;其二是《实施细则》第 30 条规定的可受理性。

(c)内容要件:实质性

就实质内容而言,申请必须包含所依据的事实、证据和理由(《实施细则》第 28 条第 1 款 b 项 vi)。这一点非常重要,因为依据第 63 条第 1 款,协调局不可能在无效宣告程序中主动地提出(见第 63 条,注释 2—3)。

(d)内容要件:可受理性

无效申请可以基于下列理由被驳回:语言问题[本条例第 98 条第 4 款和《实施细则》第 29 条,见下文(e)];或者未缴费[《实施细则》第 30 条第 2 款,见下文(e)]。此外,《实施细则》第 30 条第 1 款规定,如果申请不符合《实施细则》的第 28 条第 1 款,或不符合本条例或《实施细则》的其他任何条款,协调局应当允许申请人在指定时间内补正(在实践中是两个月——见《无效指南》第 4 段),未能补正的将因欠缺可受理性被驳回。该程序适用于所有的可受理性事项,除了第 52 条第 3 款规定的禁反言原则[见下文(f)]。《实施细则》第 28 条第 1 款详细地规定了申请必须包含的内容,分别用三项规定了申请的要件。其中,第(a)项包括作为无效宣告对象的外观设计本身的信息,尤其是注册号、权利人的姓名与地址。第 b 项涉及申请所依据的理由。它规定,首先申请必须实际包含理由陈述(第 28 条第 1 款 b 项 i)。第 28 条第 1 款(b)项(ii)到(v)规定,对申请所依据的与第 25 条第 1 款规定的相对理由有关的任何在先权利,必须提供其详情。特别是当

第四章　注册欧共体外观设计的申请　　499

按照第 25 条第 1 款 d 项以在先的注册欧共体外观设计或国内外观设计为据时,界定外观设计以及依据第 25 条第 3 款证明申请人权属的文件必须被提供[第 28 条第 1 款(b)项(ii)];当分别依据第 25 条第 1 款 e 项或 f 项主张在先的显著性标记权或版权时,必须提供界定该标志或版权以及申请人权属的文件[第 28 条第 1 款(b)项(iii)];根据第 25 条第 1 款 g 项如果涉及对《巴黎公约》第 6 条之三列举的标志的不当使用,界定相关标志和证明申请人是第 25 条第 4 款规定的"所涉及的主体"的文件必须被提交[第 28 条第 1 款(b)项(iv)];如果根据第 25 条第 1 款 b 项,申请人主张注册欧共体外观设计不符合第 5 条(新颖性)或第 6 条(个性特征),申请人必须提交证明在先外观设计阻碍注册欧共体外观设计的新颖性或个性特征的文件[第 28 条第 1 款(b)项(v)]。最后,第 28 条第 1 款(b)项(vi)要求申请人指明所依据的事实、证据与理由。虽然严格来说,这些内容都应当和无效申请同时提交,但实践中,如果内容不全协调局会给予两个月的补交时间(《无效指南》第 4.7 段)。

(e)语言(本条例第 98 条第 4、5 款,《实施细则》第 29 条)

根据第 98 条第 4 款,无效申请必须采用注册欧共体外观设计申请时所使用的语言,除非申请语言不是协调局的五种工作语言之一——此时可以使用注册欧共体外观设计的第二语言(必须是协调局的五种工作语言之一)。此外,第 98 条第 5 款允许无效程序中的当事人同意换用另一种欧共体的官方语言(不一定属于协调局的五种工作语言)。在这种情况下,当事人之一必须在协调局依据《实施细则》第 31 条第 1 款将无效程序告知权利人之日起两个月内,将此变更通知协调局。在通知协调局之后一个月内,必须提交申请的新语种译本,如果未能及时提交则无效程序的语言不发生变更(《实施细则》第 29 条第 6 款)。

(f)缴费(第 2 款第二句以及《实施细则》第 30 条第 2 款)

提交无效申请的同时必须支付 350 欧元的费用(《收费条例》,第 30 条第 2 款)。严格说来,没有缴费不属于可受理性的问题,但是会导致申请视为根本未提交。在上诉程序(第 57 条)和恢复程序中也是如此(第 67 条第

3款)。不过在实践中,是否缴费是作为可受理性问题来审查的,相关条款见《实施细则》第 30 条第 2 款。如果协调局发现没有正确缴费,将通知申请人并允许其在两个月内补正,如未及时补正,申请视为未提交(见《无效指南》第 3.3 段)。每一件注册欧共体外观设计必须被单独地作为无效申请的对象,即使多件外观设计被包含在同一个合案外观设计申请中。在现实中,因未达到缴费的要求而使申请视为未提交并不会给申请人带来任何实际的不利,因为原则上申请人可以在任何时候重新申请无效并正确地缴费。

4. 避免程序重复:协调局在先裁决的既判力(第 3 段)

如果相同的申请已经由欧共体成员国的法院裁判并且作出了最终裁判,则不得再提起无效宣告申请。这一条的适用有三个要件:申请涉及相同标的;基于相同理由;涉及相同当事人。这相同于既判力原则的适用,不过在个案中,问题在于应在何种程度上适用该原则。

(a)相同标的。如果在国内法院和协调局诉请的基础不同,既判力原则有可能不适用。有一种情况可能导致不适用:申请人依据的在先外观设计与其在国内法院所依据的外观设计相同,但是严格来说,所依据的注册并不相同,因为一个是国内注册,一个是欧共体注册。本条例中把既判力扩及其他外观设计权的唯一条款是第 95 条,该条规定了基于欧共体外观设计和国内外观设计的平行诉讼。因此,在逻辑上,这种情形下关于标的的既判力含义应当作狭义解释。

(b)相同诉由。如果已经向欧共体外观设计法院提起诉讼,则不得基于相同诉由向协调局提出无效申请。

(c)相同当事人。如果当事人完全相同,本条款的适用无疑是清楚的。但如果一方或双方是在先国内法院程序中的当事人的权利继受人,该条款能否适用则不太清楚。根据利益平衡原则,既判力和禁反言规则可能会适用于权利继受人。

第四章 注册欧共体外观设计的申请 501

对申请的审查

第 53 条

（1）如果协调局认为无效宣告的申请可以受理，应当审查依据第 25 条无效理由是否妨碍注册欧共体外观设计的效力维持。

（2）在依据实施细则对申请进行审查时，协调局可以邀请当事人在必要时在协调局规定的时限内提交意见，意见应由当事人或协调局提供给对方当事人。

（3）宣告注册欧共体外观设计无效的终局决定一经作出，应记载于注册簿。

1. 概述

（a）实质审查。第 53 条调整协调局外观设计部无效审查处的无效程序，从依据第 52 条和《实施细则》第 30 条[见第 52 条，注释 3（d）、（e）、（f）]完成可受理性审查到协调局颁发决定。相关的程序性条款见《实施细则》第 31 条和第 32 条。因此，假设没有任何可受理性问题或此类问题已经解决，第 53 条第 1 款要求协调局对申请人依据第 25 条提出的理由是否成立、是否宣告无效进行实质审查。审查涉及的程序见下文注释 2—5。

（b）书面程序。协调局的程序是书面审，虽然第 64 条以及相关的《实施细则》第 42—46 条特别规定了口头程序，但在无效宣告中从未使用过。无论是依据本条例或是依据《欧共体商标条例》的相应条款，协调局拥有在"权宜时"采用口头程序的自由裁量权，但几乎从未真正行使过，只有一起欧共体商标案[hollywood（上诉委员会）]中，协调局采用了口头程序（见《欧共体商标条例》第 75 条，注释 3）。第 53 条第 2 款允许协调局请当事人在"必要时"提交意见。在实践中，无效程序分为三个阶段：提交包含理由陈述的申请、权利人提交意见、申请人回应意见。严格说来，权利人没有义务提交意见，如果权利人未提交，则可以直接作出决定（《实施细则》第 31 条第 2 款）。《无效指南》（第 5.3 段）规定，权利人的意见应指明自己在何种程度上维持外观设计的效力。如果未指明，协调局推定权利人希望维持外观设计的整体效力(即原始申请的效力)。如果权利人希望以修正或限制的方式维持外观设计的效力,意见中必须包含修正后的形式。根据第53条第2款,协调局没有义务邀请无效宣告申请人对权利人的意见作出回应,但实践中,只要意见有实质性内容协调局通常都会这样做(见《无效指南》第5.4段)。

(c)依据第63条第1款第2句,无依职权提起的事实审查

根据第63条第1款的第二部分,协调局在无效宣告程序中不会依职权审查事实,而是把审查对象限于当事人提出的事实、证据与理由(见第63条,注释2—3)。

2. 意见(第1款)

(a)意见的性质

意见可以仅是法律理由,也可以同时包括事实、证据与理由。首先,权利人可以根据《实施细则》第31条第1款仅仅提交法律理由以回应无效宣告。不过,如果权利人还希望提交事实与证据作为意见的组成部分,他也可以这样做(见第65条,注释4对"何为本条例意义上的证据"之讨论)。同样,如果协调局给申请人以回应权利人意见的机会,根据第53条第2款,在随后阐述意见的回合中也适用允许对方回应的原则。《无效指南》(第5.4段)规定,如果权利人的意见包含新的事实、证据和理由,或者请求以修正方式维持外观设计权,应允许申请人以进一步的意见予以回应。《无效指南》还规定(第5.1段和5.4段),每个当事人都应当提交一份意见复本,以便于协调局将一套材料毫无误差地转发给另一方当事人。

(b)时限

根据《实施细则》第31条第1款,权利人的意见应当在协调局指定的时限内提交。在实践中,期限为协调局将无效申请通知到权利人之日起两个月(《无效指南》4.10段)。在无效宣告申请经过审查被接受之后,协调局将以书面形式将此时限告知权利人或其代理人。同样,如果协调局决定给予申请人一个提交意见以回应权利人的机会时,意见也必须在指定时间内提交(第31条第3款)。在实践中,时限也是从权利人的意见被告知申

请人之日起两个月(《无效指南》第5.4段)。对于随后的意见回合,协调局通常也是设定两个月时限。这些时限原则上都是可以延长的,或者是双方共同(如果恰当的话)希望中止程序进行谈判,或者是单方基于正当理由条款(根据《实施细则》第57条的一般性条款,同时见《无效指南》第2.6段)。

(c)第67条的可适用性:恢复原状

根据第67条第5款,提交意见的时限没有被排除在第67条的适用范围之外,因此原则上可以构成申请恢复原状的基础。

(d)语言(本条例第98条第4款,《实施细则》第29条)

本条例第98条第4款和《实施细则》第29条第1款和第2款规定了无效程序中语言的选择[第52条,注解3(e)]。《实施细则》第29条第5款规定当无效申请人没有采用无效程序语言提交支持性证据的,可以在两个月内提交合格的译文。根据第29条第2款(同时参见《无效指南》第5.2段),权利人可以用无效程序语言或者申请注册欧共体外观设计的语言。如果是后者,协调局会安排把意见翻译成无效程序语言,然后转发给无效申请人。细则没有规定双方当事人在后续意见中采用的语言。这就意味着《实施细则》第81条第1款的一般条款可得适用:当事人可以用协调局的五种工作语言之一提交意见。如果采用的语言与无效程序不同,从提交材料原件之日起一个月内必须提交译文(见《无效指南》第5.5段)。

3. 协调局的无效决定(第3段)

当双方当事人都已获得足够的机会评论对方的事实、证据与理由,协调局将通知双方当事人程序结束,无效处将做出决定(《无效指南》第5.6段)。根据第63条第2款,此后,当事人提交的任何后续意见都会因为超过申请时间而不予考虑。费用的提交由协调局根据第70条决定。对协调局的决定可以根据第55条向上诉委员会上诉。根据第53条第3款(以及《实施细则》第69条第3款q项),协调局应当将其做出的有利于无效申请人而使注册欧共体外观设计全部或部分无效的决定记载于注册簿。

4. 和解提议(《实施细则》第31条第5款)

《实施细则》第31条第5款允许协调局提议当事人用友好的方式解决

无效问题。在实践中,协调局很少根据此条款提出动议。事实上,磋商是由当事人最为了解的商业考量驱动的,而很少由协调局来考虑是否应提议当事人和解。

5. 多个无效申请(《实施细则》第 32 条)

如果数个独立的无效申请是针对同一个注册欧共体外观设计,协调局可以根据情况灵活处理。一种选择是,协调局可以在同一程序中合并处理多个申请,但它可以随后进行审查并决定分别处理各项申请(第 53 条第 1 款)。另一种选择是,如果协调局认为其中一个申请有可能成功,它可以处理该申请并中止其他申请程序,但应该将自己做出的任何决定通知给被中止申请的申请人(第 53 条第 2 款)。如果注册欧共体外观设计因为其中一个无效申请而被宣告无效,其他申请被视为已经处理(第 53 条第 3 款),并应返还无效申请费的一半。

被指控侵权人对程序的参与

第 54 条

(1)如果宣告注册欧共体外观设计无效的申请已经提起,并且只要协调局未做出终局决定,任何证明以自己为被告的同一外观设计的侵权之诉已经启动的第三人,在侵权之诉程序开始之日起三个月内可以请求参加无效程序。

对于证明欧共体外观设计权利人已经要求自己停止被控的外观设计侵权行为,且自己已经向法院提起确认不侵权欧共体外观设计的第三人,适用前款。

(2)参加程序的请求申请应当是书面的有理由的陈述。除非根据第 52 条第 2 款已经缴纳了无效请求申请费,否则申请视为未提交。除了《实施细则》规定的例外,此后参加请求被视同无效宣告的申请。

1. 参与无效程序的第三人(第 1 款)

第 54 条和《实施细则》第 33 条允许第三人参加无效程序,只要该第三人因为涉及注册欧共体外观设计权利人的侵权之诉而对于无效程序的结果有利害关系。参与的资格可以基于两种情形获得：作为权利人提起的侵权之诉的被告，或者在权利人指控其侵权之后作为确认不侵权之诉的请求人。在两种情形下，第三人都需要证明自己具备参与无效程序的资格［见下文注释2(b)］。第54条必须结合第86条第3款和第91条的相关规定解读。特别是有两种主要的情况可能发生。其一，如果不同的当事人向协调局提起的无效程序先于权利人向外观设计法院提起的侵权之诉，侵权之诉的被告可以申请参与无效程序，不妨碍其向外观设计法院反诉无效；不过法院会等待无效程序的结果方裁决侵权之诉（见第91条）。其二，一旦被提起了无效反诉，向外观设计法院提起侵权之诉的权利人可以要求法院留给协调局的无效程序解决，中止侵权之诉等待无效程序的结果。时限问题：参加无效程序的请求必须在相关的侵权之诉启动之日起三个月内提出。本条例、《实施细则》，以及协调局的《无效指南》都没有指出该时限原则上不可延长，应适用《实施细则》第57条第1款关于延期的一般规定。同样，该时限原则上也适用于第67条规定的恢复原状，因为第67条第5款并未对此排除。

2. 程序（第2款）

（a）书面申请（第一句）

请求参加程序的当事人必须提交书面的附理由的陈述；这一规定与第52条第2款对应（见第52条，注释3）。陈述中必须有证据支持地表明当事人具有第54条规定的参加资格，也可以包括用以证明注册欧共体外观设计无效的事实、证据和理由。

（b）付费（第二句）

只有缴纳申请费之后，参与请求的申请才被视为提交——和正常的无效申请的支付要求一样［见第52条，注释3(f)］。

（c）后续程序（《实施细则》第33条第三句）

此后，参与请求将被视同正常的无效申请（见第53条，注释1）。

第七章　上诉(可上诉的裁决)

第 55 条

(1)对审查员、商标与外观设计管理部、法律处和无效处的决定可以上诉,上诉结果具有非终局效力。

(2)涉及一方当事人的未完结程序的裁决只能随同最终的裁决上诉,除非该裁决允许独立上诉。

参考《欧共体商标条例》。第 55 条相当于《欧共体商标条例》第 58 条(见《欧共体商标条例》第 58 条的评注)。

上诉与参与上诉程序的当事人资格

第 56 条

任何可能因决定遭受不利的程序当事人均可上诉,程序中的任何其他当事人当然地成为上诉程序的当事人。

参考《欧共体商标条例》。第 56 条相当于《欧共体商标条例》的第 59 条(见《欧共体商标条例》第 59 条的评注)。

时限与上诉形式

第 57 条

上诉通知必须自被上诉的裁决公告之日起两个月内以书面形式提交协调局。只有当上诉费缴纳之后上诉通知才视为已提交。在裁决公告后四个月内,必须以书面陈述提交上诉理由。

参考《欧共体商标条例》。第 56 条相当于《欧共体商标条例》的第 60 条(见《欧共体商标条例》第 60 条的评注)。

中间修正

第 58 条

(1) 如果其裁决被上诉的部门认为上诉是可以受理且有依据的,应当修正其裁决。当上诉人遭到另一方当事人反对时,则不得适用此规定。

(2) 如果裁决在收到理由陈述之后一个月内未被修正,上诉应被无延迟地提交给上诉委员会,并且不得附带对上诉价值的评价。

参考《欧共体商标条例》。第 58 条很大程度上相当于《欧共体商标条例》第 61 条(见《欧共体商标条例》第 61 条的评注)。不过,《欧共体商标条例》的第 62 条——双方程序案件中的中间修正——在本条例中没有对应规定。

上诉审查

第 59 条

(1) 如果上诉是可受理的,上诉委员会应审查上诉是否被准许。

(2) 在上诉过程中,上诉委员会可以要求当事人在必要的情况下,在上诉委员会规定的时限内,就对方当事人交换的或上诉委员会发布的信息提交意见。

参考《欧共体商标条例》。第 59 条相当于《欧共体商标条例》第 63 条(除了修正了《欧共体商标条例》的一个用语,商标条例使用的是:上诉委员会应当审查上诉的"可准许性(the allowability)"。见《欧共体商标条例》第 63 条)。

被上诉的决定

第 60 条

(1) 对上诉的价值审查之后,上诉委员会将对上诉做出裁决。上诉委员会可以实施做出被上诉决定之机构的权限范围内的任何权力,或者发回该机构重新裁决。

（2）如果上诉委员会把案件发回做出被上诉决定的机构重新裁决，该机构在事实不变的前提下应受上诉委员会的裁决理由的约束。

（3）上诉委员会的决定自第61条第5款规定的期限届满之日生效，如果在上述期限内向欧洲法院提起了诉讼，则自该诉讼被否决之日起生效。

参考《欧共体商标条例》。第60条相当于《欧共体商标条例》第64条（除了《欧共体商标条例》第64条第1款表述为上诉的"可准许性（allowability）"，而非价值（merit），并且《欧共体商标条例》第64条第3款表述为"驳回（dismissal）"而非"否决（rejection of action）"）（见《欧共体商标条例》第64条的评注）。

445 **欧洲法院的诉讼**

第61条

（1）对上诉委员会决定不服的，可以向欧洲法院提起诉讼。

（2）诉讼理由可以包括没有管辖权、违反基本的程序要求、违反条约、违反本条例或任何与条约和本条例的实施相关的法律规则，或者滥用权力。

（3）欧洲法院有权撤销或改正系争决定。

（4）上诉程序中有可能因上诉决定受到不利影响的任何当事人，均可提起诉讼。

（5）诉讼应自上诉委员会的决定通告之日起两个月内向欧洲法院提起。

（6）协调局应当采取必要措施执行欧洲法院的判决。

含义

第61条的措辞与《欧共体商标条例》第65条相当（见《欧共体商标条例》第65条的注释）。和商标不同，外观设计方面在内部协调局不存在扩大上诉委员会，因此对上诉委员会的决定只能起诉到欧洲法院。本条例序言条款的第28条解释道：有必要规定上诉权利以提供保护，并且有必要形成对欧共体外观设计有效要件的统一解释。因为欧共体外观设计的注册量远低于欧共体商标，上诉的数量也相应地少得多，所以相应地诉讼量也会较少。这可能有助于标准的一致性。

第八章　协调局的程序

第一节　一般条款

对裁决理由的陈述

第62条

协调局的裁决必须阐明所依据的理由。裁决所依据的只能是相关当事人曾经有机会发表看法的理由或证据。

1. 概述

第62条包含两个重要规定：协调局有义务陈述其裁决的依据（第一句）；裁决所依据的理由或证据只能是经过当事人听证的理由或证据（第二句）。这两项规定都是欧共体法的基本原则（下文注释2、3将进一步阐述）。这两项原则也反映在《欧共体商标条例》的第75条，相较于欧共体外观设计，下级法院参照的上一级法院的代表性判例法更多地产生于欧共体商标领域。不过，这些法律原则平等地适用于两部条例，因此这些与第62条有关的判例具有同等意义。2001年8月1日，协调局第ADM-00-37号局长令生效，通过了《良好行政行为准则》，该准则遵循了上述法律原则以及其他的一般原则。尤值一提的是，该《准则》规定的良好行政行为的第一原则是合法性，对于协调局而言，意味着要遵守欧共体法的一般性的规则与程序，还要遵守规范协调局及其行为的特别规则。这清楚地包括当事人听证的基本权利，即第62条第二句规定的权利。《准则》也重申了协调局清晰地阐明裁决理由的义务。

2. 裁决必须陈述理由(第一句)

(a)相当于《欧盟运行条约》第 296 条

欧洲法院已经认定此条的范围与《欧盟运行条约》的第 296 条相同[见 Celltech 案(欧洲法院)中佐审官的意见,第 48 段及以下]。它确立了判例规则,认为《欧盟运行条约》第 296 条规定的理由陈述必须以清晰的、毫不含糊的方式披露推理,并说明采取相关措施所依据的制度,必须使利害关系人能够确定采取该措施的理由,并能使有管辖权的欧共体法院可以行使审查权。不过,没必要涉及所有的相关事实与法律。因为对理由陈述的评估不仅要依据措辞,还要依据上下文以及相关的法律规则。

(b)上述原则对协调局的适用

协调局因此必须提供一份完整而精确的关于裁决理由的陈述,尽管一般认为只要利害关系人能够理解裁决的基础,陈述也可以是简短的。因此,受到裁决不利影响的当事人可以有效地通过上诉程序进行挑战。欧洲法院曾经认为[SAT. 1 Satelliten-Fernsehen GmbH v OHIM(欧洲法院)],当一个商标不是显然地仅由特征描述所构成时,简单地说明"商标是描述性的",是不充分的。换言之,如果没有清楚地表明对某特定问题点的裁决是基于什么,协调局必须更全面地解释,以便可以在上诉中被理解并被准确地挑战。协调局的理由说明义务只适用于第 55 条第 1 款意义上的裁决,而不涉及协调局在初步沟通或其他沟通中表达的观点[见欧盟普通法院在 Golf USA 案(欧盟普通法院)中的意见]。

3. 听证权(第二段)

(a)概述

正如上文所述,保证听证权是欧共体法的基本原则,也是协调局程序的基础。上诉委员会和上级法院已经有一些裁判涉及这一原则,有些认定该条款被违反,表述为"实质性的程序违反",原因是协调局没有让一方当事人对相关事项合理地发表意见。该事项可以是实体问题,例如一方当事人提供了事实、证据和理由而未经另一方当事人质证。也可以是程序问题,例如当事人没有机会对未能及时提交申请文件发表意见。欧盟普通法院认为,如果协调局主动收集事实并欲将此作为裁决的基础,它有义务把这些事实告知当事人,使当事人可以对此事实发表意见[Coulour Orange案(欧盟普通法院),第41段及以下]。欧盟普通法院曾经认为[2007年2月7日判决,Shape of a Guitar案(欧盟普通法院),第43段及以下],协调局仅仅提供网络链接,而未提供网页的纸质复印件,违反了《欧共体商标条约》第75条(相当于本条例第62条)。这是因为申请人在争议裁决做出之前,无法辨识协调局做出裁决会考虑的事实。

(b)听证权范围的限制

有三个方面值得一提。第一,欧盟普通法院曾经认为,在适用《欧共体商标条例》第75条时,上诉委员会在案件中对事实的评估构成裁决形成程序的一部分。因此,听证权扩展到裁决行为所依据的全部事实和法律因素,但不延及裁决机构意图采纳的最终立场[Solevia v Salvita案(欧盟普通法院),第62段]。第二,不能依据第62条(第二句)提出在前一级程序中未提出的新的问题。换言之,如果关于上诉委员会在特定事项中未听证的起诉理由没有在欧盟普通法院提出,在后续的向欧洲法院上诉中,这一点不能依据第62条提出。在Storck KG v OHIM案(欧洲法院,第60—66段)中关于《欧共体商标条例》第75条的适用,欧洲法院专门明确了上述观点。第三,审查员和上诉委员会之间的职能一致性,意味着上诉委员会不能被视为"法庭",因此上诉人不能在所有的情形下都依赖"公平听证"[见Soap Ⅱ案(欧盟普通法院),第20—24段]。这是一个区别于"协调局当事人在实体或程序事项中有听证基本权利"的问题,但依然有助于明确第62条第二句的含义。在欧盟普通法院的这个案件中,上诉人声称自己的抗辩权受到侵害,因为上诉委员会的人员构成与在先的驳回申请程序中的人员相同。欧盟普通法院认为,上诉人在上诉委员会的权利事实上受到《欧共体商标条例》第137条的保障,该条规定了对上诉委员会成员排除或异议的权利,包括以可能存在偏见为由。话虽如此,应当注意的是,正当程序是基本原则,无论是在成员国的程序法还是行政程序中都得以适用,并且应当为上诉委员会所遵守,无论其是法庭还是一般的执法或立法机构。

（c）相关当事人

虽然这一表述似乎在范围上比"程序当事人"要宽泛，但事实并非如此。根据第56条，只有协调局的"程序当事人"可以对裁决上诉，并且只能是受到裁决不利影响的当事人。字面看来，"相关当事人"可能包括任何第三人。但是，如果"相关当事人"确实包括任何情形下的第三人，他们就会成为第62条意义上的程序当事人，有可能取得上诉权。这显然是不正确的，因此这些措辞只能意味着协调局的"程序当事人"。

协调局对事实的主动审查

第63条

（1）协调局在程序中应当主动审查事实。但是，在涉及无效宣告的程序中，协调局的审查应限于一方当事人所提供的事实、证据、理由和所寻求的救济。

（2）对于未在正当时限内提交的事实或证据，协调局可以不予考虑。

1. 协调局的主动审查（第1款，第1部分）

第63条第1款确定的一般原则是：协调局有权根据自己的意愿在程序中审查事实。但第63条第1款的第2部分规定了一个重要例外，在涉及无效宣告的程序中，协调局不得举出当事人提出的事实、证据和理由之外的事项（见下文注释3）。

2.《欧共体商标条约》中的类似条款

第63条与《欧共体商标条例》第76条非常接近，下级法院参照的上级法院的代表性判例更多地涉及《欧共体商标条例》，而非本条例。不过，法律原则平等地适用于两部条例，因此这些判例对第63条具有同等的意义。

3. 不得依职权审查相对理由（第1款，第2部分）

（a）法律背景

在双方当事人的民事诉讼中，由当事人而非法院采取主动，这是欧共体法的基本原则。欧洲法院[Van Schijindel案（欧洲法院）]曾指出，只在公共利益需要其介入的例外情况下，法院或法庭才能采取主动。它坚持的原则是,成员国和个人之间应保持正确的关系,使得抗辩权可以得到保护,同时可以保证正确的程序行为,尤其是保护这些权利免受在新的抗辩程序中容易产生的拖延(第20、21 段)。

(b)"一般获悉渠道"

在《欧共体商标条例》第76条第1款的的语境下,欧盟普通法院在2004年6月22日的判决(Picasso v Picaro案)中做了很宽泛的解释。在第29段,法院认为"上诉委员会限于考虑审查所依据的事实基础,并不排斥其在考虑异议程序中当事人明确提出的事实的同时,还考虑众所周知的事实——即可能为所有人知晓的事实或可以从一般获悉渠道知晓的事实。"法院此处的推理是:在涉及相对理由的程序中,《欧共体商标条例》第76条第1款(本条例第63条第1款)的限定不是旨在让当事人提供全部事实——包括那些明显人所周知的事实,因为这样会使提交的材料冗长,而且使程序负担过重(第30—32条)。不过,欧盟普通法院的判决结果会带来一些疑问:协调局从一般获悉渠道可以获取什么? 是否包括以及在何种程度上包括互联网? 看来确定的是,协调局必须允许当事人对任何被认为是众所周知的,在裁决中当然接受的事实进行质证,否则就违反了本条例第62条和《欧共体商标条例》第75条。

4. 未在正当时限提交的事实或证据(第2款)

第63条第2款赋予协调局以裁量权,对于当事人未在正当时限提交的事实或证据可不予考虑。但对于法律理由和意见书不能做同样的处理,因为条款中没有提及。《欧共体商标条例》第76条第2款已经在欧洲法院2007年3月13日的判决[Arcol v Capol(欧洲法院)]中得到详细的解释,该判例也同样适用于本条例第63条。法院作出了平衡,一方面,协调局绝不会被禁止考虑延迟提交的事实与证据;另一方面,当事人没有绝对的要求协调局考虑其延迟提交的事实与证据的权利(第42、43段)。条文的措辞——尤其是"可以"一词,赋予了协调局广泛的裁量权以决定是否考虑前述延迟提交的信息,但必须遵守给出裁决理由的义务(本条例第62条以及《欧共体商标条例》第75条)。欧洲法院接着识别了可能说服协调局接受延迟提交的事实与证据的因素：首先，所涉材料很可能与程序的结果相关；其次，结合材料提交时程序所处的阶段以及其他情事，考虑该材料不会有不利后果（第44段）。虽然这个判例是涉及商标异议程序的，但是法院的意见同样适用于欧共体外观设计的无效程序。但是，假如协调局必须在任何情况下都考虑延迟的证据，《欧共体商标条例》（以及本条例）关于双方当事人程序时限的各种规定就变得多余了。因此法院尽力调和协调局根据《欧共体商标条例》第74条第2款（本条例第63条第2款）行使的自由裁量权，以及为保持《欧共体提商标条例》（以及本条例）的时限规定的有效性而拒绝考虑延迟证据的权力。在总结中，欧洲法院认为协调局有权力不考虑延迟的证据，可以激励当事人尊重时限。然而，协调局采纳延迟证据的自由裁量权有利于法律的确定性和行政的合理性，尤其是在异议程序中（在无效程序中亦然）自由选择的结果可能导致不予注册以及在后无效程序或反诉的否决（第47、48段）。因此，Arcol v Capol（欧洲法院）判决的效力强调了协调局根据《欧共体商标条例》第74条第2款（本条例第63条第2款）拥有的自由裁量权，鼓励协调局在行使不同立场的裁量权时仔细考量所有的情事。不过，在何种程度上第63条第2款可以适用于在时限届满前未发生的、因此无法提交的新事实，仍不清楚。

口头程序

第64条

（1）如果协调局认为口头程序是权宜的，可以提议或应任何程序当事人的请求召开口头程序。

（2）口头程序包括裁决的传送都应当公开，除非正在处理程序的部门在案件中判定，允许公开会带来严重的、不合理的损害——尤其是对程序的一方当事人。

1. 概述

第64条第1款对协调局的口头程序做了一般性规定，允许该程序根据协调局的提议或任何程序当事人的获准请求而进行。一旦决定召开口头程序,协调局将传唤当事人参加。根据《实施细则》第 42 条第 1 款,应当提前一个月向当事人告知口头程序召开的日期,除非当事人同意提前告知的时间缩短。口头程序的目的是让协调局在做出裁决之前获得一个途径听取讨论,而讨论的问题在它看来用书面程序是无法有效处理的。根据《实施细则》第 42 条第 2 款,程序传唤应当提醒当事人关注其在意见中必须讨论的要点,协调局也可以要求任何当事人在听证之前提交书面陈述或提供证据。为此,它应设定足够的合理期限使得程序中的另一当事人可以充分考虑。《实施细则》第 42 条第 3 款规定,如果被传唤的口头程序的一方当事人未到庭,可以缺席进行。在口头程序结束后,协调局可以首先口头做出决定(《实施细则》第 38 条第 1 款)。

2. 口头程序的权宜性

是否要召开口头程序,取决于协调局是否根据 64 条第 1 款行使一般裁量权,考虑是否"权宜"地作此选择。在实践中,协调局一般不会行使这种裁量权。到目前为止,协调局只在一件上诉委员会处理的商标案中启动过一次口头程序[Hollywood(第三上诉委员会)]。《指南》关于商标案件的协调局程序一般条款的内容清楚地指出,协调局非常不愿意采用口头程序,它无法真切地设想使口头程序获得正当性的条件(指南,第 1 部分,2.3)。实际上,正当性证明需要基于特别理由,证明在特定案件中仅仅采用书面意见和(或)证据有欠缺,而不能仅仅基于口头程序优于书面程序。在欧共体外观设计案件中同理。

3. 口头程序的性质(第 2 款)

(a)程序是否公开

和《欧共体商标条例》第 77 条"某些口头程序公开,另一些不公开"的规定不同,第 64 条第 2 款的出发点是:口头程序应当公开。唯一的例外是:如果公开会带来严重的、不合理的损害,尤其是对一方程序当事人,召开口头程序的部门决定不公开。

(b)备忘录(《实施细则》第 46 条)

口头程序应当制作备忘录,虽然仅限于重要因素,而不必对全部陈述都逐字逐句地记录(见《欧洲商标条例指南》A 部分,2.4)。协调局应当提供一份备忘录的复印件给当事人(《实施细则》第 46 条第 4 款),根据《实施细则》第 46 条第 5 款,口头程序还需要另外被记录,当事人如果提出请求,应当向其提供副本。因此,协调局实际上需要完整地记录当事人或当事人之代理人在口头程序中的陈述,即使这些内容没有被完全囊括在备忘录中,而且应将完整记录提供给当事人。

(c)语言(实施细则第 82 条)

关于口头程序使用的语言的条款规定在《实施细则》第 82 条。基本立场是,所使用的语言应当是所审查的程序使用的语言。不过,当事人也可以选择使用欧共体的任何一种官方语言,只要其承担费用,在听证中把自己提交的意见翻译成口头程序使用的语言。

(d)其他程序性考量(实施细则第 43 条和第 45 条)

这些规则包括与取证和费用有关的其他条款,涉及与第 65 条、第 70 条和第 71 条有关的更详细的规定。《实施细则》第 43 条第 1 款允许协调局要求听取当事人、证人或专家的证言(第一句),当事人对证人或专家也可提出类似的请求(第二句)。《实施细则》第 45 条涉及协调局取证的费用以及向证人和专家支付的费用。

取证

第 65 条

(1)在协调局的任何程序中,提供或获取证据的方式应当包括:

 a. 听取当事人陈述;

 b. 索取信息;

 c. 制作文件和证物;

 d. 听取证言;

 e. 专家提供意见;

 f. 书面声明,且已经依据该声明作出的所在国的法律经过了宣誓、确认或具有类似效果;

(2)协调局的相关部门可以指定一个成员审查提交的证据。

(3)如果协调局认为一方当事人、证人或专家有必要提供口头证据,可以传唤其到协调局。

(4)应当通知当事人到协调局听取证人或专家陈述。当事人有权到场并且向证人或专家提问。

1. 概述

第65条规范协调局程序的取证。相应的取证程序规定(以及口头程序)可见于《实施细则》的第42—46条,协调局的实践反映在《指南》中(A部分,2.2)。因为《指南》涵盖了协调局程序的一般规定,因此也同样地适用于本条例规定的相应程序的事项。当事人需要在协调局程序中提交支撑性证据的情形有很多种,包括只涉及一方当事人的情形(如审查阶段),也包括涉及双方当事人(如无效程序)、任何一方都希望提交证据而不是仅仅依靠意见的情形,以及依据第67条主张恢复原状的情形。第65条确定的原则同样地适用于这些领域。第65条第1款包含了一个对提供与获取证据方式的非穷尽式列举,这些列举事项的详细解释见下文注释2—7。第65条第2款允许协调局中处理证据的部门委派一个成员审查相关证据。

2. 听取当事人陈述[第1款(a)项]

根据第65条第3款,协调局可以选择听取当事人(或任何证人或专家)亲自陈述证据,并且允许当事人的口头证据作为一种提供证据的方式(见下文注释8)。不过在实践中,协调局不会要求甚至不会允许如此做法。当事人亲述证据与完全的口头程序存在技术上的差别,因为在前一种情况下,其他的证人有可能不在场。不过明确的是,协调局对这两种情形基本视同,对65条第1款的态度与对待关于口头程序一般性规定的第64条的态度相同。

3. 索取信息[第1款(b)项]

协调局可以向任何当事人索取信息,以便澄清事实或证据问题。事实上,协调局很少如此,只是允许当事人证明自己的观点,并根据提供的信息做出裁决。不过,协调局也可能不止如此,还会去现场调查证据(见《实施细则》第43条第1款)。《指南》指出,这只发生在例外的情形(A部分,2.24)。如果协调局认为有必要调查,将通知相关当事人哪些事实需要被证明,并确定调查的日期,使当事人有足够的时间为调查作准备。据本人所知,现场调查从未发生过。

4. 制作文件和证物[第1款(c)项]

该条很宽泛,原则上任何文件或其他物件都可以被采为证据。"文件"的含义不能扩展到第65条第1款(f)项规定的书面陈述(见下文注释7),但可以扩展到诸如公司会计的信函、被审定账目的复印件、第三人的信件、促销宣传单和文章、广告印刷品等。当然,任何书信如果依据第65条第1款(f)项规定的书证形式提交,会更加有效。一份证据的证明力如何,则由协调局判断(见下文注释9),第65条对此未作规定。该条只是原则上规定了协调局程序中文件可以作为证据。"其他证物"也同样很宽泛,可以囊括非文件类的证据,例如样品、包装物、DVD或其他电子形式的广告。同样,这些证物中有的可能构成第65条第1款(f)项规定的陈述的展示,但本项允许它们独立于任何陈述向协调局提交,尽管证据效力会弱一些。

5. 听取证言[第1款(d)项]

该款允许证人提供口头表述。此处的考量与上文注释2提到的第65条第1款(a)项相同,下文注释8将进一步探讨。

6. 专家意见[第1款(e)项]

协调局可以委托一名专家在任何程序中提供证据,虽然这也是从未发生过的,因此在实践中这是一个有点理论化的条款。专家证言的有关规定见于《实施细则》第44条。协调局可以决定是否需要委托专家、委托谁、专家的报告如何提呈、书面的还是亲自陈述。专家的权责范围规定在《实施细则》第44条第2款,包括对任务的精确描述、提交报告的时限、当事人的姓名,以及根据《实施细则》第45条确定专家费的细节。鉴于协调局不愿意采用口头程序(见第64条,注释2),基本可以断定专家报告应以书面形式提交。在这种情况下,协调局应当抄送一份给相关当事人(《实施细则》第44条第3款)。最后,《实施细则》第44条第4款规定了一个当事人对协调局的专家选择提出异议的程序,理由包括欠缺资质、有利益冲突、有偏袒嫌疑或是因为专家先前已经介入争议。除了欠缺资质,其他的理由也是《欧共体商标条例》第137条第3款规定的反对审查员或上诉委员会成员任命的理由,但本条例没有提及。如果启动该异议程序,协调局将处理异议,尽管当事人不同意该处理时不得上诉。

7. 书面声明[第1段(f)项]

证据可以采用个人作证声明的形式。如果这些声明可以是经过宣誓或确认的,重要的是,并不是在所有的情况下都必须如此。如果一份声明未经宣誓,但根据书证制作的法律具有与宣誓或确认类似的效力,则可以提交。如果声明已经宣誓或确认,原则上应根据第65条第1款第(f)项采为证据。只有在未经宣誓或确认的情况下,协调局才会审查依据书证起草和签名的所在地法律其效力如何。例如,在英国起草和签名的证人声明可以采用作为证据。虽然其未经宣誓或确认而只是包含了一个声明,声明证人相信事实是正确的,在英国这具有与宣誓书和法定声明同等的效力,而宣誓书与法定声明是经过宣誓的,因此证人声明属于第65条第1款(f)项规定的证据。第65条第1款(f)项的书面声明通常会包含同条款(c)项规定的材料类型(见上文注释4)。这些材料可以独立于任何书面声明提交,例如仅仅和当事人的陈述一起提交。

8. 口头证据与调查程序

(a)协调局传唤(第3款)

根据第65条第3款,如果协调局希望一方当事人、证人或专家提供口头证据,它可以进行传唤。不过,协调局首先要做出一份决定,表明其有必要听取口头证据或进行调查。该决定要陈述协调局意图获得证据的方式(听证或调查)、待证的事实、听证或调查的日期、时间和地点(《实施细则》第43条第1款)。该决定在传唤之前做出,并且应当在听证或调查的一个月之前通知,除非相关人员同意缩短提前通知的时间(《实施细则》第43条第2款)。传唤令必须也包含上述决定的相关摘要、当事人的姓名,以及根据《实施细则》第45条第2—5款证人或专家可以要求支付的出庭费用。

(b)当事人请求的口头证据

如果一方当事人请求证人或专家提供口头证据,程序非常类似,但是有两点不同。其一,收到请求之后,协调局根据《实施细则》第43条第1款发出的决定将设定一个期限,要求当事人提供其希望听证的证人和专家的姓名与地址。其二,根据《实施细则》第45条第1款,协调局可以要求提出请求的当事人预先提交一笔费用,以支付口头程序的预计开支。

(c)当事人对于证人和专家的权利(第4款)

第65条第4款要求协调局把证人或专家的任何听证都要告知当事人,并赋予当事人参与听证、向证人或专家提问的权利。

9. 证据的证明力

第65条只是规范证据的取得,而不涉及不同证据效力之间的证明力问题。欧洲法院和欧盟普通法院在大量的案件中认为,为了评估文件的证明力,首先也是最重要的一点是考虑内容的可信度。因此必须考虑文件由何人提供、取得文件的背景、文件是写给何人的,以及在表面看来是否完整可信[例如,见 Solevita v Salvita(欧盟普通法院)]以及与第42条有关的判例法,包括 Acerinox v Commission(欧洲法院)案的佐审官意见,第202段。在适用这些原则时,与单纯的声明相比,协调局会对得到有说服力的材料支撑的声明赋予更高的证明力。与当事人自己的声明相比,协调局会认为第三人的确凿声明更具有说服力。值得一提的是,有些批评意见认为,协调局对于文件是否经过宣誓不太关注,尽管虚假陈述最终会导致刑事制裁。另一方面,协调局对这些问题的更高程度的关注,会促使它区别看待是否根据国内法经过了宣誓的文件。

通知

第66条

协调局理所当然地应当把裁决、传唤以及任何通知或其他作为时限起点的通讯,或者是根据本条例的其他条款必须通知相关主体的事项,或者是协调局局长下达的通知,告知相关主体。

1. 概述

第 66 条为协调局设定了一个一般性义务,在程序中应当把所有的裁决、传唤、通知或其他确定时限的通讯均告知相关的当事人。当本条例或《实施细则》中规定了通知,或是协调局局长发布了通知时,协调局也要做类似的处理。严格说来,根据《实施细则》第 47 条第 1 款,协调局的通知包括使用下文具体介绍的方法向相关当事人传达原始文件或经过协调局证明并盖章的复印件。《欧共体商标条例》的相应条款(第 61 条第 1 款)经过第 1041/2005 号欧盟条例(EC)修正,允许协调局传送未经证明的复印件,在实践中,这也是协调局适用本条例时的习惯做法。根据实施细则第 41 条第 1 款,协调局应当标明裁决、通告或通知是由哪个部或处做出的,同时根据《实施细则》第 41 条第 2 款,也至少要保证指明是哪个工作人员做出的:协调局局长已经利用这一条避免在每一个案件中都需要盖上协调局的印章。如果当事人委任了代理人,则通知应当直接送达代理人(《实施细则》第 53 条)。

2. 协调局的通知方法

《实施细则》第 47 条第 2 款列举了协调局可以采用的不同的通知方法。在(a)到(e)部分将详细介绍。实践中,协调局原则上可以选择不同的通知方法。为了支持这一做法,欧盟普通法院曾经认定协调局局长已经有效地确定传真的送达方式可以用于协调局的任何裁决或通告,并且仅在协调局选择采用时,才能适用《欧共体商标条例》的规则 62[对应于《实施细则》的第 48 条)规定的邮寄通知(Success-Marketing Unternehmensberatungs-gesellschaft mbH(欧盟普通法院)第 59、60 段]。

(a)邮寄方式(实施细则第 48 条)

除了有上诉和传唤时限的裁决必须采用挂号信外,协调局可以采用平邮传送所有的通知。通知以挂号信(《实施细则》第 48 条第 3 款)或平邮(《实施细则》第 48 条第 5 款)的方式寄出之后,寄出之后第十天视为生效。

(b)传真或其他技术手段(《实施细则》第 51 条)

只要收件人已经指定了一个传真号,协调局可以使用这种通知手段传送所有的文件,包括裁决。当收件人的传真机接收之后,通知即视为完成。协调局保存传真记录,以便能够证明发送时间(《指南》A 部分,1.3.2.1)。

(c)面交和通过协调局的邮箱(《实施细则》第 49 条和第 50 条)

如果收件人亲自到协调局,通知可以面交。收件人必须签字、注明接收日期(《实施细则》第 49 条和《指南》A 部分,1.3.2.4)。如果收件人在协调局设立了邮箱,通知可以放入信箱。在这种情况下,在文件放入后第五天视为已经完成通知(《实施细则》第 50 条,《指南》A 部分,1.3.2.3)。

(d)通过公告(《实施细则》第 52 条)

如果收件人的地址无法确定,或者至少其他通知方法之一已经失败,协调局可将通知放在自己的网页上(至少要登载于欧共体外观设计公报),使用的语言是公告所涉程序中使用的语言。在这种情况下,公告登载后一个月视为通知完成(《实施细则》第 52 条,《指南》A 部分,1.3.2.6)。第 52 条第 2 款允许协调局局长确定公告的方式,并且 2005 年 7 月 27 日第 EX‐05‐6 号局长令规定了具体做法。

(e)通知的不正规(《实施细则》第 54 条)

如果文件已经到达收件人处,但是与通知相关的规定没有被遵守,文件视为在协调局可以证明的收件人接收之日已经被通知。换言之,证明接收与通知的责任由协调局承担。但是,如果文件根本没有到达收件人处,《实施细则》第 54 条不能用于补救协调局通知方法的任何缺陷。这一后果取决于通知的性质。

(f)涉及数个当事人时的通知(《实施细则》第 55 条)

来自一方当事人的包含实质性建议或宣布撤回此类建议的文件,必须由协调局通知其他当事方(第一句)。如果文件没有新的请求,并且对所涉事项即将做出裁决,则不必通知(第二句)。

3. 当事人的通知与通讯

第 66 条规定的一般通知背景是协调局恰当、公平地通知当事人。因此《实施细则》第 47—55 条首先涉及协调局如何履行这些义务。但是,《实施细则》第 47 条第 1 款涉及来自当事人而非协调局的文件,规定这些文件无需证明(相当于《欧共体商标实施细则》第61条第1款,受到上文提到的《实施细则》第47条第1款的修正,进一步规定可以采用正本或未证明的副本。这也是协调局的实际做法)。总体上,当事人向协调局提交的书面通讯和正式形式由《实施细则》第65—68条规定。

(a)通讯的方法

根据《实施细则》第65条,与协调局的通讯可以采用邮寄、面交或"任何其他方式"[(a)项]、传真[(b)项]或者以电子方式[(c)项]。传真依然最常用的与协调局通讯的形式,并且《实施细则》第66条包含了更详细的条款,涉及在新申请中外观设计复制件的延迟提交(第1款),以及传真传送不完整或难以辨认时的程序。这些条款准用于电子方式的通讯(《实施细则》第67条),在传真与电子方式并用时,对发件人的标注等同于签名(《实施细则》第66条第3款和第67条第3款分别规定)。关于电子方式,协调局局长有权建立或改变标准。

(b)表格(《实施细则》第68条)

《实施细则》第68条第1款列举了协调局采用欧共体所有官方语言使公众可免费获取的表格。协调局把采用欧共体官方语言之一提交的正式表格视同已经采用任何官方语言提交。换言之,表格本身无须翻译或以正确语言提交,即便表格中包含的某些信息随后需要根据《实施细则》第81条第2款翻译。

恢复原状

第67条

(1)注册欧共体外观设计的申请人或所有人或其他任何协调局程序的当事人,尽管已经尽到环境所要求的全部应尽注意,仍无法遵守协调局规定的时间限制,如果由于无法遵守时间限制而直接导致丧失权利或救济措施,其在申请时有权根据本条例的规定重新获得该权利或救济。

(2)在不能履行时间限制的原因消除后两个月内应提交书面申请。未履行的行为应当在该期限内完成。在未履行的期限届满之日起一年后提出的申请不予受理。未提交续展注册申请或者未交纳续展费的，第 13 条第 3 款第 2 句规定的六个月延长期限不计算在一年期限中。

（3）申请应当说明所依据的理由和事实。未交纳恢复权利的费用视为未提出申请。

（4）申请应由有权决定未履行行为的部门裁决。

（5）本条款的规定不得适用于本条第 2 款和第 41 条 1 款所规定的时间限制。

（6）在申请或登记中丧失欧共体外观设计的权利至公告重新确立的期间内，若第三人善意地将注册欧共体外观设计保护范围内的包含或使用该外观设计的产品投入市场，则如果注册欧共体外观设计申请人或权利人的权利得以恢复，其不能对该第三人主张该权利。

（7）在公开该权利恢复后的两个月内，就恢复注册欧共体外观设计申请人或所有人权利的裁决，满足第 6 款规定的第三方可以提起法律诉讼。

（8）本条款不限制成员国给予本条例所规定的时间限制以恢复原状的权利，同时也不限制成员国遵守其主管机关的有关规定。

1. 概述

第 67 条规定了在未能遵守协调局规定的时间限制的特定情形下，恢复原状或恢复权利。本条条文与《欧共体商标条例》中相应的第 81 条的规定在实质上是相同的，同时，迄今为止，下文中提及的重要的高等法院案例法也主要是来自《欧共体商标条例》而非《欧共体外观设计条例》的适用。但是，法律的原则是平等地适用于这两部条例的，因此这些案例对第 67 条来说具有同样重要的意义。一些时间限制从恢复原状的范围中被排除出去（见下文注释 2）。只要由于无法遵守时间限制而直接造成当事人权利或救济途径的丧失，协调局程序中的当事人均可适用恢复原状的规定（第 67 条第 1 款）。申请恢复原状的人应当克服较大的障碍，因为其必须证明其已履行环境所要求的全部合理注意，仍无法遵守时间限制的规定（第 67 条第 1 款）。在实践中，协调局和欧盟普通法院对于这一情形的解释非常严格（见下文注释 5），因此，除非涉及不可抗力事由，很少有成功恢复原状的情况。一旦申请获得准许,恢复原状的效力即视为遵守了时间限制,申请人在这一期间内不会丧失任何权利。然而,第 67 条第 6 款和第 7 款给予了善意第三人保护措施,该善意第三人在此期间将注册欧共体外观设计保护范围内的包含外观设计的产品投入市场,该规定旨在保持利益平衡。如果要提高申请的成功率,恢复原状的申请应当写得周密而全面(见下文注释8)。

2. 恢复原状的例外

(a)时间限制(第5款)

在《欧共体外观设计条例》规定的一些时间限制的情形中,恢复原状无法适用。这在第 67 条第 5 款中列举了出来:第 67 条第 2 款中规定的提交恢复原状申请的时间限制以及第 41 条第 1 款所规定的时间限制。值得注意的是,《欧共体商标条例》第 81 条第 5 款规定的相应条文通过 2004 年 2 月 19 日的第 422/2004 号理事会条例(欧洲理事会)所修订,原本第 5 款还包括第 29 条第 1 款规定的优先权期限,但现在这一期限可以适用恢复。这是第 67 条与《欧共体商标条例》第 81 条少数不同的地方之一。

(b)程序的当事人(第1款)

非协调局程序的当事人不得申请恢复原状。例如,当事人错过了符合恢复范围的期限,符合恢复原状的要求,但与该当事人具有密切关系的人不得提出申请:无论如何,申请只能由受到不利影响的当事人自己提出。

3. 权利的丧失(第1款)

恢复原状的条件之一是未遵守时间限制而直接造成了本条例的当事人权利或救济途径的丧失。这种后果在许多情形下都明显存在,比如,错过第 57 条规定的上诉的期限,或无法在单方当事人审查程序中补正第 46 条规定的缺陷。在其他情形下,权利的丧失可能没有如此明显,但是仍然存在。比如,无效宣告程序中一方当事人错过了第 53 条第 2 款规定的提交意见的时限。这将可能导致证据材料不被协调局所采纳,从而导致错误的决定。当然,也存在错过期限但不会导致权利丧失的情形。在任何情形下,申请恢复原状的人应当表明其权利的丧失符合协调局的要求。

4. 申请恢复原状的时间限制(第2款)

申请恢复应同时满足两个期限。

(a) 未遵守的时间期限届满

恢复原状的申请应在未遵守的时间限制届满之日起一年内提出(第67条第2款第3句)。这一期限是绝对的、不可延长的,未能遵守亦不得申请恢复(见第67条第5款和上文注释2)。当错过了续展的日期时,就恢复原状的申请而言,第13条3款规定的迟交续展费的六个月的宽限期不应当被计算在内(第67条第2款第4句)。换言之,恢复原状的一年期间从保护期届满当月最后一日起开始计算,而不是从保护期届满当月最后一日后的六个月之后才开始计算。

(b) 未遵守时间限制的原因消除

恢复原状的申请应在未遵守时间限制的原因消除后两个月内提交(第67条第2款第1句)。未遵守时间限制原因的消除,无需与时间限制的错过同时发生。在 Classen holding 案(欧盟普通法院)所做的决定中,欧盟普通法院发现一份恢复原状的申请超出了两个月的期限(第42段)。该申请人的代理人 D 先生因病未能在 2000 年 2 月 8 日前提交《欧共体商标条例》第59条规定的上诉的依据,而是在 2000 年 2 月 10 日提交。协调局在 2000 年 4 月 26 日的信件中通知 D 先生其请求的时间超期,在 2000 年 5 月 29 日,D 先生提交了该恢复原状的申请。虽然 5 月 29 日仍是在协调局通知 D 先生其请求超期的两个月之内,但是无法遵守 2 月 8 日截止日期的原因是 D 先生的疾病。D 先生在 2000 年 2 月 10 日恢复工作,那么恢复原状的截止日期应该是 2000 年 4 月 10 日。

(c) 完成未遵守的行为

第67条第2款第2句规定,申请恢复原状的申请人未能完成的行为应当在上文(b)中规定的两个月的期限内完成。这同样是一个绝对的期限,在这一规定中,当事人不能获得超过两个月的期限。在实践中,这一步骤通常都与申请恢复的行为一并完成。在任何情况下,如果申请要被采纳,申请应当满足上文提及的时间限制,并且在两个月的期间内纠正其未完成的行为。

5. 尽管已经尽到全部合理注意（第1款）

"尽管已尽到环境所要求的全部合理注意"，仍然无法遵守时间期限，才可以恢复原状。"全部合理注意"的含义往往处于恢复原状案件的核心地位。目前的案例法表明，协调局和欧盟普通法院对此适用一套很高的标准。对情有可原的错误的解释往往较为严格，且仅适用于特殊情形。当内部机构的程序出了问题并且引发错误时，特别是当时间的延误加剧了最初的错误时，这并不足以证明其是一件令人遗憾的一般性的失误。在这些情形中，代理人的工作部门的"全部合理注意"应该包括进一步的检验和证据，至少以此发现最初的错误，避免这种拖延。例如，在第57—61段的Dakota（普通法院）案。上诉委员会做出的一系列决定就是遵循这一思路。在York诉Viyork案（协调局的上诉委员会）中，委员会对恢复原状适用了一些欧盟普通法院在早先案件中就上诉期限问题设置的一些原则（2006年3月16日，欧盟普通法院，第18段）。这些原则有关不可抗力和不可预见的情形，由欧盟普通法院进行了清晰的阐明，欧洲法院当局作出的先前裁决也重申了这一点。委员会将这些原则具体地适用于恢复原状的各个情形，并指出发挥作用的既有客观因素也有主观因素。客观的因素包括与当事人无关的意外情形，其造成了障碍或成为了无法遵守时间限制的原因。主观的因素包括当事人有义务"在不遭受不合理牺牲的前提下采取适当的手段"，以防止意外情况造成不利的后果[York v Viyork案（协调局的上诉委员会）第15段]。总之，一个勤勉谨慎的人能够在期限届满前采取适当的措施遵守该规定，不适用恢复。因此，"全部合理注意"比无过错的要求还要高。例如，在行政助理造成错误的情况下，仅仅证明该人员是受过良好的训练和管理的，并且代理人自身并无过错，仍然是不够的。上诉委员会的其他决定遵循了上文所述的相同思路。在快递文件迟延的情况下，协调局更加倾向于允许恢复原状。但是，申请人应当证明快递公司是值得信任的，且与其惯常的表现相比，其无法按时送达仅仅是例外的情况。此外，申请人还需在恢复原状的申请中提交不同情形下的足够证据。如参见协调局的上诉委员会在 Mag-Form 诉 Mage 案(协调局的上诉委员会)中的第 29 段。

6. 提交恢复原状的申请(第 2 款和第 3 款)

（a）以书面形式

恢复原状的申请人应当向协调局提交书面申请。对此没有正式的表格。恢复原状的申请应当以明示的方式做出，完成未履行的行为并不意味着默示申请恢复原状。申请恢复原状需另行提出［见 Dakata 案(协调局的上诉委员会)中的第 43 段］。

（b）理由和事实证明

申请人应当提出理由和支撑性事实。正如在上文注释 5 所讨论的，申请人应当克服高难度的障碍，向协调局证明自己已经尽到了全部合理注意，因此，为了支持其申请，证明该事实，仅仅通过郑重宣誓或确认陈述是不够的。例如，如果由于缺少了一个关键的人物且无法联系上，从而错过了时间期限，应当提交证据表明已经尝试去联系该人［见 F1 v Formula 1 (协调局的上诉委员会)］。相似地，如果是由于传真机无法正常运作，或文件未能通过快递及时送达，在这种情形下，所有的状况都应当由直接涉及的人进行适当证明。在涉及内部机构和程序的问题时，应当提交个人陈述，以证明该体制是如何运作的，为什么该意外是一个例外情况且无法避免。简而言之，事实应当公正、清楚地通过证据证明，这要求恢复原状申请人应当提交更多有说服力的证据。

（c）费用

未缴纳 200 欧元费用的视为未提交申请。正如其他的协调局程序一样，未能及时缴纳费用的申请，不存在是否能被协调局采纳的问题，而是从一开始就被视为未提交申请。

（d）语言

恢复原状的申请应当以在未遵守时间限制的程序中所使用的语言提交。如果该程序允许使用两种语言，例如简单的注册欧共体外观设计的申请程序，那么恢复原状的申请应当以这两种语言之一提交。当申请最初是以一种错误的语言提交时，则适用《实施细则》第 81 条的一般条款。换言之,自恢复申请提交之日起,申请人有一个月的时间提交正确语言的译本。

7. 主管部门裁决是否恢复原状(第4款)

恢复原状的申请将提交给有权做出决定的协调局有关部门,该部门有权决定申请人未履行行为是否能够恢复原状。因此,在单方当事人申请程序或无效宣告时,主管部门是指协调局外观设计部门的审查员,在上诉时,恢复原状的申请则向上诉委员会提出。在一个有关欧共体商标的协调局上诉委员会的决定中,当事人的上诉所涉及的标的也是恢复原状申请的基础[Sidex v Sybex New Classics et al(协调局上诉委员会)]。尽管申请恢复原状涉及的是有关异议的程序性事项,根据《欧共体商标条例》第81条第4款(与第67条第4款相当)的规定,应当由异议审查员处理更为合适,但上诉委员会仍决定将二者一并处理。

8. 恢复原状的效力和第三方的权利(第6款和第7款)

一经准许,恢复原状即具有视为错过的期限已经得到遵循的法律溯及效力。任何在错过时间限制与允许恢复原状的期间中所发生的权利丧失都将被视为没有发生。在申请人或注册欧共体外观设计的权利人成功地恢复原状的情形中,有可能在此期间第三人已经善意地将注册欧共体外观设计保护范围内的包含该外观设计的产品投入市场。第67条第6款规定,在这种情况下,注册欧共体外观设计申请人或权利人不能对该第三人主张该权利。根据第67条第7款的规定,就恢复注册欧共体外观设计申请人或权利人权利的决议,满足第67条第6款规定的第三人可以提起第三人法律诉讼。根据第67条第7款的规定,第67条第6款规定的第三人可以对重新确立商标所有人或申请人权利的裁决发起"第三人程序",期限为自权利重新确立公告之日起两个月内。该款设置了公开该权利恢复后的两个月的截止日期。协调局在有关商标恢复原状的指南中(A部分,第6节,6.3.6)规定,只有当恢复申请所针对的未遵守期限会产生改变欧共体商标状态的公告时,才会发布本条例第67条第7款所称的公告。这一规定的合理性在于,只有在这种情况下,第三人才会对重新确立的这些权利在当时被废止的事实产生信赖。因此,经过公告,第67条第7款规定的两个月的截止期限的含义就是清晰的。若不经公告,无法确知第三人是否能够知晓该恢复原状的裁决。第 67 条第 7 款规定的第三人诉讼没有规定程序。指南仅仅指出,协调局将采取对抗性的程序,有权处理该程序的部门是作出准许恢复裁决的部门。似乎协调局会将该指南的原则适用于《欧共体外观设计条例》中恢复原状的情况。

9. 成员国准予恢复原状的权利(第 8 款)

第 67 条第 8 款允许成员国能够超越第 67 条的规定,对本条例规定的、成员国当局必须遵守的任何时间限制予以恢复原状的权利。

参照一般原则

第 68 条

在本条例、实施细则、费用条例或上诉委员会的程序规则未作出明确规定的情况下,协调局应考虑成员国普遍认可的程序法原则。

含义

在本条例、实施细则、费用条例或上诉委员会的程序规则未作出明确规定的情况下,第 68 条提供了解决的方法。在这种情况下,协调局应当考虑"成员国普遍认可的程序法原则"。除特殊情形外,协调局在其裁决中极少援引第 68 条和与之相对应的《欧共体商标条例》第 83 条的规定。协调局提及本条的一种情况是涉及被各成员国视为基本程序权利并加以确立的听证权。这与第 62 条(第二句)以及与之相对应的《欧共体商标条例》第 75 条有关,这两条都要求协调局作出裁决只能依据相关当事人有机会阐明意见的证据或理由(见第 62 条,注释 3)。因此,如果协调局未将一方当事人的事实、证据和论点送交另一方当事人,却在裁决中加以考虑时,这将违反第 62 条(第二句)和第 68 条。根据《欧共体商标条例》,与此相关的一个的例子体现在 Ceramica Viva v WP viva Fertig-Parkett(协调局上诉委员会)案的第 16 段。另一种情况是援引所有成员国法中的基本对抗原则。第三种情况与比例原则有关,这是欧共体法律中的另一重要原则,即要求所采取的任何措施都要基本上与所追求的目的相称(见协调局局长 ADM - 00 - 37 号决定)。协调局的当事人有时会试图根据《欧共体商标条例》第83条的规定来挽回败局。但是,这种尝试通常不会成功,原因有两点:要么就是事实上有一些欧共体商标法律的程序性的规定,在这种情况下这些程序性的条款将会优先于《欧共体商标条例》第83条(或第68条)任何一般性的规定;或是因为某个特定的程序原则未被证明是不同成员国普遍认可的。某个成员国的法律体系中存在特别的程序,也许有利于一方当事人,但显然不足以使当事人成功地援引第68条的更为一般的条款。

财务义务的终止

第69条

(1)协调局收费的权利应在该费用到期的公历年末起四年后消灭。

(2)要求协调局退还费用或超出费用的金额的权利应在该权利发生时的公历年末起四年后消灭。

(3)以上第1款和第2款都会发生中断。对于第1款的情形,在提出付费的要求时期限发生中断;对于第2款的情形,在提出书面的理由时期限发生中断。发生中断时,期限应立即重新起算,并且自原先起算的公历年末起最迟六年后终止,但在该期间内强制执行权利的司法程序已经开始的除外;在该情形下,期限自终审裁决生效后最早一年后终止。

含义

第69条规定了有关向协调局交纳费用和协调局退还费用的经济义务的终止,其含义大多一目了然。当这些缴纳的费用或退还的费用被怠于偿付时,这些条款对于终结财务义务是很重要的。第69条第1款将协调局收费的权利限制在费用到期的公历年末起四年内。第69条第2款相应地将协调局退还费用或超出费用的金额的权利限制在该权利发生时的公历年末起四年内。第69条第3款规定了四年期限能够延长的特定情形。就第69条第1款中协调局能够成功地收取迟延交付的费用而言,如果协调局在四年中提出付费的要求,则期限发生中断。就第69条第2款中退还的费用而言,如果当事人提出合理的申请,期限也会发生中断。在这两种情形中,这四年的期限将在中断之后立即重新起算,并于最初开始计算的公历年年末起,最迟六年后终止。但对于这一点存在一个例外,如果执行该权利的司法程序同时开始,期限自终审裁决后一年内终止。在程序上,如果涉案金额过小或者对其追索过于不确定,《实施细则》第 60 条允许协调局局长放弃执行追索行动。

第二节 费用

费用分摊

第 70 条

(1) 在《实施细则》规定的各项费用的限制范围内,注册欧共体外观设计无效宣告程序中或上诉程序中的败诉方应承担另一方由此产生的费用,以及其参与该程序所应承当的全部成本,包括其代理人、法律顾问或律师的差旅费、生活补贴和报酬。

(2) 但是,如果各方当事人在不同方面各有胜负,或者基于公平的理由,宣告无效处或上诉委员会应裁定费用的不同分摊比例。

(3) 如果一方通过放弃注册欧共体外观设计,或者未能续展其注册,或者撤回无效宣告申请,或者撤回上诉,而终止法律程序,则该方应根据第 1 款和第 2 款的规定承担另一方由此产生的费用和成本。

(4) 如果案件未作裁决的,费用的承担应由无效宣告处或上诉委员会自由裁量。

(5) 如果当事人在宣告无效处或上诉委员会达成不同于第 1 款、第 2 款、第 3 款和第 4 款规定的费用协议,相关部门应对该协议予以考量。

(6) 经要求,宣告无效处或上诉委员会的注册处应根据上述条款确定应支付的金额。在《实施细则》规定的期限内,确定的金额可以经要求,由宣告无效处或上诉委员会的决定进行审查。

1. 概述

第70条规定了在协调局的相关程序中当事人之间如何承担费用的基本内容,第71条涉及费用裁决的执行问题。《欧共体外观设计实施细则》第79条规定了相关的程序。该规定背后的原则在于,败诉方应承担胜诉方的费用。根据《欧共体商标条例》第85条第6款,即使当事人并未要求,协调局也需要在大多数案件中确定费用如何承担。为了在商标案件中加快与费用承担有关的程序,法律规定了这种程序上的变化。本条例的第70条尚未进行修改,以对应相应的《欧共体商标条例》第85条第6款的新规定。《欧共体外观设计条例》第70条规定的做法与《欧共体商标条例》第85条规定的旧的程序相对应,其关键的规定有如下(a)到(e)五点:

(a)败诉方应承担胜诉方的费用(第1款)

有关费用的规定从第70条第1款开始,即败诉方将承担其他方的费用。第70条的范围包括了无效宣告程序和上诉程序。审查员裁决驳回注册申请的,申请人无法获得费用的补偿,作为该裁决的基础,这些费用需要是参与该程序所"必要"的费用,《实施细则》第79条第3款要求应当向协调局提交"有佐证材料"的费用清单[见下文注释2(a)]。费用包含了代理人、法律顾问或律师的差旅费、生活补贴和报酬,但在个案中,其数量将限于《欧共体外观设计实施细则》第79条第7款(d)规定的费用范围内。

(b)当事人间的费用分摊(第2款)

各方当事人在不同方面各有胜负的,协调局会根据胜负的情况裁定费用分摊比例,较为典型的是当事人将承担各自的费用。

(c)一方当事人终止法律程序(第3款)

如果一方当事人在协调局终止了法律程序,包括放弃或未能续展其注册欧共体外观设计,那么当事人将有责任承担第70条第1款或第2款规定的合理费用。

(d)未裁决案件的费用(第4款)

当案件无论出于何种原因[包括上文(c)提及的终止法律程序],而未进行裁决时,第70条第4款将允许协调局自由裁量费用分担。

(e)当事人之间的费用协议(第5款)

当事人之间就费用承担达成协议是很常见的,例如作为和解程序中的组成部分。较为典型的情形是,协议规定当事人承担各自的费用。第70条第5款并未要求协调局遵守该协议,但是其至少应予以考虑。在实践中,协调局一般会遵循当事人之间达成的此类协议。

2. 关于费用的程序(第6款和《实施细则》第79条)

(a)费用的裁决必须基于请求而做出(第6款第一句)

当一方当事人提出请求时,费用的裁决才会被做出。这一点与《欧共体商标条例》的第85条第6款的规定正好相反,第85条第6款规定了当费用仅限于缴纳给协调局的费用以及代理人费用时(比如,不包括差旅或补贴费用),协调局将决定应支付的费用数额。在现行《欧共体商标条例》中规定的费用裁决具有更精简的效果,但是其并未在《欧共体外观设计条例》中得以体现。第79条第6款中规定的"请求"应当附上所请求数量的费用清单以及佐证材料(《实施细则》第79条第3款第一句)。第79条第3款第三句要求费用的确定具有"可靠性"。这并不意味着提供有关任何请求的佐证材料:根据《欧共体商标实施细则》第94条第6款,在商标案件中,协调局将会接受提出请求方的保证,确保其代理人费用的确已经发生,协调局在外观设计案件中,也是这样进行操作的。

(b)时间限制(第6款第二句以及《欧共体外观设计实施细则》第79条第4款)

费用裁判的请求应于与该费用相关的裁决终局之日起两个月内提出。协调局继而通知承担费用的一方当事人。《实施细则》第79条第4款规定,在通知后的一个月内,当事人可以申请对确定的费用金额进行审查,审查费用如数缴纳后,才视为提交了申请。

(c)裁决和上诉

协调局对于费用的裁决组成了协调局裁决的一部分或全部,根据第55条的规定,针对这一裁决可以提起上诉,并适用第57条中规定的两个月的上诉期限。《实施细则》第79条第5款规定,应当事人要求而作出的裁决,协调局应直接作出裁决,不举行听证程序。

3. 确定费用的金额(《实施细则》第79条第7款)

《实施细则》第79条第7款规定了费用裁决的最高限额。第(a)和(b)项分别涉及举行听证的案件中差旅费和生活费的具体规定。第(c)和(d)项分别包括代理人的差旅费和生活补贴(根据本条例第78条第1款的含义),以及证人和专家的差旅费和生活补贴。第(e)项审核证人证言、专家意见或本条例第74条和《实施细则》第78条规定的查验费用,每个程序最高300欧元。第(f)项规定了第78条第1款意义上的代理费用。费用范围从申请人或权利人在注册欧共体外观设计无效程序中的费用400欧元[《实施细则》第79条第7款第(f)项的(i)和(ii)],到上诉程序中一方当事人的费用500欧元[《实施细则》第79条第7款第(f)项的(iii)和(iv)]。很明显,这些规定的金额并非在现实意义上囊括在协调局程序中实际发生的代理费用。

确定费用金额的裁决之执行

第71条

(1)协调局确定费用金额的任何最终裁决具有强制执行力。

(2)执行应依照其所在成员国现行的民事程序规则进行。成员国政府应以执行为的目的指定国内机构并通报协调局和欧洲法院,执行令应附于裁决后,除该机构验证裁决的真实性外,无需其他手续。

(3)相关当事人申请完成上述手续后,可直接根据成员国法的规定将此事提交有权机构执行。

(4)只有欧洲法院的裁决才能中止执行。但是,相关成员国法院有权管辖被投诉为违规执行的案件。

1. 费用的裁决具有强制执行力(第1款)

第71条第1款规定协调局确定费用金额的任何终审裁决(根据第70条)原则上具有强制执行力。本条例第70条和《实施细则》第79条规定了该费用裁决的内容,其允许对确定费用的裁决提起上诉。根据这一上诉的结果,这些费用的裁决才是终局性的且具有执行力。

2. 执行的程序(第2款和第3款)

对费用裁决的执行由执行所在的成员国民事程序规则调整。成员国政府应当指定执行机构并通报协调局和欧洲法院(根据第71条第2款),主张执行的当事人应当向有管辖权的成员国指定的机构递交协调局的费用裁决。该机构会出具执行令并附于协调局的裁决后,当事人继而可以依据第71条3款的规定根据相关成员国的程序进行执行。在实践中,费用裁决的执行的情形极为罕见,因为涉及的金额相对而言实在微不足道,不值得在执行程序中耗费时间和经济成本。当执行决定发生在欧共体领域之外时,这一点更为明显。

3. 中止(第4款)

严格来说,费用裁决执行的中止仅能由欧洲法院自身作出。但是,本条第4款第二句话授权成员国法院管辖当事人投诉的违规执行。

第三节　向公众和成员国官方权力机关发出通知

欧共体外观设计注册簿

第72条

协调局应设置注册簿,名为欧共体外观设计注册簿,该注册簿应包含本条例或实施细则规定的登记的具体内容。除非第50条2款另有规定,该注册簿应对公众开放以供查询。

含义

第72条规定了协调局设立并保存欧共体外观设计的注册簿。特别是,注册簿应对公众开放以供查询,这样公众能够查明任何当事人根据《欧共体外观设计条例》获得的权利性质和范围。然而,这一条款排除了第50条中规定的延迟公开的申请:第 50 条 2 款规定,无论是对外观设计的展示还是任何有关申请登记外观设计的文件,都不能对公众开放以供查询。注册簿中的信息应当符合《欧共体外观设计条例》以及《欧共体外观设计实施细则》有关公开信息的要求。《欧共体外观设计实施细则》第 69 条详细地规定了注册簿应当包含的内容。《欧共体外观设计实施细则》第 69 条第 2 款列出了注册簿应当包括的基本内容。《欧共体外观设计实施细则》第 69 条第 3 款列出了注册簿还应包括的更多内容,且每款内容应注明登记的日期。以上两款列举清单并非封闭的,协调局局长可决定除第 2、3 款规定之外的其他应登记在册的内容(《欧共体外观设计实施细则》第 69 条第 4 款)。经请求,协调局应在支付费用后提供经认证或未认证的注册簿摘要,该费用分别是 10 欧元或 30 欧元[《欧共体外观设计实施细则》第 69 条第 6 款和《收费条例》附录第 22 段(a)和(b)]。实践中,注册簿是电子形式的。

定期出版物

第 73 条

(1)协调局应定期发布欧共体外观设计公报,该公报包含了向公众查询开放的注册簿上的内容以及本条例或实施细则规定的其他公开内容。

(2)协调局局长签发的一般性通知和信息,以及其他任何涉及本条例或实施细则的信息,应在协调局官方公报上公布。

1. 欧共体外观设计公报(第 1 款)

在第 73 条规定的协调局要求公布的内容中,首先是欧共体外观设计公报。公报每周以欧共体所有的官方语言公布,并且只能在协调局网站的"欧共体外观设计公报"一栏以在线形式获取。《实施细则》第 70 条第 1 款允许协调局来决定欧共体外观设计公报公布的周期和格式。《实施细则》第 70 条第 2 款规定欧共体外观设计公报应包括注册欧共体外观设计申请的公布,以及本条例和《实施细则》规定公告的其他有关外观设计登记的特殊事项。更为重要的是,该条受到本条例第 50 条 2 款以及《实施细则》第 14 和 16 条有关延迟公开规定的限制。欧共体外观设计公报的体系和内容详情可参见协调局公布的手册,网址是:oami. europa. eu/pdf/design/vade-mecum-rcd-en. pdf。总而言之,公报的公开包含以下部分:

(a)欧共体外观设计的登记

这包括了第48条规定的欧共体外观设计登记的具体内容,第50条规定的要求欧共体外观设计延迟公开的具体内容,以及错误或失误的修正。在第二种延迟公开的情形中,公开的信息仅包括在第50条第3款中规定的内容,即:能够获悉的信息包括权利人(和其代理人,如果有的话)、申请日、登记日和申请号。

(b)登记之后记载于注册簿的内容

该部分包括对抗注册欧共体外观设计权的其他内容,特别是包含失误或错误、转让、宣告无效程序的信息,有关放弃登记欧共体外观设计的信息,或从一开始就被视为不具有《欧共体外观设计条例》效力(第50条第4款和第51条第2款)的信息,以及许可、成为支配权对象、被强制执行或破产清算的信息。公布这些内容只是出于提供信息的目的,因为,是登记本身而不是公布行为对第三人发生效力(第33条第2款)。

(c)续展

公开的内容包括续展、登记失效信息和在续展时修改错误、失误的信息。

(d)请求恢复原状

第67条第6款规定经申请成功恢复的权利应予以公告。因此,公报中也包括这方面的内容,当然也包括对先前错误的修正。

2. 官方杂志(第2款)

该杂志每月以协调局的五种语言发布。从2007年1月起,杂志只在网上发布,可参见协调局的网站,网址是 oami. europa. eu/en/office/diff/official_journal. htm。杂志包含了协调局局长作出的决定和通报、部长理事会决议、实践指南以及欧洲法院、欧盟普通法院、上诉委员会和宣告无效处的裁决精选。该杂志还包括面向协调局的职业代理人名录,以及协调局的其他数据和信息。

档案查阅

第 74 条

（1）未经注册欧共体外观设计申请人或权利人的同意，不得查询与申请注册欧共体外观设计相关的尚未公开的档案，或根据第 50 条延迟公开的注册欧共体外观设计的档案，或根据该延迟在期限届满之前或届满之时已放弃的注册欧共体外观设计的档案。

（2）任何具有合法利益者无需注册欧共体外观设计申请人或权利人同意，在公告之前或根据第 1 款规定的情形放弃注册欧共体外观设计之后，可以查询档案。本条款尤其适用于利害关系人能够证明注册欧共体外观设计的申请人或权利人已援引注册欧共体外观设计的权利对其采取对抗措施时。

（3）在注册欧共体外观设计公告后，可以请求查询档案。

（4）但是，在根据第 2、3 款查阅档案时，根据实施细则的规定，其中的特定文件可能不得查阅。

1. 概述

由于公众可以获取协调局提供的在线信息，使得对协调局档案进行物理查询的相关规则的重要性逐渐被削弱，并且这一趋势还将继续。尽管如此，第 74 条和《实施细则》第 72—76 条的相关程序性规则还是做出了框架性规定。

2. 在公告后对协调局文件的查阅（第 3 款）

在申请人缴纳费用后，《欧共体外观设计实施细则》第 75 条允许协调局通报与欧共体外观设计申请或注册有关的任何文件信息，该信息受限于《欧共体外观设计条例》第 74 条、《欧共体外观设计实施细则》第 72 条和第 73 条。关键的是，协调局有关注册欧共体外观设计的文件只有在其被协调局公报公告之后才能被查阅（第 74 条第 3 款）。向协调局请求查询经过证明的或未经过证明的文件的复制件，应当先缴纳必要的费用［《欧共体外观设计实施细则》第 74 条第 4 款和第 5 款，以及《收费条例》（附录第 21 段和第22段)]。当注册欧共体外观设计是根据第50条延迟公开的,或是依据该延迟、在30个月的延迟期限届满之前已放弃的,则不得查阅协调局的文件(第74条第1款)。这一点受限于第74条第2款(见下文注释2)。

3. 在公告前查阅协调局文件(第1款和第2款)

当注册欧共体外观设计的协调局文件尚未被公开(包括延迟公开或注册欧共体外观设计在延迟期间放弃),在两种情况下,该文件仍然能够被查阅。第一种情形是经过申请人同意(第74条第1款)。第二种是当提出查阅文件要求的人对于该查阅行为具有合法的利益(第74条第2款第一句)。这一点在第2款第二句中得到了进一步的解释,包括下列情形:当提出请求的人能够证明注册欧共体外观设计的申请人或权利人试图就该外观设计对抗自己。但是,与更为狭窄的《欧共体商标实施细则》第89条第1款的规定相比,"合法的利益"并不仅限于此。在任何情况下,当具有合法利益时,无需经过申请人同意即可查阅。根据第74条第1款或第2款,申请查询尚未公告的欧共体外观涉及申请材料,应至少就上述两种情形之一加以说明并证实(《实施细则》第74条第2款)。

4. 禁止查询特定文件的裁量(第4款)

协调局有权禁止查阅特定文件。这是由《欧共体外观设计实施细则》第72条规定的:根据《欧共体商标条例》第137条,涉及排除或反对审查员,或异议处、撤销处、上诉委员会的工作人员的文件[《实施细则》第72条(a)项]——这些规定准用于注册欧共体外观设计;裁决和意见草案,以及裁决或意见的其他准备材料[《欧共体外观设计实施细则》第72条(b)项];相关当事人证明对保密有特别利益的文件,除非请求查询的当事人能够证明查询具有更重要的合法利益[《实施细则》第72条(c)项]。对于最后一种情形,相关当事人应在查询请求提交前明确表示其对文件保密有特别利益(《指南》E部分,第7节,7.4.1.3)。

行政合作

第 75 条

协调局和成员国法院或政府部门应互相协助,经对方要求交换信息或公开文件以供查询,但本条例或成员国法另有规定的除外。

如果协调局对法院、检察机关或中央工业产权局开放文件查阅,该查阅不受第 74 条的限制。

含义

第 75 条要求协调局和成员国法院或政府部门经请求提供协助,互相协调。这些协调活动包括相关信息的交换或公开文件供查询。根据《欧共体外观设计实施细则》第 77 条第 2 款,协调局和成员国的法院或主管部门之间的信息交流直接具有法律效力。如果欧共体成员国的法院、检察机关或中央工业产权局提出查阅文件的要求,该查阅不受第 74 条的限制。根据《欧共体外观设计实施细则》第 77 条第 2 款,这些机构可以公开其从协调局获取的文件,以供第三方查阅,但是在这种情况下,《欧共体外观设计条例》第 74 条和《欧共体外观设计实施细则》第 72 条又将重新适用。此外,当协调局向第 75 条规定的机构传递文件时,应当说明适用于该文件的所有限制(《实施细则》第 78 条第 3 款)。

交换出版物

第 76 条

(1)协调局和成员国中央工业产权局之间应相互请求免费赠送各自出版物的一份或多份,以供自己使用。

(2)协调局可以签订有关交换或提供出版物的协议。

含义

第 76 条是不言自明的,无需《欧共体外观设计实施细则》中规定其他的补充条款。本条只是要求协调局和各成员国中央工业产权局应相互请求免费赠送各自的出版物。这一基本的要求适用于《欧共体外观设计条例》

第73条规定协调局要求公开的两种出版物,即《欧共体外观设计公报》和官方杂志,也推定适用于成员国机构的相应出版物。此外,第76条第2款允许协调局可以与成员国进一步缔结协议。实践中,协调局与成员国相关机构之间的各项合作都已超过了《欧共体外观设计条例》规定的义务。

第四节 代理

代理的一般原则

第77条

(1)在协调局办理事务的人不应被强迫代理,但本条第2款的规定除外。

(2)在不违反第3款第二句的前提下,在欧共体领域内没有住所、主要营业场所或真实有效的工商业机构的自然人或法人,除了提交注册欧共体外观设计申请之外,还应当根据第78条第1款指定代理人参加本条例规定的协调局程序;《实施细则》可以允许例外。

(3)在欧共体领域内有住所、主要营业场所或真实有效的工商业机构的自然人或法人在协调局可以由其雇员代理,该雇员应当提交包含签名的授权书,具体内容由《实施细则》作出规定。

本款规定的法人雇员也可以代理与该法人有经济联系的其他法人,即使其他法人在欧共体领域内没有住所、主要营业场所或真实有效的工商业机构。

1. 概述

第77条和第78条规定了有关代理的法律规定。第77条包括了代理的一般原则,第78条规定了职业代理。《欧共体外观设计实施细则》第61条到64条规定了相应的程序。特别是《欧共体外观设计实施细则》第63条确认了委任授权代理人的效果:协调局将任何通知送达给合法授权的代理人,如同送达给被代理人自身,具有同等法律效力。《欧共体外观设计实施细则》第62条有关授权书的规定,与《欧共体商标实施细则》第76条有关欧共体商标的规定非常类似,并与2005年7月25日生效的第1041/2005号条例(欧洲理事会)规定的修订相一致。首先本条规定了在协调局办理事项的任何当事人不应被强迫代理(第77条第1款)。但是,对于该款的一项重要例外是,除非在特定的情形下,在欧共体境外的当事人应当被代理(第77条第2款以及下文注释2和3)。当需要代理时,代理人可以是该机构的雇员(见下文注释3),或法律执业者或职业代理人(第78条第1款,注释2)。在特定情形下,应当向协调局提交授权书,这一点在第78条的注解中还将进一步讨论。

2. 欧共体境外的自然人和法人(第2款)

第77条第2款规定,除非具备了下文(b)、(c)和(d)项中任意一项的条件,欧共体境外的自然人和法人在协调局的所有程序中应被代理(与第78条第1款一致)。本条无关国籍,而是有关住所、营业场所或真实有效的工商业机构。因此,一个具有英国国籍、住所在香港的自然人或法人仍然需要被代理,但是一个具有加拿大国籍、住所在法国的自然人或法人却无需被代理。

(a)"在欧共体领域内"的含义

该词语是指根据下文(a)、(b)和(c)项中至少一项的条件,自然人或法人在欧盟领域内应当具备行为资格。值得注意的是,除了欧盟成员国外,其他一些领域由于与成员国之间具有联系,也属于欧盟领域。这些领域是:奥兰群岛、法属马提尼克岛、法属瓜德罗普岛、法属留尼旺岛和圭亚那、亚速尔群岛、马德拉群岛、加那利群岛、休达自治市和梅利利亚自治市。但是,下文不完全地列举了与括号中标明的特定成员国有关的领域,这些领域都不在欧盟范围内:格陵兰和法罗群岛(丹麦)、阿鲁巴岛和前荷属安的列斯群岛、澳门(葡萄牙)、海峡群岛、马恩岛和直布罗陀岛(英国)。即使一些领域已经通过立法认可欧共体商标在当地具有效力(例如地处于海峡群岛中的泽西岛),但处于该法域的商事主体并属于本条第2款意义中的"在欧盟领域内",或是依据本条例出于任何目的所认定的"在欧盟领域内"。

(b) 住所

第77条第2项规定的第一个例外是,该自然人或法人在欧盟领域内有住所。对于法人来说,住所应根据《欧盟运作条约》第54条进行确定。《欧共体商标指南》(A部分,第5节,5.3.1.1)表明,仅管辖该企业的法律是欧盟成员国法是不够的。真实场所或主要住所应当在欧盟领域内。该规定对欧共体外观设计也同样适用。

(c) 主要营业场所

第二个例外是自然人或法人的主要营业场所在欧共体领域内。

(d) 机构

第三个例外是自然人或法人在欧共体领域内有真实有效的工商业机构。这与《巴黎公约》第3条、《马德里协定》第1条第3款以及《马德里议定书》第2条第1款中有关国际商标申请机制中申请人资格的规定是一致的。这几条的含义并不完全明确,且尚未得到欧洲法院的解释(尽管在成员国中有相关的裁决)。但是,一般认为,商业机构仅在欧盟领域内拥有邮箱地址或服务地址是不够的,仅提供代理商的地址也是不够的。另一方面,一个独立的分支机构如果是享有完全自主权的法律实体,也不能被认为是母公司的"机构"。一般而言,不享有法人资格的非独立分支机构适用第77条第3款第2句话的规定。

3. 雇员担任代理人(第3款)

第77条第3款允许在欧盟领域内的法人或自然人[即符合上述2(b),(c)或(d)所述条件之一]由其雇员代理协调局的各项事宜。这与第78条第1款规定的职业代理并不相同,雇员代理将不会被注册簿公布[见《欧共体外观设计实施细则》第69条第2款(e)项]。实际做法当然不同,雇员往往在注册欧共体外观设计公告的"代理"一节中被提及。根据第77条第3款与《欧共体外观设计实施细则》第62条第2款的规定,雇员代理人应当向协调局提交授权书(见第78条注释4,有关授权书的提交的内容)。此外,第77条第3款第二句也允许法人的雇员在协调局代理与该法人有经济联系,但在欧盟领域外的其他法人。这是上文注释 2 提及的第 77 条第 2 款一般原则的例外:一般情况下,非欧盟的商业主体若没有上述第 2 款(b),(c)或(d)项规定的与欧盟的关联因素,应当根据第 78 条第 1 款委托代理人。就实践而言,协调局在《欧共体商标指南》中规定了什么是其认为的构成"经济联系"(第 A 部分,第 5 节,5.2.3.2),这对欧共体外观设计同样适用。关键之处在于,如果在协调局的当事人在经济上依赖于该雇员的雇主,则符合该情形,反之亦然。这种经济上的依赖关系的形成因素包括:两个法人均隶属于同一家集团企业,管理控制机制相互渗透,一方控制着另一方大部分的资本或股份,一方可以任命另一方超过半数的管理人员。另一方面,如果双方仅仅签订了许可协议,或者仅仅具有一般意义上的供求关系,协调局不予认可。

职业代理

第 78 条

(1)自然人或法人在协调局的代理人只能由下列人员担任:

a. 在任一成员国有资格从事工业产权事务代理,并且在欧共体范围内有营业场所的法律执业者;或者

b. 任何列入《欧共体商标条例》第 89 条 1 款(b)项规定的职业代理人名单中的职业代理人*;或者

c. 任何列入第 4 款规定的外观设计事务职业代理人名单之人。

(2)第 1 款(c)项规定的人士仅在协调局外观设计事务的程序中有权代理第三人。

(3)实施细则应规定代理人是否需要且在何种条件下应当向协调局提交经签名的授权书以保存在文件中。

(4)同时具备下列条件的自然人,可以列入职业代理人名单:

a. 必须具有成员国国籍;

---

* 对照《欧共体商标条例》的规定,以及上下文,应该是第 93 条 1 款(b)项。——译者注

b. 必须在欧共体境内工作或有营业场所；

c. 必须有权就外观设计事务在成员国中央工业产权局或比、荷、卢外观设计局代理自然人或法人。如果在该成员国代理外观设计事务没有特别的职业资格要求，则申请列入名单的人应当在该成员国的中央工业产权局惯常地代理外观设计业务至少五年。但是，在成员国中央工业产权局代理自然人或法人从事外观设计业务的职业资格已根据该成员国的规定得到官方认可的，则不必符合已经实际从业的要件。

(5) 经请求并提交相关成员国中央工业产权局出具的证明，表明第4款规定的要件已经得到满足，依据第4款列入名录的登记方发生效力。

(6) 协调局局长可以授予豁免：

(a) 在特殊情形下免除第4款(a)项规定的要件；

(b) 如果申请人能证明其以其他方式获得了必要的资格，免除第4款(c)项第二句规定的要件。

(7) 将代理人从名单中删除的要件由实施细则作出规定。

1. 概述

第78条规定了协调局中的职业代理。第78条第1款规定了仅有三种职业代理：法律执业者[第78条第1款第(a)项]；任何列入《欧共体商标条例》第93条第1款(b)项职业代理人名单中的职业代理人[第78条第1款第(b)项]；以及任何列入外观设计事务职业代理人名单中的人[第78条第1款第(c)项和第4款]。因此，大体上看，所有在《欧共体商标条例》中有资格成为职业代理人的，也同样有资格在《欧共体外观设计条例》中成为职业代理人，但是《欧共体外观设计条例》在第78条第1款第(c)项中多规定了一类，即列入协调局外观设计执业者名单中的人。在下文的注释2,3,4中将进一步讨论。《欧共体外观设计实施细则》第62条第9款允许委任代理人协会，例如律师事务所或职业代理人合伙企业，在这种情况下，受托的是协会而非该协会内的个人。这样一来，协会中的任何职业代理人（其本身已经是职业代理人）均可以在该协会的名义下在协调局办理事宜。对于协会的新成员，只要能证明其本身已经是职业代理人的，也同样如此。该协会中的职业代理人的人员变动情况无须通报协调局。

2. 法律执业者[第1款第(a)项]

这是本条规定的职业代理人的第一种类别,其需要满足以下三个条件。

(a)资质

法律执业者应当经过成员国国内法的认证。协调局在指南中(A部分,第5节,5.2.1.1)列明了法律执业者的资质条件。虽然这一名单仅覆盖了2004年5月1日欧共体扩大之前的成员国。协调局一般不会核查法律执业者的资质,除非有理由对资质严重怀疑。

(b)在成员国国内法上有资格

上文提到的资质应当使得法律执业者在相关成员国的商标局中有资格处理商标事务。由于商标代理业务是一个与律师资格完全不同的领域,所以具备了律师资格并不意味着可以从事商标代理,这使得具有一国律师资格的人可能无法在协调局成为一个法律执业者。

(c)营业场所

法律执业者的营业场所应当位于欧共体领域内[见第77条第2款,对该含义的注释2(a)]——如果他或她得到成员国的准许。该执业者可能在一个成员国获得法律资质,其营业场所可以在另一成员国,但不能超出欧共体的领域内。例如,一家律师事务所作为代理人协会,其拥有若干个办事处,但仅有一个在欧共体领域内,那么协调局针对代理事宜将仅与该办事处联系代理事宜(见指南A部分,第5节,5.2.1.4)。此处没有国籍的要求,在协调局中,法律执业者可以是非欧盟成员国的国民。

(d)未列入职业代理人名单中的人。与《欧共体商标条例》第93条第2款和本条例第78条第4款中规定的未列入职业代理人名单中的职业代理人(见下文第3和4注释)不同,满足以上三个条件的法律执业者有权在协调局从事代理业务。

3. 根据《欧共体商标条例》第93条第1款(b)项的规定,列入协调局名单中的职业代理人[第1款(b)项]

第二种职业代理人是指《欧共体商标条例》第93条规定的在协调局名

单中的职业代理人。这些代理人不是上文中所称的法律执业者,但其有资格在协调局专业代理第三方(见指南 A 部分,第 5 节,5.2.2)。为了满足下文注释5(a)和(b)的条件,应当申请列入协调局的职业代理人名单中,并以国内商标局授予的证书证明其资质(《欧共体商标条例》第 93 条第 3 款)。

4. 第 78 条第 1 款(c)项规定的列入协调局名单中的外观设计事务的职业代理人

第三种职业代理人是指专门代理第三方外观设计事务的职业代理人。进入该名单的标准相当于上文注释 3 中规定的商标代理人的标准。事实上,很少有欧盟成员国(如果有的话)中有专门的外观设计事务执业者,但下文注释 5 中设置的条件能够适用于与此无关的个人。外观设计代理人在商标事务中也不能自动地代理第三方(第 78 条第 2 款)。

5. 根据第 78 条第 1 款(b)和(c),进入协调局名单的标准

第 78 条第 4 款规定了有关外观设计代理人的名单,这些规定完全对应于《欧共体商标条例》第 89 条第 2 款中有关商标代理人的规定。

(a)国内法规定的资质[《欧共体商标条例》第 93 条第 2 款第(c)项和本条第 4 款第(c)项]。

个人应当依据国内法在成员国商标局或中央工业产权局(根据实际情况而定)有权从事代理业务。此处各国的制度相差很大,但是从本质上看,有三种代理人的种类为协调局所承认。第一,为在成员国相关部门从事代理而在该国取得特别职业资质的人。对此,只要向协调局提供证据证明拥有这种资质,即可要求被列入协调局名单。第二,如果在该成员国的商标局或中央工业产权局代理外观设计业务没有特别的资质要求,任何人都可以从事代理工作。在此情况下,申请列入协调局名单的人应当证明其已在该成员国有关部门从事代理工作至少五年。第三,某些成员国将商标和外观设计两个系统合一,有的执业者取得商标或外观设计事务的资质,但取得资质不是在国家局从事业务的前提。在该种情形中,具有资质的代理无需证明五年的工作经历,但是不具有资质的人仍须证明。无论哪种情况,适当的证据材料应附随一份要列入何种名录的申请一并提交。

(b)国籍和营业场所[《欧共体商标条例》第93条第2款(a)和(b)以及本条第4款(a)和(b)]。

无论是列入协调局哪个名单中的职业代理人,该人都应当具备成员国的国籍,并且应当在欧共体领域内具有营业场所。当该人具有成员国国籍时,上文(a)项中规定的资质或经历无需在成员国取得。

(c)豁免(《欧共体商标条例》第93条第4款以及本条第6款)

该规定分别针对商标和外观设计的代理人名单,允许协调局局长在两种情形下不遵守上文(a)和(b)的要求。第一,申请列入协调局名单中的人通常需要向成员国有关机构出示五年工作经历的证明,如果其能够证明其以其他方式获得了必要的资格,那么这五年的要求可以免除。例如公司内部的知识产权经理,其具有相应的五年经历,但是没有直接在成员国相关机构工作过。第二,在特殊的情形下,国籍的要求可以免除。

(d)将代理人从名单中移除(《欧共体商标条例》第93条第5款以及本条第7款)

在特定情况下,可将职业代理人从协调局的名单中移除。在《欧共体商标实施细则》第78条第2款和第3款中做出了详细的规定(有关商标代理人名单),在《欧共体外观设计实施细则》第64条第2款和第3款中也做出了相应的规定(有关外观设计代理人名单)。这包括了代理人的死亡或法律资格的丧失,不再满足《欧共体商标条例》第93条第2款和《欧共体外观设计条例》第78条第4款中的一项或几项要求,或当个人在成员国相关机构的代理资质被中止。代理人自身也同样可以要求其从名单中被移除(《欧共体商标实施细则》第78条第1款以及《欧共体外观设计实施细则》第64条第1款)。

6. 授权(《欧共体外观设计实施细则》第62条和本条第3款)

(a)概述

《欧共体外观设计实施细则》第62条规定了协调局有关提交委任代理人的授权书的规定。根据《欧共体外观设计实施细则》第62条第1款,只有当协调局明确要求时,法律执业者和其他职业代理人才需提交授权书。当然,协调局很少会作出这样的要求。这一原则同样适用于当事人之间的案件中,除非一方当事人对另一方当事人提出明确要求,否则无需提交授权书。

(b)第77条第3款中的雇员

在协调局中代理其雇主的雇员应当提交授权书。这是由《欧共体外观设计实施细则》第62条第2款规定的。区分职业代理人和雇员代理人的原因尚不明确,在《欧共体商标实施细则》的改革过程中,对此有一些评论,但是这种区分还是被保留了下来。

(c)放入(或插入)档案

《欧共体外观设计实施细则》第62条第1款和第2款中的用语表明,协调局希望能够尽量减少授权形式带来的行政负担。由此在商标领域,根据协调局局长在第2/03号通讯中的规定以及《欧共体商标实施细则》第76条修正案的规定(这一规定通过欧洲理事会条例第1041/2005条得以生效,类似于《欧共体外观设计实施细则》第62条),协调局的实践有所放宽。作为其中的一部分,协调局将不再发布授权编号、也不会就此事宜联系代理人。因此协调局对于提交的授权书的审查工作将减少。

(d)程序

为了便于代理人完成工作,协调局提供格式授权书。表格可以欧共体的任何官方语言提交,可以覆盖同一权属下的所有申请编号和注册编号,还可以采取概括性授权的形式使代理人可以处理授权人在协调局的一切事宜(《欧共体外观设计实施细则》第62条第3款)。《欧共体外观设计实施细则》第62条第4款,如果需要提交授权书,协调局将明确规定相应的期限(实践中一般为两个月)。在规定的期限内没有提交授权书的,应由被代理人参与进行相关程序,或在强制代理的情形下(本条例第77条第2款),协调局将通知当事人应当委任代理人。

第九章　有关欧共体外观设计诉讼的管辖与程序

第一节　管辖与执行

管辖与执行公约的适用

第 79 条

（1）有关欧共体外观设计及其申请的诉讼，以及有关以欧共体外观设计和同时享受保护的成员国外观设计为基础的诉讼，应适用 1968 年 9 月 27 日于布鲁塞尔签定的民商事管辖与判决执行公约（以下简称"管辖与执行公约"）①。

（2）依据前款适用的《管辖与执行公约》条文仅在其文本在该成员国生效之时具有效力。

（3）对于援引第 85 条提起的诉讼和请求程序：

a.《管辖与执行公约》第 2 条、第 4 条、第 5 条第 1 款、第 3 款、第 4 款、第 5 款、第 16 条第 4 款以及第 24 条不予适用；

b. 公约第 17 条和第 18 条应受本条例第 82 条第 4 款的限制；

c. 公约第二部分适用于在成员国有住所的人的条款，同样适用于在成员国没有住所但有机构的人。

（4）《管辖与执行公约》在成员国尚未生效的，其条款在该成员国内不

---

① 《欧盟官方公报》L299，1972 年 12 月 31 日，第 32 页。该公约被关于加入欧共体成员国公约的系列公约所修正。

发生效力。公约生效后,援引第 1 款提起的程序应适用于该成员国与其他相关成员国有关双边或多边协议的调整,没有这种协议的,适用其国内有关裁决的管辖、承认与执行的国内法。

与《欧共体商标条例》的比照与特点。本条的规定与《欧共体商标条例》第 94 条第 1 款和第 2 款略有不同。首先,本条第 2 款和第 3 款是《欧共体商标条例》第 94 条所没有的。但是,自从《布鲁塞尔条例》取代了《管辖与执行公约》后,本条对于各成员国而言已经废止。其次,本条第 3 款(a)项也援引了公约第 16 条第 4 款(《布鲁塞尔条例》第 22 条第 4 款)有关外观设计注册地所在成员国法院的专属管辖权规定。很明显,由于本条例规定了对外观设计效力的专门管辖,该条已不再适用。

第二节　有关外观设计之侵权和效力的争议

欧共体外观设计法院

第 80 条

(1)成员国应在其地域内尽可能少地指定履行本条例规定的功能的一审和二审法院或法庭(欧共体外观设计法院)。

(2)成员国不应迟于 2005 年 3 月 6 日前向欧盟委员会通报欧共体外观设计法院的目录,列明名称及其管辖地域。

(3)前款所称的目录通报后,变更法院的数目、名称或管辖地域的,相关成员国应立即通报欧盟委员会。

(4)欧盟委员会应将前两款所称的信息通报所有成员国并公告在欧盟官方公报上。

(5)成员国未通报第 2 款所称的目录的,根据第 82 条享有管辖权的成员国对第 81 条规定的任何诉讼的管辖,当程序与该国的国内外观设计权相关时,由享有属地管辖权和属物管辖权的该国法院管辖。

第九章　有关欧共体外观设计诉讼的管辖与程序　553

与《欧共体商标条例》的参照。参见《欧共体商标条例》第 95 条的注释。有关欧共体商标法院功能的设想同样适用于欧共体外观设计法院，事实也是如此。

侵权和有效性的管辖

第 81 条

欧共体外观设计法院对下列诉讼享有专属管辖权：

(a)成员国法允许的欧共体外观设计侵权之诉和有关侵权威胁的诉讼；

(b)成员国法允许的请求宣告不侵权之诉；

(c)未注册欧共体外观设计的无效宣告诉讼；

(d)对根据(a)项提出的宣告欧共体外观设计无效的反诉。

1. 概述。一般性评论，可参见《欧共体商标条例》第 96 条的注释 1。

2. 侵权和宣告未侵权[(a)项和(b)项]。参见《欧共体商标条例》第 96 条注释 2 和注释 3。

3. 宣告未注册欧共体外观设计无效[(c)项]。未注册欧共体外观设计只能在欧共体外观设计法院通过主诉讼或侵权反诉宣告无效(参见第 24 条注释 2)。协调局在对此类外观设计不发挥作用。

4. 反诉[(d)项]。在侵权诉讼中，同样可以对注册的或未注册的外观设计提起无效宣告的反诉(可参见注释 3)。还可参见《欧共体商标条例》第 96 条注释 5。"反诉"一词不能从字面理解，而应以欧共体外观设计法院在 The Hague 案(Starform v Time Out(荷兰))的解释为准。此案涉及诉讼双方谁享有在先权利。原告主张其享有先于注册外观设计的未注册外观设计权。被告反诉原告侵犯了注册外观设计权。原告进而请求宣告注册欧共体外观设计权无效，因为侵犯了他的在先权利。被告认为，不得提出该请求，因为无效宣告的请求只能依据第 24 条第 1 款向协调局提出，但这并未得到法院的支持。有关反诉的程序细节可参见第 84 条。

国际管辖

第 82 条

（1）依据本条例或依据第 79 条适用《管辖与执行公约》的任何条款，援引第 81 条提起的诉讼和请求应当向被告住所地所在的成员国法院提起，被告在任何成员国均无住所的，应向其设立的机构所在的成员国法院提起。

（2）被告在任何成员国既无住所也无机构的，此类诉讼应向原告住所地所在的成员国法院提起，原告在任何成员国均无住所的，应向其设立的机构所在的成员国法院提起。

（3）被告和原告在任何成员国既无住所也无机构的，此类诉讼应向协调局所在的成员国法院提起。

（4）上述三款的规定不适用于下列情形：

a. 当事人协议其他欧共体外观设计法院管辖的，适用《管辖与执行公约》第 17 条；

b. 被告在其他欧共体外观设计法院出庭的，适用《管辖与执行公约》第 18 条。

（5）援引第 81 条（a）项和（d）项所称的诉讼和请求还可以向侵权行为发生或存在侵权威胁的所在地的成员国法院提起。

参照和特点。参见《欧共体商标条例》第 97 条的注释。未注册外观设计的被诉侵权人不得在侵权所在地的成员国提起外观设计无效宣告之诉，因为本条第 5 款没有提及第 81 条（c）项的情形。

侵权的管辖范围

第 83 条

（1）依据第 82 条第 1 款、第 2 款、第 3 款或第 4 款确定的有管辖权的欧共体外观设计法院应管辖在任何成员国地域内发生的侵权行为或侵权威胁；

（2）依据第 82 条第 5 款确定的有管辖权的欧共体外观设计法院仅管

辖其所在的成员国领域内发生的侵权行为或侵权威胁。

参照和特点。参见《欧共体商标条例》第 98 条的注释,但《欧共体商标条例》第 9 条第 3 款有例外,在本条例中不存在类似的规定。

欧共体外观设计无效宣告的诉讼或反诉

第 84 条

(1)要求宣告欧共体外观设计无效的诉讼或反诉只能基于第 25 条提及的无效事由。

(2)在援引第 25 条第 2 款、第 3 款、第 4 款和第 5 款的案件中,只有依据上述条文有资格的人才能提起诉讼或反诉。

(3)对非诉讼当事人的外观设计权利人提出反诉的,该外观设计权利人应被告知并可以依据成员国法规定的情形作为当事人参加诉讼。

(4)在宣告不侵权的诉讼中,不得提起欧共体外观设计有效性的问题。

含义

(a)第 25 条:无效的唯一事由(第 1 款)。本条明确了对于未注册欧共体外观设计无效宣告的诉讼、或对注册或未注册外观设计无效宣告的反诉只能基于第 25 条提及的事由,这是一个封闭性的制度。

(b)谁能提起诉讼(第 2 款)。第 25 条第 2 款提及的特殊事由只有该条授权的人才可以提起诉讼或反诉。

(c)欧共体外观设计权利人以外的请求人(第 3 款)。参见《欧共体商标条例》第 100 条注释 4。

(d)在宣告不侵权的案件中不得提起无效宣告(第 4 款)。参见《欧共体商标条例》第 99 条注释 2。

推定有效——抗辩事由

第 85 条

(1)就注册欧共体外观设计的侵权行为或侵权威胁行为提起的诉讼中,欧共体外观设计法院应视该欧共体外观设计有效。只能通过无效宣告的反诉挑战其有效性。但是,通过反诉以外的其他方式主张欧共体外观设计无效的,只有当被告主张欧共体外观设计因在先的国内外观设计权而无效、依据第 25 条第 1 款(d)项该国内外观设计权属于自己时,方可准许。

(2)就未注册欧共体外观设计的侵权行为或侵权威胁行为提起的诉讼中,权利人可以证明第 11 条规定的情形得以满足并指明其欧共体外观设计的个性特征构成的,欧共体外观设计法院应视该欧共体外观设计有效。但是,被告可以通过起诉或反诉主张宣告无效。

1. 概述

本条规定的是欧共体外观设计侵权及其效力本身关系的问题。本条对于注册外观设计的侵权(第 85 条第 1 款)和未注册外观设计的侵权(第 85 条第 2 款)进行了区分。本条对应的是《欧共体商标条例》第 99 条,但内容不同。

2. 注册欧共体外观设计的侵权及其有效性(第 1 款)

处理侵权纠纷的欧共体外观设计法院应视欧共体外观设计为有效。本条第 1 款明确指出对有效性的挑战只能通过反诉提出。当然,这显然不完全正确,因为也可以向协调局提出无效宣告案件,在这种情形下应受第 91 条调整。为避免迫使侵权案件中的被告向协调局提起无效宣告或提起无效宣告的反诉,其可以以享有第 25 条第 1 款(d)项的在先外观设计权为由作侵权抗辩。这种诉求不得依据其他无效事由,从而引发第三方无效审查程序。第 96 条第 7 款可能会促使被告不选择提起无效宣告的反诉。如果被告决定提起反诉,原告可以选择要求法院中止程序,以便给予被告向协调局提交撤销或无效宣告要求的机会。如果被告提出了请求,则不存在这种选择。

3. 未注册外观设计的侵权(第 2 款)

在对未注册欧共体外观设计的侵权或侵权威胁的案件中,只要权利人证明该外观设计是按照第 11 条的意义上首次公布于众的,且证明该外观设计满足第 6 条意义上的个性特征,欧共体外观设计法院即要视该外观设计为有效。这并不意味着权利人需要出示所有已经公布于众的设计以及这些设计在整体印象上区别于自己的设计,只需指明什么使得自己的外观设计具备个性特征。

无效的判定

第 86 条

(1)在欧共体外观设计法院进行的诉讼中,如果欧共体外观设计被反诉无效:

a. 存在第 25 条提及的任何事由而否定欧共体外观设计效力维持的,法院应宣告欧共体外观设计无效;

b. 不存在第 25 条提及的任何事由否定欧共体外观设计效力维持的,法院应驳回反诉。

(2)欧共体外观设计法院受理就注册欧共体外观设计的无效反诉后,应向协调局通报提起反诉的日期。协调局应将这一事实登记在册。

(3)欧共体外观设计法院审理注册欧共体外观设计无效宣告的反诉的,可以应欧共体外观设计的权利人的申请并听取各方意见后,中止诉讼并要求被告在法院指定的期限内向协调局提交无效宣告的申请。被告未在指定期限内提交申请的,恢复诉讼;反诉视为撤回。第 93 条第 3 款得以适用。

(4)欧共体外观设计法院对欧共体外观设计无效反诉作出终审裁决的,应向协调局送交判决书的复制件。任何当事人均可查询送交的信息。协调局应依据实施细则的规定将该判决登记在册。

(5)协调局曾就相同的标的、相同的事由和相同当事人的申请作出终审裁决的,不得就注册欧共体外观设计提出无效反诉。

参照和特点

(a)无效宣告或驳回(第 1 款)。本条目的在于指导法院在欧共体外观设计(无论是否注册)侵权案件中如何处理反诉。如果存在第 25 条提及的任何事由否定欧共体外观设计效力的,法院应宣告欧共体外观设计无效;反之则驳回反诉。尽管非常奇怪,但这一规定同样可以适用于未注册欧共体外观设计。

(b)与反诉有关的程序规则(第2款至第5款)。本条第2款至第5款的注释可分别参见《欧共体商标条例》第100条注释5、8、7和3。

无效裁决的效力

第87条

欧共体外观设计法院作出的欧共体外观设计无效的终审裁决应在所有成员国具有第26条规定的效力。

含义

第26条规定了欧共体外观设计无效宣告的效力。本条只是确认欧共体法院作出的这种宣告同样具有这种效力,仍应适用第26条。

法律适用

第88条

(1)欧共体外观设计法院应适用本条例的规定。

(2)本条例未规定之事项,欧共体外观设计法院应适用其所在的成员国法,包括国际私法。

(3)除非本条例另有规定,欧共体外观设计法院可以适用其所在的成员国有关调整国内外观设计的相同类型的诉讼规则。

参照。

参见《欧共体商标条例》第101条的注释。

对侵权行为的处罚

第89条

(1)欧共体外观设计法院认定被告对欧共体外观设计已经构成侵权或侵权威胁的,应采取下列措施,但存在特殊事由的除外:

a. 命令禁止被告继续从事侵犯或可能侵犯欧共体外观设计的行为;

b. 命令扣押侵权产品;

c. 命令扣押主要用于生产侵权产品的原材料和工具,如果其所有人明知故意使用的这种效果,或者这种效果在特定情形下视显而易见的;

d. 命令施以侵权或侵权威胁发生地的成员国法所规定的特定情形下的任何适当处罚,包括依据其国际私法。

(2)欧共体外观设计法院应依据成员国法采取旨在确保前款命令得以遵循的措施。

含义

本条类似于《欧共体商标条例》第 102 条,但《欧共体商标条例》仅规定了侵权行为或侵权威胁行为的禁令以及其他处罚措施遵循成员国法,本条还规定了其他处罚措施,例如扣押侵权产品[本条第 1 款(c)项]和命令侵权或侵权威胁发生地的成员国法所规定的特定情形下的适当处罚。对于本条第 1 款(a)项、(d)项和第 2 款的注释可参见《欧共体商标条例》第 102 条的注释。

包括保全措施在内的临时措施

第 90 条

(1)可以向包括欧共体外观设计法院在内的成员国法院申请就欧共体外观设计采取临时措施,包括依据成员国法律可对国内外观设计权采取的保护性措施,即使根据本条例另一成员国的法院对实体问题具有管辖权。

(2)在包括保护性措施在内的临时措施程序中,被告以反诉以外的其他方式就欧共体外观设计有效性提出请求的,应予受理。但应准用第 85 条第 2 款。

(3)依据第 82 条第 1 款至第 4 款享有管辖权的欧共体外观设计法院有权采取包括保护性措施在内的临时措施,但《管辖与执行公约》第三章关于承认和执行的必要程序另有规定的除外。其他法院没有此类管辖权。

参照和特点

(a)临时措施(第 1 款和第 3 款)。参见《欧共体商标条例》第 103 条注释 1。

(b)无效的请求(第2款)。在本条第2款提及的程序中,被告可能会提出注册或未注册欧共体外观设计无效的诉讼。原则上,法院依据第85条的规定应视欧共体外观设计有效(参见第85条注释2和3)。无效请求可以基于所有无效事由。本条第2款最后一句话明确了基于未注册外观设计的临时措施的情形下,只要权利人证明该外观设计是按照第11条的意义上首次公布于众的,且证明该外观设计满足第6条意义上的个性特征,欧共体外观设计法院即应视该外观设计为有效。

相关诉讼的特殊规则

第91条

(1)如果欧共体外观设计的效力已经基于反诉由另一欧共体外观设计法院审理,或者注册欧共体外观设计的无效宣告请求已经向协调局提起,审理依据第81条提起的除宣告不侵权之诉以外的诉讼的欧共体外观设计法院,除非有特别继续审理的理由,在听取当事人意见后依职权或应一方当事人请求并听取另一方当事人意见后,应中止程序。

(2)因向欧共体外观设计法院提起反诉导致欧共体外观设计的效力已经存在争议的,协调局应在听取当事人意见后依职权或应一方当事人的请求并听取另一方当事人的意见后,中止其正在审理的无效宣告程序,存在特殊事由需要继续审理的除外。但是,欧共体外观设计法院应诉讼中的一方当事人请求并听取其他当事人的意见后,可以中止诉讼。据此,协调局应继续未决之程序。

(3)欧共体外观设计法院中止诉讼的,可以在中止期间采取包括保护措施在内的临时措施。

参照。参见《欧共体商标条例》第104条的注释。

欧共体外观设计法院二审的管辖——(进一步)上诉

第92条

(1)对欧共体外观设计法院就依据第81条所提的诉讼和请求作出的

一审裁决不服的,有权向二审欧共体外观设计法院提起上诉。

(2)向二审欧共体外观设计法院提起上诉的条件由该法院所在的成员国法确定。

(3)成员国法关于进一步上诉的规定适用于二审欧共体外观设计法院作出的裁决。

参照。参见《欧共体商标条例》第 105 条的注释。

第三节 有关欧共体外观设计的其他争议

欧共体外观设计法院以外的国内法院管辖的补充规定

第 93 条

(1)在根据第 79 条第 1 款或第 4 款享有管辖权的法院所在的成员国内,对涉及该国外观设计权的诉讼享有属地管辖权和属物管辖权的该国法院,有权管辖除第 81 条所述之外的诉讼。

(2)依据第 79 条第 1 款、第 4 款和前款之规定,没有法院对第 81 条所述之外的涉及欧共体外观设计的诉讼享有管辖权的,可以由协调局所在的成员国法院审理。

参照。参见《欧共体商标条例》第 106 条的注释。

成员国法院的义务

第 94 条

成员国法院审理除第 81 条所述之外的欧共体外观设计诉讼,应认可该外观设计的效力。但应准用第 85 条第 2 款和第 90 条第 2 款之规定。

参照和特点。本条类似于《欧共体商标条例》第 107 条(参见《欧共体商标条例》第 107 条的注释)。本条最后一句话明确了基于未注册外观设计的临时措施的情形下,只要权利人证明该外观设计是按照第 11 条的意义上首次公布于众的,且证明该外观设计满足第 6 条意义上的个性特征,欧共体外观设计法院即要视该外观设计为有效。

第十章　成员国法的效力

基于欧共体和成员国外观设计的并行诉讼

第95条

（1）对于涉及相同诉由和相同当事人的侵权或侵权威胁诉讼，不同成员国的法院分别以同时受保护的欧共体外观设计和成员国外观设计为根据受理的，为便于第一个受理案件的法院，其他法院应自行放弃管辖。第一个受理案件的法院的管辖存在争议的，应当放弃管辖的法院可以中止诉讼。

（2）欧共体外观设计法院对相同诉由和相同当事人之间的欧共体外观设计侵权或侵权威胁诉讼已经作出终审裁决，以相同的同时受保护的成员国外观设计起诉的，应予驳回。

（3）法院对相同诉由和相同当事人之间的成员国外观设计侵权或侵权威胁诉讼已经作出终审裁决，以相同的同时受保护的欧共体外观设计起诉的，应予驳回。

（4）前述三款不适用于临时措施，包括保护措施。

参照和特点。本条类似于《欧共体商标条例》第109条（参见《欧共体商标条例》第109条注释1—4），但也存在区别。《欧共体商标条例》第109条对就相同商品或者服务的相同商标与就类似商品或者服务的近似商标这两种情形的同时或相继的诉讼区分对待。这种区分在外观设计领域当然是不存在的。本条只有当欧共体外观设计和成员国外观设计同时受保护时才适用。这意味着放弃管辖权（参见《欧共体商标条例》第109条注释2）或驳回案件（参见《欧共体商标条例》第109条注释3）的特殊情形不会在这里发生，因为本条仅适用于同时保护的情形。这意味着，例如一个欧共体外观设计法院审理的案件先前已经就相同成员国外观设计作出终审裁决，则该欧共体外观设计法院仅处理发生在其他国家的侵权，因为在其他国家不存在同时保护。

与成员国法规定的其他保护形式之间的关系

第 96 条

（1）本条例的条款不得违反欧共体或成员国有关未注册外观设计权、商标或其他区别性标志、专利和实用新型、字体、民事责任和不正当竞争的任何条款。

（2）依据本条例受到欧共体外观设计权保护的外观设计，自其创造完成或以任何形式固定之日起，应有资格根据成员国的版权法获得保护。这种保护的程度与条件包括独创性的高度，由各成员国自行决定。

1. 概述。本条调整的是与外观设计可能落入的其他类型的保护之间的关系。类似的条款可参见《外观设计协调指令》第 16 条和第 17 条。

2. 包括版权在内的其他保护类型（第 1 款）。本条第 1 款明确指出，对注册或未注册欧共体外观设计的保护，依据欧共体或成员国的其他法律可以获得的保护依然有效。本条明确提及了下列权利：未注册外观设计权，例如英国；商标（许多外观设计可以作为商标保护，例如 3D 商标），专利和实用新型（一些外观设计具有一定的技术效果从而可以作为专利或者实用新型保护；但是第 7 条[*]规定欧共体外观设计不得存在于纯粹由技术功能所规定的产品外观特征之上），字体、民事责任和不正当竞争（例如依样模仿、寄生，以及《巴黎公约》第 10 条之二规定的其他行为）。

3. 版权保护（第 2 款）。本条第 2 款允许版权和外观设计的双重保护，在一些法域中这曾经被禁止，现在已经不存在这种现象。但是，保护的条件，包括独创性的标准则由成员国决定。除特定事宜外，例如版权保护期，对版权问题尚未达成充分的协调，尤其是独创性标准，因此在外观设计领域适用版权保护仍存在诸多差异。在德国，外观设计获得版权保护是相当难的，而在荷兰则很容易。

---

[*] 应当为第 8 条，原文存在笔误。——译者注

第十一章 有关协调局的补充规定

第一节 一般条款

一般条款

第 97 条

就本条例下有关协调局的事项应适用《欧共体商标条例》第十二章,本章另有规定的除外。

含义

本条明确了除另有规定,《欧共体商标条例》第十二章(第 115 条至第 144 条)同样可以适用于本条例。因此,我们将参照这些条文的注释,下文仅对与《欧共体商标条例》不同的地方进行注释。

程序语言

第 98 条

(1)注册欧共体外观设计申请应当以欧盟的官方语言之一提交。

(2)在协调局进行的程序中,申请人应在协调局使用的语言中指定其可以接受的第二种语言。

申请书以协调局使用的语言之外的语言提交的,协调局应安排将申请书内容翻译为申请人指定的语言。

(3)注册欧共体外观设计的申请人是协调局程序中唯一当事人的,程序使用的语言应为提交申请所使用的语言。申请人以协调局使用的语言之外的语言提交的,协调局可以使用申请人在申请书中指定的第二种语言传送书面通讯。

（4）提交注册欧共体外观设计申请的语言为协调局工作语言之一的，对该外观设计的无效诉讼应使用该语言。提交注册欧共体外观设计申请的语言不是协调局工作语言之一的，对该外观设计的无效诉讼应使用该申请指定的第二语言。

无效宣告的申请应当以程序中使用的语言提出。

如果程序中使用的语言不是提交注册欧共体外观设计申请所使用的语言的，欧共体外观设计的权利人可以以申请使用的语言提交意见。协调局应安排将意见翻译为程序使用的语言。

实施细则可以规定协调局产生的翻译费用不得超过依据协调局受理的案件陈述的平均篇幅确定的各类程序的金额，因案件的特殊性而由协调局作出特别规定的除外。超出该金额的部分可以依据第 70 条的规定由败诉方承担。

（5）无效程序的当事人可以协商使用其他欧盟官方语言作为程序使用的语言。

参照和特点。本条对申请和诉讼语言的相关规定与《欧共体商标条例》第 119 条十分相似，因此可参见该条的注释。当然也存在不同之处，因为本条例不存在依职权审查申请，也不存在异议或撤销程序，《欧共体商标条例》第 119 条的相关内容也无从适用。本条第 1 款对应于《欧共体商标条例》第 119 条第 1 款：申请可以以欧盟的官方语言之一提交。本条第 2 款、第 3 款和第 5 款分别对应《欧共体商标条例》第 119 条第 3 款、第 4 款和第 7 款。无效程序的语言：就无效诉讼语言的规定而言，本条不同于《欧共体商标条例》第 119 条第 5 款和第 6 款。对于注册外观设计的无效程序而言，首先需要确定程序的语言，因为根据本条第 4 款第 3 句话的规定，无效宣告的申请应当以程序使用的语言提出。原则上，程序使用的语言应为提交申请使用的语言。但是，如果申请的语言不是协调局的工作语言，可以使用申请人根据本条第 2 款的规定指定的第二语言。因此，不同于欧共体商标的当事人之间的诉讼，无效申请人在提交无效宣告申请时不存在两种语言的选择。另外,权利人发生在当事人之间的注册欧共体外观设计的程序中还有一个优势。根据第 4 款第 3 句话的规定,无效程序使用的语言不是提交注册欧共体外观设计申请所使用的语言的,欧共体外观设计的权利人可以提交申请使用的语言提交意见。《欧共体外观设计实施细则》可以规定如果翻译费用超过平均成本,超出部分由败诉方承担。迄今为止,《实施细则》第 29 条并未就此问题作出具体规定,但规定实施该翻译机制三年以后要提交一个报告。到目前为止,作者尚不知该报告是否已完成。

公告与注册簿

第 99 条

(1)本条例或实施细则规定公告的所有信息,应以所有欧盟官方语言公告。

(2)欧共体外观设计注册簿中的所有事项均应以所有欧盟官方语言登记。

(3)存在疑义时,应以申请欧共体外观设计所使用的协调局语言为准。提交申请所使用的是协调局语言之外的欧共体官方语言的,应以申请指定的第二种语言为准。

参照。参见《欧共体商标条例》第 120 条的注释。

局长的额外权力

第 100 条

除《欧共体商标条例》第 119 条授予局长的职责和权力外,局长在征求行政委员会的意见后,可以向欧盟委员会提议修改本条例、实施细则、收费条例以及其他任何适用于注册欧共体外观设计的规则,涉及收费条例的,应征求预算委员会的意见。

行政委员会的额外权力

第 101 条

除本条例以及《欧共体商标条例》第 121 条及其以下条款授予的权力

外，行政委员会：

（a）应依据第 111 条第 2 款设定首次提出注册欧共体外观设计申请的日期；

（b）在形式要件的审查、驳回注册理由的审查、协调局的无效程序以及本条例规定的其他情形的指南通过前，应当被征求意见。

第二节　程序

权限

第 102 条

下列机构和人员有权作出与本条例规定的程序相关的裁决：

（a）审查员；

（b）商标及外观设计管理处和法务处；

（c）无效处；

（d）上诉委员会。

参照和特点。本条本质上与《欧共体商标条例》相同，因此可参见该条的注释。不同之处在于，在外观设计案件中不存在异议处，另外，在外观设计案件中不叫撤销处而叫无效处。

审查员

第 103 条

审查员应代表协调局就申请注册欧共体外观设计的事项作出裁决。

参照。本质上本条类似于《欧共体商标条例》第 131 条，因此可参见该条的注释。

商标及外观设计管理部与法务处

第 104 条

(1)《欧共体商标条例》第 128 条规定的商标管理部与法务处应当成为商标及外观设计管理部与法务处。

(2)除《欧共体商标条例》授予的权力外,本条例中不属于审查员或无效处职权范围的事项,尤其是涉及注册簿中的登记事项,应由其作出裁决。

参照与特点。本条与《欧共体商标条例》第 133 条非常近似,因而可参见该条的注释。但这里不存在《欧共体商标条例》第 133 条第 3 款有关商标管理与法务部的裁决由一位成员作出的规定。

无效处

第 105 条

(1)无效处负责对有关注册欧共体外观设计宣告无效的申请作出裁决。

(2)无效处的裁决应由三位成员组成的团队作出,其中至少一位具有法律资质。

参照与特点。本条与《欧共体商标条例》第 134 条非常近似,因而可参见该条的注释。不同之处在于,特殊情形下,撤销处可以由一位成员裁决,这在本条中是不存在的。

上诉委员会

第 106 条

除《欧共体商标条例》第 131 条授予的权力外,对审查员、无效处、商标及外观设计管理部与法务处就欧共体外观设计作出的裁决提起上诉的,依据该条例构成的上诉委员会应负责作出裁决。

参照。参见现为《欧共体商标条例》第 135 条至第 137 条的注释。

第十一a章　外观设计的国际注册

第一节　一般条款

条款的适用

第 106a 条

(1) 除本章另有规定外,本条例以及依据第 109 条通过的任何实施细则,应当准用于由世界知识产权组织国际局(下文简称"国际局")提供的国际注册簿的工业产权注册(下文简称"国际注册"),如果该注册依据日内瓦法案指定了欧共体。

(2) 在国际注册簿中登记国际注册指定欧共体的,与登记在协调局的欧共体外观设计注册簿具有同等的效力,在国际局公报中公告国际注册指定欧共体的,与欧共体外观设计公报中的公告具有同等的效力。

含义。2008 年 1 月 1 日,第 106a 条和第 106f 条正式生效,欧盟加入了外观设计国际注册海牙协定的日内瓦文本。在该体系下的世界知识产权组织注册的外观设计可以指定欧盟。如果国际注册的申请人指定欧盟,则自动适用本条例和实施细则。对于这种指定的登记和公告具有与协调局的注册簿和欧共体外观设计公报的公告相同的效力。

第二节　指定欧共体的国际注册

提交国际申请的程序

第 106b 条

依据日内瓦法案第 4 条第 1 款的国际申请应直接向国际局提出。

含义。为避免任何误会,国际申请应当直接向位于日内瓦的世界知识产权组织提出,而非位于阿利坎特的协调局。

指定费

第 106c 条

日内瓦法案第 7 条第 1 款所称的法定指定费由单项指定费替代。

含义

本条是海牙协议的日内瓦文本第 7 条第 2 款的适用,规定如果缔约方的主管机关具有审查职能,则可以声明的方式告知总干事,就指定的国际申请及其注册的续展所产生的、日内瓦文本第 7 条第 1 款规定的指定费应由单项指定费替代,具体金额可以通过声明的方式确定或变更。因此,任何人希望在国际注册下指定欧盟的话,需要缴纳单项费。

指定欧共体的国际注册的效力

第 106d 条

(1) 国际注册指定欧共体的,自依据日内瓦法案第 10 条第 2 款所称的注册之日起,具有与注册欧共体外观设计申请同等的效力。

(2) 指定欧共体的国际注册未被驳回或驳回被撤销的,自前款所称之日起,具有与注册欧共体外观设计同等的效力。

(3) 为符合实施细则规定的条件,协调局应提供前款所称的国际注册

含义

本条第1款明确规定,国际注册指定欧盟的,自注册之日起具有与注册欧共体外观设计申请同等的效力。由于协调局有权驳回外观设计(参见第106e条),因此需要明确未被驳回或驳回被撤销的效果。根据本条第2款的规定,自国际注册之日起,具有与注册欧共体外观设计同等的效力。本条第3款已经由《欧共体外观设计实施细则》第71条细化,规定协调局应当对国际局的可检索的数据库提供电子链接。

驳回

第106e条

(1)协调局对国际注册进行审查后,发现寻求保护的外观设计不符合第3条(a)项之定义,或有违公共政策或公序良俗的,应当在国际注册公告之日起6个月内向国际局送交驳回通报。

通报应载明驳回所依据的事由。

(2)在国际注册的权利人有机会在欧共体放弃国际注册或提出自己意见之前,不得否决该国际注册在欧共体的效力。

(3)实施细则应确定驳回事由的审查标准。

含义

本条规定了协调局驳回国际注册的情形。协调局应当在6个月内送交驳回通报。但是,国际注册的权利人应当有机会在欧共体放弃国际注册或提出自己的意见。更多规定可参见《欧共体外观设计实施细则》第11a条。

国际注册的无效

第106f条

(1)国际注册在欧共体的效力可以依据第六章和第七章的程序、或者由欧共体外观设计法院依据侵权诉讼中的反诉宣告部分或全部无效。

(2)协调局知晓无效的事实后,应通报国际局。

含义

如果在欧盟的保护是基于国际注册,该注册的效力可以被协调局(或在上诉程序中)依据第52条、或者欧共体外观设计法院依据反诉宣告部分或全部无效。

第十二章 最后条款

条例的实施

第 107 条

(1) 实施本条例的规定应当以《实施细则》的形式通过。

(2) 除本条例规定的费用外,具有下列情形之一,应当依据实施细则和收费条例规定的具体适用规则收取费用:

　　a. 迟延交纳注册费的;

　　b. 迟延交纳公告费的;

　　c. 迟延交纳逾期公告费的;

　　d. 迟延交纳合案申请的额外费用的;

　　e. 发给注册证书副本的;

　　f. 对注册欧共体外观设计转让进行登记的;

　　g. 对注册欧共体外观设计许可或其他权利进行登记的;

　　h. 撤销许可或其他权利登记的;

　　i. 发给注册簿摘要的;

　　j. 查阅档案的;

　　k. 发给存档文件副本的;

　　l. 通报档案信息的;

　　m. 重新核定应返还的程序性费用的;

　　n. 发给申请书的认证副本的。

(3) 实施细则和收费条例应依据第 109 条第 2 款规定的程序通过并修订。

上诉委员会的程序规则

第 108 条

上诉委员会的程序规则应适用于其依据本条例受理的上诉，但不得违反依据第 109 条第 2 款规定的程序通过的任何必要的调整或额外规定。

工作委员会

第 109 条

（1）欧盟委员会应由一工作委员会协助其工作。

（2）援引本条的，第 1999/468/EC 号决议第 5 条和第 7 条应得以适用。

第 1999/468/EC 号决议第 5 条第 6 款规定的期限应为 3 个月。

（3）工作委员会应通过其程序规则。

过渡规定

第 110 条

（1）外观设计构成组合产品的一个部件，且在第 19 条第 1 款的意义上使用，旨在修复该组合产品以恢复原貌的，不得作为欧共体外观设计进行保护，但欧盟委员会就该事宜提出议案并对本条例的修订生效后除外。

（2）前款所称的欧盟委员会议案，应当与欧盟委员会依据第 98/71/EC 号指令第 18 条就相同事宜的提出的修订议案一并提出，并应考虑后一议案。

修复条款

对于旨在修复组合产品的组成部分，不提供保护。这一排除源于汽车生产商与相关产业就汽车零部件的保护展开的讨论，因此第 98/71/EC 号指令没有处理这一问题（参见《外观设计协调指令》第 14 条）。在调整《外观设计协调指令》的截止日期经过之后，欧盟委员会花了 3 年时间评估该条款对工业部门的影响，并于 2004 年完成了报告，起草了修订《外观设计协调指令》的草案建议稿。欧盟议会于 2007 年通过了建议稿的最终版本

(COM(2004)528 final 2004/0203(COD))。有关《外观设计协调指令》的最终意见通过后，欧盟委员会应就相同的事宜准备修订本条例的新的议案。该议案应当考虑欧盟委员会依据《外观设计协调指令》第18条就同一问题会建议的任何修订。应当认为，外观设计构成组合产品的组成部分，且在第19条第1款的意义上使用，旨在修复该组合产品并恢复原貌的，不得作为欧共体外观设计进行保护的规定是恰当的（本条例序言的第13条）。否则，专用权会导致对通用产品的垄断，产生垄断市场，终端用户对产品修复将会被拥有外观设计的生产商捆绑。因此，本条第1款排除了这种情形的欧共体外观设计保护，因此，不得禁止未经授权的他人进行这种使用。应当明确的是，这一规定被称为"必须匹配条款"或"修复条款"，意味着组合产品的部件本身如果符合本条例的要求，可以作为欧共体外观设计保护，但是这种保护不延伸至旨在修复组合产品为目的的使用。换言之，零部件可以注册为欧共体外观设计并享有本条例的保护，但本条规定的情形除外。例如，汽车生产商设计了新的后视镜，如果满足获得保护的要求（新颖性、个性和可视性），即可获得专用权，且可以阻止其他汽车生产商未经其同意的使用。但是，当这一外观设计作为组合产品的组成部分旨在修复产品时，即零部件生产商生产的后视镜在汽车修复中使用时，这种专用权会造成效率低下。最终，由于本条例的注册模式，这一条款不适用于协调局的审查员。本条当然适用于侵权案件，当外观设计构成组合产品的部件时，为修复产品原貌，不保护外观设计。

有关欧盟扩大的规定

第110a条

（1）在保加利亚、捷克共和国、爱沙尼亚、塞浦路斯、拉脱维亚、立陶宛、匈牙利、马耳他、波兰、罗马尼亚、斯洛文尼亚和斯洛伐克（以下简称"新成员国"）加入欧盟之日前依据本条例注册或申请的欧共体外观设计，应自加入欧盟之日起延伸至该国领域，从而在整个欧盟领域内具有同等效力。

（2）注册欧共体外观设计的申请不得依据第47条第1款的不可注册

事由予以驳回,如果该事由仅仅因为新成员国的加入而得以适用。

(3)由于新成员国的加入才得以适用无效事由的,不得依据第25条第1款宣告本条第1款所称的欧共体外观设计无效。

(4)新成员国的在先权利申请人或所有人可以在符合第25条第1款(d)项、(e)项或(f)项的情形下,禁止欧共体外观设计在其受保护的地域内使用。适用本规定的,"在先权利"是指在加入前善意取得或申请的权利。

(5)上述第1款、第3款和第4款应同样适用于未注册欧共体外观设计。依据第11条的规定,未在欧共体地域内公开的外观设计不得作为欧共体外观设计保护。

1. 概述。本条令人想到《商标条例》第165条,旨在处理10个新成员国加入欧盟对欧共体商标制度的影响。类似的规定也适用于欧共体外观设计制度。参见《商标条例》第165条注释5规定的其他扩大的效力。这些均准用于欧共体外观设计制度。

2. 自动延伸。本条第1款几乎与《商标条例》第1款的注释相同,因此可参见该条注释1。

3. 有关驳回事由的"溯及既往"(第2款)。第47条第2款包含了协调局可以驳回外观设计注册的若干事由。本条第2款明确规定,由于新成员国的加入才得以适用驳回的绝对事由的,不得据此驳回该商标的注册。更多详情可参见《商标条例》第165条注释3。

4. 有关无效宣告事由的"溯及既往"(第3款)。第2款所述的内容基本适用于第25条第1款的无效事由。同样可以参见《商标条例》第165条注释5。

5. 禁止欧共体外观设计延伸使用的权利保留(第4款)。新成员国在先权利的所有人不得依据第25条第1款(d)项、(e)项或(f)项要求宣告无效。但是,善意取得在先权利的,可以禁止欧共体外观设计在在先权利有效的国家使用。参见《商标条例》第165条注释6。

6. 未注册外观设计的适用(第5款)。第1款、第3款和第4款应同样适用于未注册欧共体外观设计。最后,本条第5款规定,依据第11条的规定,未在欧共体地域内公开的外观设计不得作为欧共体外观设计保护。

生效

第111条

(1)本条例自公告于欧盟官方杂志后第20天生效。

(2)可以向协调局提出欧共体外观设计的注册申请的日期,经协调局局长建议并由行政委员会确定。

(3)在前款所称之日前三个月内提出欧共体外观设计注册申请的,视为在该日提出。

含义

欧共体外观设计制度的生效分为两个独立的阶段,一个是注册的外观设计,一个是未注册的外观设计。具体而言,未注册的外观设计自本条例于2002年3月6日生效之日有资格获得保护。相比之下,根据本条第2款和第3款的规定,在行政委员会(第101条a项)确定的日期前,不得申请注册外观设计。在协调局局长的建议下,这一日期为2003年4月1日。但是,需要阐明的是,自2003年1月1日起——即该日的3个月前已经可以提出申请,也被视为在2003年4月1日提出。

本条例全部内容具有约束力,且对所有成员国直接适用。

2001年12月12日制定于布鲁塞尔

理事会理事长
M. 阿尔弗特(Aelvoet)

外观设计协调指令[①]

[①] 1998年10月13日,欧洲议会和理事会关于外观设计的法律保护的指令,第98/71/EC号。

欧洲议会和欧洲理事会,

注意到《建立欧洲共同体条约》,尤其是其第 100a 条,

注意到欧盟委员会的提案,①

注意到欧盟经济社会委员会的意见,②

依据条约第 189b 条规定的程序,③依据协调委员会 1998 年 7 月 29 日通过的联合文本,

(1)鉴于条约确立的欧共体目标,包括奠定欧洲人民空前紧密团结的基础,促进共同体成员国之间进一步紧密的合作,统一行动,消除分割欧洲的壁垒,确保欧盟国家经济和社会的发展;鉴于条约为此目的要求建立内部市场,消除商品自由流动的壁垒,同时要求构建机构和制度,确保内部市场中的竞争不受扭曲;鉴于成员国有关外观设计的法律保护的协调一致将进一步实现这些目标;

(2)鉴于成员国法律制度对外观设计法律保护的差异直接影响了有关包含外观设计的商品的内部市场的确立和运作;鉴于这种差异可以扭曲内部市场中的竞争;

(3)鉴于为了内部市场的平稳运行,有必要使得成员国保护外观设计的法律趋于一致;

(4)鉴于非常重要的一点是,在这一过程中,应当考虑欧盟外观设计制度对于希望获得外观设计的企业所能给予的途径和便利;

---

① 《欧盟官方公报》C 345, 23. 12. 1993, p. 14 and《欧盟官方公报》C 142, 14. 5. 1996, p. 7. C345, 1993 年 12 月 23 日,第 14 页和 C 142, 1996 年 5 月 14 日,第 7 页。

② 《欧盟官方公报》C 388, 31. 12. 1994, p. 9 and《欧盟官方公报》C 110, 2. 5. 1995, p. 12. C388, 1994 年 12 月 31 日,第 9 页和 C 110, 1999 年 5 月 2 日,第 12 页。

③ 1995 年 10 月 12 日欧洲议会的意见(《欧盟官方公报》C287, 1995 年 10 月 30 日,第 157 页),1997 年 6 月 17 日理事会的共同立场(《欧盟官方公报》C237, 1997 年 8 月 4 日,第 1 页,1997 年 10 月 22 日欧洲议会决议(《欧盟官方公报》C 339, 1997 年 11 月 10 日,第 52 页)。Opinion of the European Parliament of 12 October 1995 (《欧盟官方公报》C 287, 30. 10. 1995, p. 157), common position of the Council of 17 June 1997 (《欧盟官方公报》C 237, 4. 8. 1997, p. 1), Decision of the European Parliament of 22 October 1997 (《欧盟官方公报》C 339, 10. 11. 1997, p. 52). 1998 年 9 月 15 日欧洲议会决议。1998 年 8 月 24 日理事会决议。

（5）鉴于要求成员国法律全面一致似无必要，只要限于最直接影响内部市场运行的成员国法律规定之间的近似即可；鉴于制裁、救济和执行的条文应由成员国法规定；鉴于成员国单独行动不足以实现该有限的一致化的目标；

（6）鉴于成员国应相应地有权确定有关外观设计权注册、续展和无效的程序规则，以及无效的效力的条款；

（7）鉴于本指令不得排除成员国或共同体有关注册或公开的外观设计保护以外法律的适用，例如涉及未注册外观设计、商标、专利、实用新型、不正当竞争或民事责任的法律；

（8）鉴于在欠缺完整的版权法协调的前提下，建立欧共体外观设计与版权法保护的双重保护原则非常重要，而版权保护的程度及其条件留待成员国自行决定；

（9）鉴于欲实现内部市场的目标，在所有成员国内获得注册外观设计权的条件应当相同；鉴于此，有必要统一定义外观设计的概念，以及注册外观设计权应该达到的新颖性和个性的概念；

（10）鉴于欲促进商品的自由流动，应确保注册外观设计权在所有成员国的法律制度下享有相同的保护，此为基本要务；

（11）鉴于授予保护是通过权利人就产品的部分或全部的外观设计特征注册实现的，该特征在申请中以可视方式显示，并可以公告或相关档案的查询而公开；

（12）鉴于保护不应扩展到在产品的正常使用中不可视的组件，也不应扩展到下述组件的特征——如果该组件被安装后不可视，或者这些特征自身不符合新颖性和个性的要求。因此，基于上述理由被排除保护的外观设计的特征，在评估外观设计的其他特征是否满足保护要件时不予考虑；

（13）鉴于评估一项外观设计是否具有个性特征，应当根据一个观看设计的懂行使用者的整体印象是否明显地有别于已有的设计整体，并考虑适用或包含外观设计的产品的性质，尤其是产品所属的行业和设计者在开发设计时的自由程度；

(14)鉴于技术创新不得因为对完全由技术功能所决定的特征授予外观设计保护而受到妨碍；但这并不意味着外观设计必须具有审美性质；同理，不同产品之间的兼容不得因为对机械配件的外观设计保护而受到妨碍；因此，基于这些理由被排除保护的外观设计特征，在评估外观设计的其他特征是否满足保护要件时不予考虑；

(15)鉴于模块产品的机械配件可能构成模块产品创新特征的一个重要元素，并产生主要的市场价值，因此应当受到保护；

(16)鉴于违反公共政策或公序良俗的外观设计，不得获得保护；但是，本指令不包括对成员国法中公共政策和公序良俗概念的协调；

(17)鉴于欲实现内部市场的平稳运行，有必要统一注册外观设计的保护的概念；

(18)鉴于本指令的条文不得违反条约第 85 条和第 86 条有关竞争规则的适用；

(19)鉴于众多产业部门亟需本指令立即通过；但是，当设计被适用于或包含于一产品，该产品构成一个组合产品的部件，且受保护的外观设计的外观附属于该组合产品，是否允许为了修理组合产品使其恢复原貌而使用受保护的外观设计，在现阶段不能实现成员国法的全面协调；但是，鉴于未能全面协调有关是否允许为了修理组合产品使其恢复原貌而使用受保护的外观设计的成员国法，不得阻碍协调其他直接影响内部市场运行的成员国外观设计法；鉴于此，对于为了修理组合产品使其恢复原貌而使用受保护的外观设计的问题，成员国应同时维持与条约相一致的规定，或者引入新的规定，但新的规定应当进一步使市场自由化；对于本指令生效时尚未对组成部件的外观设计提供保护的成员国而言，没有义务规定这种部件的外观设计的注册；欧盟委员会负责在指令实施的最后时限满三年后审议该指令的后果，包括对欧盟产业、消费者、竞争以及内部市场运行的影响；有关组合产品部件的报告应当尤其考虑到基于可能的选项的协调，包括补偿制度和专用权的有限期限；在提交报告后的最多一年内，欧盟委员会应当在征求利害关系方的意见后，向欧洲议会和理事会提出就组合产品的部件问题为完善内部市场而改进本指令的建议,以及任何其他其认为有必要的改进。

(20)鉴于第 14 条有关为了修理组合产品使其恢复原貌而使用其部件的外观设计的规定,在任何情形下均不能解读为阻碍构成这种部件的产品的自由流动的障碍。

(21)鉴于成员国规定在注册前对申请进行实质性审查的成员国,驳回注册的实质性事由应当穷尽列举,所有成员国有关注册外观设计权无效的实质性事由,应当穷尽列举。

通过本指令如下:

定义

第 1 条

为本指令之目的：

（a）"外观设计"是指一个产品的全部或部分外观，尤其是由线条、轮廓、颜色、形状、质地和/或产品自身的材料和/或产品的装饰产生的特征；

（b）"产品"是指任何工业的或手工的物品，包括用于组装成组合产品的部件、包装、装潢、图示符号和印刷字体，但不包括计算机程序。

（c）"组合产品"是指由多个可替换的部件构成、可以拆卸和重组的产品。

参照。对本条的注释可参见《欧共体外观设计条例》第 3 条。

适用范围

第 2 条

（1）本指令适用于：

a. 在成员国中央工业产权局注册的外观设计权；

b. 在比荷卢外观设计局注册的外观设计权；

c. 在成员国具有效力的在国际体制下注册的外观设计权；

d. 前三项所称的外观设计权的申请。

（2）为本指令之目的，向成员国中央工业产权局提交外观设计后予以公告即可产生外观设计权的，亦为外观设计的注册。

含义

在起草本指令时，有两个方面的问题需要考虑：在各国保护外观设计的不同权利以及注册外观设计的不同具体规则。本指令仅适用于注册外观设计。"注册外观设计"应理解为直接向成员国中央工业产权局或比荷卢当局申请注册的权利，以及其他在成员国具有效力的权利，无论是源于国际体制还是欧盟外观设计制度。本指令一般调整实体规则，包括外观设计的定义、要求、期限、保护范围、权利内容以及驳回或无效的事由。相反，有关外观设计权注册和无效的程序性规定,以及无效的效力的规定,不属于本指令的适用范围。因此,各国有权根据相应的权利构建程序规则,本指令也不要求成员国制定无在先审查或无异议程序的注册制度。本指令也不涉及注册外观设计与未注册外观设计、商标、专利、实用新型、不正当竞争或民事责任之间的法律关系。就此而言,本指令仅限于根据成员国法规定的条件授予保护的方法(参见第 16 条、第 17 条)。实体法规则不仅应依据成员国法,也应当同时符合本指令。国内法与欧盟法从而实现了协调。有的成员国没有规定注册制度,而是规定公开申请文件即取得权利,对此,本条第 2 款将"注册"扩大解释为"公告"行为。

保护的要件

第 3 条

(1)成员国应保护注册外观设计,并依据本指令的规定授予其所有人以专用权。

(2)一项外观设计只能就其新颖性和个性获得外观设计权的保护。

(3)仅在下列情况下,构成组合产品之部件的产品所使用或包含的外观设计可以被认为具有新颖性和个性:

a. 如果该部件,一旦其被包含于组合产品,在后者的正常使用过程中依然可视;且

b. 部件的可视性特征本身符合新颖性和个性。

(4)第(2)款第(a)项中的"正常使用"是指最终用户的使用,不包括维护、服务或修理工作。

参照和细节。本条第 1 款要求成员国根据本指令的规定提供注册保护。在《巴黎公约》第 5 条之四、TRIPS 协议第 25 条和《伯尔尼公约》第 2 条第 7 款有关实用艺术作品的规定中,注册是两种允许的形式之一。更多评论可参见《欧共体外观设计条例》第 4 条注释 2—4。

新颖性

第 4 条

在请求受保护的外观设计注册申请日之前,或主张优先权时在优先权日之前没有相同的外观设计被公开的,应认定其具有新颖性。外观设计仅在无关紧要的细节特征上有区别的,应当被认定为相同。

参照。有关的本条的进一步评论可参见相应的《欧共体外观设计条例》第 5 条的注释。

个性特征

第 5 条

(1)外观设计产生的总体印象对于懂行使用者而言,与其在注册申请日之前,若主张优先权,则在优先权日之前的任何外观设计所产生的总体印象存在区别的,应认定具有个性特征。

(2)在评估个性特征时,应当考虑设计者在设计开发方面的自由程度。

参照。有关的本条的进一步评论可参见相应的《欧共体外观设计条例》第 6 条的注释。

公开

第 6 条

(1)为适用第 5 条和第 6 条之目的,在注册申请日之前,若主张优先权,则在优先权日之前,如果一项外观设计已经因注册或其他原因而出版,或被展出、在交易中被使用,或以其他方式公开,该外观设计应被认为已经公开,除非上述情事在正常的商业过程中不能被欧共体范围内经营的相关行业的业内人士所知悉。但是,外观设计不能仅仅因为在明示或暗示的保密条件下向第三人披露而被认为公开。

(2)为适用第 4 条和第 5 条之目的,如果一项依据注册成员国外观设计请求保护的设计以下列方式公开,则披露不予考虑:

a. 被设计人或其权利继受人公开，或因设计人或其权利继受人提供的信息或实施的行为而导致的第三人公开；且

b. 发生在注册申请日之前 12 个月，或主张优先权时优先权日之前 12 个月。

（3）如果外观设计因为滥用与设计人或其权利继受人的关系而公开，第 2 款亦得适用。

参照。有关的本条的进一步评论可参见相应的《欧共体外观设计条例》第 7 条的注释。

由技术功能和设计间的内接所规定的外观设计

第 7 条

（1）一项外观设计不得存在于纯粹由技术功能所规定的产品外观特征之上。

（2）如果为了一项包含或应用外观设计的产品能够被物理地联接、内置、外置或靠置于另一产品，该产品的外观特征必须按照确切的形状和尺寸被复制，以便两种产品之一能够实现功能，则外观设计不得存在于这些外观特征之上。

（3）尽管有第 2 款的规定，在符合第 4 条和第 5 条的前提下，用于实现一个模块系统中的多重组装或相互可替换产品之联接的设计，可以成为外观设计。

参照。有关的本条的进一步评论可参见相应的《欧共体欧共体外观设计条例》第 8 条注释 1—4。

违反公序良俗或道德的外观设计

第 8 条 外观设计不得违反公序良俗或公认的道德原则。

参照。有关的本条的进一步评论可参见相应的《欧共体外观设计条例》第 9 条的注释。

保护范围

第9条

（1）外观设计权的保护范围应包括未使懂行使用者产生不同整体印象的任何外观设计。

（2）在评估保护范围时，应当考虑设计者开发其外观设计的自由度。

参照。有关的本条的进一步评论可参见相应的《欧共体外观设计条例》第10条注释1—4。

保护期限

第10条

符合第3条第2款要求的外观设计注册后，应当作为注册外观设计权受到一个或多个为期5年的保护，自申请之日起算。权利人可以每次续展一个或多个5年期限，但累积不得超过自申请之日起25年。

含义

本指令授予了自申请之日起最多25年的保护期。但是，对保护期具体情形的定义非常宽松，成员国在实施本条时，有相当大的自由空间。保护期限表述为"一个或多个5年期限"，成员国可以规定起始5年的期限，也可以直接规定25年的期限，无需续展。同理，权利的续展应当每次为一个或多个5年，这是对本条"权利人可以每次续展一个多个5年期限，但累积不得超过自申请之日起25年"的合理解释。因此，本条的实际实施情况取决于不同成员国的规定，范围包括起始5年后分四次续展5年，到直接保护25年无需续展。

无效或驳回的事由

第11条

（1）具有下列情形之一的，应驳回外观设计注册申请，已经注册的，应宣告无效：

a. 外观设计不符合第 1 条(a)项的规定的；

　　b. 不符合第 3 条至第 8 条规定的要件的；

　　c. 依据相关成员国法的规定,外观设计权的申请人或所有人不是适格权利主体的；

　　d. 外观设计与在先外观设计相冲突的,此在先设计在申请日之后已经公开,或者在主张优先权的情况下在欧共体外观设计的优先权日之后已经公开,并且在先于前述日期之前已经获得下述保护:注册欧共体外观设计、注册欧共体外观设计申请、某一成员国的注册外观设计权或外观设计权申请。

　　(2)任何成员国可以规定,具有下列情形之一的,应驳回外观设计注册申请,已经注册的,应宣告无效：

　　a. 区别性标记被使用于在后设计中,并且规范该标记的欧共体法或成员国法赋予该标志的权利人禁止此种使用的权利的；

　　b. 外观设计构成对受到成员国版权法保护的作品的擅自使用的；

　　c. 外观设计构成对《保护工业产权巴黎公约》(以下简称《巴黎公约》)第 6 条之三列举的任何标志的不当使用,或者构成对前述第 6 条之三规定之外的涉及成员国特别公共利益的徽章、标志和纹章的使用的。

　　(3)第 1 款 c 项的理由可以仅由依据相关成员国法规定的外观设计权利人主张。

　　(4)第 1 款 d 项以及第 2 款 a、b 项的理由可以仅由在先权利申请人或在先权利所有人主张。

　　(5)第 2 款 c 项的理由可以仅由使用所涉及的个人或机构主张。

　　(6)第 4 款和第 5 款不妨碍成员国有自由规定第 1 款 d 项和第 2 款 c 项的理由也可由相关成员国的主管机关依职权主张。

　　(7)依据第 1 条 b 项或第 2 款被驳回注册或宣告无效的外观设计可以通过修正的形式被注册或维持,只要通过这种形式该外观设计符合保护条件并且外观设计的特征被保留。以修正形式而注册或维持可以包括附带外观设计权利人的部分弃权声明的登记,或将宣告外观设计部分无效的法院裁决登记于注册簿。

（8）任何成员国可以规定，不同于第 1 款至第 7 款，在要求符合本指令的规定生效之日之前，在该国拒绝注册或无效的理由应该适用于在该日申请之前提出的外观设计申请以及由此产生的注册。

（9）外观设计失效或已经放弃后，仍可宣告无效。

1. 参照（第 1—7 款、第 9 款）

本条第 1 款至第 7 款的注释可参照《欧共体外观设计条例》第 25 条的注释，本条第 9 款的注释可参照《欧共体外观设计条例》第 24 条注释 3。

2. 选择性的无效事由（第 2 款）

对于基于成员国标志（包括商标）、著作权以及国家或国际徽章的无效事由，成员国可以选择是否实施。

3. 保留先前成员国先前的有效性标准的选择（第 8 款）

对于本指令生效之前注册的外观设计，成员国可以适用其先前的有效性条款。例如，英国就是这样操作的。但是，对于侵权条款，则不存在此类选择权。因此，一项依据本指令与现有设计没有足够差异的外观设计仍可以维持其权利，同时可以增加保护程度，如同已经如此注册。遗憾的是，许多成员国迟延实施本指令，导致在及时实施的情况下本应适用本指令而从中获益的外观设计仍适用先前的成员国法。而成员国迟延实施本指令的情形下，是否允许其国民从这种选择性中获益，尚存争议［Oakley v Animal (UK)］。

外观设计权授予的权利

第 12 条

（1）注册外观设计的权利人享有独占的使用权，有权禁止任何第三人未经其许可使用该设计。前述"使用"尤其应当包括对体现或应用了外观设计的产品进行制造、兜揽、投入市场、进口、出口或使用，或者为了前述目的而存储。

（2）但是，依据成员国法，前款所述的行为在实施本指令所必要的条文生效日前不得予以禁止的,不得援引外观设计权授予的权利禁止他人在该日前已经开始的行为的延续。

1. 参照(第1款)

本条第1款的注释可参照《欧共体外观设计条例》第19条注释2—3。

2. 过渡(第2款)

本指令引入了广泛的权利,超越了很多成员国法的范围。例如,使用(除私人使用和非商业性使用)在本指令下是侵权行为,而在英国法则不是。对于现有的外观设计的侵权,成员国没有保留其先前国内法的自由。但是,在本指令实施之前已经开始的行为,允许继续存在,以保护当事人的合理预期,但仅限于在此前是合法的行为。

外观设计权的限制

第13条

(1)外观设计权不得针对以下行为实施:

a. 出于私人的或非商业目的之行为;

b. 出于实验目的之行为;

c. 为引用或教学目的之复制行为,只要该行为合乎公平的商业习惯且未不合理地损害外观设计的正常利用,并且注明了出处。

(2)此外,欧共体外观设计不得针对以下情形实施:

a. 临时进入相关成员国的在第三国登记的船舶和航空器的设备;

b. 为修理上述交通工具而在相关成员国进口零件与附件;

c. 修理上述交通工具的行为。

1. 参照(第1款)

本条第1款的注释可参照《欧共体外观设计条例》第20条注释1—4。

2. 国内限制(第2款)

一个成员国地域内有关"船舶与航空器"的限制,有可能使只是在成员国之间运行的渡船避免侵害任何国内权利(对欧共体外观设计则不然)。更多评论可参见《欧共体外观设计条例》第20条注释5—6。

过渡规定

第 14 条

在本指令依据欧盟委员会根据第 18 条提出的议案获得修订之前,成员国应当维持其有关使用部件外观设计用于修理组合产品以恢复该产品原貌的现行法,对现行规定的改变只能以促进产品部件市场的自由为目的。

1. 修复条款

所谓的修复条款曾经是且将继续是立法过程中最难解决的问题。起初,本指令的建议是为特定的外观设计——即包含匹配组成部分的外观设计——规定特殊的制度(第 14 条和第 15 条)。这一例外之所以被称为"修复条款",是因为其允许他人以修复组合产品为目的,不经权利同意而复制构成组成部分的外观设计。这一规定涉及的是构成组合产品组成部分的外观设计,因此在替换该部分时必须匹配。本指令草案序言基于阻止市场垄断的必要性角度加以考虑。如果对这种类型的外观设计适用一般保护机制,将导致通用产品和垄断市场的产生,无情地将消费者捆绑于特定品牌的产品。在协商的过程中,提出过几种解决途径,其中一种是对这些外观设计设置特别制度,不授予其所有人以法律规定的积极和消极的权利,仅给予其"公平和合理"的补偿权,这种补偿的计算"基于研制外观设计的相关成本"。这种补偿以及他人使用外观设计的机制立足于以下几点原则。第一,第三方使用外观设计无需取得权利人的同意,只需要在开始复制前通知权利人即可。第二,外观设计的所有人有权在保护期内收取补偿费,意味着他人应当支付一定数额的补偿。但是,未支付费用的,不影响他人着手开发。第三,在本条款下,第三方一般应提供其开发利用的可靠信息。第四,第三方应告知公众其生产的组成部分的真实来源,明确该部分并非由外观设计的所有人生产而是由其生产。但是,这一制度的确立存在各种问题,因为其不符合欧共体案例法发展起来的原则。因此,在争论的过程中,这一建议被提出了以下几点问题:其违背了本指令确定的保护外观设计的一般制度,因为"修复条款"的效力使得涉及外观设计失去了效力;补偿制度在实践中难以操作;公平和合理的补偿是单方面即使用外观设计的第三人决定的;计算公平和合理补偿的标准仅取决于开发外观设计的成本,这不利于外观设计产业的创新。另外,修复条款的存在也将造成共同体权利穷竭原则的兼容性问题。一方面,如果完全适用权利穷竭原则,修复条款则毫无意义;另一方面,修复条款的适用意味着忽略欧盟法院确定的权利穷竭原则的结果。确实,为了修复条款的生效,有必要规定,第三方一旦生产出备用部分后,即可适当地投入市场,不仅在成员国市场,而包括整个内部市场。这是因为,如果在修复条款这一特殊机制下,权利人仍然可以禁止从其他成员国进口部件的话,则实际上阻碍了修复条款的效力实现。但是,修复条款从未授予权利人这种权利。另外,第三方只要向权利人支付公平和合理的补偿,但无需等待权利人的答复即可着手投入市场。在这种情形下,严格适用权利穷竭原则的话,权利人有权禁止包含其外观设计的产品投入市场。因此,两种制度是不兼容的,仍存在一些问题有待本指令去解决。

2. 通过的文本

由于就此问题无法达成一致,为了防止本指令停滞不前,该问题被排除在协调努力之外,在最后日期之前保留通过了的共同立场。所以,本指令包含了这一"暂定条款"。无论是否对部件适用一般保护机制,成员国均可以继续保留自己的制度,无需被强制修改。但是,如果成员国希望就这一问题修订其国内法,只能以"市场的进一步自由化"为目的。实践观点认为,修复组合产品的部件的欧盟市场没有从一体化的进程中获得利益,且在这个领域也未采取协调措施。目前的情形是,16 个成员国对部件采取有效的保护,9 个成员国通过不同的模式对部件采取了宽松的态度。①

3. 已经开始的修订

强制修订的程序已经开始。经历了长时间的政治和经济博弈后,欧盟委员会于 2004 年 9 月公布了修订本指令的草案。欧盟委员会建议的新 14 条旨在欧盟领域内自由化可视部件的市场。如果建议通过,本指令将排除

---

① 截至 2007 年 12 月 12 日。

旨在修复组成产品的部件的外观设计保护,这对于成员国是强制要求,成员国应确保消费者被告知部件的来源。但是,仍然存在其他替代的方案和态度。此次争论可能还会受到欧盟委员会另一项行动——"21世纪欧盟汽车业竞争力提高方案"的影响,旨在提高欧盟汽车产业在全球范围的影响力。

权利穷竭

第 15 条

如果产品体现或应用的设计属于外观设计权的保护范围,一旦该产品被外观设计的权利人或经其同意投入欧共体市场,欧共体外观设计权不应延及与该产品相关的行为。

1. 概述

本条的注释可参照《欧共体外观设计条例》第 21 条的注释。

2. 国内权利:本指令下的穷竭

经所有人同意在其他市场投放的商品,不得基于成员国的权利禁止进口至受保护的国家。但是,国内权利可以禁止未经权利人同意进口在欧盟领域外投入市场的商品的未经所有人同意的进口(延伸至《欧洲经济区协定》附录XVII规定的欧洲经济区)。后者的效果是采用了欧盟范围的穷竭或欧盟内的权利穷竭。同样的判例法应当适用于国内外观设计权。

3. 部件

当组合产品的组成部分(即部件)依据第 14 条受到保护时,与正常情形有所变动。例如,英国和法国就是如此。这种变动归因于本指令序言第 20 点,即对这种部件的保护,"在任何情形下均不能解读为阻碍构成这种部件的产品的自由流动的障碍"。如果一项外观设计仅仅是在运输过程中途经其受保护的领域,但其来源地和目的地均不存在这种保护,则所有人不得强制实施其权利,即采取海关措施[Commission v French Republic(欧洲法院)]。另一方面,如果部件未经所有人同意,从不受保护的地域出口至受保护的地域并在此销售,则所有人可能执行其国内权利[Renault v Maxicar

（欧洲法院）］，即使其他国家不存在这样的保护，该进口国的判决必须得到执行。

与其他保护形式的关系

第 16 条

本指令的条款不得违反共同体或成员国有关未注册外观设计权、商标或显著性标志、专利和实用新型、字体、民事责任或不正当竞争的任何条款。

含义

本条明确了对产品外观的其他形式保护的可能性。例如，外观设计法和商标法的双重保护是可能的。尽管不太容易作为商标保护，尤其是产品的三维外形，但该外形仍有可能同时得到商标和外观设计的保护。需要注意的是，如果商标仅仅由使商品具有实质性价值的形状构成，则依据《商标指令》第 3 条第 1 款（e）（iii）的规定不得作为商标保护。在这种情形下只能得到外观设计的保护。在许多法域中，往往可以基于混淆可能（例如德国和荷兰）、仿冒（英国）或寄生（比利时和法国）提起诉讼。第 17 条还规定了与著作权法保护的关系。

与版权的关系

第 17 条

依据本指令在或向一成员国注册的外观设计权保护的设计，自该外观设计完成或以任何形式固定之日起，在该国也应该能够受到版权法的保护。这种保护授予的范围、条件以及独创性的要求，由各成员国自行决定。

含义

本条明确了外观设计法和著作权法双重保护的可能性。著作权法保护的条件由成员国自行决定。在一些国家，例如德国，作为实用艺术作品获得著作权保护并不容易。在其他一些法域，例如荷兰，解决独创性障碍获得著作权保护是很容易的。

修订

第 18 条

在第 19 条确定的实施日后的 3 年内,欧盟委员会应当提交报告,分析本指令条款对共同体产业,尤其是深受影响的产业部门,特别是组合产品和部件的生产商,对消费者、竞争和内部市场运行的影响。在最后 1 年,欧盟委员会应当向欧洲议会和欧洲理事会提出对本指令的任何修改建议,包括就组合产品部件的内部市场的完善以及其他征询最受影响的利益方之后认为有必要进行的修订。

含义

根据本条的规定,欧盟委员会有义务在本指令实施的截止日期后的 3 年内对受影响最深的产业的效果进行审查。欧盟委员会于 2004 年完成报告并起草了修订本指令的建议。2007 年,欧洲议会通过了最终版本,提出了修复条款(COM(2004)528 final 2004/0203(COD))。但是,由于新的政治争议,修订草案最终尚未通过。有关《外观设计指令》的最终修订建议通过后,欧盟委员会应就相同的事宜准备《欧共体外观设计条例》的新的修订建议稿(参见《欧共体外观设计条例》第 110 条)。

实施

第 19 条

(1)成员国实施本指令所必要的法律、条例或行政规定的生效不应晚于 2001 年 10 月 28 日。成员国通过这些规定时,应包含对本指令的引用或在官方公报中附上该引用。引用的方法由成员国自行决定。

(2)成员国应向委员会通报已经通过的、属于本指令调整范围的国内法条文。

含义。

成员国实施本指令的最后时期为 2001 年 10 月 28 日。本条还规定了实施本指令应当遵循的标准程序。

生效

第 20 条

本指令自公告于《欧共体官方公报》后第 20 天生效。

含义

本指令自公告于《欧共体官方公报》后第 20 天生效。公告日为 2001 年 10 月 28 日(《外观设计指令》),生效日为 2001 年 11 月 17 日。

收受方

第 21 条

本指令下达给各成员国。

含义

本条的含义是不言自明的。

1998 年 10 月 13 日制定于卢森堡

欧洲议会主席
J. M. 吉尔-罗布尔斯(Gil-Robles)
欧洲理事会主席
C. 艾内姆(Einem)

条约、条例和其他法律文件

1. European Union Legislation　欧盟法律

a. Trade Marks　商标

欧共体商标条例(CTMR)　欧洲理事会2009年2月26日第207/2009号关于欧共体商标的理事会规则(修订文本)(《欧盟官方公报》L78,2009年3月24日,第1页)第104页

欧共体商标实施细则(CTMIR)　欧洲理事会1995年12月13日关于实施第40/04号欧共体商标的第2868/95号委员会规则(《欧盟官方公报》L303,1995年12月1日,第1页)第5、6、9－16、24、26、47、48、54、94、100、103－128、132－155、173－202、212－224、227、229－247、259、272－275、279－283、288－293、304－306、309－313、316、456、458、467、472、475、480、481页

欧共体商标费用条例(CTMFR)　欧洲理事会1995年12月13日关于内部市场协调局(负责商标和外观设计事务)收费的第2869/95号委员会规则(《欧盟官方公报》L303,1995年12月15日,第33页)第106、107、110、132、146、148、150、188、189、231、237、238、311、313页

商标指令(TMD)　欧洲议会和理事会2008年10月22日第2008/95/EC号关于协调成员国商标法律的指令(修订文本)(《欧盟官方公报》L299,2008年11月8日,第25页)第331页

联合声明　欧共体理事会和委员会1988年12月21日通过的载入理事会

纪要的关于第一个协调成员国商标法律理事会指令的联合声明(《内部市场协调局 1996 年官方公报》,第 607 页) 第 39、77、329、532 页

内部市场协调局上诉委员会程序规则(上诉委员会程序规则) 欧洲理事会 1996 年 2 月 5 日规定内部市场协调局(负责商标和外观设计事务)上诉委员会的程序规则的第 216/96 号委员会规则(《欧盟官方公报》L28,1996 年 2 月 6 日,第 11 页),第 293 页

b. Designs 外观设计

欧共体外观设计条例(CDR) 欧洲理事会 2001 年 12 月 12 日第 6/2002 号关于欧共体外观设计的理事会规则(《欧盟官方公报》L5,2002 年 1 月 5 日,第 1 页) 第 7、38、258、289、360 - 362、372、374、375、379 - 384、395、396、401、402、404、410、412、415、431 - 440、442、444 - 456、459、460、464、466 - 482、485、194、495、498、499、503 - 506、511 - 518、521、523 页

欧共体外观设计实施细则(CDIR) 欧洲理事会 2002 年 10 月 21 日关于实施第 6/2001 号欧共体外观设计的第 2245/2002 号委员会规则(《欧盟官方公报》L341,2002 年 12 月 17 日,第 28 页) 第 360、362、380、381、386、387、404、409、410 - 442、450 - 458、463 - 481、496、499、500、501 页

欧共体外观设计费用条例(CDFR)欧洲理事会 2002 年 12 月 16 日关于内部市场协调局(负责商标和外观设计事务)收取外观设计注册费的第 2246/2002 号委员会规则(《欧盟官方公报》L341,2002 年 12 月 17 日,第 54 页) 第 360、416、431、437、464、470、472 页

外观设计指令(DD) 欧洲议会和理事会 1998 年 10 月 13 日第 98/71/EC 号关于外观设计法律保护的指令(《欧盟官方公报》L289,1998 年 10 月 28

日,第 28 页)第 360、382、398、493、503、524 页

COM(2004)582 final 2004/0203（COD）欧洲委员会 2004 年第 582 号关于通过欧洲议会和理事会第 2004/0203 号联合建议的决议　欧洲议会和理事会旨在修订第 98/71/EC 号外观设计法律保护的指令的联合建议（欧洲委员会 2004 年 9 月 14 日第（2004）582 号关于通过欧洲议会和理事会第 2004/0203 号联合建议的决议）第 503、523 页

c. OHIM Communications and Decisions　内部市场协调局的通告和决定

上诉委员会常务委员会第 2009 - 2 号决定　上诉委员会常务委员会 2009 年 12 月 10 第 2009 - 2 号决定,规定了 2010 年的委员会、扩大委员会的组成以及将案件授权独任审查员审理（《内部市场协调局 2010 年官方公报》,第 2/10 期）第 293 - 295 页

协调局局长第 ADM - 00 - 37 号决定　协调局局长 2001 年 7 月 9 日通过第 ADM - 00 - 37 号决定《欧盟良好行政行为规范》（《内部市场协调局 2001 年官方公报》,第 1771 页）第 207、446、464 页

协调局行政委员会第 CA - 95 - 19 号决定　协调局行政委员会 1995 年 7 月 11 日作出的第 CA - 96 - 19 号《关于可以向协调局提交商标申请日期的决定》（《内部市场协调局 1995 年官方公报》,第 12 页）第 323 页

协调局局长第 EX - 05 - 3 号决定　协调局局长 2005 年 10 月 10 日第 EX - 05 - 03 号《关于申请商标电子申请的决定》（《内部市场协调局 2006 年官方公报》,第 7 页）第 12 页

协调局局长第 EX - 05 - 5 号决定　协调局局长 2005 年 6 月 1 日第 EX -

05－05号《关于请求优先权或者先前权提交证据的决定》(《内部市场协调局2005年官方公报》,第1083页)第116、121页

协调局局长第 EX－05－6号决定 协调局局长2005年7月27日第 EX－05－06号《关于公告通知的决定》(《内部市场协调局2005年官方公报》,第1213页)第457页

协调局局长第 EX－07－4号决定 协调局局长2007年7月16日第 EX－07－4号《关于协调局采用电子通讯方式的决定》("电子通信方式的基本决定")(《内部市场协调局2007年官方公报》,第9/07期页)第107、410页

协调局局长第 EX－96－3号决定 协调局局长1996年3月5日第 EX－96－3号《关于请求优先权或者先前权提交证据的决定》(《内部市场协调局1996年官方公报》,第1271页)第116、121页

协调局局长第1/08号通告 协调局局长2008年1月24日第1/08号"关于国际展览会保护商标和外观设计的通告"(《内部市场协调局2008年官方公报》,第3/08期)第118页

协调局局长第1/97号通告 协调局局长1997年6月17日第1/97号"关于先前权申请审查的通告"(《内部市场协调局1997年官方公报》,第751页)第123页

协调局局长第2/00号通告 协调局局长2000年2月25日第2/00号"关于先前权审查的通告"(《内部市场协调局2000年官方公报》,第484页)第123页

协调局局长第 2/03 号通告 协调局局长 2003 年 2 月 10 日第 2/03 号"关于协调局商标和外观设计行政管理部对职业代理人的授权范围审查的通告"(《内部市场协调局 2003 年官方公报》,第 883 页)第 247、481 页

协调局局长第 2/08 号通告 协调局局长 2008 年 11 月 20 日第 2/08 号"关于第九版工业品外观设计洛迦诺分类的通告"(《内部市场协调局 2008 年官方公报》,第 12/08 期)第 111、419 页

协调局局长第 4/03 号通告 协调局局长 2003 年 6 月 16 日第 4/03 号"关于使用商标申请和注册用商品和服务分类的类别名称的通告"(《内部市场协调局 2003 年官方公报》,第 1674 页)第 26、111 页

协调局局长第 5/03 号通告 协调局局长 2003 年 10 月 16 日第 2/03 号"关于 2004 年欧盟扩大的通告"(《内部市场协调局 2004 年官方公报》,第 69 页)第 361 页

协调局局长第 5/05 号通告 协调局局长 2005 年 7 月 27 日第 5/05 号"关于续展要求的通告"(《内部市场协调局 2005 年官方公报》,第 1217 页)第 149 页

协调局局长第 6/05 号通告 协调局局长 2005 年 9 月 16 日第 6/05 号"关于错失时限的恢复的通告"(《内部市场协调局 2005 年官方公报》,第 1403 页)第 179、229 页

协调局局长第 6/98 号通告 协调局局长 1998 年 11 月 14 日第 6/98 号"关于先前权申请审查的通告"(《内部市场协调局 1999 年官方公报》,第 7 页)第 123 页

协调局局长第 8/05 号通告　协调局局长 2005 年 12 月 21 日第 8/05 号"关于欧共体商标续展的通告"(《内部市场协调局 2006 年官方公报》,第 197 页) 第 149 页

协调局局长第 13/02 号通告　协调局局长 2002 年 12 月 4 日第 13/02 号"关于欧共体商标注册申请形式的通告"(《内部市场协调局 2002 年官方公报》,第 557 页) 第 412 页

指南(审查指南、无效宣告指南、异议指南)　协调局(负责商标和外观设计事务)各类程序指南(由协调局制定　见 http:/oami.europa.eu) 第 55 - 59、90、116、135、137、144、178、181、212 - 215、218、219、227、228、238、243、245、246、298、306、364、410、413 - 415、430、436、437、439、440、442、451、452、453、457、463、464、473、475 - 479 页

2. Other European Union Documents　其他欧盟法律文件

TFEU　《欧盟运行条约》(《欧洲官方公报》C115,2008 年 9 月 5 日,第 47 页(统一版本))第 44、45、183、198、207、243、269、279、292、446、475、534 页

布鲁塞尔条例　欧洲理事会 2000 年 12 月 22 日第 44/2001 号《民商事案件管辖和判决承认与执行条例》(《欧洲官方公报》L12,2001 年 1 月 16 日,第 1 页;作《欧洲官方公报》C27,1998 年 1 月 26 日,第 1 页的统一版本) 第 85、248、249、254、265、266、267、384、399、482 页

执法指令　欧洲议会和理事会 2004 年 4 月 29 日第 2004/48/EC 号《知识产权执法指令》(《欧洲官方公报》L157,2004 年 4 月 30 日,第 45 页) 第 62、205、261、262 页

欧盟普通法院程序规则　1991年5月2日欧共体一审法院程序规则(《欧洲官方公报》L136,1991年5月30日,第1页,和《欧洲官方公报》L317,1991年11月19日,第34页(勘误))第186、188、192、193、194、196、199、200、229、230、231、293、294、295、297、464、532页

第510/2006号理事会条例　欧洲理事会2006年3月20日第510/2006号关于保护农产品和食品地理标志和原产地标记条例(《欧洲官方公报》L93,2006年3月31日,第12页)第44-46,269页

3. International Treaties　国际条约

伯尔尼公约　1886年9月9日《保护文学艺术作品伯尔尼公约》(由世界知识产权组织管理,http://www.wipo.int/treaties/en/ip/berne)第164、391、512、533页

国际展览会公约　1928年11月22日在巴黎签署的国际展览会公约(由国际展览局管理,http://www.bie-paris.org/site/en/main/convention/html)第117、423、533页

欧洲人权公约　1950年11月4日在罗马签署的欧洲保护人权和基本自由公约(由欧洲理事会管理,http://www.conventions.coe.int/)第16、192、375、533页

海牙协定　1925年11月6日工业品外观设计国际注册海牙协定(世界知识产权组织管理,http://www.wipo.int/treaties/en/registration/hague)第399、499、500、533、534页

洛迦诺协定　1968年10月8日在洛迦诺签署的建立工业品外观设计国际

分类的洛迦诺协定（世界知识产权组织管理，http：//www.wipo.int/treaties/en/classification/locarno）第 534 页

马德里协定　1891 年 4 月 14 日商标国际注册马德里协定（世界知识产权组织管理，http：//www.wipo.int/madrid/en）第 243、302、305、315、323、343、476、534 页

马德里议定书　1989 年 6 月 27 日在马德里签订的关于商标注册马德里协定的议定书（世界知识产权组织管理，http：//www.wipo.int/madrid/en）第 220、240、243、300、302、303、304、305、306、307、308、313、315、316、317、343、476、534 页

尼斯分类　1957 年 6 月 15 日商标注册用商品和服务国际分类尼斯协定（世界知识产权组织管理，http：//www.wipo.int/treaties/en/registration/nice/trtdocs_wo019.html）第 26、105、111 页

巴黎公约　1883 年 3 月 20 日保护工业产权巴黎公约（世界知识产权组织管理，http：//www.wipo.int/treaties/en/ip/paris）第 8、14、17、18、22、27、32、37、40-43、48、52、54、74、86、89、96、112-115、137、150、254、320、327-332、349、391、397、399、419、420、421、435、436、476、493、512、516、534 页

TRIPS 协议　1994 年 4 月 15 日在摩洛哥马拉喀什签署的建立世界贸易组织马拉喀什协议的附件 1C 与贸易有关的知识产权协议（世界贸易组织管理，http：//www.wto.org/english/tratop_e/trips_e.html）第 9、14、22、41、44、65、71、86、88、164、262、328、375、378、379、390、391、396、512、534 页

案例表

1. 欧洲

a. 欧洲内部市场协调局(现已更名为欧盟知识产权局)
上诉委员会(BOA)

>en(上诉委员会) 数字娱乐网络公司,2001 年 5 月 23 日,案件 R288/2000-2 113

Aquafina v Aquafit(上诉委员会) 百事公司 V 卡尔季肯以及柯尔斯顿 G.博恩特,2004 年 6 月 18 日,案件 R534/2002-2 144

Bang&Olufsen 音箱Ⅱ(上诉委员会) 邦和奥佛森股份有限公司诉欧洲内部市场协调局,2008 年 9 月 10 日,案件 R497/2005-1 40

Belsante 贝兰素(上诉委员会) 银益国际公司,1999 年 5 月 27 日,案件 R220/1998-2 105,145

Bin Laden 本拉登(上诉委员会) 猎鹰体育用品公司诉欧洲内部市场协调局,2004 年 9 月 29 日,案件 R176/2004-2 41

BioGenerix(上诉委员会) 德国通益公司诉欧洲内部市场协调局,2002 年 6 月 26 日,案件 R6/2002-3 184

Bizlink(上诉委员会) 美国伊诺维斯公司诉欧洲内部市场协调局,2007 年 4 月 25 日,案件 R1109/2006-1 311

Blue Water(上诉委员会) 布鲁克有限责任公司,1998 年 11 月 16 日,案件 R117/1998-1 114

Car P(art)条款 s(上诉委员会) 戴姆勒克莱斯勒公司,2007 年 10 月 30 日,案件 R1174/2006-1 13

Cardima v Cardiva(上诉委员会) 西商卡蒂亚公司诉卡尔迪玛公司,2008

年 7 月 15 日,案件 R1313/2006 - G　114,147,303

Ceramica Viva v WP viva Fertig-Parkett(上诉委员会)　西班牙罗伊格.塞拉米卡.罗塞萨公司诉奥地利威兹帕克公司,2005 年 6 月 2 日,案件 R - 783/2004 - 2　231,464

Chaff cutters(上诉委员会)　谷壳切割机,2009 年 10 月 22 日,案件 R - 690/2007 - 3　374

Christian Science(上诉委员会)　基督教科学教派第一教堂基督教科学委员会主任 v 欧洲内部市场协调局,2002 年 5 月 21 日,案件 R 0801/1999 - 1(另见案件 T - 247/02)　134

Citigate(上诉委员会)　花旗集团和花旗银行 V Incepta(Citigate)公司,2009 年 5 月 18 日,案件 R0821/2005 - 1 普通法院审理中 T - 301/09　60

Claire Fisher(上诉委员会)安托瓦内特.万.罗苏姆诉德国马赫大药厂,2007 年 11 月 13 日,案件 R336/2007 - 2　161

Clear Bin Description(上诉委员会)　Notetry 有限公司,1999 年 1 月 27 日,案件 R78/1998 - 1　111

Clubhouse 俱乐部会所(上诉委员会)　德国 Beta-Film 贸易公司 199 年 4 月 30 日,案件 R227/1998 - 3　111

Colour Light Green(上诉委员会)　加布里埃尔·泽林斯基公司 2002 年 8 月 28 日,案件 785/2000 - 4　144

Colour Purple 紫炫迷彩(上诉委员会)　英国 Chemisphere 有限公司,1999 年 4 月 30 日,案件 R157/1998 - 3　111

Conquistador(上诉委员会)　格雷西亚兄弟公司 v 海文希尔酿造商有限公司,2009 年 1 月 28 日,案件 R663/2008 - 1　194

Da Vinci v Leonardo da Vinci(上诉委员会)　尼珂公众有限公司 v 德国汉斯.格奥尔格.穆勒公司,2007 年 11 月 20 日,案件 R231/2007 - 2　343

DEF-TEC Defense Technology GmbH v Defense Technology Corporation of America(上诉委员会)　德国 DEF-TEC 国防科技有限公司诉美国国防技术有限公司,2004 年 11 月 8 日,案件 R493/2002 - 2　75 dFUSION(上诉委员会)　盖提图片社(西雅图)公司,2002 年 12 月 2 日,案件 R-30/2001-4　175

Disney v Pogola(上诉委员会)　美国迪士尼公司 v Pogola 公司,2002 年 8 月 7 日,案件 R-1129/2000-2;R-543/2001-2　137

D-Raintank(上诉委员会)　德国芬克合成材料有限公司 v 星光物业控股有限公司,2009 年 12 月 21 日,案件 R1621/2006-4　57

Elio Fiorucci(上诉委员会)　埃德温有限公司 V 伊里奥·费尔鲁奇,2006 年 4 月 6 日,案件 R238/2005-1 欧洲法院审理中　165

FI v Formula 1(上诉委员会)　赫伯特 v 一级方程式许可公司,2002 年 5 月 7 日,案件 R449/2001-1　226,462

Fresh Feet(上诉委员会)　埃德玛公司,2005 年 8 月 8 日,案件 R143/2005-1　144

Fun II(上诉委员会)　福特汽车公司,2009 年 7 月 30 日,案件 R1135/2006-1　35

Germany 2006(上诉委员会上诉期间)　费列罗德国进口商诉国际足球协会联合会,2008 年 6 月 30 日,案件 R1467/2005-1　36

Gerson(上诉委员会)　格尔森研究所诉罗杰斯丹博士,2001 年 6 月 11 日,案件 R795/2005-1　160

Golf Club Head(上诉委员会)　耐克国际有限责任公司,2008 年 9 月 3 日,案件 R185/2008-1　106

Green Plus(上诉委员会)　威尔弗雷德罗伯特.卡罗尔,威廉.F.卡罗尔,迈克.F.卡罗尔,诺埃尔.卡罗尔 v 欧洲内部市场协调局,2006 年 10 月 23 日,案件 R521/2006-4　311

Hannover(上诉委员会)　恩斯特.奥古斯特.冯.汉诺威,2009 年 7 月 23 日,案件 R1361/2008-1　43

Hervalia v Herbapura(上诉委员会)　通用化妆品公司诉柏林德化妆品公司,2000 年 7 月 19 日,案件 R-362/1999-1　86

Hilti Red Suitcase(上诉委员会)　德国喜得利股份公司,2009 年 10 月 15

日,案件 R-467/2009-1　50

Hollywood(上诉委员会)　好莱坞股份有限公司 v 巴西苏扎科鲁兹烟草公司,2001 年 4 月 25 日,案件 R-283/1999-3　68,177,193,213,439,451

Intelligent Voltage Guard(上诉委员会)　锐高两合公司,2007 年 5 月 31 日,案件 R108/2007-2　29

IPL(上诉委员会)　莱恩斯有限公司/科医人有限公司 V 欧洲内部市场协调局,2004 年 5 月 27 日,案件 R495/2002-4　130

Iplay(上诉委员会)　普雷得尔游乐有限公司 v 欧洲内部市场协调局,2007 年 9 月 6 日,案件 R636/2007-2　109

Iwaytrade.com(上诉委员会)　Iwaytrade.com 信息系统有限公司,2003 年 3 月 17 日,案件 R0599/2002-4　151

Jamones del seron(上诉委员会)　西班牙安全火腿公司 v 德尔斯驼蓝火腿公司,2006 年 9 月 20 日,案件 R840/2005-2　129

K5(上诉委员会)　极限团队公司诉欧洲内部市场协调局,2000 年 9 月 21 日,案件 R878/1999-2　110

Kosmo(大上诉委员会)　林松昂和林辉诉瑞士奇华顿公司,2008 年 4 月 18 日,案件 R1341/2007-G　188,222

LEGO Brick(上诉委员会)　乐高尤里斯股份有限公司 v 美高品牌有限公司,2006 年 7 月 10 日,案件 R856/2004-G　230

loudspeakers(上诉委员会)　欧艾斯制造有限公司 v 克里斯蒂安.M.安德森,2008 年 2 月 11 日,案件 R64/2007-3　284

M&K(上诉委员会)　卡尔.格鲁内瓦尔德 ELO 钢铁公司 v 迈克 &Kremmel 有限公司,2008 年 12 月 17 日,案件 R1080/2007-2　194

Mag-Form v Mage(上诉委员会)　法师金属及塑料有限公司诉德事隆公司,2001 年 9 月 12 日,案件 R-491/2000-3　226,462

Making Tomorrow Happen(上诉委员会)　德国电信股份公司,2006 年 12 月 5 日,案件 R-1511/2006-1　184

Maltese Cross(上诉委员会)　耶路撒冷、罗得岛及马耳他圣约翰主权军事

医院骑士团 v 欧洲内部市场协调局,2006 年 6 月 28 日,案件 R‐1444/2005‐2 43

541 O. Arcolin 制造公司 v 克利斯蒂安·汤森(上诉委员会) O. Arcolin 制造公司诉克利斯蒂安·汤森,2001 年 6 月 12 日,案件 R308/2000‐1 136

密涅瓦(上诉委员会) ROBUST 电子诉密涅瓦网络,2008 年 10 月 9 日,案件 R71/2007‐1 194

自然美(上诉委员会) 理查逊-维克斯公司,1998 年 9 月 10 日,案件 R40/1998‐3 144

N-Joy(上诉委员会) Velpas 国际有限公司,2002 年 11 月 27 日,案件 R926/2001‐3 107

NKS v MKS(上诉委员会) 曼纽尔·鲁伊斯·加西亚诉格奥尔格·劳尔有限公司,2005 年 7 月 6 日,案件 R714/2003‐4 144

新科技公司 v 基础时尚公司(上诉委员会) 新科技公司诉基础时尚公司,2004 年 9 月 14 日,案件 R460/2003‐2 74

Optima(欧洲内部市场协调局大上诉委员会) 海德堡印刷机械有限公司,2006 年 9 月 27 日,案件 R331/2006‐G 183,184

橙色(上诉委员会) 橙色个人通信服务有限公司,1998 年 2 月 12 日,案件 R7/1997‐3 109

橙色(颜色商标)(上诉委员会) TNT 控股公司,2009 年 3 月 5 日,案件 R1619/208‐2 47

Polar(上诉委员会) Berentzen 酒业有限两合公司诉极地啤酒公司,2004 年 4 月 23 日,案件 R706/2003‐1 197

Poly Pads(上诉委员会) 彭妮·梅金森 t/a PI 联营公司,1998 年 7 月 21 日,案件 R68/1998‐3 129

Porter(Ⅱ)(上诉委员会) 以吉田有限公司为交易名称的株式会社吉田诉 Porter 国际有限公司,2007 年 11 月 19 日,案件 R73/2006‐4 57

总统(上诉委员会) BSA 诉拉布罗斯公司,2009 年 8 月 17 日,案件 R1744/2008‐4 189

Proteomics（上诉委员会） 牛津糖科学（英国）有限公司诉 MDS 公司,2000 年 12 月 19 日,案件 R397/2000－1 160

Ranier（上诉委员会） Stroh 啤酒公司,2000 年 2 月 14 日,案件 R196/1998－2 144

Screw You（欧洲内部市场协调局大上诉委员会） 以 Screw You 为交易名称的杰布拉吉·肯尼思,2006 年 7 月 6 日,案件 R495/2005－G 40,41

Shield v Goldshield（上诉委员会） Goldshield 集团公共有限公司诉联合利华公司,2000 年 9 月 12 日,案件 R415/1999－1 60

索特洛克控股有限公司 v 戈登（上诉委员会） 索特洛克控股有限公司诉劳伦斯·E. 戈登和盖尔·戈登,2003 年 7 月 7 日,案件 R336/2001－2 74,75

Sportsbet.com（上诉委员会） 雷加尔咨询有限公司,2002 年 7 月 24 日,案件 R695/2001－1 129

Sybex 新古典 v Sidex（上诉委员会） Sybex 出版社有限公司诉 Docutouch 公司,2004 年 7 月 16 日,案件 R395/2002－4 227,463

T12（上诉委员会） Acme 联合公司,2007 年 3 月 14 日,案件 R105/2007－2 113

tD Teledonosti v Teledonostia（上诉委员会） D. Emilio Rodriguez Rodriguez 诉 Teledonosti,SL,2006 年 11 月 22 日,案件 R1358/2005－1 88

Teleye（上诉委员会） 信号通信有限公司,1999 年 3 月 24 日,案件 R219/1998－1 184

Terre D'Italia（上诉委员会） GS 公司诉卡塞塔研究公司,2004 年 12 月 15 日,案件 R684/2003－2 129

The Professional Way To Do It yourself（上诉委员会） QEP 英国有限公司,2004 年 4 月 20 日,案件 R595/2003－1 129

Thinkpad（上诉委员会） 国际商业机器公司诉阿兰·佩纳,国际商业机器法国公司,CER La Gaude,1998 年 7 月 15 日,案件 R10/1998－2 123

Turning Leaf（上诉委员会） E&J 公鸡酒庄诉 Alcoholera de la Puebla,SA,

2005年7月6日,案件R869/2004-1 164

543 Two Days a Week(上诉委员会) Franz Bogner诉欧洲内部市场协调局,2006年5月30日,案件R943/2004-4 110

Two Stripes on Shoe(上诉委员会) K-Swiss公司诉欧洲内部市场协调局,2003年6月3日,案件R813/2002-1 31

Vesuvia(上诉委员会) Poulsen Roser公司诉Verdia有限公司,2009年12月3日,案件R1743/2007-1 37

Veuve Cliquot Ponsardin Champagne Orange(上诉委员会) Veuve Clicquot Ponsardin,maison fondee en 1772,societe anonyme,2006年4月26日,案件R148/2004-2 50

Viadur v Diadur(上诉委员会) Alza公司诉艾美罗医用药物有限公司,2003年7月9日,案件R745/2001-2 88

Viceroy(上诉委员会) Batmark,1998年5月15日,案件R5/1997-1 123,184

WapIT(上诉委员会) Wapit公司,2002年12月11日,案件R800/2000-3 144

Whiskas Purple(上诉委员会) 玛氏英国有限公司诉欧洲内部市场协调局,2007年5月4日,案件R1620/2006-2 50

WinSpa(上诉委员会) 健康国际网络有限公司,2008年2月15日,案件R1708/2007-2 111

赖特工具(上诉委员会) 赖特工具公司,2004年4月27日,案件R0603/2003-2 37

X-Ray Tutor(上诉委员会) APSS公司诉欧洲内部市场协调局,2007年3月5日,案件R0978/2006-4 311

Yolka v Jolca(上诉委员会) Jolca公司诉联合利华公司,2001年12月13日,案件R897/2000-1 122

York v Viyork(上诉委员会) SIF法国(Societe par Actions Simplifiee)诉Embutits Espina公司,2007年1月25日,案件R1044/2006-2 225,226,

461,462

尤尔·卡托公共有限公司诉埃克森石油公司(上诉委员会) 尤尔·卡托公共有限公司,塑胶有限公司,尤尔·卡托集团有限公司和哈洛化工有限公司诉埃克森石油公司,2000年10月11日,案件 R623/1999-1 136

Zeldox v Zeloxar(上诉委员会) 辉瑞公司诉阿斯利康公司,2006年2月3日,案件 R556/2005-1 144

b. 普通法院(GC,以前的初审法院)

α(普通法院) BORCO-Marken-Import Matthiesen 有限两合公司诉欧洲内部市场协调局,2009年4月29日,案件 T-23/07,[2009]欧洲法院报告Ⅱ-00861 30,36

A New Alternative(普通法院) 雅芳产品公司诉欧洲内部市场协调局,2008年11月26日,案件 T-184/07,[2008]欧洲法院报告Ⅱ-00295 30

Affilene v Affilin(普通法院) 斯尔蛋白质有限公司诉欧洲内部市场协调局,Idena 公司,2008年11月12日,案件 T-87/07,[2008]欧洲法院报告Ⅱ-00251 26

Aladdin v Aladin(普通法院) 利洁时(西班牙)公司诉欧洲内部市场协调局,Aladin Gesellschaft fuer 创新微生物系统公司,2005年7月14日,案件 T-126/03,[2005]欧洲法院报告Ⅱ-02861 159,348

Almdudler Bottle(普通法院) Almdudler-Limonade 诉欧洲内部市场协调局,2005年11月30日,案件 T-12/04,[2005]欧洲法院报告Ⅱ-00021 31

Ampafrance(普通法院) Ampafrance 公司诉欧洲内部市场协调局,强生公司,2005年4月21日,案件 T-164-03,[2005]欧洲法院报告Ⅱ-01401 143

Asetra(普通法院) Caviar Anzali 公司诉欧洲内部市场协调局,Novomarket 公司,2006年7月11日,案件 T-252/04,[2006]欧洲法院报告Ⅱ-02115 211

Atomic Blitz(普通法院) Automic Autria 公司诉欧洲内部市场协调局,Fab-

ricas Agrupadas de Mufiecas de Onil,SA,2005年4月20日,案件T-318/
03,[2005]欧洲商标报告I-01319 164

Atoz v(art)条款oz(普通法院) Deepak Rajani公司诉欧洲内部市场协调
局,(art)条款oz纸业公司,2008年11月26日,案件T-100/06,[2008]
欧洲法院报告II-00287 24,343

Baby-Dry(普通法院) 宝洁公司诉欧洲内部市场协调局,1999年7月8
日,案件T-163/98,[1999]欧洲法院报告II-02383 129,292

Bahman(普通法院) 伊朗烟草公司诉欧洲内部市场协调局,AD Bulg(art)
条款abac,2008年6月12日,案件T-223/08,[2009]欧洲法院报告II-
00229 24

Bang & Olufsen扬声器(普通法院) Bang & Olufsen公司诉欧洲内部市场
协调局,2008年11月24日,案件T-508/08,OJC19,24/01/2009,35
31,40

Basics(普通法院) 柯雅/美洲公司诉欧洲内部市场协调局,2007年9月
12日,案件T-164-06,[2007]欧洲法院报告II-00116 33,51

Bateaux Mouches(普通法院) 塞纳河游船公司诉欧洲内部市场协调局,
让·诺尔公司,2008年12月10日,案件T-365/06,[2008]欧洲法院报
告II-00310 38,47,51

Beckett Expression(普通法院) 克拉森控股公司诉欧洲内部市场协调局,
国际纸业公司,2003年9月17日,案件T-71/02,[2003]欧洲法院报告
II-03181 225

BIC打火机(普通法院) Bic公司诉欧洲内部市场协调局,2005年12月15
日,案件T-262/04,[2005]欧洲法院报告II-00035 25,32,50,51

BioGeneriX(普通法院) Ratiopharm公司诉欧洲内部市场协调局,2008年9
月16日,案件T-47/07,[2008]欧洲法院报告II-00179 33,34,37

Botox v Botumax(普通法院) Farmeco AE Dermokallyntika诉欧洲内部市场
协调局,爱力根公司,2010年10月28日,案件T-131/09 60

Bottle Standing on stopper(普通法院) 汉高集团诉欧洲内部市场协调局,

2004年11月24日,案件T-393/02,[2004]欧洲法院报告Ⅱ-4115　31

Bounty(普通法院)　玛氏公司诉欧洲内部市场协调局,路德维希巧克力糖果两合有限公司,2009年7月8日,案件T-28/08　49

BUD 2008(普通法院)　Budejovicky Budvar, Narodni podnik 诉欧洲内部市场协调局,Anheuser-Busch公司,2008年12月16日,合并案件T-225/06,T-255/06,T-257/06和T-309/06,[2008]欧洲法院报告Ⅱ-03555　58,59,60,164,270

Budmen(普通法院)　何塞·亚历山大,SL诉欧洲内部市场协调局,2003年7月3日,案件T-129-01,[2003]欧洲法院报告Ⅱ-02251　23

Caipi(普通法院)　博尔科马尔肯马蒂森进口有限责任公司诉欧洲内部市场协调局,2007年10月23日,案件T-405/04,尚未在欧洲法院报告中予以公告　36

Calypso v Calpico(普通法院)　克昌格有限责任两合公司诉欧洲内部市场协调局-可尔必思有限公司,2005年4月20日,案件T-273/02,[2005]欧洲法院报告Ⅱ-01271　192

Calsyn v Galzin(普通法院)　阿玛制药有限公司诉欧洲内部市场协调局-梯瓦制药工业有限公司,2006年10月17日,案件T-483/04,[2006]欧洲法院报告Ⅱ-04109　159

Carbonell v La Espanola(普通法院)　(Koipe)有限责任公司诉欧洲内部市场协调局-Aceites del Sur有限责任公司,2004年12月12日,案件T-363/04,[2007]欧洲法院报告Ⅱ-3355　61

Cargo P(art)条款ner(普通法院)　货物伙伴股份公司诉欧洲内部市场协调局,2005年9月27日,案件T-123/04,[2005]欧洲法院报告Ⅱ-03979　199

CITI(普通法院)　花旗集团诉欧洲内部市场协调局(CITI),2008年4月16日,案件T-181/05,[2008]欧洲法院报告Ⅱ-669　60

Citigate(普通法院)　IG通信诉欧洲内部市场协调局-花旗集团和花旗银行,案件T-301/09,(审理中)　56

Claro(普通法院) Claro 股份有限公司诉欧洲内部市场协调局-Telefonica 股份有限公司,2010 年 4 月 28 日,案件 T-225/09,尚未在欧洲法院报告中予以公告 189

Classen Holding(普通法院) 克拉森控股两合公司 欧洲内部市场协调局-国际纸业公司,2003 年 9 月 17 日,案件 T-71/02,[2003]欧洲法院报告 II-03181 461

Cloppenburg(普通法院) 皮克-克洛彭堡两合公司诉欧洲内部市场协调局,2005 年 10 月 25 日,案件 T-379/03,[2005]欧洲法院报告 II-4633 34,36

Color Edition(普通法院) 兰蔻香水美容有限公司诉欧洲内部市场协调局-CMS 德和信律师事务所,2008 年 7 月 8 日,案件 T-160/07,[2008]欧洲法院报告 II-01733 24,37,49

Colour Orange(普通法院) 德国卡韦埃斯种子股份有限公司诉欧洲内部市场协调局,2002 年 10 月 9 日,案件 T-173/00,[2002]欧洲法院报告 II-3843 447

通讯设备(普通法院) 深圳泰德公司诉欧洲内部市场协调局-博士安全系统公司,2010 年 6 月 22 日,案件 T-153/08,尚未在欧洲法院报告中予以公告 369

Cor v Dor(普通法院) 汉高股份两合公司诉欧洲内部市场协调局-Serra y Rocca 股份公司(SERCA),2007 年 5 月 23 日,案件 T-342/05,[2007]欧洲法院报告 II-00052 11

科罗娜瓶子(普通法院) Eurocermex 诉欧洲内部市场协调局(一种啤酒瓶形状),2004 年 4 月 29 日,案件 T-399/02,[2004]欧洲法院报告 II-01391 31,48,49,50,51

Cristal v Cristal Castellblanch(普通法院) 卡斯特布兰有限公司诉欧洲内部市场协调局-路易斯·路得香槟股份公司,2005 年 12 月 8 日,案件 T-29/04,[2005]欧洲法院报告 II-05309 89

Dakota(普通法院) 斯特凡鲁夫 & 马丁施蒂尔诉欧洲内部市场协调局,

2001年6月20日,案件T-146/00,[2001]欧洲法院报告Ⅱ-1797　110,225,226,461,462

Deere(普通法院)　BCS有限公司诉欧洲内部市场协调局-迪尔公司,2009年10月28日,案件T-137/08,[2009]欧洲法院报告Ⅱ-04047　11,13,49,50

Develey瓶子(普通法院)　德弗莱控股有限公司诉欧洲内部市场协调局,2008年3月15日,案件T-129/04,[2006]欧洲法院报告Ⅱ-00811　31

Dr No(普通法院)　丹乔有限公司诉欧洲内部市场协调局-Mission Productions Gesellschaft für Film-Fernseh-und Veranstaltungsproduktion GmbH,2009年6月30日,案件T-435/05,[2009]欧洲法院报告Ⅱ-2097　58,137

Dream it,Do it(普通法院)　爱守客公司诉欧洲内部市场协调局,2007年3月15日,案件T-186/07,[2008]欧洲法院报告Ⅱ-00109　30

E(普通法院)　德国保赫曼股份公司诉欧洲内部市场协调局,2008年7月9日,案件T-302/06,[2008]欧洲法院报告Ⅱ-132　29,30

Easycover(普通法院)　多诺瑞典公司诉欧洲内部市场协调局,2008年11月13日,案件T-346/07,[2008]欧洲法院报告Ⅱ-00263　35

ECA(普通法院)　Concept-Anlagen u. Gerate nach'GMP'fur Produktion u. Labor公司诉欧洲内部市场协调局,2004年4月21日,案件T-127/02,[2004]欧洲法院报告Ⅱ-01113　42,43

Echinaid(普通法院)　马博士大药厂诉欧洲内部市场协调局,最优医疗公司,2006年4月5日,案件T-202/04,[2006]欧洲法院报告Ⅱ-01115　23

Ecoblue(普通法院)　Ecoblue公司诉欧洲内部市场协调局,毕尔巴鄂比斯开银行,2008年11月12日,案件T-281/07,[2008]欧洲法院报告Ⅱ-00254　37

eCopy(普通法院)　eCopy公司诉欧洲内部市场协调局,2002年12月12日,案件T-247/01,[2002]欧洲法院报告Ⅱ-05301　25

伊甸园公司(普通法院)　伊甸园公司诉欧洲内部市场协调局,2005 年 10 月 27 日,案件 T-305/04,[2005]欧洲法院报告Ⅱ-04705　13

Electronica(普通法院)　慕尼黑展览有限公司诉欧洲内部市场协调局, 2000 年 12 月 5 日,案件 T-32/00,[2000]欧洲法院报告Ⅱ-03829　5,29

Ellos(普通法院)　AB 公司诉欧洲内部市场协调局,2002 年 2 月 27 日,案件 T-219/00,[2002]欧洲法院报告Ⅱ-00753　33,144

E-ship(普通法院)　Enercon 公司诉欧洲内部市场协调局,2009 年 4 月 29 日,案件 T-81/08,[2009]欧洲法院报告Ⅱ-00051　35

Eurocool(普通法院)　Eurocool 物流公司诉欧洲内部市场协调局,2002 年 2 月 27 日,案件 T-34/00,[2002]欧洲法院报告Ⅱ-00683　199

Eurohealth(普通法院)　德国医疗保险公司诉欧洲内部市场协调局,2001 年 6 月 7 日,案件 T-359/99,[2001]欧洲法院报告Ⅱ-01645　36

Europig(普通法院)　Europig 公司诉欧洲内部市场协调局,2007 年 6 月 14 日,案件 T-207/06,[2007]欧洲法院报告Ⅱ-01961　36

Europremium(普通法院)　德国邮政欧洲快递有限公司诉欧洲内部市场协调局,2005 年 1 月 12 日,案件 T-334/03,[2005]欧洲法院报告Ⅱ-00065　33,34,35,36

Faber v Naber(普通法院)　麦嘉华化学公司诉欧洲内部市场协调局,Industrias Quimicas Naber,SA Nabersa,2005 年 4 月 20 日,案件 T-211/03,[2005]欧洲法院报告Ⅱ-01297　11

冷杉树(普通法院)　L&D 公司诉欧洲内部市场协调局,Julius Samann 有限公司,2006 年 9 月 7 日,案件 T-168/04,[2006]欧洲法院报告Ⅱ-2699　25

Freshhh(普通法院)　途中国际有限公司诉欧洲内部市场协调局,2008 年 11 月 26 日,案件 T-147/06,[2008]欧洲法院报告Ⅱ-00288　37

Fun I(普通法院)　福特汽车公司诉欧洲内部市场协调局,2008 年 12 月 2 日,案件 C-76/07,[2008]欧洲法院报告Ⅱ-03411　35

伽利略(普通法院)　伽利略国际技术有限责任公司及其他诉欧盟委员会,

2006年5月10日,案件T-279/03,[2006]欧洲法院报告Ⅱ-01291　30

Generaloptica(普通法院)　Alberto Jorge Moreira da Fonseca,Lda诉欧洲内部市场协调局,通用光学公司,2009年3月24日,案件T-318/06至T-321/06,[2009]欧洲法院报告Ⅱ-649　58,59,270

Giroform(普通法院)　三菱高科纸业比勒费尔德公司(原斯道拉无碳复写纸有限公司)诉欧洲内部市场协调局,2001年1月31日,案件T-331/99,[2001]欧洲法院报告Ⅱ-00433　33

Giropay(普通法院)　Giropay公司诉欧洲内部市场协调局,2009年1月21日,案件T-399/06,[2009]欧洲法院报告Ⅱ-00005　33

GlaverbelⅠ(普通法院)　Glaverbel诉欧洲内部市场协调局,2002年10月9日,案件T-36/01,[2002]欧洲法院报告Ⅱ-03887　14

GlaverbelⅡ(普通法院)　Glaverbel诉欧洲内部市场协调局,2007年9月12日,案件T-141/06,欧洲法院报告尚未公开　28,49

高尔夫美国(普通法院)　高尔夫美国公司诉欧洲内部市场协调局,2007年3月6日,案件T-230/05,[2007]欧洲法院报告Ⅱ-00023　36,208,446

Grana Biraghi(普通法院)　Consorzio per la tutela del formaggio Grana Padano诉欧洲内部市场协调局,Biraghi,2007年9月12日,案件T-291/03,[2007]欧洲法院报告Ⅱ-3081　45,46

Green v Grey(普通法院)　维京环保技术公司诉欧洲内部市场协调局,2002年9月25日,案件T-316/00,[2002]欧洲法院报告Ⅱ-3715　13,32

Grille(普通法院)　戴姆勒-克莱斯勒公司诉欧洲内部市场协调局,2003年3月6日,案件T-128/01,[2003]欧洲法院报告Ⅱ-00701　31

Hairtransfer(普通法院)　Indorata-Servicos e Gestao,Lda诉欧洲内部市场协调局,2008年2月13日,案件C-212/07 P,OJC 128,24/05/2008,16　33

手提包(普通法院)　让·卡士格兰公司诉欧洲内部市场协调局,2008年10月21日,案件T-73/06,欧洲法院报告尚未公开　28,31

快乐狗(普通法院)　Interquell公司诉欧洲内部市场协调局,SCA营养有限公司,2004年3月31日,案件T-20/02,[2004]欧洲法院报告Ⅱ-1001

61

Hi-FOCuS(普通法院) 焦点杂志出版社有限公司诉欧洲内部市场协调局,
ECI电信有限公司,2005年11月9日,案件T-275/03,[2005]欧洲法院
报告Ⅱ-04725 211

Hiwatt(普通法院) 株式会社费尔南德斯诉欧洲内部市场协调局,理查德.
约翰.哈里森,2002年12月12日,案件T-39/01,[2002]欧洲法院报告
Ⅱ-05233 87

IFS(普通法院) JETKT公司诉欧洲内部市场协调局,2008年12月10日,
案件T-462/05,[2008]欧洲法院报告Ⅱ-00307 29

书写工具(普通法院) 贝发集团有限公司诉欧洲内部市场协调局,Schwan-
Stabilo Schwanhaiiber两合公司,2010年5月12日,案件T148/08,欧洲法
院报告尚未公开 399

Intertops(普通法院) 体育博彩有限公司诉欧洲内部市场协调局,2005年
9月13日,案件T-140/02,[2005]欧洲法院报告Ⅱ-03247 41

InvestHedge v HedgeInvest(普通法院) 对冲基金情报有限公司诉欧洲内部
市场协调局,对冲投资公司,2009年6月11日,案件T-67/08,欧洲法院
报告尚未公开 23

Joop!(普通法院) Joop!诉欧洲内部市场协调局,2009年9月30日,案
件T-191/08,OJC 282,21/11/2009,45 14

Jurado Hermanos(普通法院) Jurado Hermanos公司诉欧洲内部市场协调
局,2009年5月12日,案件T-410/07,[2009]欧洲法院报告Ⅱ-01345
149

Kit Pro v Kit Super Pro(普通法院) 罗伯特博世有限公司诉欧洲内部市场
协调局,2002年11月20日,合并案件T-79/01和T-86/01,[2002]欧
洲法院报告Ⅱ-04881 30

厨房毛巾设计(普通法院) 乔治亚太平洋公司诉欧洲内部市场协调局,
2007年1月17日,案件T-283/04,[2007]欧洲法院报告Ⅱ-00003 32

Kleencare(普通法院) 汉高集团诉欧洲内部市场协调局,2003年9月23

日,案件 T-308/01,[2003]欧洲法院报告Ⅱ-03253   211

俱乐部爵士(普通法院)   Naipes Heraclio Fournier 公司诉欧洲内部市场协调局,SCA 营养有限公司,2005 年 5 月 11 日,合并案件 T-160/02 和 T-162/02,[2005]欧洲法院报告Ⅱ-01643   37,47,49

KWS 种子(普通法院)   KWS 种子公司诉欧洲内部市场协调局,2002 年 10 月 9 日,案件 T-173/00,[2002]欧洲法院报告Ⅱ-03843   143

La Baronnie(普通法院)   La Baronia de Turis,Cooperativa Valenciana 诉欧洲内部市场协调局,Baron Philippe de Rothschild 公司,2006 年 7 月 10 日,案件 T-323/03,[2006]欧洲法院报告Ⅱ-02085   211

RTB 实验室(普通法院)   RTB 实验室公司诉欧洲内部市场协调局,吉奥吉比佛利山公司,2003 年 7 月 9 日,案件 T-156/01,[2003]欧洲法院报告Ⅱ-2789   86,89

朗格手表(普通法院)   朗格钟表公司诉欧洲内部市场协调局,2009 年 9 月 14 日,案件 T-152/07,OJC 256 24/10/2009,24   14,31,49

Laytoncrest(普通法院)   Laytoncrest 有限公司诉欧洲内部市场协调局,2009 年 3 月 17 日,案件 T-171/06,[2009]欧洲法院报告Ⅱ-00547   144

乐高积木(普通法院)   乐高公司诉欧洲内部市场协调局,Mega Brands,2008 年 11 月 12 日,案件 T-270/06,[2008]欧洲法院报告Ⅱ-3117   39

三角形终止线(普通法院)   Habib Kachakil Amar 诉欧洲内部市场协调局,2006 年 4 月 5 日,案件 T-388/04,[2006]欧洲法院报告Ⅱ-00035   48

Lite(普通法院)   Rewe Zentral 公司诉欧洲内部市场协调局,2002 年 2 月 27 日,案件 T-79/00,[2002]欧洲法院报告Ⅱ-00705   27,37

富裕地生活(普通法院)   花旗集团诉欧洲内部市场协调局,2005 年 9 月 15 日,案件 T-320/03,[2005]欧洲法院报告Ⅱ-03411   34,143

Lokthread(普通法院)   麦克莱恩·福格公司诉欧洲内部市场协调局,2007 年 6 月 12 日,案件 T-339/05,[2007]欧洲法院报告Ⅱ-00061   35

看起来像草(普通法院)   Fieldturf 公司诉欧洲内部市场协调局,2004 年 3 月 31 日,案件 T-216/02,[2004]欧洲法院报告Ⅱ-01023   30

Maglite(普通法院)　MAG仪器公司诉欧洲内部市场协调局(火炬的形状),2002年2月7日,案件T-88/00,[2002]欧洲法院报告Ⅱ-467　29,31

生产记分卡(普通法院)　MPDV Mikrolab公司,Mikroprozessordatenverarbeitung und Mikroprozessorlabor诉欧洲内部市场协调局,2007年11月8日,案件T-459/05,[2007]欧洲法院报告Ⅱ-00149　33

地图和指南(普通法院)　PTV交通规划计划公司诉欧洲内部市场协调局,2006年10月10日,案件T-302/03,[2006]欧洲法院报告Ⅱ-04039　29

枫叶(普通法院)　美国服装协会公司诉欧洲内部市场协调局,2008年2月28日,案件T-215/06,[2008]欧洲法院报告Ⅱ-00303　42,43

Mehr fur Ihr Geld(普通法院)　Norma Lebensmittelflialberirieb公司诉欧洲内部市场协调局,2004年6月30日,案件T-281/02,[2004]欧洲法院报告Ⅱ-01915　30

Metal Rappers(普通法院)　Grupo Promer Mon图形公司诉欧洲内部市场协调局,百事公司,2010年3月18日,案件T-9/07,在欧洲法院的上诉案C-281/10P尚未审结　363,368,369,398,399

Metro(普通法院)　MIP地铁集团知识产权有限两合公司诉欧洲内部市场协调局,乐购百货有限公司,2006年9月13日,案件T-191/04,[2006]欧洲法院报告Ⅱ-02855　196

MFE Marienfelde公司(普通法院)　MFE Marienfelde公司诉欧洲内部市场协调局,2004年7月8日,案件T-334/01,[2004]欧洲法院报告Ⅱ-02787　86

MGM(普通法院)　米高梅公司诉欧洲内部市场协调局-墨瑟全球媒体集团,2004年9月16日,案件T-342/02,[2004]欧洲法院报告Ⅱ-03191　185,273

麦克风(普通法院)　乔治纽曼有限责任公司诉欧洲内部市场协调局,2007年9月12日,案件T-358/04,[2007]欧洲法院报告Ⅱ-03329　31

三菱高科技(普通法院)　三菱高科技纸业(比勒菲尔德)有限责任公司,芙

案例表 623

莫利斯道无碳复写纸有限公司诉欧洲内部市场协调局,2001年1月31日,案件T-331/99,[2001]欧洲法院报告Ⅱ-00433　199

穆勒恩斯v米尔可卡拉(普通法院)　穆勒恩斯有限责任公司诉欧洲内部市场协调局-米尔可卡拉,2007年7月11日,案件T-28/04,[2007]欧洲法院报告Ⅱ-00081　137

慕尼黑金融服务(普通法院)　慕尼黑再保险公司诉欧洲内部市场协调局,2005年6月7日,案件T-316/03,[2005]欧洲法院报告Ⅱ-01951　37

雀巢矿泉水瓶(普通法院)　雀巢水制品法国股份公司诉欧洲内部市场协调局,2003年12月3日,案件T-305/02,[2003]欧洲法院报告Ⅱ-5207　31

新面貌(普通法院)　新面貌有限公司诉欧洲内部市场协调局,2004年10月6日,合并审理案件T-117/03,T-118/03,T-119/03及T-171/03,[2004]欧洲法院报告Ⅱ-03471　47,49

哺乳室(普通法院)　安妮·戈德斯诉欧洲内部市场协调局,2004年11月30日,案件T-173/03,[2004]欧洲法院报告Ⅱ-04165　35

欧德堡(普通法院)　诺德乳业诉欧洲内部市场协调局,2003年10月15日,案件T-295/01,[2003]欧洲法院报告Ⅱ-04365　36,94,129

Omega 3 v Puleva Omega 3(普通法院)　伊卡贝国际股份有限公司诉欧洲内部市场协调局-埃布罗奶制品公司,2007年10月18日,案件T-28/05,[2007]欧洲法院报告Ⅱ-04307　23,24

Online Bus v Bus　GfK股份有限公司诉欧洲内部市场协调局,2005年11月24日,案件T-135/04,[2005]欧洲法院报告Ⅱ-04865　89

Optimum(普通法院)　先锋国际良种公司诉欧洲内部市场协调局,2009年1月20日,案件T-424/07,[2003]欧洲法院报告Ⅱ-00003　30

Options(普通法院)　美国福特汽车公司诉欧洲内部市场协调局,2000年3月30日,案件T-91/99,[2000]欧洲法院报告Ⅱ-01925　6,49

Orange v Grey(普通法院)　安德烈·斯蒂尔股份两合公司诉欧洲内部市场协调局,2003年7月9日,案件T-234/01,[2003]欧洲法院报告Ⅱ-

2867 32

卵形药片(普通法院) 联合利华有限公司诉欧洲内部市场协调局,2003 年 3 月,案件 T-194/01,[2003]欧洲法院报告 Ⅱ-00383 143,144

Pagesjaunes. com v Pages Jaunes(普通法院) Xentral 公司诉欧洲内部市场协调局,2007 年 12 月 13 日,案件 T-134/06,[2007]欧洲法院报告 Ⅱ-05213 23

Pan & Co. (普通法院) Success Marketing Unternehmensberatungsgesellschaft mbH 诉欧洲内部市场协调局-驰匹塔国际股份有限公司,2005 年 4 月 19 日,案件 T-380/02 和 T-128/03,[2005]欧洲法院报告 Ⅱ-01233 218

再生纸制造机(普通法院) 美卓纸业自动化公司诉欧洲内部市场协调局,2005 年 6 月 22 日,T-19/04,[2005]欧洲法院报告 Ⅱ-02383 33

Past Perfect(普通法院) 音乐公司和记录介质销售(2000)有限公司诉欧洲内部市场协调局,2008 年 10 月 23 日,案件 T-133/06,[2008]欧洲法院报告 Ⅱ-00231 35,38

Patentconsult(普通法院) 莫尔格等其他诉欧洲内部市场协调局,2008 年 12 月 16 日,案件 T-335/06,[2008]欧洲法院报告 Ⅱ-00231 35

Pentagon Shape of Etiquette for Wine(普通法院) 楷恩酒庄有限公司诉欧洲内部市场协调局,2007 年 9 月 12 日,案件 T-304/05 31

PharmaCheck(普通法院) 科尔施股份有限公司诉欧洲内部市场协调局,2009 年 1 月 21 日,案件 T-296/07,[2009]欧洲法院报告 Ⅱ-00006 33

Picasso v Picaro(普通法院) 克劳德鲁伊斯-毕加索等诉欧洲内部市场协调局-戴姆勒克莱斯勒,2004 年 6 月 22 日,案件 T-185/02,[2004]欧洲法院报告 Ⅱ-01739 66,193,210,449

匹克利 v 欧洲内部市场协调局(一种贝壳的形状)(普通法院) G. M. 匹克利股份有限公司诉欧洲内部市场协调局,2009 年 3 月 10 日,案件 T-8/08,[2009]欧洲法院报告 Ⅱ-00026 31

携带式喷雾器(普通法院) Ars 香水创造咨询有限责任公司诉欧洲内部市场协调局,2009 年 5 月 5 日,案件 T-104/08 31

携带式设备(普通法院) 汤姆泰勒公司诉欧洲内部市场协调局,2009 年 4 月 28 日,案件 T-282/07,尚未在欧洲法院报告中予以公告 24

Port Louis(普通法院) Rewe 中心股份有限公司诉欧洲内部市场协调局, 2008 年 10 月 15 日,案件 T-230/06,[2008]欧洲法院报告 II-00219 36

Parnahaus(普通法院) 普拉那豪斯有限责任公司诉欧洲内部市场协调局, 2008 年 9 月 17 日,案件 T-226/07,尚未在欧洲法院报告中予以公告 33,34

Prestige v P&G Prestige Beaute(普通法院) 宝洁公司诉欧洲内部市场协调局-普瑞斯蒂化妆品公司,2010 年 9 月 13 日,案件 T-366/07,尚未在欧洲法院报告中予以公告 61

PrimeCast(普通法院) 德国易欧司光电技术有限公司诉欧洲内部市场协调局,2008 年 11 月 12 日,T-373/07,[2008]欧洲法院报告 II-00256 35,37

宝洁药片(普通法院) 宝洁公司诉欧洲内部市场协调局,2001 年 9 月 19 日,合并审理案件 T-117/00 至 T-121/00 [2001]欧洲法院报告 II-02723 32

宝洁药片 II(普通法院) 宝洁公司诉欧洲内部市场协调局,2001 年 9 月 19 日,合并审理案件 T-128/00 至 T-129/00 [2001]欧洲法院报告 II-02758 32

Quantieme v Quantum(普通法院) 德温莱克发展创新克勒莱尔股份公司诉欧洲内部市场协调局-泰姆艺术国际钟表商业和外贸联合股份公司,2006 年 1 月 12 日,案件 T-147/03,[2006]欧洲法院报告 II-11 56

RadioCom(普通法院) 巴登无线电彩虹-收音机管理有限责任公司诉欧洲内部市场协调局,2008 年 5 月 22 日,案件 T-254/06,[2008]欧洲法院报告 II-00080 37

Rautaruukki(普通法院) 罗奇钢铁公司诉欧洲内部市场协调局,2008 年 11 月 19 日,案件 T-269/09,[2008]欧洲法院报告 II-00273 48

Real People Real Solutions(普通法院) 塞克斯事业公司诉欧洲内部市场协

调局,2002 年 12 月 5 日,案件 T‐130/01,[2002]欧洲法院报告 Ⅱ‐05179　30

汉高红、白长方形药片(普通法院)　汉高股份有限及两合公司诉欧洲内部市场协调局,2001 年 9 月 19 日,案件 T‐335/99,[2001]欧洲法院报告Ⅱ‐02581　32

汉高红、白圆形药片(普通法院)　汉高股份有限及两合公司诉欧洲内部市场协调局,2001 年 9 月 19 日,案件 T‐337/99,[2001]欧洲法院报告 Ⅱ‐02597　32

"狗"图形标识(普通法院)　纳丁-特劳特魏因 & 罗尔夫-特劳特魏因研发人合公司诉欧洲内部市场协调局,2010 年 7 月 8 日,案件 T‐385/08,尚未在欧洲法院报告中予以公告　37

"马"图形标识(普通法院)　纳丁-特劳特魏因 & 罗尔夫-特劳特魏因研发人合公司诉欧洲内部市场协调局,2010 年 7 月 8 日,案件 T‐386/08,尚未在欧洲法院报告中予以公告　37

Respicort v Respicur(普通法院)　萌蒂医药股份有限公司诉欧洲内部市场协调局-德国安达制药,2007 年 2 月 13 日,案件 T‐256/04 [2007]欧洲法院报告Ⅱ‐00449　139

贝司(普通法院)　汉斯-彼得·韦尔弗诉欧洲内部市场协调局,2005 年 6 月 8 日,案件 T‐315/03 [2005]欧洲法院报告Ⅱ‐01981　26,33

Ruffles(普通法院)　百事公司诉欧洲内部市场协调局-因特斯莱克食品公司,2005 年 4 月 21 日,案件 T‐269/02,[2005]欧洲法院报告 Ⅱ‐1341　60

Safety 1st(普通法院)　道尔青少年集团公司诉欧洲内部市场协调局,2008 年 1 月 24 日,案件 T‐88/06 [2008]欧洲法院报告Ⅱ‐00010　30

Sausage(普通法院)　维姆·德瓦勒诉欧洲内部市场协调局,2006 年 5 月 31 日,案件 T‐15/05,[2006]欧洲法院报告Ⅱ‐01511　29,31

吉他的外观形状(普通法院)　卡斯坦音乐的放大公司诉欧洲内部市场协调局,2007 年 2 月 7 日,案件 T‐317/05,[2007]欧洲法院报告Ⅱ‐00427

208,447

SnTEM(普通法院)　维兰德沃克有限公司诉欧洲内部市场协调局,2005年1月12日,案件T-367/02至T-369/02,[2005]欧洲法院报告Ⅱ-00047　36

肥皂Ⅰ(普通法院)　保洁公司诉欧洲内部市场协调局,2000年2月16日,案件T-122/99,[2000]欧洲法院报告Ⅱ-00265　39,143,194

肥皂Ⅱ(普通法院)　保洁公司诉欧洲内部市场协调局,2002年12月12日,案件T-63/01,[2002]欧洲法院报告Ⅱ-05255　32,192,193,208,447

Solevita v Salvita(普通法院)　历德基金会两合公司诉欧洲内部市场协调局-雷弗中央股份公司,2005年6月7日,案件T-303/03,[2005]欧洲法院报告Ⅱ-01917　140,208,217,447,455

直立的袋子(普通法院)　德国矽矽制品公司诉欧洲内部市场协调局,2004年1月28日,合并审理案件T-146/02至T-153/02,[2004]欧洲法院报告Ⅱ-00447,也参见于C-173/04　31

Steadycontrol(普通法院)　尤洛考普特公司诉欧洲内部市场协调局,2008年4月2日,案件T-181/07[2008]欧洲法院报告Ⅱ-00044　33,34,47

Substance for Success(普通法院)　比克化学股份有限公司诉欧洲内部市场协调局,2008年7月9日,案件T-58/07[2008]欧洲法院报告Ⅱ-00134　30

Success Marketing Unternehme nsberatungs gesellschaft mbH(普通法院)　成功营销咨询公司诉欧洲内部市场协调局,2005年4月19日,合并审理案件T-380/02和T-128/03,[2005]欧洲法院报告Ⅱ-01233　456

TDI Ⅰ(普通法院)　奥迪股份公司诉欧洲内部市场协调局,2003年12月3日,案件T-16/02[2003]欧洲法院报告Ⅱ-05167　30,36,48,49

TDI Ⅱ(普通法院)　大众汽车股份公司诉欧洲内部市场协调局,2009年1月28日,案件T-174/07[2009]欧洲法院报告Ⅱ-00013　36

TEK(普通法院)　铁格美达国际有限公司诉欧洲内部市场协调局,2007年

11月20日,案件T-458/05,[2007]欧洲法院报告Ⅱ-04721 26,33

远程制药解决方案(普通法院) 远程制药解决方案公司诉欧洲内部市场协调局,2004年7月8日,案件T-289/02,[2004]欧洲法院报告Ⅱ-02851 24,143

迅科控股(普通法院) 迅科控股诉欧洲内部市场协调局,2005年5月25日,案件T-288/03,[2005]欧洲法院报告Ⅱ-01767 273

Teleye(普通法院) 千里眼科技有限公司诉欧洲内部市场协调局,2001年11月15日,案件T-128/99,[2001]欧洲法院报告Ⅱ-03273 144

咖啡店(普通法院) 咖啡店有限责任公司诉欧洲内部市场协调局,2008年7月9日,案件T-323/05,[2008]欧洲法院报告Ⅱ-00129 33

The O Store v O Store(普通法院) 欧科蕾公司诉欧洲内部市场协调局-维克有限公司,2008年9月24日,案件T-116/06,[2008]欧洲法院报告Ⅱ-02455 112

Timi Kinderjoghurt(普通法院) 费列罗有限公司诉欧洲内部市场协调局,蒂罗尔牛奶公司,2009年10月14日,案件T-140/08,[2009]欧洲法院报告Ⅱ-03941,也参见于C-552/09 164

Top(普通法院) 仙妮蕾德公司诉欧洲内部市场协调局,2005年7月13日,案件T-242/02 [2005]欧洲法院报告Ⅱ-02793 30,192

Truckcard(普通法院) 戴姆勒克莱斯勒公司诉欧洲内部市场协调局,2002年3月20日,案件T-358/00 [2002]欧洲法院报告Ⅱ-01993 33,34,35

TUFFTRIDE v NU-TRIDE(普通法院) 多瑞特有限公司诉欧洲内部市场协调局,2003年4月9日,案件T-224/01,[2003]欧洲法院报告Ⅱ-01589 24,40

UltraPlus(普通法院) 达特工业公司诉欧洲内部市场协调局,2002年10月9日,案件T-360/00 [2002]欧洲法院报告Ⅱ-03867 30,35

Visible White(普通法院) 高露洁-棕榄公司诉欧洲内部市场协调局-CMS德和信律师事务所,2008年12月9日,案件T-136/07 [2008]欧洲法院

报告Ⅱ-00304　33

Vitalite(普通法院)　仙妮蕾德公司诉欧洲内部市场协调局,2001年1月31日,案件T-24/00,[2001]欧洲法院报告Ⅱ-00449　35

Vitality(普通法院)　诺德乳业诉欧洲内部市场协调局,2008年4月17日,案件T-294/06,OJ C 128,2008年5月24日,32　35

Vom Ursprung her vollkommen(普通法院)　莱茵费尔斯-奎伦-H. 薛佛尔曼有限责任两合公司诉欧洲内部市场协调局,2007年11月6日,案件T-28/06,[2007]欧洲法院报告Ⅱ-04413　35

Weisse Seiten(普通法院)　德意志电话&书籍出版社有限公司诉欧洲内部市场协调局-哈罗德商业数据有限公司,2006年3月16日,案件T-322/03,[2006]欧洲法院报告Ⅱ-00835　25,38,225

白色磨光瓶(普通法院)　菲斯奈特股份公司诉欧洲内部市场协调局,2006年10月4日,案件T-109/08,[2006]欧洲法院报告Ⅱ-00079　208

风力转换器(普通法院)　爱纳康有限责任公司诉欧洲内部市场协调局,2007年11月15日,案件T-71/06,尚未公告于欧洲法院报告　31,32

C. 欧洲法院(CJ)

Acerinox v Commission(欧洲法院)　Compañía Española para la Fabricación de aceros inoxidables SA(Acerinox)诉欧洲共同体委员会,2005年7月14日,案件C-57/02 P,[2005]欧洲法院报告Ⅰ06689　217,455

亚当欧宝 v 奥泰克(欧洲法院)　亚当欧宝股份有限公司诉奥泰克股份有限公司,2007年1月25日,案件C-48/05[2007]欧洲法院报告Ⅰ-1017　63,64,77,78

阿迪达斯 v 健康世界(欧洲法院)　阿迪达斯-萨洛蒙和阿迪达斯比荷卢有限责任公司诉健康世界训练公司,2003年10月23日,案件C-408/01,[2003]欧洲法院报告Ⅰ-2537　53,60,66,68,69

阿迪达斯 v 马卡时尚Ⅰ(欧洲法院)　马卡时尚公司诉阿迪达斯股份有限公司和阿迪达斯比荷卢有限责任公司,2000年6月22日,案件C-425/

98［2002］欧洲商标报告Ⅰ-723　55,67,77,78

阿迪达斯 v 马卡时尚Ⅱ（欧洲法院）　阿迪达斯股份有限公司诉马卡时尚公司,2008年4月10日,案件 C-102/07［2008］欧洲法院报告Ⅰ-02439　23

爱尔康（欧洲法院）　爱尔康公司诉欧洲内部市场协调局,2007年4月26日,案件 C-412/05,［2007］欧洲法院报告Ⅰ-03569　28,68

美国服装（欧洲法院）　美国服装联合公司诉欧洲内部市场协调局,2009年7月16日,案件 C-202/08,P 和 C-208/08 P,［2009］欧洲法院报告Ⅰ-06933　42

安素（欧洲法院）　安素公司诉 Ajax Brandbeveiliging,2003年3月11日,案件 C-40/01,［2003］欧洲法院报告Ⅰ-02439　87,88,141,142,180,181

Arcol v Capol（欧洲法院）　考尔公司诉欧洲内部市场协调局-拜耳公司,2010年3月4日,案件 C-193/09 P　449,450

Armin Häupl v 利德尔基金会（欧洲法院）　Armin Häupl 诉利德尔基金会,2007年6月14日,案件 C-246/05,［2007］欧洲法院报告Ⅰ-04673　88,343

阿森纳 v 马修·里德（欧洲法院）　阿森纳足球俱乐部诉马修·里德,2002年11月12日,案件 C-206/01,［2002］欧洲法院报告Ⅰ-10273　63,68

Arthur v Arthur & Felicie（欧洲法院）　LTJ 传播公司 v Sadas Vertbaudet 公司,2003年3月20日,案件 C-291/00,［2003］欧洲商标报告Ⅰ-83　55,64

奥迪 v 欧洲内部市场协调局（Vorsprung durch Technik）（欧洲法院）　奥迪股份有限公司诉欧洲内部市场协调局,2010年1月21日,案件 C-398/08 P　25,27,35,348

Baby-Dry（欧洲法院）　宝洁公司诉欧洲内部市场协调局,2001年9月20日,案件 C-383/99 P［2001］欧洲法院报告Ⅰ-06251　33,34,35,47,48,143

Becker v Barbara Becker（欧洲法院）　芭芭拉·贝克诉欧洲内部市场协调

局-哈曼国际工业公司,2010年6月24日,案件 C-51/09 P,尚未公告于欧洲法院报告　67

贝纳通 v G-Star(欧洲法院)　贝纳通集团公司诉 G-Star 国际公司,2007年9月20日,案件 C-371/06 [2007]欧洲商标报告 I-07709　23,38

BioID(欧洲法院)　BioID 股份有限公司诉欧洲内部市场协调局,2005年9月15日,案件 C-37/03 [2005]欧洲法院报告 I-07975　26,27,28,29,33,36

BMW v 戴尼克(欧洲法院)　巴伐利亚发动机制造厂和 BMW 尼德兰公司诉诺那德·卡尔罗·戴尼克,1999年2月23日,案件 C-63/97,[1999]欧洲法院报告 I-00605　63

Bostongurka(欧洲法院)　比约纳库拉食品工业公司诉颇尔科迪纳食品公司,2004年4月29日,案件 C-371/02,[2004]欧洲法院报告 I-05797　34,157

必治妥施贵宝公司 v 帕拉诺瓦(欧洲法院)　必治妥施贵宝公司诉帕拉诺瓦股份公司;C.H.勃林格索恩,勃林格殷格汉两合公司和勃林格殷格汉股份公司诉帕拉诺瓦股份公司;及德国拜耳股份公司和拜耳(丹麦)股份公司诉帕拉诺瓦股份公司 2006年7月11日,合并审理案件 C-427/93,C-429/93,C-436/93[1996]欧洲法院报告 I-03457　72

BSS(欧洲法院)　爱尔康公司诉欧洲内部市场协调局,2004年10月5日,案件 C-192/03 P,[2004]欧洲法院报告 I-08993　160

BUD(欧洲法院)　安海斯布希公司诉欧洲内部市场协调局-百威啤酒公司,2011年3月29日,案件 C-96/09 P,　58,59

Budweiser(欧洲法院)　安海斯布希公司诉百威啤酒公司,纳洛尼波德尼克,2004年11月16日,案件 C-245/02,[2004]欧洲法院报告 I-10989　44

BVBA Management(欧洲法院)　BVBA 管理培训咨询公司诉比荷卢商标注册局,2007年2月15日,案件 C-239/05,[2007]欧洲法院报告 I-01455　348

卡尔文克雷恩公司 v 欧洲内部市场协调局(欧洲法院) 卡尔文克雷恩 trademark trust 诉欧洲内部市场协调局 - zafra marroquineros 有限责任公司,2010 年 9 月 2 日,案件 C - 254/09 P,尚未公告于欧洲法院报告 56

Cambozola v Gorgonzola(欧洲法院) consorzio per la tutela del formaggio Gorgonzola 诉凯斯利霍夫迈斯特香料有限责任公司及两合公司,爱德华·洁兰赫有限责任公司,1999 年 3 月 4 日,案件 C - 87/97 [1999]欧洲法院报告 I - 01301 46

佳能(欧洲法院) 佳能株式会社诉米高梅公司,1998 年 9 月 29 日,案件 C - 39/97,[1998]欧洲法院报告 I - 05507 67,68

Carbonell(欧洲法院) Aceites del sur - coosur SA 西班牙橄榄油公司诉欧洲内部市场协调局-西班牙 Koipe 有限责任公司,2009 年 9 月 3 日,案件 C - 498/07 P,[2009]欧洲法院报告 I - 7371 68

Céline(欧洲法院) 赛琳有限责任公司诉赛琳股份有限公司,2007 年 9 月 11 日,案件 C - 17/06,欧洲法院报告 I - 07041 63,64,65,77

Celltech(欧洲法院) 欧洲内部市场协调局诉希尔泰克生物技术公司,2007 年 4 月 19 日,案件 C - 273/05 P,欧洲法院报告 I - 02883 29,33,207,446

Chiemsee(欧洲法院) 基姆湖帆板生产销售公司诉 Boots - und Segelzubehor Walter Huber and Franz Attenberger,1999 年 5 月 4 日,合并审理案件 C - 108/97 和 109/97,[1999]欧洲法院报告 I - 02779 23,24,25,32,34,36,48,49,50,76,77

CICRA v Renault(欧洲法院) CIRCA 和 Maxicar 诉雷诺公司,1988 年 10 月 5 日,案件 C - 53/87,[1988]欧洲法院报告 I - 6039 392

欧洲共同体委员会 v 法国共和国(欧洲法院) 欧洲共同体委员会诉法国共和国,2000 年 9 月 26 日,案件 C - 23/99,[2001]英国伦敦新闻界报告 25[2001]欧洲版权及外观报告 2 522

Companyline(欧洲法院) 德国健康保险股份公司诉欧洲内部市场协调局,2002 年 9 月 19 日,案件 C - 104/00 P,[2002]欧洲法院报告 I - 07561

47

克帕德 v 迪奥(欧洲法院)　克帕德公司诉克里斯蒂昂迪奥尔服装有限公司,文森特·盖尔德利尔及内衣工业公司(SIL),2009 年 4 月 23 日,案件 C-59/08 [2009]欧洲法院报告 I-03421　70,82,84,100,340

Das Prinzlp der Bequemlichkeit(欧洲法院)　欧洲内部市场协调局诉埃尔波莫波特维尔克有限责任公司,2004 年 10 月 21 日,案件 C-64/02,[2004]欧洲法院报告 I-10031　24,28,30,33

Davidoff(欧洲法院)　季诺大卫杜夫公司诉德国联邦财政东南管理局,2009 年 7 月 2 日,案件 C-302/08 [2009]欧洲法院报告 I-05617　69,75,82,393

大卫杜夫 v 高夫基德(欧洲法院)　大卫杜夫公司,季诺大卫杜夫公司诉高夫基德公司,2003 年 1 月 9 日,案件 C-292/00,[2003] I-389　53,60

德意志矽矽制品(欧洲法院)　德意志矽矽制品有限公司诉欧洲内部市场协调局,2006 年 1 月 12 日,案件 C-173/04P,[2006]欧洲法院报告 I-00551　29

德弗莱瓶子(欧洲法院)　德弗莱控股有限公司诉欧洲内部市场协调局,2007 年 10 月 25 日,案件 C-238/06 P,欧洲法院报告 I-09375　22,25

DHL Express(欧洲法院)　DHL 国际快递法国公司诉法国邮政速递子公司,案件 C-235/09　256,261

Doublemint(欧洲法院)　欧洲内部市场协调局诉箭牌公司,2003 年 10 月 23 日,案件 C-191/01P,[2003]欧洲法院报告 I-2447　34

德因斯特 v 戈登鲍尔(欧洲法院)　费迪南德 M.J.J 德因斯特诉洛德韦克·戈登鲍尔,1983 年 11 月 15 日,案件 C-228/82,[1983]欧洲法院报告 I-03663　384,399

Dyson(欧洲法院)　戴森有限公司诉商标注册人,1 月 25 日,案件 C-321/03,[2007]欧洲法院报告 I-00687　10,14

Elizabeth Emanuel(欧洲法院)　伊丽莎白·佛罗伦斯·伊曼纽尔诉大陆架 128 有限公司,2006 年 3 月 30 日,案件 C-259/04,[2006]欧洲法院报告

Ⅰ-03089　30,41,42,158,165

Eurocermex(欧洲法院)　Eurocermex 股份公司诉欧洲内部市场协调局,2005 年 6 月 30 日,案件 C-286/04 P[2005]欧洲法院报告Ⅰ-05797　29

Eurohypo(欧洲法院)　欧洲海博股份有限公司诉欧洲内部市场协调局,2008 年 5 月 8 日,案件 C-304/06 P,[2008]欧洲法院报告Ⅰ-03297　22,29,30,33

Feta Ⅱ(欧洲法院)　德意志联邦共和国和丹麦王国诉委员会,2005 年 10 月 25 日,合并审理案件 C-465/02 和 C-466/02[2005]欧洲法院报告Ⅰ-09115　45,46

Fir Tree(欧洲法院)　L&D 股份有限公司 v 欧洲内部市场协调局-朱利叶斯文化渊源有限公司,2008 年 7 月 17 日,案件 C-488/06 P,[2008]欧洲法院报告Ⅰ-5725　66

Flugbörse(欧洲法院)　欧洲内部市场协调局诉菲洛施旅游有限责任公司,2011 年 4 月 23 日,案件 C-332/09 P　25,160

通用汽车公司 v 伊普隆公司(欧洲法院)　通用汽车公司诉伊普隆公司,1999 年 9 月 14 日,案件 C-375/97,[1999]欧洲法院报告Ⅰ-05421　69,137

Gillette(欧洲法院)　吉列公司和吉列集团芬兰公司诉 LA-实验室公司,2005 年 3 月 17 日,案件 C-228/03,[2005]欧洲法院报告Ⅰ-02337　78,79

Grana Biraghi(欧洲法院)　格拉那帕达那奶酪保护协会诉欧洲内部市场协调局-比拉吉,2007 年 9 月 12 日,案件 T-291/03,[2007]欧洲法院报告Ⅱ-3081　45

GutSpringenheide(欧洲法院)　古特施普林海特有限责任公司和鲁道夫·图斯基诉 Oberkreisdirektor des Kreises Steinfurt - amt fur lebensmitteluber-wachung,1998 年 7 月 16 日,案件 C-210/96,[1998]欧洲法院报告Ⅰ-04657　26

HAG Ⅱ(欧洲法院)　SA CNL-SUCAL 公司诉 HAG GF 股份有限公司,1990

年10月17日,案件C-10/89,[1990]欧洲法院报告Ⅰ-03711　76

Have a Break(欧洲法院)　雀巢产品有限公司诉马斯英国有限公司,2005年7月7日,案件C-353/03,[2005]欧洲法院报告Ⅰ-06135　50

Heidelberger Bauchemie(欧洲法院)　海德堡化学建材有限责任公司诉欧洲内部市场协调局,2004年6月24日,案件C-49/02 P,[2004]欧洲法院报告Ⅰ-06129　13,32,106

Hoffmann-La Roche(欧洲法院)　荷兰罗氏公司,罗氏诊断公司,加拿大罗氏公司,霍夫曼-罗须有限公司,罗氏有限责任公司罗氏产品公司,F. 霍夫曼-LA 罗氏公司,霍夫曼-LA 罗氏维也纳有限责任公司和罗氏 AB 诉弗雷德里克·普里默斯和米尔顿·戈登伯格,2007年7月30日,案件C-539/03,OJ C 224,2006年9月16日,1　27,29

Il Ponte Finanziaria(Bainbridge)(欧洲法院)　Il朋特金融公司诉欧洲内部市场协调局-F. M. C 蒂艾里蒂耶里艾斯公司,2007年9月13日,案件C-234/06P,[2007]欧洲法院报告Ⅰ-7333　56,68,89

Intel 诉 Intelmark（欧洲法院）　英特尔公司诉英国联合王国有限公司,2008年11月27日,案例C-252/07,[2008]欧洲法院报告Ⅰ-08823　60,69,70,71

Kik(欧洲法院)　Christina Kik 诉欧洲内部市场协调局,2003年9月9日,案例C-361/01 P,[2003]欧洲法院报告Ⅰ-08283　187,279,281 厨房公司(欧洲法院)　BVBA 管理,培训和咨询私人有限责任公司诉比荷卢商务局,2005年2月15日,案例C-239/05,[2007]欧洲法院报告Ⅰ-01455　25

La Mer Technology(欧洲法院)　La Mer 科技有限公司诉科马实验室有限公司,2004年1月27日,案例C-259/02,[2004]欧洲法院报告Ⅰ-01159　87,88,181

乐高砖(欧洲法院)　乐高法律有限责任公司 C10 年9月14日,案例C-48/09 P,尚未收入 ECR　38,39,40

李维·斯特劳斯(欧洲法院)　李维·斯特劳斯公司诉卡素瓷上市公司,

2006年4月27日,案例145/05,[2006]欧洲法院报告Ⅰ-03703　157,393

Libertel Orange(欧洲法院)　Libertel Groep私人有限责任公司诉比荷卢商务局,2003年5月6日,案例C-104/01,[2003]欧洲法院报告I/03793　11,13,22,24,27,32,33,106,208

Limonchelo诉Limoncello(欧洲法院)　Shaker di L. Laudato & C. Sas诉欧洲内部市场协调局,2008年11月12日,案例T-7/04,[2008]欧洲法院报告Ⅱ-03085　66

Linde,Winward,Rado(欧洲法院)　林德股份制公司,迎风工业公司和瑞士雷达表股份制公司,2003年4月8日,合并审理案例C-53/01、C-54/01和C-55/01,[2003]欧洲法院报告Ⅰ-03161　22,32,37,38

瑞士莲(欧洲法院)　瑞士莲史宾利巧克力工厂股份制公司诉弗朗茨郝思维斯有限公司,2009年6月11日,案例C-529/07);[2009]欧洲法院报告Ⅰ-04893　162,385

Lloyd Schunhfabrik Meyer诉Klijsen Handel(欧洲法院)　劳埃德鞋厂-迈耶有限公司诉科里森贸易公司,1999年6月22日,案例C-342/97,[1999]欧洲法院报告Ⅰ-03819　23,26,66

Loendersloot诉Ballantines(欧洲法院)　弗里茨隆德斯洛特国际物流转运公司所属的弗里茨隆德斯洛特贸易公司诉乔治•百龄坛父子有限公司及其他,1997年11月11日,C-349/95,[1997]欧洲法院报告Ⅰ-06227　72

L'Oreal诉Bellure(欧洲法院)　欧莱雅有限责任公司、兰蔻香水及化妆品公司及卡尼尔研究中心诉贝鲁尔有限责任公司、马拉卡投资有限公司及星航国际有限公司,2009年6月18日,案例C-487/07,[2009]欧洲法院报告Ⅰ-05185　65,70,71

Louis Vuitton诉Google(欧洲法院)　谷歌法国公司及谷歌公司诉路易威登马利蒂有限公司;谷歌法国公司诉圣餐有限公司及鲁特西亚有限公司;谷歌法国公司诉国家中心人际关系研究(CNRRH)有限公司、皮埃尔-阿列西丝托尼特、布鲁诺罗宾、泰格有限公司,2010年3月23日,合并审理案

例 C-236/08 至 C-238/08,OJ C 134,22/05/2010,2　63,71

LTJ Diffusion(欧洲法院)　LTJ 扩散有限公司诉萨达斯福保德有限公司,2003 年 3 月 20 日,案例 C-291/00,[2003],欧洲法院报告 I-02799　123

Mag 仪器(欧洲法院)　Mag 仪器公司诉欧洲内部市场协调局,2004 年 10 月 7 日,案例 C-136/02 P,[2004]欧洲法院报告 I-09165　28,29

Matratzen Concord 诉 Hukla(和睦床垫有限公司诉德国互克拉有限公司)(欧洲法院)　和睦床垫有限公司诉欧洲内部市场协调局,2004 年 4 月 28 日,案例 c-3/03 p,[2004]欧洲法院报告 I-03657　66

Matratzen II(欧洲法院)　和睦床垫有限公司诉德国互克拉有限公司,2006 年 3 月 9 日,案例 C-421/04,[2006]欧洲法院报告 I-02303　34

Medion 诉 Thomson(欧洲法院)　美德隆诉汤姆森多媒体销售德国 & 奥地利有限公司,2005 年 10 月 6 日,案例 C-120/04,[2005]欧洲法院报告 I-00551　66

Merz & Krell(Bravo)(欧洲法院)　梅兹 & 克尔有限公司,2001 年 10 月 4 日,案例 C-517/99,[2001]欧洲法院报告 I-06959　22,38

Montex 诉 Diesel(欧洲法院)　Montex 控股有限公司诉 Diesel 有限公司,2006 年 11 月 9 日,案例 C-281/05,[2006]欧洲法院报告 I-10881　72

山(欧洲法院)　皮斯特尔和他人,1997 年 5 月 7 日,合并审理案例 C-321/94 至 C-321/94,[1997]欧洲法院报告 I-2343　45

Nancy Keen 诉 Keurkoop(欧洲法院)　克库普私人有限责任公司 v. 荷兰南希科因礼品私人有限责任公司,1982 年 9 月 14 日,案例 C-144/81,[1982]欧洲法院报告 2853,[1983]FSR 381　392

纳斯达克(欧洲法院)　南极洲有限公司诉欧洲内部市场协调局及纳斯达克股票市场公司,2009 年 5 月 12 日,案例 C-320 P,[2009]欧洲法院报告 I-28　68

Nichols(欧洲法院)　妮可公司诉商标注册处处长,2004 年 9 月 16 日,案例 C-404/02,[2004]欧洲法院报告 I-08499　27,30

Nieto Nuno(欧洲法院) 阿尔弗雷多·涅托努诺诉连词莫里欧佛朗凯,2007年11月22日,案例 Case C-328/06,[2007]欧洲法院报告 I-10093 54,69,137

Nokia 诉 HM 税务及海关部门专员委员(欧洲法院) 诺基亚诉 HM 税务及海关部门专员委员,案例 C-445/09,审理中 71

Nokia 诉 Wardell(欧洲法院) 诺基亚公司诉约吉姆沃德尔,2006年12月14日,案例 C-316/05,[2006]欧洲法院报告 I-12083 261

Nomafoam 诉 Armafoam(欧洲法院) 阿乐斯企业有限公司诉欧洲内部市场协调局,2008年9月18日,案例 C-514/06 P,[2008]ECCR I-00128 273

O2 诉和记(欧洲法院) O2 控股有限公司和 O2(英国)有限公司诉和记 3G 英国公司,2008年6月12日,C-533/06,[2008]欧洲法院报告 I-04231 64

OHIM 诉 Kaul(欧洲法院) 欧洲内部市场协调局诉考尔有限公司,2007年3月13日,案例 C-29/05 P,[2007]欧洲法院报告 I-02213 24,48,193,210,211,292

Onel 诉 Omel(欧洲法院) 雷诺品牌有限公司诉 Hageikruis Beheer BV,在海牙上诉法院提交的案件,在欧洲法院待审,尚无案件编号(网上查的是 C-149/11) 88

Pago 诉 Tirol Milch(欧洲法院) PAGO 国际有限公司诉蒂罗尔米尔希注册合作社公司,2009年10月6日,案例 C-301/07,[2009]欧洲法院报告 I-09429 69,88,137

Paermesan 诉 Parmigiano Reggiano(欧洲法院) 欧洲共同体委员会诉德意志联邦共和国,2008年2月26日,案例 C-132/05,[2008]欧洲法院报告 I-00957 46

Peak Holding(欧洲法院) 高峰控股集团诉阿克斯林埃莉诺集团,2004年11月30日,案例 C-16/03,[2004]欧洲法院报告 I-11313 81

Perwoll 瓶(欧洲法院) 汉高集团诉德意志专利-商标局,2004年2月12

日,案例 C-218/01,[2004]欧洲法院报告 I-1725　5,37,39

皇家飞利浦诉鹿城(欧洲法院)　皇家飞利浦电子公司诉鹿城美景实业有限公司及其他,案例 C-446/09,审理中　71

Philip 诉 Remington(欧洲法院)　皇家飞利浦诉雷明顿消费品有限公司,2002 年 6 月 18 日,案例 C-299/99,[2002]欧洲法院报告 I-05475　23,28,29,34,38,39,40,49,50,374

Portakabin 诉 Primakabin(欧洲法院)　Portakabin 有限公司及 Portakabin 私人有限责任公司诉 Primakabin 私人有限责任公司,2010 年 7 月 8 日,案例 C-558/08,尚未在收入 ECR　79,81,84

邮局(欧洲法院)　荷兰皇家电讯诉比荷卢商务局,2004 年 12 月 12 日,案例 C-363/99,[2004]欧洲法院报告 I-01619　5,22,24,26,29,30,33,34,35,37

从业者(欧洲法院)　Praktiker Bau-und Heimwerkermärkte AG 公司诉欧洲内部市场协调局,2005 年 7 月 7 日,案例 C-418/01 P,[2005]欧洲法院报告 I-05873　112,329

帕尔玛火腿(欧洲法院)　帕尔玛火腿财团和 Salumificio S. 丽塔股份公司诉阿斯达百货有限公司和 Hygrade 食品有限公司,2003 年 5 月 20 日,案例 C-108/01,[2003]欧洲法院报告 I-05121　45

纯数字(欧洲法院)　想象力科技有限公司诉欧洲内部市场协调局,2007 年 9 月 20 日,案例 T461/04,[2007]欧洲法院报告 II-0012　25,48,49,

Renault 诉 Maxicar(欧洲法院)　雷诺国营汽车工厂公司诉马克西汽车股份公司和奥拉齐奥佛门头,2000 年 5 月 11 日,案例 C-38/98,[2000]欧洲法院报告 I-02973　522

Robelco(欧洲法院)　Robelco 公司诉荷宝集团,2002 年 11 月 21 日,案例 C-23/01,[2002]欧洲法院报告 I-10913　338

Rudolf Ammersin I(欧洲法院)　Budejovicky Budvar(捷克百威)国家公司诉 Rudolf Ammersin(鲁道夫阿莫森)有限公司,2003 年 11 月 18 日,案例 C-216/01,[2003]欧洲法院报告 I-13617　45

640　案例表

Rudolf Ammersin II(欧洲法院)　Budejovicky Budvar(捷克百威)国家公司诉 Rudolf Ammersin(鲁道夫阿莫森)有限公司,2009年9月8日,案例C-478/07,OJ C 267 07/11/2009,P.12-13　45

Ruiz-Picasso(欧洲法院)　克劳德·鲁伊斯-毕加索及其他诉欧洲内部市场协调局,2006年1月12日,案例C-361/04 P,[2006]ECRI-00643　50,193

Sabel诉Puma(欧洲法院)　萨贝尔公司诉彪马公司及鲁道夫·达斯勒运动,1997年11月11日,案例C-251/95,[1997]欧洲法院报告I-06191　67,68

SAT.I Satelliten-Fernsehen GmbH诉OHIM(欧洲法院)　SAT.1卫星电视有限公司诉欧洲内部市场协调局,2004年9月16日,案例C-283/01,[2004]欧洲法院报告I-08317　27,28,30,32,208,446

盾牌标志(欧洲法院)　盾牌标志私人有限责任公司诉Joost Kist h.o.d.m.Memex,2003年11月27日,案例C-283/01,[2003]欧洲法院报告I-14313　12,106

Sieckmann(欧洲法院)　拉尔夫斯克曼,2002年12月12日,案例C-273/00　9,11,12

施普雷瓦尔德黄瓜(欧洲法院)　卡尔·克恩有限公司及其他诉明天罐头厂有限公司,2001年12月6日,案例C-269/99,[2001]欧洲法院报告I-09517　45

斯托克黄金包装(欧洲法院)　斯托克有限公司诉欧洲内部市场协调局,2006年6月22日,案例C-25/05 P,[2006]欧洲法院报告I-05719　25,49,51,208

斯托克浅棕色糖(欧洲法院)　斯托克有限公司诉欧洲内部市场协调局,2006年6月22日,案例C-24/05 P,[2006]欧洲法院报告I-05677　25,31,50,447

仙妮蕾德公司(欧洲法院)　仙妮蕾德公司诉欧洲内部市场协调局,2006年5月11日,案例C-416/04 P,[2006]欧洲法院报告I-04237　181

TDK（欧洲法院）　有限责任公司于2001年11月21日诉欧洲内部市场协调局及TDK株式会社,2008年12月12日,案例C-416/04 P,[2008]欧洲法院报告Ⅰ-00193　68,71

van schijndel（欧洲法院）　万斯海因德尔及万韦伦诉Stichting Pensioenfonds voor FysioTherapeuten,1993年10月22日,合并审理案例C-430/93及C-431/93,[1995]欧洲法院报告Ⅰ-+04705　210,448

volkshandy & schwabenpost（欧洲法院）　图片数字有限两合公司及ZVS斯图加特报刊发行有限公司诉德国专利商标局主席,2009年2月12日,合并审理案例C-39/08及C-43/08,[2009]欧洲法院报告Ⅰ-00020　5,25

volvo诉veng（欧洲法院）　沃尔沃诉埃利克冯,1988年10月5日,案例C-238/87,[1988]欧洲法院报告Ⅰ-06211　392

华士坦啤酒（欧洲法院）　巴伐利亚反不正当竞争经济行为保护协会诉克雷默华士坦啤酒场房有限公司,2000年11月7日,案例Case C-312/98 [2000]欧洲法院报告Ⅰ-09187　45

d. 其他

欧洲内部市场协调局撤销局第C172734/1号决定　卡希尔罗伯茨有限公司诉美信医药,2000年1月31日,欧洲内部市场协调局撤销局第C000172734/1号决定　129

欧洲内部市场协调局撤销局第C000053447/1号决定　哈特汉克斯数据技术公司诉软件数字系统公司,2000年3月28日,欧洲内部市场协调局撤销局第C000053447/1号决定　161

欧洲内部市场协调局异议局第1/1997号决定　汽巴精化控股公司诉巴克斯特国际公司,1997年12月10日,欧洲内部市场协调局异议局对第B2875号异议作出的第1/1997号决定　109

anheuser-busch诉portugal（欧洲人权法庭）　安海斯-布希公司诉葡萄牙,欧洲法院的人权大审判庭,2007年1月11日,案例73049/01,[2007]

欧洲商标报告 24 16

2. 国家/区际

a. 奥地利

万宝盛华(奥地利) 万宝盛华(奥地利),德国联邦最高法院,2002年1月29日,[2003]德国知识产权和版权(GRUR)协会国际859 263

b. 比荷卢商务局

claeryn 诉 klarein(比荷卢商务局) 高露洁－棕榄私人有限责任公司诉皇家娥文卢卡斯波士酒厂有限公司,比荷卢法院,1975年3月1日,[1975] NJ 472 70

union 诉 union soleure(比荷卢商务局) 亨利于连私人有限责任公司诉诺伯特·许尔比荷卢法院,1983年5月20日,荷兰法学1984,72 66

c. 法国

AVS A Votre Service(法国) AVS诉生活报,最高上诉法院,商事审判庭,2008年6月3日,法国法院网 206,351

Le Plantane(法国) 夏朗德省奶等农业合作社协会联盟诉欧洲山羊公司等,最高上诉法院,商事审判庭,1999年6月29日,公牛,1999,IV,1329 206

思蒂诉社会经济发展规划(法国) 思蒂国际公司和思蒂巴黎公司-SASU诉欧洲社会美容产品的商品名:珍妮·加蒂诺,巴黎最高法院,2006年10月17日 264

d. 德国

ab swing hometrainer(德国) 从摆动家用身体训练器,LG法兰克福,2004年3月17日,[2005]德国知识产权保护协会判例法报告4,报告子公司

Thane 国际集团的申请,载[2006]欧洲版权和设计报告 8　367

betty(德国)　贝蒂,慕尼黑地方政府,2000 年 3 月 22 日,[2002]德国知识产权保护协会国际 933　252

弯管器(德国)　弯管器,联邦法院,2001 年 11 月 13 日,[2002]德国知识产权保护协会 国际 231　294

电脑罩诉电脑外壳(德国)　电脑罩诉电脑外壳,联邦法院,2004 年 1 月 29 日,[2004]德国知识产权保护协会 427　372

DV GmbH 诉 AAGB(德国)　Delkeskamp Verpackungswerke GmbH 诉 AAGB,州高级法院,1999 年 2 月 11 日,[2000]ENPR 120　395

饼干枪 II(德国)　饼干枪 II,联邦法院,2008 年 10 月 9 日,[2009]德国知识产权和版权(GRUR)协会 79　367

K(德国)　K,联邦法院,2006 年 12 月 14 日,[2007]德国知识产权和版权(GRUR)协会 864　249

Kanton-Messe 诉 Canton Fair(德国)(广交会诉广交会)　广交会诉广交会,州高级法院,2004 年 8 月 12 日,[2004]欧洲版权和设计报告 11　372

Mediantis(德国)　Mediant(中间)诉 Mediantis,慕尼黑地方法院,2004 年 4 月 24 日,德国知识产权保护协会 国际 2002,933　252

Rodeo(德国)　Rodeo,杜塞尔多夫地方政府,2005 年 11 月 8 日,[2007]欧盟知识产权评论 435　268

Rolltrailer(德国)　Rolltrailer,汉堡地方政府,1973 年 7 月 11 日,[1973]德国知识产权保护协会国际 703　391

优雅的颜色(德国)　优雅的颜色,联邦法院,2005 年 1 月 20 日,[2005]商标法 267　258

家居卖场(德国)　家居卖场,联邦法院,2007 年 9 月 13 日,[2008]商标法 21　256

e. 荷兰

百加得诉 BAT 饮料(荷兰)　百加得诉 BAT 饮料,海牙上诉法庭,2007 年 8

月23日,[2007]IER 395 249

床架(荷兰) 床架,阿森法院,2004年7月18日,IER 2004/94,第406页 389

bigott,batco 诉 ducal(荷兰) bigott,batco 诉公爵,荷兰最高法院,1999年4月16日,[1999]IER 161 66

重播(荷兰) 时尚盒子有限公司诉马尔公司,海牙区法院,2002年3月27日,案例 Nr.00/1873,尚未发表 252

starform 诉 time out(荷兰) starform 私人有限责任公司诉荷兰超时,海牙区法院,2005年1月7日,叶部分工业产权(?),2005,98 258,484

synergys 诉 geha(荷兰) 协同作用诉 Geha 私人有限责任公司,Den Bosch 的法院,2003年11月4日,[2004]BIE 44 374

冬天诉红牛(荷兰) 冬天私人有限责任公司诉红牛有限公司,荷兰最高法院,2010年2月20日,荷兰法学 2010,113;也可见 C‐119/10 72

f. 瑞典

戴姆勒克莱斯勒的申请(瑞典) 戴姆勒克莱斯勒,瑞典专利法院,2002年4月15日,[2005]欧洲版权和设计报告 15 368,369

g. 英国

Amp 诉 utilux(英国) Amp 公司诉尤提乐有限公司,[1971]英国伦敦新闻界报告 572,[1972]专利案例报告 103 373

贝利诉海恩斯(英国) 雷金纳德约翰·贝利和莱斯利丹尼斯·贝利(以精英钓鱼产品公司身份交易)诉 格雷厄姆·海恩斯和雪莉·海恩斯(以 R.A.G.S 交身份交易),[2006]ewpcc 5 369

美学(英国) 美学国际有限公司诉米切尔国际药品有限公司及亚历克尔包装公司,[1999]ETMR 912 71

Brain(英国) 布莱恩诉音格勒度、布朗本尼森和加勒特(一个律所名)(2号),[1997]英国伦敦新闻界报告 271 73

英国利兰汽车公司诉阿姆斯特朗专利有限公司(英国) 英国利兰汽车公
司诉阿姆斯特朗专利有限公司,[1986]英国伦敦新闻界报告 221,
[1986]专利案例报告 279 374,393

百威(英国) 跨国公司捷克百威 Budejovicky Budvar 诉安海斯－布施公
司,[2009]英格兰和威尔士上诉法院第 1022 号案件,(参考普通法院审
理中的案例 C-482/09) 167

coflexip 诉 stolt offshore(英国) 伴热柔性管有限公司诉思多而特离岸有限
公司,[2004]英国伦敦新闻界报告 34,[2004]英格兰和威尔士上诉法院
第 213 号案件 400

指南针(英国) 指南针出版私人有限责任公司诉指南针物流有限公司,
[2003]英格兰和威尔士高等法院第 520 号案件(商业部) 58,59,270

戴森诉瓦克斯（英国） 戴森有限公司诉瓦克斯有限公司,[2010]英格兰
和威尔士高等法院 1923（专利法院） 374

富尔顿公司有限公司诉都达斯(英国) 富尔顿公司有限公司诉都达斯(英
国)有限公司,[2003]英格兰和威尔士上诉法院第 1514 号案件,[2004]
专利案例报告 16 369

格柏诉力克(英国) 格柏服装科技股份有限公司诉力克(系统公司),
[1995]专利案例报告 383 389

Green Lane 诉 PMS(英国) 绿色车道产品有限公司诉 PMS 国际集团有限
公司、PMS 远东有限公司及一磅店有限公司,[2007]英格兰和威尔士高
等法院 1712(pat),[2008]英格兰和威尔士上诉法院第 358 号案件
371,378

格罗麦克斯塑造有限公司 v Don K Low 非织造材料有限公司(英国) 格罗
麦克斯塑造有限公司诉 Don K Low 非织造材料有限公司,[1999]专利案
例报告 367 161

哈里森 v 顿谷培训公司(英国) 哈里森诉顿谷培训公司,[2004]英国和威
尔士上诉法院(民事)1028 385

Intercase 英国有限公司 v 时代电脑有限公司(英国) Intercase 英国有限公

司等诉时代电脑有限公司,[2003]英国和威尔士高级法院 2988(Ch) 383

兰道 & 哈瓦 v 亚沙(英国)　兰道 & 哈瓦国际有限公司诉亚沙设计有限公司,[2006]英国和威尔士上诉法院(民事)1285　374

路博润 v 埃索(英国)　路博润公司等诉埃索石油有限公司等,[1998]专利案例报告 727(CA)　394

美泰 v 物博(英国)　美泰有限公司诉物博(分配)有限公司,[2003]英国和威尔士高级法院 2414(ch),[2004]英国伦敦新闻界报告 12　389

My Fotostop 有限公司(债务托管)v 英国 Fotostop 集团(英国)　My Fotostop 有限公司(债务托管)诉英国 Fotostop 集团,[2006]英国和威尔士高级法院 2729(Ch)　93

欧科蕾 v 动物(英国)　欧科蕾公司诉动物有限公司(初步问题),[2005]1 共同市场法律报告 51,[2005]欧洲版权及外观设计报告 25,[2005]专利案例报告 30,参见 paras 156–175 补充判决和(撤销)欧洲法院参考文献,C-267/05　517

Premier Brands(英国)　普莱米尔酒业公司诉 Peter Granville Norfolk Battersby Typhoon Europe,[2000]英国和威尔士高级法院 1557(Ch)　70

保洁 v 利洁时(英国)　保洁公司诉利洁时(英国)有限公司,[2007]英国和威尔士上诉法院 (民事)936　368

Prudential(英国)　美国保诚保险公司诉保诚担保有限公司,[2002]欧洲商标报告 1013　267

索尼 v 太平洋(英国)　KK 索尼计算机娱乐和索尼计算机娱乐(欧洲)有限公司诉太平洋游戏科技(控股)有限公司,[2006]英国和威尔士高级法院 2509(Pat)　392

Star Industrial(英国)　星光实业有限公司诉叶桂戈,[1976]英国伦敦新闻界报告 256　58

史丹纳 v 爱尔兰轮渡(英国)　史丹纳航运公司诉爱尔兰轮渡公司(CA),[2003]专利案例报告 668　391

泰姆格拉斯 v 洛阳(英国)　芬兰泰姆格拉斯公司诉洛阳北方玻璃技术有限公司,[2006]英国伦敦新闻界报告 32　389

奥彻弗雷姆 v 菲尔丁(英国)　奥彻弗雷姆(英国)有限公司诉菲尔丁,[2004]专利案例报告 24　383

美国电线 v 屏幕维修服务(英国)　美国电线有限公司诉屏幕维修服务(苏格兰)有限公司,[2001]专利案例报告 24　393

Waterford(英国)　沃特福德韦奇伍德公开股份有限公司诉戴维纳格利有限公司,[1998]英国伦敦新闻界报告 92　72

附 录

C

577 **Community Design Regulation(CDR)**
欧共体外观设计条例

appeals
上诉
 actions before the Court of Justice, art. 61, 445
 欧洲法院的诉讼 第61条 第445页(以下同)
 decisions, art. 55, 60, 443
 决定
 examination of, art. 59, 444
 审查
 interlocutory revision, art. 58, 443-444
 中间修正
 proceedings, art. 56, 443
 程序
 time limit and form of appeal, art. 57, 443
 时限和上诉形式

application for registered community design
申请注册欧共体外观设计
 claiming priority, art. 42, 421-422
 优先权之主张
 classification, art. 40, 419-420
 分类

conditions, art. 36, 411 - 416

条件

date of filing, art. 38, 418 - 419

申请日

effect of priority right, art. 43, 422 - 423

优先权的效力

equivalence of Community filing with national filing, art. 39, 419

欧共体申请与国内申请的等同

exhibition priority, art. 44, 423

展览优先权

filing and forwarding of applications, art. 35, 409 - 411

申请的提起与转交

multiple applications, art. 37, 416 - 418

合案申请

right of priority, art. 41, 420 - 421

优先权

final provisions

最后条款

    Committee art. 109, 502 - 503

    欧盟委员会

    enlargement of the Community, art. 110a, 504 - 505

    欧盟扩大

    entry into force, art. 111, 505 - 506

    生效

    implementing regulation, art. 107, 502

    条例的实施

    rules of procedure of the Boards of Appeal, art. 108, 502

    上诉委员会的程序规则

    transitional provision, art. 110, 503 - 504

过渡规定

general provisions
一般条款
    Community design, art. 1, 360 - 362
    欧共体外观设计
    office, art. 2, 362 - 363
    协调局

international registration of designs
外观设计的国际注册
    application of provisions, art. 106a, 499
    条款的适用
    designation fees, art. 106c, 500
    指定费
    European Community, art. 106d, 500
    指定欧共体
    invalidation of the effects, art. 106f, 501
    国际注册的无效
    procedure for filing the international application, art. 106b, 499
    提交国际申请的程序
    refusal, art. 106e, 501
    驳回

jurisdiction and procedure
管辖与程序
    action/counterclaim for a declaration of invalidity, art. 84, 485 - 486
    欧共体外观设计无效宣告的诉讼或反诉
    applicable law, art. 88, 488
    法律适用

application of the convention on jurisdiction and enforcement, art. 79, 481 – 482

有关管辖和执行公约的使用

Community design courts, art. 80, 483

欧共体外观设计法院

effects of the judgement on invalidity, art. 87, 488

无效裁决的效力

extent of jurisdiction on infringement, art. 83, 485

侵权的管辖范围

further appeal, second instance, art. 92, 491

上诉、二审

infringement and validity, art. 81, 483 – 484

侵权与有效性

international jurisdiction, art. 82, 484 – 485

国际管辖

judgements of invalidity, art. 86, 487 — 488

无效的判定

obligation of the national court, art. 94, 492

成员国法院的义务

presumption of validity, art. 85, 486 – 487

推定有效

provisional measures, art. 90, 489 – 490

临时措施

sanctions in actions for infringement, art. 89, 489

对侵权行为的处罚

specific rules on related action, art. 91, 490 – 491

相关诉讼的特殊规则

supplementary provisions, art. 93, 491

补充规定

law

法律

claims, art. 15,383-385
主张

commencement and term of protection, art. 11,12,377-378
起算点与保护期限

consequences of invalidity, art. 26,400-401
无效的后果

declaration of invalidity, art. 24,396-397
无效宣告

definition, art. 3,363-364
定义

disclosure, art. 7,370-373
公开

effects of judgement, art. 16,385-386
判决的效力

exhaustion of rights, art. 21,392-393
权利穷竭

grounds for invalidity, art. 25,37-400
无效事由

individual character, art. 6,367-370
个性特征

limitation of rights con ferred, art. 20,390-392
权利限制

novelty, art. 5,366-367
新颖性

presumption, art. 17,386-387
(有利于注册外观设计权利人的)推定

public policy/morality, art. 9,375-376
公序良俗或道德

renewal, art. 13,379-381

续展

requirements for protection,art,4,365-366

保护的要件

right of the designer to be cited,art. 18,387

设计者的署名权

rights conferred by Community design,art. 19,388-390

欧共体外观设计权的内容

rights of prior use,art. 22,393-395

先用权

right to Community design,art. 14,381-383

欧共体外观设计的权利

scope of protection,art. 10,376-377

保护范围

technical function and interconnections,art. 8,373-375

技术功能和内接性

Member States

成员国

Community designs and national design rights,art. 95,492-493

欧共体外观设计和成员国外观设计的权利

protection under national law,art. 96,493-494

成员国法律的保护

objects of property

财产权的对象

application,art. 34,408

申请

effects vis-a-vis third parties,art. 33,407-408

对第三人的效力

insolvency proceedings,art. 31,405-406

破产程序
 levy of execution, art. 30, 405
为执行而扣押
 licensing, art. 32, 406 – 407
许可
 national design rights, art. 27, 401 – 403
成员国外观设计专利权
 rights in rem, art. 29, 405
支配权
 transfer of registered Community design, art. 28, 403 – 404
欧共体外观设计的移转

procedure before the office
协调局的程序
 administrative cooperation, art. 75, 473
行政合作
 apportionment of costs, art. 70, 466 – 468
费用分摊
 enforcement of decisions fixing the amount of cost, art. 71, 468 – 469
确定费用金额的裁决之执行
 examination of the facts by the office of its own motion, art. 63, 448 – 450
协调局对事实的主动审查
 exchange of publications, art. 76, 473 – 474
交换出版物
 general principles of representation, art. 77, 474 – 476
代理的一般原则
 inspection of files, art. 74, 471 – 473
档案查阅
 notification, art. 66, 456 – 458
通知

oral proceedings, art. 64, 450 - 452

口头程序

periodical publications, art. 73, 470 - 471

定期出版物

professional representation, art. 78. 477 - 478

职业代理

reference to general principles, art. 68, 464 - 465

参照一般原则

register of Community designs, art. 72, 469 - 470

欧共体外观设计注册簿

restitutio in integrum, art. 67, 458 - 464

恢复原状

statement of reasons, art. 62, 445 - 448

理由陈述

taking of evidence, art. 65, 452 - 455

取证

termination of financial obligation, art. 69, 465

财务义务的终止

registered Community design

已注册欧共体外观设计

alleged infringer, art. 54, 441 - 442

被指控侵权人

application for declaration of invalidity, art. 52, 434 - 438

申请宣告无效

examination of the application, art. 53, 438 - 441

申请的审查

surrender, art. 51, 432 - 434

放弃

registration procedure

注册程序

    deferment of publication, art. 50,428-432

    延迟公开

    formal requirements forfiling, art. 45,424-425

    申请的形式要件

    non-registrability, art. 47,425-426

    不可注册性

    publication, art. 49,427-428

    公告

    registration, art. 48,426-427

    注册

    remediable deficiencies, art. 46,425

    可补救的缺陷

supplementary provisions, office

有关协调局的补充规定

    administration of trade marks and legal division, art. 104,497-498

    商标管理部和法务处

    Administrative Board, art. 101,496-497

    行政委员会

    Boards of Appeal, art. 106,498

    上诉委员会

    competence, art. 102,497

    权限

    examiners, art. 103,497

    审查员

    general provision, art. 97,494

    一般条款

    invalidity divisions, art. 105,498

无效处

language of proceedings, art. 98,494 - 496

程序语言

President, art. 100,496

局长

publication and register, art. 99,496

公告与注册簿

Community Trade Mark Regulation
欧共体商标条例(CTMR)

absolute grounds for invalidity, art. 52,159 - 162

绝对无效事由

appeals 580

上诉

 actions before Court of Justice, art. 65,197 - 200

 向欧洲法院提起诉讼

 decisions in respect of appeals, art. 64,195 - 197

 上诉的裁定

 decisions subject to appeal, art. 58,182 - 184

 可提出上诉的裁决

 examination of appeals, art. 63,192 - 195

 上诉的审查

 exparte cases, art. 61,190 - 191

 单方当事人案件

 interpartes cases, art. 62,191 - 192

 双方当事人案件

 party to proceedings, art. 59,184 - 186

 程序当事人

 time limit and form of appeal, art. 60,186 — 189

上诉的时限和形式

applications
申请
 claiming priority, art. 30, 115 - 116
 要求优先权
 claiming seniority, art. 34, 35, 119 - 126
 要求先前权
 classification, art. 28, 111 - 112
 分类第
 community filing with national filing, art. 32, 117
 欧共体申请与国内申请的等同
 conditions art. 26, 104 - 108
 条件
 date of filing, art. 27, 108 - 111
 申请日
 effect of priority right, art. 31, 117
 优先权的效力
 exhibition priority, art. 33, 117 - 119
 展览优先权
 filing of applications, art. 25, 102 - 104
 申请的提出
 right of priority, art. 29, 112 - 115
 优先权

community collective marks
欧共体集体商标
 action for infringement, art. 72, 204 - 205
 侵权诉讼
 amendments, art. 71, 204

修订

applicant,201

申请人

application of general rules,201

一般规则的适用

contents of regulations,202

使用管理规则的内容

definition,art. 66,200 – 201

定义

distinctive character requirement,201

显著特征的要求

grounds for invalidity,art. 74,206

无效事由

grounds for revocation,art. 73,205 – 206

撤销事由

observations by third parties,art. 69,203

第三方的意见

refusal of the application,art. 68,202 – 203

申请的驳回

time of submission,202

提交的期限

use of marks,art. 70,203

商标的使用

consequences of revocation and invalidity,art. 55,169 – 171

撤销和无效的后果

declaration of invalidity/application for revocation,art,56,171 – 176

申请撤销或申请无效宣告

examination of application,art. 57,176 – 182

申请的审查

final provisions
最后规定
    community implementing provisions, art. 162, 317-318
    欧盟实施的规定
    compatibility, art. 164, 318
    兼容
    enlargement of Community, art. 165, 318-322
    欧盟扩大
    entry into force, art. 167, 322-324
    生效
    repeal, art. 166, 322
    废止

general provisions
总则
    autonomy, 5
    自治
    capacity to act, art. 3, 7-8
    行为能力
    coexistence, 5-6
    共存
    office, art. 2, 7
    协调局
    rights acquired through registration, 6
    注册取得权利
    unitary character, 6-7
    统一性原则

grounds for revocation, art. 51, 155-159

撤销事由

international registration of marks 581
商标国际注册
    application of provisions, art. 145, 302
    规定的适用
    designation of European Community, art. 159, 315 – 316
    指定欧盟
    effects of, art. 151, 307 – 308
    指定欧盟的效力
    examination as to absolute art. 154, 310 – 311
    绝对驳回理由的审查
    filing of an international application, art. 146, 302 – 303
    国际注册申请的提出
    form and contents of international application, art. 147, 303 – 305
    国际申请的文本和内容
    international fees, art. 150, 306
    国际注册费
    invalidation of the effects, art. 158, 314
    国际注册的无效宣告
    opposition, art. 156, 312 – 313
    异议
    publication art. 152, 308 – 309
    公告
    recordal in the files and register, art. 148, 305
    在档案和注册簿上登记
    replacement, art. 157, 313 – 314
    国际注册代替欧共体商标
    request for territorial extension, art. 149, 305 – 306
    领土延伸要求

search report, art. 155, 311 – 312
检索报告
seniority, art. 153, 309 – 310
先前权
transformation, art. 161, 316 – 317
国际注册和成员国注册间的转换
use of a mark subject, art. 160, 316
国际注册商标的使用

jurisdiction and procedure
管辖与程序
applicable law, art. 101, 260
法律适用
application of Regulation (EC) No 44/2001, art. 94, 248 – 249
第44/2001号理事会规则的使用
counterclaims, art. 100, 257 – 260
反诉
CTM courts, art. 95, 249 – 250
欧共体商标法院
extent of jurisdiction, art. 98, 255 – 256
管辖范围
further appeal, second instance, art. 105, 264 – 265
上诉、二审
infringement and validity, art. 96, 251 – 252
侵权和效力
international jurisdiction, art. 97, 252 – 255
国际管辖
obligation of the national court, art. 107, 265
成员国法院的义务
presumption of validity, art. 99, 256 – 257

推定有效

provisional and protective measures, art. 103, 262

临时和保全措施

specific rules on related actions, art. 104, 263 – 264

相关诉讼的特殊规则

sanctions, art. 102, 260 – 262

处罚

supplementary provisions of national courts, art. 106, 265

成员国法院管辖的补充规定

transitional provision, art. 108, 266

过渡规定

law

法律

absolute grounds for refusal, art. 7, 16 – 51

驳回注册的绝对理由

complementary application of national law, art. 14, 84 – 85

成员国法的补充适用

effects vis-a-vis third parties, art. 23, 101 – 102

对第三方的效力

exhaustion of rights, art. 13, 80 – 84

权利穷竭

insolvency proceedings, art. 21, 97 – 98

破产程序

levy of execution, art. 20, 97

为执行而扣押

licensing, art. 22, 98 – 101

许可

limitation of effects, art. 12, 75 – 78

欧共体商标效力的限制

582   moment of registration, 16
         注册时间
         national trade marks, art. 16, 90 – 91
         成员国商标
         prohibition on use, art. 11, 74 – 75
         禁止使用
         registered CTMs, art. 6, 16
         已注册欧共体商标
         relative grounds for refusal, art. 8, 51 – 61
         驳回注册的相对理由
         reproduction, art. 10, 73 – 74
         编入词典
         rights, art. 9, 61 – 73
         欧共体商标享有的权利
         rights in rem, art. 19, 96 – 97
         绝对权
         rights on registration, 16
         基于注册的权利
         signs, art. 4, 9 – 14
         标记
         transfer, art. 17, 18, 92 – 95
         转让
         use of CTM, art. 15, 85 – 90
         欧共体商标的使用
         limitation in consequence of acquiescence, art. 54, 166 – 169
         默许导致的权利限制

    Member States
    成员国法
         application of national procedure, art. 112, 271 – 274

国内申请程序的适用

civil actions, art. 109, 266 - 268

民事诉讼

ormal requirements for conversion, art. 114, 276

转换的形式条件

prior rights, art. 111, 269 - 271

优先权

prohibition, art. 110, 268 - 269

禁止使用

request for conversion, art. 113, 275

转换请求

office

协调局

    access to documents, art. 123, 284

    查询资料

    administration of trademarks and legal division, art. 133, 289 - 290

    商标管理和法务处

    audit and control, art. 141, 300 - 301

    审计与控制

    appointment of senior officials, art. 125, 285

    高级官员的委任

    auditing of accounts, art. 142, 301

    账目审计

    Boards of Appeal, art. 135, 291 - 295

    上诉委员会

    budget, art. 138, 139, 299 - 300

    预算

    cancellation divisions, art. 134, 290 - 291

撤销处
chairmanship, art. 128, 286
行政委员会主席
competence, art. 130, 287
内设机构和人员的权限
composition, art. 127, 286
行政委员会的组成
control of legality, art. 122, 283 - 284
合法性的管控
creation and powers, art. 126, 285 - 286
行政委员会的创立和职权
examiners, art. 131, 288
审查员
exclusion and objection, art. 137, 298 - 299
回避和反对
fees regulations, art. 144, 301
费用条例
financial provisions, art. 143, 301
财务规章
independence of Boards of Appeal members, art. 136, 296 - 298
上诉委员会成员的独立性
languages, art. 119, 278 - 282
语言
legal status, art. 115, 277
法律地位
liability, art. 118, 277 - 278
责任
meetings, art. 129, 286
行政委员会会议
opposition divisions, art. 132, 288 - 289

异议处

powers of the President, art. 124, 284 - 285

局长的职权

preparation of budget, art. 140, 300

编制预算

privileges and immunities, art. 117, 277

特权和豁免权

publication and entries in the Register, art. 120, 282 - 283

公告和注册簿上登记

Staff Regulations, art. 116, 277

职员条例

translation services, art. 121, 283

翻译服务

procedure 583

程序

 administrative cooperation, art. 90, 240

 行政合作

 continuation of proceedings, art. 82, 228 - 230

 程序继续

 costs, art. 85, 232 - 235

 费用确定及分摊

 enforcement of decisions, art. 86, 235 - 236

 确定费用金额裁决的执行

 exchange of publications, art. 91, 241

 交换出版物

 facts, art. 76, 209 - 212

 协调局主动审查的事实

 general principles of representation, art. 92, 241 - 244

 代理的一般原则

inspection of files, art. 88, 237-238

查询档案

notification, art. 79, 217-220

通知

oral proceedings, art. 77, 212-213

口头审理程序

periodical publications, art. 89, 238-240

定期出版物

professional representative, art. 93, 244-247

职业代理人

reference to general principles art. 83, 231

参照一般原则

register of CTMs, art. 87, 236-237

欧共体商标注册簿

restitutio in integrum, art. 81, 222-228

恢复原状

revocation of decisions, art. 80, 220-222

撤销裁决

statement of reasons, art. 75, 207-209

说明裁决理由

taking of evidence, art. 78, 214-217

取证

termination of financial obligations, art. 84, 231-232

财务义务的终止

registration procedure

注册程序

absolute grounds for refusal, art. 37, 128-130

驳回注册的绝对理由

alteration, art. 48, 151

变更

conditions of filing, art. 36, 126 – 128

申请条件

division of application, art. 44, 145 – 147

申请的分割

division of registration, art. 49, 152 – 153

注册的分割

duration of registration, art. 46, 148

注册的有效期

examination of opposition, art. 42 139 – 143

异议的审查

in general, art. 45, 147

注册概述

no registration fee, art. 45, 147 – 148

未支付注册费

observations by third parties, art. 40, 133 – 135

第三方意见

opposition art. 41, 135 – 139

异议

publication of the application, art. 39, 133

申请的公告

renewal, art. 47, 148 – 151

续展

search report, art. 38, 130 – 132

查询报告

withdrawal, restriction and amendment, art. 43, 143 – 145

申请的撤回、限制与修正

relative grounds for invalidity, art. 53, 162 – 166

无效的相对理由

surrender, art. 50, 154 – 155

放弃

Council Regulation (EC) No 6/2002, CDR

第 6/2002 号理事会条例(欧共体外观设计条例)

application for declaration of invalidity, art. 52

申请宣告无效

    avoidance of duplication of proceedings, 437 - 438

    避免程序重复

    locus standi, 435

    申请资格

    written reasoned statement, 435 - 437

    书面理由陈述

apportionment of costs, art. 70

费用分摊

    losing party, 466

    败诉方

    procedure on costs, 467 - 468

    费用程序

    quantum of costs awards, 468

    确定费用的金额

    termination of proceedings, 467

    程序终止

claims, art. 15

主张

    bad faith, 384 - 385

    恶意

    forum for bringing action, 384

    诉讼的管辖机构

joint proprietor,385
共同权利人
OHIM,385
内部市场协调局
time bar,384
时效

commencement and term of protection
保护的起算点与期限
    registered Community design,art. 12,378-379
    已注册欧共体外观设计
    unregistered Community design,art. 11,377-378
    未注册欧共体外观设计

Community design,art. 1
欧共体外观设计
    basic principles,361-362
    基本原则
    extent of protection,361
    保护程度
    forms of protection,361
    保护形式
    legal instruments,360
    法律工具
    national laws,360-361
    成员国法律

conditions,art. 36
申请应符合的条件
    CDIR application,416

《欧共体外观设计实施细则》的适用

　　identification of the applicant,412-413

　　申请人的身份

　　indications of the products,414-415

　　对产品的指定

　　minimum requirements,412

　　最低要求

　　optional contents,415-416

　　选择性内容

　　payment of fees,416

　　费用支付

　　representation of the design,413-414

　　外观设计的描述

　　request for registration,412

　　注册的请求

　　two-dimensional design,413-414

　　二维外观设计

consequences of invalidity,art.26,400-401

无效的后果

declaration of invalidity,art.24,396-397

无效宣告

deferment of publication,art.50

延迟公开

　　deferment period,430

　　延迟期限

　　deficiencies,431

　　缺陷

　　disclosure in litigation,432

　　诉讼中的披露

multiple applications, 432
合案申请
publication after deferment, 431
延迟后公告
registration and first publication, 430
注册与延迟公开的欧共体外观设计申请之首次公告
request for deferment, 429
延迟的请求
requirements for second publication, 430 – 431
二次公告的要求

disclosure, art. 7
公开
abusive disclosure, 372 – 373
滥用性披露
grace period, 372
宽限期
novelty principle, 371 – 372
新颖性原则

effects of judgement, art. 16, 385 – 386
判决的效力

examination of the application, art. 53
对无效宣告申请的审查
invitation, 441
和解提议
language, 440
语言
mutiple invalidity applications, 441
多个无效申请

  observations,439-440

  意见

  office's decision on invalidity,440-441

  协调局的无效决定

  restitution in integrum,440

  恢复原状

  time limits,440

  时限

  written proceedings,439

  书面程序

exhaustion of rights, art. 21,392-393

权利穷竭

filing and forwarding of applications, art. 35

申请的提起与转交

  applications filed at the office,410

  在协调局提交的申请

  Benelux Design Office,409

  比荷卢外观设计局

  central industrial property office,409

  中央工业产权局

  electronic filing,410-411

  电子申请

  notification of receipt,410

  接收通知

  revision of the application system,411

  申请制度的修正

general princinple of representation, art. 77

代理的一般原则

  employee,476

雇员
    legal provisions, 474
    法律规定
    natural/legal person, 475 – 476
    自然或者法人

government use, art. 23, 395 – 396
政府使用

grounds for invalidity, art. 25
无效事由
    absolute grounds, 398
    绝对事由
    amendment, 400
    修正
    earlier proprietor, 399 – 400
    在先权利人
    intellectual property rights, 399
    知识产权
    lack of entitlement, 399
    欠缺权利资格
    prior art grounds, 398
    现有设计事由
    prior design right, 399
    在先外观设计权利

individual character, art6
个性特征
    freedon of the designer, 369 – 370
    设计者的自由度

informed user, 368
　　懂行的使用者
overall impression, 369
　　整体印象
state of art, 369
　　现有设计

internal market, 356
　　内部市场
limitation of the right conferred, art. 20
　　权利限制
　　experimental use, 391
　　　　实验目的之使用
　　fair use, 391
　　　　合理使用
　　importation and repair, 392
　　　　进口与修理
　　private and noncommercial purpose, 390
　　　　私人和非商业目的
　　ships and aircrafts, 391
　　　　船舶与航空器
　　TRIPS Agreement, 390
　　　　与贸易有关的知识产权协议

mechanical fittings, 356
　　机械配件
notification, art. 66
　　通知
　　methods, 456-457
　　　　协调局通知方法

parties communication,457 - 458
　　当事人的通知与通讯
novelty, art. 5,366 - 367
新颖性
office, art. 2,262 - 263
协调局
presumption, art. 17,386 - 387
有利于注册外观设计权利人的推定
professional representation, art. 78
职业代理
　　authorisatio,480 - 481
　　　　授权
　　criteria for entry,479 - 480
　　　　进入协调局名单的标准
　　design matters,479
　　　　外观设计事务
　　legal practitoners,478 - 479
　　　　法律执业者
　　office's list,479
　　　　协调局名单
public policy/morality, art. 9,375 - 376
公序良俗和道德
renewal, art. 13
续展
　　application for,380
　　　　续展申请
　　effects of 381
　　　　续展的效力
　　notification of expiry registration,379 - 380
　　　　注册到期的通知

procdure,380 - 381

续展程序

of protection,379

保护的续展

requirement for protection

保护要件

    complex products, art. 3(c),365 - 366

    组合产品

    component parts, art. 4(2)and(3),365

    部件

    definition, art. 3,363 - 364

    定义

    normal use, art. 4(4),365 - 366

    正常使用

    novelty and individual character, art. 4(1),365

    新颖性和个性特征

restitutio in integrum, art. 67

恢复原状

    all due care,461 - 462

    已经尽到全部合理注意

    competent department,463

    主管部门

    filing an application,462 - 463

    提交恢复原状的申请

    loss of right,460

    权利的丧失

    rights of Member States,464

    成员国准予恢复原状的权利

third party rights, 463-464
　　　第三方的权利
　　　time limits, 460-461
　　　申请恢复原状的时间限制
right of designer, art. 19, 387
设计者的署名权
rights conferred by Community design, art. 19
欧共体外观设计权的内容
　　　copying and statutory presumption, 389-390
　　　抄袭和法定的善意推定
　　　infringements, 388-389
　　　妨害行为
　　　right to use the design, 388
　　　使用外观设计的权利
rights of piror use, art. 22, 393-395
先用权
right to Community design, art. 14
欧共体外观设计的权利
　　　commissioned designs, 383
　　　委托设计
　　　designer, 382
　　　设计人
　　　employee designs, 382-383
　　　雇员设计
　　　joint designers, 382
　　　共同设计人
　　　successors in title, 382
　　　权利继受人
scope of protection, art. 10, 376377
保护范围

surrender, art. 51

放弃

    declaration of, 433

    弃权声明

    deferred publication, 433

    延迟公告时的弃权

    partial surrender, 433 - 434

    部分弃权

    prior notification to licenses, 434

    对被许可人的预先通知

taking of evidence, art. 65

取证

    evidence weight, 455

    证明力

    expert's opinions, 454

    专家意见

    hearing the parties, 453

    听取当事人陈述

    hearing witnesses, 453 - 454

    听取证言

    oral evidence and inspections, 455

    口头证据与调查程序

    production of documents and items of evidence, 453

    制作文件和证物

    requests for information, 453

    索取信息

    statements in writing, 454

    书面声明

techinical function and interconnections, art. 8

由技术功能和设计间的内接所规定的外观设计

 designs of interconnections,374－375

 内接性外观设计

 modular products,375

 模块产品

 protection,373

 保护的排除

 technical design,373－374

 技术性设计

 TRIPS, art.25(1),375

 与贸易有关的知识产权协议第25条第1款的相容性

Council Regulation(EC)No207/2009,CTAM
第207/2009号理事会条例(欧共体商标条例)

absolute grounds for invalidity, art.52

无效的绝对事由

 bad faith,160－161

 恶意

 distinctiveness acquired after registration,162

 注册后获得显著性

 interparties proceedings,160

 当事人之间的程序

 invalidation,159

 无效程序的功能

 OHIM,160

 内部市场协调局

 partial invalidity,162

 部分无效 第

 relevant date,159－160

相关日期
use of trade mark,162
商标使用

absolute grounds for refusal, art. 7
驳回注册的绝对理由
  colours,32
  颜色
  combinations,29,35
  组合
  Community and language,47
  欧共体和语言
  conversion,47
  转换

Council Regulation(EC) No510/2006,19 - 21
欧洲理事会第510/2006号决议
  customary trade marks,37 - 38
  习惯用语商标
  decepitve trade marks,41 - 42
  具有欺骗性的商标
  decisive date,enlargement
  决定性的日期,扩大
  evidence of distinctiveness,50 - 51
  显著性的证据
  ex officio examination,24 - 25
  依职权审查
  filed of application,48
  取得显著性的适用范围
  functional appearance,31 - 32

功能性外观

geographical references,36

地理名称

goods and services,25-26,34,39

商品和服务

individual letters/letter combinations,30

单个字母和字母组合

lack of trade mark capacity,26-27

缺乏商标能力

minimum of distinctiveness,29

显著性最低要求

monopolies,50

垄断

non-verbal trade marks,37

非文字商标

Paris Convention,18-19

巴黎公约

PDO/PGI,44-46

受保护的原产地标记和受保护的地理标志

perception,49-50

将标志作为商标认知

personal name,30

个人姓名

place,49

地点

present/future use,34

现在和将来的使用

procedure and competencies,23-24

程序和权限

proportion,50

比例
pubilic interest, 27, 32 – 33

公共利益
publicity terms, slogans, 30

宣传用语、广告语
public order and principles of morality, 40 – 41

公共秩序和善良风俗
purpose, 48

立法目的
registered official emblem, 42 – 43

已登记的官方标志
relevant public, 26, 28 – 29, 34

相关公众
slogan, quality, 35

标语、品质表示
special provisions, 38 – 40

形状商标的特别规定
specific procedural aspect, 48

具体程序方面
stringent and examination, 24

严格和全面审查
three-dimensional signs, 30 – 31

三维标志
time, 48 – 49

时间
Trade Mark Directive, 22 – 23

商标指令
TRIPS, 22

与贸易有关的知识产权协议
unitary character, 46

统一性原则
wines and spirits, 43 - 44
葡萄酒和烈性酒

action for infringement, art. 72
提起侵权诉讼
    compensation, 205
    赔偿
    members of association, 204 - 205
    协会成员

actions before the Court of Justice, art. 65
向法院起诉
    appeal open to any party, 198 - 199
    任何受到不利影响的人均有权起诉
    grounds, 198
    理由
    jurisdiction, 198
    判决
    measures, 199
    必要措施
    no new facts, 200
    不得提出新的事实
    two months, 199
    两个月

administrative cooperation, art. 90, 240
行政合作
administrative measures, 3
行政措施

alteration, art. 48

变更

  exception, 151

  例外

  fees, 151

  费用

  publication, 151

  公告

  rules, 151

  规则

amendment of regulation, art. 71, 204

集体商标使用管理规则的修正

amount of cost, art. 86, 235 - 236

确定费用金额裁决的执行

appicable law, art. 101, 260

可适用的法律

application for revocation/declaration of invalidity, art. 56

申请撤销或无效宣告

  avoidance of duplication of proceedings, 175 - 176

  避免重复程序

  locus standi, 172 - 173

  主体资格

  written reasoned statement, 173 - 175

  书面陈述理由

application of Regulation(EC) No44/2001, art. 94

第 44/2001 号欧洲理事会条例的适用

  applicability and non-applicability, 249

《布鲁塞尔条例》可适用和不可适用的具体条款
Brussels Convention and Brussels Regulaiton,248－249
《布鲁塞尔公约》和《布鲁塞尔条例》

autonomy,5
自治原则

capacity to act, art. 3
行为能力
    entitlement to act,7－8
        行为资格
    examination of entitlement,8
        资格的审查
    legal persons,8
        法人

claiming priority, art. 30
要求优先权
    declaration of priority,115
        优先权声明
    language,116
        优先权文件的语言
    no continuation of proceedings,116
        程序的不可持续性
    requirements,116
        优先权文件的要求
    time limit,115－116
        提交优先权文件的时限

claiming the seniority, art. 34
要求先前权
    declaration,120

先前权声明

documents, 121

先前权文件

efffect, 122

先前权的效力

effect of CTM application, 124

欧共体商标申请的效力

examination, 122 - 123

先前权的审查

factors, 124 - 125

先前权需要考虑的因素

lapse/surrender of earlier registration, 123 - 134

在先注册的失效或者放弃

no continuation of proceedings, 124

程序不可继续

relaxation of requirements, 121 - 122

先前权要求的放宽

renewal of earlier registration, 124

在先注册的续展

triple identity, 123

"三重一致原则"

classification, art. 28

商品和服务分类

class headings, 111

类别标题

retail services

零售服务

coexistence, 5 - 6

制度共存原则

Community arrangements, 1 - 2
欧共体制度安排
community collective marks, art. 66
欧共体集体商标
    applicant, 201
    申请人
    application of genaral rules, 201
    一般规则的适用
    definiton, 200 - 201
    定义
    distinctive character requirement, 201
    显著性要求
community filing with national filing, art. 32, 117
欧共体商标申请等同于成员国商标申请
complementary application of national law, art. 14, 84 - 85
成员国法律的补充适用

conditions, art. 26
申请应符合的条件
    application fee/class fees, 106 - 107
    申请费和类别费
    compliance, 108
    符合《商标法实施条例》
    deemed date of payment, 107
    推定支付日
    information identifying the applicant, 105
    申请人的身份信息
    list of goods/services, 105
    商品或者服务清单
    methods of payment, 107

支付方法
registration of CTM,105
注册欧共体商标的要求
representation,105－106
商标图示

consequence of acquiescence,
　　art. 54
默示的后果
　　application of acquiescence, 167－168
　　默认继受的适用
　　bad faith, 168
　　恶意
　　basic rule, 166－167
　　基本规则
　　coexistence through acquiescence, 168
　　因默许的共存
counterclaims for invalidity,168－169
默许后的无效反诉
　　CTM vs. later national trade mark, 169
　　在先欧共体商标与在后成员国商标
　　detriment of the rights, 167
　　权利损害
　　five successive years, 167
　　连续五年
　　proof of acquiescence, 167
默许的证明

consequences of revocation and invalidity, art. 55
撤销和无效的后果

exceptions to exception, 170 – 171
例外之例外
   exceptions to retroactivity, 170
追溯力的例外
   full retroactivity of declaration of invalidity, 170
无效的完全追溯
   limited retroactivity of revocation, 170
撤销的有限追溯

continuation of proceedings, art. 82
程序继续
   competent department, 230
有权处理的部门
   effect 230
后果
   excluded time limits, 229 – 230
排除范围
   filing an application, 230
申请的提出

contradictory judgments, 4
相互矛盾的判决

costs, art. 85
费用
   meaning, 233 – 234
含义
   procedure on costs, 234 – 235
有关费用的程序
   quantum of costs awards, 235

费用承担的金额

counterclaims, art. 100, 257 – 260
反诉 第 100 条

CTM courts, art. 95, 249 – 250
欧共体商标法院

CTM proprietors, art. 5
欧共体商标所有人

 indications, 15
相关说明
 legal person, 14 – 15
法人
 non-compliance, 15 – 16
瑕疵

date of filing art. 27
申请日
 appeal, 111
申诉
 application fee, 109
申请费
 documents, 109 – 110
申请文件
 irrevocable nature of the filing date 111
申请日的不可撤销性
 late payment/failure, 110
迟延支付或未能支付申请费

time limits, 109
申请费的时限

decisions in respect of appeals, art. 64
上诉的裁定
functional continuity, 196
功能的连续性
reimbursement of the appeal fee, 197
退还上诉费
relevant point in time, 196
相关时间点
remittance of the case, 196 - 197
案件的移送

decisions subject to appeal,
art. 58
可提起上诉的裁决
admissibility of appeal, 184
上诉的可受理性
allowance of separate, 184
允许的单独上诉
first instance, 183
一审
suspensive effect, 183 - 184
中止的效力

disclaimers, 128 - 129
放弃专用权声明

division of the application, art. 44
申请的分割
    effect, 146 - 147
    效力　第

    exclusions, 146
排除情形
    fee, 146

费用
    original application, 147
    原申请
    rules, 146
    规则

division of the registration, art. 49
注册的分割
    effect, 153
    效力
    exclusions, 153
    排除情形
    fees, 153
    费用
    original registration, 153
    原注册
    rules, 153
    规则

duration of registration, art. 46, 148
注册的有效期

effect of priority right, art. 31,117
优先权的效力

effects vis－a－vis third parties, art. 23
对第三方的效力
 bankruptcy proceedings, 102
 破产程序
 effects of third party rights,102
 第三方权利的效力
 transactions on third parties,101
 与第三方交易
 transfer of undertaking, 102
 企业转让

examination of appeals, art. 63
上诉的审查
 inter panes appeal proceedings, 194－195
 当事人之间案件的上诉程序
 language of the observations, 195
 陈述意见的语言
 merits, 192－193
 审查内容
 evidence and arguments,193－194
 事实、证据和主张的提交

examination of conditions of filing, art. 36
申请条件的审查

 basic requirements and remedying deficiencies,127

基本要求和补正

    class fees, 127

    类别费

    failure to remedy, 127

    未能补正

    no continuation of the proceedings, 128

    程序不可继续

    priority or seniority, 127 - 128

    优先权或者先前权

examination of opposition, art. 42

异议的审查

    conciliation, 142

    调解

    end of proceedings, 142 - 143

    程序终止

    evidence, 140 - 141

    证据

    languages, 140

    语言

    proof of use, 141 - 142

    使用的证明

examination of the application, art. 57

撤销和无效申请的审查

    ex officio examination, 178

    依职权审查

    observations, 178 - 179

    意见

    OHIM's decision, 182

协调局的裁决

proof of use, 180-182

使用的证明

settlement, 182

和解

written proceedings, 177

书面程序

exchange of publications, art. 91, 241

交换出版物

exhaustion of rights, art. 13

权利穷竭

 consent, 82-83

 许可

 geographical scope, 81

 地域范围

 legitimate reasons, 83-84

 合法理由

 put on market, 81-82

 投入市场

exhibition priority, art. 33

展览优先权

 certificate of exhibition priority, 119

 展览优先权的证明

 claiming exhibition priority, 118-119

 要求展览优先权

 coexistence of Convention priority, 118

 与条约优先权共存

effect, 118
效力
    no continuation of proceedings, 119
    程序不可继续

ex parte cases, art. 61
单方当事人案件
    interlocutory revision proceedings, 190
    中间修正程序
    reimbursement of appeal fee, 190 - 191
    退还上诉费

extent of jurisdiction, art. 98, 255 - 256
管辖范围 第 98 条

facts by the Office, art. 76, 209 - 212
协调局自行审查事实

filing of applications, art. 25
申请的提交
    fees, 103
    费用
    filing date, 103 - 104
    申请日
    obligations on national registry office, 103
    成员国登记机构的义务
    ten year report, 104
    十年报告

general principles of representation, art. 92, 241 - 244

代理的一般原则

grounds for revocation, art. 51
无效事由

grounds for revocation, art. 51
撤销事由
    common name in trade, 157 - 158
    行业的通用名称
    concept, 157
    概念
    geographical scope, 158
    地域范围
    meaning, 156
    含义
    partial revocation, 158 - 159
    部分撤销
    proprietor's duty, 157
    权利人的义务
    revocation for non-use, 156 - 157
    因未使用的撤销

grounds for revocation, art. 73, 205 - 206
集体商标的撤销事由

infringement and validity, art. 96, 251 - 252
侵权和效力

insolvency proceeding, art. 21, 97 - 98
破产程序

inspection of file, art. 88, 237-238
查询档案

international jurisdiction, art. 97
国际管辖
    CTM court of appearance, 254
    被告出庭的欧共体商标法院
    CTM court of infringement, 254-255
    侵权所在地的欧共体商标法院
    domicile/establishment of defendant, 253-254
    被告的住所和机构
    domicile/establishment of plaintiff, 254
    原告的住所和机构
    seat of the Office, 254
    协调局所在地的欧共体商标法院

inter partes cases, art. 62
当事人之间的案件
    case of rectification, 191-192
    修正裁决案件
    meaning, 191
    含义

levy of execution, art. 20, 97
为执行而扣押

licensing, art. 22
许可
    infringement proceedings, 100

侵权诉讼
　　invoking rights, 99 - 100
　　提起侵权之诉的权利
　　registering the licence, 100 - 101
　　许可登记
　　whole or partial, 99
　　全部或者部分许可

limitation of effects, art. 12
欧共体商标效力的限制
　　goods/services, 77 - 78
　　商品或者服务
　　honest practices, 79 - 80
　　诚信惯例
　　third party's trade mark, 78 - 79
　　第三方的商标
　　use of name/address, 77
　　使用名称或者地址

moment of registration, 16
注册时间
national trade marks, art. 16, 90 - 91
成员国商标
no disclaimers in practice, 129 - 130
实践中不存在放弃专用权声明
no registration fee, 147 - 148
未支付注册费
no res judicata, 126
再次受理
notification, art. 79

通知

    communications by the parties, 219-220

        当事人的通报

    methods, 218-219

        方式

observations by third parties, art. 40

第三方意见

    office obligation, 135

        协调局的义务

    procedure, 134

        程序

    standing to submit observations, 134

        提出意见的身份

observations by third parties, art. 69, 203

对欧共体集体商标注册的第三方意见

office, art. 2, 7

协调局

    opportunity to submit observations, 130

        提交意见的机会

    opportunity to withdraw/amend, 130

        撤回或修改的机会

591 opposition, art. 41

        异议

    amended applications, 137

        修正后的申请

    bad faith/unfaithful agent, 137

        违背诚实信用的代理人

    conditions for admissibility, 138

受理条件
course of trade, 137
商业活动中
opposition proceedings, 138
异议程序
prior trade marks, 136
在先商标
standing to oppose, 136
异议人的身份
evidence and arguments, 138 - 139
提交事实、证据和主张

oral proceedings, art. 77, 212 - 213
口头审理程序
partial refusal, 128
部分驳回
parties to appeal proceedings, art. 59, 184 - 186
上诉程序的当事人
periodical publications, art. 89, 238 - 240
定期出版物
post-registration seniority claim, 125 - 126
注册后要求优先权
presumption of validity, art. 99, 256 - 257
推定有效

professional representatives, art. 93
职业代理人
  authorisations, 247
  授权
  legal practitioners, 245 - 246

执业律师
OHIM's list, 246－247
协调局名单

prohibition, art. 11
禁止代理人抢注
 agent's/representative's justification, 75
 代理人或者代表人的正当性
 dentical signs/identical goods, 75
 相同标记和相同商品
 proprietor's authorisation, 75
 商标所有人的授权
 proprietor vs. agent/representative, 74－75
 商标所有人与代理人或者代表人的关系

protection, 2
欧共体商标的保护
publication of the application, art. 39, 133
申请的公告
reference to general principles, art. 83, 231
参照一般原则
refusal of the application, art. 68, 202－203
欧共体集体商标申请的驳回
registered CTMs, 16
已注册的欧共体商标
register of CTAMs, 236－237
欧共体商标注册簿
regulations, art. 67, 201－202
欧共体集体商标管理规则

relative grounds for invalidity, art. 53

无效的相对事由

    ban on multiple challenges, 165 - 166

    禁止多重挑战

    consented to registration, 165

    同意注册

    industrial property rights, 164

    工业产权

    non-exhaustive list, 164

    其他在先权利的开放性

    opposition proceedings, 163 - 164

    异议程序可援引的在先权利

    partial invalidity, 166

    部分无效

relative grounds for refusal, art. 8

驳回的相对事由

    defences, 60 - 61

    抗辩

    definition, 54

    定义

    double identity, 55

    双重相同

    likelihood of confusion, 55 - 56

    混淆可能性

    non-registered trade marks, 57 - 60

    未注册商标

    opposition by proprietor, 54

    商标所有人提出异议

    reputation, 60

享有声誉的在先商标

 structure, 53 - 54

 结构

 unfaithful agent, 56 - 57

 不诚信的代理人

renewal, art. 47

续展

 contents, 150

 内容

 effect of non-renewal, 150 - 151

 未续展的后果

 effect of the renewal, 150

 续展的效力

 extent, 150

 范围

 fees, 150

 费用

 proprietor/third party, 149

 所有人或者第三方

 renewal notice from OHIM, 149 - 150

 协调局的续展通知

reproduction, art. 10

欧共体商标编入词典

 enforceability, 73 - 74

 执行力

 scope of the provision, 73

 适用范围

restitutio in integrum, art. 81

恢复原状

 competent department, 227

  有权部门

 completion of the omitted act, 225

  完成未履行的行为

 expiry of non-observed time limit, 224 - 225

  未遵守的期限届满

 filing an application, 226 - 227

  提出恢复申请

 loss of rights, 224

  权利的丧失

 party to proceedings, 224

  程序的当事人

 removal of cause of noncompliance 225

  未能履行期限的原因消除

 rights of Member States,228

  成员国的权利

 third party rights, 227 - 228

  第三方的权利

 time limits 224

  时限

revocation of decisions, art. 80,220 - 222

撤销裁决

right of priority, art. 29

优先权

 applicants and successors, 114

  申请人和承继人

592

exhibition priority, 115
展览优先权
identical marks goods and services, 113-114
相同的商标、商品或者服务
priority application, 114
优先权申请
reciprocity, 115
互惠
six-month priority period, 113
六个月优先权期限
successive applications, 114-115
再次申请
validity of priority application, 114
优先权申请的有效性

rights acquired through registration, 6
注册取得权利

rights, art. 9
欧共体商标享有的权利
course of trade, 63
在商业活动中
identical trade marks, 64-65
相同的商标
likelihood of confusion, 65-68
混淆可能性
non confusion infringement, 68-70
非混淆性侵权
products/services, 63-64
商品或者服务

prohibited acts, 71-73

被禁止的行为

right to prevent, 62-63

禁止权

unfair advantage, 70-71

不正当利益

rights in rem, 96-97

绝对权

rights on registration, 16

基于注册的权利

sanctions, art. 102, 260-262

处罚 第102条

search report, art. 38

查询报告

 national searches, 132

 成员国查询

 transmission and publication of application, 131-132

 送交和申请的公告

 watch notices, 132

 注意通知

signs, art. 4

标志

 colour per se, 13

 颜色

 combination of colours, 13-14

 颜色组合

 concept, 14

概念
conditions, 9-10
条件
digitalisation of register and publications, 10
注册簿和公告的数字化
examination proceedings, 9
审查程序
figurative marks, 11-12
图形商标
holograms, 13
全息图
movements, 12
动感商标
open list, 10
开放清单
position marks, 14
位置商标
representation, description, colour, 10-11
图示、描述、颜色
smell, scent, taste, 12-13
气味、香味、味道

sound marks, 12
声音商标
three-dimensional marks, 12
立体商标
touch, 13
触觉商标
trade mark categories, 10
商标类型

TRIPS and TMD, 9
与贸易有关的知识产权协议和商标指令
word marks, 11
文字商标

statement of reasons, art. 75,207-209
说明裁决的理由

surrender, art. 50
放弃
 conversion, 155
 转换
 licensees, 155
 被许可人
 rights entered in register,154-155
 登记于注册簿中的权利
 total or partial nature, 154
 全部或者部分放弃

taking of evidence, art. 78
取证
 evidential weight, 217
 证明力
 hearing the parties,214-215
 听取当事人的证词
 hearing witnesses, 215
 听取证人证言
 opinions by experts,215-216
 专家意见
 oral evidence and inspections, 216-217

口头证据和审查
production of documents/items of evidence, 215
出具书证或物证
requests for information, 215
要求提供资料
statements in writing, 216
书面陈述

termination of financial obligation, art. 84, 231-232
财务义务的终止

time limit and form of appeal, art. 60
上诉的期限和形式
    ancillary appeal by respondent, 188
    被上诉人辅助上诉
    four-month time limit, 189
    四个月期限
    language, 187
    语言
    no continuation of proceedings, 188
    不适用程序继续
    no extension or suspension, 188
    不存在延期或者中止
    payment of appeal fee, 188-189
    缴纳上诉费
    requirements for admissibility, 187-188
    理要求
    two-month time limit, 186-187
    两个月期限

transfer, art. 17

转让

 assignor's right, 95

 受让人的权利

 independent, 92 – 93

 独立转让

 mark misleading, 94

 商标存在误导

 name of an agent, 96

 代理人的名义(第18条)

 non-registration of assignment, 95

 未经登记的转让

 notifications to registered proprietor, 95

 通知给注册的所有人

 registration and publication, 94 – 95

 登记与公告

 undertaking, 93

 企业转让

 whole/partial, 93

 全部或者部分转让

 written assignment, 94

 书面形式

unitary character, 6 – 7

统一性原则

use of CTM, art. 15

欧共体商标的使用

 community collective marks, 90

 欧共体集体商标

concept, 87
真正使用的概念
consequences of non-use, 86 – 87
未使用的后果
continuous period of non-use, 86
未使用持续的时间
different form, 88 – 89
不同的形式
export purposes, 89
出口目的
five year period, 86
五年期间
geographical extent, 87 – 88
地域范围
licensee 89 – 90
许可使用
open-ended nature, 86
使用要求的开放性
proper reasons for non-use, 88
未使用的正当理由
purpose of grace period, 86
宽限期的目的
purpose of requirement, 85 – 86
使用要求的目的
treatment of repeat applications, 90
重复申请的处理

use of marks, art. 70, 203
欧共体集体商标使用
validity and infringement, 3

商标有效性或者侵权的裁决

withdrawal, restriction and amendment, art. 43,
商标申请的撤回、限制、修改

Council Regulation (EC) No 207/2009, CTMR
第 207/2009 号理事会条例（欧共体商标条例）

application of national procedure, art. 112
成员国程序的适用
    conditions, 272
    情形
    effect, 273 - 274
    效果
    exceptions, 272 - 273
    例外
    fee, 274
    费用
    late filing of the request, 274
    延迟提交请求
    national trade mark application 271
    成员国商标申请
    no continuation of proceedings, 274
    不适用程序继续
    three month time limit, 274
    三个月期限

Boards of Appeal, art. 135
上诉委员会
    attribution of cases to the individual boards, 294
    决定由独任委员审理

competence of, 293
　职权
composition of, 293 - 294
　组成
decisions, single member, 295
　独任委员的裁决
enlarged Board, 294 - 295
　扩大委员会
functional continuity, 292
　功能的延续性
implementing regulation and rules of procedure, 293
　《商标条例实施细则》和程序规则
organisation of, 293
　组织

budget and financial control
预算和财务管理
　audit and control, art. 141, 300 - 301
　　审计和控制
　auditing of accounts, art. 142, 301
　　账目审计
　Budget Committee, art. 138, 299
　　预算委员会
　fees regulations, art. 144, 301
　　费用条例
　financial provisions, art. 143, 301
　　财务规章
　preparation of, art. 140, 300
　　制定预算

civil actions, art. 109
民事诉讼
 Brussels Regulation, 267
 布鲁塞尔条例
 national trade mark, 266
 成员国商标
 provisional measures, 268
 临时措施
 related pending actions, 267
 相关未决诉讼
 successive actions, 267-268
 相继的诉讼

enlargement of the Community 165
欧共体的扩大
 absolute grounds for refusal, 320
 驳回注册的绝对事由
 automatic extension, 319-320
 自动延伸
 conversion, 321
 转换
 earlier rights, 320
 在先权利
 invalidation, 321
 无效
 languages, 321
 语言
 preservation, 321
 权利保留
 seniority claims, 321

先前权要求
　　Treaty of Accession, 319
　　加入欧共体条约

entry into force　167
生效
　　codified version, 322
　　编纂后的版本
　　Member States, 322-323
　　成员国采取的实施措施
　　previous version, 323
　　先前版本

European Community
国际注册指定欧洲共同体
　　effect of designation, 307
　　指定欧共体的效力
　　OHIM, 307-308
　　协调局的处理
　　WIPO, 307
　　世界知识产权组织的处理

examination, art. 154
审查
　　absolute grounds, 310
　　绝对事由的审查
　　applicant's right, 310-311
　　申请人的权利
　　refund of fee, 311
　　退还费用

refusal of protection, 311
驳回保护

languages, art. 119
语言
 ex parte examination, 280 – 281
 单方当事人申请审查程序中的语言
 filing applications, 279
 提交申请使用的语言
 indication of second language, 280
 指定第二语言
 inter partes proceedings, 281 – 282
 当事人之间程序的语言
 OHIM, 279
 协调局使用的语言

prior rights, art. 111
适用于特定领域的在先权利
 acquiescence, 271
 默许
 earlier right, 270
 在先权利
 junior right, 271
 不得阻碍在先权利的继续行使
 particular locality, 270
 特定领域

publication, art. 152
国际注册指定欧共体的公告
 first republication, 308 – 309

首次公告
　　second republication, 309
二次公告

seniority, art. 153
国际注册中的先前权
　　international application, 309 - 310
在国际注册申请中要求先前权
　　OHIM, 310
直接向协调局提出先前权要求

D

Design Harmonisation Directive
外观设计指令

addressees, art. 21, 524
下达
definitions, art. 1, 510 - 511
定义
disclosure, art. 6, 513 - 514
公开
entry into force, art. 20, 524
生效
exhaustion of rights, art. 15, 521 - 522
权利穷竭
implementation, art. 19, 523 - 524
实施
individual character, art. 5, 513
个性特征
invalidity/refusal of registration, art. 11, 515 - 517

无效或驳回的事由

limitation of the rights conferred, art. 13, 518

外观设计权的限制

novelty, art. 4, 512-513

新颖性

protection requirements, art. 3, 512

保护的要件

public policy/morality, art. 8, 514

公序良俗或道德

relationship to copyright, art. 17, 522-523

与版权的关系

relationship to other forms of protection, art. 16, 522

与其他保护形式的关系

revision, art. 18, 523

修订

rights conferred by design right, art. 12, 517-518

外观设计权授予的权利

scope of application, art. 2, 511-512

适用范围

scope of protection, art. 9, 514

保护范围

technical function and interconnections, art. 7, 514

技术功能和设计间的内接

term of protection, art. 10, 515

保护期限

transitional provision, art. 14, 518-521

过渡规定

Directive 98/71/EC, European Parliament and Council

欧洲议会和理事会第98/71/EC号指令

exhaustion of rights, art. 15

权利穷竭

    national rights, 521

    国内权利

    spare parts, 521 - 522

    部件

internal market, 507

内部市场

legal protection of designs, 507

外观设计的法律保护

mechanical fittings, 509

机械配件

Member States, 508

成员国

principle of cumulation of protection, 508

双重保护原则

transitional provision, art 14

过渡规定

    obligatory revision process, 520 - 521

    强制修订程序

    repair clause, 519 - 520

    修复条款

    stand-still clause, 520

    暂定条款

Directive 2008/95/EC, European Parliament and Council
欧洲议会和理事会第 2008/95/EC 号商标指令

Council Directive 89/104/EEC, 325

理事会第 89/104/EC 号指令

Paris Convention, 327

成员国
Paris Convention, 327
巴黎公约
registered trademark, 327
注册商标

trade mark
商标
    acquiescence, 341
    默许
    acquired distinctiveness, 331
    获得显著性
    authorised user, 344
    经授权的使用
    Benelux law, 338
    比荷卢商标法
    coexistence, 342
    共存
    collective trade mark, 335
    集体商标
    consent, 336
    同意
    continued use of signs, 338
    标志的继续使用
    CTMR, 348
《欧共体商标条例》相对应的条款
    CTMR, art. 54, 341
《欧共体商标条例》
    earlier CTM, 335
    在先欧共体商标

earlier trade mark, definition of, 334
在先商标的定义

exclusive rights of proprietor, 337
所有人的专用权

expired mark, 335 – 336
失效商标

five-year grace period, 343
五年期间的起算

foreign mark, 336
国外商标

geographical collective marks, 352
地理集体商标

geographical scope, 339
地域范围

goods and services, 348
商品和服务

guarantee/certification mark, 335
保证商标/证明商标

harmonisation, 328
协调

identical/similar trademarks, 334
相同/近似商标

implementation, 352
实施

licence provisions vs. licensee, 340
对抗被许可人的许可条款

mandatory absolute grounds, 331
强制性的驳回或者无效宣告的绝对理由

obligation of use, 343
使用义务

old law for old marks, 336
旧法适用于旧商标

old registrations, 331
原先注册

optional absolute grounds, 331
可选择的驳回或者无效宣告的绝对理由

optional provisions, 335
可选择的条款

particular locality, 339
特定领域

reference, 339
对照

reputation in Member State, 337 – 338
在成员国享有声誉

sanctions for nonuse, 345 – 347
对商标未使用的处理

scope of application, 328 – 329
适用范围

signs, 329
标志

similar goods/services, 334
类似商品或者服务

collective marks, 351
集体商标的特别规定 第 351 页

transitional provisions, 344 – 345
过渡条款

types of infringing use, 338
侵权使用的类型

whole/partial licensing, 340
全部或者部分许可

J

Jurisdiction and procedure
管辖和程序
    community design regulation
    欧共体外观设计条例
        action/counterclaim for a declaration of invalidity, art. 84, 485 – 186
        无效宣告的诉讼或反诉
        applicable law, art. 88, 488
        法律适用
        application of the convention on jurisdiction and enforcement, art. 79, 481 – 482
        管辖与执行公约的适用
        Community design courts, art. 80, 483
        欧共体外观设计法院
        effects of the judgement on invalidity, art. 87, 488
        无效裁决的效力
        extent of jurisdiction on infringement, art. 83, 485
        侵权的管辖范围
        further appeal, second instance, art. 92, 491
        进一步上诉、二审
        infringement and validity, art. 81, 483 – 484
        侵权和有效性
        international jurisdiction, art. 82, 484 – 485
        国际管辖
        judgements of invalidity, art. 86, 487 – 488
        无效的判定
        obligation of the national court, art. 94, 492
        成员国法院的义务
        presumption of validity, art. 85, 486 – 187
        推定有效

附 录 727

provisional measures, art. 90, 489 – 190
临时措施
sanctions in actions for infringement, art. 89, 489
对侵权行为的处罚
specific rules on related action, art. 91, 490 – 491
相关诉讼的特殊规则
supplementary provisions, art. 93, 491
补充规定

community trademark regulation
欧共体商标条例
applicable law, art. 101, 260
法律适用
application of Regulation (EC) No 44/2001, art. 94, 248 – 249
第 44/2001 号欧洲理事会条例的适用
counterclaims, art. 100, 257 – 260
反诉
CTM courts, art. 95, 249 – 250
欧共体商标法院
extent of jurisdiction, art. 98, 255 – 256
管辖范围

infringement and validity, art. 96, 251 – 252
侵权和有效性
international jurisdiction, art. 97, 252 – 255
国际管辖
presumption of validity, art. 99, 256 – 257
推定有效
sanctions art. 102, 260 – 262
处罚

O

内部市场协调局(OHIM)

欧共体外观设计条例

 community design regulation administration of trademarks and legal division, art. 104, 497-498

 商标管理和法务处

 administrative cooperation, art. 75, 473

 行政合作

 apportionment of costs, art. 70, 466-468

 费用分摊

 Boards of Appeal, art. 106, 498

 上诉委员会

 competence, art. 102, 497

 权限

 enforcement of decisions fixing the amount of cost, art. 71, 468-469

 确定费用金额的裁决之执行

 examination of the facts, art. 63, 448-450

 对事实的审查

 examiners, art. 103, 497

 审查员

 exchange of publications, art. 76, 473-474

 交换出版物

 general principles of representation, art. 77, 474-476

 代理的一般原则

 general provision, art. 97, 494

 一般条款

 inspection of files, art. 74, 471-473

 档案查阅

 invalidity divisions, art. 105, 498

无效处

language of proceedings, art. 98, 494 – 496

程序语言

notification, art. 66, 456 – 458

通知

oral proceedings, art. 64, 450 – 452

口头程序

periodical publications, art. 73, 470 – 471

定期出版物

professional representation, art. 78, 477 – 481

职业代理

publication and register, art. 99, 496

公告和注册簿

reference to general principles, art. 68, 464 – 465

参照一般原则

reference to general principles, art. 68, 464 – 465

欧共体外观设计注册簿

restitutio in integrum, art. 67, 458 – 464

恢复原状

statement of reasons, art. 62, 445 – 448

裁决理由的陈述

supplementary powers, art. 100, 101, 496 – 497

额外权力

taking of evidence, art. 65, 452 – 155

取证

obligation, art. 69, 465

财务义务的终止

community trademark regulation

欧共体商标条例

class headings, 111
类别标题
compliance, 108
符合《欧共体商标条例实施细则》的规定
costs decision, 236
关于费用的裁决
current accounts, 107 – 108
活期账户
declaration of seniority, 120
先前权声明
European Union's trademarks and designs office, 7
欧盟专利商标局
facts, 209
对事实的审查
filing date, 103 – 104
申请日
goods and services, 105
商品和服务
filing date, 103 – 104
缴费方法
professional representatives, 246 – 247
职业代理人
renewal notice, 149 – 150
续展通知
requests for information, 215
要求提供资料
retail services, 111 – 112
零售服务
revocation/invalidity, 182
撤销和无效

search results, 131 – 132
查询结果
summons, 216 – 217
传唤

P

Protected designations of origin(PDO)
受保护的原产地标志(POD)
 conflict, 46
《欧洲理事会第 510/2006 号条例》第 13 条规定的"冲突"
 history and context 45
 历史渊源
 priority principle, 46
 申请在先原则
 products, 46
 同类产品
 protected names, 45 – 46
 受保护的名称
 public interest, 44 – 15
 公共利益
Protected geographical indications (PGI), 44 – 16
受保护的地理标志(PGI)第 7 条

R

Registration procedure
注册程序
community design regulation
欧共体外观设计条例
 deferment of publication,
 延迟公开

598   formal requirements for filing, art. 45, 424 – 425

           申请的形式要件

           non-registrability, art. 47, 425 – 426

           不可注册性

           publication, art. 49, 427 – 128

           公告

           registration, art. 48, 426 – 427

           注册

           remediable deficiencies, art. 46, 425

           可补救的缺陷

community trademark regulation

欧共体商标条例

           absolute grounds for refusal, art. 37, 128 – 130

           驳回注册的绝对事由

           alteration, art. 48, 151

           变更

           conditions of filing, art. 36, 126 – 128

           申请的条件

           division of application, art. 44, 145 – 147

           申请的分割

           division of registration, art. 49, 152 – 153

           注册的分割

           duration of registration, art. 46, 148

           注册的有效期

           examination of opposition, art. 42, 139 – 143

           异议的审查

           in general, art. 45, 147

           注册概述

           no registration fee, art. 45, 147 – 148

           未支付注册费

observations by third parties, art. 40, 133 - 135

第三方意见

opposition, art. 41, 135 - 139

异议

publication of the application, art. 39, 133

申请的公告

renewal, art. 47, 148 - 151

续展

search report, art. 38, 130 - 132

查询报告

withdrawal, restriction and amendment, art. 43, 143 - 145

申请的撤回、限制、修改

T

Trade Mark Harmonisation Directive

商标指令

    addressees, art. 19, 353

    下达给各成员国

    collective, guarantee and certification marks, art. 15, 349 - 352

    集体商标、保证商标和证明商标

    communication, art. 16, 352

    通报

    consequence of acquiescence, art. 9, 340 - 342

    默许的后果

    earlier rights, art. 4, 332 - 336

    在先权利

    entry into force, art. 18, 353

    生效

    establishment a posteriori of invalidity/revocation, art. 14, 348 - 349

对商标事后提起无效或者撤销

　　exhaustion of the rights conferred, art. 7, 339

权利穷竭

　　grounds for refusal/invalidity, art. 3, 329-331

驳回和无效的事由

　　grounds for refusal/revocation/invalidity, art. 13, 348

驳回、撤销和无效的事由

　　grounds for revocation, art. 12, 347

撤销事由

　　legal/administrative proceedings, art. 11, 345-347

法律和行政程序

　　licensing, art. 8, 340

许可

　　limitation of the effects of trademark, art. 6, 338-339

商标权利效力的限制

　　repeal, art. 17, 352-353

废止

　　rights conferred by trademark, art. 5, 336-338

商标享有的权利

　　scope, art. 1, 328-329

范围

　　signs, art. 2, 329

标志

　　use of trademarks, art. 10, 342-345

商标的使用

Trade-Related Aspects of Intellectual Property Rights (TRIPS)

与贸易有关的知识产权协议

　　community trademark, 9

欧共体商标

Paris Convention, 22
巴黎公约
WTO members, 328
世界贸易组织成员

图书在版编目(CIP)数据

简明欧洲商标与外观设计法 / 查尔斯·吉伦等编辑；
李琛等译. —北京：商务印书馆，2017
（威科法律译丛）
ISBN 978 - 7 - 100 - 15024 - 8

Ⅰ.①简… Ⅱ.①查…②李… Ⅲ.①商标法—法律解释—欧洲②外观设计—专利法—法律解释—欧洲 Ⅳ.
①D950.34

中国版本图书馆 CIP 数据核字(2017)第 193942 号

权利保留，侵权必究。

威科法律译丛
简明欧洲商标与外观设计法
查尔斯·吉伦 韦蕾娜·博哈德 编辑
托马斯·德赖尔 查尔斯·吉伦 理查德·哈康 系列书编辑
李琛 赵湘乐 汪泽 译

商 务 印 书 馆 出 版
（北京王府井大街 36 号 邮政编码 100710）
商 务 印 书 馆 发 行
北 京 冠 中 印 刷 厂 印 刷
ISBN 978 - 7 - 100 - 15024 - 8

2017 年 10 月第 1 版　　　开本 787×960　1/16
2017 年 10 月北京第 1 次印刷　　印张 48
定价：154.00 元

《简明欧洲商标与外观设计法》一书，主要包括《欧共体商标条例》（现改为《欧盟商标条例》）释义和《欧共体外观设计条例》释义两部分。与其他介绍欧盟知识产权法的著作相比，本书有三个值得关注的优点：

　　本书在条文释义之外，同时介绍了制度的历史由来与立法宗旨，并且附注了欧盟法院以及欧盟成员国的相关典型判例，从文义、目的、适用三个维度立体地介绍欧盟商标与外观设计制度。

　　本书的两位编者既是律师又在大学兼任教职，书的内容既有法学理论的诠释，也带有实务操作指南的色彩，对条文的实际运作情况多有论及。无论对于欧盟商标与外观设计领域的理论研究者还是实务人员，均具有很高的参考价值。

　　本书的外观设计部分大量引证了《欧共体商标条例》的相关规定，与《欧共体商标条例》的规定类似之处，作者只是注明"参见《欧共体商标条例》第某条的注释"。有些在外观设计领域尚未出现判例的问题，作者甚至会参考商标的判例进行推论。因此，读者既可以根据自己的兴趣选读商标部分或外观设计部分，也应将本书视为一个整体阅读。